中国少数民族设计全集

The Design Collection of Chinese Ethnic Minorities

白族

中国少数民族设计全集编纂委员会 编

山西人民出版社　人民美术出版社

图书在版编目（CIP）数据

中国少数民族设计全集.白族/中国少数民族设计全集编纂委员会编；王强等著.—太原：山西人民出版社，2019.9
ISBN 978-7-203-11016-3

Ⅰ.①中… Ⅱ.①中…②王… Ⅲ.①白族-民族文化-研究-中国 Ⅳ.①K28

中国版本图书馆CIP数据核字（2019）第180896号

中国少数民族设计全集.白族

编　　者：	中国少数民族设计全集编纂委员会
著　　者：	王　强　等
责任编辑：	樊　中
复　　审：	刘小玲
终　　审：	阎卫斌
装帧设计：	谢　成

出 版 者：	山西人民出版社　人民美术出版社
地　　址：	太原市建设南路21号
邮　　编：	030012
发行营销：	0351-4922220　4955996　4956039　4922127（传真）
天猫官网：	https://sxrmcbs.tmall.com　电话：0351-4922159
E—mail：	sxskcb@163.com　发行部
	sxskcb@126.com　总编室
网　　址：	www.sxskcb.com

经 销 者：	山西出版传媒集团·山西人民出版社
承 印 者：	山西出版传媒集团·山西新华印业有限公司

开　　本：	889mm×1194mm　1/16
印　　张：	38.5
字　　数：	455千字
印　　数：	1—1 000册
版　　次：	2019年9月　第1版
印　　次：	2019年9月　第1次印刷
书　　号：	ISBN 978-7-203-11016-3
定　　价：	600.00元

如有印装质量问题请与本社联系调换

中国少数民族设计全集编纂委员会

总 主 编（按年龄排序）
　　　　　　张夫也　王立端　戴晋明　廖　军　王　琥　李豫闽　过伟敏　顾　平
　　　　　　王　强　李　岗
执行主编　王　琥
编务统筹　张明山

中国少数民族设计全集编辑工作委员会

主　　任　刘伟冬
编　　委（排名不分先后）
　　　　　　王　琥　王　峰　王　强　王立端　王浩滢　白　波　过伟敏　许　星
　　　　　　许边疆　李　岗　李　丽　李豫闽　成光虎　肖　飞　余　强　汪传跃
　　　　　　罗　力　杨明朗　陈　述　陈见东　邱　珂　胡万明　顾　平　郑　静
　　　　　　郭立忠　姬　莹　张夫也　张泽国　张明山　张秋平　张耀引　梁盛平
　　　　　　樊　进　谢　玮　熊　伟　熊　微　熊建新　蔡克中　葛　芳　鞠　斐
　　　　　　魏　洁　廖　军　戴晋明

中国少数民族设计全集出版工作委员会

主　　任　胡彦威　周　伟
执行主任　姚　军　欧京海
编务统筹　阎卫斌　周小龙
编　　辑（排名不分先后）
　　　　　　王新斐　史美珍　冯　昭　冯灵芝　吉　昊　吕绘元　刘小玲　任秀芳
　　　　　　孙　琳　孙宇欣　李广洁　李建业　李　靖　员荣亮　张小芳　张志杰
　　　　　　张书剑　何赵云　陈俞江　吴春华　武　静　周小龙　柳承旭　郝文霞
　　　　　　赵　玉　赵晓丽　席　青　秦继华　高　雷　郭向南　阎卫斌　崔人杰
　　　　　　傅晓红　蔡咏卉　翟丽娟　樊　中　薛正存　魏　红　魏美荣
整体设计　谢　成

中国少数民族设计全集·白族

本册著者　　王　强　　潘春宇　　杨伟林（白族）　　华建业
　　　　　　　　龙飓寰　　张婵媛
民族顾问　　谭自安　　谭家乐　　覃自昆
参与撰写　　何卓嫔　　赵思颖　　王　英　　魏溥均　　张亚堃
　　　　　　　　萧　倩　　黄心怡　　胡梦璟　　王澍晨　　熊　婷
　　　　　　　　戈珊珊　　尹　玥　　李　瑞　　束立茹　　刘　宁
　　　　　　　　孙仁宇　　刘杰欣　　何郭萌　　陈振益　　温清格
　　　　　　　　项　李　　方玉林　　夏　玲　　邢楚君　　罗　青
　　　　　　　　谢斯彦　　王　坤　　葛秋瑒　　谢　润

求同存异　和合共荣

刘伟冬

中华民族，是一个由56个民族组成的大家庭。在漫长的文明发展史中，汉族和各少数民族都为中华文明的繁荣发展贡献了自己的聪明才智。纵观中华文明史，其实就是一部各族群之间"求同存异，和合共荣"的文化演进史。

从根子上讲，4000年前的"中国"，仅指北方中原地区，居住在这里的相传是上古时期黄帝部落和炎帝部落的后裔，故而自称"炎黄子孙"。其时的"中国"，不过是黄河中下游（西起陇山，东至泰山）区域。在千年发展与民族融合之后，尤其是晋末"衣冠南渡"，南迁的中原汉族与南方百越民族彻底融合，来自北方的鲜卑等民族融入汉族，使汉族前所未有地壮大发展，逐渐形成后来疆域辽阔、人口众多、物产繁盛、文化昌明的中华民族的主体族群。特别值得强调的是，自从作为一个民族整体之后，中华民族就从未中断过自己的民族发展史——这在世界历史上是硕果仅存、独一无二的。

中华民族具备兼容并蓄、虚心好学的民族天性。仅以设计学范畴的事例讲：在数千年文明发展历史中，中华民族在不断向外输出优秀的文明成果（如烧造之陶瓷砖瓦、营造之榫卯斗拱、织造之丝绸刺绣、锻造之"失蜡"分模等），影响全人类的日

常生活与生产方式的同时，也不断地吸纳域外各民族的优秀文明成果，如汉魏之印度佛教和西域音乐、隋唐之西亚服饰和家具、宋元之东洋印染和漆艺、明清之西洋机器与建筑……在中华民族内部，这样的文化交流更是从未停止过，而且是风生水起、枝繁叶茂，愈发流畅、深入，中华民族各族群之间"求同存异，和合共荣"的文化大演进，共同创造了中华民族极为灿烂辉煌的造物文明历史。仍以设计学范畴为例：原本是匈奴人发明的单足绳圈，被晋代的汉族人设计成铁质双镫；最早是鲜卑人原创的毡毯卷边，被晋代的汉族人改造成"高桥马鞍"，这宗中国式马具设计案例，被誉为"13世纪中国传入欧洲的最重要文化成果"（李约瑟语）。再如，西域（今新疆地区）是全世界最早的皮靴生产地，哈尼族为主的红河地区出现了全世界最早的梯田。再如，全世界最早的"干栏式建筑"和全世界最早的稻米人工育种、栽培，均起源于长江中下游的百越地区；全世界最早的竹藤编结器物起源于闽越地区……由中华民族共同创造、发明，后来又影响了全人类文明进程的优秀造物设计案例很多，不胜枚举。几千年中华民族的文明史，就是各种文化多元融合、共同发展的最好例证。不了解中华民族内部各族群的文明交流史，就无法真正理解中国文化史，也不能理解为什么中华民族总是能在逆境中成长强大。甚至可以说，能否完整地理解中华民族的文化史，是检验每一个当代中国知识分子（特别是文史哲专业的学者）文化立场的"试金石"。

随着改革开放的逐渐深入，各民族地区的经济与社会状态已发生了天翻地覆的变化。令人遗憾和担心的是，由于各地区政策执行力度不平衡，保护措施不得力，少数民族的文化特性正在逐步衰退，有些地区的少数民族文化特征甚至已经消失殆尽，仅仅

存在于徒具形式，充满口号、标语的民族文化村旅游景点中。有学者预言，再不加快整理抢救工作，中国的少数民族可能在物质形态和文化内涵的特征上，若干年后将不复存在。

从少数民族地区反映古代中国社会某些面貌的文化遗存看，这些少数民族之所以一直与汉族地区差距巨大，存在多方面的原因，其中历代汉族统治者对少数民族的歧视政策是主要原因。此外这些地区本身就处于偏僻荒地，不是沙漠就是山区，自然条件远不及汉族聚集地区，社会发展水平滞后。20世纪50年代，有相当比例的少数民族在当时仍处于原始农耕社会或奴隶制社会，不要说通电、通水、通汽车，不少人一辈子连铁器长什么样都没见过。部分少数民族聚集地的各种自然条件也较差，缺肥少水，基本生活来源，一靠老天爷恩赐的"望天收"农作物；二靠家庭手工作坊制作些竹藤编结物和土织、土陶等土特产来换取粮食；三靠养猪、兔、羊和鸡、鸭、鹅等家禽来换取日用品，如灯油、农具、衣物和油盐酱醋等；四靠为土司、头人和大户们出卖劳力（社会底层奴隶身份），年老即被抛弃。中华人民共和国成立后，党和政府在这些地区实行社会主义改造，打倒以土司、巫师和头人为首的剥削阶级，将土地和生产资料一律收归集体所有，解放了全体少数民族民众，使他们历史上第一次有了自由劳作和生活的权利。

中华人民共和国成立之初，党和政府就高度关注民族事务问题，为如何保护、关心各少数民族制定了一系列方针、政策，也为当代中国社会处理民族问题、保护民族文化树立了光辉典范。中央人民政府政务院于20世纪50年代初发布了《关于民族事务的几项决定》，为新中国民族政策奠定了最初的思想基础，其主要内容是：一、各大行政区军政委员会（人民政府）须指导各有关

省、市、行署人民政府认真推行民族区域自治及民族民主联合政府的政策和制度，并随时向政务院报告推行经验，请示者须事前向政务院请示。二、各大行政区军政委员会（人民政府）须指导各有关省、市、行署人民政府认真并有计划地实行政务院在1950年颁发的《培养少数民族干部试行方案》，并将该项工作进行情况定期加以检查，每半年向政务院报告一次。中央民族学院及西北、西南、中南各军政委员会和新疆省人民政府的民族学院，必须依计划实行，并向政务院报告。三、政务院于1951年下半年适当时间将同时召开有关少数民族的卫生、教育及贸易三个专业会议，责成政务院文教委员会、中财委指导中央卫生部、教育部、贸易部开始筹备，并责成中央民族事务委员会协助进行。有关部门如农业部、文化部也须派人参加。四、责成中央人民政府各委、部、会、院、署、行注意建立有关民族事务的业务。五、在政务院文教委员会内设民族语言文字研究指导委员会，指导和组织少数民族语言文字的研究工作，帮助尚无文字的民族创立文字，帮助文字不完备的民族逐渐充实其文字。六、扩大中央民族事务委员会委员名额，责成中央民族事务委员会提出补充名单的建议，并于1951年下半年召开中央民族事务委员会扩大会议，检查与总结关于推行民族区域自治及民族民主联合政府的经验。

20世纪50年代，中央人民政府和政务院，曾多次组织"中央慰问团""土改工作队"和"普查工作队"等，花费大量人力和物力，深入各少数民族地区，进行了大量较为翔实的社会历史调查。50年代这轮由政府统筹、由中央民委组织行政领导和人类学、社会学专家学者以及民族同志组成工作队与考察队的少数民族大考察活动，1953年正式启动，1956年结束（个别地区延期至1958年才结束）。直接成果之一，就是为1956年国务院公布的55

个少数民族的正式定名和划分,提供了可靠的依据。

从当时考察的资料看,各少数民族的社会发展水平参差不齐,不少民族呈现类似汉族曾经历过的各种历史发展状况,为我们今天考察、了解并研究过去的历史以及各学术分支问题,提供了绝好的活体范本。比如以"设计发生学"研究为例,以山寨(村落)为主的初级社会组织形态,原始手工业在农耕环境中的地位,原始造物的手工技艺与设备、工具等,都是我们极感兴趣的研究对象。

在西北、西南和东北各少数民族聚集地区,有些古时流传下来的本民族手工造物技术,迄今仍保存良好。其吸收了汉族和其他兄弟民族的技术长处之后演变出来的各时段手工造物技术,则印证了各民族互相融合、取长补短的史实。更有些原始手工艺,特别具有艺术和历史研究价值。以维吾尔族人为例,本世纪初,笔者在新疆喀什城艾格孜艾日克老街看到几样手工艺绝活:其一是整条街的维吾尔族乐器店,除了热瓦普、曼陀林和冬不拉等少数维吾尔族知名乐器外,全是些笔者叫不上名来却似曾相识的弹拨乐器和拉弦乐器,于是从心里认可了"西域古乐成就了中国传统民乐"这句话所言不谬。其二是亲眼所见一个拖着鼻涕的不到10岁的维吾尔族小男孩,拿着电砂轮在铜壶上信手飞快地刻着精美细腻的图案,一不要底稿,二没有图纸,真是佩服得五体投地,也相信了"汉族人长于热铸,西域人长于冷锻"这个说法。其三是在喀什近郊著名的大巴扎"金器一条街"上看见近百家金店生意红火,家家门前毡毯上都围坐着一群金店伙计和顾客,正在热烈讨论、共同设计着花样繁多的未来金饰嫁妆,感受到了"中国传统样式的金银首饰工艺,最富有创意的设计和最先进的工艺制作,原来在维吾尔族人手里"这句大实话。还有,笔者

求同存异 和合共荣

在云南景洪县城集市上，曾亲眼见过景颇族老乡用古老的"焖烧法"烧出的红彤彤的土陶——跟笔者一知半解的仰韶彩陶的烧制工艺几乎一模一样。还有，笔者在大西北甘陕宁各省亲眼所见的回族、保安族、裕固族和东乡族老乡巧手做出的那些花样繁多、样式复杂的面塑造型，真是个个精妙绝伦。这方面的事例实在太多了。

50年代的少数民族地区社会大普查，以及半个多世纪以来社会各界对其丰富而珍贵的考察、研究，意义深远，价值极为重大。这些地区客观上保存的较为完整的、与数千年前中国原始社会最初形态近似的许多社会特征，为我们研究社会的最初形态形成和当时的经济、文化、政治的基本状况以及"设计发生学"的相关课题，提供了珍贵的类型学"活化石"范本，价值非凡。改革开放以来，这些少数民族地区也获得了前所未有的巨大发展，人民生活日新月异；但与此同时，少数民族地区的民族性在不可避免地愈发衰减、退化，甚至消失。如果我们再不采取保护措施，若干年后，各少数民族的许多宝贵民族文化遗产将无法挽救地彻底消亡，这部分同属于全人类精神财富和中华民族集体智慧的宝藏，我们将再也看不到了。

在"设计发生学"问题上，我们一向秉持文化多元论的观点，认为人类文明是全世界人民共同创造的，各国家、地区、民族均做出过大小不一、形态各异的贡献；同理，中华民族的灿烂文明是中国的各族人民共同创造的，每个民族都对中华传统文化做出过贡献，也都应当得到尊敬和肯定。中国的各少数民族在中华文明漫长的演化过程中，都曾经以自己独特而充满智慧的文明成果，补充、完善甚至改良着中华文明。比如，古代西域的龟兹古国各民族创造或引自西亚的弹拨乐器和拉弦乐器以及音律、曲

式，彻底改造了中国古代音乐，新创作出代表中国古乐精髓的江南丝竹；南疆的维吾尔族和北疆的哈萨克、塔塔尔、塔吉克等族首创了制革术，并引进古波斯革皮书籍装帧术和制靴术、制毡术、毛衣编结术；海南岛的黎族率先种植棉花并纺织棉布，传入内地后棉织业逐渐形成中国古代手工行业的"天下第一营生"……保护少数民族的民族文化特性，就是保护我们的历史遗产，就是传承我们的文明。我们应进一步发扬文化兼容的优良传统，把振兴中华的百年民族复兴梦，逐步落实为将大中华建设成为中国各民族共同拥有的美好家园。

由上千名来自全国各高等艺术院校的教授、研究生组成的55支团队参与编撰的《中国少数民族设计全集》（55卷），正是有识之士基于对各少数民族的民族文化特性正在快速衰减、消亡的严重现实问题的深切忧虑而进行的抢救、发掘、整理中国少数民族文化遗产的重要文化工程。经过两年精心筹划，六年努力写作，在国家出版基金管理部门的支持下，在山西人民出版社和人民美术出版社的策划和组织下，目前《中国少数民族设计全集》的书稿编撰工作已基本完成，即将付梓。在长达八年的漫长过程中，全国兄弟院校各团队涌现出的各种可歌可泣的事迹经常感动着笔者，并不时鞭策着全体作者克服千难万险，一路向前。有的分卷作者身患绝症仍不眠不休地忘我工作，有的分卷作者遭遇各种意外仍坚持工作。特别是，很多民族同志公而忘私、不计较个人得失，有人不惜将自己赚钱的企业关张歇业，全身心地投入各自所负责分卷的繁重编撰工作中；有人义无反顾地将自己珍藏多年的本民族实物、资料和研究成果无偿提供给相关分卷作者。大家万众一心，克服各种复杂得难以想象的困难，以确保这部凝聚了众人八年心血的巨著，能按计划如期完成。借此机会，笔者谨

  代表本丛书编委会全体成员，向领导、编辑和作者们表示衷心的感谢！

  作为一项文化创举，笔者深信《中国少数民族设计全集》必将在未来岁月的长期检验中，愈发显现其非凡的、独特的文化价值。

2017年夏季于南京

前言

白族的传统造物具有多样性的特征,广泛应用于白族的生产、生活、交通及宗教等诸多领域,为白族的生存和发展提供了物质条件。白族器具的设计不仅集中反映了白族人民淳朴的造物技艺,也从侧面体现了白族社会文化、生产技术、审美艺术的发展以及传统造物的设计风格及演变规律。白族的传统造物,是白族文化积淀的物化形式,蕴含着白族人质朴的设计观,反映了白族传统造物设计因地制宜、择材施技的特征,其服务于民众的生活和需求,为白族及其他民族传统造物设计的传承与发展,提供了灵感和启迪。

一、白族民族志

(一)白族族源

对白族族源的讨论,目前学术界有几种说法。白族基于本民族长久以来的社会经济发展以及对汉族和其他文化的吸收与融合形成了其民族共同体[1]。原因如下:第一,洱海地区的考古材料表明,旧石器时期这里已有人类分布,并认定为土著居民。第二,与其他藏缅语民族的语言和文化进行过比较,结果表明白族也属于古氐羌族群(原聚居在青海、甘肃等地)的一支,而后迁至洱海地区。第三,"在大理国时期,云南出现了白族化过程,……明洪武十四年

---

[1] 大理白族自治州地方志编纂委员会编纂.大理白族自治州志[M].昆明:云南人民出版社,2000.12:39.

（1381年）……在云南实行大规模的汉化政策"[1]。该政策使得外来汉族文化对白族文化产生了一定的冲击力。除汉族人民大量融合于白族外，其他少数民族人民也有部分融入白族中，因而白族呈现出多元文化融合的倾向。

白族的称谓，随着历史上各朝代的更迭而出现不同的具体称呼。在汉文文献中曾出现过公元前4世纪末叶秦汉时期的"僰人"，公元前2世纪的"滇僰"，魏晋时期的"叟"，唐代的"爨"，明代的"民家"等称谓。中华人民共和国建立后，根据广大白族人民的意愿，人民政府于1956年确定其族称为"白族"[2]。

南诏国统治云南地区两百多年，使洱海成为云南的经济政治与文化中心，洱海地区的人们有了逐渐趋于一致的语言与风俗习惯，逐渐形成较为稳固的族群。由白族先民主导，建立了"大天兴"、"大义宁"短暂的政权，最后形成以白族为主的"大理国"封建政权，白族共同体得以形成[3]。

（二）"铁柱会盟"与"苍山会盟"——白族的形成

白族的形成经历了漫长的认同、融合、兼并时期，经历战争后才最终形成，主要经历了两个里程碑。

"铁柱会盟"是白族形成的第一个里程碑。洱海地区的"乌蛮"与"白蛮"实现兼并或融合，形成了洱海民族，这是白族形成的最初阶段。唐贞观二十年（646年），末代白子国国王张乐进求在今巍山、弥渡一带的铁柱庙举行了一次部落联盟首领会议，在白国

---

[1] 中国科学院民族研究所云南民族调查组，云南省民族研究所编.白族简史简志合编（初稿）[M].北京：中国科学院民族研究所，1963:25.

[2] 赵怀仁.在理民族文化研究论丛[M].北京：民族出版社，2004.11:39.

[3] 同[1]

范围内的三十七部落首领参加，有强大的九大部落进行盟誓。盟誓的主要内容从政权上看是大封民国（南诏）兼并白国，即"南诏继而白国绝"；从部族来看，实质上是"白蛮"兼并了"蒙舍蛮"，从国号定为大封民国到语言、文字、制度、风俗都采用"白蛮"的，主要军政教职位都由"白蛮"掌控。这次会盟为南诏的发展壮大奠定了基础，也使得白族顺利地在洱海区域形成[1]。

"苍山会盟"是白族形成的第二个里程碑。南诏统一洱海区域及多次迁都的过程也是以排挤、兼并等剧烈形式促进白族的巩固和发展的过程。这一时期，白族中已有大量汉族人员流入，也融入了昆明、僰人、哀牢三部族。南诏统一爨区，以兵围胁"西爨蛮"，迁二十万户到滇西，又以王世子蒙凤伽异率洱海军民东下滇池区域，置拓东城，"居二诏，坐镇抚"的有力措施，实现洱海区和滇池区的各部落的融合，白族东西各部的统一过程也因南诏政权的直接干预而加速。例如以白语命名的地名"塔密苴村"出现在滇池边，也表明白族已发展到滇池区。李调元《滇载记·序》中记载："七姓者，张氏、蒙氏、郑氏、赵氏、杨氏、段氏、高氏，即史称西南夷靡莫之属也。"贵州省内的白族自称"七姓民"，说明至迟在元明之际白族已成为跨省而居的民族[2]。

"铁柱会盟"与"苍山会盟"造就了今天的白族，形成民族活动的区域格局，也对本民族文化特点的形成、民族风俗的丰富、宗教信仰的确定有着直接的意义。白族的形成虽是在南诏时代，然而白族的发展与繁荣时期则是在大理国时期。在这一时期，白族这一新兴的

---

[1] 赵怀仁.在理民族文化研究论丛[M].北京：民族出版社，2004.11:39.

[2] 赵怀仁.在理民族文化研究论丛[M].北京：民族出版社，2004.11:40.

部族，在经济方面得到了很大的发展，在文化方面也取得了很高的成就，而其最突出的表现，则是在"白文"和宗教两方面[1]。

（三）今天的白族

白族为我国西南边疆地区的少数民族，2000年人口普查资料显示，总人口约185万[2]。白族主要聚居在云南省西北部大理白族自治州，属于云南的心脏地带，从经济优势上看，这一带土壤相当肥沃，自古就十分富庶；从文化程度上看，这一带地区汉化程度最深，文化最具建树；从交通运输上看，这一带是云南通向各方的核心区域。除了主要聚居区大理白族自治州以外，云南省其他地州、湖南省、贵州省、四川省、湖北省也有白族世居人口分布。

考古挖掘证明，从远古开始白族的居民就在这里繁衍生息，并在4000多年前就开始了水稻种植与渔网捕鱼，在长期的农业与渔业生产过程中，积累了丰富的种植与捕捞技术和经验。近现代以来白族人民生产方式不断得到改进，生活方式也发生了巨大变化，畜牧业、手工业、现代工业逐步发展起来。同时，白族地区建筑业发达，云南省内众多知名的建筑大多出自白族工匠之手。各项传统生产习俗获得很好的继承与发展，提高了人民的生活水平，也成为白族社会、经济发展的重要产业。

二、白族文化生态

（一）白族生产生活形态

白族自古以来从事的就是以水稻为主的农业生产。远在距今约4000年前，生活在洱海周围地区的先民，已经形成了定居的生活方

---

[1] 杨堃.民族与民族学[M].成都：四川民族出版社，1983.12:150.

[2] 据国家民委网站提供的数据，至2000年白族人口普查数为：185.81万人，其中：男性94.71万人，女性91.10万人。

式，广泛使用石斧、石刀等石器和陶器。白族耕地分为水田和旱地两种。平坝地区的水利条件优越，以耕种水田为主；半山区和雨水较少的地区则主要耕种旱地。白族的农业耕种技术普遍较高，讲究精耕细作和田间管理，重视节令安排与施肥。此外，白族的手工业也甚为发达，尤其是白族的金属冶炼和锻造技术，早在2400多年前已有了一定的成就。白族地区较为著名的纺织、刺绣、制盐、大理石制品、木雕、银饰、扎染、竹草编等，无论是品种还是制作水平，在云南少数民族中都是首屈一指的。近现代以来，白族生产方式在保留传统特色之外，因为交通便利与所处位置的特殊，伴随着东西方文化交流的繁荣，也更具现代意味。

白族服饰崇尚白色，辅助搭配其他色彩，强调色彩对比，挑绣精美，一般都镶边花饰，装饰繁而不杂。白族聚居在平坝地区，农业生产以农业为主，兼营渔业、畜牧业。饮食多以大米、小麦为主食，猪肉为主要副食，偏爱冷、酸、辣口味，好喝茶。白族民居多为土木结构或石木结构的三开间两层楼房，主房多坐西向东，建筑物强调建筑的艺术装饰性，院落中多建照壁。白族生活中婚嫁丧葬与各种节日，有各种对应的礼仪习俗，现在虽然随着时代的发展有很大的改进，但至今仍保留着浓郁的民族风格。

（二）白族宗教与民俗

白族地区的宗教信仰较为复杂，反映了其宗教文化综合性的特征。早期的原始宗教即自然崇拜、图腾崇拜和祖先崇拜等有不同程度的保留，一般来说，在社会发展较快的大理坝区，原始宗教的影响已大为削弱，然而在大理白族自治州的山区以及怒江等社会经济发展较为后进的地区，原始宗教信仰仍然较为盛行。总体而言，各地白族都信仰本主、佛教、道教，这三种宗教信仰相互影响、相互融合，可看作是白族宗教信仰的重要特点。

　　本主信仰是白族具有鲜明民族特色和地方特色的一种宗教信仰。本主崇拜源于原始社会的社神崇拜和农耕祭祀活动，在南诏时期已经形成，历经数百年的消化和吸收，逐渐形成了具有丰富文化内涵的本主崇拜格局。本主信仰有专门的宗教组织团体领导、组织，也有固定的集体组织活动。此外，南诏初期道教、佛教相继传入洱海区域，儒家思想亦不断输入，本主崇拜能够吸收、包容多民族多宗教文化。本主崇拜在千百年的发展进程中积淀了丰富的民族传统文化，本主崇拜及其节日活动是白族人民的重要文化娱乐活动。

　　白族传统民俗活动具有浓郁的民族风韵，表现在节庆、娱乐、婚丧嫁娶以及其他生活的方面。白族的节日众多，按其活动内容和起源，大体可分为时令农事节日、祭祀宗教节日、纪念节日、庆贺节日、社交游乐节日和物资交流贸易会等种类。

　　在众多的节日中，有些是白族的传统节日，它伴随着白族先民对自然界的认识和精神文化活动而产生，并随着白族共同体的形成和发展而逐步形成，经过长期沿袭演变，最终形成有鲜明白族特色的传统节日。白族有些节日是由于历史上与汉族和其他少数民族经济文化的相互交流和民族人口的融合，吸收了汉族和其他少数民族的节日，经历长期流传，融入了一些白族文化，使这些节日从形式到内容具有一些白族的特点，例如春节、火把节等。

　　白族的节庆娱乐都伴随音乐与舞蹈。节日"栽秧会"是以加快栽插为目的，在栽插水稻最忙的芒种到夏至时节，组织的一种与生产相结合的娱乐活动。盛大的"绕三灵"是大理白族人民隆重的民间歌舞活动，每届会期白族男女老少都会穿上节日盛装，弹着乐器边唱边舞，展开各种祭祀神灵的文艺活动。

三、本卷选编的内容

　　本卷选取白族传统造物149个案例，展开设计学解析。这些案例

涉及了白族传统生活、生产的方方面面，包括了传统建筑、传统餐饮、传统服饰、传统生活用具、传统生产工具、传统手工艺、传统民俗和宗教造像七大部分内容。

"白族传统建筑"部分，选取了喜林苑门楼、杨宅无厦门楼、三滴水门楼、严家大院无厦门楼、三滴水照壁、三坊一照壁、两坊两耳、一坊一耳、六合同春、四合五天井、堂屋、土库房、跑马墙、崇圣寺三塔、美人窗等建筑物及建筑细部共15个案例。这些案例包括了大理白族民居空间构成的要素：门楼、照壁、房屋等。大理白族民居空间布局的类型包括：（1）一坊一耳建筑样式。大理白族一坊一耳式民居是由一坊正房和一侧耳房组成，形成一坊一耳建筑样式。一坊一耳民居在空间的划分上可分多个空间，分别为储物区、会客区、居住区、休闲区和公共通道等。每个空间既相互联系又相互独立，分工明确，各尽其职，满足了家庭生产、生活之用。（2）两坊两耳建筑样式。大理白族两坊两耳式民居是由一坊正房，一坊厢房和正房两侧耳房组成。两坊两耳是在一坊两耳的基础上加建一坊厢房演变而成。此类民居在大理白族地区极其普遍，虽然面积不大，却非常经济适用。在空间布局上，两坊两耳式民居增加了会客空间，增强了功能性。（3）三坊一照壁建筑样式。大理白族三坊一照壁民居是由一坊正房，两坊厢房和一座照壁围合组成，正房两侧设有耳房，是白族传统民居的典型院落。（4）四合五天井建筑样式。大理白族四合五天井民居是由一坊正房和三坊厢房围合而成的四合院，院内四角各建一耳房，耳房和四坊房屋相交形成的四个漏角天井与正中院的天井共五个天井，故称"四合五天井"，是白族民居中典型的布局形式。四合五天井民居的空间布局稳重且方正，是仕宦、商家喜爱的一种建筑形式，以院内中央天井为中心，形成纵横轴线对称的平面布局，依照轴线层层深入，由公共性空间

逐渐进入相对独立私密的空间，增加了民居的安定性和安全性，也营造出相对安静的生活环境。（5）六合同春建筑样式。六合同春是由多个院落组成的重院形式，大多由三坊一照壁和四合五天井这两种院落形式组合而成。"六合同春"是白族民居中经典的院落形式，包含着白族人民对美好生活的向往。六合同春民居通过公共空间，半公共空间以及私密空间的划分，满足家庭日常生活起居、生产劳动、休闲娱乐等功能。从一坊一耳到六合同春，大理白族民居存在许多的共性：第一，平面布局采用规则的长方形，有明确的中轴线，讲究格局的对称性；第二，功能空间齐全，特别是作为公共空间的天井和过渡空间的檐廊一直保留，使得交通流向主次分明，层层深入；第三，正房、厢房、耳房之间既相互独立，又相互联系，形成对立统一的民居空间。

"白族传统服饰"部分，包括了白族传统服装和白族传统首饰两大类别，共30个案例。白族传统服饰方面，选取了鹤庆甸南新娘上衣、周城新娘上衣、周城新郎上衣、喜洲妇女偏襟马甲、上关镇妇女偏襟马甲、剑川三河少女披肩、妇女"绕三灵"长裤、男长裤、鹤庆新华少女围腰、宾川籽村少女围腰、者摩妇女围腰、绣花围腰、大理坝区妇女帽子配饰、挖色赶会帽子配饰、绣花牌坊童帽、挑花方巾、扎染方巾、绣花裹背、绣花香包、绣花口水兜共20个案例。这些案例以服装为主体，以鞋、帽、包等为辅，体现了白族因地制宜、兼具功能与美观的服饰审美理念，诠释了白族鲜明的地域服饰文化特色。不同地区的白族妇女服饰各有不同，款式种类繁多，样式各异，其中头饰更是如此。大理女子的"风花雪月"头饰；鹤庆地区的蓝色或黑色的头巾；剑川地区未婚女子的小帽或布满玉兔银泡的"鼓钉帽"或"鱼尾帽"等等，有着支系与地区之别、已婚与未婚之别、老年与青年之别，它是最具白族服饰特征的

代表性饰品。白族女子着装基本由头饰、上衣、领褂、围腰、长裤几个部分组成。上衣多为嫩黄色、白色、浅绿色或湖蓝色，外套为红色或黑色坎肩，右衽结纽处挂"三须""五须"银饰，腰系绣花或深色短围腰，下着蓝色或白色长裤[1]。通常白族女子服饰挑绣镶饰精美，色彩对比明快，上衣头饰花哨俏丽，下装朴实简洁，而不同分支的白族妇女服饰也有较大差异，或上下服装为统一色调；或配饰多色块、多材质对比中寻求和谐。大理地区白族男子着装基本由包头、上衣、领褂、腰带、长裤几个部分组成。上衣多为白色对襟上衣，外套镶花边的黑领褂或羊皮领褂，头缠白色和蓝色大包头，下着白色或浅蓝色宽裤衩，系拖须腰带，肩挎工艺考究的绣花挎包。白族服饰崇尚白色，以白为贵，总体而言较为素雅，款式多样、图案古朴、工艺精湛。

白族传统首饰方面，选取了包括箍铜翡翠发簪、翠叶耳坠、银三须链、银三层三须串链、鎏金银五须串链、银镶宝蝶形发钗、银镂花刻文吉祥锁、银刻花开口手镯、银丝编扭开口圆镯、银坠锁项圈共10个案例。白族人喜爱佩戴各种装饰品，因制作原料的不同、加工手法的差异，其材料和形制也呈多样化发展，例如银镶宝蝶形发钗，造型以蝶身为中轴线左右对称，镶嵌在钗首的玉片和宝石颜色各不相同，有宝石绿、蛙绿、紫红、朱红、深蓝、橘黄，蝶身和钗针呈45度角焊接，当发钗水平插入盘发时，蝴蝶头部斜角朝上，给人感觉欲展翼翩飞，富有生机。白族人民普遍重视银质饰品，一部分原因是战争年代留下的习俗，银子可随身携带便于迁移，同时也是财富、地位的象征。例如银丝编扭开口圆镯，表面肌理为单纯

---

[1] 刘瑞璞，何鑫.中华民族服饰结构图考·少数民族编[M].北京：中国纺织出版社，2013.08:282—301.

的编织纹样，具有强烈的装饰美感，手镯造型简洁，手感舒适，编扭的手镯象征团结友爱，相互依存，适合白族人日常生产劳作时佩戴，体现了造物者充分考虑首饰使用场景和器物的适应性要求。白族银制饰品款式繁多，或简约复古、或秀丽典雅，它不仅是地域文化的外在反映，更是千百年历史的内在沉淀，具有重要的历史和文化参考价值。

"白族传统餐饮"部分，包括了白族传统饮食器具设计和白族传统菜式及食材造型两个部分共20个案例。主要选取了食具和厨具包括鹤庆铜锅、铜茶壶2个案例；传统菜式包括弥渡卷蹄、三道茶、土八碗、砂锅鱼、生皮、油爆虾米、邓川乳扇、吹肝、酸辣鱼、饵丝、雕梅、弥渡酸腌菜、木瓜鸡、诺邓火腿、喜洲粑粑、玫瑰糖、油炸臭豆腐、糯米蒸糕18个案例。这些案例是白族人民日常餐饮的常见菜式和制作、盛放食物的器具。白族人烹饪技艺全面，注重饮食多样化和营养的合理搭配，从口味上来看，白族饮食偏"酸辣、咸鲜"，常用的烹调方法有凉拌、煮、炒、蒸、炖、煎、炸等。白族人民擅于赋予饮食多样的意义，例如白族用三道茶来招待贵客，第一道苦茶，是因烤茶煮出的苦味而得名。第二道甜茶，是用糖和核桃仁混合在茶水中有香甜味，故为甜茶。第三道回味茶，是用姜丝和花椒末等调和，味道经久不散，故取名回味茶。"一苦二甜三回味"就是人生哲理的最好诠释。土八碗是白族传统宴席中一道典型的菜谱，常用于较为隆重正式的场合。土八碗的食材包含猪肉、鱼肉、鸡蛋、木耳、白萝卜、白豆、笋干、豆腐、粉丝等，制作过程汇聚了煮、炒、炖、蒸、氽、炸、煎、腌等各种烹饪手段，包括"粉蒸肉""千张肉""红肉炖""酥肉""干香"等色香味全的佳肴共同构成了白族传统经典菜肴土八碗，菜式口感与形式并重，常被用做婚礼仪式之上，用以传递喜福之气，土八碗菜式多样，搭

配得当，色泽多彩鲜艳，白族各地区的菜式略有不同，但都被白族人民赋予了吉祥喜庆的美好寓意，每道菜的名字都饱含了浓厚的感情寄托，尽显古色古香的白族传统风味。总体看来，白族的饮食无论从口味还是形式上都相对综合，这与大理地区自古以来是滇西要路，一度还是云南的政治经济中心有很大关系。大理被称为是"亚洲文化的十字路口"，这种特点在饮食方面也有所体现。从"茶马古道"到清末民初的往来商帮，大理地区一直都是人流、物流的中心。佛教的多种分支、道教、儒教等各种宗教流派也在这里交汇，这些交融体现在饮食上必然是百川汇海式的综合。

"白族传统生活用具"部分，包括了"白族传统日用杂具"与"白族传统乐器"两大类别，共30个案例。

"白族传统日用杂具"选取了木质饭桶、竹篾箩筐、双龙靠背椅、牛角龙凤梳、铜质熨斗、木质拔步床、木质交椅、竹编婴儿摇篮床、木瓢、竹木蒸笼、米斗、双耳土锅、榉木花绷、篾灯、木雕灯、彩漆竹盒、竹编茶叶箩、土陶烤茶罐、木质印糕模、戥秤共20个案例。这些案例是白族百姓所使用的传统灯具、容器、挑具、刀具、家具、梳妆用具、缝纫用具等日常杂具。

白族传统日常杂具所选用的材质以木质（11例）和竹质（5例）为主，同时也包含了土陶（2例）和金属（1例），另外还有极少量为骨质（1例）。其中木质较多，源于大理白族自治州拥有丰富的木材资源，形体较大者通常作为家居内家具、储物而设，偏重于使用的功能性，如拔步床、交椅、米斗、印糕模、戥秤等；白族木雕灯风花雪月雕刻有"风、花、雪、月"4个字及回纹图案。雕刻纹样虚实相生，均衡统一的视觉美感，体现出手工艺人细腻精湛的雕功技艺和良好的艺术修养，蕴含白族人民对美好生活的向往。竹质生活用具也居多，源于竹材取材便利，白族多用竹篾编织箩筐等容纳置

物器具，采用盘丝编、十字编、人字编、压二板编等编织方法。铜质品在白族地区金属制品中占多数，这是源于白族先民最早发现和掌握的是铜的开采和冶炼技术。

"白族传统乐器"由八角鼓、霸王鞭、迪乌里、枯鲁、芦管、唢呐、双飞燕、杖鼓、小葫芦笙、龙头三弦10个案例组成。白族音乐历史悠久，类型丰富，风格独特，民间音乐活动之频繁，规模之大，都是令人瞩目的，故在民族传统乐器的类别上也呈现出丰富多彩、个性鲜明的特征。其中，八角鼓、霸王鞭、杖鼓属于打击乐器，迪乌里、枯鲁、芦管、唢呐属于吹管乐器，龙头三弦属于弹拨乐器。在以上案例中，八角鼓、霸王鞭、唢呐、龙头三弦为木制，迪乌里、枯鲁、芦管、杖鼓均为竹制。这些乐器常见于节庆活动之中，以独奏或舞台戏曲配曲形式呈现。

"白族传统生产工具"部分，选取了平肩半叶形锄、翘肩半叶形锄、小型方形锄、特大方锄、四齿铁搭、特大钉耙、大四方薅秧耙、耰、木质弯担、二牛抬杠犁、压茶凳、饼茶机、竹质连枷、杵臼、木质肩板背架、木质手推车、木质渔船、织布机、手摇纺车、竹编鱼篓、木柄镰刀、扎染木桶共22个案例。由于白族地区手工业发达，这些生产工具一般都是本地制造的，由外地输入的很少，因此白族的生产工具比较适合当地的生产实际，同时也具有鲜明的地方特色。

在农业耕作中，平肩半叶形锄、翘肩半叶形锄、小型方形锄、四齿铁搭等都是用于农作物中耕锄草松土的，是白族农村普遍使用的中耕作业工具。平肩半叶形锄，其三角形锄板因为与土地接触的面积较小，在除草松土的效率上不及方形锄板，但也因其三角形的形制，使其锄地的力道更集中，锄地动作更为精准，减少对秧苗的伤害，是精耕细作在农具造型上的体现。翘肩半叶形锄，既可以用

于播种之前翻松土地，又可以用在秧苗长出以后去除田间杂草。其尖头锄板的设计可以使劳作者的发力更有效更集中地作用于地面，轻松处理坚硬土块，锄板的两肩上翘则有利于减少两边尖头对秧苗的伤害。四齿铁搭，齿状的造型使刨土的效率没有因其轻巧的体型而变小，碎土能力较强，让操作者使用起来，既省力又能提高翻土效率。白族的农具显示出"用力甚寡而见功多"这一朴素的设计理念，既减少了对农作物的损伤，又提高了农民的工作效率，高效的实用性和可操控性也使得这些古老的农耕器具被现代农业机械借鉴沿用。在生产生活中，白族人使用压茶凳、木质饼茶机、织布机、手摇纺车、竹编鱼篓、扎染木桶等。压茶凳，是白族人民制作沱茶的工具，一方面使普洱茶在茶马古道的运输过程中更为便捷，一方面也使其在运输过程中防止霉变、完成发酵。白族饼茶机，是制作饼茶的工具，由于茶马古道的滇藏线路途遥远、旅途颠簸，使用饼茶机来加工普洱茶，提高了茶叶的加工效率。相较于散茶，饼茶在运输中空间利用率大大增高，紧实的形态使其不易受潮发霉，同时也保证了良好的透气性。白族脚踏提综斜织机，使操作者更为省力，同时手脚协作的操作方式简化了手的劳作，提升了布匹质量，增加了图案的多样性，大幅度提高了织布效率，为布匹生产带来飞跃发展，促进白族手工艺扎染、蜡染以及白族服装、配饰的发展演进。白族生产工具的设计、使用与制作是白族人民历史传承、生活方式、文化习俗的自然体现。

"白族传统手工艺"部分，选取了山墙彩绘、六扇槅扇门、菱花纹槅扇门、方形石雕柱础、圆形瓦当、大理石影壁、木雕雀替、廊柱彩绘、大理石屏风、剑川木雕工艺、方形木质雕花窗格、石雕千狮山"狮王"、绣花鞋、布扎、瓦猫、锻造铜器、扎染布料、绣花包、木刻版画甲马、银雕瓶、纸扎、剪纸、白族土陶鳌鱼共23

个案例，并着重对其纹样展开细致分析。其中，山墙彩绘是在白色墙体上绘以黑、灰、青、土黄、石兰、赭石为主的色彩，运用丰富的色彩增加审美效果和视觉感染性。白族人民有意识地把线条、绘画、雕塑等展示在民居山墙上，装饰图案种类多种多样，如花卉、蝙蝠、卷草纹、六角形等动植物纹样和几何纹样。白族影壁常采用彩绘工艺与大理石加工工艺相结合的装饰手法，其彩绘的图形起初萌生于宗教活动，用来表达人们希望生命延续、生活富贵安康、避灾驱邪的信念，后与人们生活的关系愈加紧密，逐渐演变成极具白族特色的民居建筑装饰形式。其彩画装饰运用图案名称的谐音来暗喻吉祥，体现出白族极具民族特色的祈福文化，其独特的纹样组合方式、视觉语言、配色习惯，也体现白族人民的审美趣味。刺绣是白族世代传承的民间技艺之一，具有白族独特的民族审美和浓厚的地方色彩。白族刺绣图案一般分布于衣服的领口、袖口、裤口等区域，也会应用在配件的装饰中，如头饰、挎包、围腰、鞋、裹背等，绣满图案的饰品，意象万千，别具风采。白族扎染工艺传承至今，制作工艺悠久，是白族人民在纺织工艺上艺术性、创造性的探索，其中以周城村最为著名。白族扎染全靠手工制作，工序繁杂，且扎染的原料都选用纯天然染料，如板蓝根、艾蒿等，使白族扎染呈现出一种贴近自然的审美取向，这种虚实相生、古朴雅致的艺术效果不仅体现白族人在纺织生产中的创造力，也体现了当地人淳朴的生活理念，它所具有的艺术感染力，对现代设计的创新也具有一定的启发。白族木雕源远流长，以剑川木雕种类繁多、工艺精湛最为出名。雕花窗格作为其代表作品，其制作工艺精巧，常见的类型有方形、圆形、六角形、八角形窗格。雕花窗格作为一种建筑构件，具有阻隔空间、促进空气流通和装饰建筑的功能。白族木雕的装饰图案采用对称与均衡的构图手法，讲究节奏和韵律，对比与调

和。木雕表现题材主要有植物、动物、文字、博古、山水、几何、故事等，神仙道佛、花鸟虫鱼，表达的寓意多为驱灾辟邪、升官发财、多子多福、吉祥如意等，反映了白族人民最朴实的生活愿景。就生产与传承模式而言，剑川木雕的生产多以家庭为单元，以师徒传承制延续工艺。云南大理白族的"甲马"，作为一种民间宗教文化现象，在祭祀祷告或祈福纳祥等活动时，用来焚烧的一种木刻版画的纸符，表达了人们的巫术信仰、宗教情感等神秘观念。白族甲马的制作秉承传统工艺，分为制版和印刷两道工序，制版多选用纹理细腻的梨木、银杏木或杜鹃木为原料，雕刻工具为简单的平刃刀，印刷所用的墨为天然矿物或植物调制的颜料，色泽含蓄耐看。如今"甲马"则成为一种珍贵的民间艺术、一种独特的文化现象。白族各类传统手工艺久负盛誉，成为我国少数民族文化艺术宝库中的一颗明珠。

"白族传统民俗和宗教"部分，涉及"白族传统礼仪"与"白族宗教"两部分内容，共9个案例。

"白族传统礼仪"选取了传统婚礼、火把节、绕三灵、洱海开海节、将军庙本主节这5个案例。白族传统婚礼以大理地区凤翔村传统婚礼为例，婚礼既有外来文化的影响，又有本土礼俗的传承，仪式中长幼尊卑、伦理秩序，先祖崇拜贯穿始终，整个婚礼是乡村宗族秩序的一次集中展演和行为规范的隐性教化。火把节是白族人在秋收前夕祈祷丰收、祈求好运的传统节日，仪式的过程包括：扎火把、竖立火把、点火把、喝酒送斗神、送火把，预祝五谷丰登、六畜兴旺。"绕三灵"作为白族标志性的节日，演变到现今融拜佛念经、宗教祭祀、男女社交、歌舞娱乐为一体的群体活动。"绕三灵"参与人数众多、内容丰富、路途长远、仪式多样，是白族人在独特的地理环境和人文环境中形成的民间活动，对强化民族文化

认同感起到深刻的现实作用。开海节是大理白族人每年以开海打鱼为契机举办的节庆活动，开海节将渔民以往的捕鱼实践与当下的封海休渔相联系，结合当地本主文化和现代娱乐因素，通过该活动向渔民灌输保护洱海、遵守封海休渔规定的意识。"本主"崇拜，是白族独有的宗教信仰。本主节没有固定的日期，主要是本主生日、忌日或其他纪念性日期为祭祀日期，持续时间一般为三天，固定的程序是请神、迎神、祭祀、娱神。本主崇拜对象众多，有英雄、民间神话人物、古代传奇人物、贞洁烈女等等，名目繁多。但凡本主都能呼风唤雨，给人们带来风调雨顺，保一方平安。白族传统礼仪众多，中西交汇的时尚文化逐渐通过白族青年吸纳到白族传统礼仪中，出现了传统与现代的交融，但不少传统民族礼仪依然被保留，充分反映了其传统的延续。

"白族宗教"部分由白族九天卫房圣母及侍从像、剑川石钟山石窟南诏王异牟寻议政像、剑川大黑天神像、金质阿嵯耶观音立像4个案例组成。12世纪（宋）大理白族金质阿嵯耶观音立像作为大理国最珍贵的佛教艺术瑰宝，是目前已知最大的一件宋代纯金铸造的佛像。在整体造型上，观音面容清秀细长，头发编辫两侧垂直至肩，双目微睁，神态泰然，表情宁静，这种刚柔并济的处理使阿嵯耶观音的形象逼真传神，艺术效果独具匠心。大黑天神是大理地区继阿嵯耶观音之后最被崇敬的一尊神，很多村寨供奉为本主。大黑天神像外显其天神勇猛，内含其法性慈悲。本主九天卫房圣母名金霄，其聪慧贤能、导化生灵、抗恶镇邪为村民称道。南诏王异牟寻议政像，整个石窟人物关系错落有致，主从地位明显，气氛营造热烈，细节雕刻准确，体现了白族工匠高超的石刻技艺和杰出的创造才能，以现实主义的创作手法，通过石刻艺术的形式真实地记录议政场景，具有鲜明的民族个性和长久的艺术生命力，是为中国石刻艺术的瑰宝。

四、本卷编辑思路

白族卷的编写工作始于2013年6月，前期主要通过实地与网络调研相结合的方式搜集相关案例资料。实地调研方面，编写团队多次派专人前往云南大理白族自治州进行实地拍摄，特别是在云南省博物馆、云南民族博物馆、大理市博物馆、大理白族自治州博物馆、大理白族自治州大理非物质文化遗产博物馆、大理古城、大理市喜洲镇、大理市周城村等单位与场所，获得了大量的一手资料，实地考察路线详见《考察路线图》。同时从中国国家博物馆、云南民族大学、上海博物馆少数民族工艺馆等单位对案例资料进行了进一步补充性采集。为了更加真实地反映白族传统饮食的制作过程，编

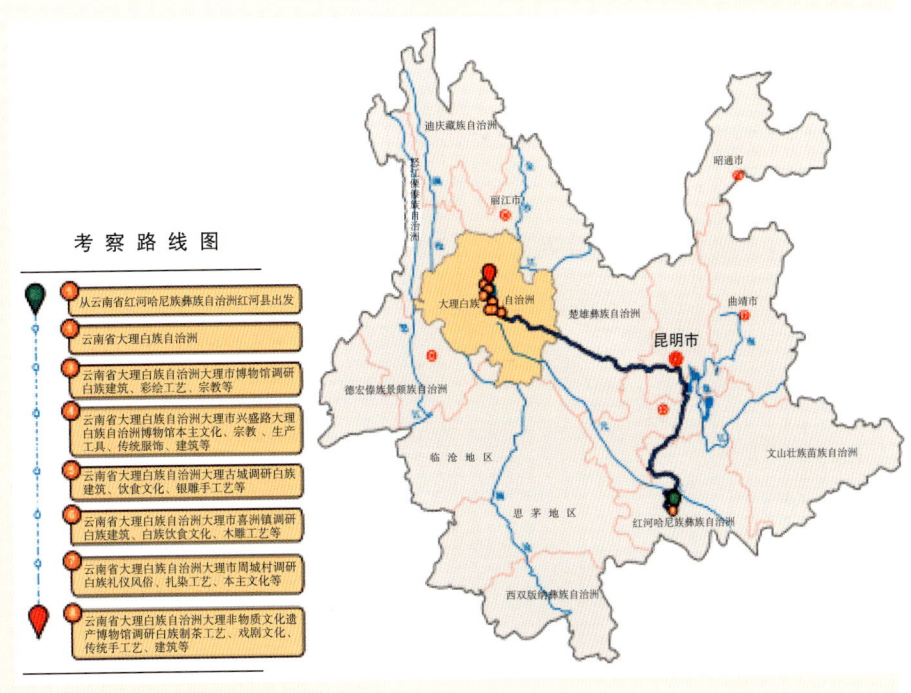

写小组还深入白族家庭和餐厅后厨，通过影像记录大量的餐饮制作流程信息。在网络调研方面，主要通过编委会提供的几家大型正规图片供应商的网络平台，进行相关案例图片及使用场景图片等信息的搜集工作，特别注意图片出处，较多地选择博物馆与展览的一手资料。同时，通过中国知网、万方数据知识服务平台、维普期刊资源整合服务平台、超星数字图书馆等学术资源库，对案例的文字资料进行了整理工作。除此以外，编写团队还购买了大量参考画册与书籍，如《白族文化志》《白族简史简志合编》《白族文化研究》《云南物质文化·生活技术卷》《农耕文化·云南农具的源流及多样性》《中国民居建筑丛书·云南民居》《白族传统民居建筑》《云南物质文化·少数民族服装工艺卷》《白族扎染——从传统到现代》《云南银饰》《白族木雕图案》《云南大理白族建筑》《千年白族村——诺邓》《大理白族自治州博物馆馆藏文物精粹》，以及《中国白族村落影像文化志》等系列图书，这些材料为项目的开展提供了必要的理论支持。

经过前期调研，编写团队共收集案例200余项，根据编写章节的安排以及案例的实际采集情况，通过层层筛选，最终敲定编撰案例149项，结合编委会的要求，分七章节进行编撰。所分七章节分别为：第一章白族传统建筑、第二章白族传统服饰、第三章白族传统餐饮、第四章白族传统生活用具、第五章白族传统生产工具、第六章白族传统手工艺、第七章白族传统民俗和宗教。

为了能够全面地反映白族造物思想与设计思维，在案例的编撰过程中，编写团队主要围绕设计学本体进行内括与延展，通过对案例造型、色彩、纹样、功能、材质、工艺等几大方面的研究，归纳整理出能够较为全面反映案例设计特征的图例与文字。具体到每个章节，案例的制图类型与分析短文内容可能略有不同。

制图方面，第一章白族传统建筑图例的编撰主要围绕建筑学相关制图规范展开，主要包括反映建筑的综合布局图（结构图、分解图），反映建筑整体规划水平的平面图，反映建筑施工方法的立面图，反映建筑自身结构的剖面图，以及其他一些反映建筑物外观、内饰等局部的细节图例。第二章白族传统服饰的制图内容主要依托服装设计相关专业制图手法，除了反映服装整体效果的主图外，还涉及服装设计专业领域内的局部分析图、开片图、尺寸图、色彩分析图等。在表现手法上，充分借鉴服装设计的专业表现技法，增加了制图的专业性。第三章白族传统餐饮的编撰内容涉及两个方面，一是具体的饮食，二是制作饮食的器具，对两者的制图略有不同。饮食方面，主要围绕制作流程展开，重点绘制原（食物）材料造型、制作步骤和最终展示效果的场景图、饮食氛围图。饮食器具方面，与第四章白族传统生活用具、第五章白族传统生产工具制图类型相同，主要围绕产品设计的相关规范展开，除了案例主图，还包括反映案例原型的建模图，反映案例各部分名称的结构图，反映案例结构特征的分解图，反映案例大小的尺寸图，反映案例制作方式的工艺分析图，反映案例如何使用的操作分析图以及反映案例使用环境的使用气氛图。第六章白族传统手工艺主要以白族传统工艺的装饰纹样为载体进行编撰，制图包括分析图、设色分析图、尺寸图、工艺分析图与使用场景图等。第七章白族传统民俗和宗教利用礼俗服饰分析图、礼俗道具用具分析图、现场效果图来还原节庆、婚嫁等白族传统礼俗，通过线描图、尺寸图、设色分析图、陈列效果图来展示白族特色的宗教。

分析短文方面，首先简要介绍案例的自然状况（名称、形态、出产地、时间、功能），然后立足于设计学本体展开，从案例的外观特色、设计风格、尺寸、各部分名称、结构、材料与制作工艺、

使用环境等方面入手，并结合制图内容来反映案例的特色。最后，对该案例在白族造物文化体系中的价值评估及设计学启迪意义两方面进行概述。

本卷的编写工作得到了王琥教授的悉心指导，从案例采选、格式、行文、注释等诸多方面提供了纲领性的建议。诸多同仁对本卷的撰写工作提出了许多中肯的建议。在实地考察过程中，大理白族自治州博物馆馆长苏金川、大理白族自治州博物馆副馆长杨伟林以及沿途各地博物馆工作人员、民间学者、手工艺人、乡民对于案例的采选和编写给了了诸多帮助，为案例的进一步完善提出了宝贵意见和建议，在此，一并表示最真挚的感谢。本卷的撰写是建立在前人研究的基础上的，他们的研究成果厘清了本卷诸多案例的研究思路，在此向本卷所引用参考文献的作者表示深深的谢意。

在白族卷编写完成后，编撰团队严格按照编撰委员会的要求进行了细致的自查自纠工作，排除潜在的知识产权隐患，提升制图的质量，规范文字的内容与格式。历时4年的编撰工作于2017年9月基本结束，编撰团队自始至终全情投入，以极大的热情与责任心对待这份史无前例的重任。尽管编撰团队查阅了大量的文献资料，进行了多次的实地考察，通过不同渠道获取了大量的一手资料，但终因学识水平有限，再加上受到案例体量与篇幅等方面的制约，无论是在案例选择的典型性方面，还是具体案例分析的全面性方面均存在诸多不足之处，难免出现疏漏与以偏概全情况，恳请广大读者批评指正。

编者
2018年9月

目录

第一章　白族传统建筑

　　白族喜林苑门楼　002
　　白族杨宅无厦门楼　005
　　白族三滴水门楼　008
　　白族严家大院无厦门楼　013
　　白族三滴水照壁　017
　　白族民居三坊一照壁　022
　　白族民居两坊两耳　027
　　白族民居一坊一耳　031
　　白族民居六合同春　035
　　白族民居四合五天井　040
　　白族堂屋　044
　　白族民居土库房　048
　　白族跑马墙　051
　　白族崇圣寺三塔　054
　　白族美人窗　058

第二章　白族传统服饰

　　白族鹤庆甸南新娘上衣　064
　　白族周城新娘上衣　070
　　白族周城新郎上衣　076
　　白族喜洲妇女偏襟马甲　082
　　白族上关镇妇女偏襟马甲　085
　　白族剑川三河少女披肩　089
　　白族妇女"绕三灵"长裤　093
　　白族男长裤　097
　　白族鹤庆新华少女围腰　102

白族宾川苲村少女围腰　106
白族者摩妇女围腰　110
白族绣花围腰　115
白族大理坝区妇女帽子配饰　119
白族挖色赶会帽子配饰　124
白族绣花牌坊童帽　128
白族挑花方巾　132
白族扎染方巾　136
白族绣花裹背　140
白族绣花香包　143
白族绣花口水兜　147
白族箍铜翡翠发簪　151
白族翠叶耳坠　154
白族银三须链　158
白族银三层三须串链　162
白族鎏金银五须串链　166
白族银镶宝蝶形发钗　170
白族银镂花刻文吉祥锁　174
白族银刻花开口手镯　177
白族银丝编扭开口圆镯　180
白族银坠锁项圈　183

第三章　白族传统餐饮

白族弥渡卷蹄　190
白族三道茶　194
白族土八碗　197
白族砂锅鱼　200

白族生皮 204
白族油爆虾米 207
白族邓川乳扇 210
白族吹肝 214
白族酸辣鱼 217
白族饵丝 221
白族雕梅 225
白族弥渡酸腌菜 223
白族木瓜鸡 231
白族诺邓火腿 234
白族喜洲粑粑 237
白族玫瑰糖 241
白族油炸臭豆腐 244
白族铜锅 247
白族铜茶壶 250
白族糯米蒸糕 253

第四章　白族传统生活用具

白族木质饭桶 258
白族竹篾箩筐 263
白族双龙靠背椅 268
白族牛角龙凤梳 273
白族铜质熨斗 278
白族木质拔步床 281
白族木质交椅 285
白族竹编婴儿摇篮床 289
白族木瓢 293

　　白族竹木蒸笼　297

　　白族米斗　302

　　白族双耳土锅　306

　　白族榉木花绷　310

　　白族篾灯　315

　　白族木雕灯　319

　　白族彩漆竹盒　323

　　白族竹编茶叶箩　327

　　白族土陶烤茶罐　332

　　白族八角鼓　337

　　白族霸王鞭　341

　　白族迪乌里　344

　　白族枯鲁　347

　　白族芦管　350

　　白族唢呐　354

　　白族双飞燕　357

　　白族杖鼓　361

　　白族小葫芦笙　364

　　白族龙头三弦　368

　　白族木质印糕模　372

　　白族戥秤　375

第五章　白族传统生产工具

　　白族平肩半叶形锄　380

　　白族翘肩半叶形锄　383

　　白族小型方形锄　386

　　白族特大方锄　389

　　白族四齿铁搭　392
　　白族特大钉耙　395
　　白族大四方薅秧耙　398
　　白族耰　401
　　白族木质弯担　404
　　白族二牛抬杠犁　407
　　白族压茶凳　410
　　白族饼茶机　414
　　白族竹质连枷　418
　　白族杵臼　421
　　白族木质肩板背架　425
　　白族木质手推车　429
　　白族木质渔船　432
　　白族织布机　435
　　白族手摇纺车　439
　　白族竹编鱼篓　443
　　白族木柄镰刀　447
　　白族扎染木桶　451

第六章　白族传统手工艺
　　白族山墙彩绘　456
　　白族六扇槅扇门　460
　　白族菱花纹槅扇门　464
　　白族方形石雕柱础　468
　　白族圆形瓦当　472
　　白族大理石影壁　476
　　白族木雕雀替　479

白族廊柱彩绘 483
白族大理石屏风 487
白族剑川木雕工艺 491
白族方形木质雕花窗格 496
白族石雕千狮山"狮王" 500
白族绣花鞋 503
白族布扎 506
白族瓦猫 510
白族锻造铜器 513
白族扎染布料 516
白族绣花包 520
白族木刻版画甲马 523
白族银雕瓶 526
白族纸扎 530
白族剪纸 534
白族土陶鳌鱼 539

第七章　白族传统民俗和宗教

白族传统婚礼 544
白族火把节 548
白族绕三灵 552
白族洱海开海节 556
白族将军庙本主节 559
白族九天卫房圣母及侍从像 563
白族剑川石钟山石窟南诏王异牟寻议政像 567
白族剑川大黑天神像 571
白族阿嵯耶观音立像 575

第一章 白族传统建筑

白族喜林苑门楼

图一 白族喜林苑门楼主图

本案例为喜林苑无厦门楼，原是杨品相先生私宅，位于云南省大理白族自治州大理市喜洲镇城北村村口，门楼高5.452米，宽3米。白族门楼根据其结构样式分为有厦门楼和无厦门楼。无厦门楼，顾名思义是无檐的大门，源于清朝末年、民国时期，是白族人民将外来文化融入本民族传统建筑中的典型。

杨宅无厦门楼有些许Art Deco的装饰形式，它主张使用直线和几何图形，讲究对称，反对古典的单纯手工艺。门楼在白族传统民居中占据重要地位。杨宅整体为典型的一进两院的三坊一照壁式院落，门楼用砖石砌成拱券状，整体造型以矩形等几何图形为主。门楼上部加以简单雕刻，线条方正，层次分明。顶部镶嵌有两小幅大理石画，以及13块椭圆形瓷片，瓷片上都有山水纹样。门楼底部用砖石砌筑，具有强烈的几何美感，显得非常简练，体现出西式建筑风格。中西文化交融的建筑风格是由于民国时期新文化运动的兴起，西方文化的传入，使门楼不再以木构为主，将砖石结构融入传统民族建筑中。门楼是白族民族建筑文化的一种物质载体，其形制与规模代表着整组建筑的等级，也是房屋主人物质和精神方面的直接体现。

杨宅无厦门楼是中西文化有机结合的产物，门楼没有突兀感，反而增加了一定的新颖性。在外形设计上体现了西方建筑学中的雕塑美学和几何美学，具有强烈的近代欧式建筑特征。白族人民不断汲取新思想、新技艺，并将其融入本民族的建筑文化中，其开放性、创新性、包容性是白族文化历久弥新的根源所在。

图片来源

图一、图四　刘翔宇　摄影

图二、图三　承恺、华建业　制图

图二　白族喜林苑门楼尺寸图

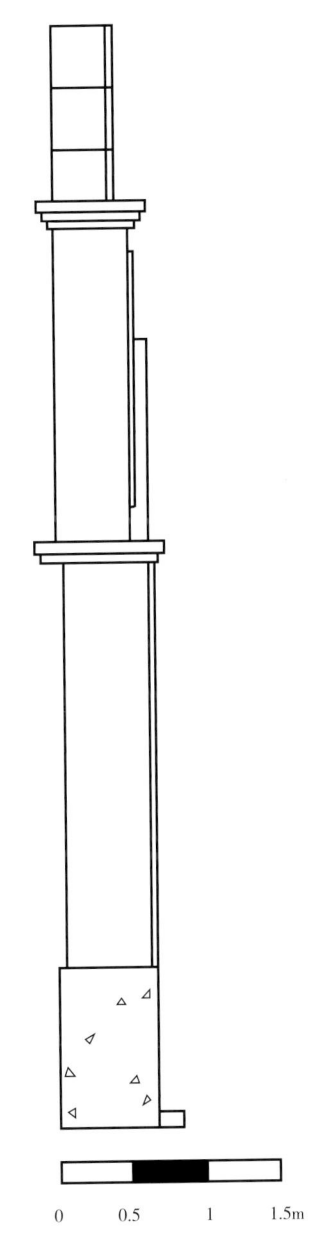

图三　白族喜林苑门楼剖面图

图四　白族喜林苑门楼细节图

白族杨宅无厦门楼

图一　白族杨宅无厦门楼主图

　　本案例为杨宅无厦门楼，原是杨贵贤宅院大门，位于云南省大理白族自治州大理市喜洲镇，高4.99米，宽2.98米，是喜洲镇当地典型的具有巴洛克式西方装饰元素的门楼。巴洛克风格的装饰特点是以曲面和椭圆形来装饰空间，追求极具动态的外形，偏好富丽的雕刻和强烈的装饰性色彩。本案例体现出巴洛克独特的风格，但在装饰细部上又透露出白族传统的装饰文化。

　　杨宅巴洛克式无厦门楼以拱券形式和西方复古主义建筑元素为主，门楼的雕刻形式及纹样左右对称，上部三块不规则区域内饰以类似葡萄纹样装饰，现剥离较为严重。大门两侧各雕刻一只石狮，左侧现已损毁，右侧石狮保留较为完好，尚能反映出石狮形象。门楼中部有波浪形的雕刻装饰，下部两侧用线条简单雕饰，筑石柱。原有的红色墙体装饰现已剥落，略显沧桑斑驳，依稀可见。虽然门楼造型和雕饰显现出极为强烈的巴洛克风格，但在门楼色彩装饰上仍然以灰白为主色调，采用六边形纹样，这些都是白族传统建筑装饰风格的体现。这样的融合使门楼整体显得敦厚庄重，又不失灵动，显示出风格杂糅的面貌。

杨宅无厦门楼在民国新文化运动的大背景之下，受到西方建筑领域中的复古主义思潮影响。门楼不再以传统的木质结构为主，由砖石砌筑，装饰也多采用西方几何元素，产生了独具时代特色的门楼建筑。这也从侧面反映出白族人民勇于接受新事物，敢于接纳新思想，善于运用新文化。其开放意识和创造精神正是白族文化生生不息的原因所在。

图片来源

图一、图五　刘翔宇　摄影
图二至图四　承恺、华建业　制图

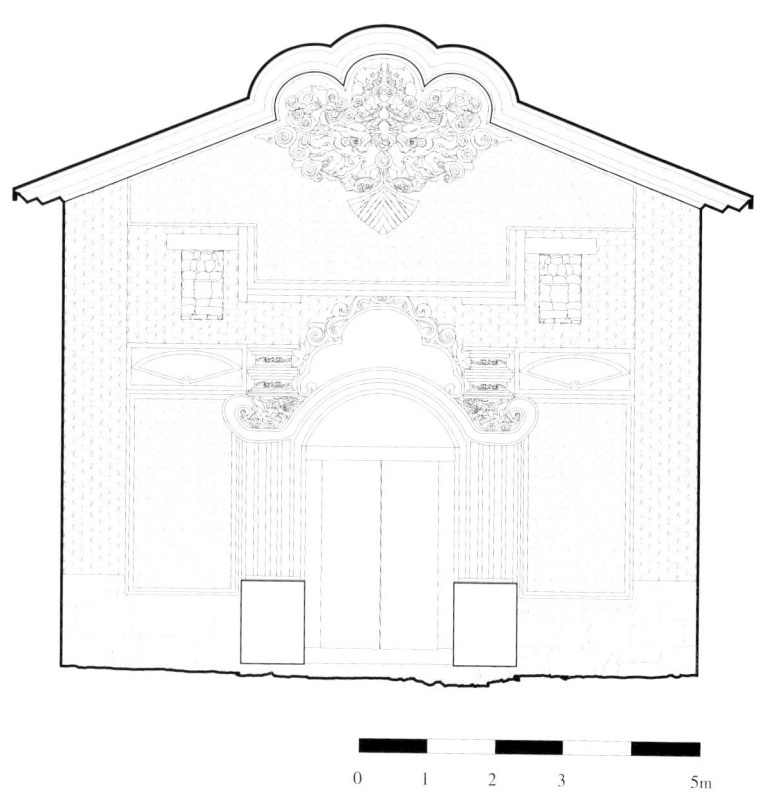

图二　白族杨宅无厦门楼尺寸图

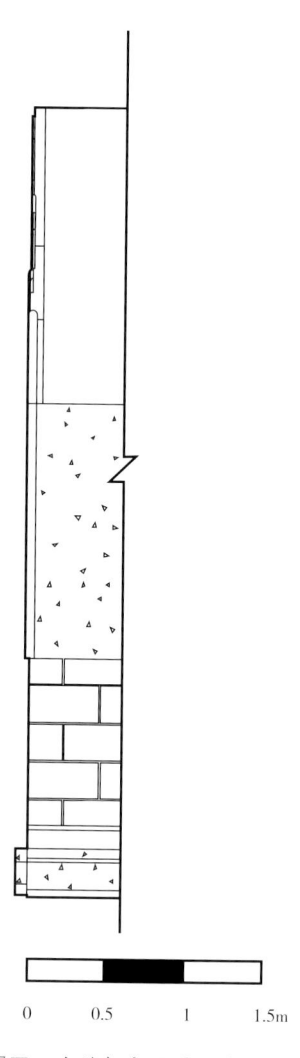

图三　白族杨宅无厦门楼剖面图

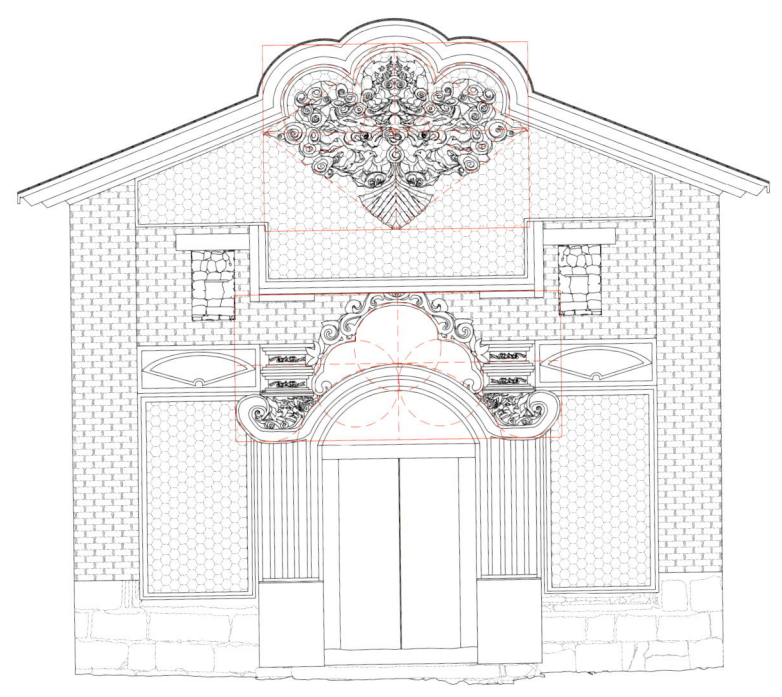

图四 白族杨宅无厦门楼装饰构成分析图

图五 白族杨宅无厦门楼装饰动态分析图

白族三滴水门楼

图一 白族三滴水门楼主图

三滴水门楼又称三叠水门楼，即大门顶部有三段出水的挑檐。其样式源于三开间的牌坊建筑，是白族合院式民居中广泛采用的一种有厦门楼形式。本案例中三滴水门楼位于云南省大理白族自治州喜洲镇赵国成宅院，总高约6.3米，宽约6.9米，始建于清光绪年间，装饰流畅精美，是白族建筑的典型代表。

该门楼设于庭院东北角，由左右墩柱、横枋、一高两矮三段挑檐组成，整体犹如一只展翅欲飞的大鹏鸟。门楼的基部为灰白粉墙，用当地盛产的花岗岩、青石或大理石砌筑，建造时可就地取材。大门左右砌筑两道突出于墙面的墩柱，门楣之上建起横枋，承载整座三滴水门楼屋檐之重。横枋多采用木材与砖石相叠砌的形式筑成，木板上雕刻有精致优美的双凤朝阳纹样，砖雕则以几何图形为主，象征吉祥如意。门楼顶部挑檐贴墙出角，翼角翘起如飞，雄伟壮丽，檐上以牡丹纹和缠枝花纹装饰为主。

作为民居院落出入口的三滴水门楼，在修建时综合运用木雕、彩画、石刻等装饰技法，呈现出瑰丽壮阔的建筑外观，与"三坊一照壁""四合五天井""六合同春"等白族经典建筑相互映衬，体现出白族精湛的雕刻技艺、大方细腻的文化审美。在功能上，门楼起着出入开闭、连接居民内外交流等实用、安全的作用，是民居中非常重要的组成部分。同时也彰显着房主的家世地位和经济实力，对于研究白族风情世貌具有较高的社会价值。

图片来源

图一　刘翔宇　摄影
图二　承恺、华建业　制图
图三、图四　项李　制图
图五　束立茹　制图
图六　大理白族自治州博物馆　提供

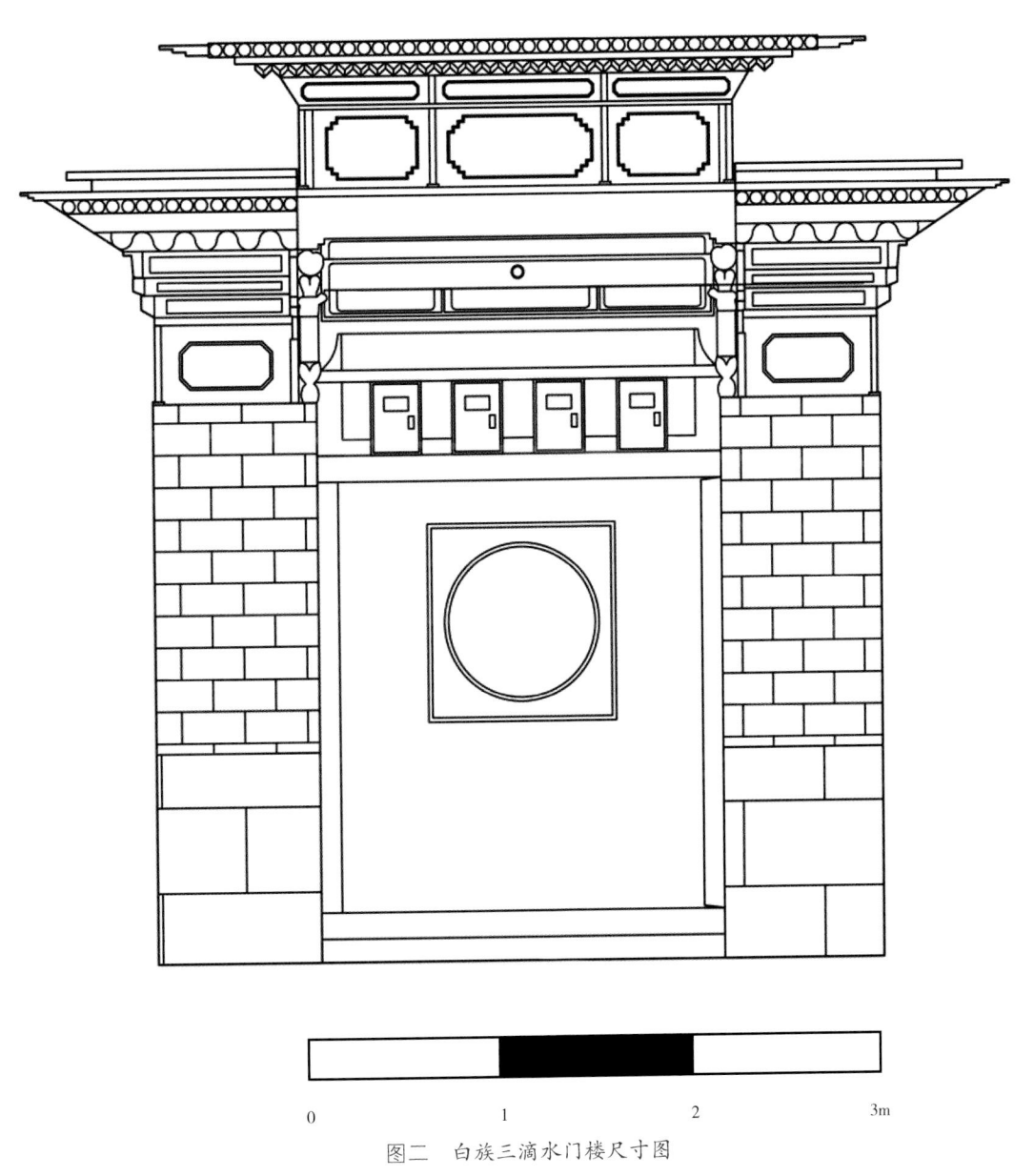

图二　白族三滴水门楼尺寸图

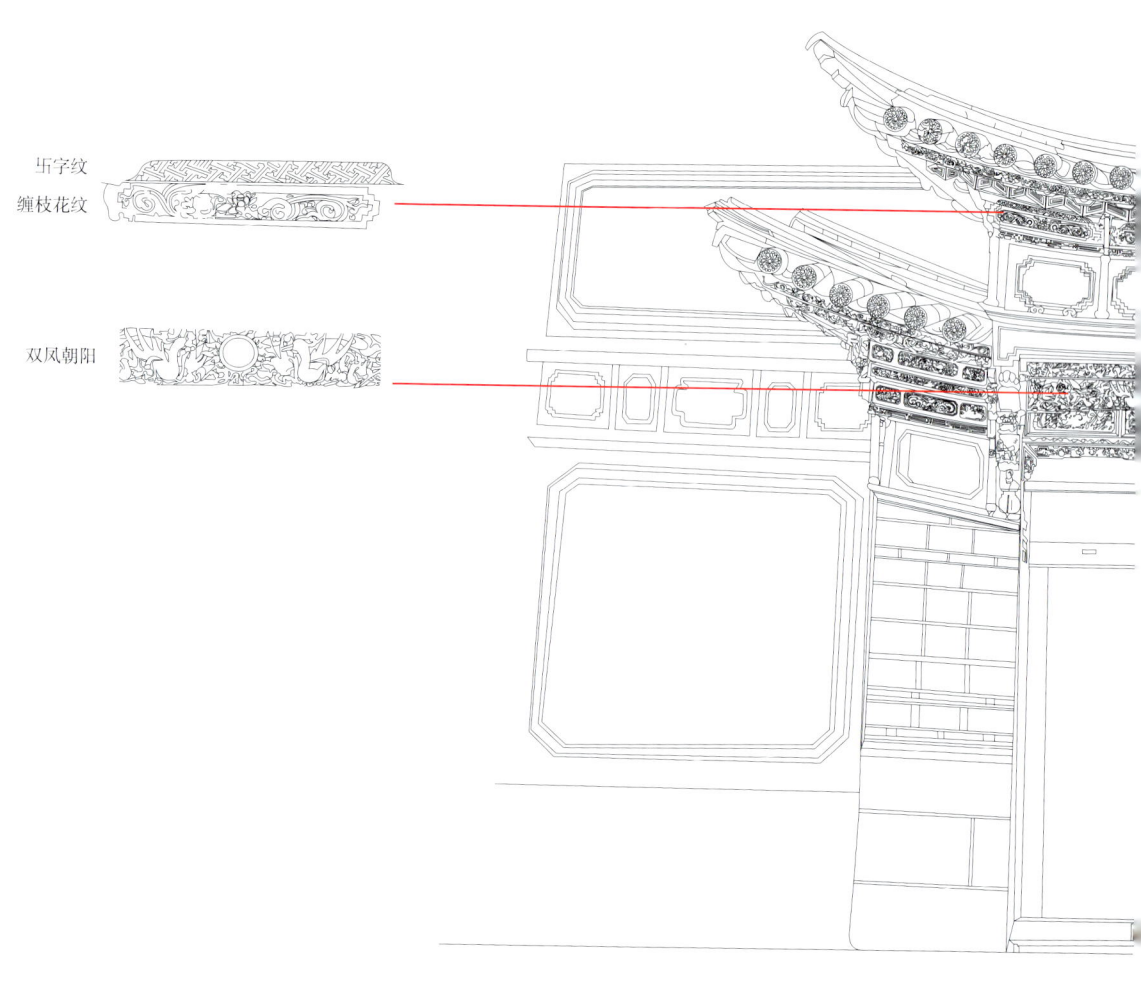

图三 白族三滴水门楼纹样分析图

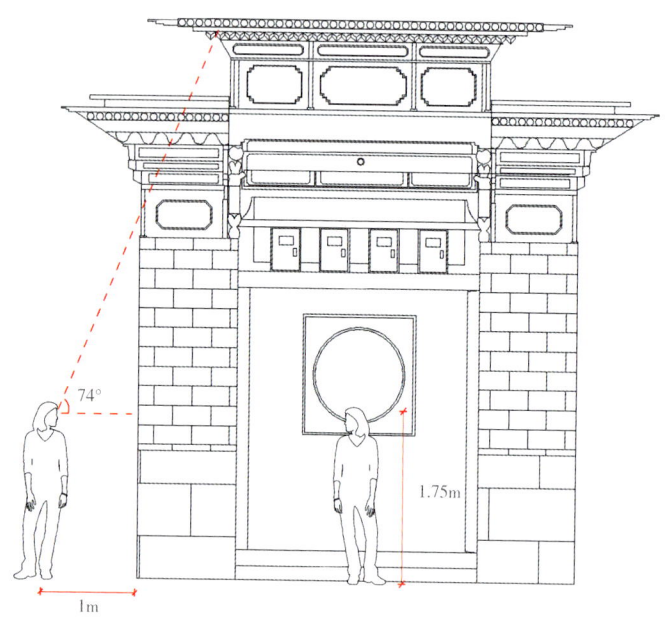

图四 白族三滴水门楼人物关系图

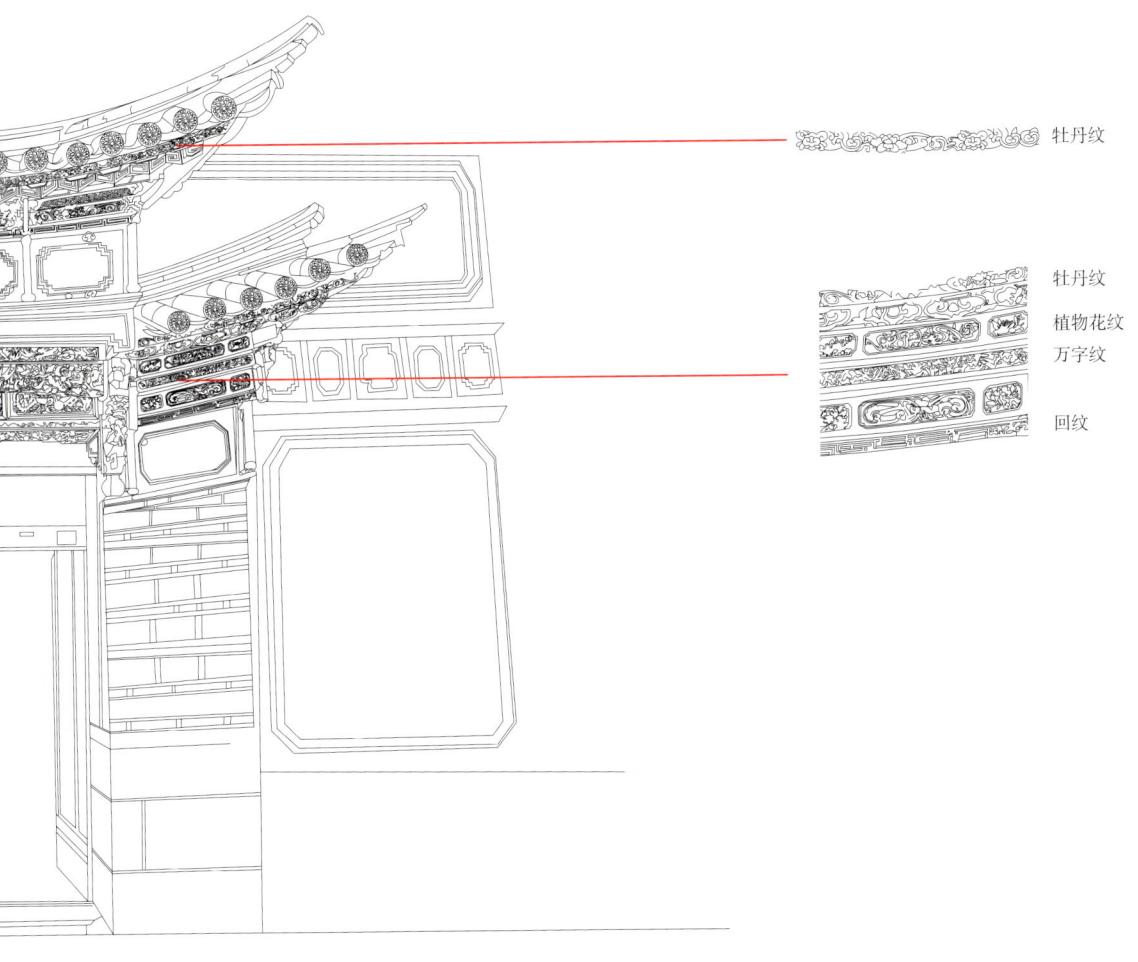

牡丹纹

牡丹纹
植物花纹
万字纹
回纹

色彩变化柱体

图五　白族三滴水门楼色彩分析图

第一章　白族传统建筑

011

图六　白族三滴水门楼

白族严家大院无厦门楼

图一　白族严家大院无厦门楼主图

无厦门楼即无檐的大门，其形式起源于清末民国初年，是白族吸收西方外来文化并融入本民族传统建筑中的产物。本案例严府司马第大门，位于云南省大理白族自治州大理市喜洲镇，始建于1915年，高5.78米，宽3.44米，线条简洁造型庄重，为白族无厦门楼的典型代表。传统有厦门楼以瓦木结构为主，无厦门楼多采用砖石结构，装饰用尖券、圆拱券、立柱式等西方建筑元素。

该门楼用砖石砌成拱券状，顶部为三角状凸起筑件，边缘饰以镂雕及彩绘，线条流畅，层次分明，具有强烈的几何美感。顶部下嵌题有"司马第"的牌匾，代表家族成员曾有的殊荣。牌匾两侧砌小型立柱，牌匾下为拱券形门洞，顶部刻有双龙戏珠浮雕，下接绘有凤穿牡丹等图案的半圆形雕花门楣，一派富贵祥和气象。门楼两侧各筑有11层的石柱，底部以砖石砌筑，门口摆有两尊石狮。该门楼建于新文化运动引入西方文明之后，故吸收了大量西方建筑元素。偏西化的石柱造型、突出的线脚、拱券和尖顶，以及整体垂直的韵律感，都是西方建筑的影射。

严家大院无厦门楼是中西文化合璧的产物，在外形设计上具有强烈的近代欧式建筑特征，同时又运用石狮与凤凰牡丹纹样等白族传统装饰元素，中西元素巧妙融合，增加了建筑的多元性和新颖性。白族人民善于吸收外来文化的优秀成分，并将其融入本民族的建筑文化中，体现了白族人民兼容并蓄和学习创新的精神。

图片来源
图一　赵思颖　摄影
图二至图六　胡杨　制图

图二　白族严家大院无厦门楼节点尺寸图

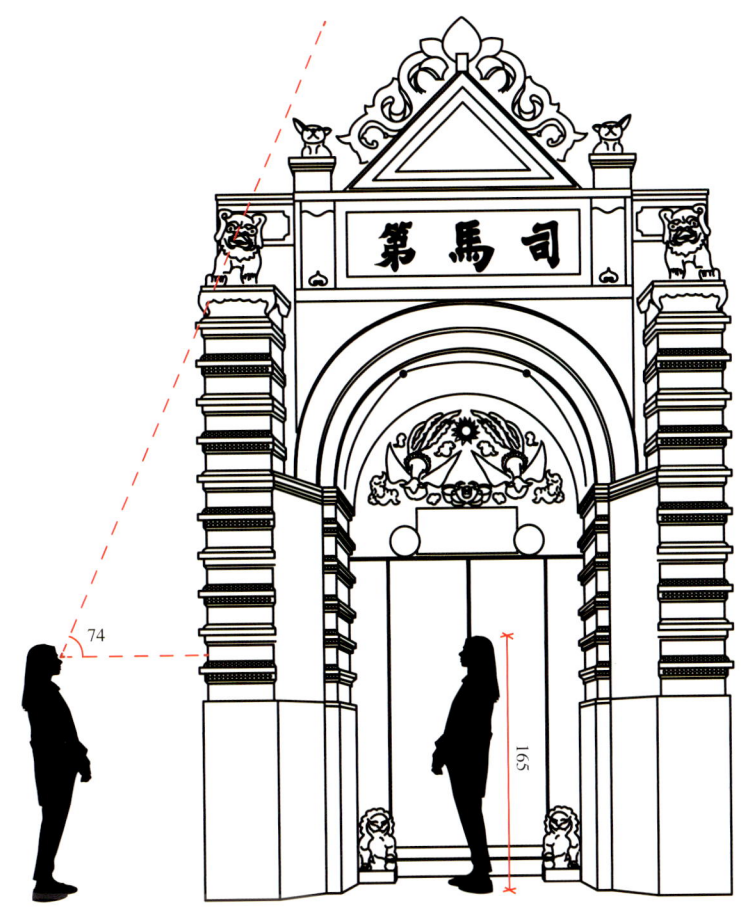

图三　白族严家大院无厦门楼人物关系图（单位：cm）

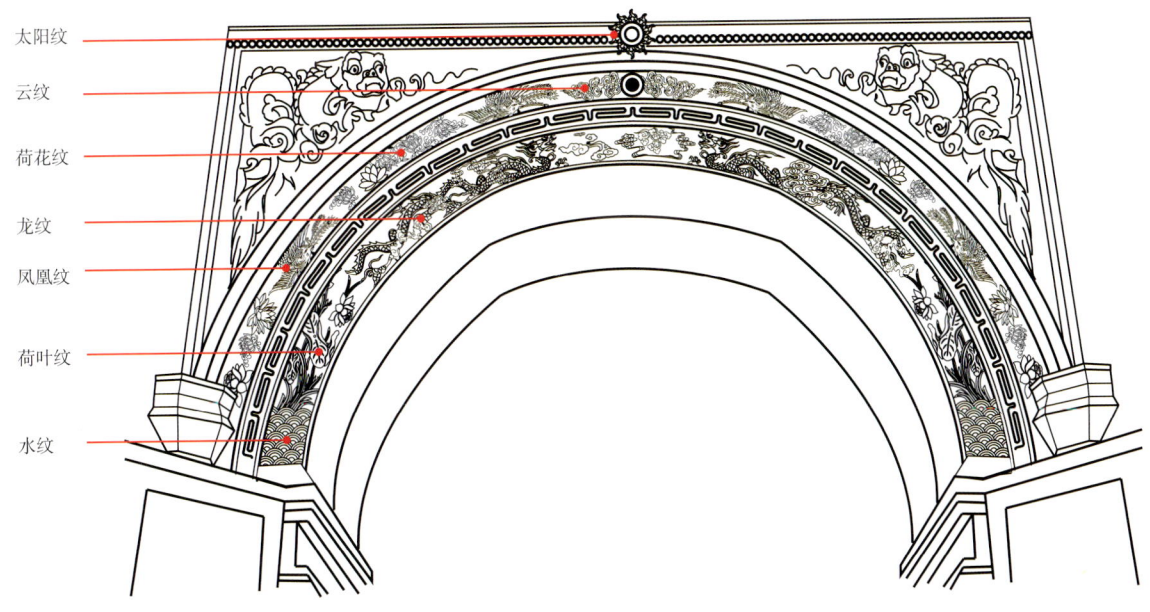

图四　白族严家大院无厦门楼纹样分析图

第一章　白族传统建筑

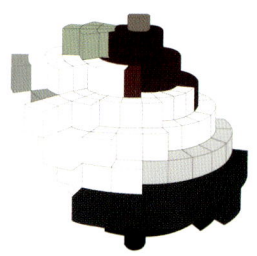

图五　白族严家大院无厦门楼色彩分析图（1）

图六　白族严家大院无厦门楼色彩分析图（2）

白族三滴水照壁

图一　白族三滴水照壁主图

　　三滴水照壁又称三叠水照壁。本案例中三滴水照壁高6.59米，宽8.42米，现位于云南省大理白族自治州大理市喜洲镇。三滴水照壁系将民居院落中正房对面的墙壁垂直分为三段，各段高度比例均随院子的宽窄而变化，壁身装饰彩绘，壁顶瓦檐飞翘，整体造型优美匀称，是白族民居建筑非常重要的构成部分。

　　该三滴水照壁整体造型优美，其总宽度约与院落天井同宽，左右两段大小对称，约与一层厢房下重檐间的风火墙等高，中间段约与二层厢房上檐口等高。照壁由壁顶、壁身和壁座三部分组成：壁顶盖青灰瓦，建造成飞檐滴水状；屋脊两端曲扬翘角，犹如一只展翅欲飞的大雁。壁身用砖砌成，两端建砖柱，柱上围框格和饰彩画，内容以花草树木为主。中段壁面刷白石灰，镶嵌一块圆形大理石，上绘山水风景，是整个照壁的视觉中心。壁座采用青石砌筑。壁前还有大理石或雕砖砌成的花台陪衬，上置各种因季节交相开放的艳丽芳香盆花植物，为整个建筑增添了生机与活力。

三滴水照壁在白族院落民居中的地位至关重要，它与民居中的正房和耳房高低错落，丰富了整个院落的层次感。在功能上，一方面保护了民居的私密性和独立性；另一方面光线通过照壁反射到天井和正房中，增强了室内外的采光。因大理四季多风，照壁还有挡风之用。三滴水照壁给院落民居带来了丰富的空间变化和高雅的审美情趣，是白族传统建筑中的点睛之笔。

图片来源

图一　李瑞　摄影

图二　华建业、承恺　制图

图三至图五　赵乐意　制图

图六　赵思颖　摄影

图七　大理白族自治州博物馆　提供

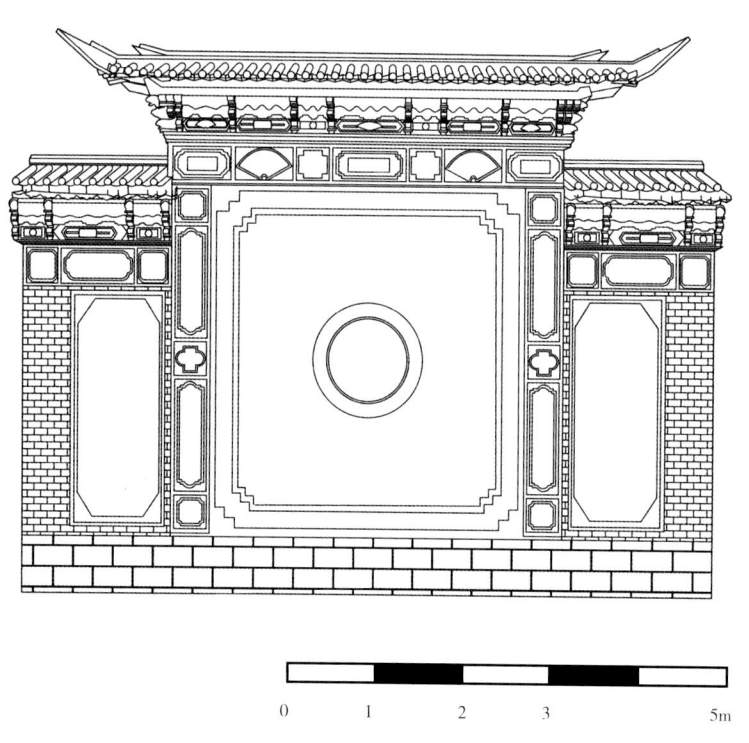

图二　白族三滴水照壁尺寸图

牡丹纹样

水波纹样

"松鹤长青"图传达主要信息起到吸引视线作用

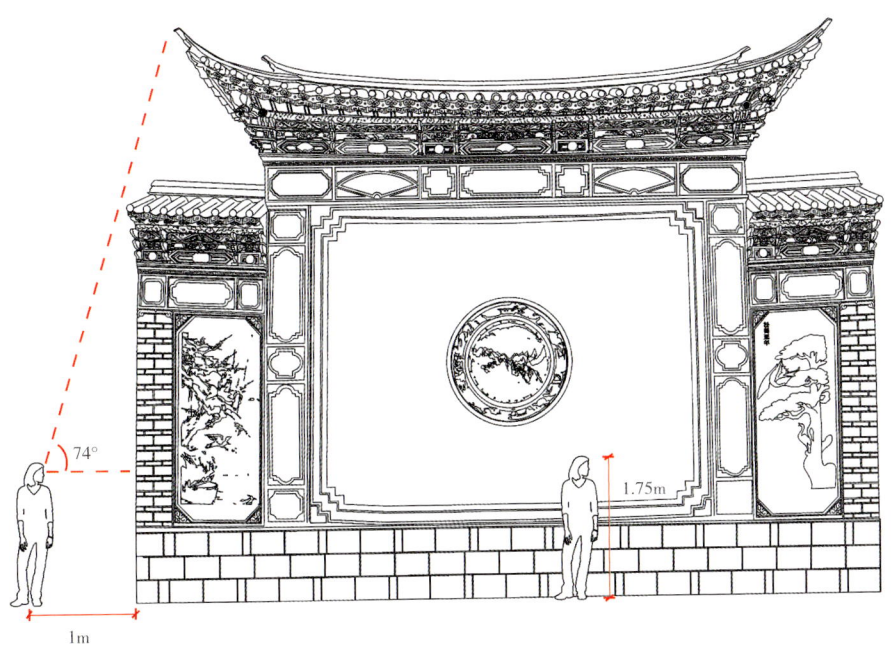

图三 白族三滴水照壁人物关系图

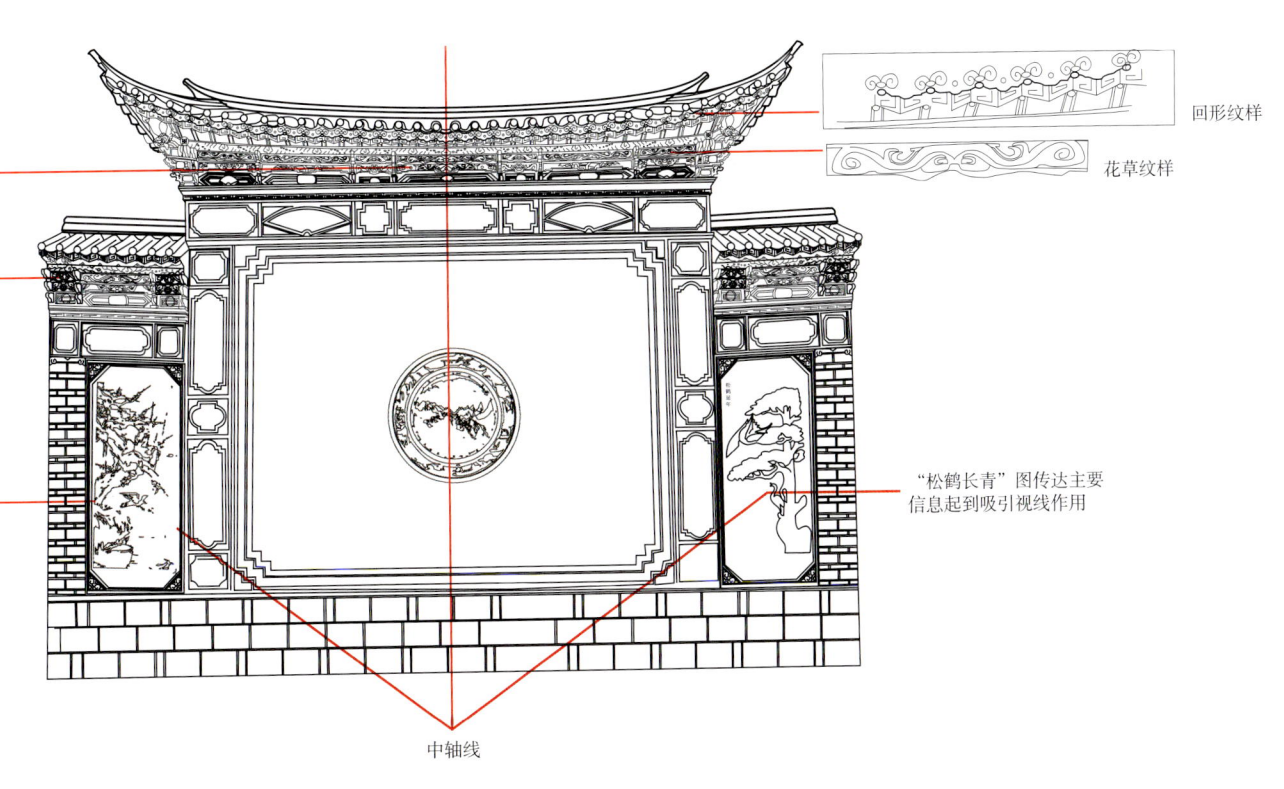

图四 白族三滴水照壁纹样分析图

图五　白族三滴水照壁色彩分析图

图六　白族三滴水照壁

图七　白族三滴水照壁

白族民居三坊一照壁

图一 白族民居三坊一照壁主图

本案例为白族三坊一照壁式传统民居，位于云南省大理白族自治州大理市喜洲镇，总长29.88米，宽22.40米，占地面积669.31平方米。"三坊一照壁"是指由一坊正房、两坊厢房、一座照壁围合而成的三合院，其样式脱胎于明代汉族民居院落，占地比传统四合院浅，是白族适应斜坡地形营建居所的经典之作。

该院落整体布置规整、对称、严谨、宏敞，满足长幼有序、等级分明的白族传统居住要求，是富裕之家常采用的民居建筑形式。本案例中的三坊均为三开间两层楼房，朝东的三间正房为建筑主体，两层重檐，中间为主堂屋和会客厅，侧间供老人居住或用作婚嫁新房。南北向的两坊厢房略低，通常由小辈居住或储物之用。正房三间的两侧，各有双层耳房两间，但进深与高度皆比正房稍小，通常作为小卧室或书房。正房和两侧厢房一层交接处与耳房围合，形成一漏角天井，作采光、通风、排水之用。二层交接处建有"转角马头"，既能防火，也便于楼房的修缮。三坊各设一部楼梯，前檐下的走廊三面连通，为院落的主干道，明亮通透，供人们挡风遮雨，歇息娱乐。正房对面建有三滴水样式的照壁，约与正房同宽，与厢房二层檐口同高。照壁以白色为底，装饰华丽精致，能反射阳光补充室内采光，且有分割区域增强空间层次感之用。

三坊一照壁院落民居在空间布局上满足了白族人民日常生活所需，"转角马头"和照壁等建筑结构具有实用性，围合成的庭院保证了家庭的私密性，天井内多种植花草，符合"以人为本"的建筑理念。院落民居装修多用砖木结构，造型端庄典雅，雕刻彩绘技艺精湛，给人以舒适华丽、绰约多姿的印象。其建筑形式也深深影响了周边地区的建筑格局。

图片来源
图一　李瑞　摄影
图二至图四　承恺　制图
图五、图六　李瑞　摄影
图七　大理白族自治州博物馆　提供

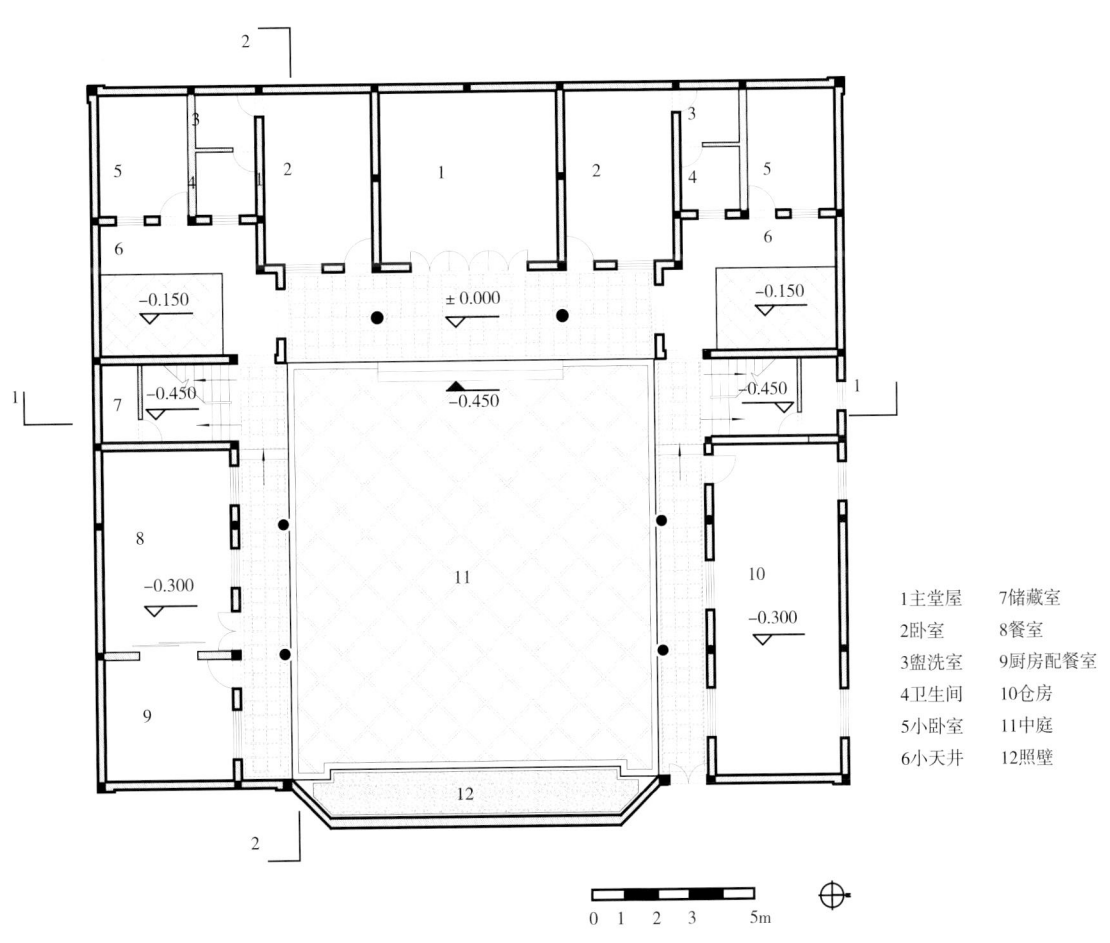

图二　白族民居三坊一照壁平面图

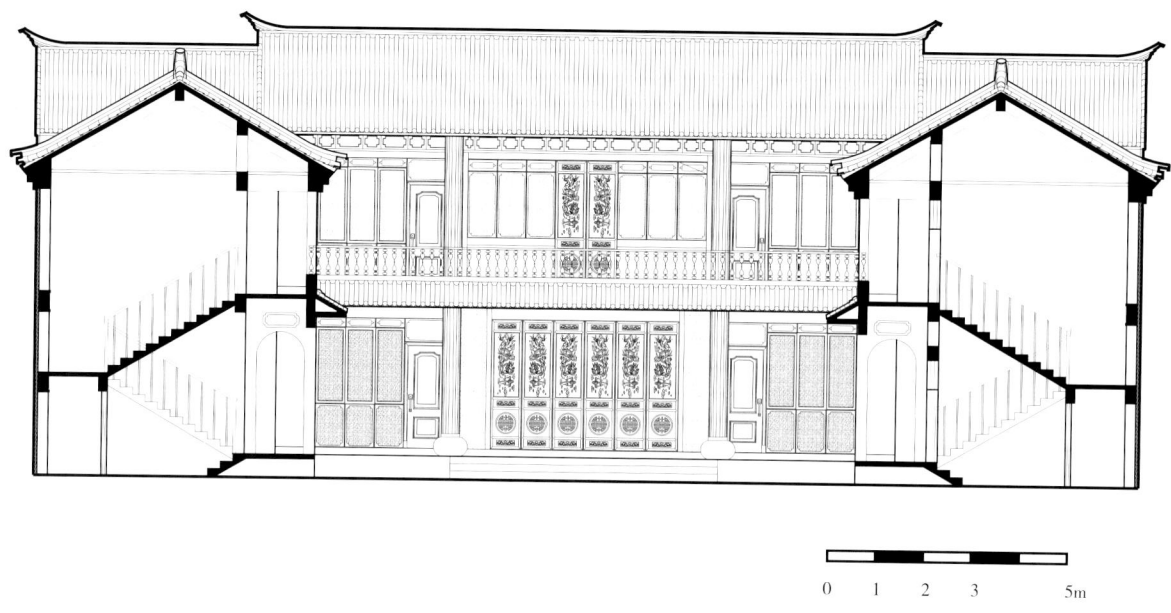

图三　白族民居三坊一照壁1-1剖面图

图四　白族民居三坊一照壁2-2剖面图

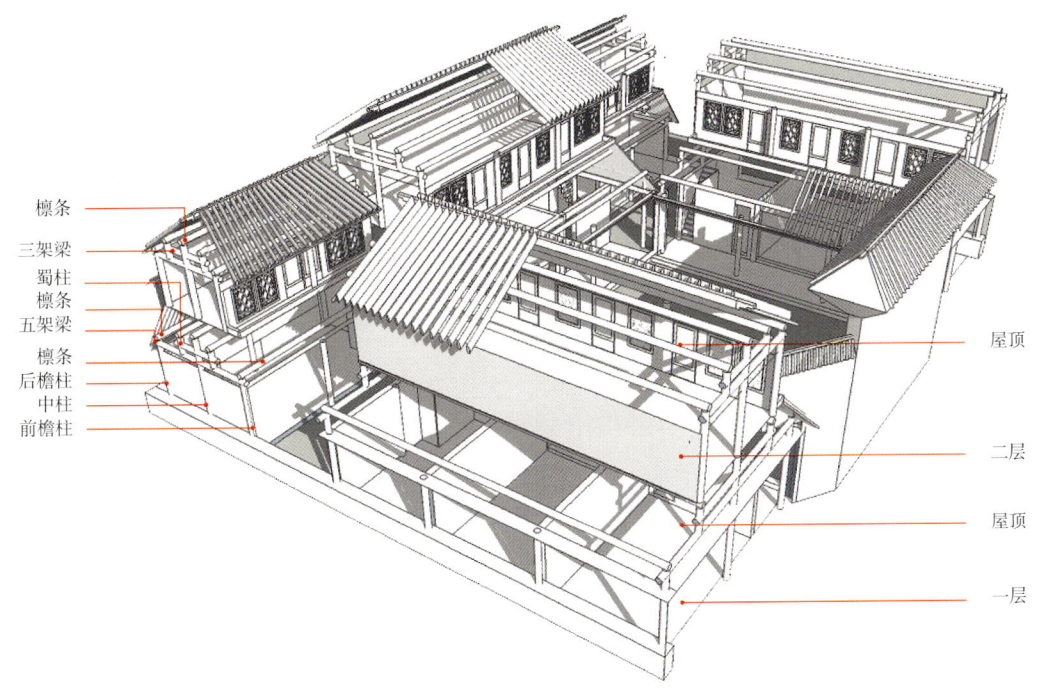

图五 白族民居三坊一照壁结构图

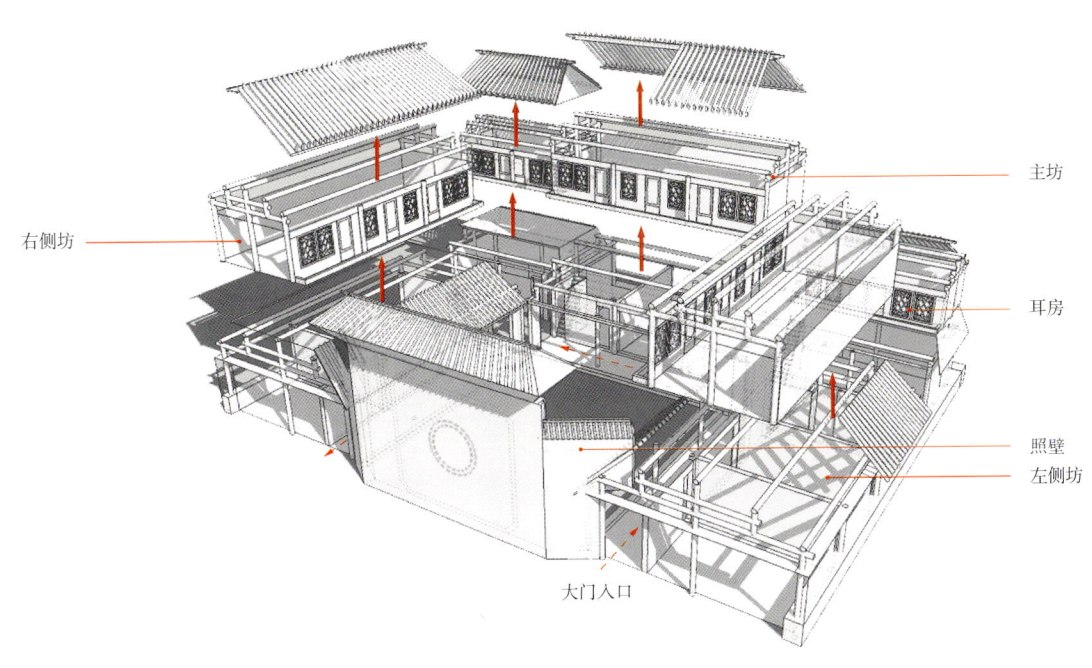

图六 白族民居三坊一照壁分解图

图七　白族民居三坊一照壁

白族民居两坊两耳

图一　白族民居两坊两耳主图

本案例为大理白族两坊两耳式传统民居，位于云南省大理白族自治州大理市喜洲镇。该民居是由一坊正房、一坊厢房和两侧耳房组成。民居总长29.88米，宽22.64米，占地面积676.48平方米。两坊两耳是在一坊两耳的基础上加建一坊厢房演变而成的布局形式。

两坊两耳式传统民居一坊正房坐西向东，底层中间一屋用作主堂屋，为招待客人和家庭议事之用。堂屋作为白族民居空间构成的核心，起到对外的功能，特别是正房中的堂屋，此功能尤为明显。白族人民尊崇以左为大，故堂屋左侧为老人房，右侧为新娘房。另一坊厢房坐北朝南，一层中间为堂屋，配合正房中的主堂屋，同样为待客之用。堂屋两侧厢房用作客房，有时也会专门空出一间用来存放木材，以备日后扩建房屋之用。正房两侧建有耳房，左侧一间用作厨房，其余三间用作杂物室和书房。由于耳房进深小于正房，其缩进空间与厢房围合形成一个小天井，白族人民称之为"漏角天井"。正房与厢房两坊相交围合成一个长

19.94米，宽17.19米的天井。民居二层用来供奉祖先灵位和存放粮食之用。

两坊两耳式院落民居在大理白族地区极其普遍，虽然面积不大，但是非常经济适用。在空间布局上，两坊两耳式民居增加了会客空间，增强了功能性。同时，按照封建思想中"礼"的观念分配房屋，使各部分主次分明，形成层层递进的空间效果。

图片来源

图一　刘翔宇　摄影

图二至图四　承恺　制图

图五、图六　束立茹　制图

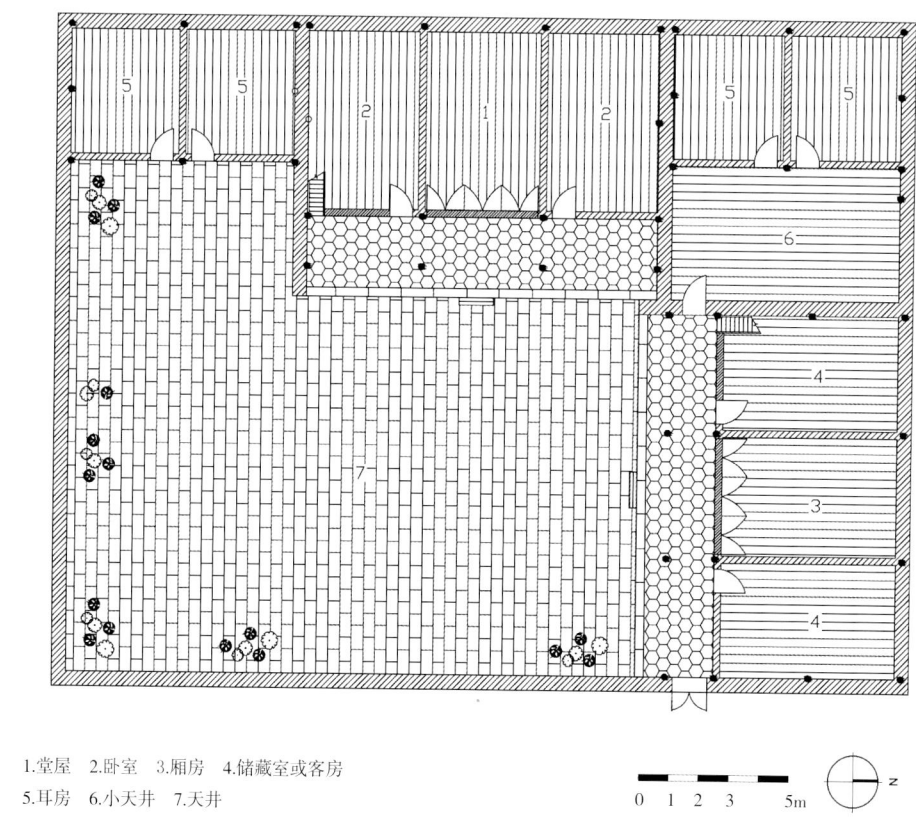

1.堂屋　2.卧室　3.厢房　4.储藏室或客房
5.耳房　6.小天井　7.天井

图二　白族民居两坊两耳平面图

图三 白族民居两坊两耳立面图

图四 白族民居两坊两耳剖面图

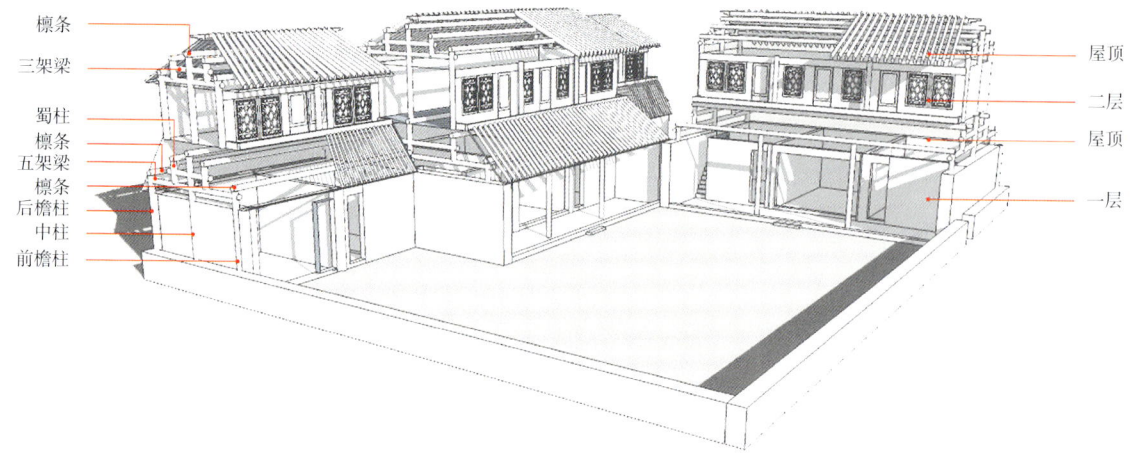

图五　白族民居两坊两耳结构图

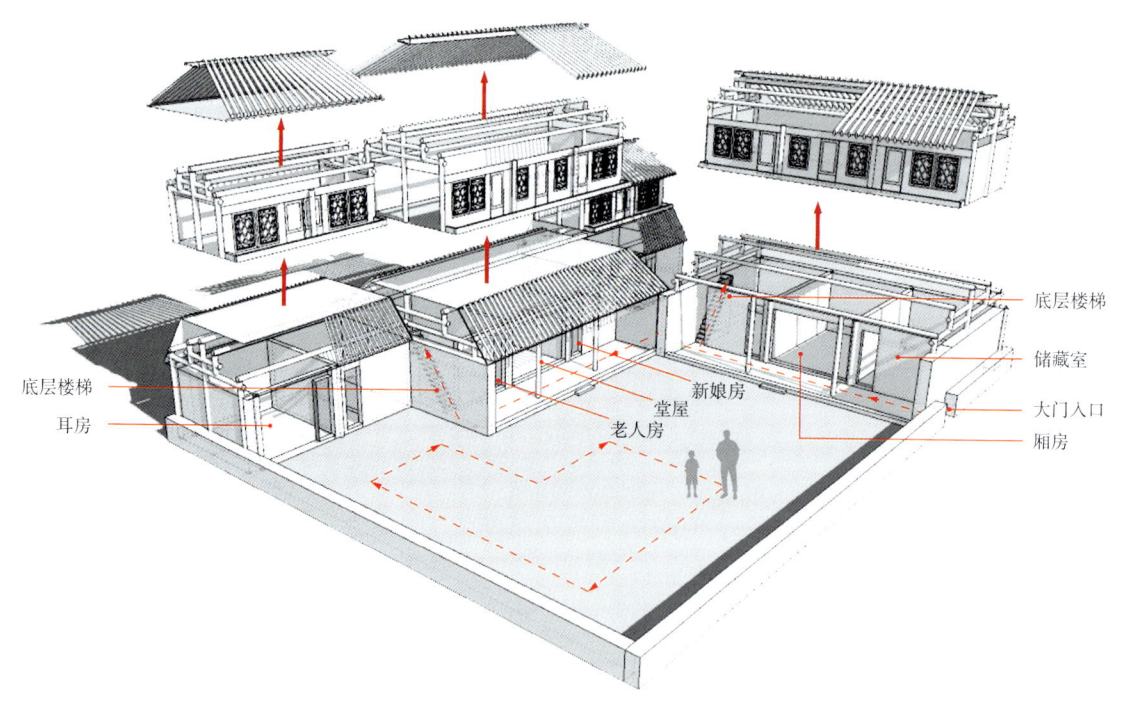

图六　白族民居两坊两耳分解图

白族民居一坊一耳

图一　白族民居一坊一耳主图

本案例为大理白族一坊一耳式传统民居，位于云南省大理白族自治州大理市周城村。该民居坐西朝东，是由一坊正房和一侧耳房组成，正房与耳房连成一组五间并排的房屋，围合成一个与民居建筑等长，长约21.54米，宽约6米的院落。庭院内种植树木、砌有花坛，成为居民休闲娱乐的空间。

坊是一栋三开间两层的房屋，下层中间为堂屋，两侧为次间。该民居堂屋开间4米，两侧次间为3.86米，墙体厚约0.5米，堂屋和次间进深都为6米，单坊建筑面积为124.61平方米。屋顶前的檐廊左右通透，作为室内室外的过渡空间，起挡风遮雨的作用。耳房的开间和进深都要小于正房，每间开间为3.8米，进深为4.2米，层高比正房较矮，错落有致，在空间立面上主次有序，层次分明，并且具备一定的审美情趣。民居中的楼梯位于老人房旁，起到连接上、下楼层的作用。一层堂屋用以起居待客或是召开家庭会议时使用。堂屋有三合六扇镂空的格子门，用来出入采光和通风。格子门上端部分采用多层镂空技法，饰以连续花纹，以历史人物和花草鸟虫为主题；中下端部分采用浮雕装饰，以吉祥图案为主，体现了白族人民精湛的木雕技艺。堂屋两侧的房屋为卧室，家中子女成婚时，左边继续给老人居住，右边房屋布置成"新娘房"，房屋二层为家中存放粮食、杂物的空间。

一坊一耳式白族民居实用性强，满足了家庭生产、生活之用。正房与耳房分工明确，既相互联系又相互独立。空间布局不仅简洁明了，而且从对子女成婚时住房的分配也可以看出，父母对其寄予厚望，这也充分体现了白族尊老爱幼的文化传统。

图片来源
图一　刘翔宇　摄影
图二至图四　承恺　制图
图五、图六　束立茹　制图

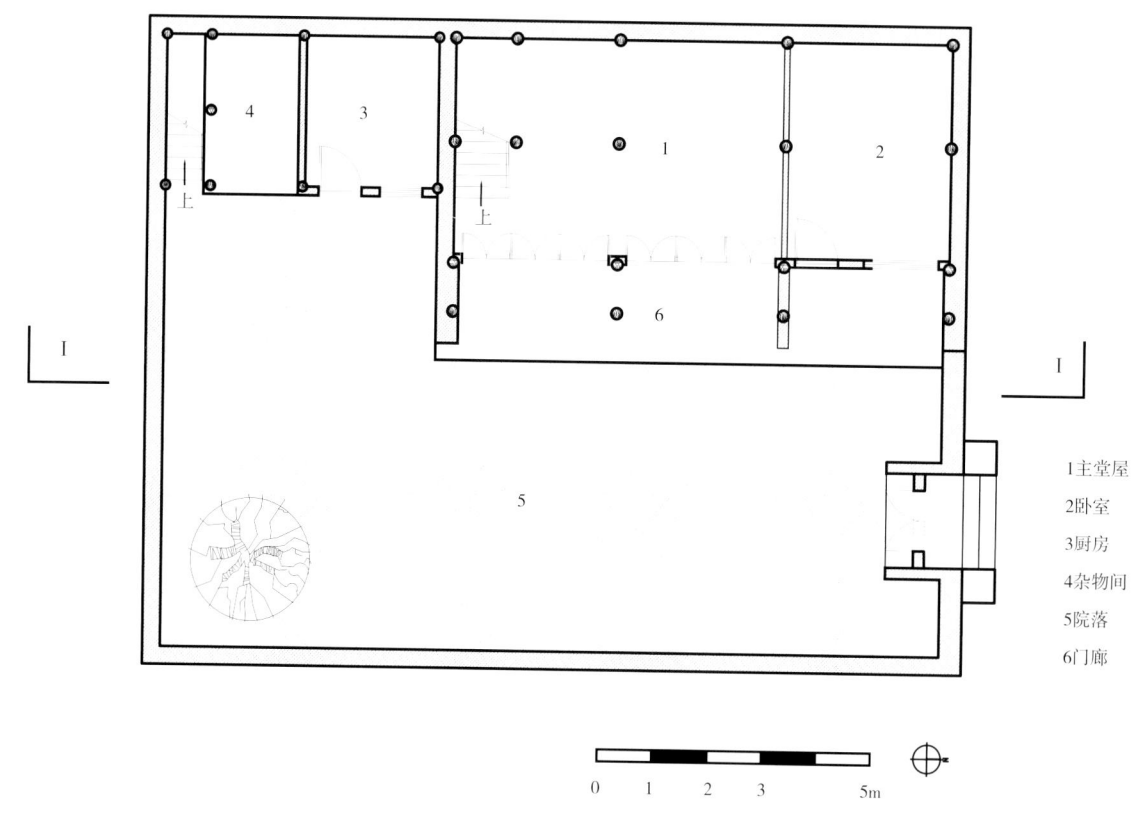

图二　白族民居一坊一耳平面图

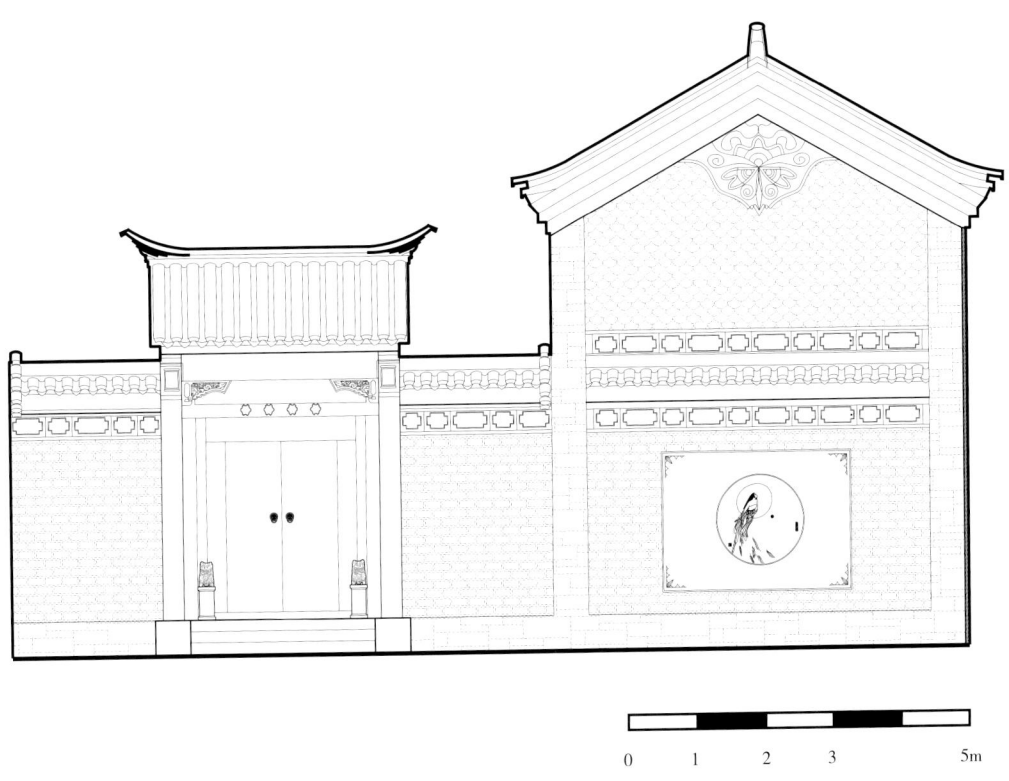

图三 白族民居一坊一耳立面图

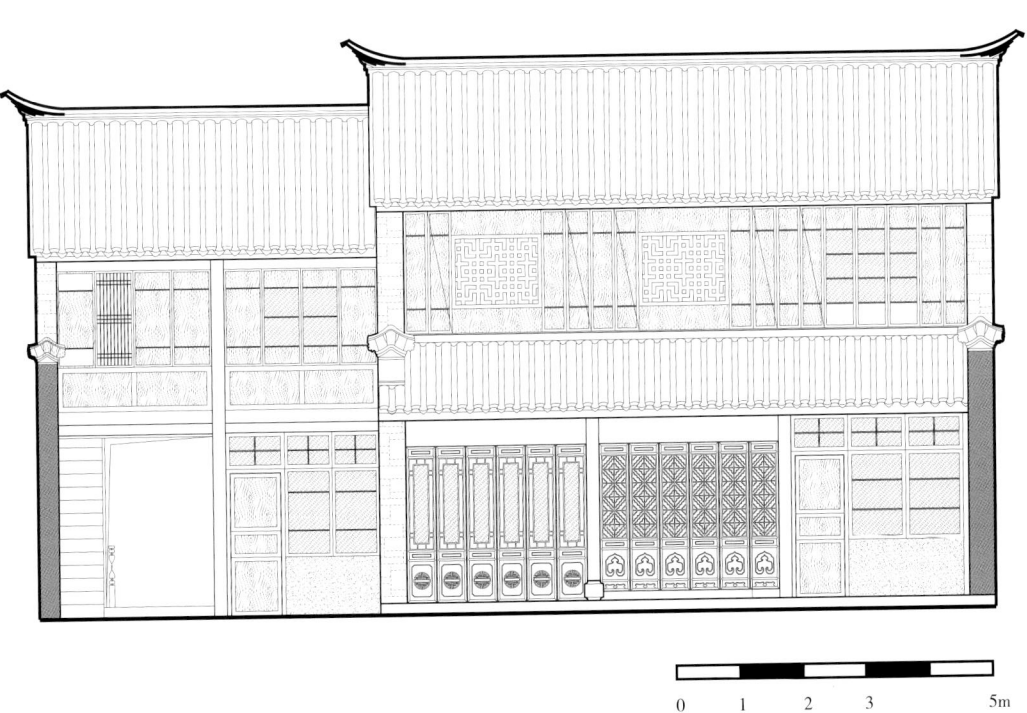

图四 白族民居一坊一耳1-1剖面图

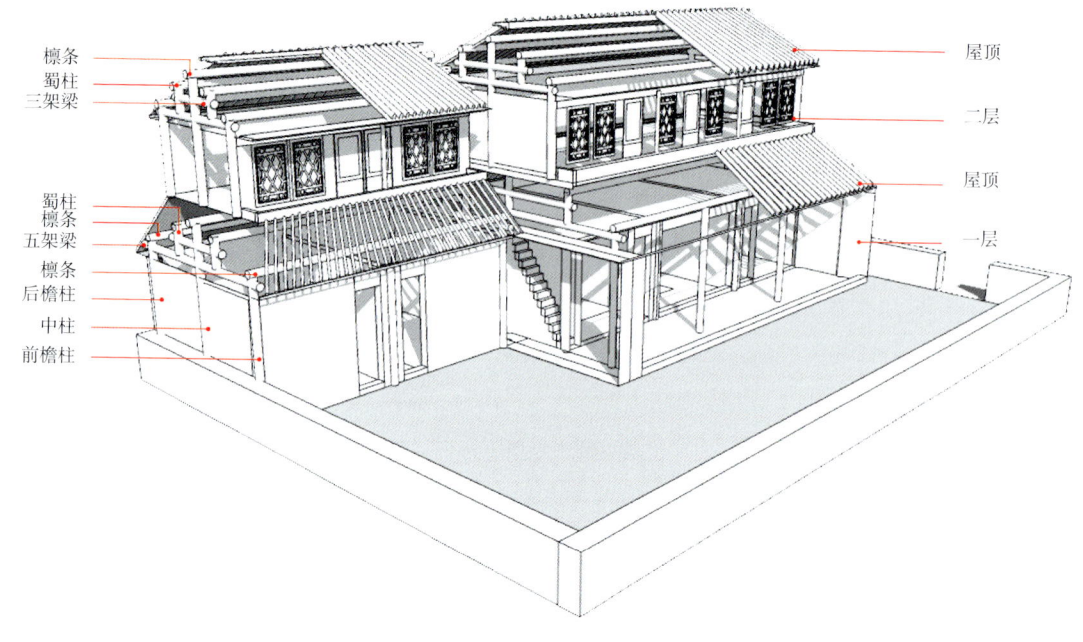

图五 白族民居一坊一耳结构图

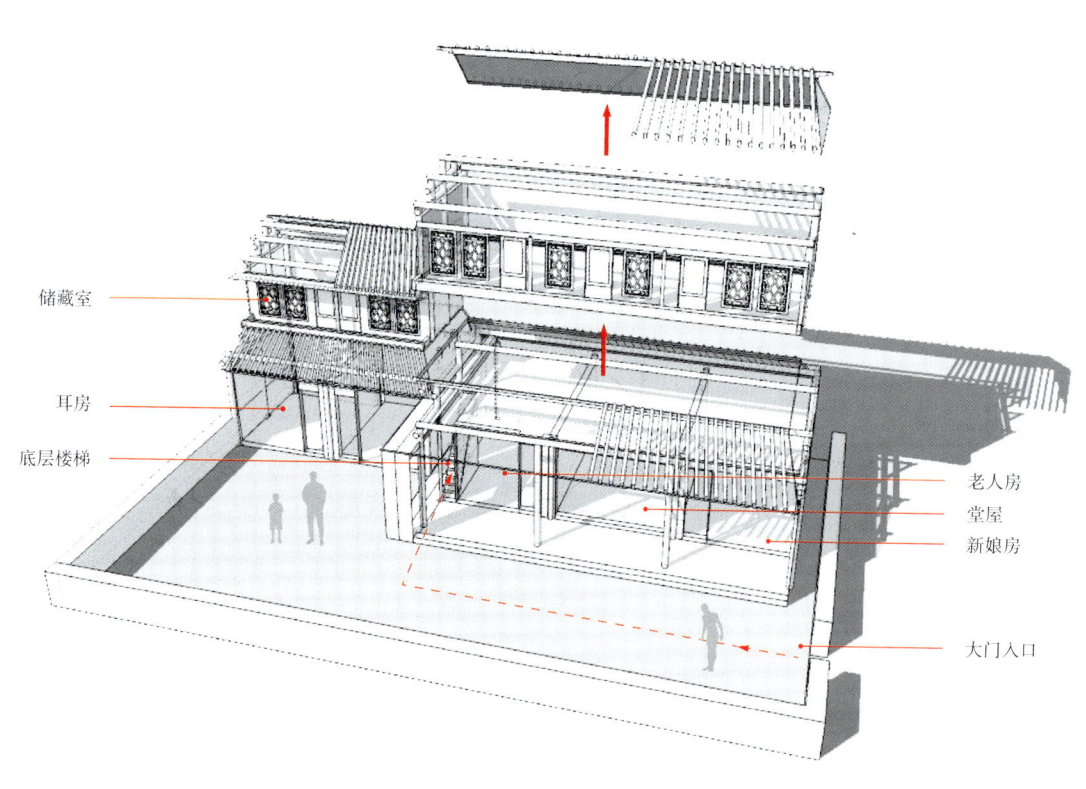

图六 白族民居一坊一耳分解图

白族民居六合同春

图一 白族民居六合同春主图

本案例为大理白族传统建筑形式六合同春，位于云南省大理白族自治州大理市喜洲镇。六合同春院落总长52.76米，宽31.60米，占地面积1667.22平方米。六合同春是由多个院落组成的重院形式，大多由三坊一照壁和四合五天井这两种院落形式组合而成，共有六坊，为"六合"。"六合同春"是白族民居中经典的院落形式，也包含着白族人民对美好生活的向往。

该六合同春民居建有两座大门，均开于东北角。整个院落分为南院和北院，南院为四合五天井院落，北院为三坊一照壁院落，两院之间由一坊厢房隔开，作为连接两院的过渡空间。厢房前后两面都装有三合六扇格子门，四通八达，形成一个共享的穿堂过厅。该民居中还设有五个漏角天井，不仅可以改善耳房的采光和通风等环境条件，而且通过两两漏角天井相连，使民居平面布局灵活多变，四向纵横延伸。六合同春院落民居规模庞大，占地面积多，花费相对较高，为几代同堂的大家族或富裕家庭建造居住。

六合同春院落民居通过公共空间、半公共空间以及私密空间的划分，满足家庭日常生活起居、生产劳动、休闲娱乐等功能。中庭将整个院落分成南、北两院，使两院落之间既相互联系又各自独立，这是白族传统院落民居中最具有艺术表现形式的结构之一。

图片来源
图一 刘翔宇 摄影
图二至图四 承恺 制图
图五、图六 束立茹 制图
图七 大理白族自治州博物馆 提供

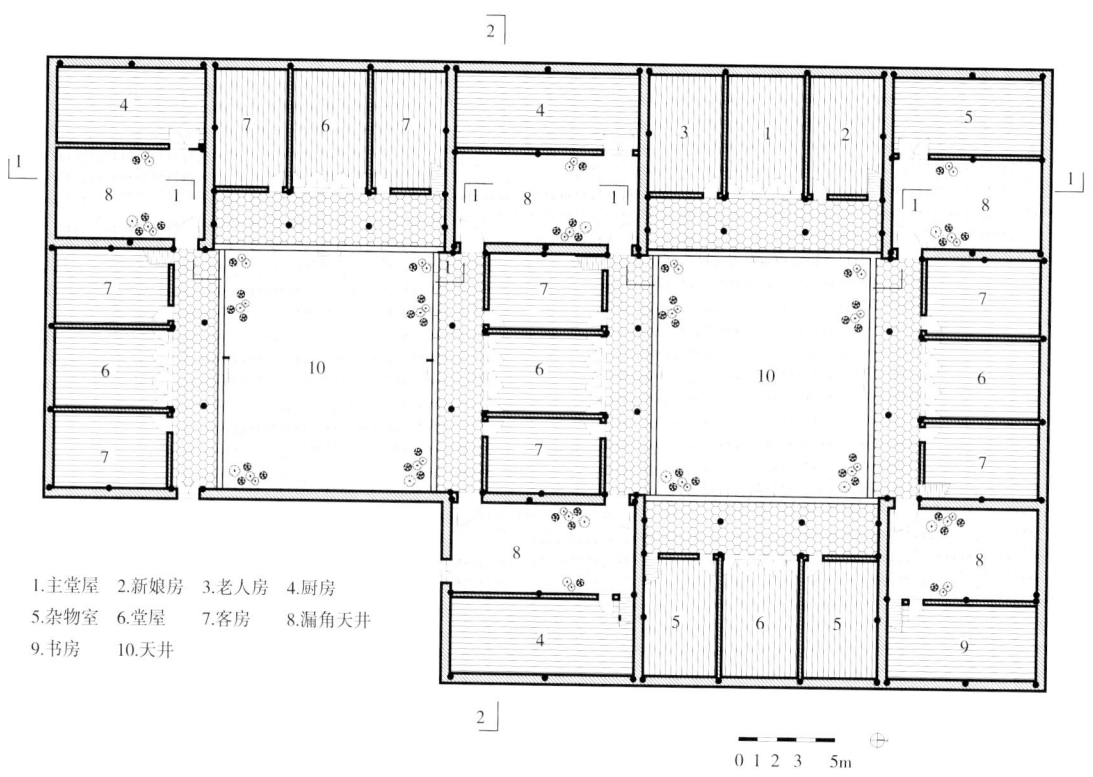

图二　白族民居六合同春平面图

1.主堂屋　2.新娘房　3.老人房　4.厨房
5.杂物室　6.堂屋　7.客房　8.漏角天井
9.书房　10.天井

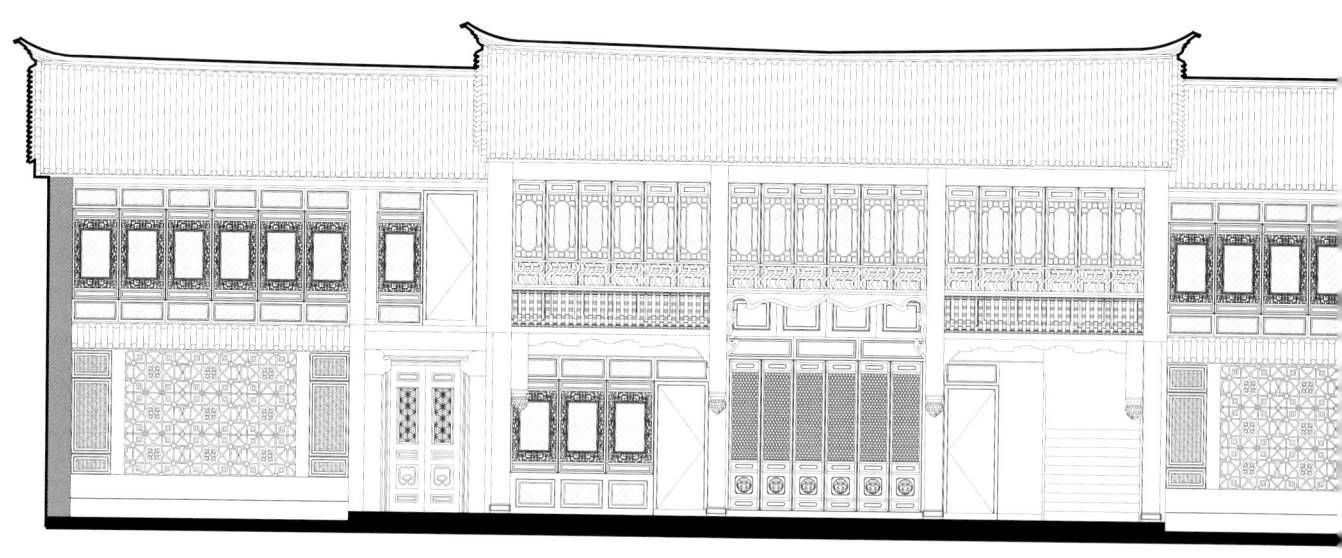

图三　白族民居六合同春1-1剖面图

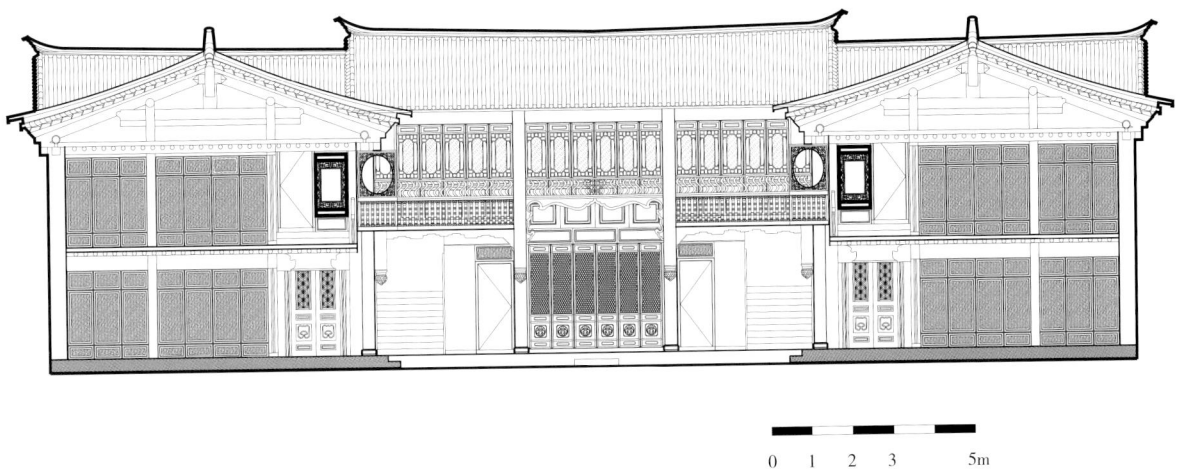

图四 白族民居六合同春2-2剖面图

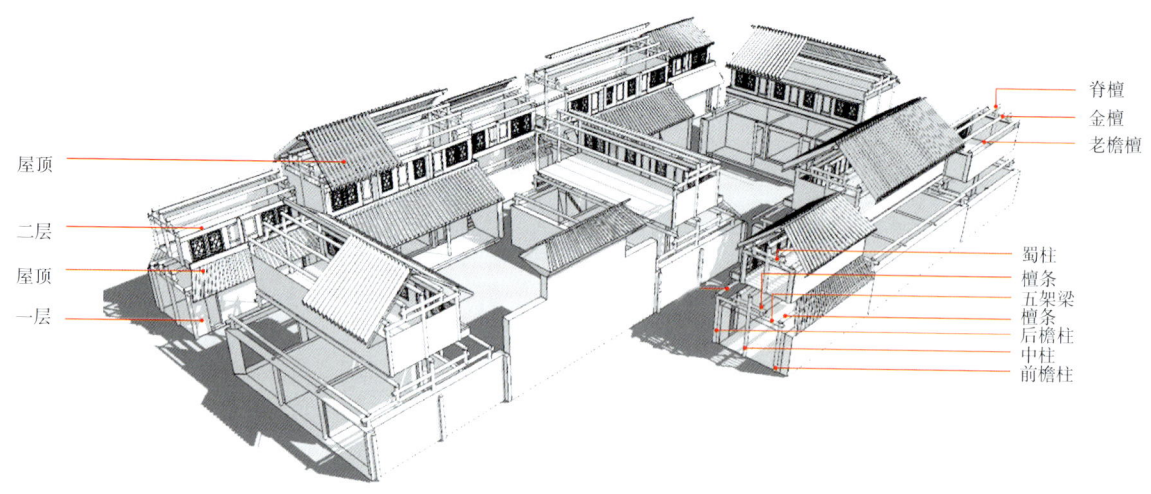

图五　白族民居六合同春结构图

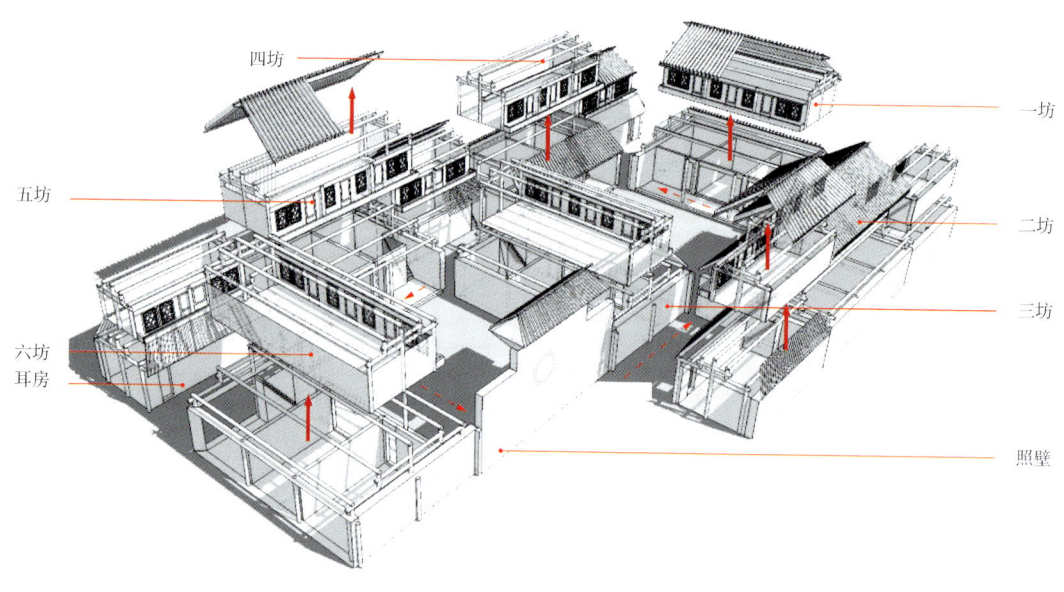

图六　白族民居六合同春分解图

图七　白族民居六合同春

白族民居四合五天井

图一　白族民居四合五天井主图

本案例为大理白族传统民居形式四合五天井，位于云南省大理白族自治州大理市喜洲镇。该民居是由一坊正房和三坊厢房围合而成的四合院，民居总长29.88米，宽31.60米，占地面积944.21平方米。院内四角各建一耳房，耳房和四坊房屋相交形成的四个漏角天井与正中院的天井共五个天井，故称"四合五天井"。

四合五天井是以三坊一照壁为建筑原型，把原照壁的位置改建成一坊两耳，并形成两个漏角天井，是白族传统民居中一种典型的布局形式。该民居内的四坊均为三开间两层楼房，正房坐西向东，略高于其余三坊，中间一间是主堂屋，为起居待客之用，左侧为老人房，右侧为长子居住。北面与南面为北厢房和南厢房，分别为家中次子与三子居住。东面的东厢房则布置成杂物室，四坊房屋底层前檐下的走廊虽不相互连通，但左右通透，是连接天井与房屋的过渡空间。院落入口的大门连接外部街巷，整个空间布局维护了院落的私密性。

四合五天井院落民居的布局稳重且方

正，是仕宦、商家喜爱的一种建筑形式。它以院内中央天井为中心，形成纵横轴线对称的平面布局，依照轴线层层深入，由公共性空间逐渐进入相对独立私密的空间，增加了民居的安定性和安全性。对于空间的划分与使用，反映出白族人民的传统思想，也营造出相对安静的生活环境。

图片来源

图一　刘翔宇　摄影
图二至图四　承恺　制图
图五、图六　束立茹　制图
图七　大理白族自治州博物馆　提供

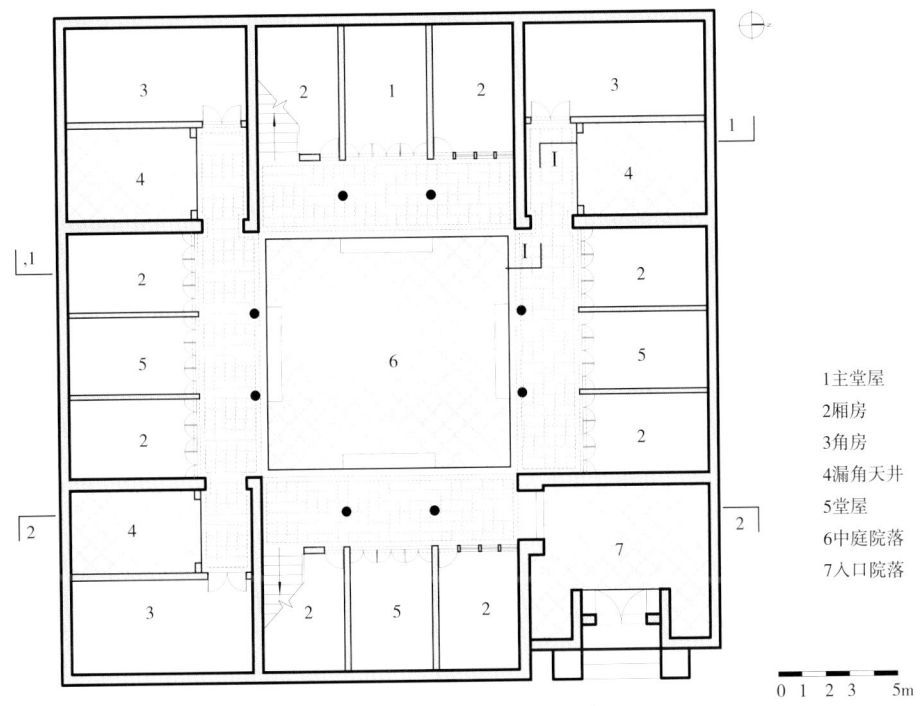

图二　白族民居四合五天井平面图

1 主堂屋
2 厢房
3 角房
4 漏角天井
5 堂屋
6 中庭院落
7 入口院落

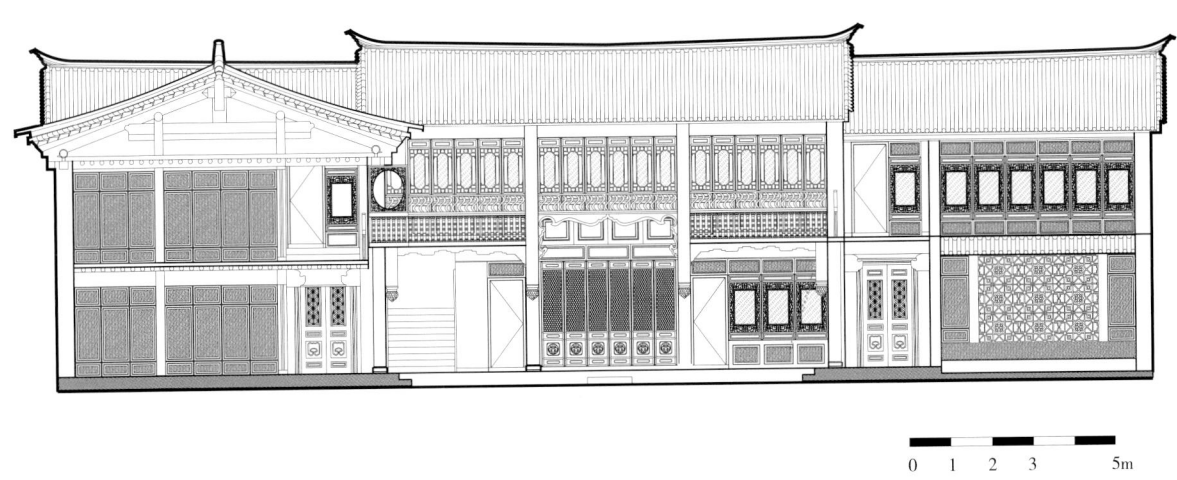

图三　白族民居四合五天井1-1剖面图

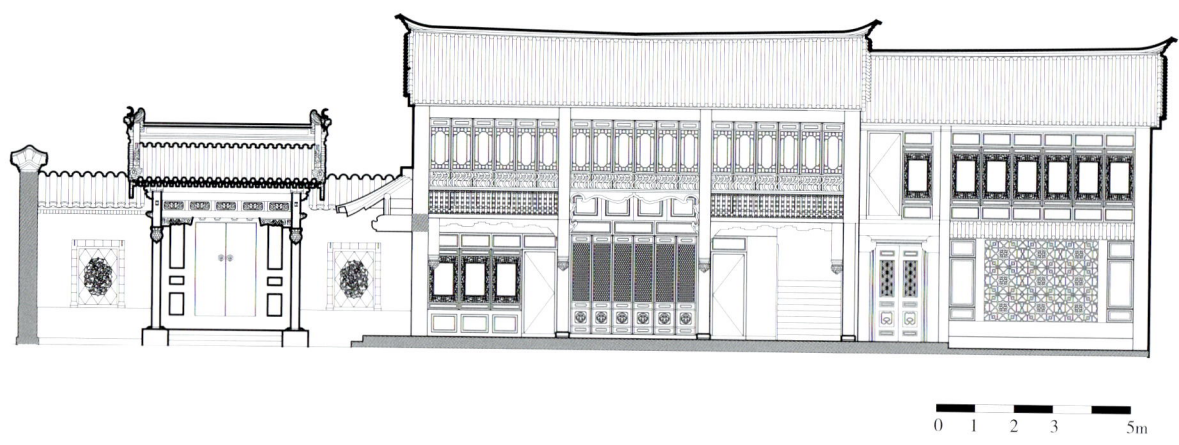

图四 白族民居四合五天井2-2剖面图

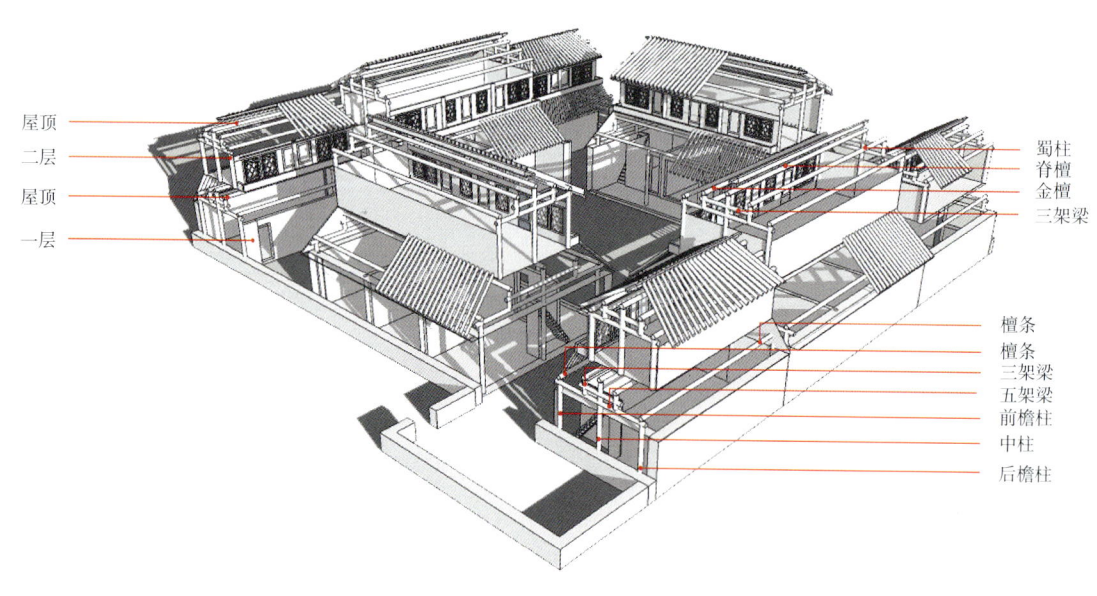

图五 白族民居四合五天井结构图

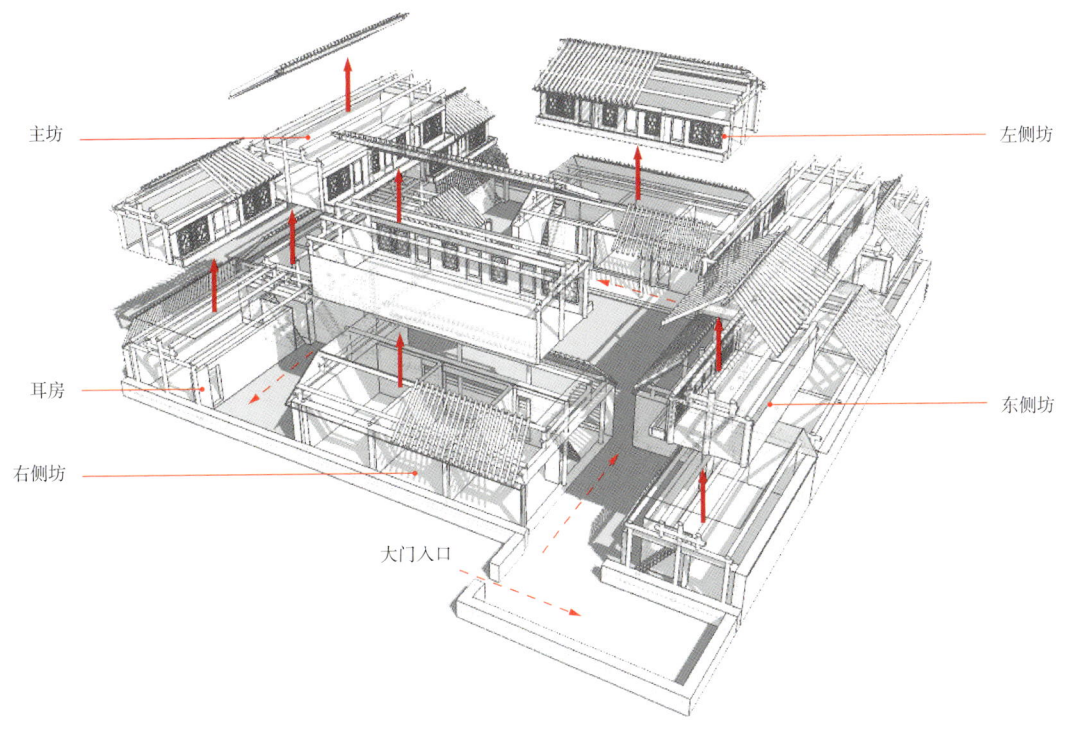

图六　白族民居四合五天井分解图

图七　白族民居四合五天井

白族堂屋

图一 白族堂屋主图

本案例为白族传统民居单坊建筑中的堂屋，为坊底层的中间一屋，位于云南省大理市。堂屋进深约6.74米，开间约4.48米，占地面积约30.19平方米。堂屋作为整个民居的核心——礼仪场所，一般不住人，是白族居民家中起居待客的空间。

该堂屋坐西朝东，采光和通风通过六扇雕刻精美的木格子门。平时只开两扇，有红白喜事时才全部打开或取下。室内布局有固定的模式。西面墙上挂寿星图和对联，祈求全家幸福安康。供桌面朝东面摆放，是祭祀祖先神灵时放置香炉蜡烛等供品之地。供桌前置八仙桌，八仙桌上摆放糖果、糕点等，以供来访宾客食用。八仙桌两侧各设一把太师椅，为招待客人之用。八仙桌前有火塘，现已较少使用。堂屋两侧各置一条春凳，是家中小辈的坐处。堂屋除了有招待客人的作用之外，还是家中举办婚丧嫁娶等重大礼仪活动的场所。白族的婚礼新人需在堂屋中拜天地、拜祖先以及长辈。严家大院中的堂屋墙上同样挂有寿比南山的寿星图和吉祥对联，四周挂有名人字画，格局分布与本案例相似。

堂屋是白族传统民居构件单体的重要组成部分，家中红白喜事均在此举办。从堂屋的平面布局中可以看出，分工明确，功能不一，各辈分都必须按照礼俗规定就座。白族是一个非常注重长幼尊卑传统礼俗的民族。

图片来源

图一　刘翔宇　摄影
图二、图三　华建业　制图
图四　束立茹　制图
图五　赵思颖　摄影

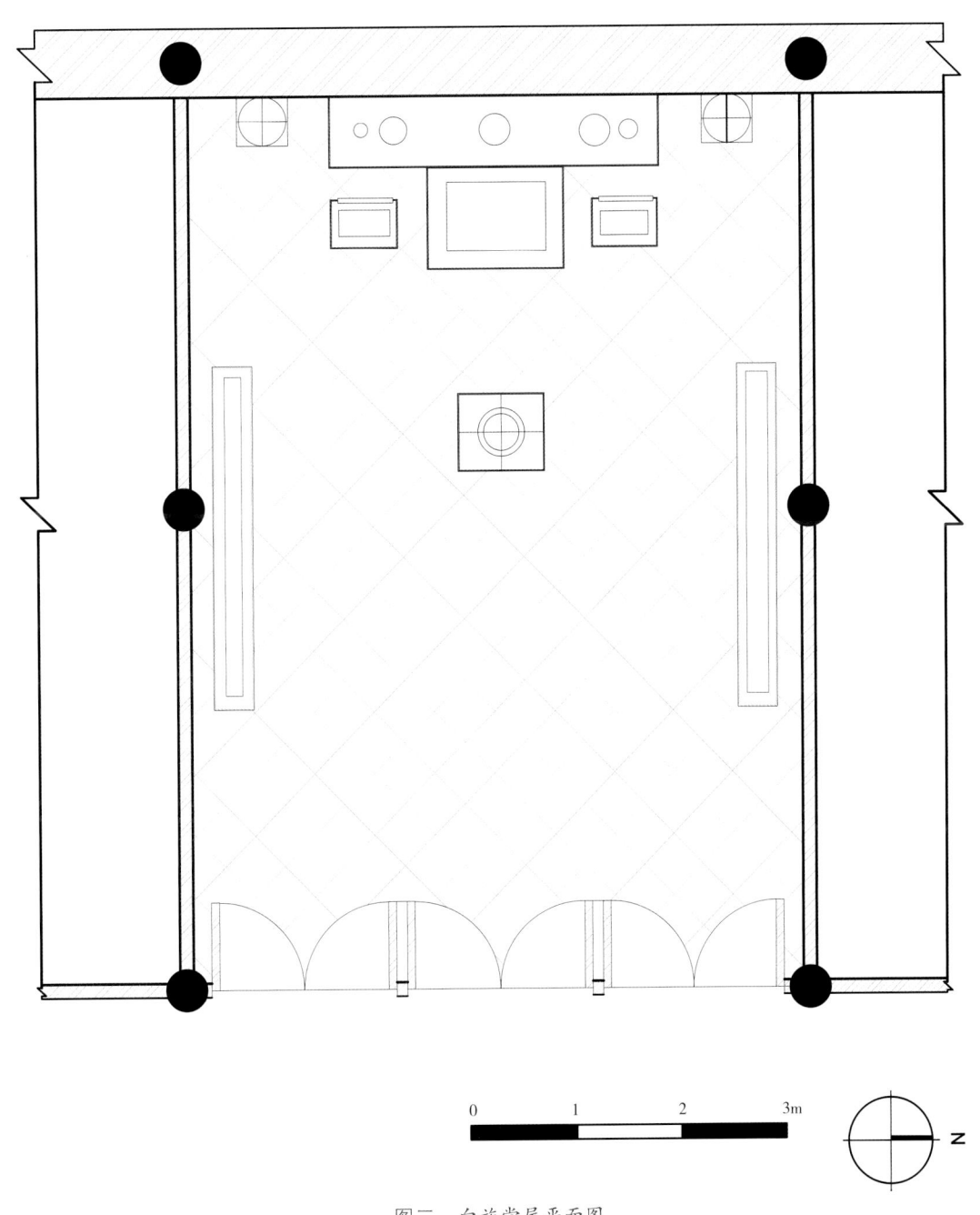

图二　白族堂屋平面图

0
1
2
3m

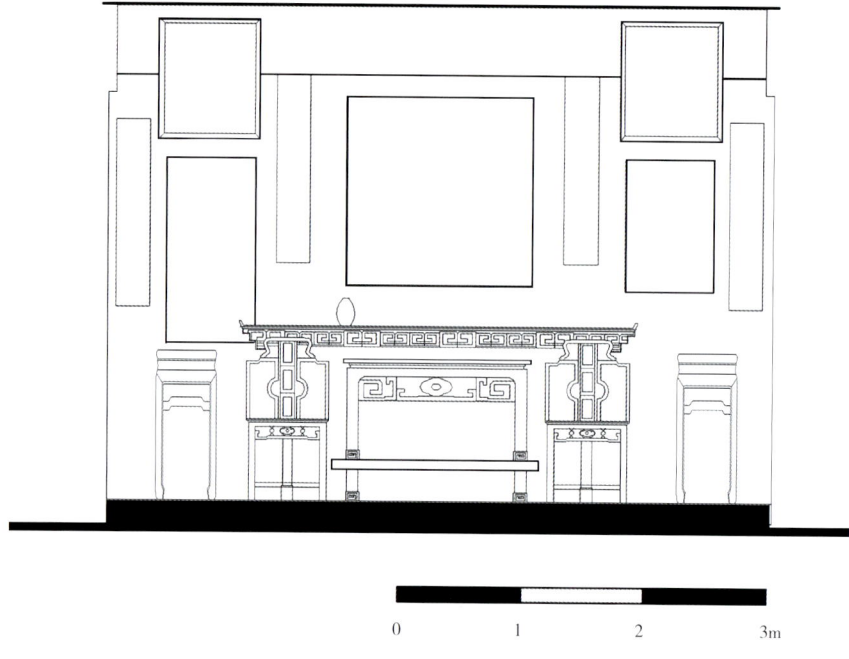

图三　白族堂屋立面图

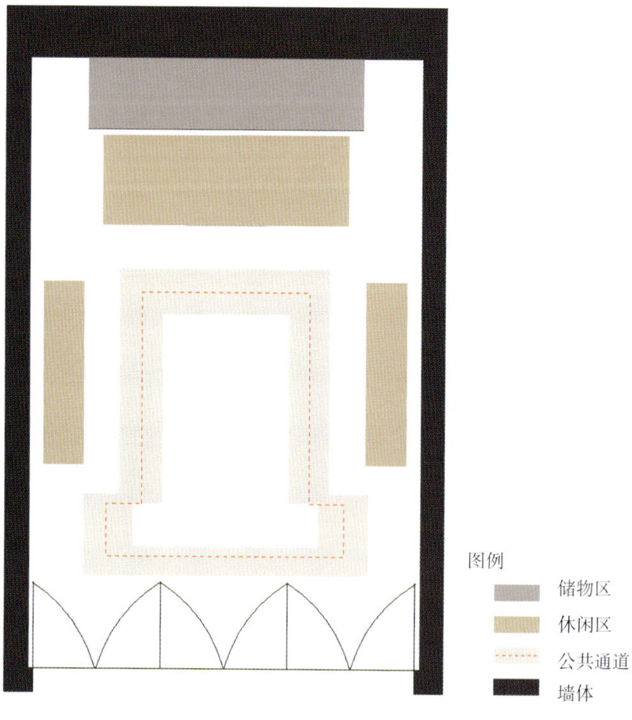

图例
储物区
休闲区
公共通道
墙体

图四　白族堂屋功能分区图

图五　白族严家大院堂屋

第一章　白族传统建筑

白族民居土库房

图一　白族民居土库房主图

　　本案例为白族传统民居土库房，位于云南省大理白族自治州大理市喜洲镇沙村。该民居是一栋独立的三间两层房屋，长约13.20米，宽约7.64米，占地面积约100.85平方米。土库房平面布局较为简单，是适应于白族农耕生活的独立式外向型民居形式，是颇具白族民族特色的民居之一。

　　本案例整体为砖、石材料，硬山屋面覆瓦，房屋墙体底层以卵石垒砌筑造，墙面使用方正的片麻石块，左右两边开有长约0.83米，高约0.99米的长方形木格窗。房屋的柱子之间用多根横梁相连，横梁上架蜀柱。房屋底层中间一屋为堂屋，是家中待客或举行重大活动的场所，屋外有一宽约0.9米的门廊，与堂屋相连，在空间上增加了通透感。堂屋两侧为卧室，左侧为老人房，右侧为新娘房。二层为储藏之用。随着地方经济收入的增加，生活水平的不断提高，白族人民审美追求和施工技术也在不断发展。土库房的立面造型越来越简洁，建筑形式富有生机。

　　土库房源于苍山，由于苍山地区多山脉，溪水中多卵石，采拾方便，因地取材，其特点之一就是使用卵石和片麻石块砌造外墙。在砌墙的工艺上，堂屋与卧室采用干砌，即卵石之间紧密咬合，要求工匠师傅有足够的经验和技艺；墙体的次要部位使用夹泥砌，将泥浆灌入缝隙；墙体外层和围墙则采取包心砌，在其中间用细小的卵石填补。不断更新调适的原生建筑，印证着白族人民在传统建筑史上的进步。

图片来源

图一　魏溥均　制图
图二至图四　承恺　制图
图五　束立茹　制图

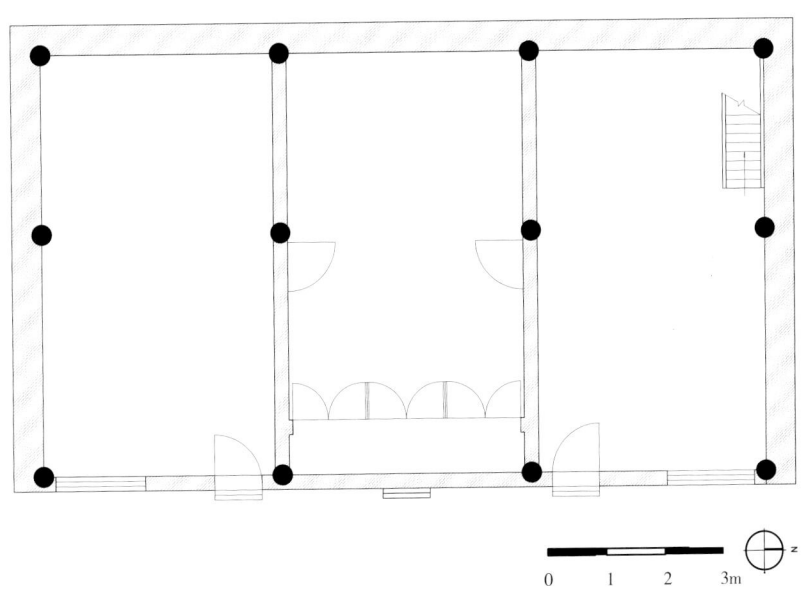

图二　白族民居土库房平面图

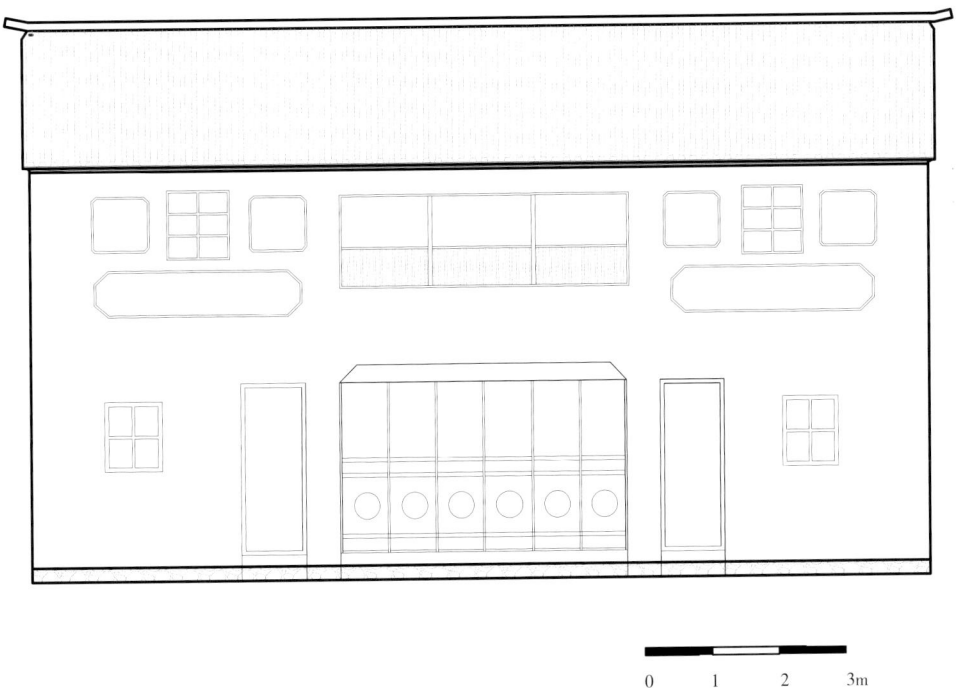

图三　白族民居土库房立面图

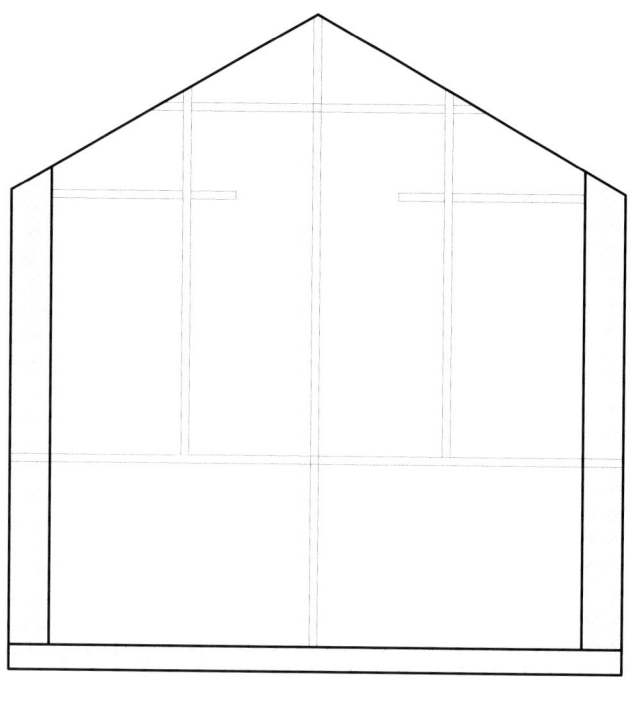

图四 白族民居土库房剖面图

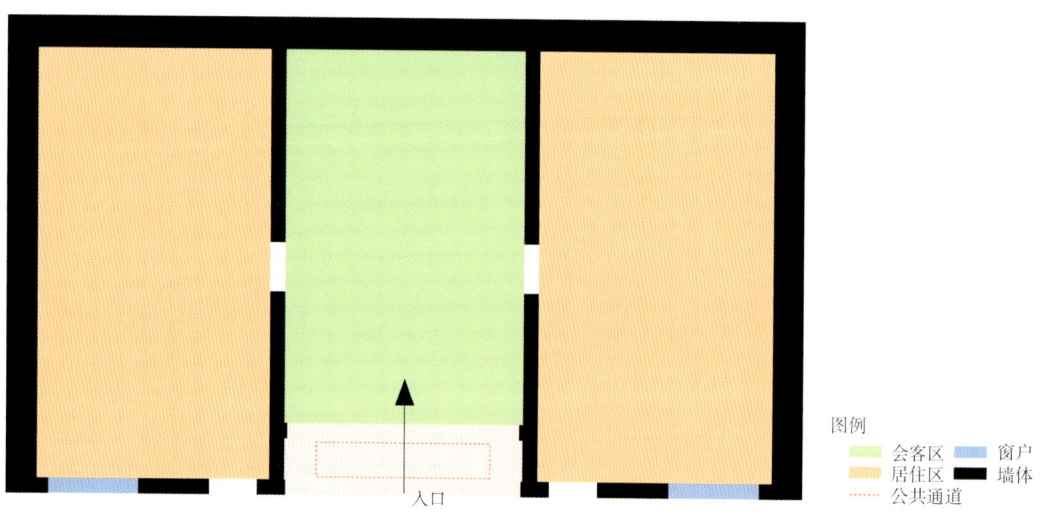

图五 白族民居土库房功能分区图

白族跑马墙

图一 白族跑马墙主图

本案例为白族传统民居构件单体跑马墙，位于云南省大理白族自治州大理市喜洲镇严家大院。喜洲镇白族传统民居上的跑马墙位于正房和厢房二层连接处，即转角处，喜洲镇的跑马墙造型独特，与徽派民居建筑上的马头墙造型有很大区别，当地人亦称之为"雀台"。

严家大院的跑马墙大致分为三层结构，可三面环视，呈三折形式。上部分为瓦屋檐，顶部覆瓦，檐下三面转折处有精致的砖雕，刻有喜鹊、牡丹等立体吉祥图案，工艺精巧，以灰、黑、白为主要装饰色彩，绘有连续纹样，异常精美。中间部分镶有砖框，框边外饰以黑色，框内饰以淡蓝色，三幅砖框内绘有不同图案的花鸟纹，均以白色为底。图案以淡彩绘制，画面清新素雅。跑马墙下部分以简单的砖饰面，砖缝处勾白线使整体统一。跑马墙不仅有装饰功能，还兼具实用功能，可防火、防盗，以及房屋后期维护。赵国成宅院中的跑马墙造型与严家大院一致，同为三面环视，只是纹样装饰有所区别。赵宅跑马墙上部分在黑底的基础上绘以白色莲花纹样，砖框较为讲究，框外均绘以繁复的花草纹，框内以线条的形式绘制人物、松柏、灵兽等。下部分面积较严家大院略小，只以连续的卷草纹、花卉纹装饰。

跑马墙在白族传统民居建筑中占比较小，远不及照壁、山墙、门楼的装饰效果，但其独特的造型，淡雅的装饰风格在整个民居建筑中不可或缺，成为白族传统建筑中极具代表性的构件。

图片来源

图一　魏溥均　摄影
图二　张金威　制图
图三、图五　胡杨　制图
图四　承恺　摄影

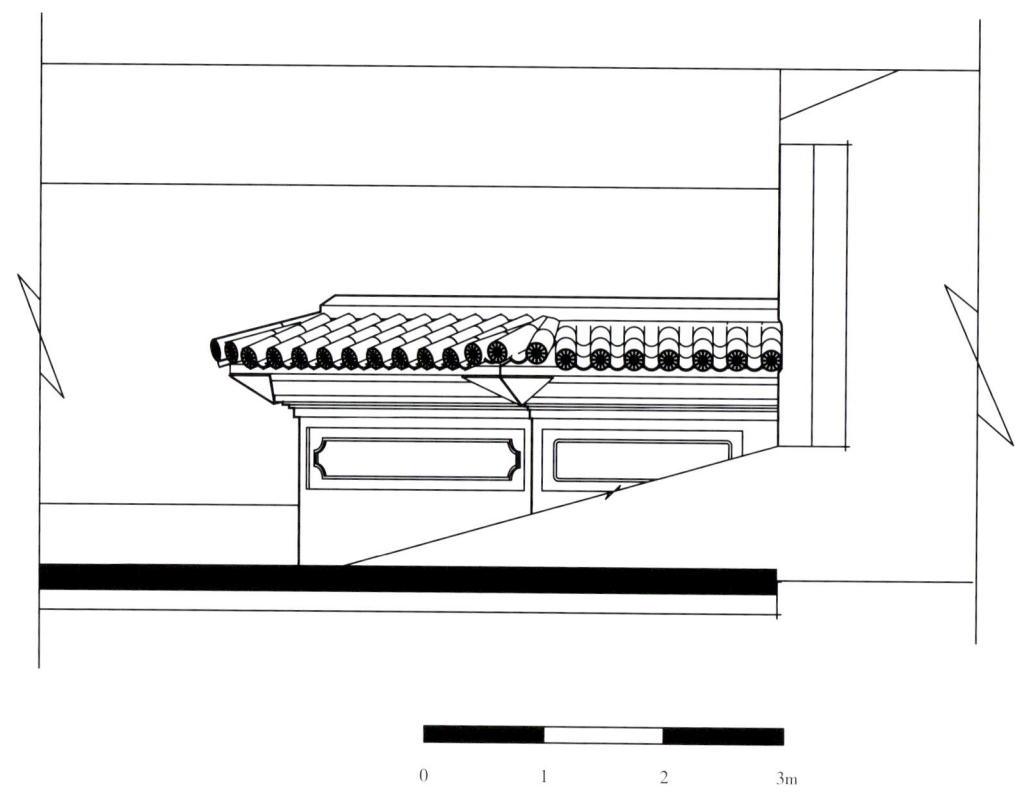

图二 白族跑马墙立面图

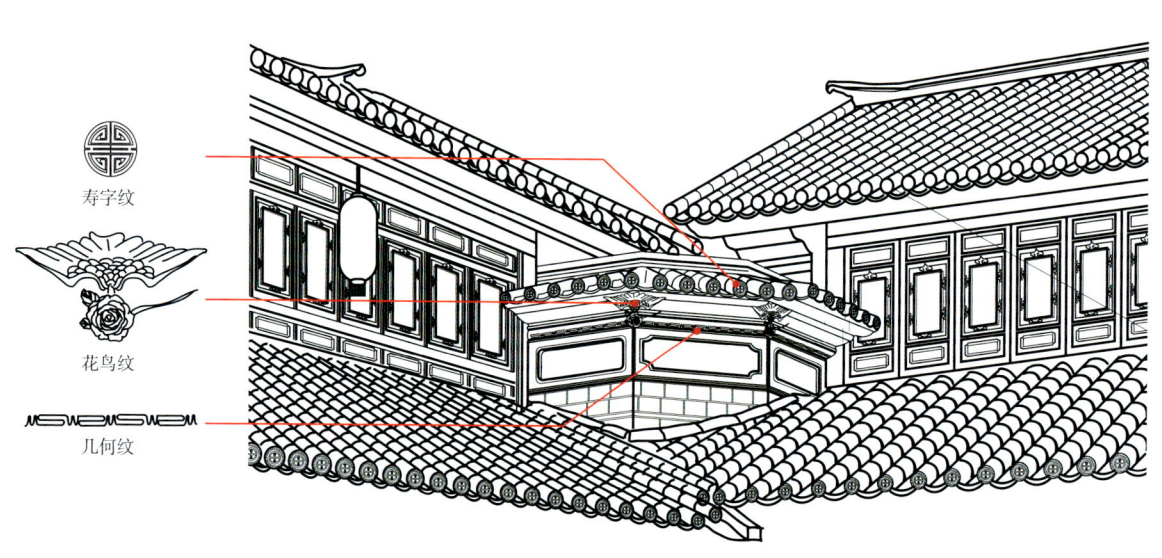

图三 白族跑马墙纹样分析图

图四　白族赵国成宅跑马墙

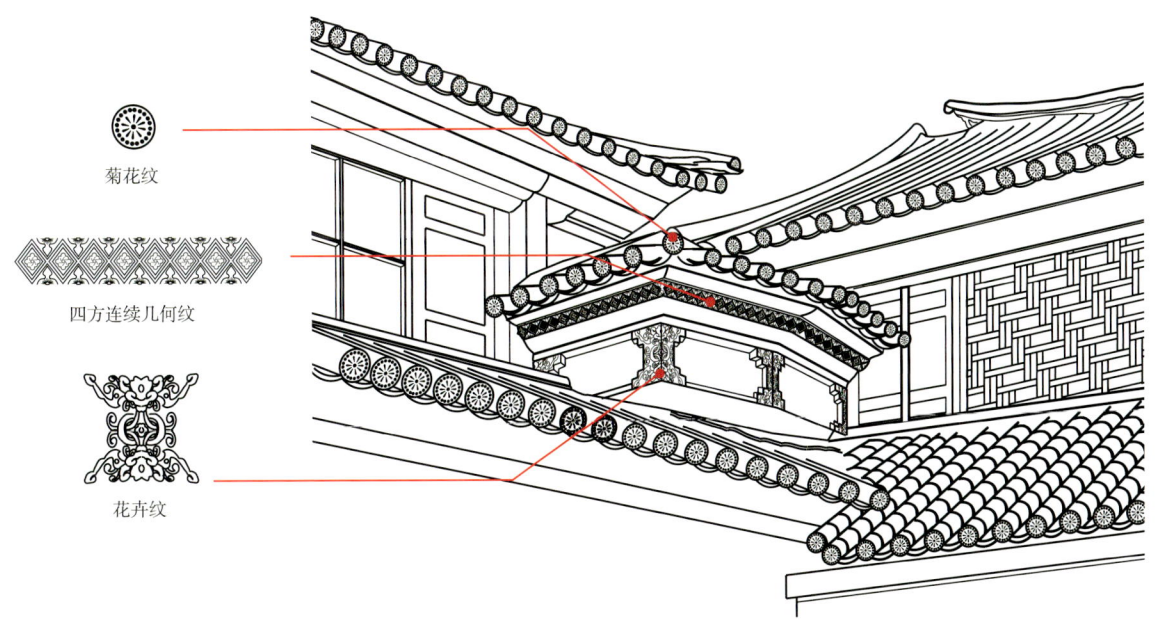

图五　白族赵国成宅跑马墙纹样分析图

第一章　白族传统建筑

053

白族崇圣寺三塔

图一 白族崇圣寺三塔主图

本案例大理崇圣寺三塔，位于大理市以北1.5公里苍山应乐峰下，倚苍山傍洱海，三塔鼎足而立，千寻塔居中为主塔，两座小塔南北拱卫。三塔始建于大理国建国初期，一为宣扬佛法，二为镇治水患，千百年来几经损蚀和修复，依旧雄伟鼎立。1961年，三塔被国务院公布首批全国重点文物保护单位。

千寻塔，为方形密檐式空心砖塔，共16层，由塔基、塔身和塔刹三部分组成，通高69.13米。塔基以红黏土夯实，基层高1米，四壁均用鹅卵石砌筑；上层为高1.9米的方形"须弥座"，边长21米，青砖铺面，其东面独角照壁上镶嵌大理石板，刻有"永镇山川"四字。塔身第一层高14.35米，二层以上骤然变得低矮；第二层至第九层塔腰几乎等大，第十层至第十五层逐渐缩小，16层塔檐以上收成方形须弥座，上承覆钵塔刹。塔刹由中心柱、仰莲、相轮、宝瓶、宝盖、宝珠等组成，塔檐四角埋置三通铁拉链，用来固定塔刹位置。南、北小塔各距千寻塔70米，均为八角形密檐式空心砖塔，共10层，通高42.19米。塔心呈方形空室，内壁垂直通至8层收顶，塔心埋砌多层十字状交错木枋，枋中圆孔通有一根0.2米的圆柱，作为整座塔的中垂线，在建塔时起到垂直定位的作用。南、北塔通身塑砌莲团、龛座、倚柱等，外观轻盈华丽，和千寻塔庄严雄伟的风格形成鲜明对照，三塔相映成趣。

崇圣寺三塔外形简约挺拔，建筑风格与同时期的唐代汉地佛塔相似，可知当时南诏广泛吸收汉地文化技艺，且社会经济发达，生产力和技术水平较高。迄今为止，在千寻塔中发现大理南诏时期的佛像、写本佛经等各类文物600余件，也为研究当时的历史、宗教、文化提供了宝贵的资料。

图片来源
图一　大理白族自治州博物馆　提供
图二至图四　束立茹　制图
图五　魏溥均　制图

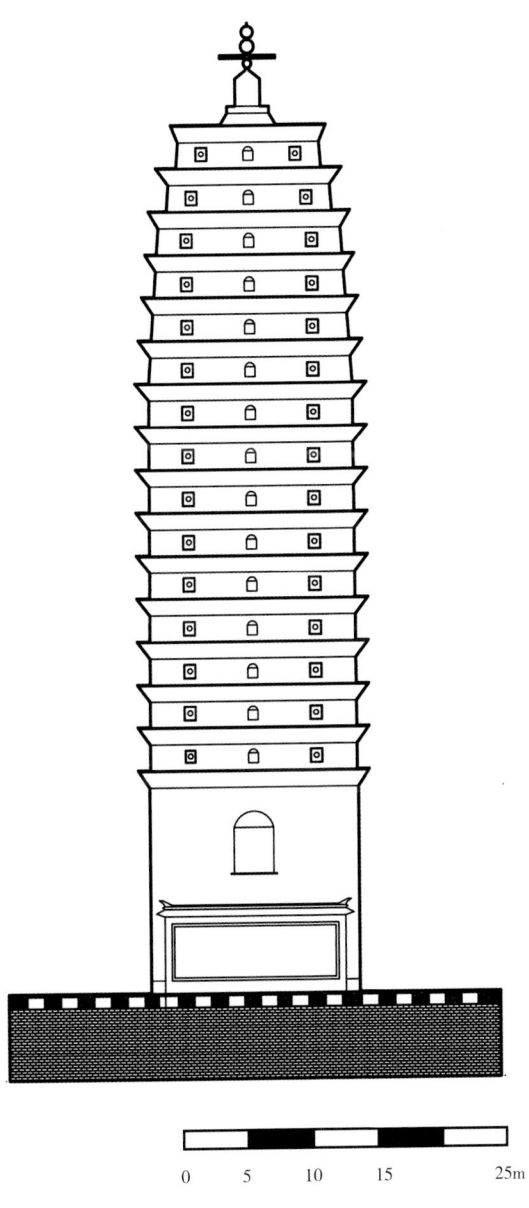

图二　白族崇圣寺寻塔尺寸图

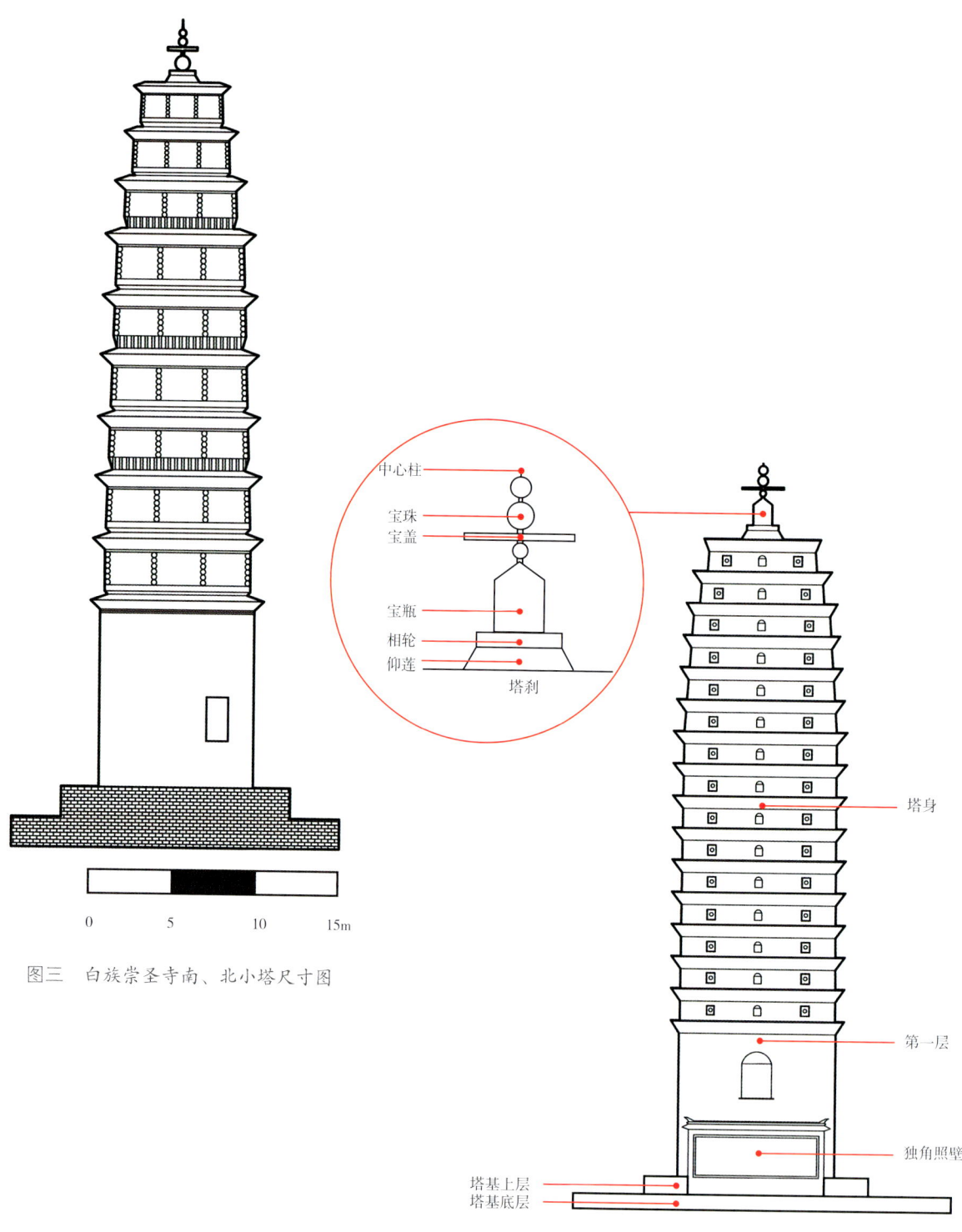

图三 白族崇圣寺南、北小塔尺寸图

图四 白族崇圣寺千寻塔结构图

图五　白族崇圣寺三塔氛围图

白族美人窗

图一　白族美人窗主图

本案例为白族传统民居建筑中的构件单体美人窗，位于正房和厢房的连接处，是正、厢两房二层的转角空间。本案例采集于云南省大理白族自治州大理市喜洲镇严家大院，当地人亦称之为花窗。高180厘米，宽85厘米，圆窗直径为66厘米。花窗常见于我国古代园林建筑群中，多以镂空图案为主，既有装饰美化的功能，又兼具实用功能。

本案例中的美人窗整体呈规整的矩形，分为上、下两部分。上半部分中间圆形镂空，无任何装饰或是遮挡。圆形边缘底部有金色装饰，四周木雕装饰，四个边角雕饰有相同的卷草纹、花卉纹，满铺空间。手工艺人将这些纹样别具匠心地组合成类似蝙蝠纹样。蝙蝠纹样是我国传统的装饰纹样，常被看作是幸福的象征，"蝠"同"福"，寓意吉祥，蝙蝠飞进人家，又取"进福""福从天降"之意，整体构图简洁大方。美人窗下半部分由8根相同的红色木柱支撑，柱与柱间隔6厘米左右，排列均匀，与正、厢两房的栏杆柱式一致，整体统一。支撑木柱上下两端均有浅绿色底、金色描边的如意纹样装饰。站在美人窗内侧，对庭院中的景致一览无余。人站在庭院中仰视，透过美人窗可看到窗后的装饰墙，隐约可见墙面砖框内的诗词与绘有亭台楼阁的山水画，具有一定的神秘性、私密性。

严家大院内的美人窗造型别致，结构新颖，是整个建筑群落中的小品之一，虽然数量不多，却使建筑整体充满情趣，调动了庭院的氛围。美人窗与正、厢两房相连，巧妙地运用了空间结构，避免了空间浪费，使之与整体环境相融，体现了传统设计的巧妙构思。

图片来源
图一　魏溥均　摄影
图二　承恺　制图
图三至图五　胡杨　制图

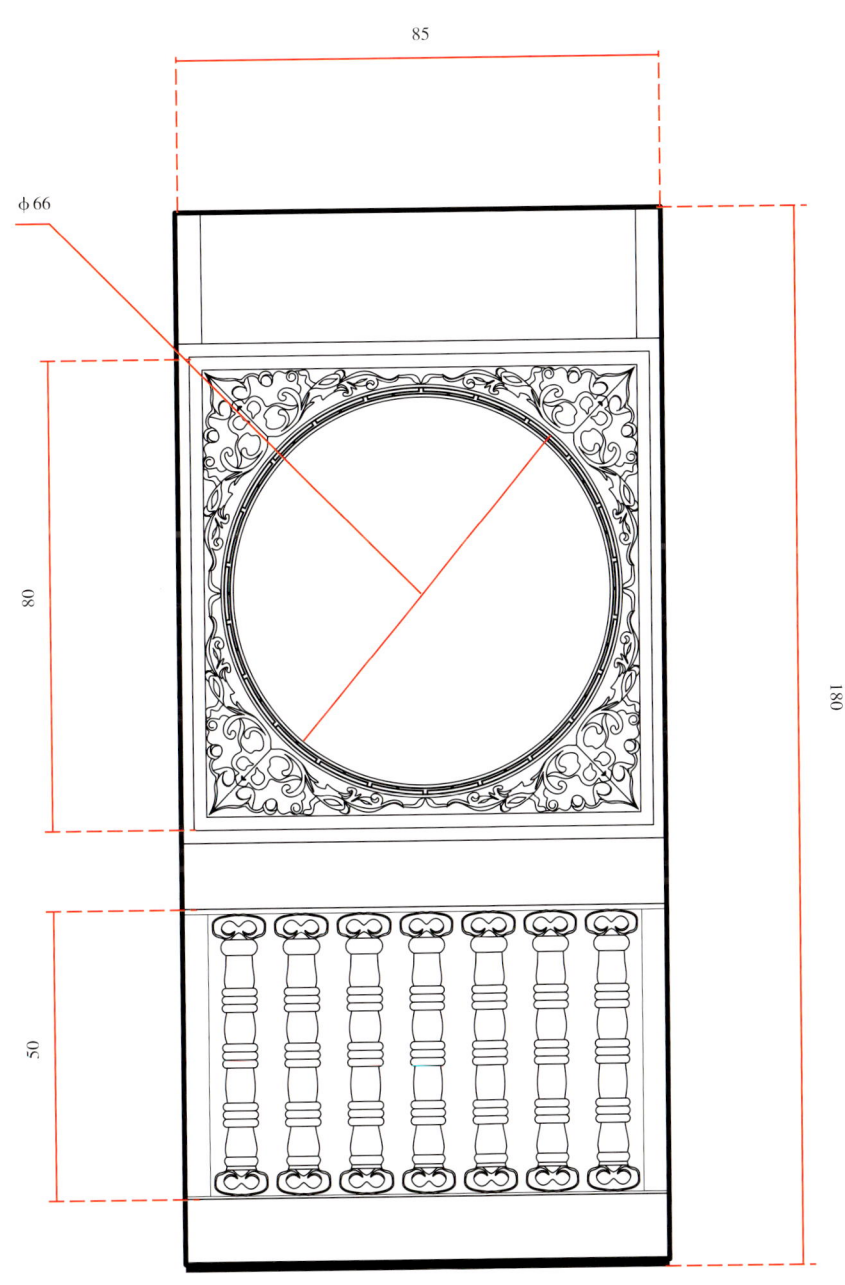

图二　白族美人窗尺寸图

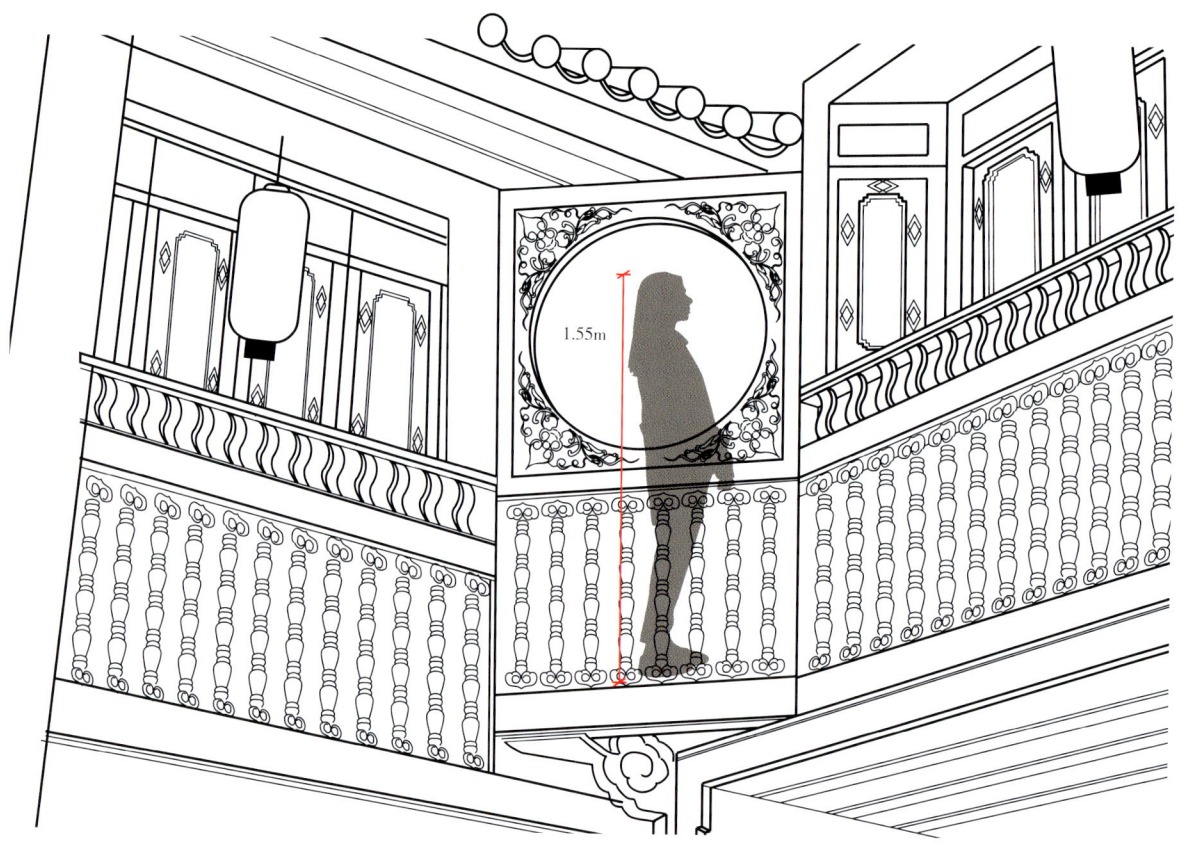

图三　白族美人窗人物关系图

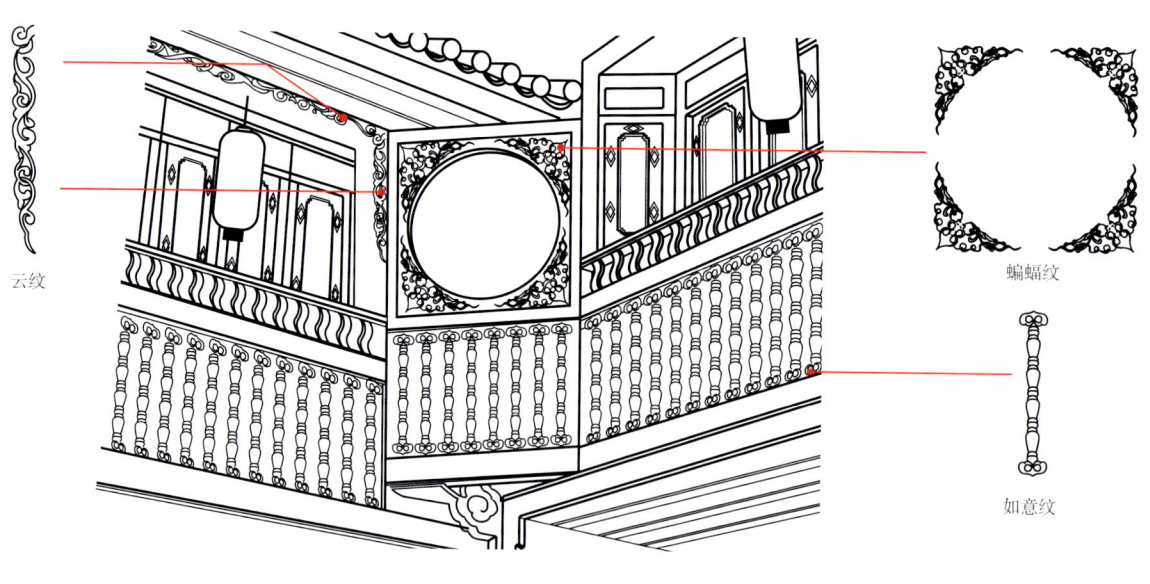

图四　白族美人窗纹样分析图

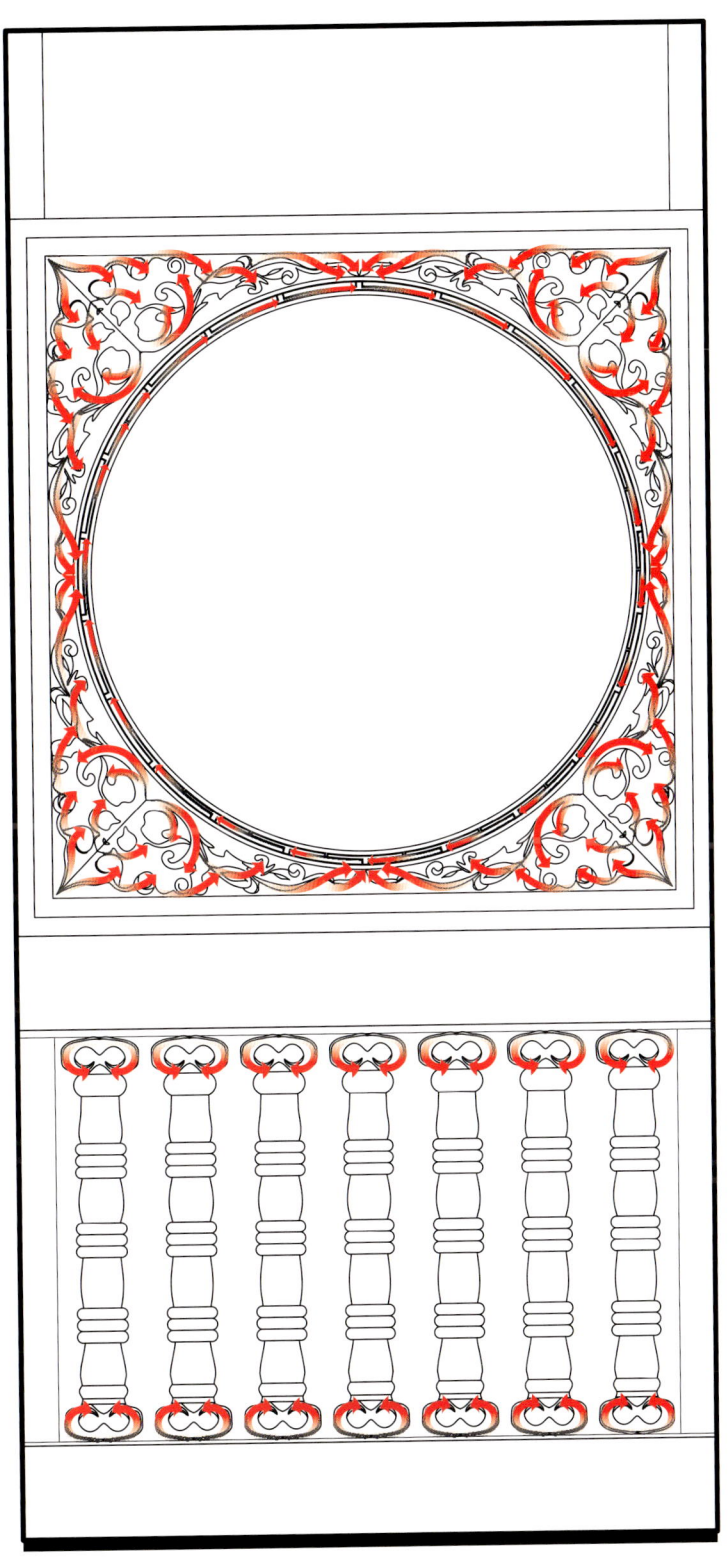

图五 白族美人窗纹样动态分析图

第二章 白族传统服饰

白族鹤庆甸南新娘上衣

图一 白族鹤庆甸南新娘上衣主图

本案例为云南大理鹤庆甸南的新娘上衣，穿着地区为云南省大理白族自治州鹤庆县甸南地区。衣长约为61厘米，肩宽约为38厘米，袖长约为56厘米。甸南的白族服饰受传统影响比较大，显得含蓄内敛，稳重大方，整个服饰艳丽与朴实相结合，显得明艳动人、素雅华美。在服装和配饰的选择上，鹤庆白族也更偏向于选择鲜艳的色彩。

该新娘上衣式样为前短后长的宽襟衫，色彩艳丽明快、对比强烈、清新亮丽，以黑色、红色、蓝色为主基调。领褂前襟用黑色金绒布做滚边，金绒布与褂子连结的地方用花边镶嵌，红色花边和白色领子的颜色形成鲜明的对比，一般是并列着两条花边，简单又大方。领褂的颜色有红色、黑色、青色、深蓝色等,布料则以棉布、金丝绒、灯芯绒为主。这款新娘上衣的穿搭方式也别具特色,由头饰、衬衫、领褂、围腰、裤子等组成,新娘束发盘顶,用发罩将盘发固定,外戴黑色百褶纹圆盘帽,帽檐饰有圆形的花朵。上身穿白色直领内衣,外穿红色圆领右衽丝绸上衣,衣袖饰以由红、黑、蓝三种丝绸绣制而成的袖箍,外穿黑绸领褂,腰系黑色围腰,腰饰为一块绣花方巾。下身穿黑色长裤,脚穿红色绣花鞋。

云南大理鹤庆甸南的新娘上衣展现了白族特有的婚礼服装面貌,精致的婚礼服装衬托出新娘的娇媚姿态,表现了白族婚俗的趣味性,是一幅色彩艳丽的民俗画卷。

图片来源
图一　大理白族自治州博物馆　提供
图二、图三、图五、图六　王澍宸　制图
图四、图七　萧倩　制图
图八、图九　黄心怡　制图

正面

反面

图二　白族鹤庆甸南新娘上衣外观图

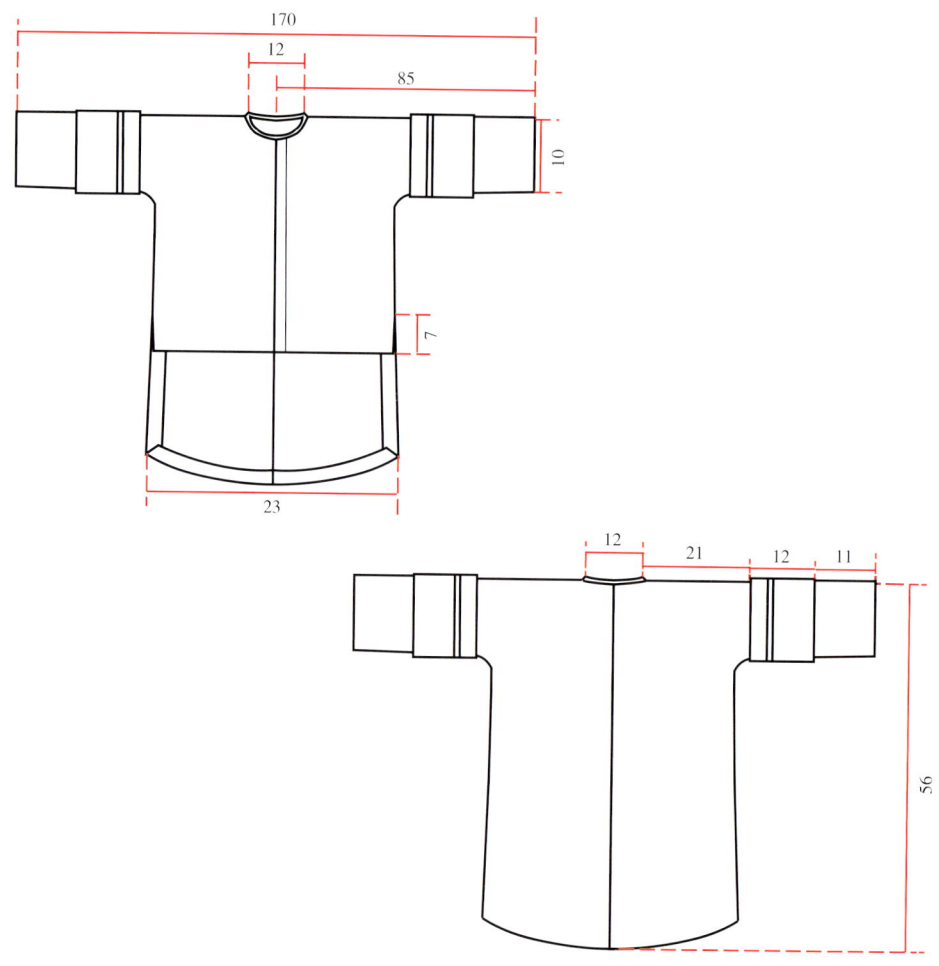

图三 白族鹤庆甸南新娘上衣尺寸图（单位：cm）

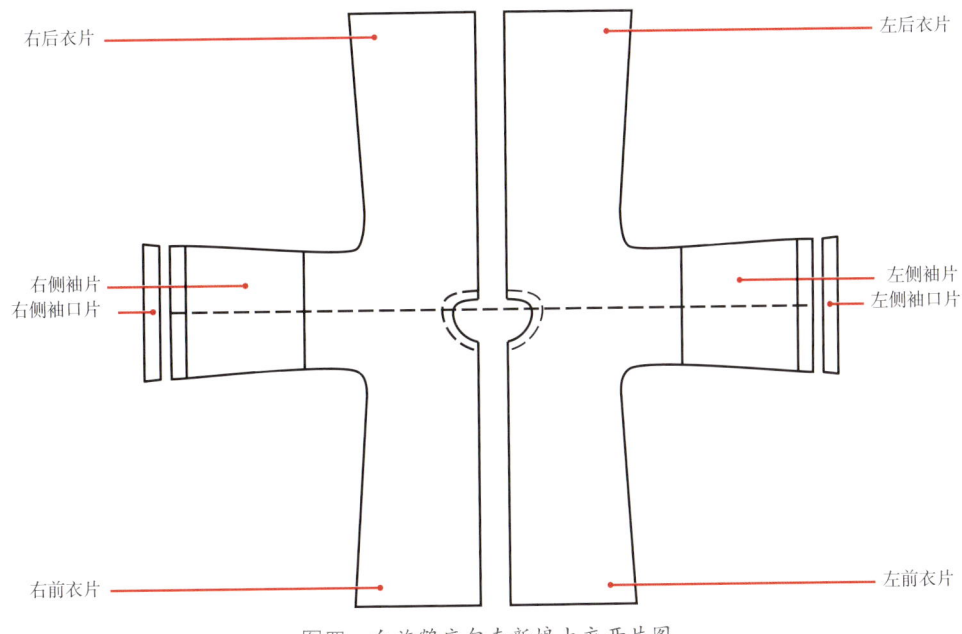

图四　白族鹤庆甸南新娘上衣开片图

正面

背面

图五　白族鹤庆甸南新娘偏襟马甲外观图

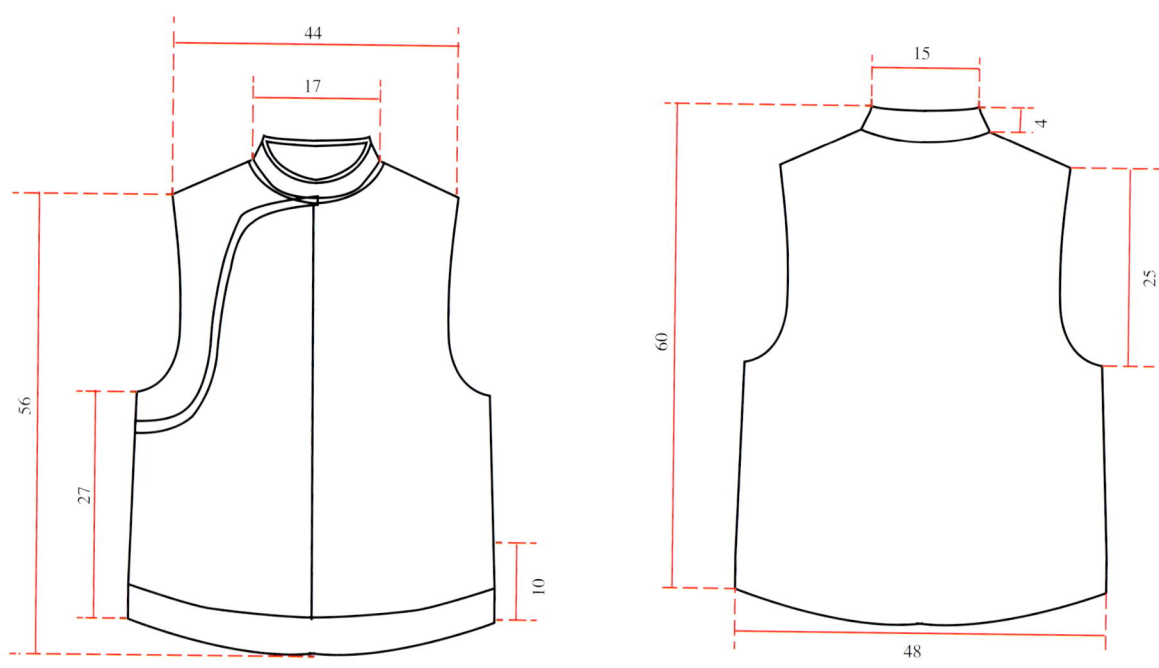

图六 白族鹤庆甸南新娘偏襟马甲尺寸图（单位：cm）

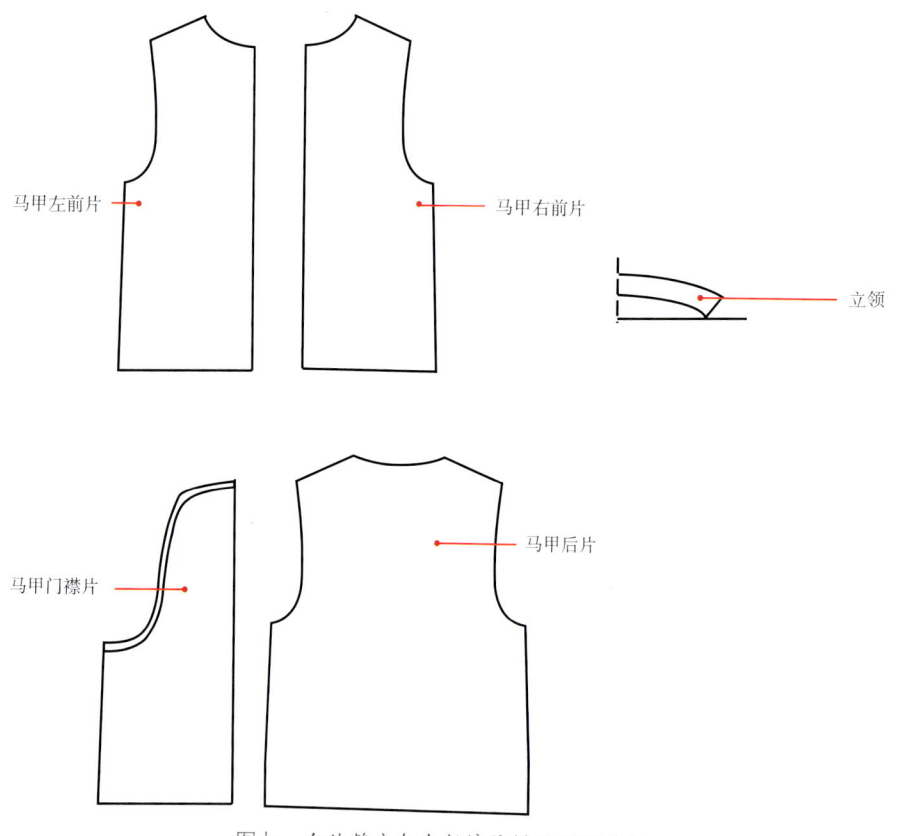

图七 白族鹤庆甸南新娘偏襟马甲开片图

图八 白族鹤庆甸南新娘上衣局部分析图

图九 白族鹤庆甸南新娘马甲色彩分析图

第二章 白族传统服饰

069

白族周城新娘上衣

图一　白族周城新娘上衣主图

本案例为白族周城新娘上衣，穿着地区为云南省大理白族自治州大理市喜洲镇周城村。衣长约108厘米，袖长为53厘米，袖宽约为13厘米，非常宽松，色彩浓烈，衬托出婚礼的氛围。

新娘上衣衣领为右衽，有两粒盘扣，在衣摆和袖口处有绚丽的刺绣，衣服侧边开衩，上衣的色彩为红色，衬托出婚礼喜庆的氛围。面料为绸缎，精致华美。它的特色主要在刺绣，刺绣纹样层次极为复杂，尤其是衣摆和袖口的饰边，色彩丰富而协调，花卉图案以荷花等为主，寓意多子多福，飞鸟和蝴蝶图案象征着吉祥如意，生活美满，这些刺绣颜色绚丽多彩，针法细腻，生动形象，衬托出婚礼的喜悦和祝福。它的穿搭方式充分体现了当地的婚俗，充满趣味性。新娘头戴各色绒线球做成的高顶花帽，戴墨镜，上身内穿长至膝盖的绿色长衣，外着大红绸衣，长衣的下摆由多层滚边和绣花图案组成。下身穿绿色直筒长裤，新娘裤子一般是黑色面料制作的宽腰大裆裤，待裤子穿好后，在裤脚处用扎脚带将裤腿束紧。膝盖下绣有两圈绣花图案和喜鹊图，裤脚边绣花，脚穿绣花鞋。胸前挂有镜子，有避邪之意。

大理白族自治州大理市喜洲镇周城村新娘上衣，不仅体现了大理白族的婚礼文化，它的穿戴方式也反映了当地的民风民情和独特的审美风格，新娘装扮的色彩艳丽，配饰搭配风格鲜明，具有极高的审美价值。

图片来源

图一 大理白族自治州博物馆 提供
图二至图六 王澍宸 制图

正面

背面

图二 白族周城新娘上衣外观图

第二章 白族传统服饰

071

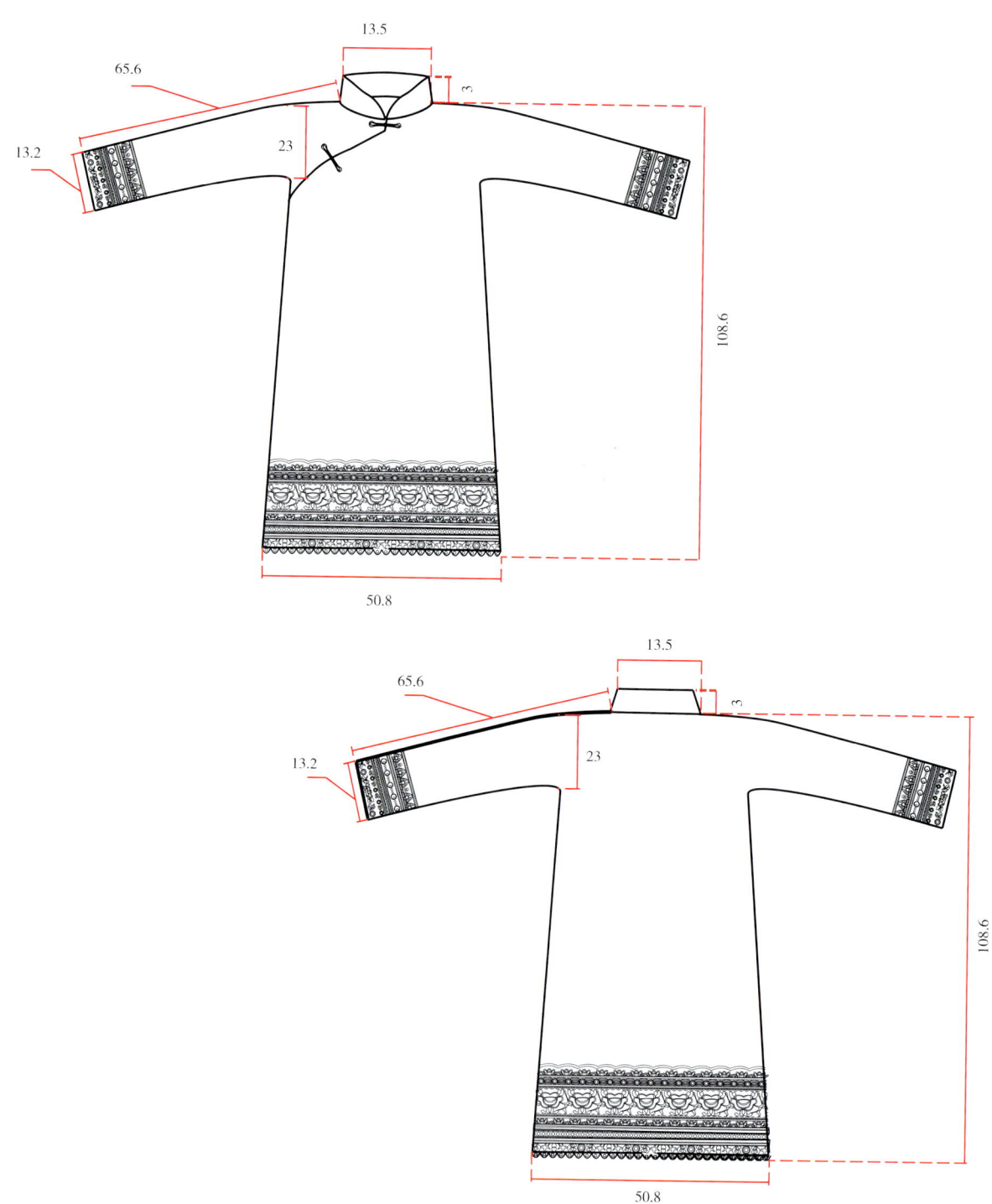

图三 白族周城新娘上衣尺寸图（单位：cm）

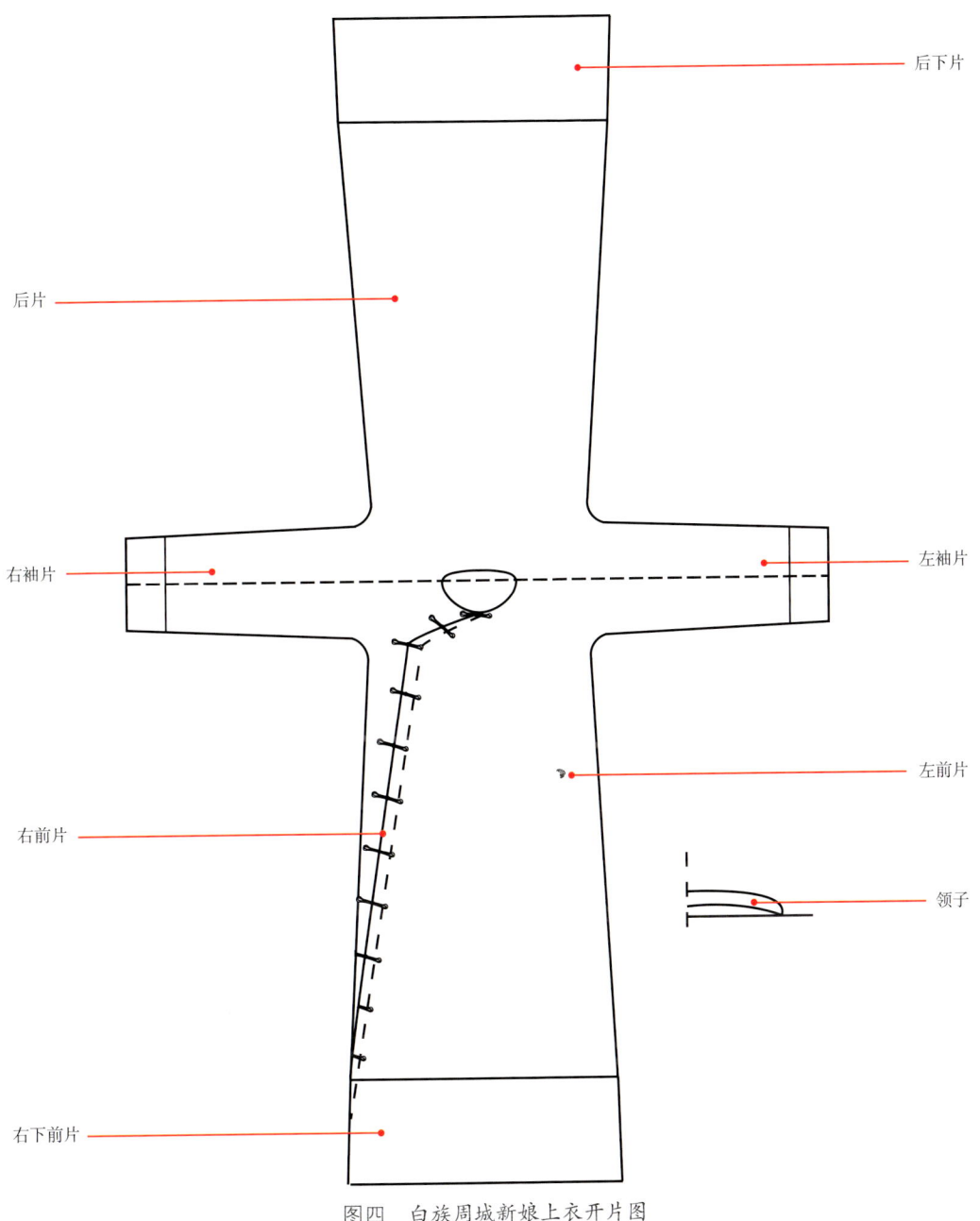

图四 白族周城新娘上衣开片图

图五　白族周城新娘上衣局部分析图

图六　白族周城新娘上衣色彩分析图

白族周城新郎上衣

图一 白族周城新郎上衣主图

本案例为白族周城新郎上衣，穿着地区为云南省大理白族自治州大理市喜洲镇周城村，上衣长约为65厘米，下摆围约为110厘米，领围约为40厘米，袖长约为70厘米，古朴典雅，烘托出婚礼的喜庆氛围。

新郎上衣的款式为对襟，左右两边完全对称，衣襟处共有三排盘扣装饰，颜色为白色，刺绣装饰十分华丽，呈左右两边对称。左右两边衣片由条形刺绣绣片装饰，刺绣纹样为缠枝花卉装饰，纹样的色彩有黄色、红色、绿色，色彩清新，自然大方。缠枝图案的两边有青花图案装饰，青花图案的形态充满韵味，点线面设计元素运用得十分巧妙。刺绣绣片都呈直线型分布，体现了直线裁剪方式的流畅感，新郎上衣袖口刺绣也十分精美，袖口的色彩为深青色，有缠枝花卉、菊花等作为装饰，线条奔放，纹样充满规律感和韵律感，它展现了白族人民对美好婚姻生活的向往和对幸福爱情的追求。新郎上衣穿搭方式富有层次感，新郎头戴白色包头，在上衣外面穿一件青色马甲，并在上衣上扎一圈围腰，下身穿着白色的长裤。长裤上的刺绣装饰和上衣袖口相同，形成呼应，包头和围腰上都有彩色的小球垂下，充满婚礼喜庆的氛围。

新郎上衣的清新色彩，秀丽装饰令人赏心悦目。洁白的服装象征着爱情的纯洁和美好，美丽的纹样传达了人们对美好生活的追求和喜悦。

图片来源

图一　大理白族自治州博物馆　提供

图二至图七　王澍宸　制图

图八　黄心怡　制图

图九　王澍宸　制图

图二　白族周城新郎上衣外观图

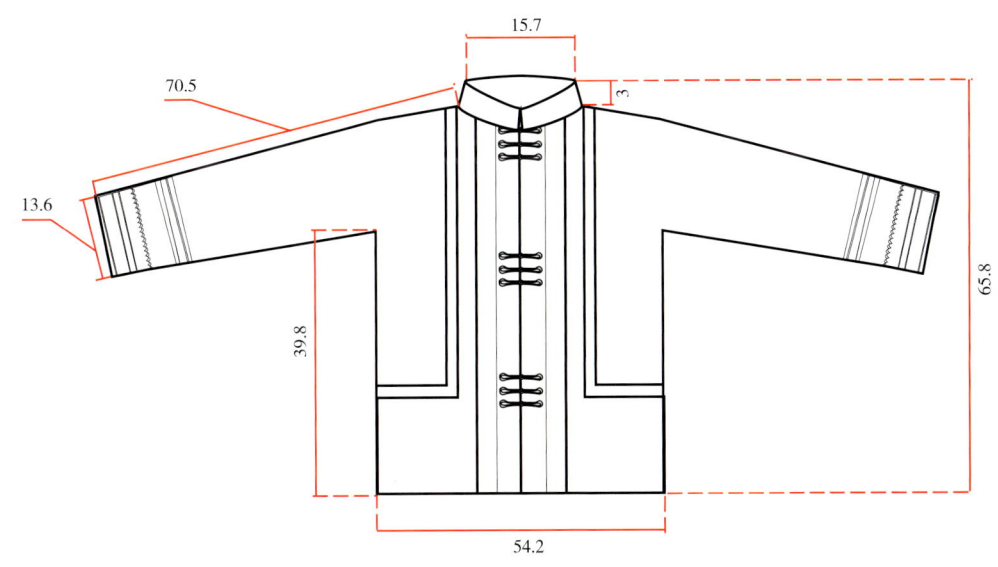

图三　白族周城新郎上衣尺寸图（单位：cm）

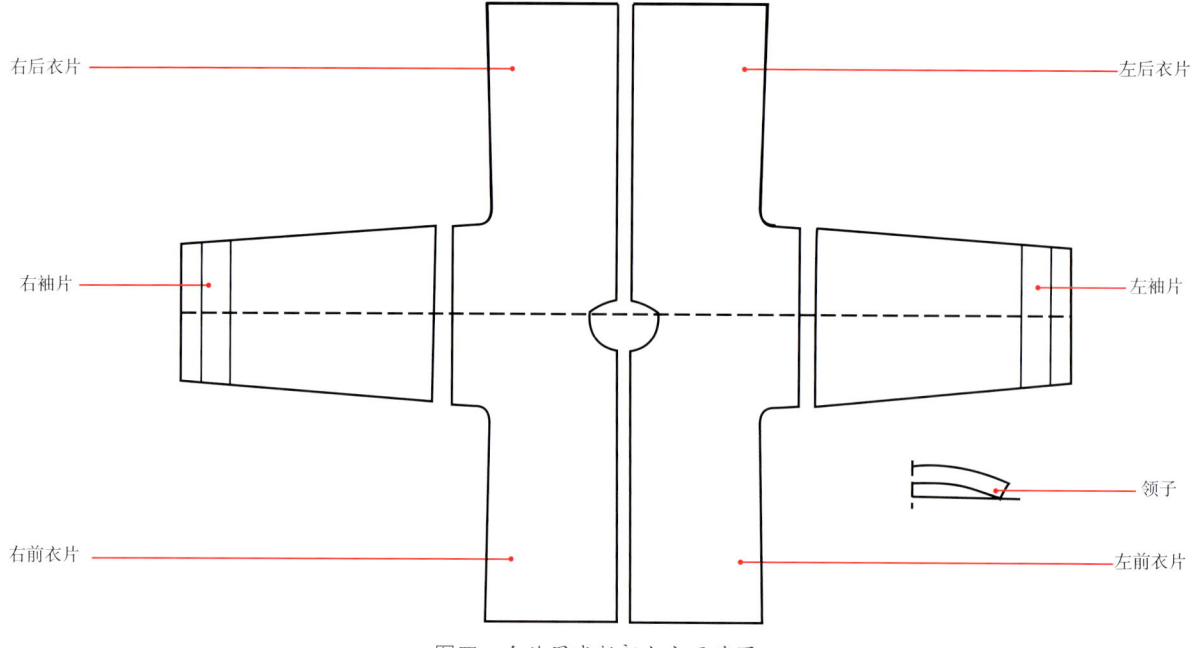

右后衣片　　左后衣片

右袖片　　左袖片

领子

右前衣片　　左前衣片

图四　白族周城新郎上衣开片图

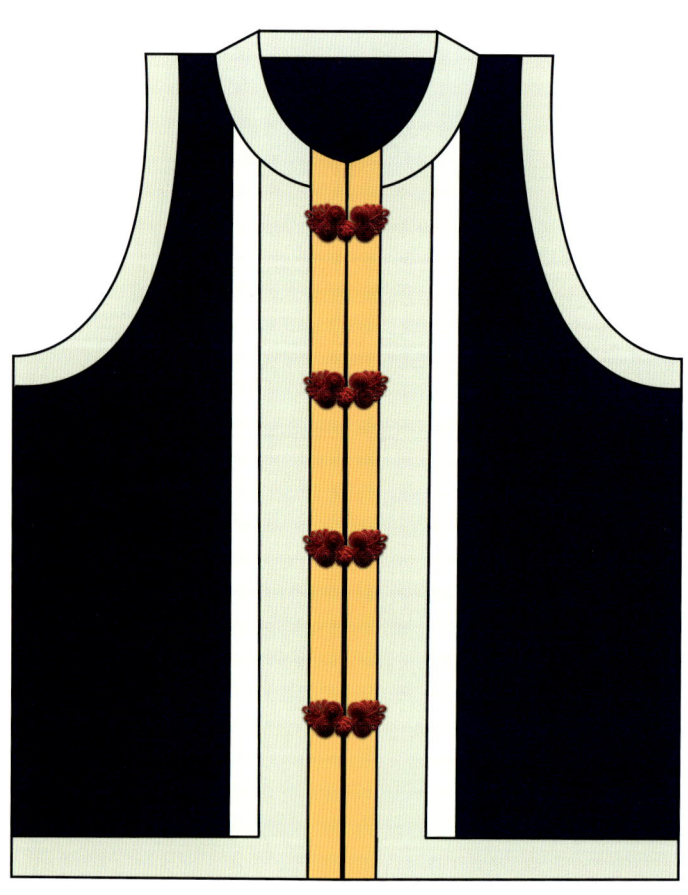

图五　白族周城新郎对襟马甲外观图

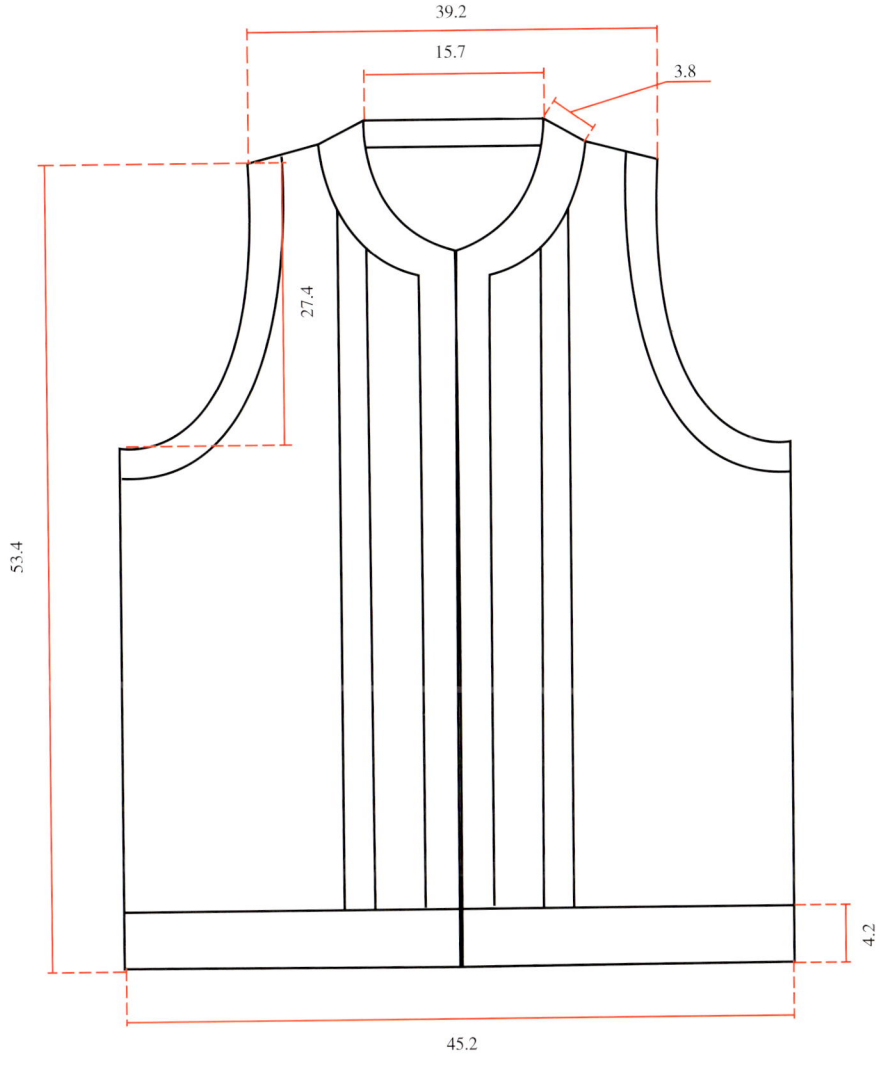

图六 白族周城新郎对襟马甲尺寸图(单位:cm)

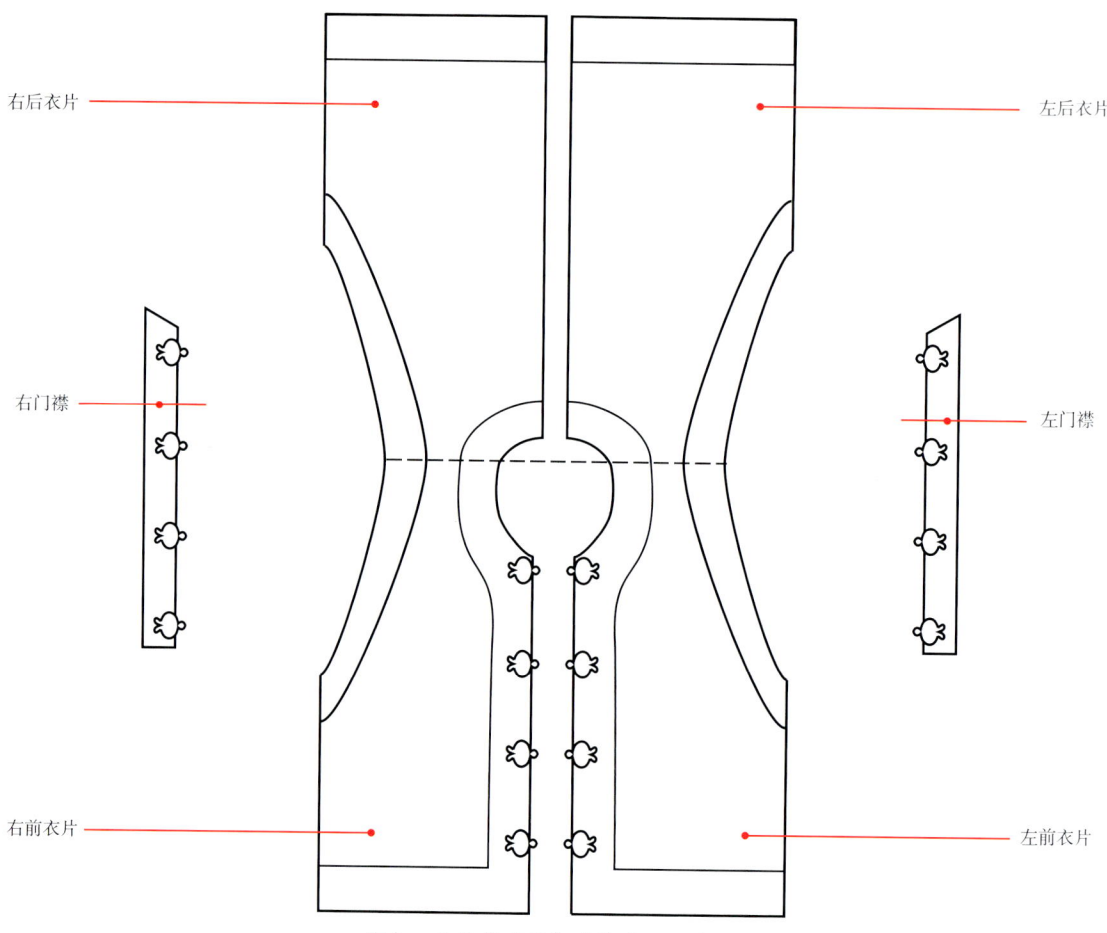

图七 白族周城新郎对襟马甲开片图

缠枝花卉、菊花等吉祥纹样表达了人们对美好幸福的婚姻生活的向往和追求。

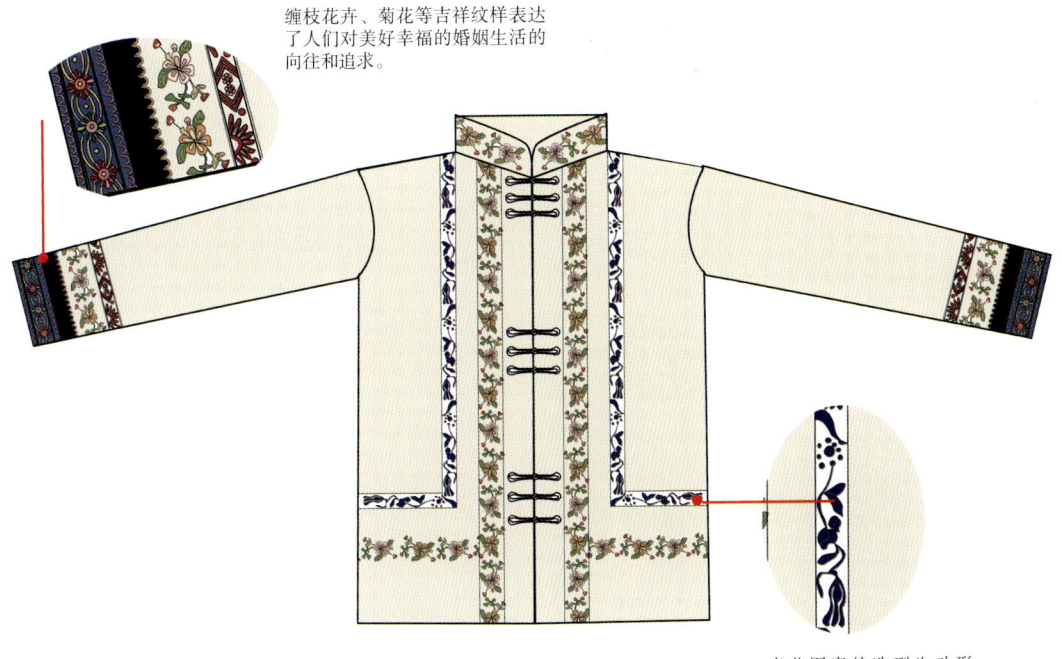

青花图案的造型生动形象，富有动感，色彩清丽，令人耳目一新。

图八　白族周城新郎上衣局部分析图

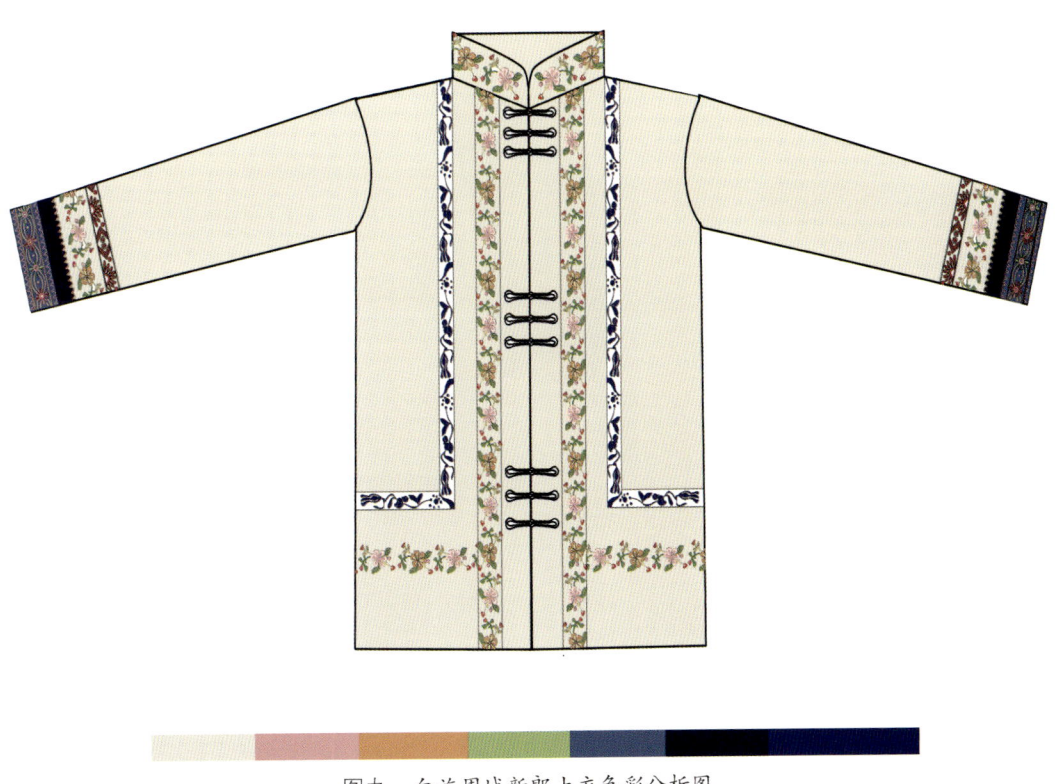

图九　白族周城新郎上衣色彩分析图

第二章　白族传统服饰

081

白族喜洲妇女偏襟马甲

图一　白族喜洲妇女偏襟马甲主图

　　本案例为白族喜洲妇女偏襟马甲，穿着地区为云南省大理白族自治州洱源县右所镇腊坪村，是当地妇女用来装饰自己的精美服饰。衣长约为54厘米，肩宽约为38厘米，胸围约为88厘米,色彩鲜艳，装饰精美，工艺精湛，具有鲜明的民族特色。

　　云南大理喜洲白族妇女偏襟马甲的款式为右衽斜襟，领边和袖笼均有黑色镶边，黑色镶边上还有银线装饰，肃穆典雅，凸显出衣服轮廓线条的优美，衬托出着装者的气质。这套服装的色彩为红色，色彩饱满，充满活力。在袖笼和衣襟处都有精美的刺绣，这些刺绣以花卉和几何形为主，大多呈二方连续，两点式排列，具有规律性，对称感和韵律感，令人赏心悦目。刺绣的选材有莲花、菊花、蝴蝶等自然界中的物象。这些刺绣具有美好的寓意，象征着吉祥如意、福气安康、一团和气。刺绣的层次极为丰富，色彩鲜艳，有绿色、红色、粉色、黄色、紫色，使整件衣服的颜色丰富，增强了服装的活力，使它更加艳丽。斜襟处有黑色盘扣固定，盘扣上有银色的流苏垂下，富有动态，也是服装的一个亮点。

云南大理喜洲白族妇女偏襟马甲的款式、工艺、色彩别具一格，具有很高的实用功能和审美价值，展现了云南大理喜洲白族妇女的迷人风采，是一件值得研究和借鉴的白族民间传统服饰。

图片来源
图一　大理白族自治州博物馆　提供
图二至图四　胡梦璟　制图
图五　黄心怡　制图

图二　白族喜洲妇女偏襟马甲外观图

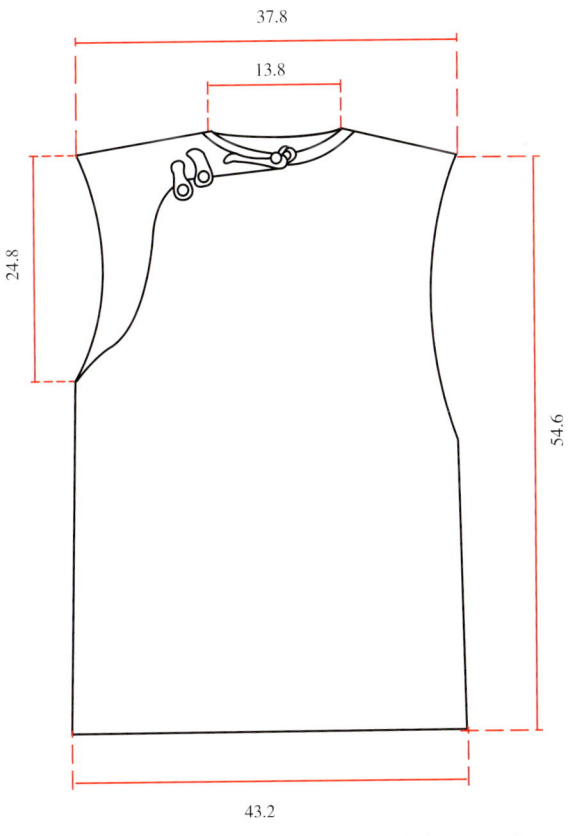

图三　白族喜洲妇女偏襟马甲尺寸图（单位：cm）

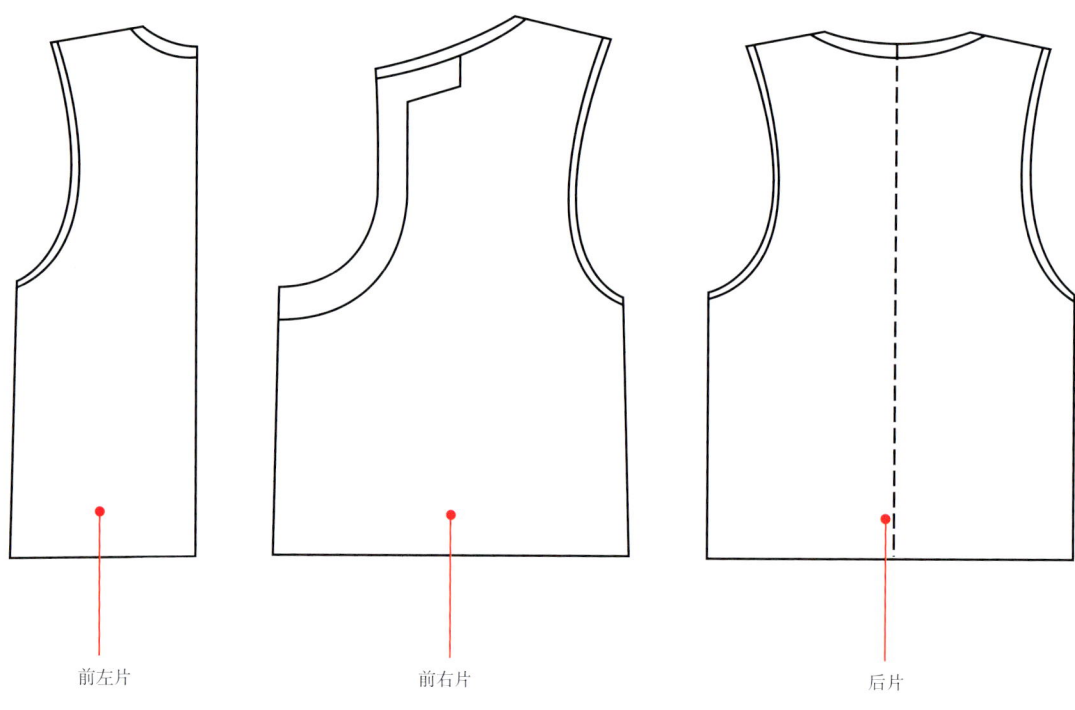

前左片　　　　　　　前右片　　　　　　　后片

图四　白族喜洲妇女偏襟马甲开片图

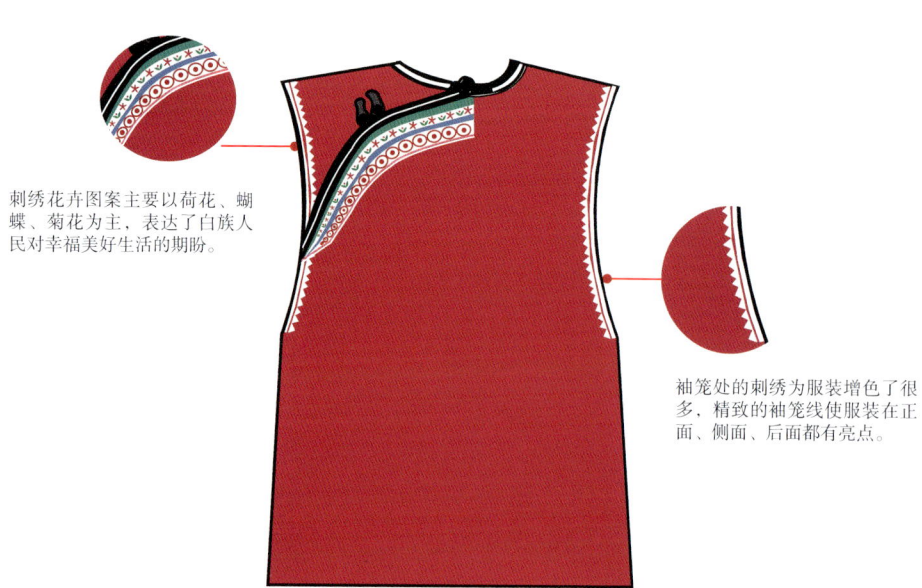

领口有黑色镶边，并有银丝装饰，十分精致，表现出领口的弧线美，衬托出服装的典雅。

刺绣花卉图案主要以荷花、蝴蝶、菊花为主，表达了白族人民对幸福美好生活的期盼。

袖笼处的刺绣为服装增色了很多，精致的袖笼线使服装在正面、侧面、后面都有亮点。

图五　白族喜洲妇女偏襟马甲局部分析图

白族上关镇妇女偏襟马甲

图一 白族上关镇妇女偏襟马甲主图

本案例为白族上关镇妇女偏襟马甲，穿着地区为云南省大理白族自治州大理市上关镇，衣长过膝，约为100厘米，款式为无袖马甲，有腰带。

偏襟马甲衣领口为右衽、无袖，衣身为深蓝或黑色，配以领口、腰间和下摆有精致艳丽的刺绣，形成强烈的色彩对比，映衬大方，自然得体，端庄典雅。布料较为厚重，领边有精致的刺绣花卉图案，腰间有刺绣围腰装饰并在右侧缠绕垂下形成飘带，飘带挑花图案丰富，多为色彩明艳的自然花卉，带端部位挑绣着几何图案，衣身各部位的刺绣以植物花卉图案为主，如菊花、梅花、茶花、牡丹、芍药、桃花、石榴花等，这些花卉，表达了白族人民对美丽自然的无比热爱。马甲下摆处有各色绣花花边装饰，图案丰富，大多由花卉和几何图案组成。穿戴偏襟马甲时都配以相对浅色的短上衣和长裤。

偏襟马甲流畅的韵律，精挑细绣的图案，搭配协调的色彩与穿戴人的肤色、身材、气质、修养相吻合，既给人一种轻盈、自然之感，又给人一种集人文、历史、景观为一体的厚重感，淋漓尽致地表现了白族妇女个性品位和生活情趣，使白族妇女在穿上艳丽多姿的服饰时更加妩媚动人。这是形式与内容的统一，物质形态与精神形态的统一。

图片来源
图一　大理白族自治州博物馆　提供
图二至图四　胡梦璟　制图
图五　黄心怡　制图

图二　白族上关镇妇女偏襟马甲外观图

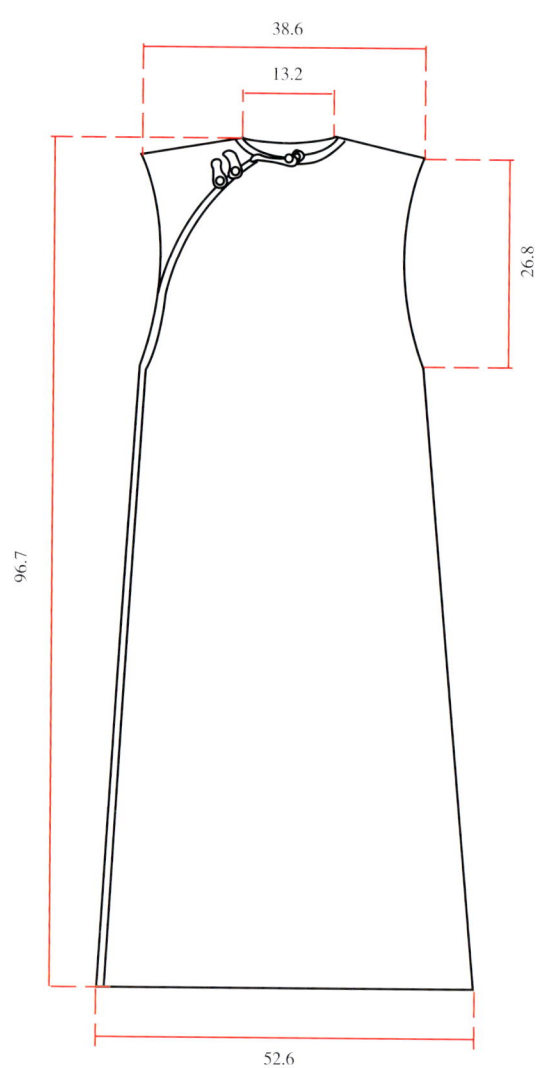

图三　白族上关镇妇女偏襟马甲尺寸图（单位：cm）

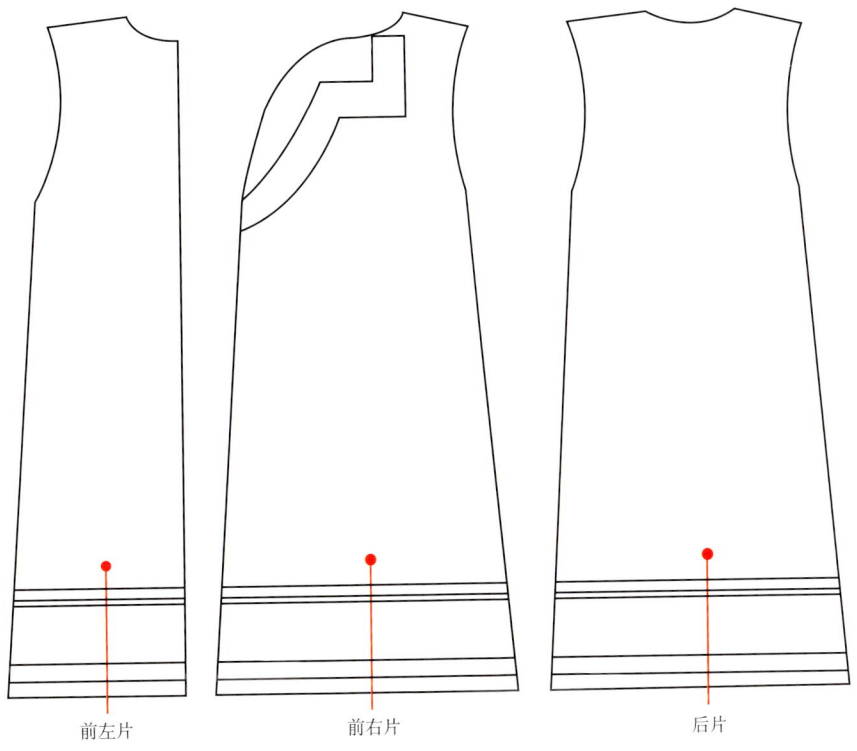

图四 白族上关镇妇女偏襟马甲开片图

图五　白族上关镇妇女偏襟马甲局部分析图

白族剑川三河少女披肩

图一　白族剑川三河少女披肩主图

　　本案例为白族剑川三河少女披肩，穿着地区为云南省大理白族自治州剑川县金华镇三河村，由于剑川地区的白族多生活在交通和信息相对落后的山区，其服装式样也偏向于朴素、简单、平实。披肩是女人耕作劳动时穿着的，有利于抵御大山上的风寒，保暖性能和耐用性能极好。

　　这款披肩款式大方，外轮廓线以方形为主，无多余变化，展现出一种朴素之美。披肩的设计充分运用了点线面的元素，披肩下摆为流畅的弧线形，中间是坎肩，呈直线分割。整个披肩以两条十字交叉的布带固定在前胸，后背的披肩上缀有七个精美的星状圆盘，他们呈一条直线分布，整齐大方，给人一种秩序感和节奏感。星盘上有流苏垂下，这些线条增强了装饰效果，为服装增添了动感。这些图案象征着天上的七颗星星，源于纳西族姑娘英姑的英勇传说，"披星戴月"寓含着妇女辛勤劳作的宝贵品质，象征勇敢。披肩的颜色较为深沉，以深黑色、深蓝色和白色等素色为基调，颜色质朴，仿佛给人一种山的肃穆和巍峨。在面料的使用上，突出功能性，里面一层为羊毛，外面一层为羊皮，并且可以正反穿，非常厚实保暖。

这一款少女披肩的造型要素和服饰色彩都体现了白族妇女极高的审美水平和勤劳勇敢的美好品质，它对于弘扬民俗文化和生活艺术化具有很大的启示作用。

图片来源
图一　大理白族自治州博物馆　提供
图二至图四　胡梦璟　制图
图五　黄心怡　制图

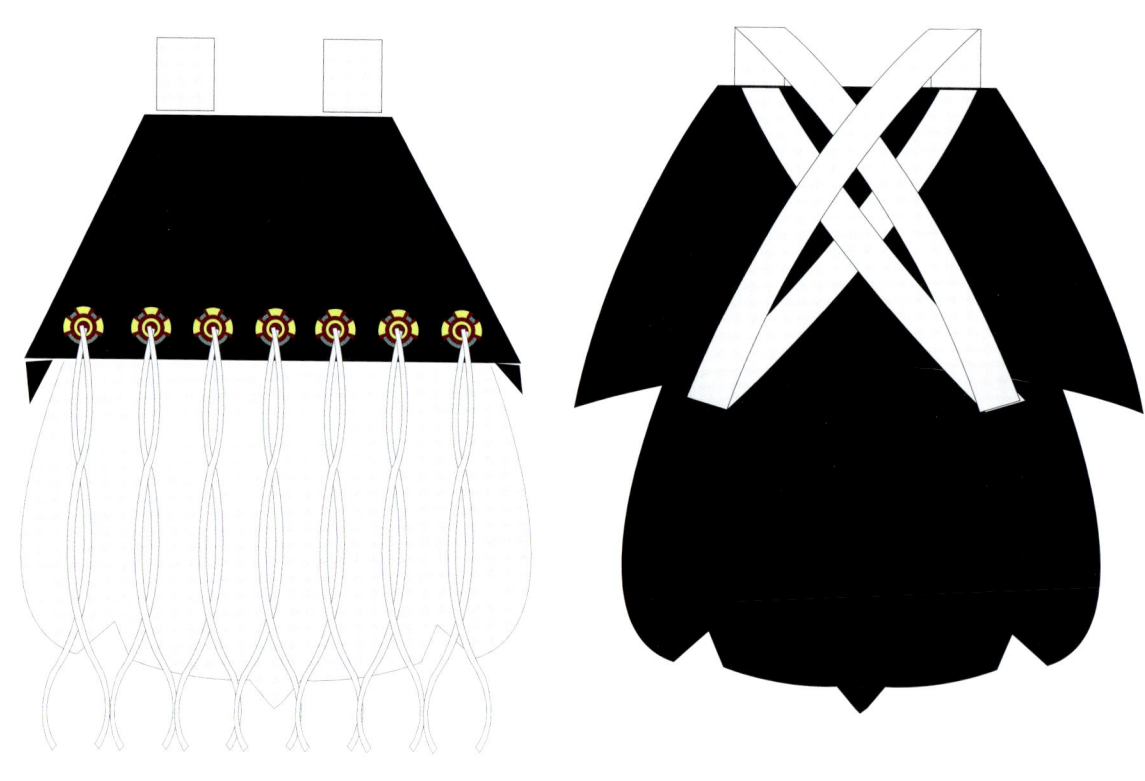

正面　　　　　　　　　　　背面
图二　白族剑川三河少女披肩外观图

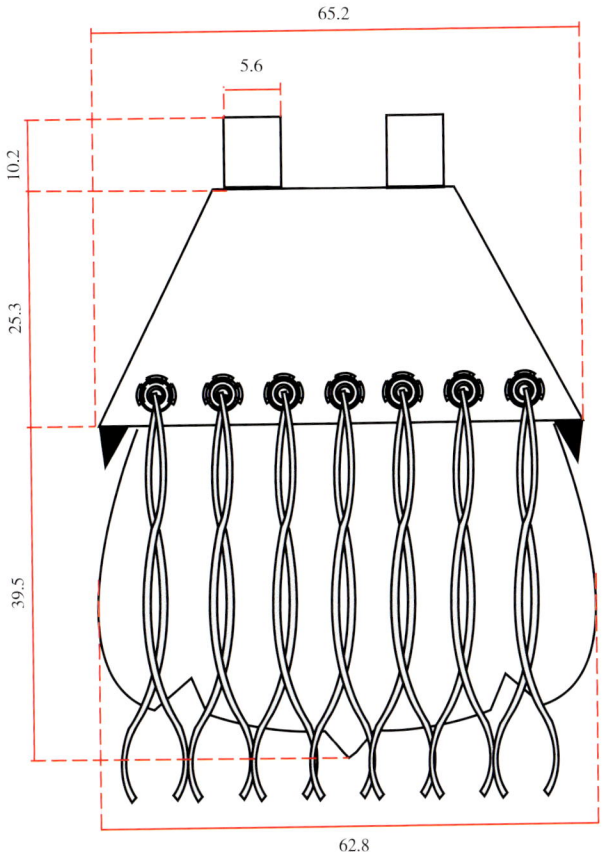

图三 白族剑川三河少女披肩尺寸图(单位：cm)

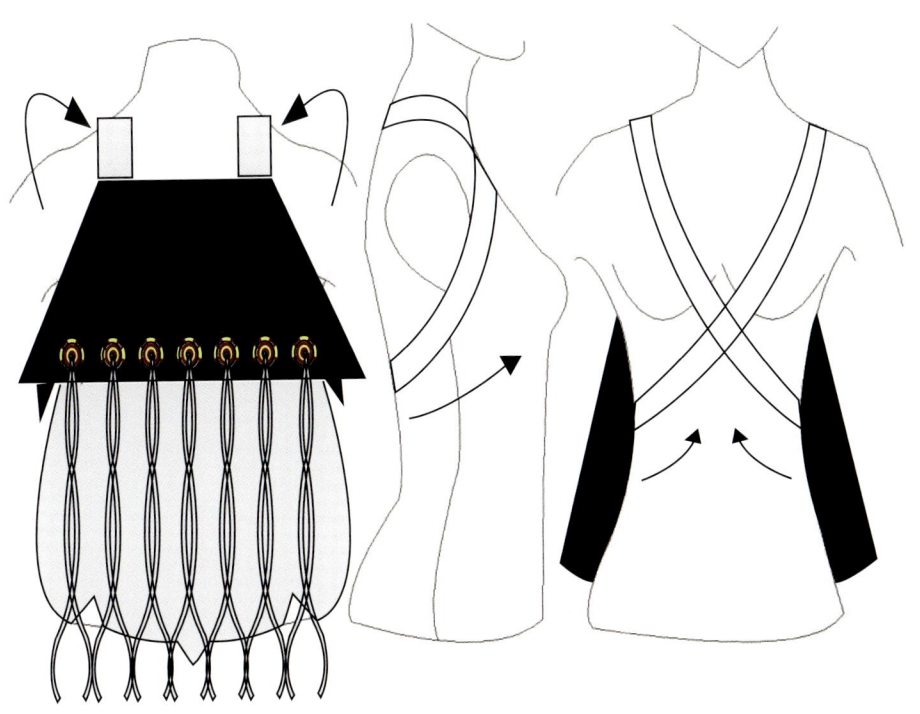

图四 白族剑川三河少女披肩操作示意图

第二章 白族传统服饰

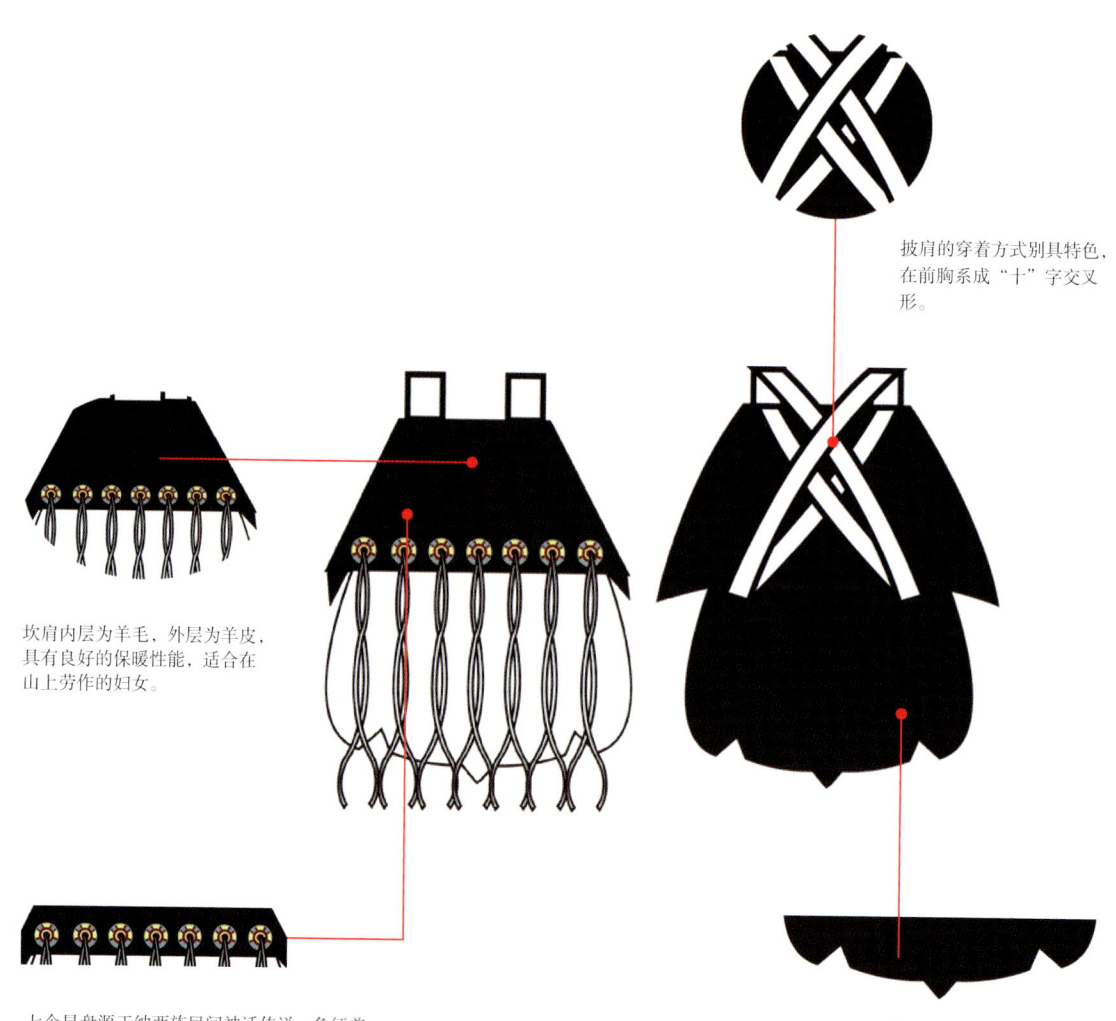

坎肩内层为羊毛,外层为羊皮,具有良好的保暖性能,适合在山上劳作的妇女。

披肩的穿着方式别具特色,在前胸系成"十"字交叉形。

七个星盘源于纳西族民间神话传说,象征着天上的七颗星星,它们呈一条直线分布,整齐排列,具有韵律感。

披肩的下摆为两个弧形,并在中间形成尖角,增添了廓形的变化,给人视觉美感。

图五　白族剑川三河女披肩局部分析图

白族妇女"绕三灵"长裤

图一 白族妇女"绕三灵"长裤主图

本案例为白族妇女"绕三灵"长裤，穿着地区为云南省大理白族自治州大理市，大理地区白族妇女参加"绕三灵"盛会时的穿着。本套服装在传统基础上增添花色，色彩鲜艳，装饰丰富。裤长约为96厘米，腰围68厘米。这条裤子充分展现了大理白族的"绕三灵"的节日文化。

"绕三灵"是大理白族特有的狂欢活动，白族人民在"绕三灵"上毫无矫饰地载歌载舞，尽兴狂欢，他们歌颂自己的家乡、生产生活和爱情,这是一种人性真善美激情的喷涌。妇女"绕三灵"长裤充分体现了这一节日狂野的氛围。裤子款式宽松，裤长及地。色彩丰富，裤子在膝盖以上为深色橄榄绿，膝盖以下层次极为丰富，大红色和肉色的大面积色彩对比鲜艳夺目。刺绣花纹图案绚丽多彩，还有紫色、红色、黄色、绿色、粉色的小毛球作为装饰，它们被用线缝在裤子上，活泼生动，充满了节日的喜庆。色彩艳丽的牡丹花卉象征着美满的生活，表达了白族人民对生活的热爱和对美丽自然环境的赞颂，也表达了人们的崇敬祈祷和对美好未来的向往。

"绕三灵"长裤承载着大理白族的古老的文化历史信息和原始记忆，集中体现了白族人民的创造和智慧，展现了"绕三灵"狂欢节的喧闹气氛和白族人民的热情、虔诚、自信，具有鲜明的大理白族文化特色。

图片来源
图一　大理白族自治州博物馆　提供
图二至图四　王澍宸　制图
图五　黄心怡　制图
图六　王澍宸　制图

正面

图二　白族妇女"绕三灵"长裤外观图

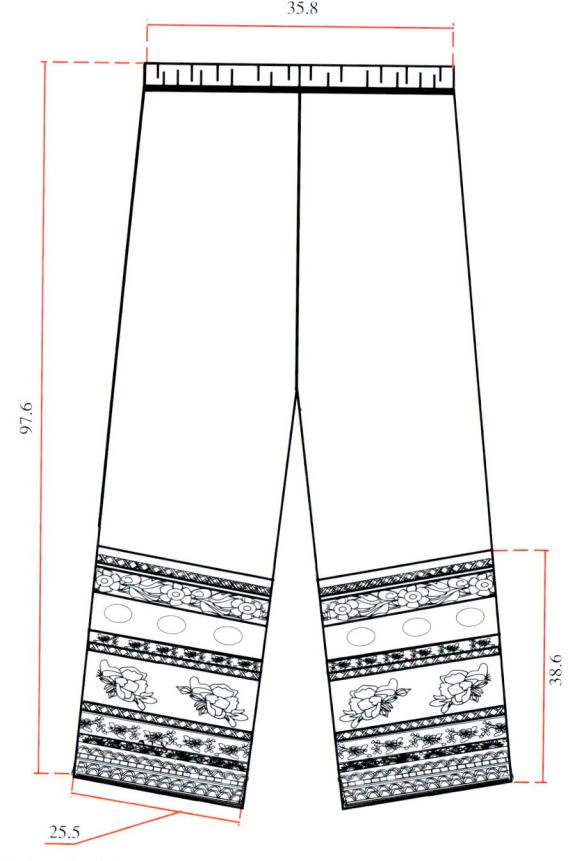

图三　白族妇女"绕三灵"长裤尺寸图（单位：cm）

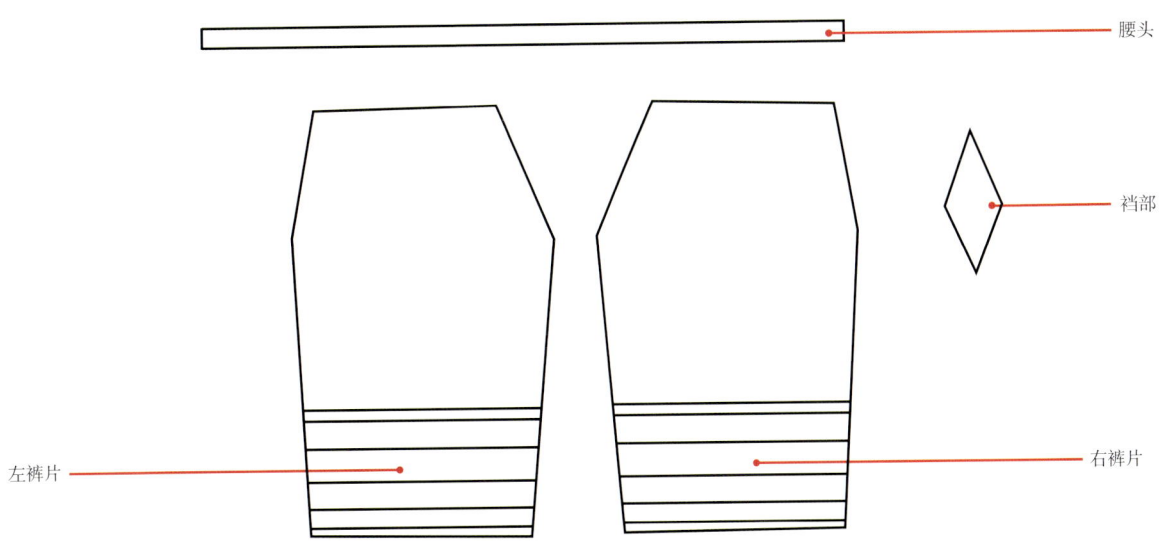

图四 白族妇女"绕三灵"长裤开片图

图五 白族妇女"绕三灵"长裤局部分析图

第二章 白族传统服饰

图六　白族妇女"绕三灵"长裤色彩分析图

白族男长裤

图一　白族男长裤主图

本案例为白族男长裤，穿着地区为云南大理白族自治州，裤长约为103厘米，裤腰围约为80厘米，臀围约为102厘米。云南大理白族男长裤蕴含着丰富的视觉元素，其颜色十分鲜艳夺目，同时充满了强烈的民族文化气息。

这款白族传统男长裤的款式简约，颜色为饱满的孔雀蓝色，裤管处有红绿两条宽边镶嵌，缠枝花朵纹样象征着生生不息的力量，抽象的菱形如同太阳的光辉，预示着不断繁衍和兴旺。采用的服饰纹样多来源于大自然中的花鸟鱼虫走兽，富有生活气息，表现出自然形态之美，表达了对美好生活的向往，这些富有美好寓意的自然图腾和一些抽象纹样相结合，色彩浓郁，对比鲜明，富有感染力。在工艺上，白族服饰图案的缝制方法更使其增添一番韵味，用缝、染、绣、织等方式增加了图案的立体感。裤脚口有一些白色珠子点缀，表示鱼鳞，表达了白族先民对鱼的原始崇拜。

剖析大理白族的男长裤对于解读白族文化内涵具有深刻的意义，许多纹样、细节被赋予更多的象征意义，将这些五彩斑斓的图案和精妙的刺绣等工艺结合在一起，不仅发扬了本土文化，还为民族服饰的传承打下了良好的根基。

图片来源

图一　大理白族自治州博物馆　提供
图二至图四、图六　萧倩　制图
图五　黄心怡　制图

正面　　　　　背面

图二　白族男长裤外观图

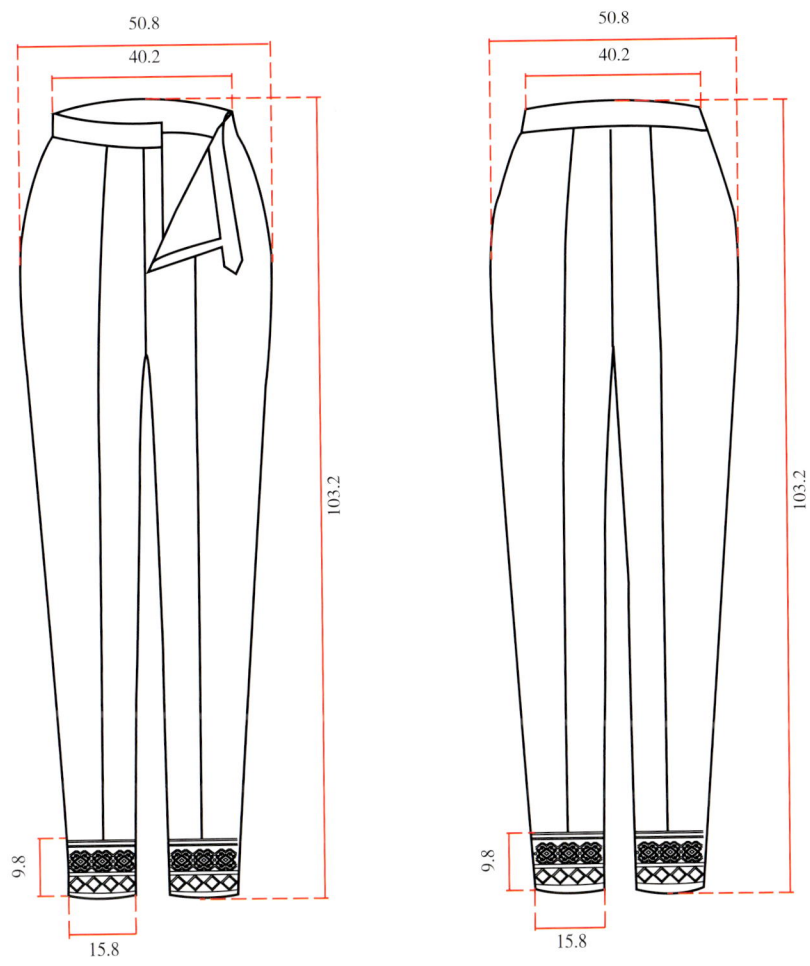

图三 白族男长裤尺寸图（单位：cm）

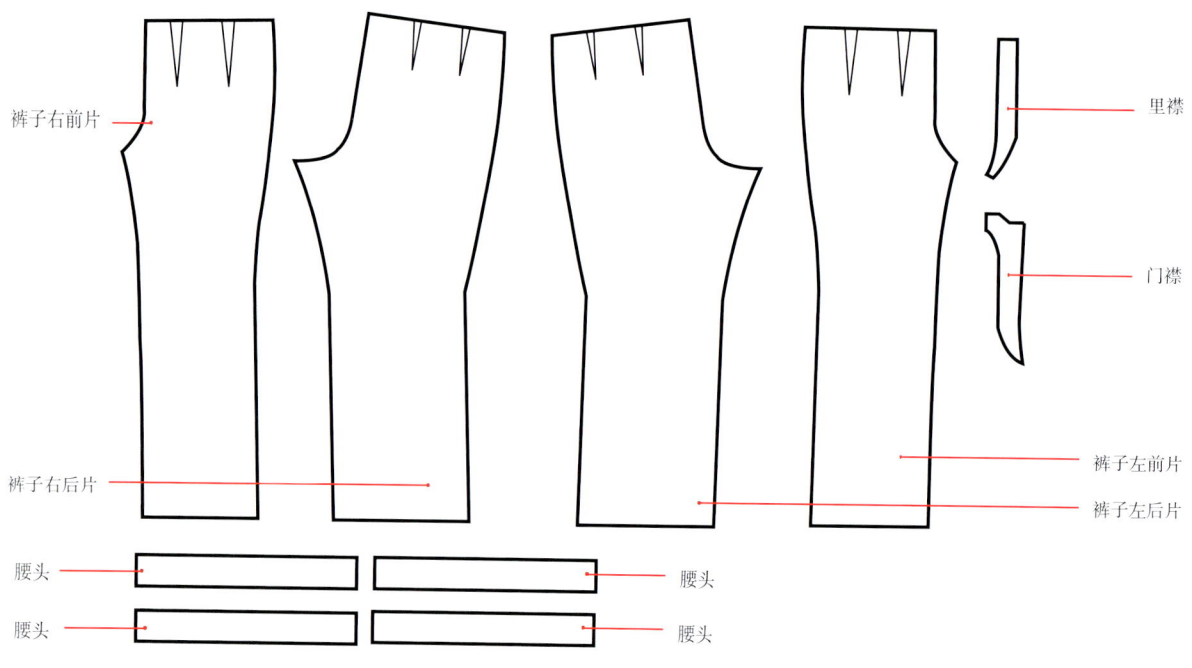

图四 白族男长裤开片图

裤脚处有缠枝花卉刺绣和菱形刺绣，装饰效果很强烈，具有规律性和韵律感，整齐大方。

图五 白族男长裤局部分析图

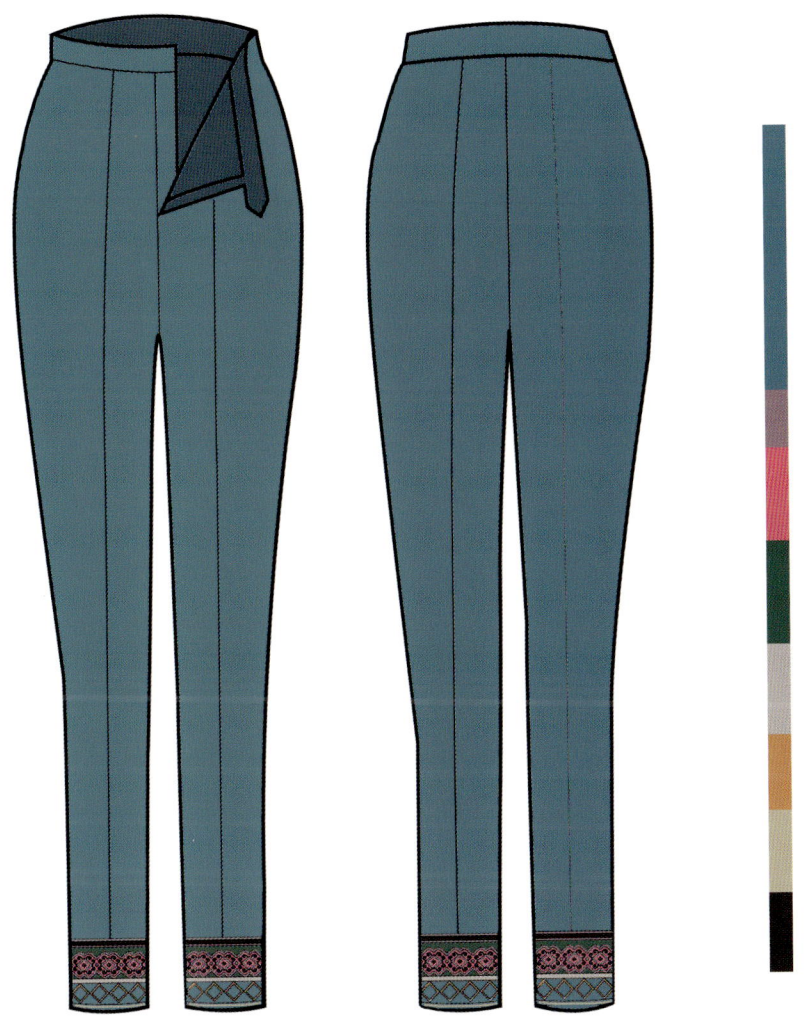

图六 白族男长裤色彩分析图

白族鹤庆新华少女围腰

图一　白族鹤庆新华少女围腰主图

本案例为白族鹤庆新华少女围腰，穿着地区为云南省大理白族自治州鹤庆县新华村。长约56厘米，腰围约58厘米，它没有特别精致丰富的绣花，装饰较少。整体风格朴素典雅，造型简约，线条流畅。

云南大理鹤庆新华的少女围腰的款式极为大方，下摆弧线顺畅自然，腰带较细，围腰两边没有彩色的织带或刺绣作为装饰。颜色也较为朴素单一，围腰布料以蓝灰色作底，上面隐隐约约可以看到均匀分布的深灰色刺绣。腰带和围腰下摆边为青蓝色，活泼明亮。它的色彩体现了少女的安静单纯，沉稳大方。刺绣朴素大方，没有华丽的造型和丰富的层次排列，十分清新淡雅。尤其是对于未成年和未婚女子，她们穿着的围腰大多没有太多繁杂的绣花装饰，由于她们年龄尚小，没有恋爱的经历，所以刺绣的选材也较为局限，一般不采用蝴蝶、莲花、飞鸟，万紫千红等较为鲜艳的，传达爱情符号的纹样。在下摆边上有白色刺绣作为装饰，它们成线圈状分布，如同珍珠一般，表现了少女的单纯和高洁的品质。

云南大理鹤庆新华的少女围腰带给人一种清淡朴素的自然美感，不同于重工重彩，它以一种工笔画般的自然笔法，省略了繁复的刺绣和装饰，传神地描绘出白族少女青涩的性格和端庄稳重的精神面貌。

图片来源

图一　大理白族自治州博物馆　提供

图二至图四　萧倩　制图

图五　黄心怡　制图

图六　萧倩　制图

图二　白族鹤庆新华少女围腰外观图

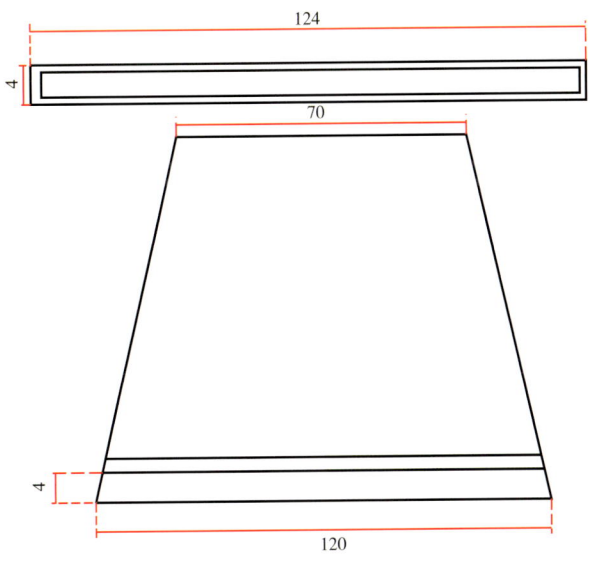

图三　白族鹤庆新华少女围腰尺寸图（单位：cm）

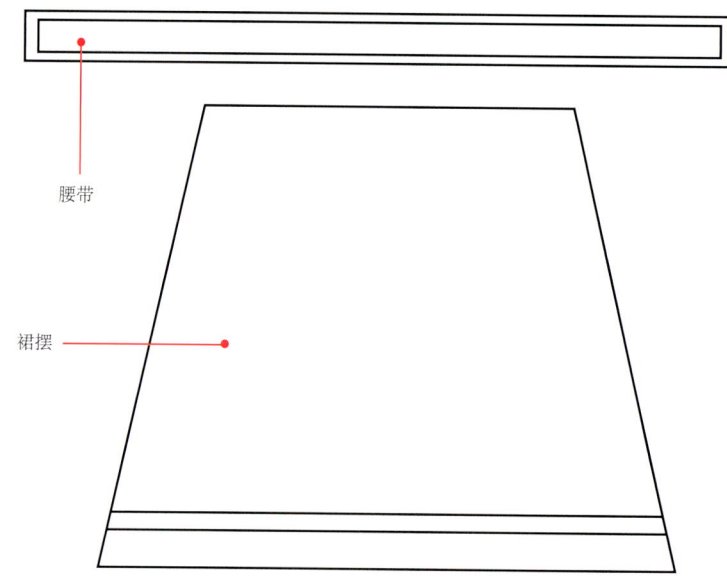

图四 白族鹤庆新华少女围腰开片图

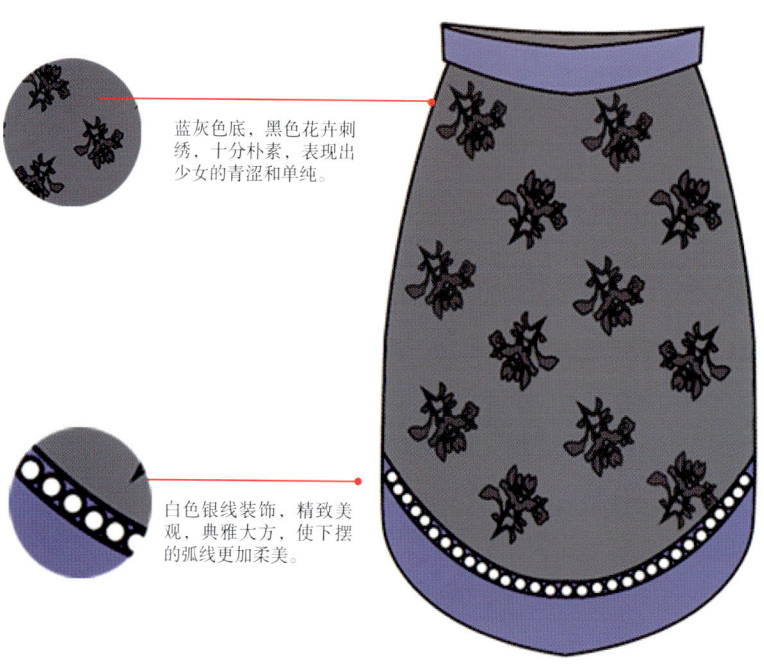

图五 白族鹤庆新华少女围腰局部分析图

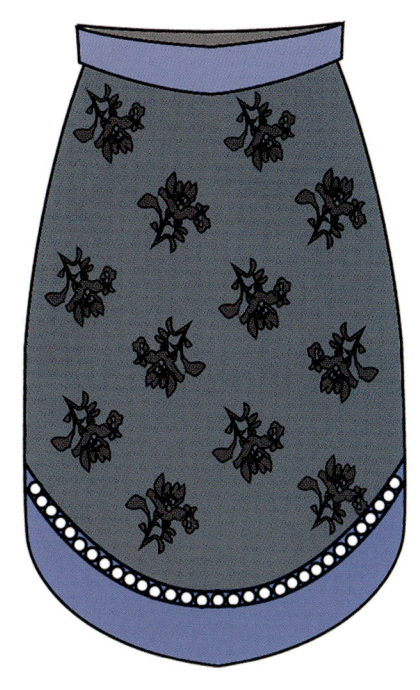

图六　白族鹤庆新华少女围腰色彩分析图

第二章　白族传统服饰

白族宾川萂村少女围腰

图一　白族宾川萂村少女围腰主图

本案例为白族宾川萂村少女围腰，穿着地区为云南省大理白族自治州宾川县大营镇萂村，腰围约58厘米，长约56厘米,下摆围120厘米,臀围93厘米。它是云南大理宾川萂村白族少女成年的标志，有着深刻的寓意和内涵。

云南大理宾川萂村白族少女围腰的款式大方，长度及膝。颜色为深黑色，由于当地风俗，未成年或未婚女性的围腰色彩比较单纯，因此少女围腰没有鲜明的颜色变化，显得安静单纯，稳重大方。为了打破颜色上的沉闷，少女围腰在两边绣有大红色的织带。少女围腰的精致体现在下摆的刺绣上，刺绣纹样分层次排列，色彩运用生动，红绿补色使服装生动活泼，活泼而不失谨慎。刺绣主体多为鲜艳的花卉，有荷花、梅花、牡丹、飞鸟，形态生动，富有表现力。其中较为典型的蜜蜂采花、蝴蝶恋花、喜鹊闹梅等花卉飞鸟图案，表现了大理美轮美奂的自然风光和人们的审美情趣；还有一些图案反映了人们的生殖崇拜，莲花、鱼、葫芦象征着多子多福，表达了人们祈盼人丁兴旺，追求美好幸福的生活。

云南大理宾川萂村白族少女围腰的堆绣工艺精湛，纹样排列富有层次感，色彩搭配和谐美观，展现出一种稳重大方的风格。它反映了白族少女的精神状态和村落的生活习俗，凸显了白族人民独特的审美情趣和文化心态。

图片来源
图一　大理白族自治州博物馆　提供
图二至图四、图六　萧倩　制图
图五　黄心怡　制图

图二　白族宾川萂村少女围腰外观图

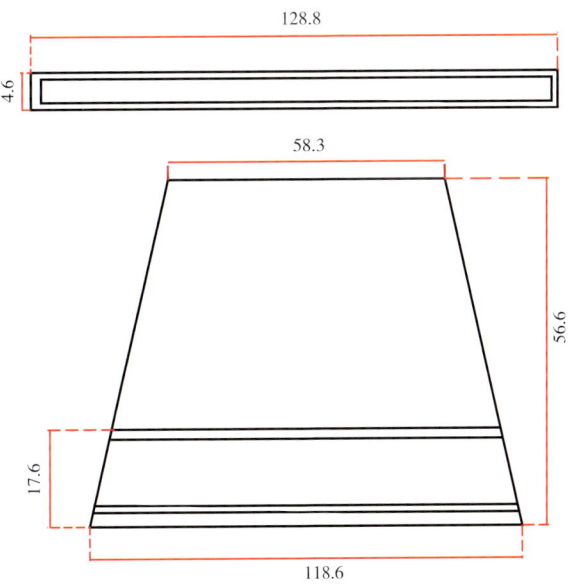

图三　白族宾川萂村少女围腰尺寸图（单位：cm）

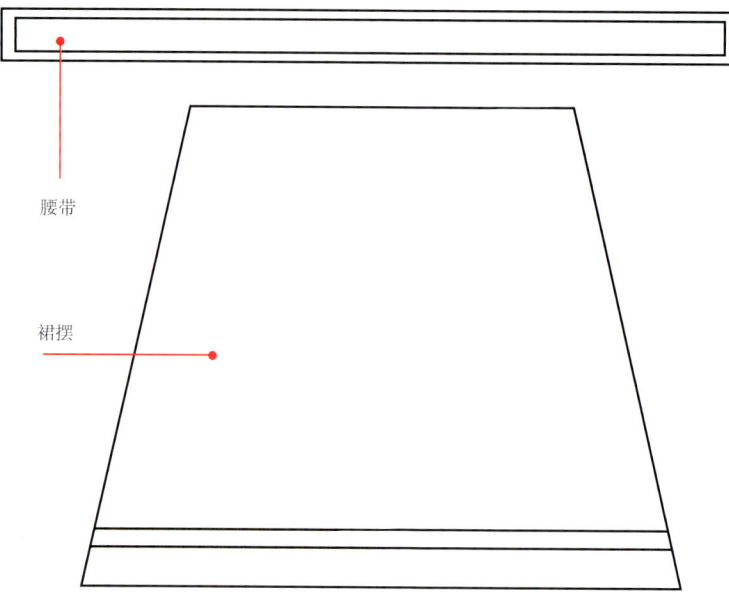

图四　白族宾川苴村少女围腰开片图

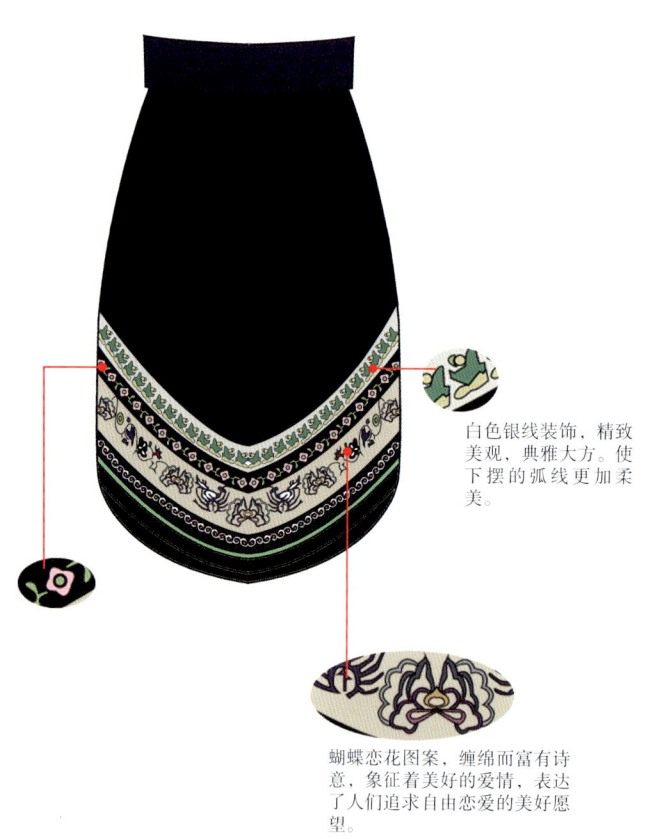

图五　白族宾川苴村少女围腰局部分析图

图六　白族宾川萂村少女围腰色彩分析图

第二章　白族传统服饰

白族者摩妇女围腰

图一　白族者摩妇女围腰主图

　　本案例为白族者摩妇女围腰，穿着地区为云南省大理白族自治州大理市太邑乡，围腰长约56厘米，腰围58厘米，裙摆宽为120厘米，款式小巧，比例优美，造型简约。

　　云南大理者摩白族妇女围腰长度偏短小，在膝盖以上。造型给人干练清爽的感觉。这件围腰的穿搭方式独特，妇女头戴彩色毛球装饰的高冠，上身为内搭浅蓝色上衣，外搭深蓝色马甲，用碧绿色腰带裹住围腰，下身穿着碧绿色阔腿裤，整套服装的比例非常匀称。它的色彩搭配和谐素雅，底色为深黑色，上部为明黄色宽边，围腰两边有浅蓝色底的缠枝花卉，使这件围腰看起来充满活力。最引人注目的属围腰上的花卉图案，十分饱满，形态写实，它所描绘的是盛开的石榴花，石榴花在大理白族有着深刻的寓意，石榴繁多而饱满的果实颗粒象征着多子多福，表达了人们对幸福美满的生活的追求。刺绣的颜色非常鲜艳，石榴红、粉红、大红、亮黄色与围腰的底色形成强力的视觉对比，展现了果实累累的茂盛景观，给人鼓舞与力量。

妇女围腰绚丽多姿的绣花纹样寄托了人们对幸福的追求，落落大方的款式表现了穿着者修长的身姿。整齐清爽的搭配方式，将白族妇女的婀娜多姿和成熟大方表现得淋漓尽致。

图片来源

图一　大理白族自治州博物馆　提供

图二至图四、图六　萧倩　制图

图五　黄心怡　制图

图二　白族者摩妇女围腰外观图

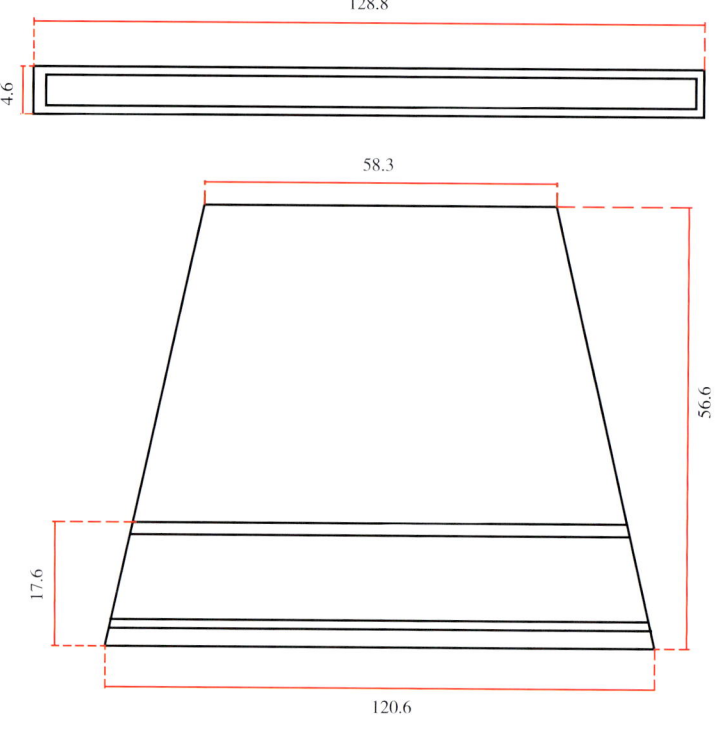

图三 白族者摩妇女围腰尺寸图（单位：cm）

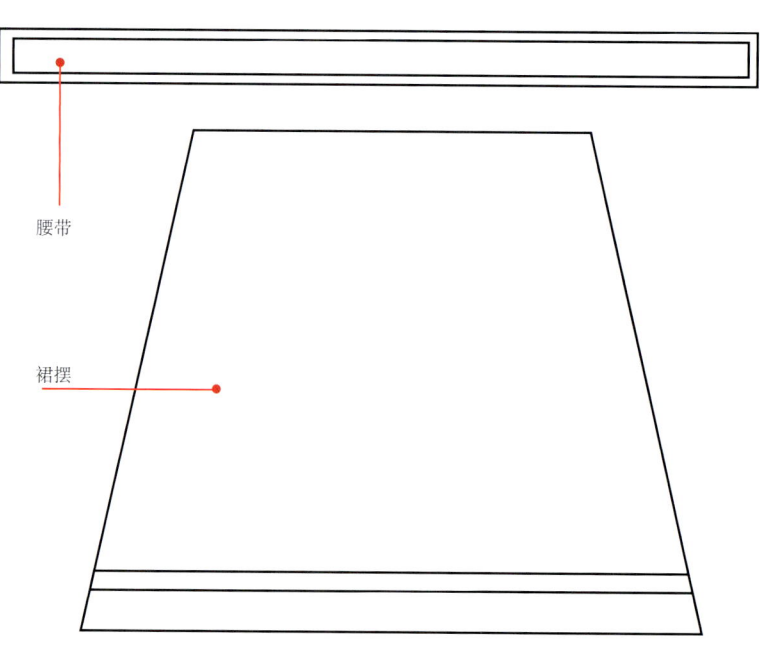

图四 白族者摩妇女围腰开片图

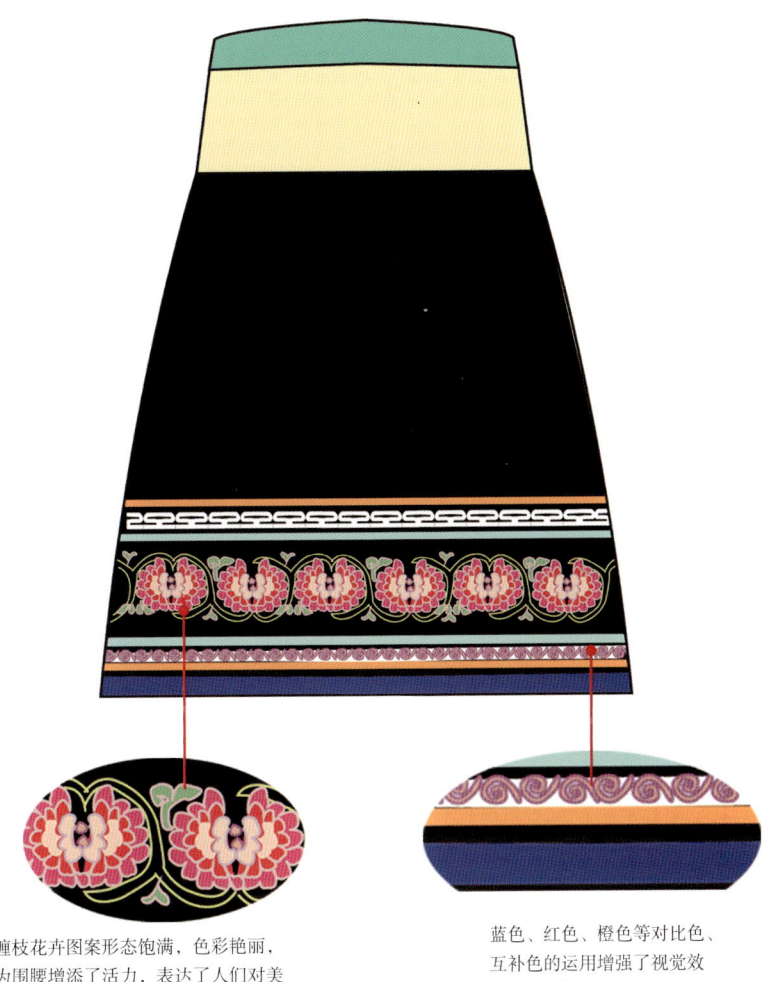

缠枝花卉图案形态饱满，色彩艳丽，为围腰增添了活力，表达了人们对美好生活的追求和对自然的热爱。

蓝色、红色、橙色等对比色、互补色的运用增强了视觉效果，富有层次感。

图五　白族者摩妇女围腰局部分析图

第二章　白族传统服饰

图六　白族者摩妇女围腰色彩分析图

白族绣花围腰

图一　白族绣花围腰主图

本案例为白族绣花围腰，穿着地区为云南省大理白族自治州，它的长为65厘米，腰围72厘米，腰带宽为15厘米，集中体现了大理白族妇女腰饰的审美情趣和精湛的手工技艺。

这一款经典绣花围腰构图端庄大方，比例匀称，呈梯形，下摆宽大。它的底色为深黑色，两侧有明黄色彩条装饰，两侧和下摆的彩色花纹刺绣层次丰富，针法细腻。它的刺绣装饰技艺颇为精湛，纹样组织丰富，图案色彩饱满，有菊花、富贵牡丹、吉祥飞鸟、荷花等纹样，造型生动，自然大方，表现出对大自然的崇拜。刺绣的层次达数十层，每一层的纹样和色彩都各不相同，却又和谐匀称。刺绣针法细密均匀，针距都在0.1厘米左右，体现了白族妇女对工艺技能拿捏到位。刺绣的色彩万紫千红，以红色调为主，粉红、洋红、紫红，再加上绿色、蓝色、黄色的点缀，别具一番韵味。白族妇女以特有的造型方法、审美表达和形式语言再现了大理白族自治州的风土人情和民风民俗。

白族妇女穿着绚丽多彩的绣花围腰在山间劳动时，不仅能装点自己，成为一道靓丽的风景线，还能使心情舒畅，缓解劳作的压力，提高劳动效率。它华丽而不失大方，集实用之美和技艺之美于一体，它独特的形式和审美特色已成为白族的文化标志。

图片来源
图一　大理白族自治州博物馆　提供
图二至图四、图六　胡梦璟　制图
图五　黄心怡　制图

图二 白族绣花围腰外观图

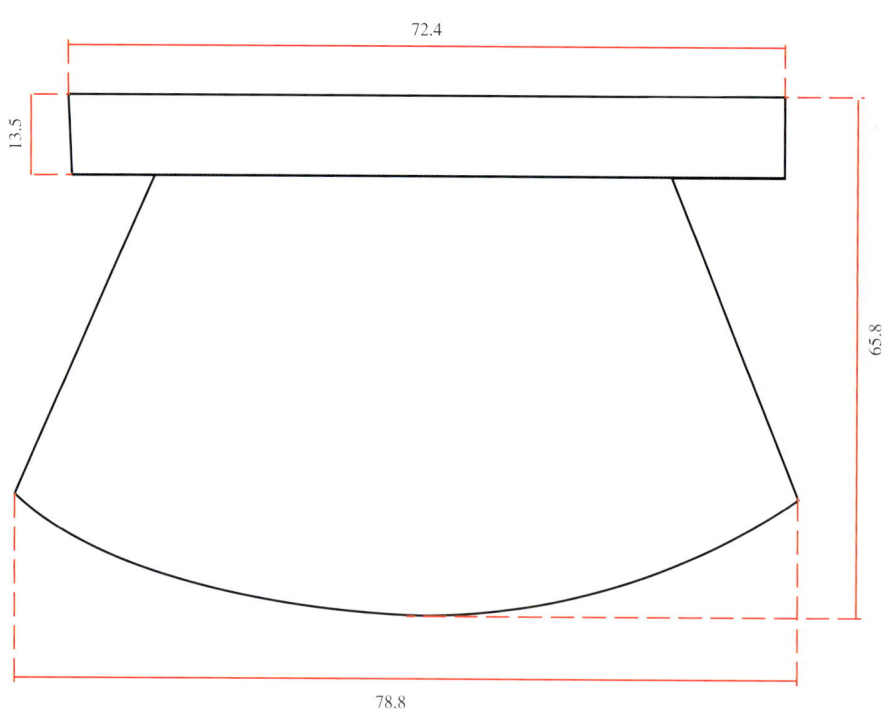

图三 白族绣花围腰尺寸图（单位：cm）

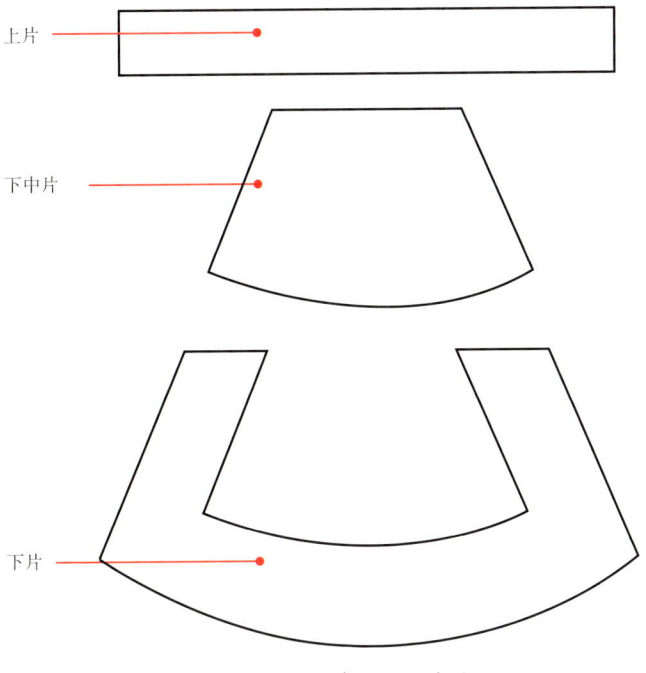

图四 白族绣花围腰开片图

色彩运用和谐绚丽，针法缜密，充分体现了白族妇女高超的手工技能和审美创造，体现了她们对美的认识和工艺技能拿捏到位。

团花图案颜色浓烈，在造型上写实与抽象相结合，具有内在韵律感、运动感，展现出奇异的魅力。

图五 白族绣花围腰局部分析图

第二章 白族传统服饰

图六 白族绣花围腰色彩分析图

白族大理坝区妇女帽子配饰

图一　白族大理坝区妇女帽子配饰主图

　　本案例为白族大理坝区妇女帽子配饰，穿着地区为云南省大理白族自治州大理市，是白族姑娘最为经典的民族头饰。裁片为3个矩形，分别为32厘米×4厘米，25厘米×8厘米，25厘米×2厘米。帽子由上至下共分为帽顶、包头、花饰、垂须这四部分，分别象征着风、花、雪、月这4个物象。

　　大理坝区白族具有代表性的就是金花服饰。淡蓝色的右衽大襟衣，外加绣着传统图案的领褂、围腰，头戴风花雪月包头，色调明快，简洁大方，勾勒出白族女子的秀美端庄。风花雪月指的是苍山的雪，洱海的月，上官的花，下关的风。帽子顶部是洁白的须穗，它们柔软细腻，是用白色的毛线粘于帽顶制成的，它们的颜色和形态仿佛是苍山上的皑皑白雪，熠熠生辉。帽子的主体包头为弯月状，方便佩戴在头部，可以通过细绳或暗扣连接，它的形状就像是洱海的月。帽子的主体上绣了一些五彩缤纷的花朵，由梅花、兰花、菊花、牡丹等，它们颜色鲜艳，绚丽夺目，展现了大理白族自治州的宜人风光，表达了白族人民对自然美景的热爱和赞颂。帽子的垂须为白色，由丝线扎制而成，垂在左边，白色的须穗随风飘动，轻盈飘逸，就好比是下关的风。

美丽的风花雪月头饰有着形象生动的比喻义，象征着大理美丽的自然风光，蕴含着白族人民对这片土地的热爱和自豪，彰显了大理白族丰厚的自然和人文文化底蕴。

图片来源
图一　大理白族自治州博物馆　提供
图二至图五　萧倩　制图
图六　黄心怡　制图
图七、图八　萧倩　制图

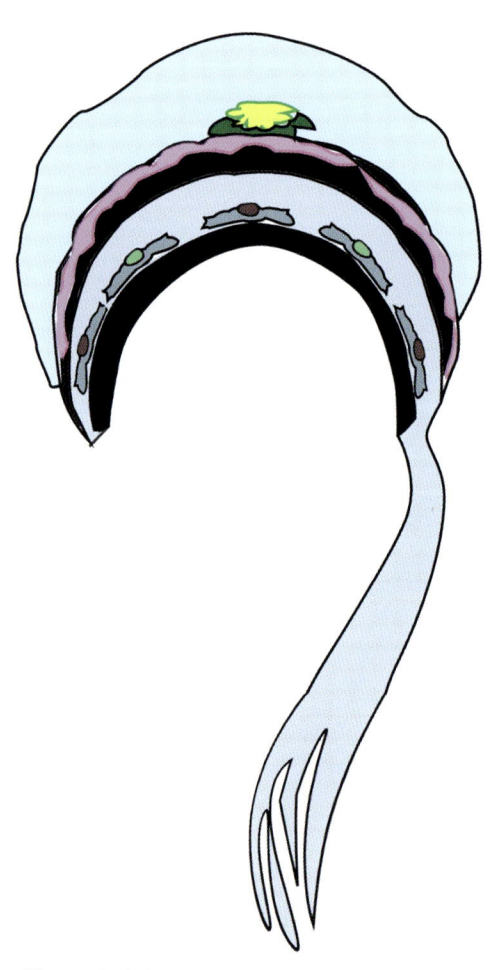

图二　白族大理坝区妇女帽子配饰外观图

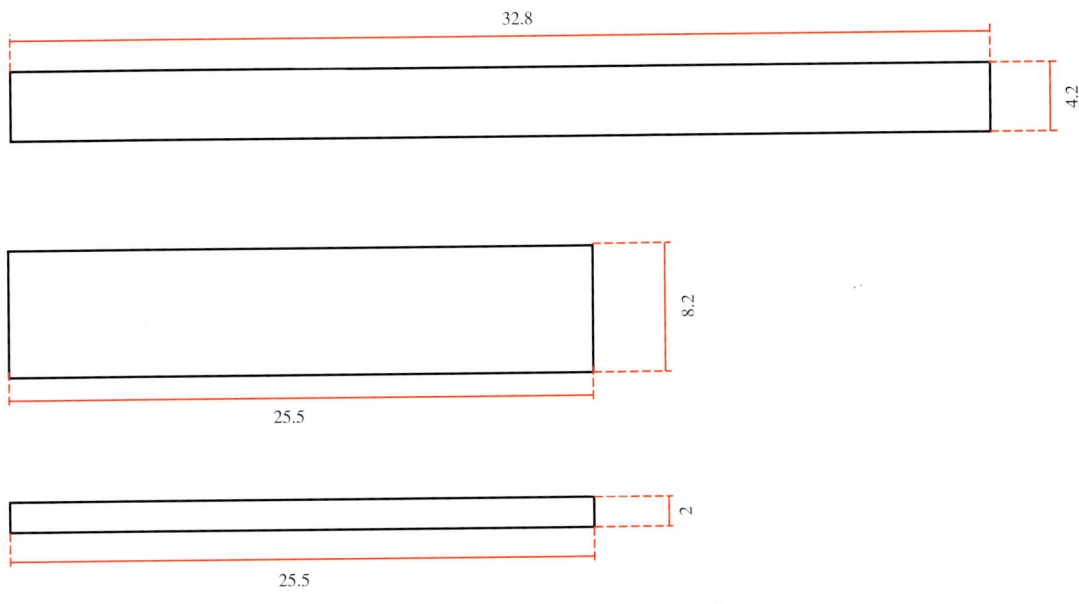

图三　白族大理坝区妇女帽子配饰尺寸图（单位：cm）

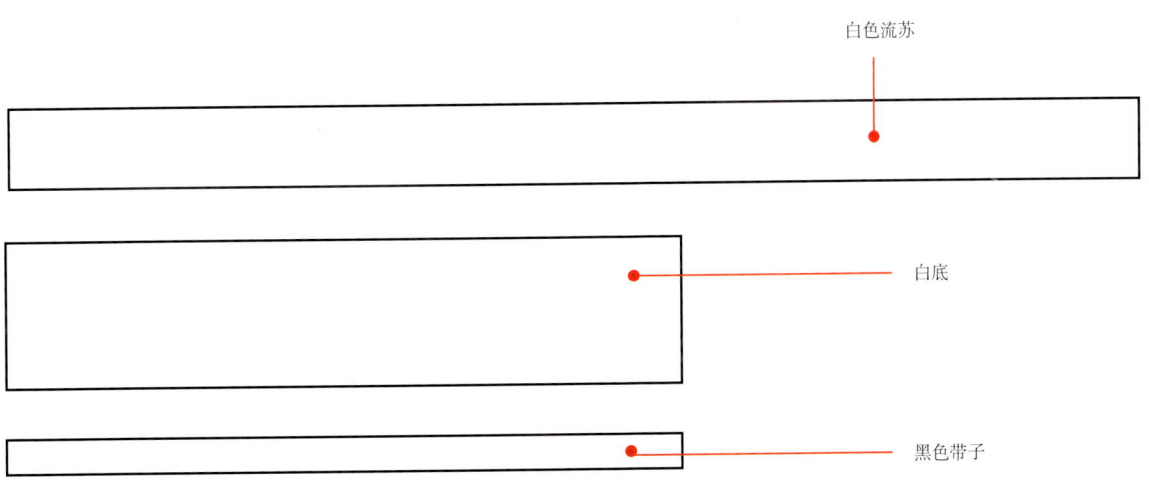

图四　白族大理坝区妇女帽子配饰开片图

帽顶上细密的须穗是用白色毛线粘制而成，仿佛是苍山上的皑皑白雪，晶莹透明。

为了方便穿着，包头的形状被做成弯弯的月牙形，它象征着洱海的月亮，通过细绳或暗扣在脑后连接。

刺绣花朵就好比上关的花，它表达了白族人民对大理美丽自然风光的热爱。

图五　白族大理坝区妇女帽子配饰效果示意图

帽子上垂下的须穗是由一丝丝白线捆扎而成，轻盈飘逸，微风吹来，随风摆动，它象征着下关的风。

图六　白族大理坝区妇女帽子配饰局部分析图

中国少数民族设计全集·白族

122

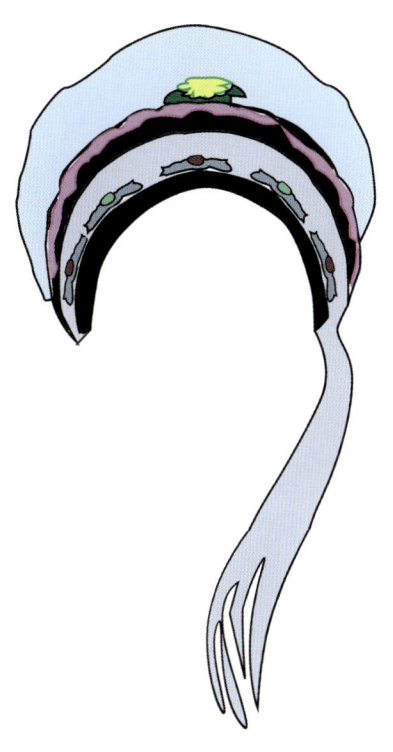

图七　白族大理坝区妇女帽子配饰色彩分析图

图八　白族大理坝区少女帽子配饰效果示意图

第二章　白族传统服饰

白族挖色赶会帽子配饰

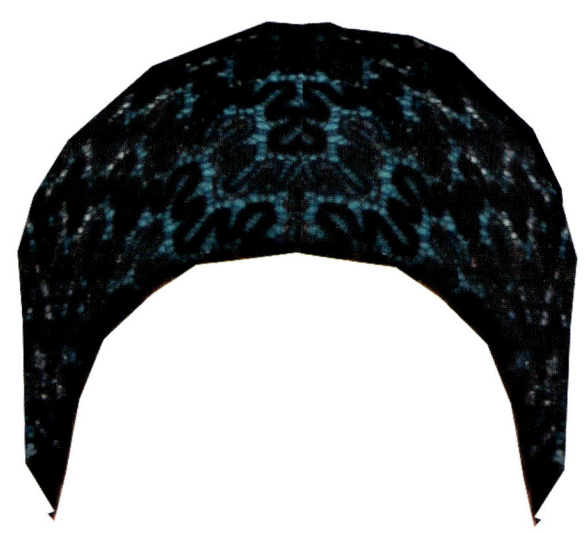

图一　白族挖色赶会帽子配饰

本案例为白族挖色妇女赶会帽子配饰，穿着地区为云南省大理白族自治州大理市挖色镇。它的裁片长为91厘米，宽为23厘米。这顶帽子是妇女们在葛根会赶集时佩戴的，体现了当地的民风民俗。

赶会的"会"指的是白族特有的传统节日和岁时风俗，在每年农历正月初五举行，地点在大理古城北门外的文笔村。此会相传始于唐代，以交易葛根和游览三塔寺风光为主。妇女赶会帽子配饰的穿着方式充满了节日的喜庆。赶会帽子是由一块头巾经围裹形成的扁扁的帽子，正好围着头部一圈，垂下一小块须穗耷在肩上，无帽檐。它的底色为墨绿色，上面有黑色刺绣网纱，刺绣的形态为曲线，有实心的和空心的，线条粗细不一，装饰感很强。在赶会这天，妇女们头戴赶会帽子，上身穿右衽深色前短后长的长衣，领口、衣边及袖口用黑布条做滚边，外穿右衽领褂，胸前挂三须银链。腰系墨绿色素面围腰，围腰双面绣花。下身穿直筒长裤，脚穿船型绣花鞋。肩挂精美的绣花香包，绣花图案精致，色彩艳丽，香包下缀银饰或手工编织毛线装饰。胸前挂一串佛珠，手拿磬铃。

妇女赶会帽子配饰具有趣味性和民俗性，它的刺绣肌理丰富，层次感强，具有独特的韵律感和装饰性，展现了节日的欢愉，是一件别具一格的民间艺术品。

图片来源
图一　大理白族自治州博物馆　提供
图二至图五　萧倩　制图
图五　黄心怡　制图

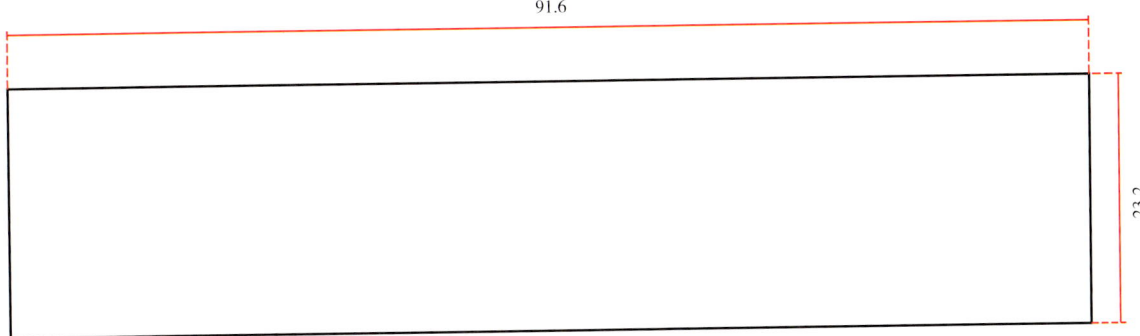

图二　白族挖色赶会帽子配饰尺寸图（单位：cm）

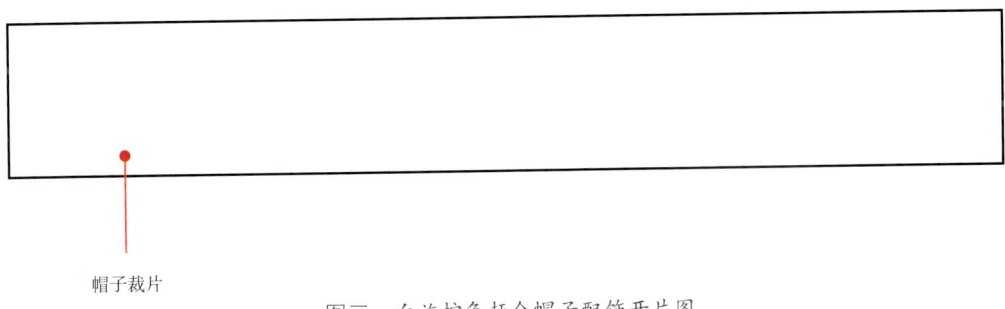

帽子裁片

图三　白族挖色赶会帽子配饰开片图

图四 白族挖色赶会帽子配饰效果示意图

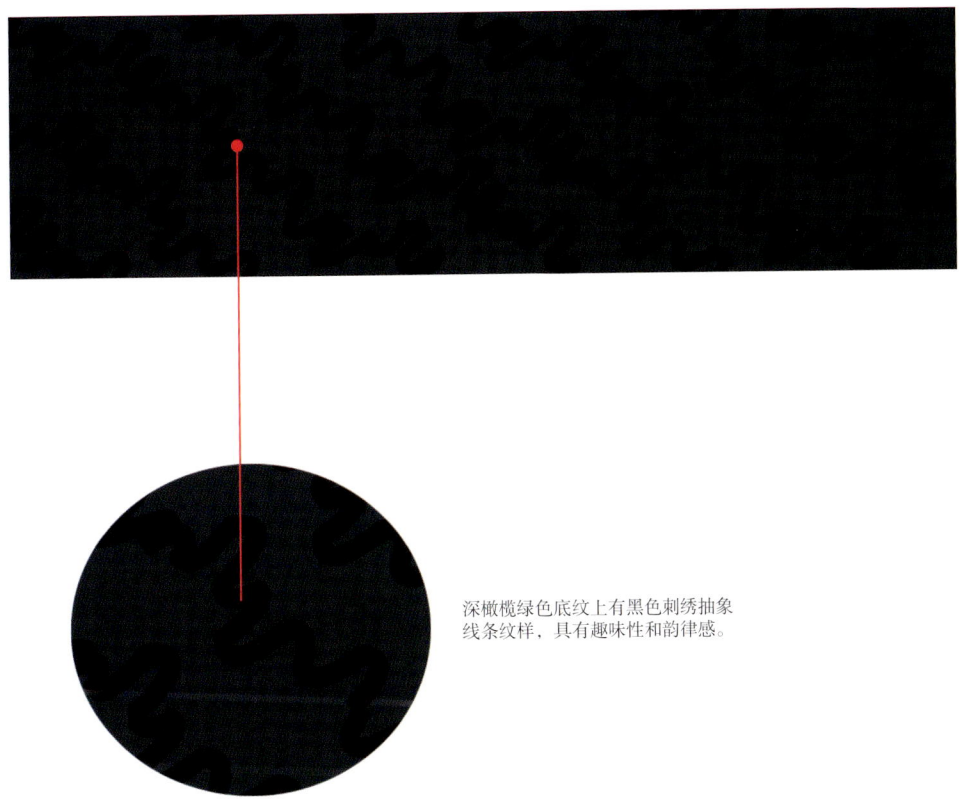

深橄榄绿色底纹上有黑色刺绣抽象线条纹样,具有趣味性和韵律感。

图五 白族挖色赶会帽子配饰色彩分析图

白族绣花牌坊童帽

图一 白族绣花牌坊童帽主图

本案例为白族绣花牌坊童帽，是大理白族的民间传统手工艺品，头围51～54厘米，高度为23厘米，宽度为18厘米。它的造型活泼可爱，层次分明，色彩丰富，富有趣味性，制作工艺复杂精致。

绣花牌坊童帽造型和工艺极具层次感，特色鲜明，山形帽，帽子共分为两个部分，上层为山字弧形，帽子两端向上方耸起，俏皮可爱。弧形上绣有牡丹花、菊花纹样，绣花纹样都是对称的，和谐匀称，自然大方。这些纹样多以自然界的动植物为原型，进行艺术加工和人格化渲染，以其固有的性格特征为核心宣扬真善美，寓含着深刻的民族文化内涵和隐喻义。绣花下面是多层次银线绣的三角形，像耸起的山峰。帽子上有5个佛像造型的银饰品，沿着帽檐镶有仿银串珠，帽子上面还有3个弹簧绣球，威风凛凛，帽子贴布两端有彩色吊穗，飘逸而富有动感。

绣花牌坊童帽反映了极具特色的白族传统造型，寄托着家人的呵护和关爱，儿童穿戴了童帽，展现出虎头虎脑，活泼可爱的稚气和憨态，弥漫着浓郁的乡土气息。它也体现了民间手工艺人富有想象力和创造力的艺术手法，他们以情感为纽带，寄情于物，更体现了千姿百态的大理白族民风、民俗、民韵，具有更为深厚的文化内涵。

图片来源

图一 大理白族自治州博物馆 提供
图二、图三、图五 萧倩 制图
图四 黄心怡 制图

图二 白族绣花牌坊童帽外观图

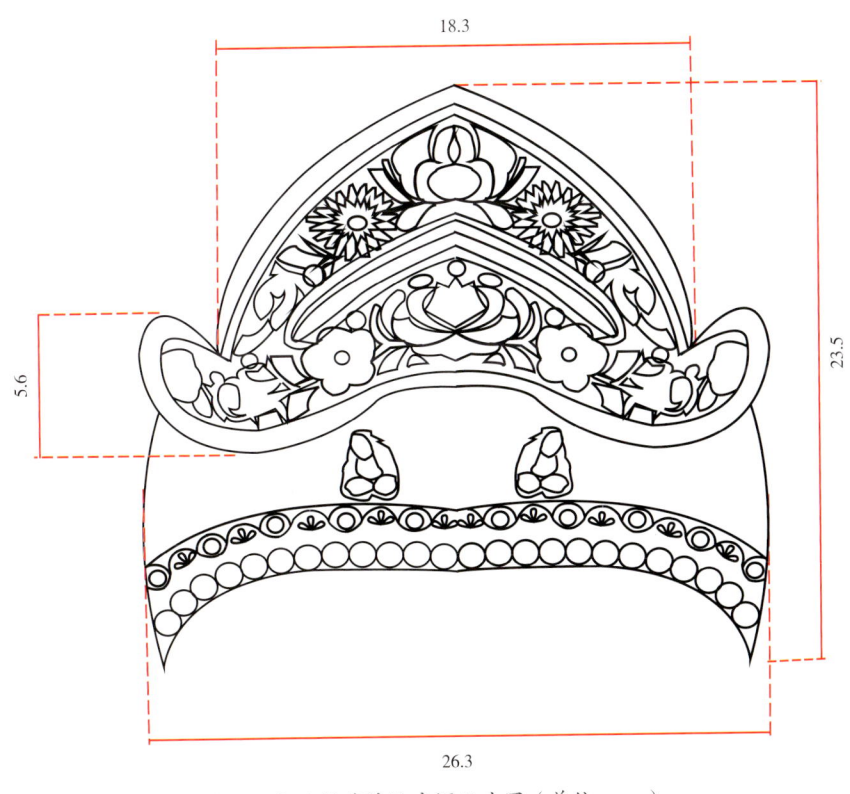

图三 白族绣花牌坊童帽尺寸图（单位：cm）

第二章 白族传统服饰

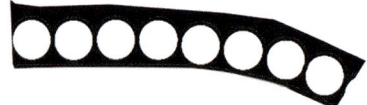

图四　白族绣花牌坊童帽局部分析图

图五　白族绣花牌坊童帽色彩分析图

白族挑花方巾

图一　白族挑花方巾

本案例为白族挑花方巾，使用地区为云南大理白族自治州，长约52厘米，宽约33厘米，妇女们将这种布剪成两尺见方的方巾搭在头上，或走亲访友或下地干活，用于遮阳揩汗，并能装饰自己的容貌。

白族挑花方巾主要用于日常生活装饰，其图案及针法变化多样，装饰性极强，色彩绚丽，立体感强，根据绣品装饰部位的不同要求，绣制团花、角花、折枝花和边条花等纹样。针架成一个斜"十"字，组成基本单位，并以此组合各种纹样。十字挑针只求正面纹样的完整，反面针迹为直线排列。除十字挑针外，还有密针铺花，即紧密铺线，形成的纹样正反两面相同而黑白互变；单针纤花，即单线纹样，正反纹样完全相同。挑花图案多取自于生动活泼的自然景物和民族文化中的吉祥纹样及文字，色彩浓郁而典雅，极其精美。多为深色底、白色或亮色挑花图案，极具视觉冲击力，方巾两边多有编织和流苏，丝穗自然垂下，活泼而不失典雅。

挑花方巾作为云南大理白族自治州代代相传的传统服饰品，承载了白族特有的民族文化积淀,表达了白族人民独特的审美情趣,寄托了人们对美好生活的向往,是民间工艺的璀璨瑰宝,人类文明灿烂的文化遗产,我们要在传统技艺的基础上不断创新,使其迸发出更强大的生命力。

图片来源
图一　大理白族自治州博物馆　提供
图二至图五　萧倩　制图

图二　白族挑花方巾外观图

图三 白族挑花方巾尺寸图（单位：cm）

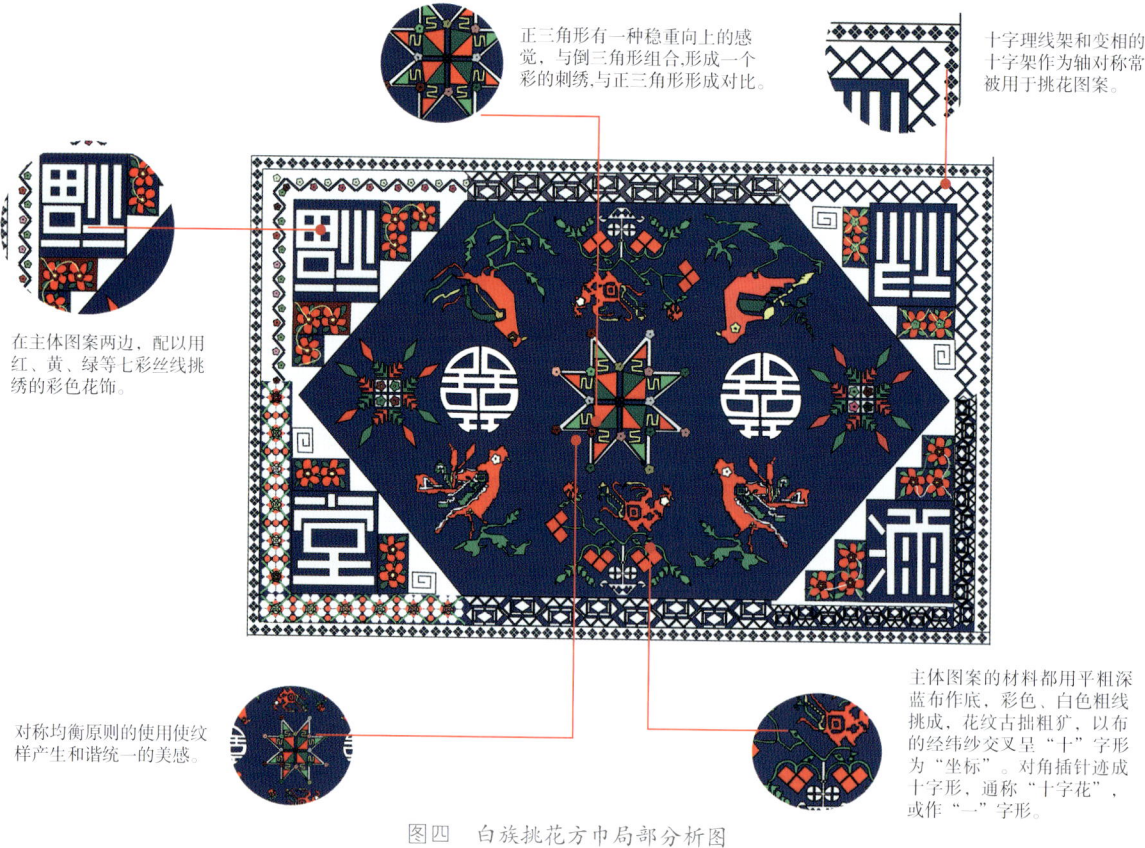

图四 白族挑花方巾局部分析图

图五　白族挑花方巾色彩分析图

白族扎染方巾

图一　白族扎染方巾

本案例为白族扎染方巾，使用地区为云南省大理白族自治州。长约52厘米，宽约为33厘米。妇女们将它戴在头上装饰自己。扎染方巾运用的工艺手法有夹扎法、结扎法、捆扎法等，有着独特的审美价值和技法研究价值。

它采用了均衡对称式构图，整个图案为一层层矩形，菱形等多边形，层次变化分明，给人规律、和谐、稳重的美感。它的视觉中心为八片花瓣造型，四周围绕着一层抽象几何形和菱形，白色花纹和深色图底都呈现出几何形态，一圈圈菱形向四周发散，菱形的四条边呈现出清晰的线迹，有上下交错的点状线迹，有形如花瓣状的线迹，这些都是采用缝扎的手法形成的富有变化的花型，应用性强，复杂多变，染色效果显著。菱形外圈是抽象三角形和四边形组成的八边形图案，图案形态古拙质朴，在浸染的蓝色斑迹下，很有韵味。八边形外，是一圈花卉扎染图案，寓含着对美好生活的追求。整块方巾的四周鲜明地体现了多点成线的艺术效果，富有趣味。它的面料为棉麻混纺白布，染料是从艾蒿、板蓝根等天然植物中提炼出来的蓝靛溶液。

扎染方巾集中表现了云南大理白族扎染技艺的高超，它的图案，染色，工艺技巧，都体现了其极高的艺术价值。同时，扎染过程中污染小，属于环境友好型染整工艺，将它与现代纺织品设计相结合能发挥其更大的魅力。

图片来源
图一　大理白族自治州博物馆　提供
图二至图三、图五　萧倩　制图
图四　黄心怡　制图

图二　白族扎染方巾外观图

图三　白族扎染方巾尺寸图（单位：cm）

第二章　白族传统服饰

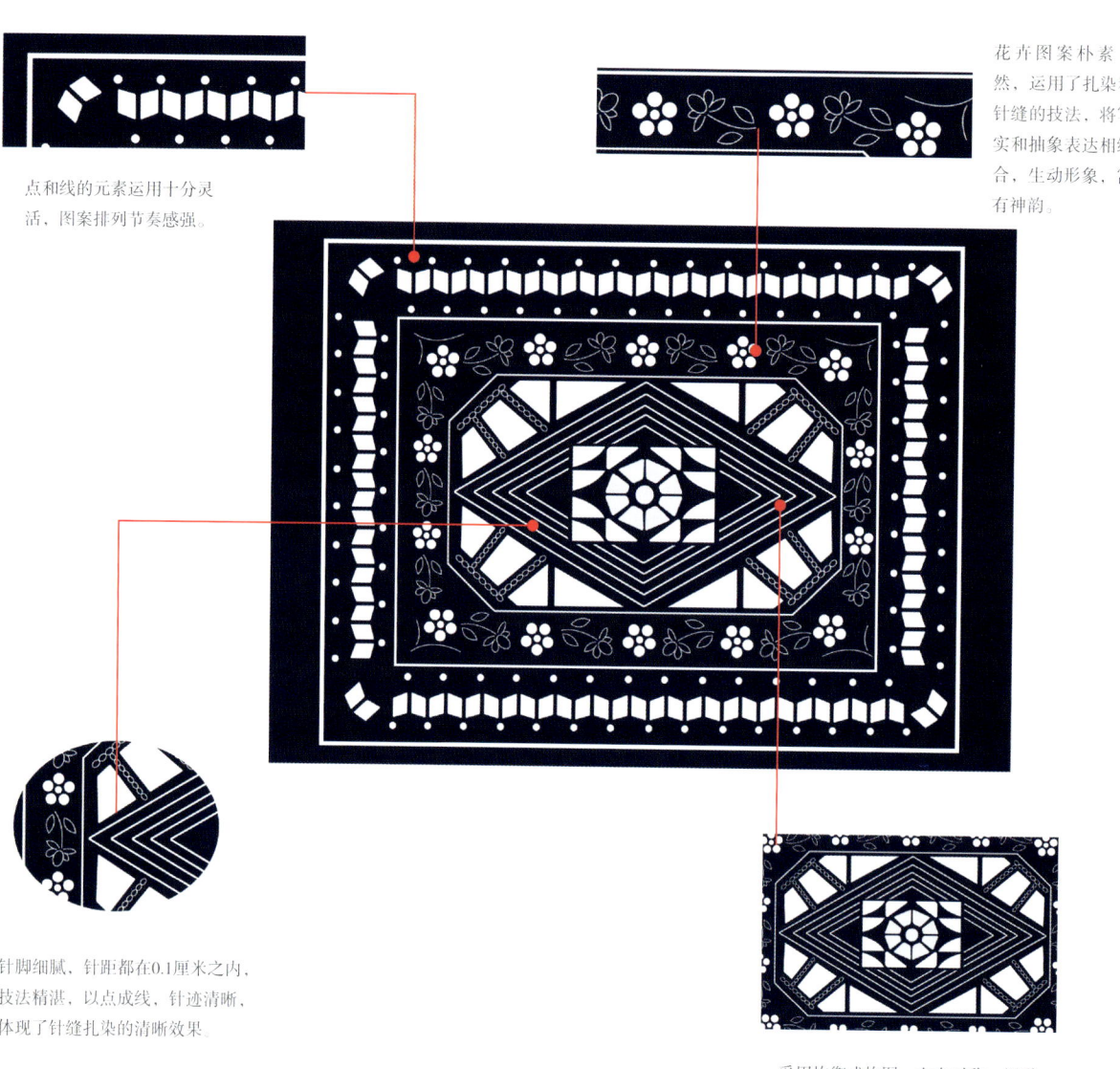

图四　白族扎染方巾局部分析图

图五　白族扎染方巾色彩分析图

白族绣花裹背

图一 白族绣花裹背

本案例为白族绣花裹背，使用地区为云南省大理白族自治州。长约53厘米，宽约35厘米，每个背带长约58厘米。绣花裹背是云南大理白族妇女精心绣制的背孩子的工具。由于云南大理白族人居住在山区，用裹背背孩子具有方便、安全、舒适的特点。

绣花裹背的造型优美简约，主体为长方形，上方为弧形，形成一个尖角。它由背心、背脸、背盖、背脚、背带五个部分组成。制作裹背的材料很讲究，一般用料为：蓝布、丝绸、毛毡、棉花、火草、彩线等，富裕的家庭还镶上银饰玉器珠宝，特别是背带的材料更为讲究，是从一种叫火草的植物中采集制作而成的。火草是一种一年生草本植物，叶片背面有一层韧性很好的白色纤维，白族妇女就用巧手剥出火草纤维编织背带。裹背上的刺绣图案都蕴含着丰富而深刻的寓意，上面绣有马樱花、杜鹃花、松明火把、橄榄叶，表达了白族人民对美好生活的无限憧憬。日月星辰，鸟语花香，图腾崇拜如同一部历史文献，记录了白族人民生命不息的生活画卷。

绣花裹背寄托的是白族父母对孩子的关怀和祝福，教育儿女勤劳勇敢，奋进拼搏，并祈求他们健康平安地生长。它也表达了白族人民对美丽风光的赞叹，寓意着他们将会通过自己的辛劳和汗水取得更加美好的生活。

图片来源

图一　大理白族自治州博物馆　提供

图二、图三、图五　胡梦璟　制图

图四　黄心怡　制图

图二　白族绣花裹背外观图

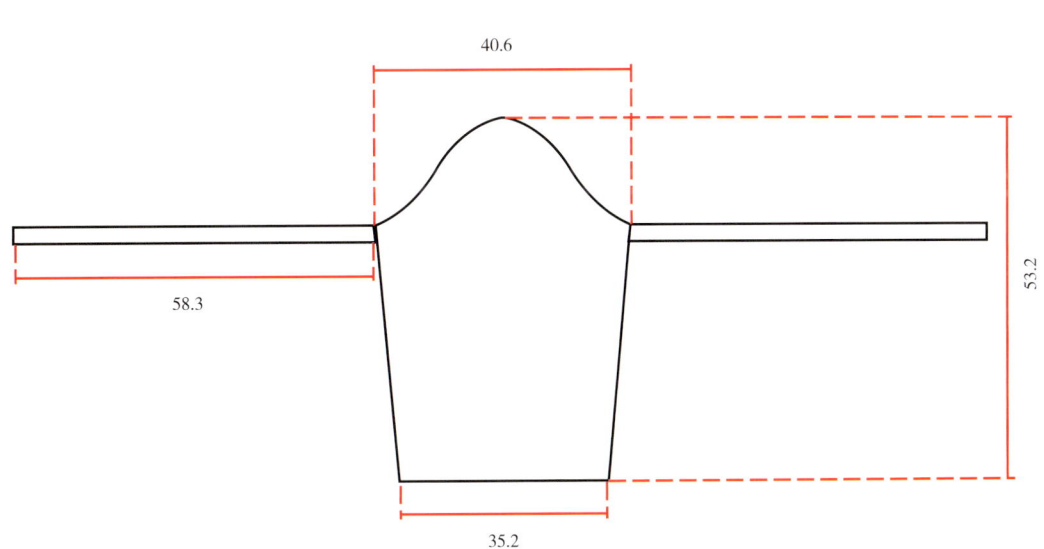

图三　白族绣花裹背尺寸图（单位：cm）

吉祥飞鸟图案，充满动感，寓意着白族人民对自由美好生活的追求和向往。

花卉图案色彩饱满，形态生动，表现了大理白族生活聚居地的美丽风光和大理白族人民对自然的无比热爱。

刺绣与银珠装饰成抽象几何图案，具有现代装饰感，活泼灵动，很有韵味。镶嵌的银饰暗示了家庭的富裕。

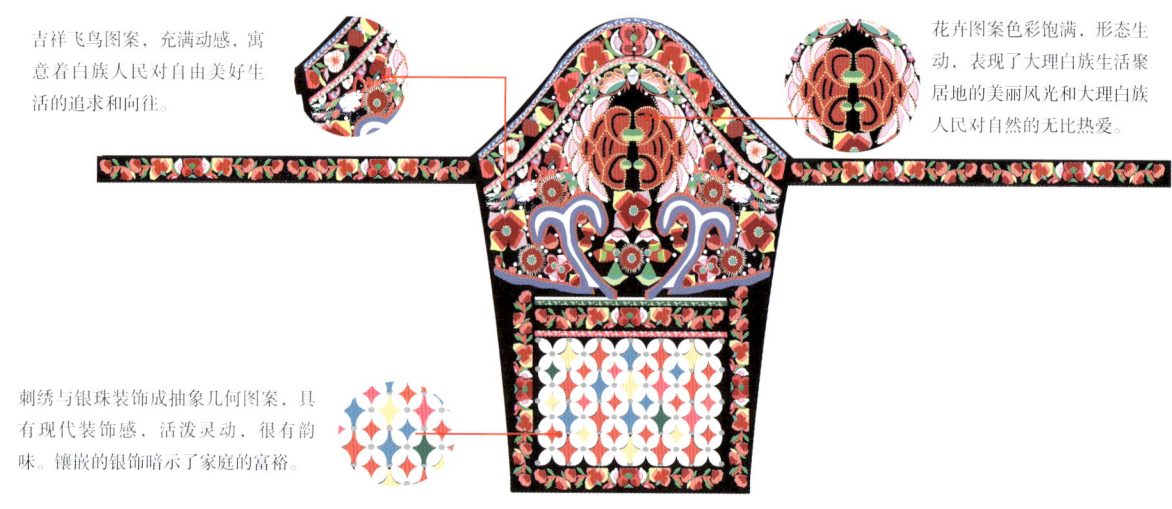

图四　白族绣花裹背局部分析图

图五　白族绣花裹背色彩分析图

白族绣花香包

图一　白族绣花香包主图

本案例为白族绣花香包，使用地区为云南省大理白族自治州。长约28厘米，宽约32厘米，带长约60厘米。绣花香包又称香囊等，刺绣内容丰富多彩，方便携带，大方美观，是必不可少的生活用品和装饰品。

绣花香包的款式为矩形，刺绣内容可以分为人物、花卉、动物，城池这几个部分。刺绣图案精美，其中人物造型为白族的劳动人民，表现了他们在田间劳作的状态，歌颂了白族人民的勤劳勇敢。花卉刺绣有牡丹花、荷花等，寓含着对大理美丽自然风光的热爱和对幸福安康生活的追求。动物图案形态极为生动，有蝴蝶恋花和吉祥飞鸟，表达了人们对甜蜜美好爱情的向往。老鼠的纹样在当地有着特别的寓意，老鼠是多子多福的象征，充满吉祥的寓意。还有一些类似于城池、河道的建筑物图案，象征着白族先民们生活聚居的地方，歌颂了白族先民治理国家的英明才智，同时表达了对大理古国的热爱和民族自豪感。绣花香包的整体颜色以红色调为主，充满了喜悦的感觉和激情澎湃的氛围。对比色、互补色的运用使画面更加丰富，图案紧密、细腻，别具民风民情。

绣花香包与大理白族人民千百年来的生活息息相关，渗透了她们积极乐观的精神和对美好生活的追求。在现代设计中启发人们关注民俗文化，让人们深深体会到美源于生活，美在民间。

图片来源

图一　大理白族自治州博物馆　提供
图二、图三、图五　胡梦璟　制图
图四　黄心怡　制图

正面

图二 白族绣花香包外观图

图三 白族绣花香包尺寸图（单位：cm）

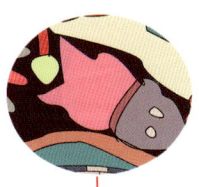
老鼠图案形态生动形象，有着深刻的寓意，老鼠象征着多子多福，它表达了白族人民对多子多福美好生活的祈求。

人形刺绣象征着白族的先民，赞扬了白族先民的勤劳勇敢和过人智慧。

蝴蝶恋花图案表达了人们对幸福美满爱情的向往，对美丽自然风光的热爱和对美好生活的追求。

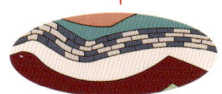
城池图案象征着白族先民用自己的汗水建筑起来的乐土，这个纹样表达了白族人对先民的崇敬，和对自己生长的土地的热爱。

图四　白族绣花香包局部分析图

第二章　白族传统服饰

图五　白族绣花香包色彩分析图

白族绣花口水兜

图一　白族绣花口水兜主图

　　本案例为白族绣花口水兜,穿着地区为云南省大理白族自治州,绣花口水兜是用来给小孩穿戴在胸前搪口水的,它是由五个心形的布片连结在一起挂于脖子上,在脖子后面用绳子系上固定。围兜的直径约为4~6厘米（即为每个布片的高）。每个布片上绣有荷花和牡丹,寓含着吉祥如意的美好愿望。

　　绣花口水兜的形状奇特,布片形状饱满,圆润的弧线形边缘使整个口水兜充满生气而极具趣味性,它的用色鲜明浓烈大胆,采用了红白对比,这是白族服饰最典型的配色方法,绣花图案绿叶衬红花,具有强烈的视觉效果,口水兜的面料为棉布,每一个布片的边缘都用三角形的刺绣装饰,与白色的底形成了鲜明的对比,尖锐的三角给人一种充满活力的、向上的感觉,同时又能使布片的边缘纱线更牢固,不易脱散,经久耐用。布片上的刺绣图案是白族人民经常使用的两种花型,荷花和牡丹,牡丹花象征着富贵平安,荷花象征着多子多福,家庭和睦,由此可以看出,刺绣口水兜寄托了人们对幼儿的祝福和希望,充满了吉祥安康的寓意。

云南大理白族绣花口水兜兼具实用和审美价值，表现了民间手工艺人娴熟的刺绣技艺和独特的审美情趣，人们托物言志，用精美的绣花纹样寄托对婴幼儿茁壮成长的殷切期盼和对美好未来的追求，是一件值得学习和珍藏的民间艺术品。

图片来源
图一　大理白族自治州博物馆　提供
图二、图三、图五　胡梦璟　制图
图四　黄心怡　制图

图二　白族绣花口水兜外观图

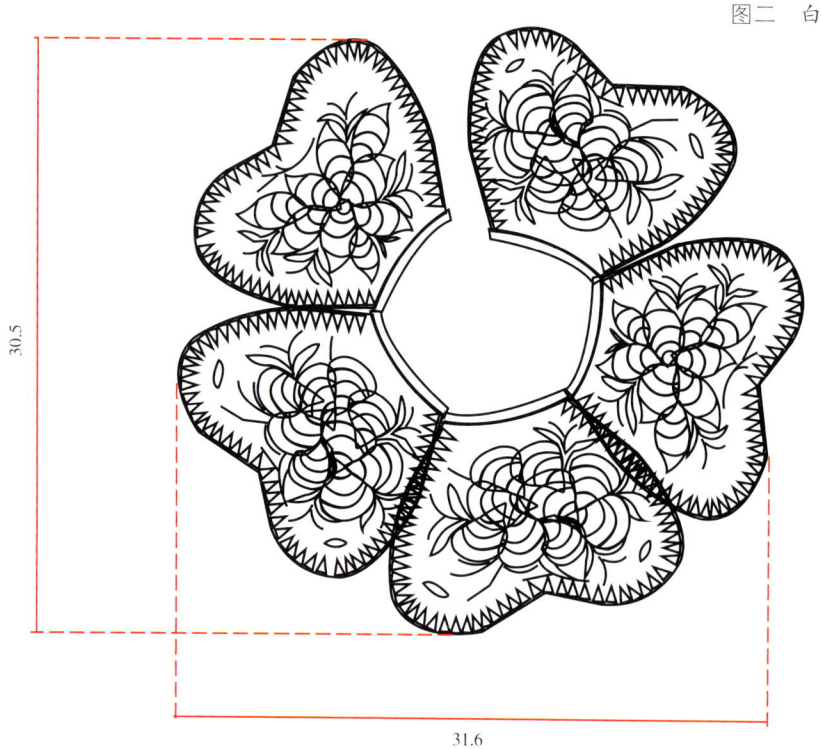

图三　白族绣花口水兜尺寸图（单位：cm）

布片的边缘为三角形尖角刺绣，非常有韵律感，既装饰了布片，又能加固布片边缘的牢固度，使其不易脱散。

花卉图案刺绣运用了色彩渐变的手法，表现了花朵盛开的状态，针法细腻，生动自然，表达了对美好生活的向往，对儿童茁壮成长的祝愿和祈求。

图四　白族绣花口水兜局部分析图

图五　白族绣花口水兜色彩分析图

白族箍铜翡翠发簪

图一　白族箍铜翡翠发簪主图

本案例为白族箍铜翡翠发簪，又称扁簪，是妇女别在发髻上的发饰。宽7.3厘米，高1.2厘米，最厚处0.5厘米。以翡翠和铜为材料制成，外形为两头宽大，中间细小的扁条状，双尖头，窄腰处箍有铜片。

翡翠发簪从清朝扁簪演变而来，清朝女子著名的"二把头"发式，真发和假发之间需要有饰物遮挡和连接，扁簪在其中起了"桥梁"的作用。随着时代的演变，女性的发式也发生了翻天覆地的变化，扁簪的功能不再仅限于连接真假发，而成为女性固定发髻，凸显自身地位的饰物。宫廷多使用金、翡翠、珊瑚等贵重材料制簪，民间多使用银、铜、木等普通的材料。本案例发簪的主要材质是豆种翡翠，翡翠又称硬玉，其质地温润平和、肌理深沉幽玄，富有玻璃的光泽，透绿中混合着白纹，象征着幸运和吉祥。制作翡翠发簪分为加工翡翠和箍铜片两道工序，首先顺纹切开石料，根据成品外形切片；其次用铊划出轮廓，雕刻花纹；再次打磨抛光；最后用铜片包裹腰身，并用短钉固定。翡翠扁簪以展现材质自身的天然美感为主，并不强调繁琐的装饰，仅以凿刻的线条作装饰，刚硬的线条和润泽的玉石之间产生对比，有刚柔并济之美。同类翡翠发簪的形制基本相同，只是在腰身粗细，簪身扁圆，簪尖长短方面有所细微差别。妇女佩戴时只需将发簪插入盘好的发髻顶部，再用一缕头发纵向固定发簪腰部即可。

箍铜翡翠发簪因其天然的质地、简洁的外形、适人的功能，深受白族女性喜爱。翡翠所传达的不仅是材料的美感，背后蕴含着中国人自古尚玉的传统，以及对高尚品格的追求。

图片来源
图一　微图网　提供
图二至图五　赵思颖　制图

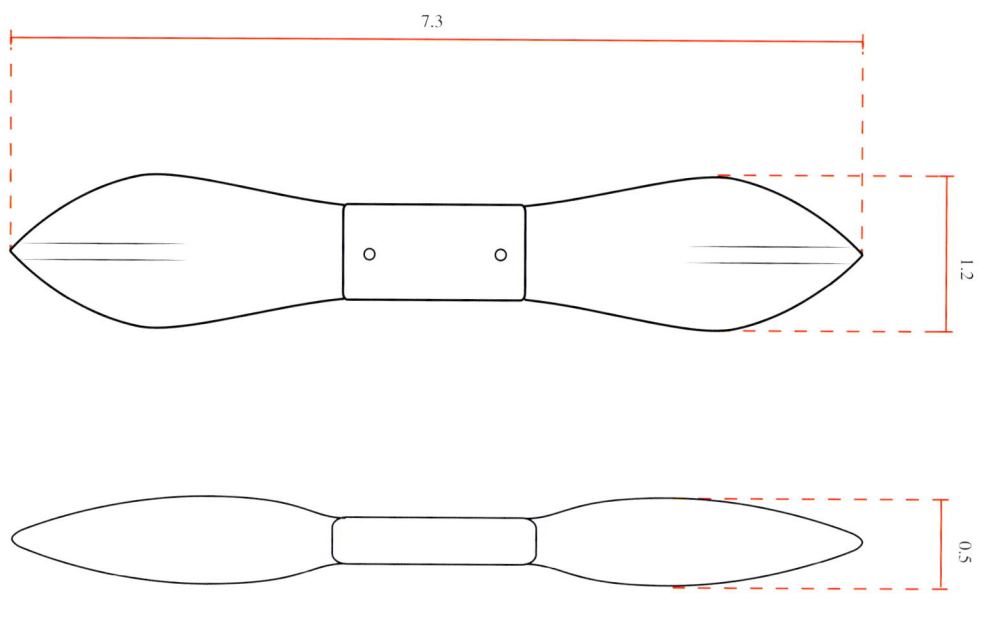

图二 白族箍铜翡翠发簪尺寸图（单位：cm）

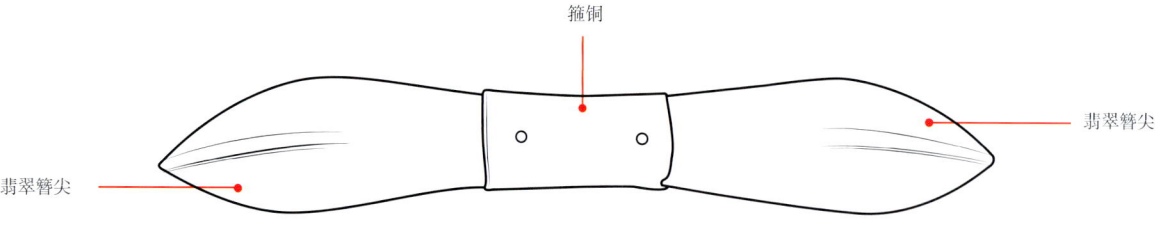

图三 白族箍铜翡翠发簪构图分析图

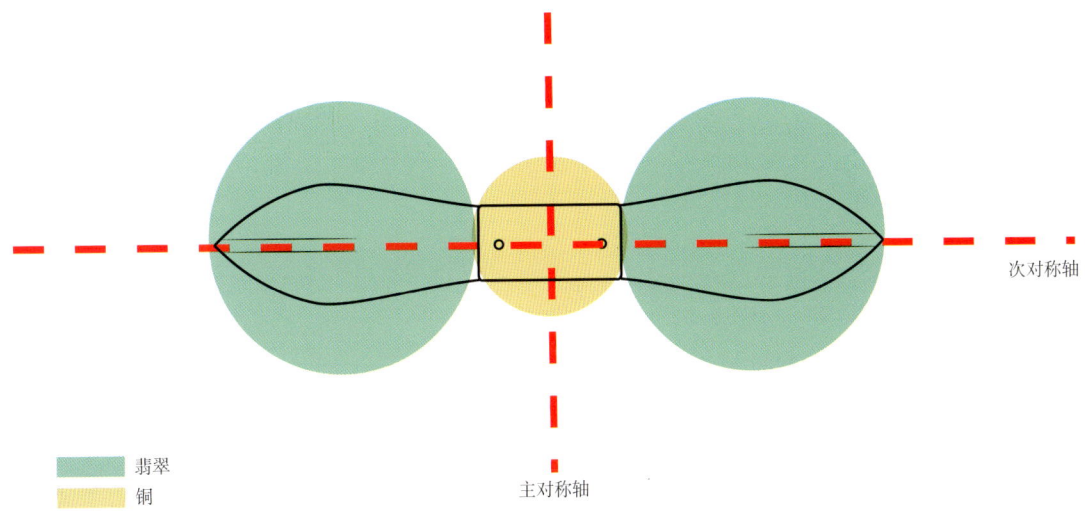

图四 白族箍铜翡翠发簪结构分析图

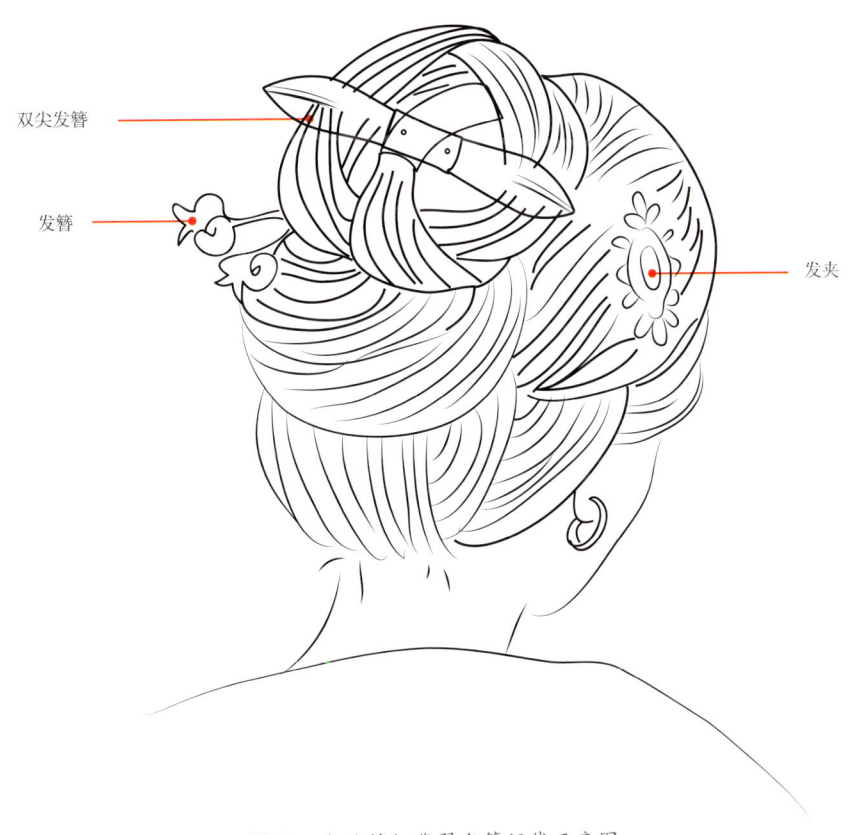

图五 白族箍铜翡翠发簪佩戴示意图

第二章 白族传统服饰

153

白族翠叶耳坠

图一　白族翠叶耳坠主图

　　本案例为白族翠叶银耳坠，又称"坠子"，是佩戴在女性耳部的饰物。整体分为花卉、翠叶、银链三部分。全长13.6厘米，花卉直径2.5厘米，叶片长2.7厘米。以宝石、翡翠、鎏金银链为原料，采用花丝和镶嵌工艺制成。

　　耳坠是耳饰的一种，上部固定于耳垂，下部是可以晃动的各种饰物。制作翠叶银耳坠的主要材料为红宝石和绿翡翠。红宝石是宝石中的珍品，属于刚玉类，古称"照殿红""红刺"，红宝石的价值随着纯度的提高而提升。翡翠又称硬玉，多为绿色，表面光洁，触感冰凉，因其润泽而娇艳的色彩被誉为玉石之王。制作耳坠主要的工艺有花丝和镶嵌。花丝工艺，是将银丝盘曲、掐花、堆垒制成首饰的细金工艺，耳坠中的花瓣就是采用花丝工艺制成的。镶嵌工艺，顾名思义，就是把玉石嵌到银饰物中的工艺，耳坠中的红宝石就用到了镶嵌工艺。翠叶耳坠分为花卉和翠叶两部分，中间用银链相连。花卉外形为正圆形，由花心和花瓣组成，花心的红宝石为不规则的多边形，正面平滑，侧面有多道切痕，宝石的颜色为通透的鸽血色。花瓣围绕花心紧密排列，构成上小下大的两层，上层9片花瓣，下层12片花瓣，单个花瓣是用银丝扭成的拱形，通过焊接相互连接。翠叶为薄片状，深绿色中泛出褐色，叶尖偏向一侧，其上方还附有两片小叶，雕刻有叶脉，叶片从数量和外形上产生对比，使造型更加生动有趣。此外，十字链连接上下构件，起到了桥梁的作用。从耳坠的整体上看，红色的宝石和绿色的叶片构成补色关系，两者并置，具有强烈的视觉冲击力。翠叶耳坠佩戴方法简单，只需要将耳钩穿过耳洞即可。佩戴好的耳坠，以耳洞为圆心，坠身为半径，前后摆动做圆周运动。由于花卉离圆心近，所以不易晃动；翠叶因远离圆心，所以摆幅较大。花卉的"静"和翠叶的"动"，构成动静对比，在动态上富有韵律感和节奏感。

大理白族翠叶银耳坠具有材料贵重、工艺考究、造型精巧、佩戴美观的特点。它不仅是地域文化的外在反映，更是白族审美历史的沉淀，具有重要的文化参考价值。

图片来源

图一　微图网　提供

图二至图七　赵思颖　制图

图二　白族翠叶耳坠尺寸图（单位：cm）

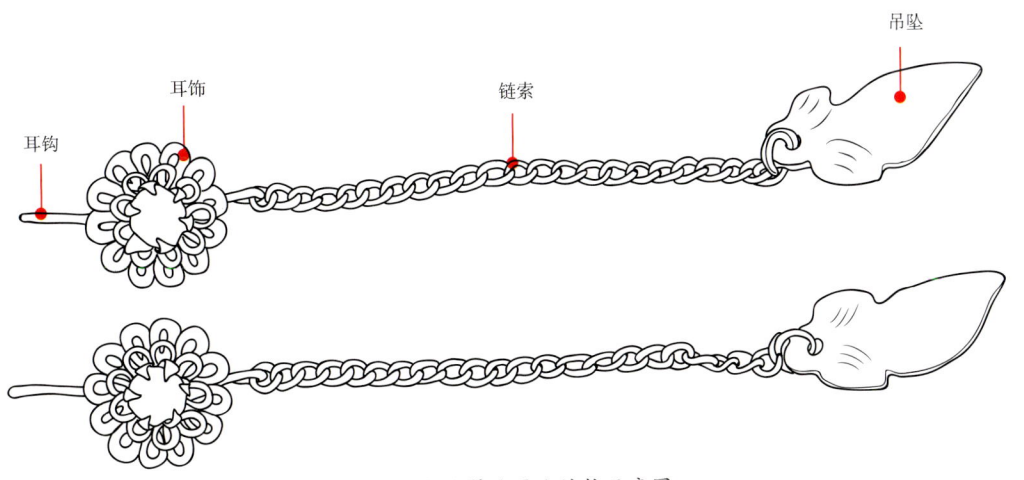

图三　白族翠叶耳坠结构示意图

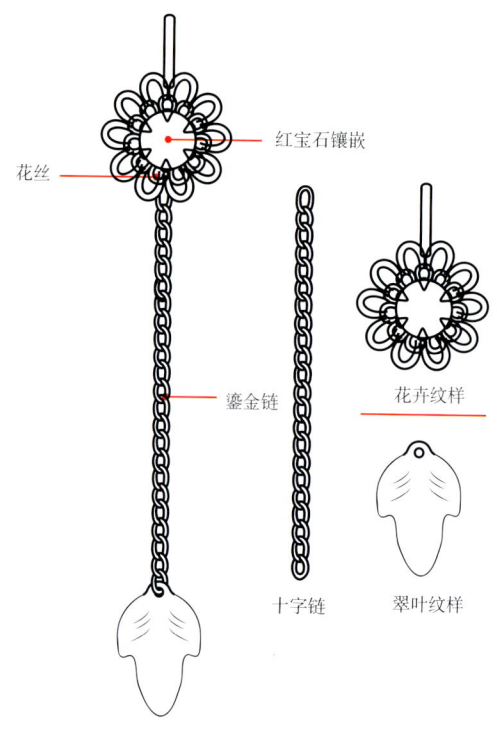

图四 白族翠叶耳坠单元元素分析图

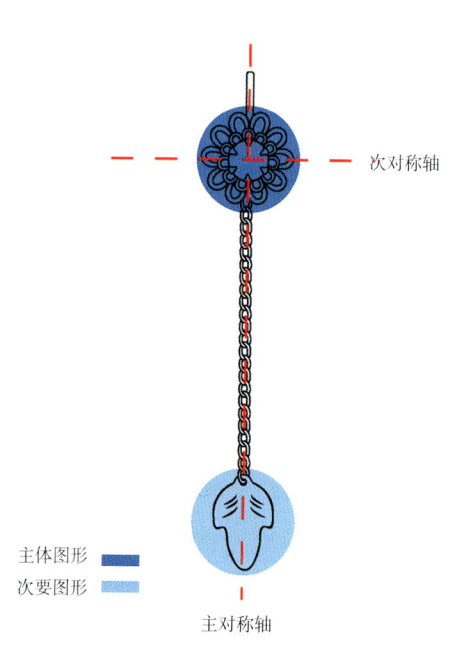

图五 白族翠叶耳坠构图分析图

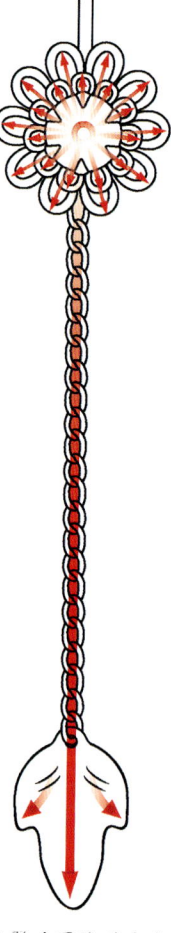

图六 白族翠叶耳坠动态分析图

图七　白族翠叶耳坠佩戴示意图

白族银三须链

图一 白族银三须链主图

本案例为白族银三须链，银三须链是大理鹤庆白族女性挂在胸前的装饰品。全长26.2厘米，挂扣直径2.5厘米，吊链长7.5厘米，综长2.1厘米，须链长11.8厘米。材质为鎏金银和玛瑙。整体由挂扣、吊链、综（连接吊链和须链的块状或片状饰物）、须链、须坠组成。

白族人自古有佩戴饰品的传统，三须链是白族常见的一种挂饰，常佩戴在上衣右衽或右胸处，极富民族特色。本案例银三须链主要材质是玛瑙，古称"赤玉""赤琼"，其主要矿物成分是隐晶质石英，质地坚硬耐磨，且具有丰富的色彩，如红、蓝、绿、黄等，其中最为推崇的是色彩鲜艳的红玛瑙，民间有"玛瑙无红一世穷"之说。银三须链的主要制作工艺有锻打、錾刻、花丝、锯割琢磨等。锻打即用锤子反复敲打，鱼形银片即采用锻打工艺制成，并在其表面用錾子錾刻花纹。花丝是将银拉成银丝后，运用盘曲、掐花、堆垒和编织等多种手法制成符合要求的样式，综的编织就是典型的花丝工艺。锯割琢磨是加工玛瑙的工艺，锯割是用人力驱动的泥砂锯（现多用电力驱动的切割机）将玛瑙分割成合适大小。再以河砂为磨料，配合磨具对玛瑙再次塑形加工，即琢磨。三须链中的鱼形银牌形制最为生动，外形相同的两块鱼牌一左一右相映成趣。鱼身匀称，鱼尾略微向下弯曲，鳍部直立，给人宁静稳定之感。鱼鳞、鱼鳍上的线条清晰整齐，具有精细和重复之美。此外，鱼纹含有生殖崇拜的寓意，寓意多子多福，是白族常见的一种纹样。

三须链最初是为了外出方便携带针线而设计的,是集实用和美观于一体的装饰品,后来才逐渐演变成以装饰为主要目的的饰物。可见器物的设计目的是随着时间、空间、环境、对象的不同而逐步发生改变的。

图片来源

图一　微图网　提供

图二至图六　赵思颖　制图

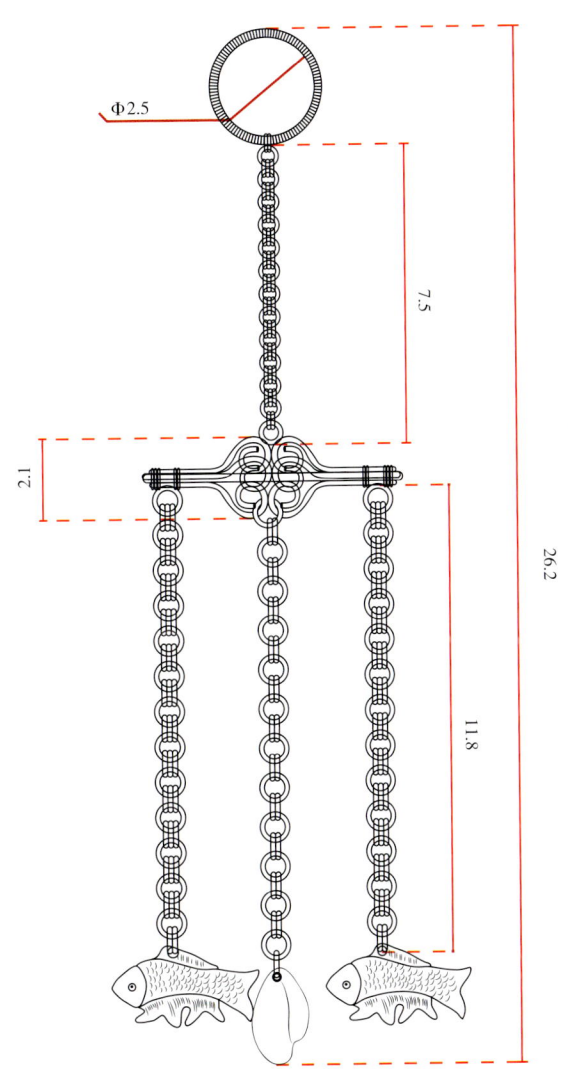

图二　白族银三须链尺寸图（单位：cm）

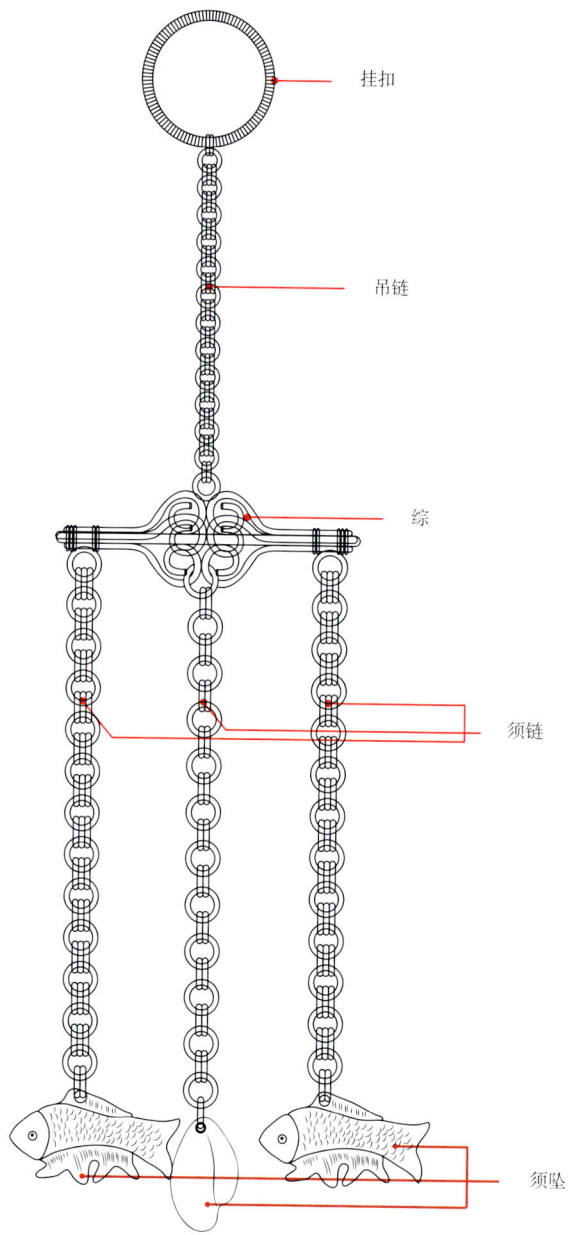

图三　白族银三须链结构示意图

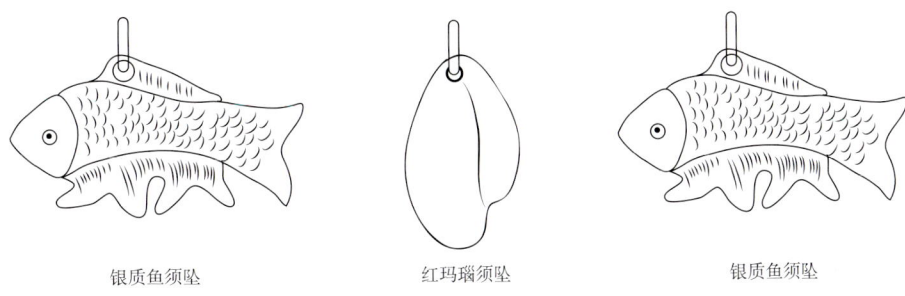

银质鱼须坠　　　　　红玛瑙须坠　　　　　银质鱼须坠

图四　白族银三须链元素分析图

图五　白族银三须链动态分析图

图六　白族银三须链佩戴示意图

第二章　白族传统服饰

161

白族银三层三须串链

本案例为白族银三层三须串链，三层三须串链是白族女性挂在腰部的银质链形饰物。顾名思义，三层三须串链共三层，每层三须，上下串接而成。全长40.5厘米，从上至下分为三段，长度分别为11.2厘米、14.5厘米、10.9厘米。串链以鎏金银和翡翠玉片为原料，采用锻打、切割、錾刻、花丝等工艺制成。整体由挂扣、吊链、玉综、坠饰、牙签组成。

材料是物质本身在客观环境中所展现出的质地，不同的材料给人以不同的美感。制作三层三须串链的主要材料是鎏金银和翡翠玉片，银作为贵重金属具有与生俱来的优雅娴静之美，与白族人的审美气质相互契合，展现出古典灵韵之美。翡翠也称翡翠玉、翠玉，是玉的一种，上好的翡翠是半透明的玉体中透出幽绿，具有朦胧含蓄的美感。制作串链的工艺繁多，其中以錾刻雕花最具特色，串链上的鱼形、石榴形坠饰均采用錾刻雕花工艺制成。以鱼形须坠为例，首先要剪出一块大小适宜，略微偏厚的银片，并捶打平整；其次在表面贴上绘有纹样的图纸；再次用弯錾和直錾沿着图纸轮廓錾刻出线痕；最后从背面用錾子打压出正面凸起部分，从而形成正面鼓起的鱼身。三层三须串链以中间吊链为轴左右对称，具有平衡互补的和谐之美。整体可分为上中下三层，每层用荷叶形翡翠玉综隔开。上层须坠挂有两块首尾相连的鱼形银片；中层须坠是两个球形石榴银片；下层中间是一根银质牙签，两侧是由两

图一　白族银三层三须串链主图

块棱形交叠而成的几何形银牌，其下方还缀挂有云形小坠饰。从文化内涵上看，坠饰的鱼、石榴、云彩具有象征意义，鱼寓意年年有余、生活美满，石榴寓意多子多福，云彩寓意吉祥如意。

不同于其他纯粹用于审美的饰品，白族三层三须串链集审美与实用于一体。从串链中的牙签就可以看出白族人务实的生活态度，在闲暇之余可以把串链当作日常清洁小物件使用，具有鲜明的民族特色和浓郁的人文气息。

图片来源
图一　孙和林　摄影
图二至图六　赵思颖　制图

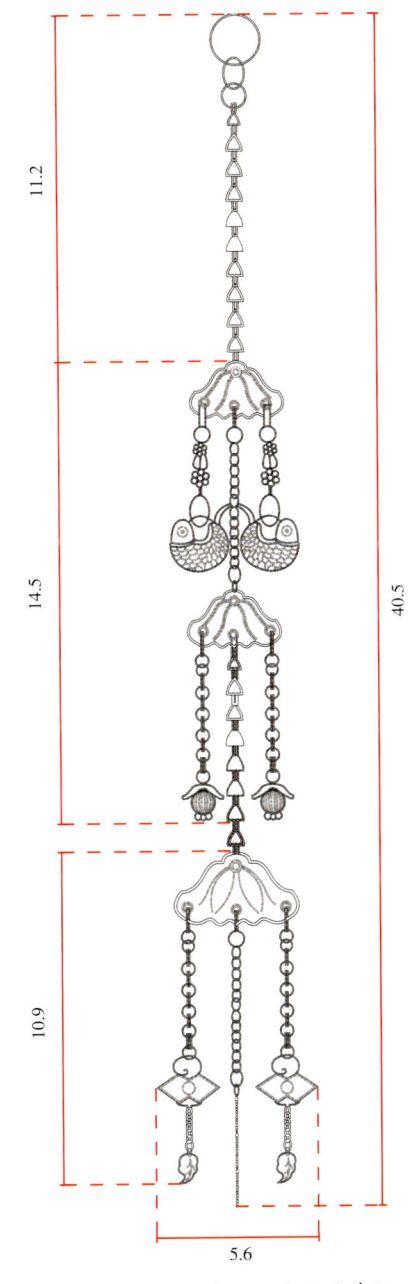

图二　白族银三层三须串链尺寸图（单位：cm）

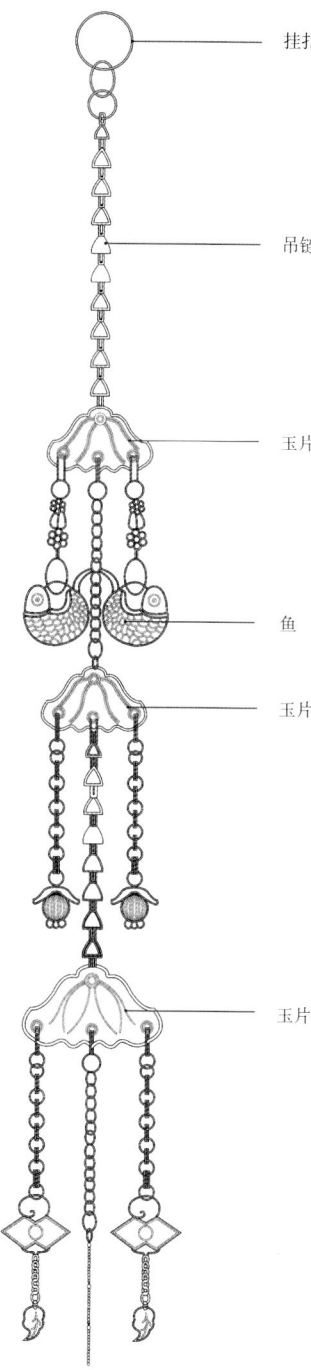

图三　白族银三层三须串链纹样分析图

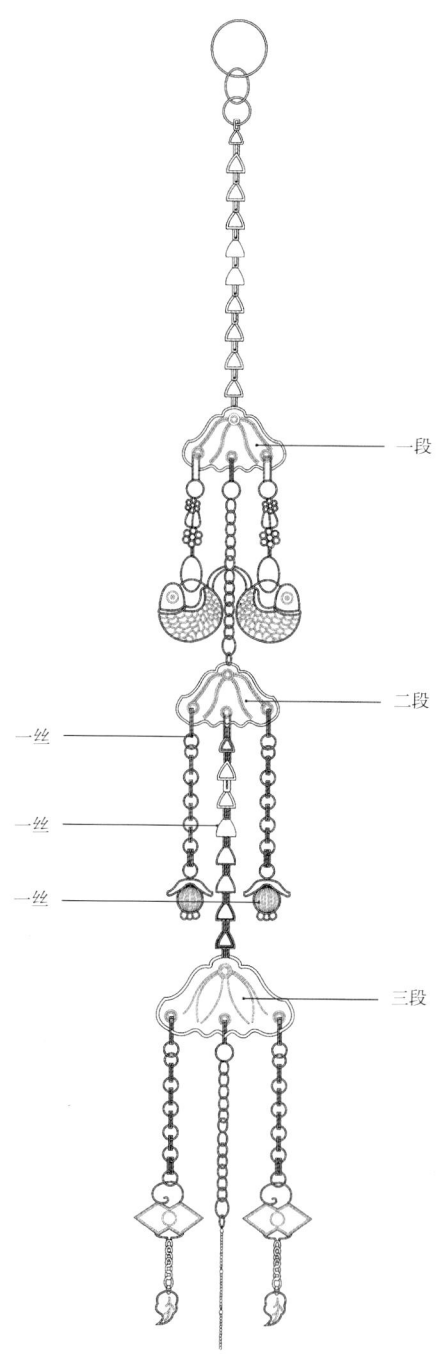

图四　白族银三层三须串链结构示意图

图五 白族银三层三须串链动态分析图

图六 白族银三层三须串链佩戴示意图

第二章 白族传统服饰

165

白族鎏金银五须串链

图一　白族鎏金银五须串链主图

五须串链是大理白族传统胸饰，通高36厘米，挂扣直径2厘米，材质为鎏金银和翡翠。五须串链是缀挂在女性胸前的饰物，整体由挂扣、吊链、综花、须链、须坠、针线筒、牙具四套件和鱼形玉片组成，采用锻打、切割、錾刻、花丝等工艺制成。

白族女子有佩戴银须坠的习俗，可以挂在头帕上、衣扣上、围腰上，最常见的是系挂在上衣斜襟上。本案例为挂在衣扣上的五须串链，上下双台结构。上台是用掐丝工艺制成的六圆孔综花，综花两侧各缀挂一条鱼形坠饰，鱼身饱满圆鼓，立体感强，鱼尾张开上翘，作奋力跃起状。综花中间链头并列挂有两条短链，短链下方拴有白族传统的针线筒，用于放置针线，方便妇女利用闲暇时间缝补衣物。筒盖可以打开，筒身錾刻有网纹。下台综花沿中轴线左右对称，采用面积更大、更为复杂、更加精巧的掐丝工艺制成。综花下方有五根短链，从左至右依次挂着牙钩、清铲（用于清洁挖耳勺上的耳垢）、挖耳勺、牙签、鱼形翡翠玉片。五须链和普通项链有所不同，它的设计兼具实用和装饰功能，便于佩戴者随时清洁牙齿和耳朵。鱼形坠饰是五须链常见的饰物。鱼纹在我国已有数千年的演变历史，最初的鱼纹是先民崇拜的图腾和生殖力的象征，后来又隐喻男女情爱，民间则巧用谐音，赋予鱼纹"富贵有余""金玉满堂"等吉祥寓意。

从对五须串链的分析可以看出，白族人民不仅拥有精湛的制银技术，还巧于设计，结合本民族生活习惯和吉祥寓意，将审美、功能和文化需求有机结合。

图片来源
图一　微图网　提供
图二至图七　赵思颖　制图

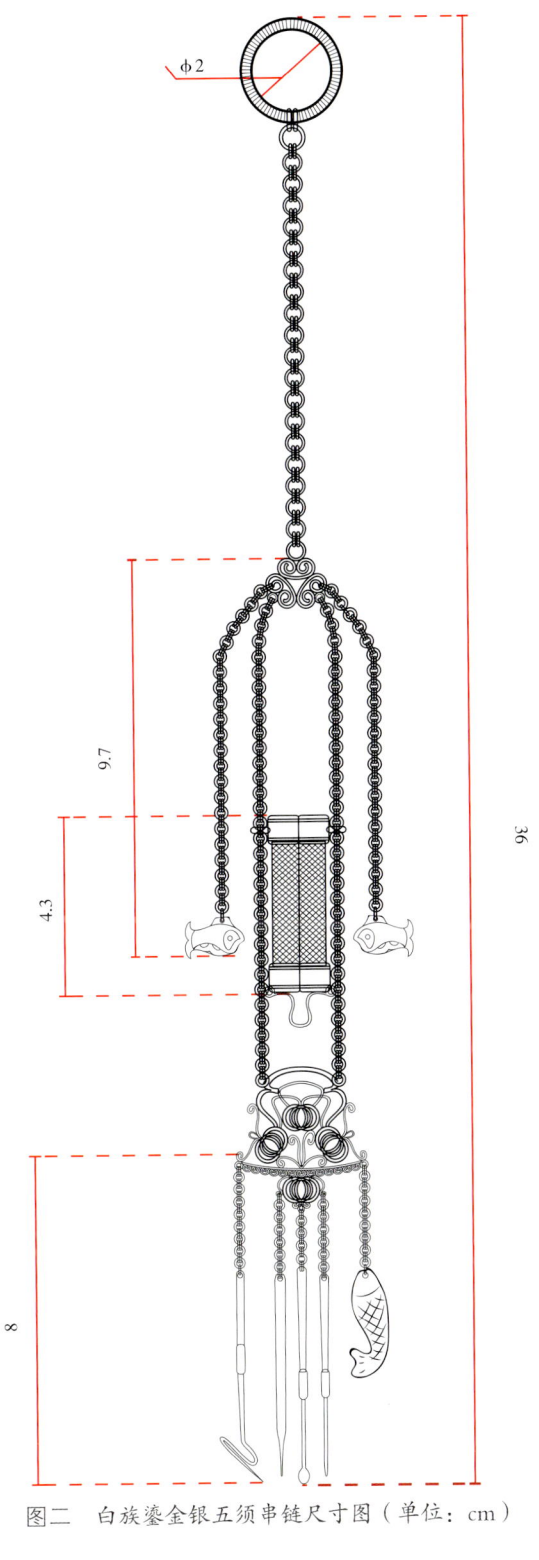

图二 白族鎏金银五须串链尺寸图（单位：cm）

■ 功能性
■ 装饰性

主对称轴

图三 白族鎏金银五须串链功能分析图

第二章 白族传统服饰

167

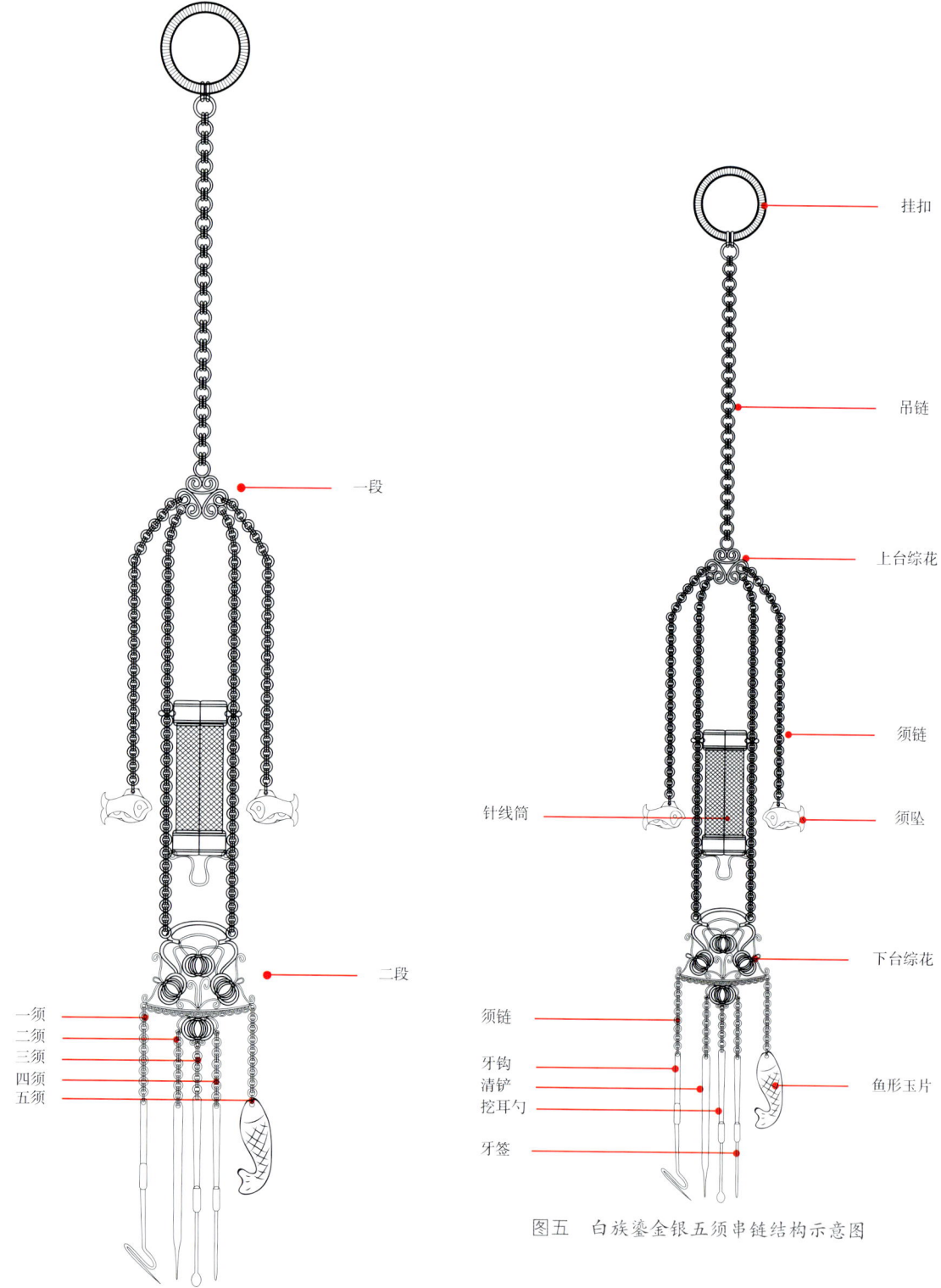

图四　白族鎏金银五须串链构图分析图

图五　白族鎏金银五须串链结构示意图

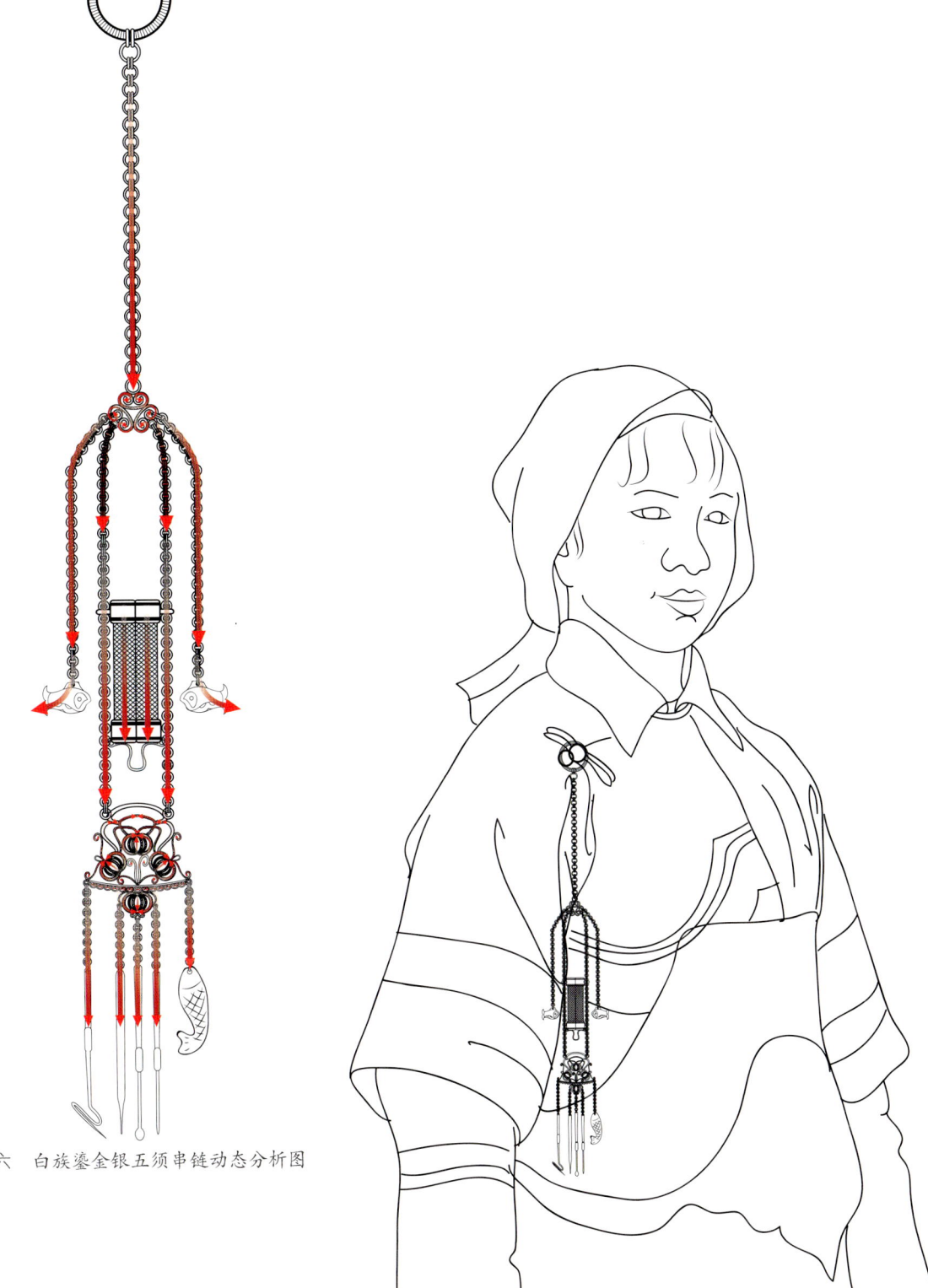

图六 白族鎏金银五须串链动态分析图

图七 白族鎏金银五须串链佩戴示意图

第二章 白族传统服饰

白族银镶宝蝶形发钗

图一　白族银镶宝蝶形发钗主图

本案例为银镶宝蝶形发钗，全长11.4厘米，钗首长4.2厘米，材料为银和宝石，采用鎏金、镂空、花丝、镶嵌等工艺制成，钗首为蝶形，双股针。

银镶宝蝶形发钗由钗首和钗针组成，两者呈45度角焊接。钗首以蝴蝶为造型，用宝石镶嵌而成。触角花丝朝斜前方弯曲，末端构成涡形，与前翼相连，双支撑点的设计使触角更加稳定牢固；前翼呈尖叶形；后翼呈椭圆形；蝶身由三个圆形纵向排列构成；圆形蝶眼置于蝶身和触角之间。双针修长平齐，表面无装饰，便于插戴。发钗各构件分别制作，最后组装成型。制作工艺有鎏金、花丝、镶嵌。鎏金又称火镀金、汞镀金，是把汞合金涂在银器表面，然后用炭火加热蒸发掉汞，金就粘于银表面。花丝工艺分为掐丝和编织，两者不同之处在于掐丝工艺最后一个环节为焊接。镶嵌是把玉石固定在托架上的一种工艺。蝶形发钗色彩丰富，镶嵌的宝石颜色各不相同，两片前翼均采用白中透绿的翡翠作镶嵌物，色彩相互呼应。左后翼为深蓝色，右后翼为宝石绿色，两色同属冷色系。蝶眼和蝶身从上至下的颜色分别为紫红、橘黄、朱红，三色同属暖色系。冷暖色系从整体上形成对比，这样的色彩排布有两个好处：一是相同色系的颜色紧密相连具有整体感，视觉效果更加集中突出；二是蝶身属于蝴蝶各生理器官集中的部位，采用暖色装饰给以人富有生机、蓬勃向上的感觉。发钗主要功能是固定发式和美化头部，女性佩戴发钗前先把头发梳好，扎成马尾，再将其盘起，最后插入发钗；或直接把发钗插在头发两侧。

白族人认为蝴蝶是自由和美好的象征，以蝴蝶为造型的饰物比比皆是。银镶宝蝶形发钗因其材料珍贵、结构精巧、造型生动、色彩艳丽，在现代众多蝶形饰物中仍占有一席之地，成为现代发钗制作的一个范本。

图片来源
图一　何郭萌　制图
图二至图六　赵思颖　制图

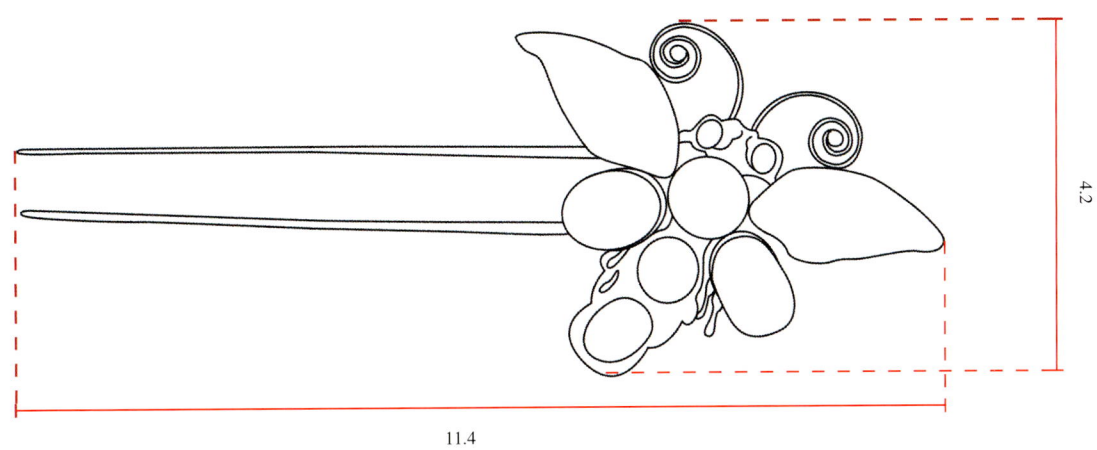

图二　白族银镶宝蝶形发钗尺寸图（单位：cm）

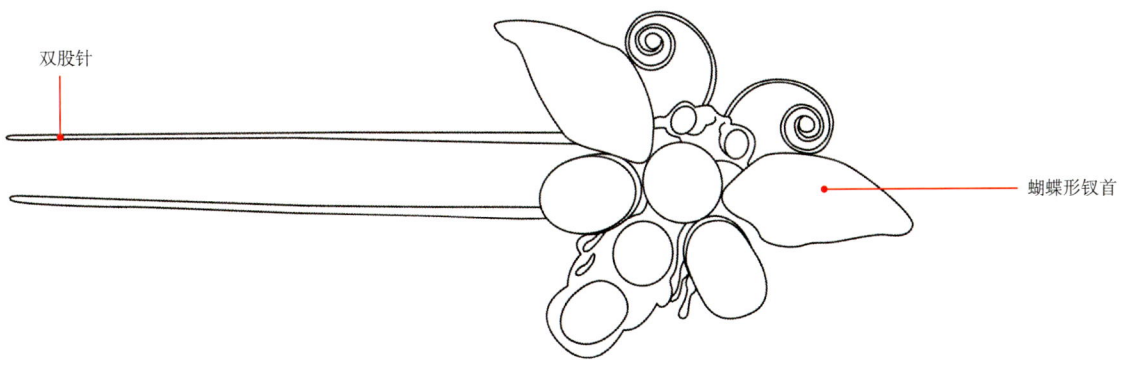

图三　白族银镶宝蝶形发钗结构示意图

第二章　白族传统服饰

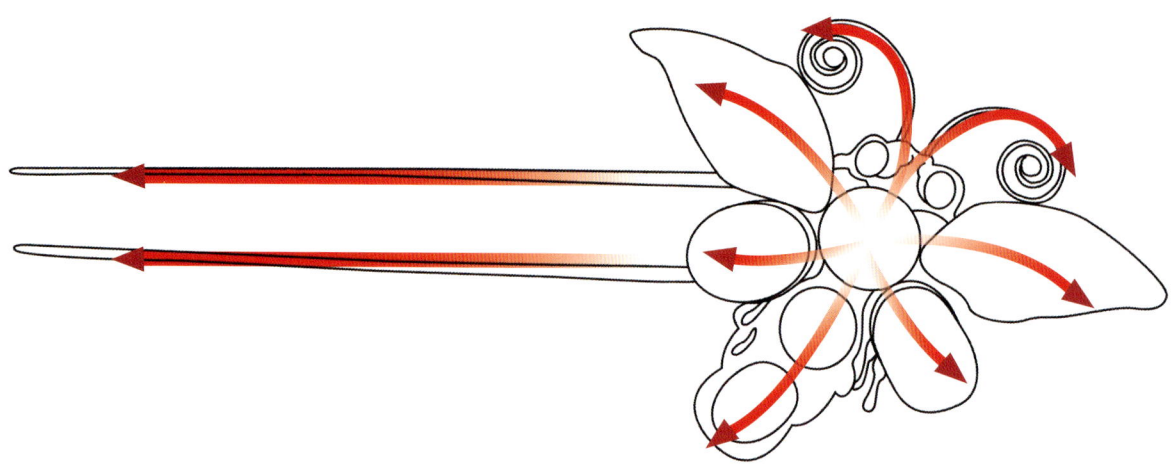

图四 白族银镶宝蝶形发钗动态分析图

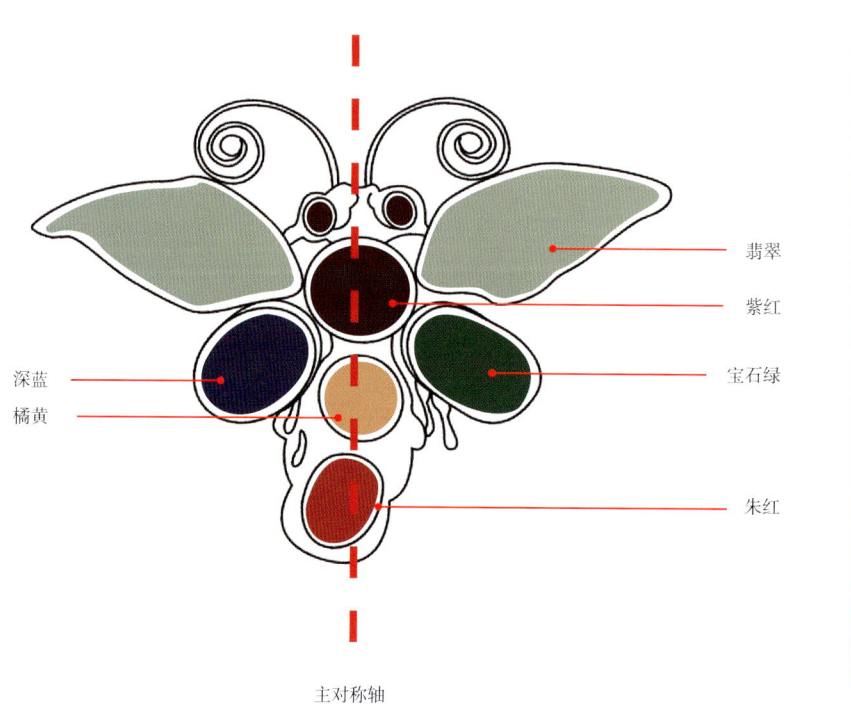

主对称轴

图五 白族银镶宝蝶形发钗色彩分析图

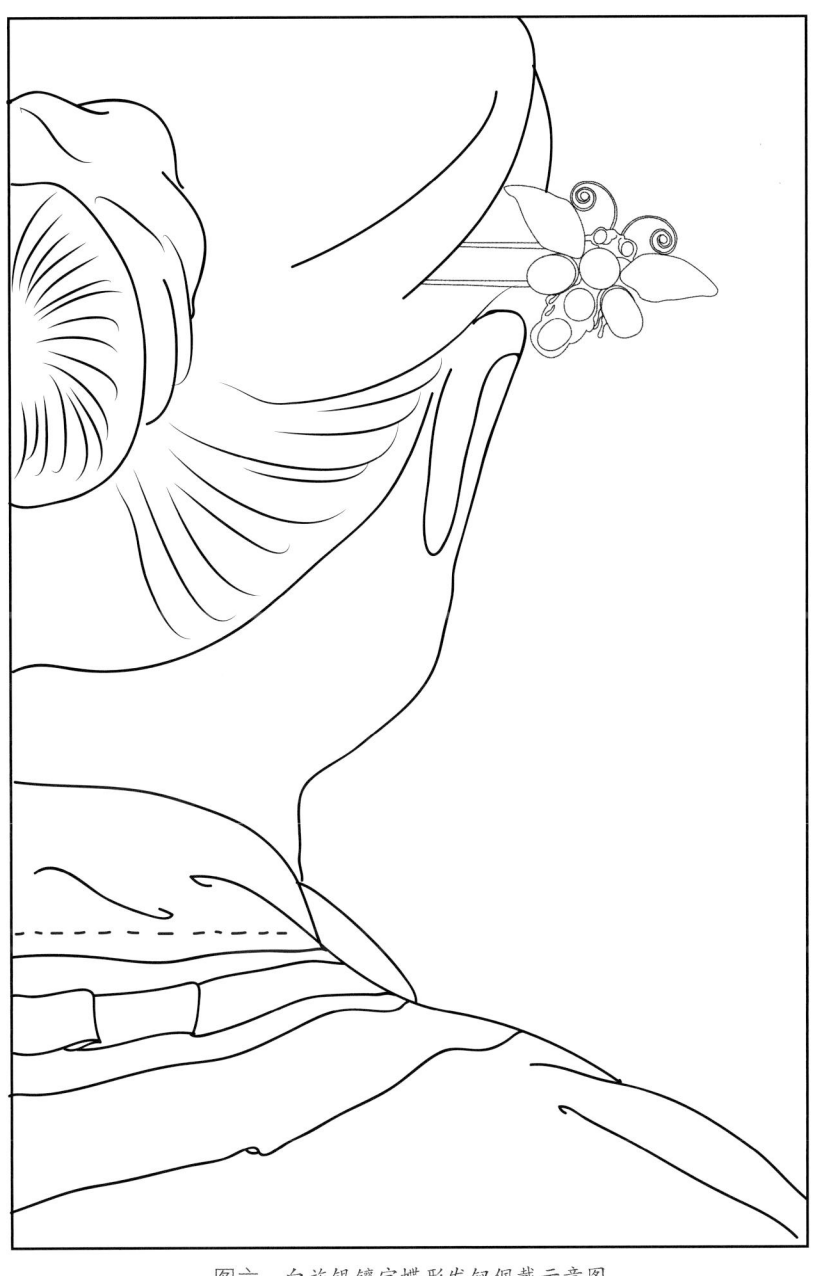

图六 白族银镶宝蝶形发钗佩戴示意图

白族银镂花刻文吉祥锁

银镂花刻文吉祥锁是白族儿童佩戴的银质项饰，又称"长命锁""百岁锁"。长30.1厘米，锁高6厘米。整体由银链、扣环、花牌、锁组成，经过锻打、錾刻、焊接等多道工序制成。

吉祥锁并不是真正的锁具，而是锁状的护身符。佩戴吉祥锁的习俗起源于汉代，民间认为吉祥锁有神奇的力量，可辟邪除瘟，通过佩戴吉祥锁可以把孩童的生命锁住，保佑其健康成长。本案例吉祥锁材质是银，银的优点主要是可塑性强，易于打造；其次，相对于金和铜而言，银虽没有金的耀眼，但比铜高档，更加适合孩童佩戴；再次，银本身的化学成分具有消毒杀菌的功能。吉祥锁采用锻打、錾刻、焊接、镂花等多种工艺制成。以锁片为例，银匠首先将银捶打成片，裁剪成两块大小一致的锁形，再加热后用模板压出图案雏形，再錾刻文字和花纹；最后焊接两块锁片并打磨光滑。锁片为如意卷云形，左右对称，外形由多条弧线构成，富有节奏感和韵律感。锁表面錾刻有密集的花草纹，给人丰富饱满的感觉。花纹间隙经过镂空处理，具有通透感。锁中央横向紧密排列有四块方牌，方牌和锁边框产生曲直对比，表面质感相互呼应。方牌表面从右至左阴錾有楷书"金玉满堂"四个字，字迹工整，大小适宜。花牌表面錾刻花纹，中间部分镂空处理。花牌在鼓大的锁和细长的链之间起到了过渡作用，避免了一大一小两形体直接连接的突兀感。九子花形项链的构造相对其他

图一　白族银镂花刻文吉祥锁

银链而言，结构显得更复杂精巧，其装饰风格和吉祥锁整体一致，具有和谐统一的美感。

银镂花刻文吉祥锁做工精湛、装饰丰富，所呈现的形式美和装饰美糅合了家长对孩童的美好祈愿，蕴含着丰富的人文内涵和民族情感。

图片来源
图一　孙和林　摄影
图二至图五　赵思颖　制图

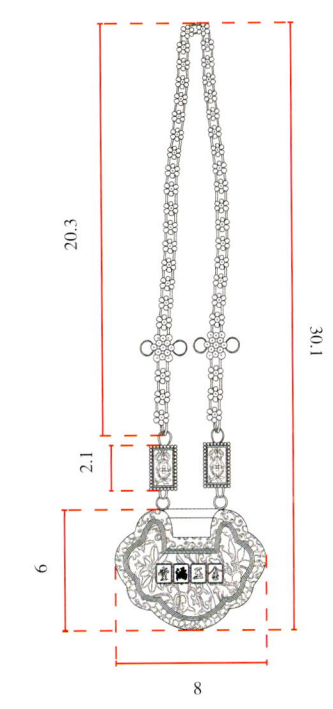

图二　白族银镂花刻文吉祥锁尺寸图（单位：cm）

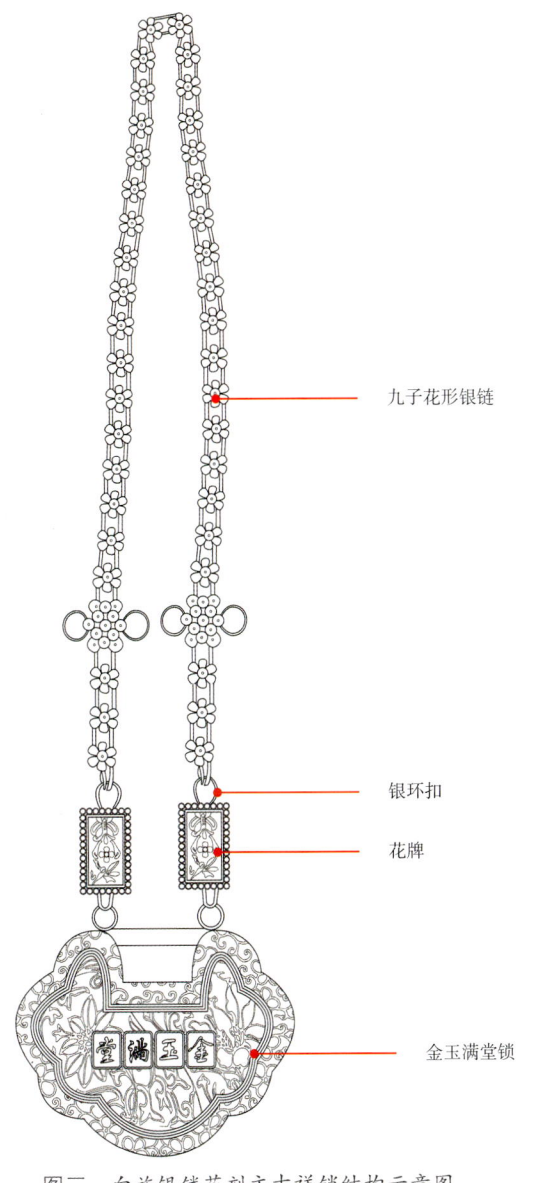

图三　白族银镂花刻文吉祥锁结构示意图

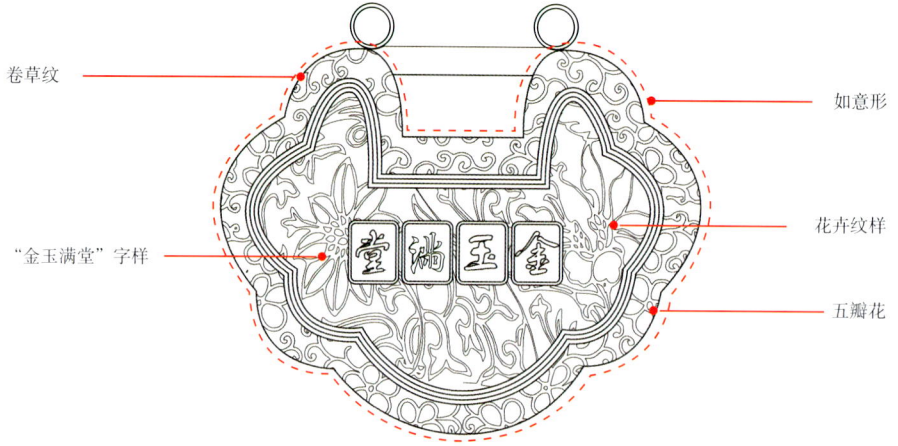

图四　白族银镂花刻文吉祥锁纹样分析图

图五　白族银镂花刻文吉祥锁佩戴示意图

白族银刻花开口手镯

图一　白族银刻花开口手镯主图

本案例为白族银刻花开口手镯。直径6厘米，厚0.1厘米，宽1.8厘米，开口0.3厘米。手镯整体为筒形，表面花纹采用錾刻工艺制成，手镯重量较轻，佩戴时轻盈舒适。

银手镯是白族常见的饰品，在节庆时佩戴不失庄重，在生活中佩戴也不招摇。制作开口银手镯主要使用錾刻工艺，首先将银片裁剪成手镯外形，再锤打成相应厚度，边缘打磨光滑；其次，将银片扭成手镯的弧度；再次，将扭好的银片套在圆柱体模具上，根据需要选择不同的錾头，用木锤敲击錾子錾刻表面花纹。凸起花和叶用阳錾，边框直线用平錾，凹陷的叶脉用阴錾。此外，表面的银珠粒是用带圆孔的錾子敲击而成。手镯整体呈筒形，外壁装饰纹样丰富，观赏性强；内壁平直光滑，贴合皮肤。手镯的边缘都经过打磨，具有微小的弧度，这个弧度增加了皮肤与手镯的接触面积，减少了腕部和手镯接触的不适感。这个设计是从适人性的角度来考虑的，体现了设计者对人体结构的准确把握和对佩戴者使用感受的高度重视。开口处银片是整个手镯最窄最薄的位置，这种设计使得佩戴者用较少的力气就能调节开口大小，使其贴合手腕。手镯的装饰纹样主要是花草纹和银珠粒，为左右对称，二方连续纹样。银珠粒大小一致，整齐地填充在无花纹的空间，具有重复的视觉美。银珠粒表面凹凸不平，且颜色偏暗，与平坦光亮的花卉构成质感上的对比。

银手镯的材质具有天然的朴素美，银白色是材质自然的显现。精湛的加工技术体现了白族银匠高超的制银水平，适人性的设计符合人机工程学的设计理念。

图片来源
图一　何郭萌　制图
图二至图五　赵思颖　制图

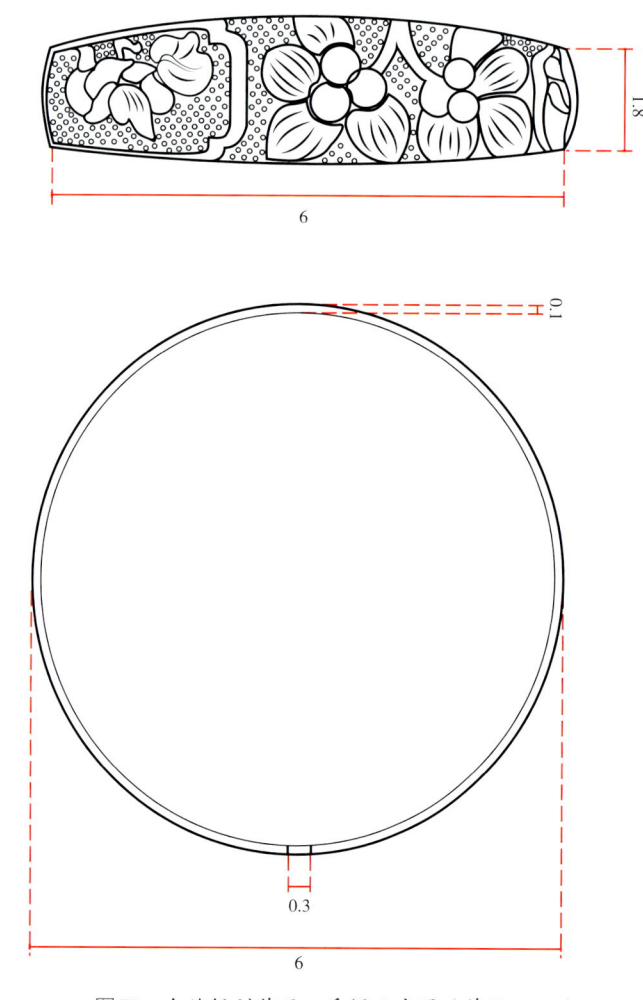

图二　白族银刻花开口手镯尺寸图（单位：cm）

图三　白族银刻花开口手镯纹样分析图

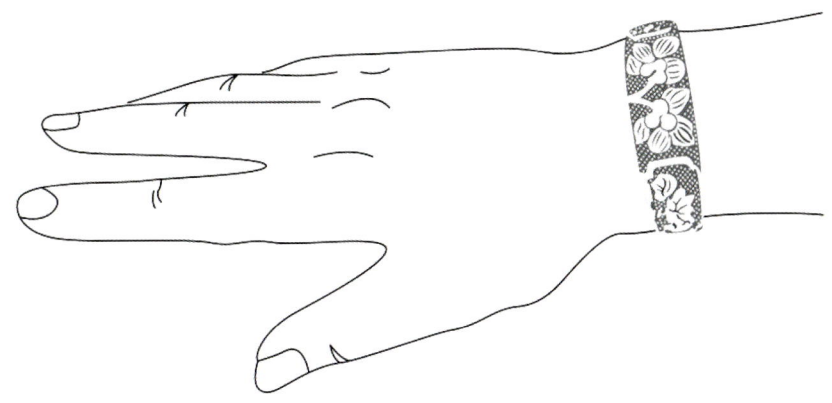

图五　白族银刻花开口手镯佩戴示意图

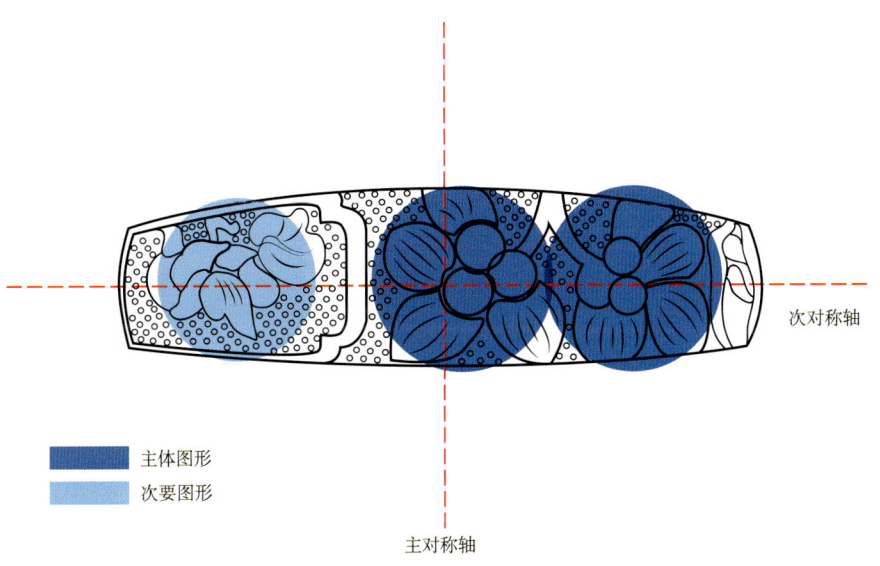

■ 主体图形
■ 次要图形

次对称轴

主对称轴

图四　白族银刻花开口手镯构图分析图

白族银丝编扭开口圆镯

图一　白族银丝编扭开口圆镯主图

银丝编扭开口圆镯是大理白族的传统首饰，外直径6.3厘米，内直径5.5厘米，粗0.8厘米。手镯采用绳编方法来编制银丝，造型简洁大方，质朴美观，表面光滑，佩戴时具有良好的触感。

制作圆镯的银料必须纯度高，纯度越高的银质地越软，便于手工编扭。质地不纯的银料往往硬度较高，难以加工。此镯的主要特点是采用绳编的方法来编织金属，而不是直接锻打或浇铸成型。手镯根据银丝的粗细的不同分为粗丝、细丝和粗夹细三类，本案例银丝为粗丝。该圆镯的制作工艺较为简单，银匠先将银料锻打成相应粗细的银条，再将银条塞入带圆孔的铁板进行拉丝操作，拉出的银丝粗细一致。然后用八根银丝顺着一个方向搓扭形成绳编效果。开口处先切割出一个平面，然后焊接银丝尾端，最后再打磨光滑，防止割伤手腕。圆镯表面的绳纹最早出现在新石器时代，最初用于陶器的装饰纹样，后逐渐运用到玉器、青铜器上。汉代绳纹已经成熟并普及开来，多雕刻在象牙、玉石表面。清朝时期绳纹手镯在东南沿海地区非常流行。编扭的手镯造型简单，重复的绳纹具有强烈的装饰美感。较轻的重量和舒适的佩戴感，即便人们在生产劳作时也无需摘下，体现了造物者充分考虑首饰使用场景和适合人性要求。

佩戴饰品是人类特有的文化活动，也是自我意识的一种肯定。编扭手镯象征团结友爱，相互依存，是集实用与美观于一体的装饰艺术品，具有浓郁的地方特色和浓厚的民族色彩，散发出独特的美感。

图片来源

图一　微图网　提供

图二至图五　赵思颖　制图

图二　白族银丝编扭开口圆镯线描图

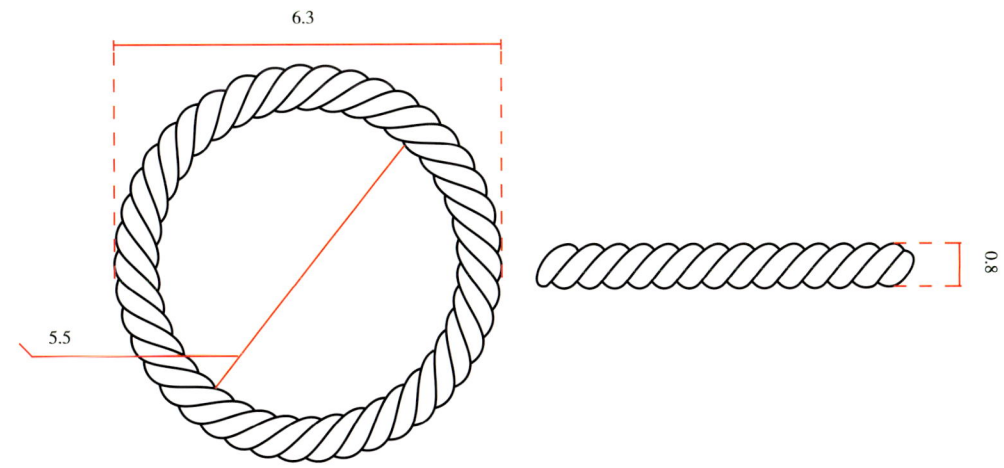

图三　白族银丝编扭开口圆镯尺寸图（单位：cm）

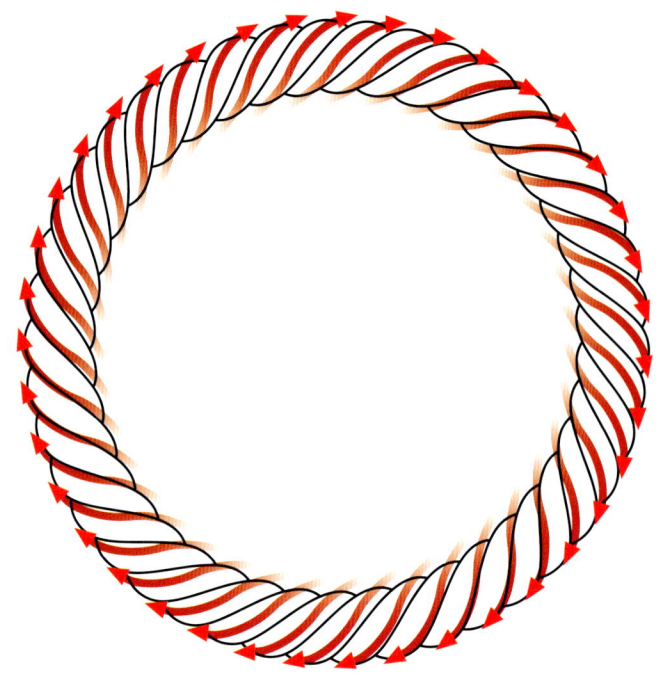

图四　白族银丝编扭开口圆镯动态分析图

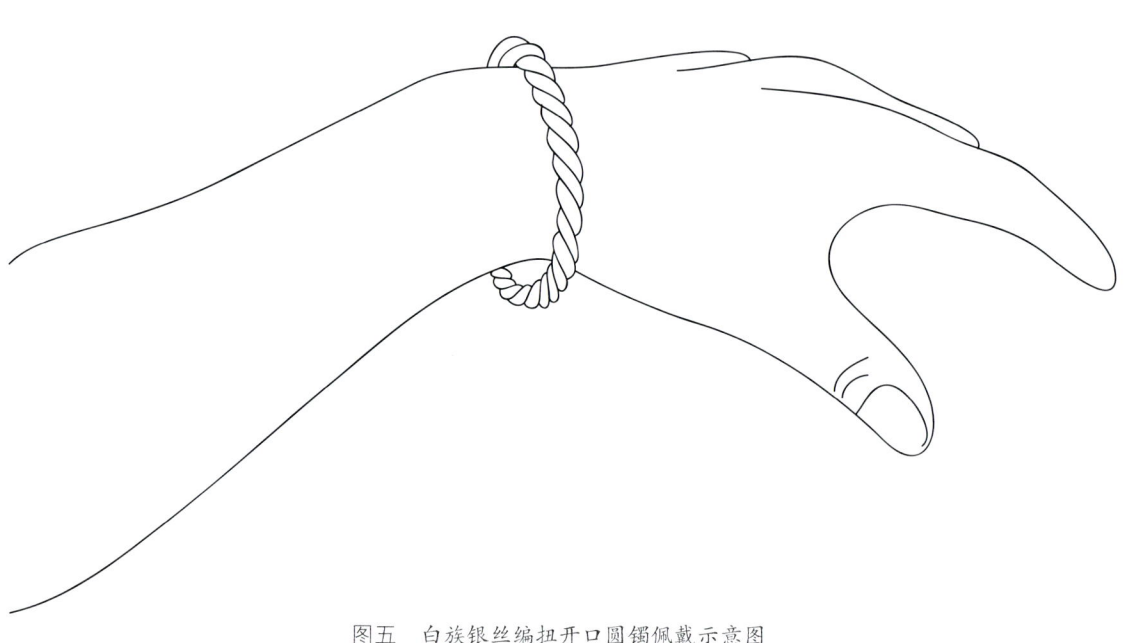

图五　白族银丝编扭开口圆镯佩戴示意图

白族银坠锁项圈

图一　白族银坠锁项圈主图

本案例为白族银坠锁项圈，也称为长命锁项圈，长29.1厘米，项圈外直径15.7厘米，内直径15厘米，花牌长2.7厘米，锁高5.6厘米，坠饰高1.5厘米，常用于妇女、孩童佩戴。整体由长命锁、坠饰、花牌、项圈组成。

根据《风俗通》《荆楚岁时记》等古书记载，长命锁是由汉代辟邪的五色丝线演变而来。人们认为给孩童戴上长命锁，可以辟邪去晦，"锁住"生命，以保健康成长。坠锁项圈的材质为银，民间认为银饰中性柔和，可辟邪去晦，适合妇女和儿童佩戴。项圈的制作工艺繁多，主要有拉丝、錾刻、焊接等。拉丝是利用有孔铁板，将银条从孔中拉出，以改变其外形的工艺，项圈制作即采用该工艺。錾刻是用锤子敲打錾子，在银表面留下錾痕的工艺，长命锁、坠饰、花牌都使用了錾刻工艺。焊接的目的是永久性地连接构件，首先要在焊接部位涂上焊药，再用吹管将火吹到焊接部位，直至两构件牢固结合，长命锁的正反面银片、项圈的头部均采用焊接工艺连接。银坠锁项圈共分为长命锁、坠饰、花牌、项圈四部分。长命锁外形为如意卷云形，左右对称，锁头有横梁相连，锁面边缘有一圈窄平纹，平纹内錾刻有凹凸不平的牡丹花纹，花纹间隙镂空，锁面正下方有一小块碗形网纹，线条规整。五个坠饰缀挂在锁下方，正中一个，两侧各两个，形似带叶寿桃和石榴，表面圆鼓且錾刻有花纹，小巧可爱。走动时坠饰相互碰撞，发出清脆的叮当声，生动活泼。花牌呈长方形，外圈錾刻有银珠粒，内部为花纹。项圈整体呈正圆形，顶部有开口，涡纹收边。项圈无直角直线，全是弧线曲线，佩戴时圆形项圈和皮肤接触面积更大，更加舒适。圆形给人以圆满幸福的心理感受，和长命锁的佩戴目的相契合。

白族银坠锁项圈在造型上大胆地将各个部分归入整体设计之中，工艺上综合运用多种技法，装饰纹样丰富且具有民俗气息。寄托了成人对孩童的殷切希望和美好祝福，这使得银坠锁项圈具有审美和文化双重意义。

图片来源
图一　微图网　提供
图二至图七　赵思颖　制图

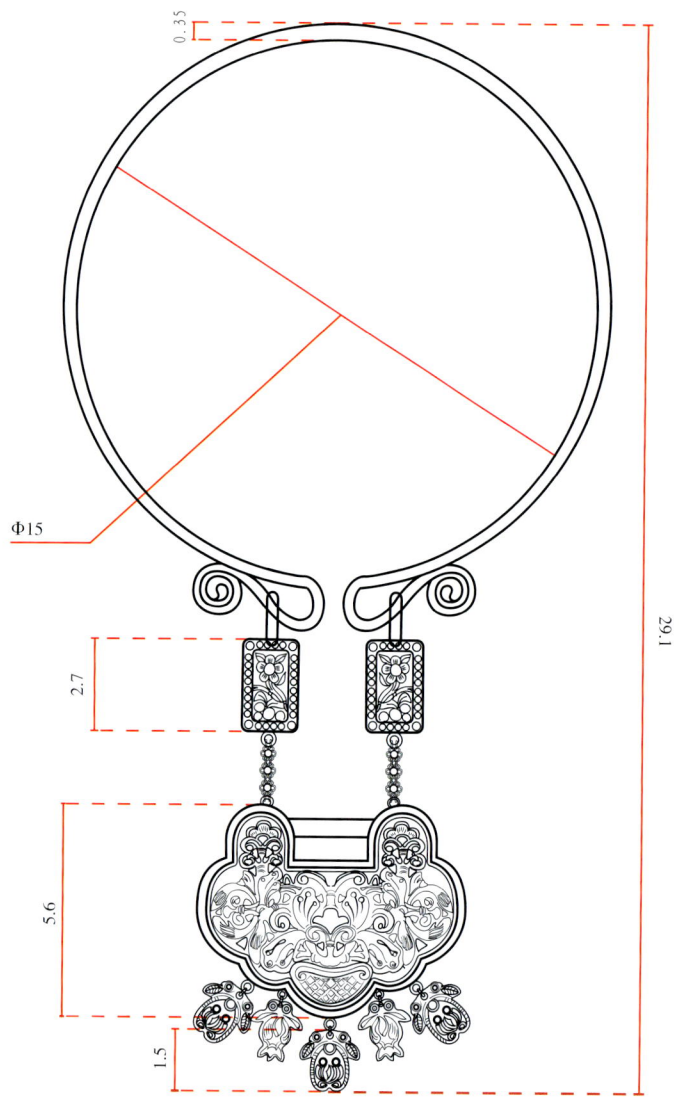

图二　白族银坠锁项圈尺寸图（单位：cm）

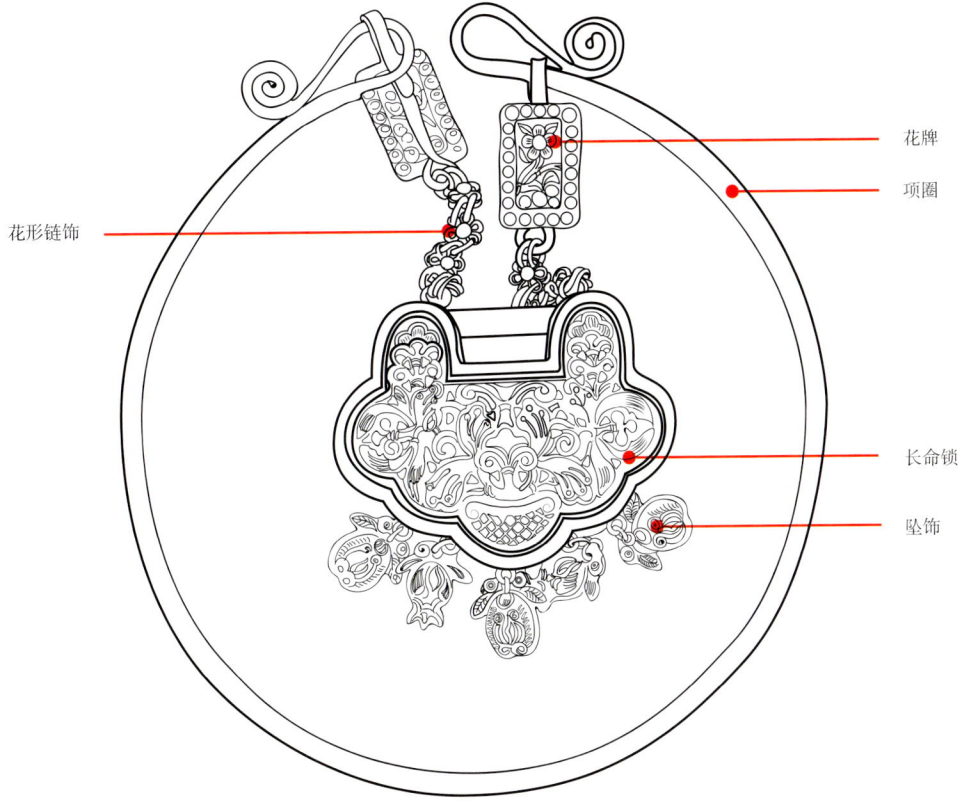

图三 白族银坠锁项圈结构示意图

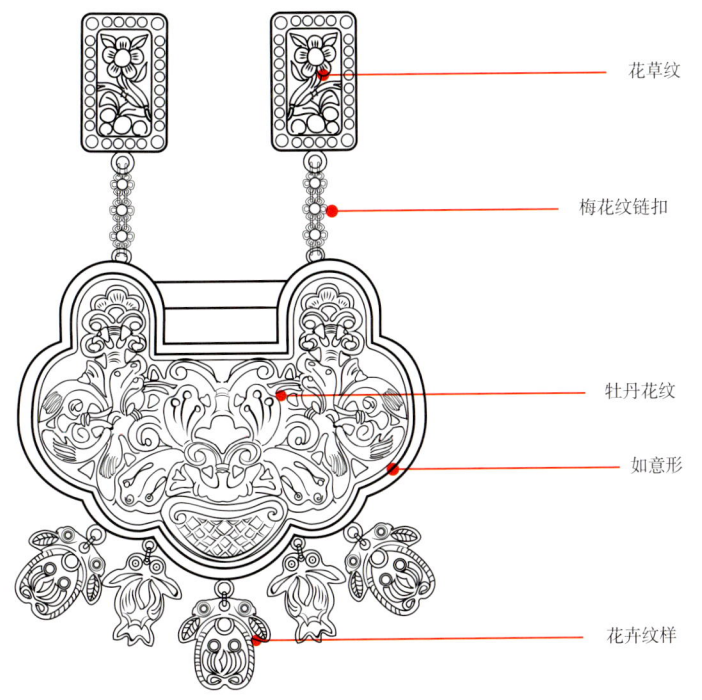

图四 白族银坠锁项圈纹样分析图

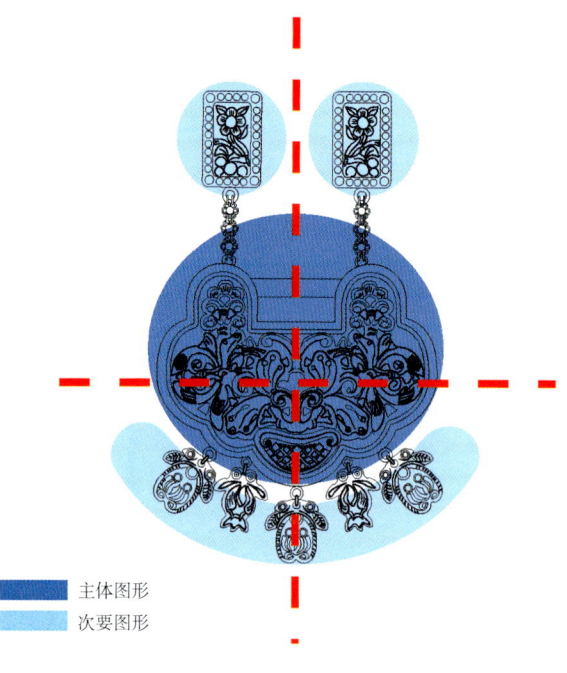

主体图形
次要图形

对称轴

图五 白族银坠锁项圈构图分析图

图六 白族银坠锁项圈动态分析图

图七　白族银坠锁项圈佩戴示意图

第三章 白族传统餐饮

白族弥渡卷蹄

图一　白族弥渡卷蹄主图

卷蹄是云南少数民族传统美食，选用精瘦猪肉为主料，配以食盐、红曲米等香料，搅拌均匀后填入去骨的猪脚皮囊，用麻线将口扎紧后腌制，因成品形同猪脚而得名。其中尤以云南大理白族自治州弥渡县一带所制的卷蹄最为有名，故又称"弥渡卷蹄"。弥渡卷蹄在明朝就被列为宫廷名菜，其肉质可口，易于贮藏，深受白族人民的喜爱。

弥渡卷蹄制作工艺流程为猪脚皮加工、猪瘦肉切条、拌料、灌制缝合、捆扎、腌制、蒸煮、冷凉、发酵。制作弥渡卷蹄的第一个环节为选料，必须是新鲜猪脊肉、猪脚，香料必须无杂质、无霉变。先将猪脚洗净，将骨剔出，然后把肉切成长条状，将红曲米粉、草果粉、胡椒粉、丁香粉、白酒、食盐按比例拌匀调制成配料，均匀地涂抹于条状的猪脊肉上并加以揉搓，使配料充分混合、味道融入肉中。然后将猪脊肉填入猪脚内，缝合紧实，避免产生空洞。农家制作时还常用稻草捆扎，捆扎后的卷蹄肉质具有稻草的清香。然后放入缸内腌制，夏天腌制两天左右，冬天腌制五天左右。腌制完成后，洗净表面污物，放入锅内，再蒸煮两三个小时，并在锅内放入十多种中草药和佐料，直到用竹筷能插入猪皮时取出，在常温下，放置约12小时。解开麻绳后，以一层熟萝卜丝、一层卷蹄胚的方式存放入密封的缸内。一个月后，瓦缸有微微发酸气味散发出来时，表示发酵成功，即可食用。弥渡卷蹄表面呈红色或玫瑰色、脂肪白色，表面有光泽，口味酸香适宜，长期食用具有一定保健功能。

弥渡卷蹄是白族人民为使猪肉便于保存与流通而创造的产物。作为弥渡县独有的腌制肉食品，它同时兼具火腿、香肠的特点，又有其自身独特的味道，并且携带方面，无不体现出白族人民的勤劳、智慧，以及对高品质饮食的追求与探索。

图片来源
图一　黄晶星　制图
图二至图五　赵思颖　制图

图二　白族弥渡卷蹄食材图

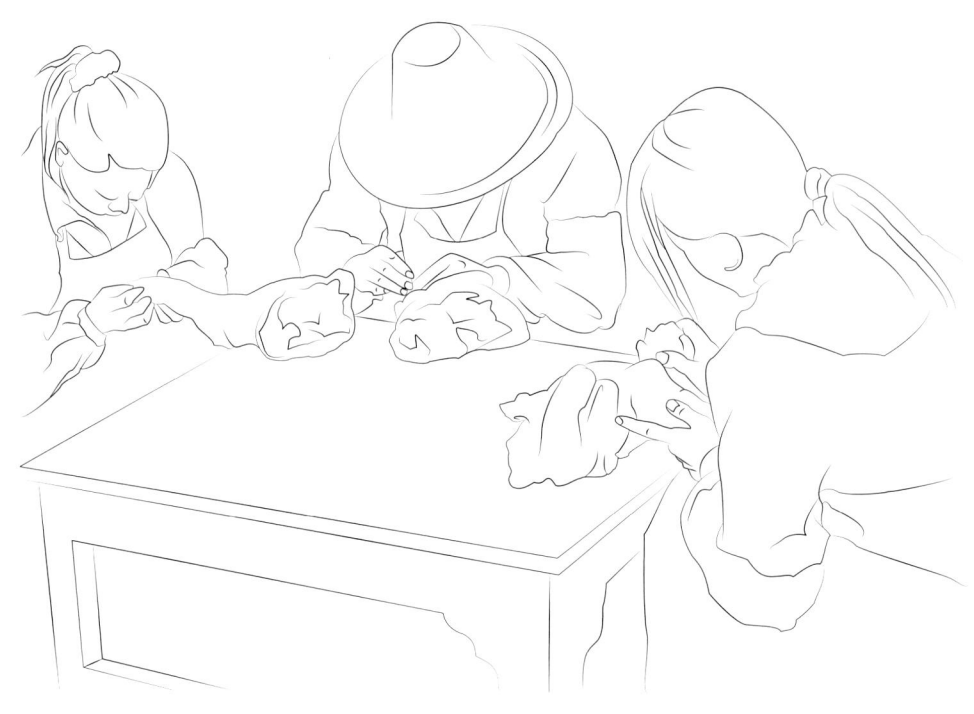

图三　白族弥渡卷蹄食材制作场景图

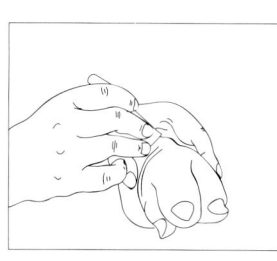
1.将猪脚清洗、剔毛

2.去骨并且保留肉的完整性

3.将后腿精瘦肉切成条状，同时加入红曲米腌制

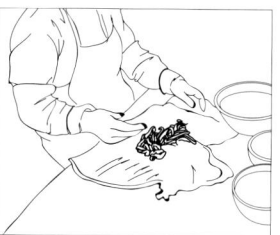
4.将红曲米均匀地涂抹于剔骨后的猪脚里，将切好的肉条填塞于猪脚内

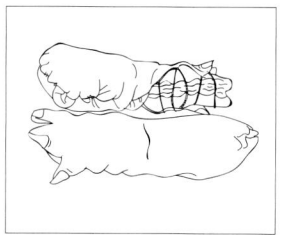
5.将猪脚皮缝合

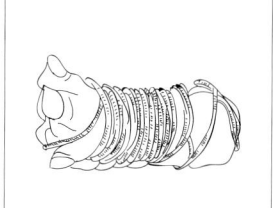
7.用糯谷稻草将猪脚捆绑裹紧

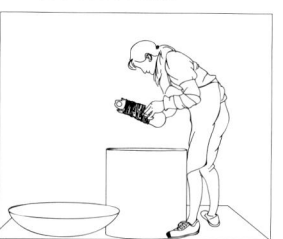
7.放入大锅中蒸熟

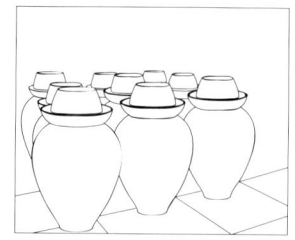
8.待完全冷却后，装入弥渡特产的土陶罐内，一月后即可取出食用

图四　白族弥渡卷蹄加工步骤图

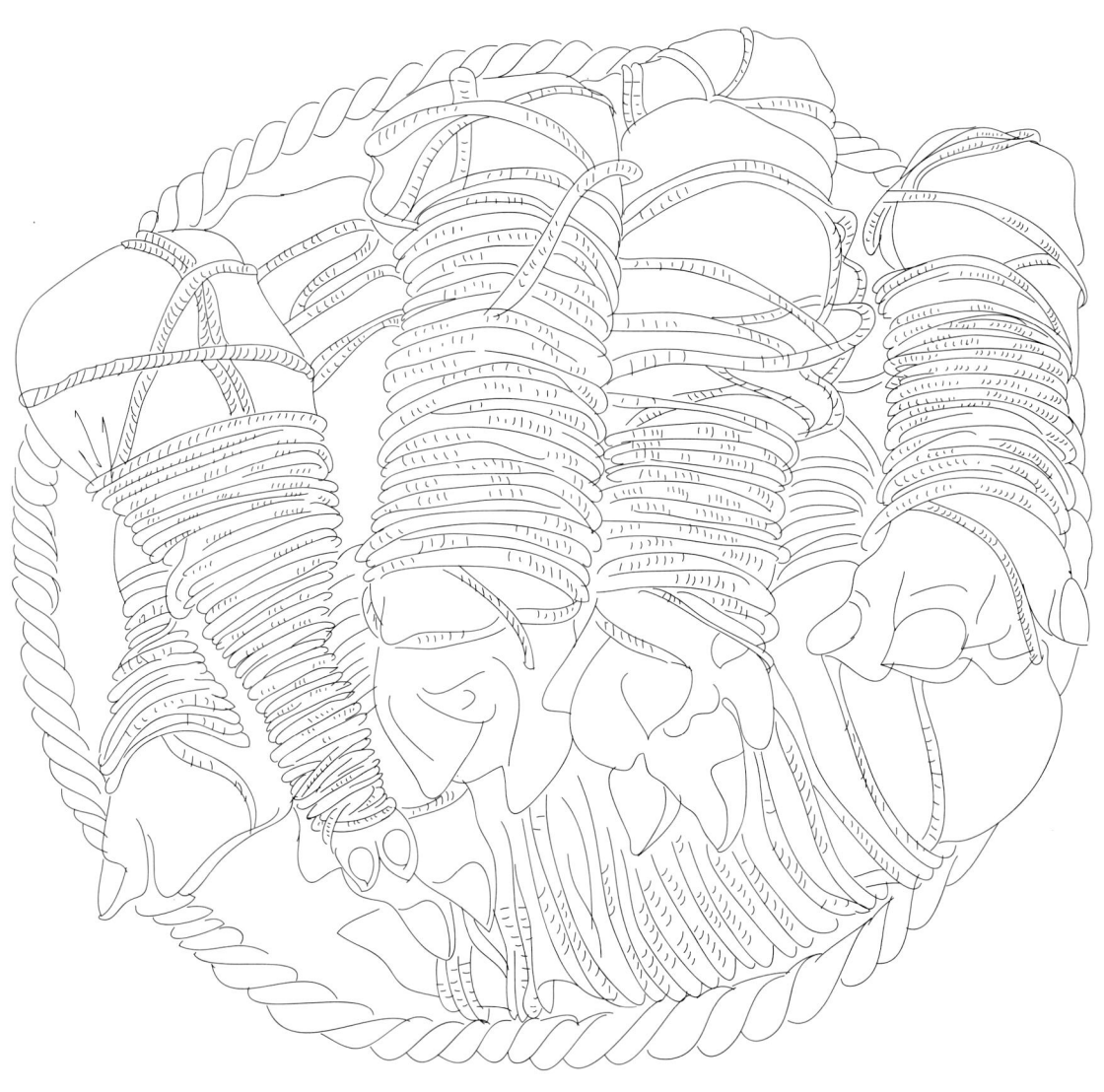

图五　白族弥渡卷蹄售卖图

白族三道茶

图一 白族三道茶主图

三道茶是云南大理白族人民的待客饮料，因其冲泡时需经"一苦、二甜、三回味"三道程序而得名。三道茶在云南省苍山洱海地区流传较广，且年代久远。据《蛮书》记载，白族早在唐代就有饮茶习惯。

三道茶是白族待客的茶饮，茶水的用料和冲泡因地区的不同而有差异。第一道苦茶，是因烤茶煮出的苦味而得名。第二道甜茶，是因糖和核桃仁混合在茶水中有香甜味，故为甜茶。第三道回味茶，是用姜丝和花椒末等调和出的怪味在口中经久不散，故取名回味茶。冲泡三道茶的步骤是先将一个小砂罐用文火烘烤加热，后加入茶叶不停搅拌，使茶叶充分受热，散发出浓郁的茶香味。待茶叶变脆并散发出焦糖香味时，加入沸水，斟入小茶盅内，即为第一道"清苦之茶"。然后在砂罐中加入新水，重复制苦茶的步骤。同时，在茶盅里加白糖、核桃仁片、芝麻面等配料，最后倒入煮好的茶汤，即制成第二道"甜茶"。第三道"回味茶"和甜茶的煮茶方式一致，不同的是在茶盅中加入蜂蜜、炒米花、花椒末等配料，斟茶后要趁热饮用，饮用时要晃动茶盅让各种味道混合均匀。三道茶通常由长辈亲自司茶，小辈负责捧盅献茶。白族三道茶不同的味道具有不同的寓意：第一道苦茶寓意要想成功先吃苦。第二道甜茶寓意只要肯吃苦，必定苦尽甘来，吃苦在前享受在后。第三道回味茶告诫人们要忆苦思甜，人生的苦和甜是相互转化的，要珍惜眼前的幸福，努力劳作，认真付出才能守得住这份甜蜜。

三道茶作为宾主之间抒发感情、增进了解、相互祝福的饮茶方式，不仅体现了白族人民热情好客的民风，也展现了白族人民在长期生产生活中逐渐形成的民族传统文化。

图片来源
图一　大理白族自治州博物馆　提供
图二至图五　赵思颖　制图

图二　白族三道茶食材图

图三　白族三道茶冲泡茶具图

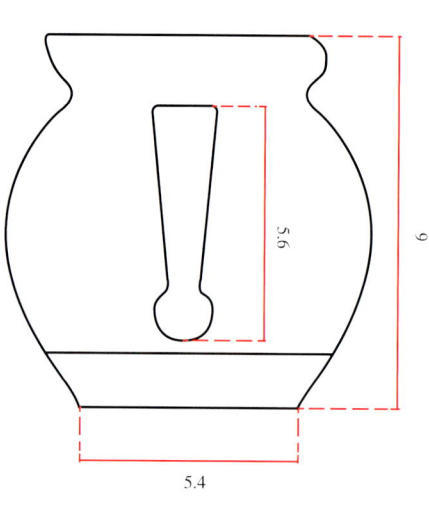
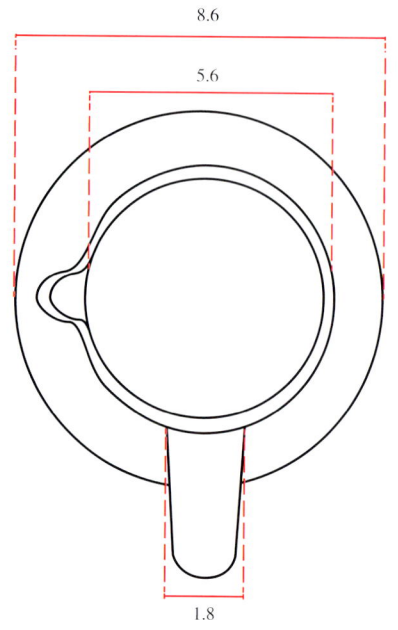

图四　白族三道茶烤茶壶尺寸图（单位：cm）

图五　白族三道茶食材制作场景图

白族土八碗

图一　白族土八碗主图

土八碗是白族传统宴席中一道典型的菜肴，常用于红白喜事等较为隆重正式的场合。本案例土八碗采选自云南省大理白族自治州剑川县，席间每八人一桌，每桌由八道菜肴组成，每菜又盛放在八个当地所产的土碗之中，故称作"土八碗"，或"八大碗"。由于菜式多样、摆盘讲究，整体荤素得当又富于营养，所以它的发展成形集中体现了白族人民饮食烹饪的创造力。

土八碗的食材品种包含猪肉、鱼肉、鸡蛋、木耳、白萝卜、白豆、笋干、豆腐、粉丝等，制作过程汇聚了煮、炒、炖、蒸、氽、炸、煎、腌等各种烹饪手段，又因菜品数量多，制作需要耗费较长的时间。"粉蒸肉"的主料是猪五花肉，煮熟后上料涂匀，香味浓郁。"千张肉"被当地人称为"千岁平安"，先将猪五花肉煮至八分熟，涂抹酱后放入油锅炸为深红色，切为长片状，再将洗净泡软的干腌菜配以生抽在锅中翻炒均匀，置于五花肉之上入蒸锅，30分钟后肉软菜香，酸甜可口。"红肉炖"是将切好的猪肉块文火慢炖，后加入白酒浸泡过的红曲米，煮熟后肥瘦相间的肉块红白相间，染上一层喜气的红色，寓意为"延年益寿"。"酥肉"是将猪里脊肉切块腌渍入味，用蛋糊面粉裹均后炸至金黄色，待肉冷却再回锅，小火煮至松软即可，取"舒舒服服"之意。"干香拼盘"是一道凉菜，盘内摆放好的香肠、猪肝和当地的树花菜，配以蒜泥辣椒，摆盘时以腌鸭蛋点缀其上。常有白族客人将这些色香味俱全的肉食带回家分给家中老幼，传递喜福之气。其余几碗如"青青白白""和谐吉祥""雪兆丰年""情深意长"均是以蔬菜为主的素菜和汤菜，它们与荤菜搭配，素而不淡，肥而不腻，共同构成了白族传统经典菜肴土八碗。宴桌为正方形的八仙桌，整体雕花上漆的制作工艺取自剑川。土八碗的菜式口感与形式并重，常被用于婚礼等仪式之上，在唢呐鼓乐吹奏的热闹气氛中，一碗碗香浓味美的佳肴尽显古色古香的白族传统风味。

土八碗由于菜式多样，搭配得当，色泽多彩鲜艳。白族各地区的菜式略有不同，但都被白族人民赋予了吉祥喜庆的美好寓意，每道菜的名字都饱含了浓厚的感情寄托。成熟的烹饪技艺和雕花的宴桌、朴素庄重的餐具，一起成就了白族传统美食土八碗的典范价值。

图片来源

图一　大理白族自治州白族博物馆　提供
图二、图三　赵思颖　制图
图四　大理白族自治州白族博物馆　提供

图二　白族土八碗食材图

图三　白族木质八仙桌

图四　白族土八碗食用氛围图

第三章　白族传统餐饮

白族砂锅鱼

图一　白族砂锅鱼主图

　　白族砂锅鱼又称三鲜什锦,是大理地区特有的传统佳肴。此菜成名于清末民初,由砂锅鱼头发展演变而来,流传至今已有百年历史。烹制砂锅鱼必须使用祥云村生产的土砂锅,洱海捕捞的弓鱼或鲤鱼,以及手工调制的配料。现因弓鱼数量较为稀少,且砂锅鱼发展至今烹调方法大同小异,所以本案例选取较常见的鲤鱼作为烹制主料制作砂锅鱼。

　　砂锅鱼的特点在于用料、刀工、火候以及配料比例。制作时先将鲜活的鲤鱼去除鳞、鳃及内脏,洗净后斩为三段,用精盐涂抹于鱼身并腌渍约十分钟。腌渍的同时将板豆腐切成小块,并放入沸水中烫煮一遍后沥去水分。然后取一只空砂锅,置旺火上烧,烧制热度越高越好。祥云村生产的土砂锅即使处于空锅状态下干烧,也不裂不坏,用于煨肉可使肉质更加鲜美,这也正是砂锅鱼必须选用祥云土锅的原因,也是制作上好砂锅鱼的关键所在。将冬菇、火腿片、嫩鸡肉、鲜虾等辅料铺在锅底,再把腌渍过的鲤鱼放入砂锅内,注入高汤后将砂锅放在木炭火上用大火炖煮。待高汤炖煮沸腾时,去除浮沫,再放入备好的板豆腐块、胡萝卜片、白菜心等食材,以及葱、姜、盐和胡椒,改成小火慢炖,直到汤成乳白色即可上桌。趁热食用,鱼肉鲜嫩、营养丰富。

云南大理白族砂锅鱼无论是选料、配料、炖制还是出锅,无不凝聚着白族人民的心血。其色艳、香浓、味美的整体水平超越早前的砂锅鱼头,成为白族人民历来招待贵宾的上品。

图片来源
图一　刘翔宇　摄影
图二　邢楚君　制图
图三、图四　张亚堃　制图
图五　赵思颖　制图

图二　白族砂锅鱼食材图

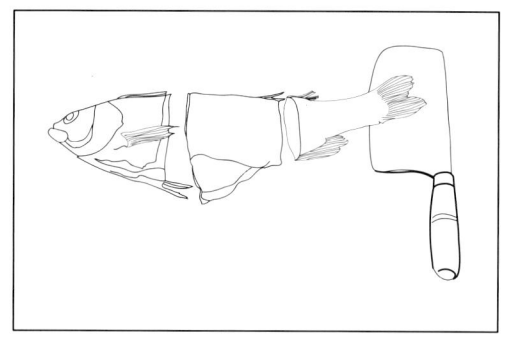
1.活鲤鱼去鳞、鳃、内脏，洗净后斩为三段

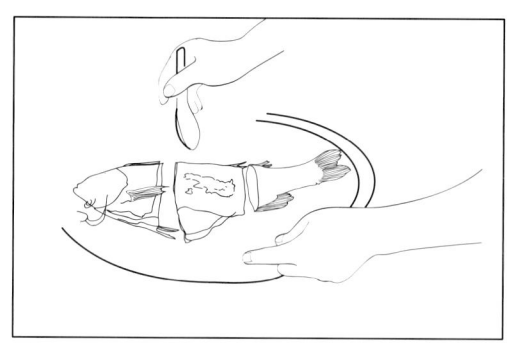
2.用精盐7克抹遍鱼身腌渍

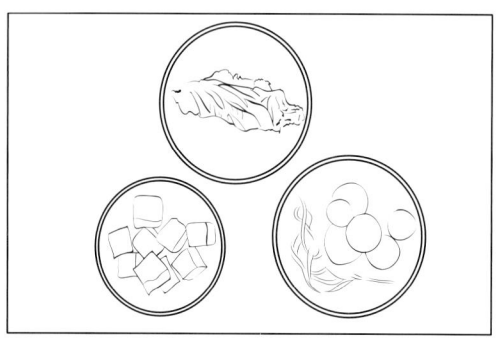
3.豆腐块、胡萝卜片、白菜心、姜丝等配菜

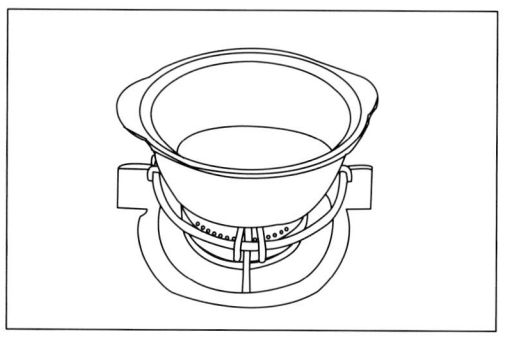
4.空砂锅一只，置旺火上烧

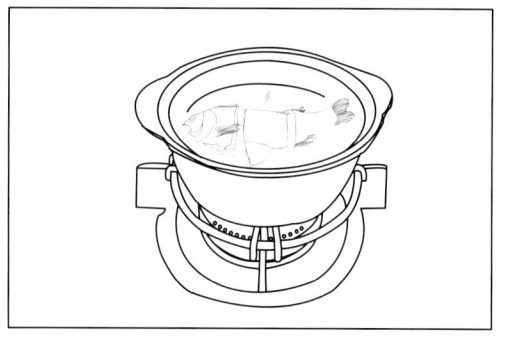
5.砂锅内注入高汤，先放入腌过的鲤鱼煮熟

6.煮好的砂锅鱼上桌后沸腾不止，既鲜且烫

7.再放入豆腐、胡萝卜、菜心、姜丝等配菜和调料

图三　白族砂锅鱼食材制作场景图

图四 白族捕鱼场景图

图五 白族砂锅鱼食用场景图

第三章 白族传统餐饮

203

白族生皮

图一　白族生皮主图

生皮是一种半生半熟状态的猪皮。它是将宰杀后的猪经过复杂的火烧褪毛处理，待猪皮呈琥珀黄色后，即可切割成条食用。

生皮制作使用生活中常见的工具和原料。制作步骤为放血、火烧猪以及切割成条三道工序。自小就被骟掉的公猪为最佳生皮原料。一头猪用来做生皮的地方很少，大理各地选择肉的位置也有所不同。本案例中洱源县白族人民制作生皮时，选用猪前脚内侧的一小块猪皮，当地人称之为"不见天"，是最好吃的部位。其次是后腿肉、脊肉、肚皮等部位。给猪放血后，用火将其烧透，俗称"火烧猪"。用来"火烧猪"的燃料有三种：松毛、稻草、麦秆。最好的是松毛，用它烧出来的猪肉，不仅皮色金黄均匀，而且肉和皮都有一种松木的清香，但是不如稻草和麦秆容易收集。待火烧透后，用烧过的灰烬将猪敷严实，发酵一小时后用温泉水冲洗猪身的灰烬并擦拭干净，然后取上好皮肉切丝装盘，并且要求切得细而不碎。一般生皮有两种吃法：一种是生皮和蘸水佐料分开，吃时就着蘸水佐料；另一种是将蘸水佐料与生皮生肉拌均匀，直接做成一道凉拌菜食用。两种吃法各有不同的特色和口感。好的蘸水佐料是提升生皮口感的关键，蘸水佐料一般选取梅子老醋、大麻籽、糊辣子、野花椒,以及葱、姜、蒜、糖、盐、酱油调制而成。

大理白族生皮历史悠久。逢年过节或者日常小聚时,白族人总会将凉拌生皮作为自己的招牌菜和特色菜。生皮虽然是日常食品,但其制作工艺、食用方法都非常特别,体现出大理白族人民在饮食文化上的独特创造力。

图片来源
图一 赵思颖 摄影
图二 邢楚君 制图
图三至图五 赵思颖 制图

松毛　　　　　　　　　　稻草　　　　　　　　　　麦秆

图二 白族生皮"火烧猪"材料

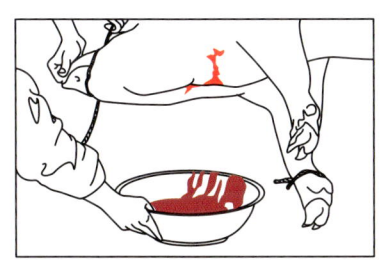  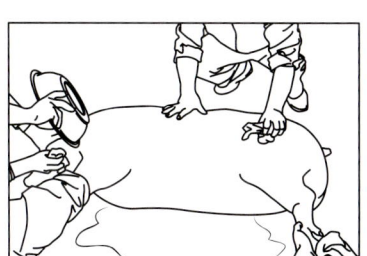

1.活猪放血　　　　　　2.点燃稻草,放入火烧　　　3.用水冲干净,用菜刀刮去表皮上的草灰

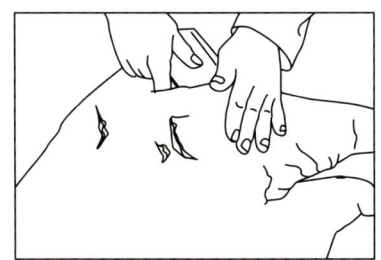 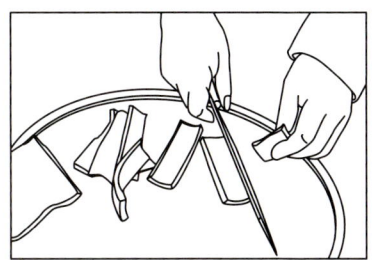 

4.用刀割皮　　　　　　5.将生皮切片　　　　　　6.装盘,配上调制的蘸水

图三 白族生皮制作步骤图

图四 白族生皮蘸水佐料食材图

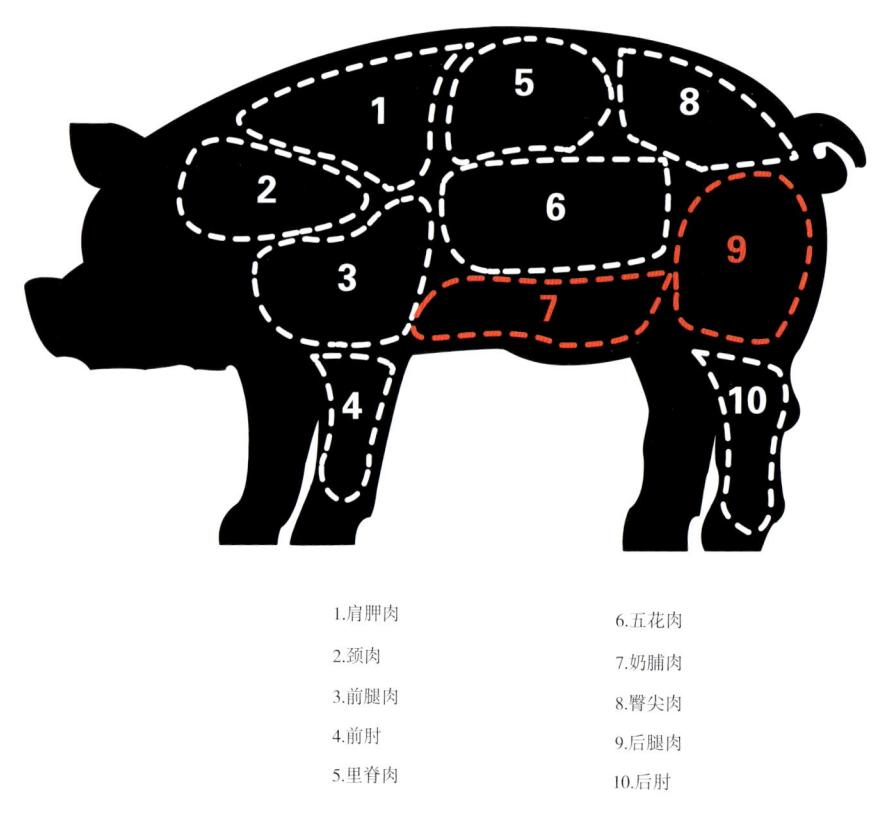

1.肩胛肉　　6.五花肉
2.颈肉　　　7.奶脯肉
3.前腿肉　　8.臀尖肉
4.前肘　　　9.后腿肉
5.里脊肉　　10.后肘

图五 白族生皮选料分布图

白族油爆虾米

图一　白族油爆虾米主图

油爆虾米是大理白族的传统美食，选用在河流、湖泊或池塘中广泛生长的河虾为主料，干辣椒、盐和料酒为调味料，将河虾油爆至金黄色即可食用。食用油爆虾具有补肾壮阳、改善血液循环、增强身体免疫力的功效。因其取材方便、制作简单、营养丰富，深受白族人民喜爱。

大理油爆虾的原料河虾，也称青虾，学名日本沼虾，在我国淡水河流中分布广泛，繁殖速度快，生长周期短。其肉质细嫩，味道鲜美，营养丰富，是简便易得的高蛋白低脂肪水产品。松软的肉质非常适合病后需要调理身体的人。河虾含有镁、磷、钙、虾青素、维生素A、硒等多种对人体有益的营养元素。镁能够保护心血管系统，减少身体胆固醇，预防高血压和心肌梗死。磷和钙对小孩身体发育和孕妇补充营养有明显帮助。优质的河虾要从形、色、味三个方面去判断：形要求河虾身体各部位连接紧实；色是指河虾颜色要亮泽，呈通透的青绿色；味要求河虾气味正常，无异味。烹制油爆虾首先要剪去虾脚和虾须，放在竹筐中沥干水分，同时准备好调料，切好姜末、蒜末、葱花、干辣椒备用。在热锅里加入少许油，油热后放入蒜、姜、干辣椒煸香，然后倒入河虾，炒至表面变红，再加入盐和料酒翻炒。如中途有点粘锅可加入少许水继续翻炒，直至河虾颜色变深并泛出金黄色时再加入葱花，最后翻炒均匀即可出锅摆盘。

油爆虾是大理白族人民为了快速补充蛋白质和微量元素而不断改良的菜肴，兼具了口味的偏好和营养的平衡，男女老少皆可食用。作为白族一道普及型的传统佳肴，油爆虾背后体现了白族人民因地制宜的饮食文化。

图片来源
图一　赵思颖　摄影
图二、图四、图五　赵思颖　制图
图三　邢楚君　制图

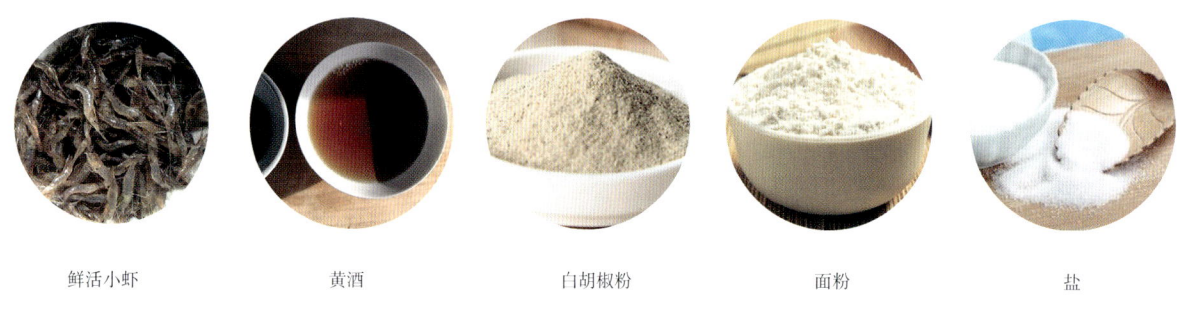

| 鲜活小虾 | 黄酒 | 白胡椒粉 | 面粉 | 盐 |

图二　白族油爆虾米食材图

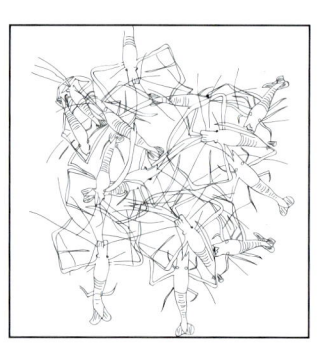
1.将小虾清洗干净并沥干水分

2.准备面粉、黄酒、盐、白胡椒粉等调料

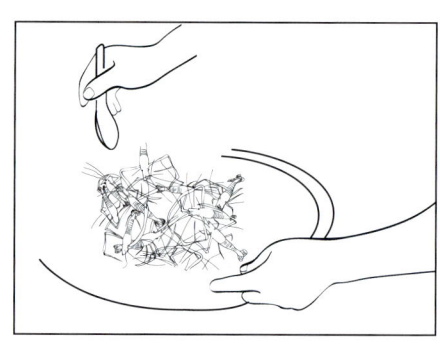
3.在小虾里倒入黄酒、盐、白胡椒粉拌匀腌渍20分钟入味

4.将腌小虾后遗留的汤汁倒掉，加入面粉拌匀

5.油烧热后转小火，用筷子将小虾划散

6.炸制酥脆捞出沥干油分即可

图三　白族油爆虾米加工步骤图

图四　白族油爆虾米食材捕捉工具图

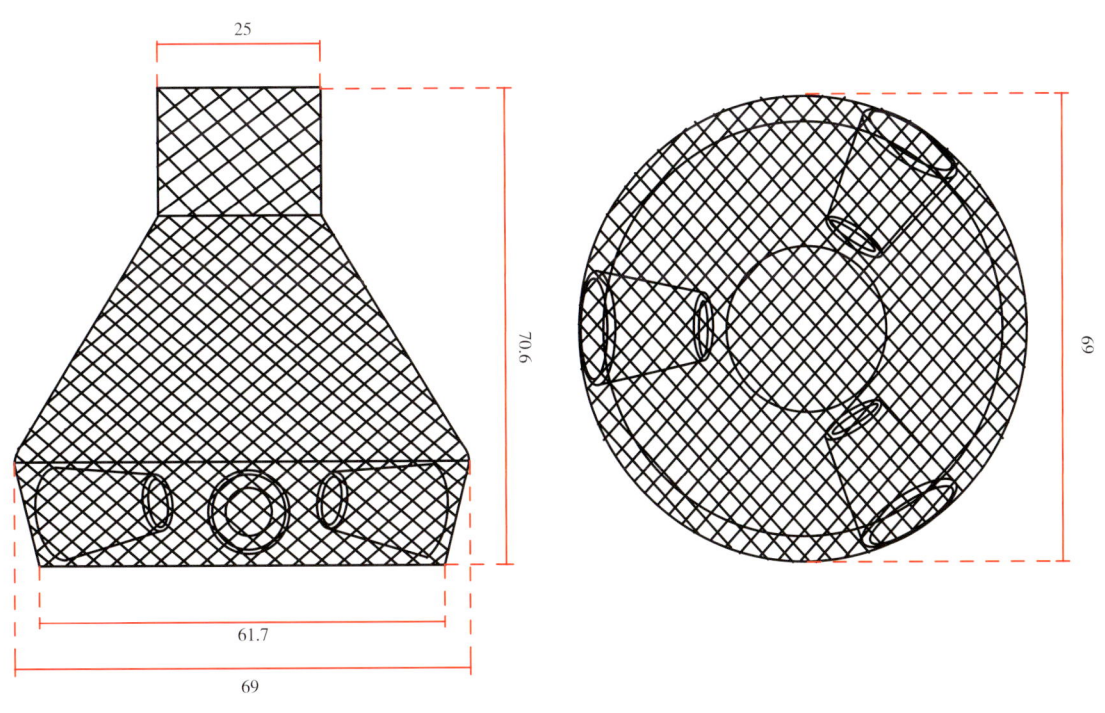

图五　白族油爆虾米食材捕捉工具尺寸图（单位：cm）

白族邓川乳扇

图一　白族邓川乳扇

乳扇是用牛奶制作成形如扇子的乳制品，也称为饵线、乳线，是云南大理洱源白族人民款待宾客的美食。乳扇一般长约25厘米，宽约12厘米。呈乳白色，薄片状，成卷，状如折扇。质地细腻，入口即化。可生吃、干吃，也可油炸后食用。

上好的乳扇是以邓川黄牛所产的奶作为原料制成的。黄牛食用天然草料，所产牛奶富含人体所需的蛋白质和氨基酸。邓川乳扇的历史悠久，明代学者杨升庵的《滇南目节词》中就有关于乳扇的记载。制作乳扇时，先在锅里盛一些酸水用小火煮热，然后倒入一碗牛奶，在酸和热的作用下，牛奶逐渐凝固成絮状小凝块，即乳扇的雏形。用漏勺在锅里不停搅动，防止凝固物粘在锅底，凝固物逐渐聚集成乳块。用一双加粗的筷子不停地夹捏并翻动乳块，增加乳块的紧实程度。待其成形后取出，双手不停地揉捏乳块，排出水分，增加韧性。再将乳块两翼卷在筷子上，向外撑开，拉成扇形，取下并搭在两根竹竿上，自然晾干，制成的乳扇可以保存数月不坏。乳扇制作过程虽然简单，但制作中若稍有差错，乳扇则会成为废品。乳扇的食用方法多样，可煎、可炸、可炒、可烤。白族著名的三道茶中的甜茶就是用乳扇作配料的。

乳扇源于邓川，盛产于洱源。它不仅是食用方法多样的菜品，也是滋补身体的营养品。其制作工艺的创新和食用方法的多样，体现了白族人民对饮食文化的创造力和想象力。

图片来源

图一　赵思颖　摄影
图二　邢楚君　制图
图三　赵思颖　制图
图四　樊振杰　摄影
图五　何卓嫔　摄影

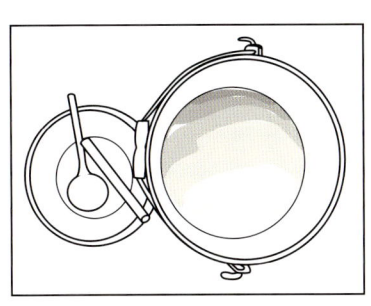
1.准备牛奶、酸水备料

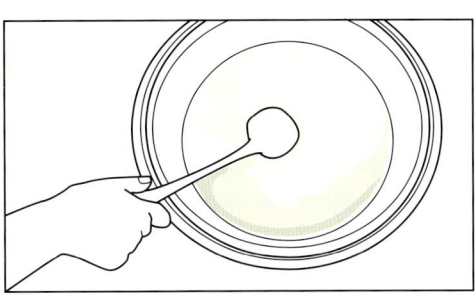
2.煮酸水

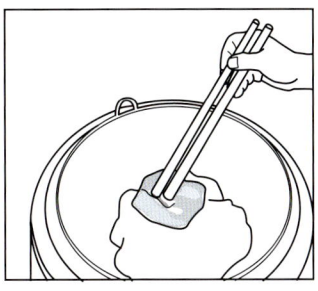
3.加入牛奶，酸水让牛奶凝固

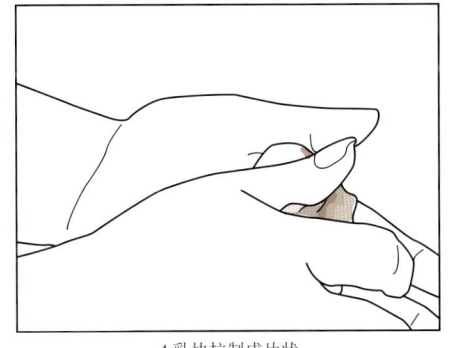
4.乳块拉制成片状

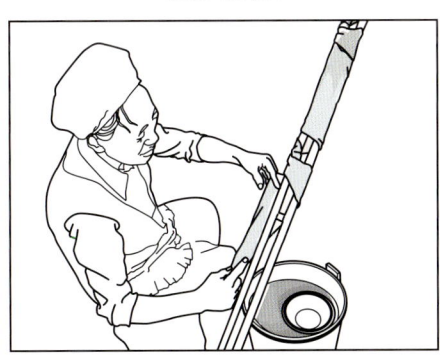
5.挂于乳扇架上

6.晾晒

图二　白族邓川乳扇加工步骤图

图三　白族邓川乳扇晾晒场景图

图四　白族邓川乳扇商业气氛图

图五　白族邓川乳扇商业气氛图（2）

白族吹肝

图一　白族吹肝主图

吹肝是白族人民用猪肝制成的一道传统美食。吹肝色泽绛红，剖面呈网状，制作工艺独特。生活在老苍之麓、洱海之畔的白族人民，几乎家家户户都会做吹肝，且手艺不凡。

每年农历十月初一过后是腌渍吹肝的最佳时机。挑选年猪宰杀后，趁着猪肝的热气，在猪肝的胆管上割开一个小口，其他地方都用线扎紧，再用玉龙山的雪水洗净。然后用一节竹管插入胆管内，一边朝里吹气，一边拍打猪肝，使其充分膨胀。也有性急的人直接用打气筒往猪肝里打气。再把辣椒面、花椒面、香葱和鹤庆乾酒塞入猪肝内。在猪肝表面抹上盐巴，用细麻绳拴好，挂在屋檐下，选择半阴凉环境自然风干。经过一个冬天的风干，在清明时节时取下吹肝用温水清洗干净，即可烹制食用。常见的食用方法是吹肝凉片，它是使用微火慢炖使吹肝内部调料渗透至猪肝各个部位，煮好冷却后切片摆盘即可食用。好的蘸水是决定吹肝凉片口味的关键，正宗的蘸水原料选取鹤庆产的漆醋、香椿头、芫荽、鲜辣椒面、花椒面和草果面，相互调和而成。端上餐桌的吹肝，切面呈蜂窝状，形似海绵。入口酸香浓郁，清爽开胃，且略带有甜味。

吹肝制作的工艺过程体现出了白族人民对于食物加工的巧思妙想。他们将制作者的目的性、吹肝自身的食用性及食材的美观性相统一，充分考量并巧妙利用时间和空间对食物制作的影响，体现了白族人民对美食的创造力和对美好生活的追求。

图片来源

图一　赵思颖　摄影
图二　邢楚君　制图
图三　赵思颖　制图
图四　樊振杰　摄影
图五　何卓嫔　摄影

图二 白族吹肝食材图

图三 白族吹肝配料图

  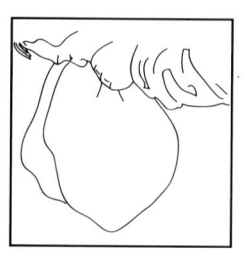 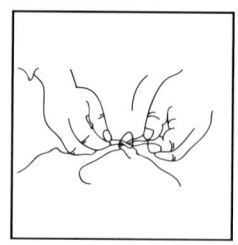

1.用玉龙雪山上的雪水冲洗猪肝　　2.辣子面、花椒面、鹤庆乾酒等调料　　3.将猪肝上的胆管割开口，向内吹气　　4.用线扎紧漏气孔

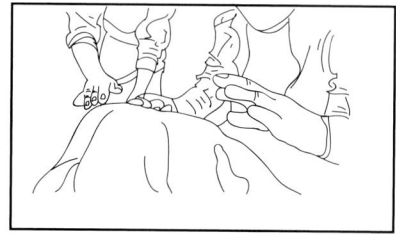 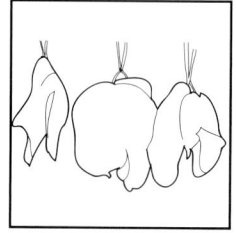 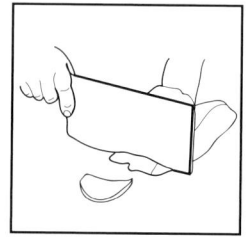 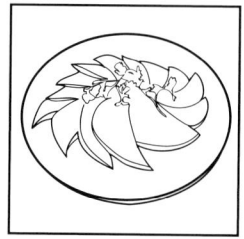

5.用手轻轻拍打猪肝，使其膨胀如肥大的手掌　　6.在屋檐下自然风干猪肝　　7.切风干好的猪肝　　8.端上桌的吹肝，切面呈蜂窝状

图四　白族吹肝加工步骤图

图五　白族吹肝腌渍场景图

白族酸辣鱼

图一 白族酸辣鱼主图

酸辣鱼是大理的传统美食，正宗的酸辣鱼选用洱海的鲫鱼为主料，辅以木瓜、豆腐炖制而成。酸辣鱼制作方法简单，在大理民间，几乎每家都会做这道传统名菜。酸辣鱼之所以闻名，离不开洱海无污染的鱼、富含矿物质的水和滇西地区的白木瓜。其独特的酸辣口味独立于众多鱼类菜肴之外，成为大理饮食文化的一张名片。

酸辣鱼的独特之处在于酸和辣的巧妙结合。辣是由干辣椒面和糟辣椒搭配的辣。酸是来自木瓜散发的果酸，酸中带着微甜。不同于人们熟悉的番木瓜，酸辣鱼中的木瓜是独产于滇西一带的白木瓜，其中永平地区产的白木瓜个小酸浓，最适合用来做酸辣鱼。白木瓜含有多种营养成分和药用价值，具有健胃开脾、祛风除湿、舒筋活络等功效。《本草纲目》中对木瓜就有"木状如奈，春末开花，深红色。其实大者如瓜，小者如拳，上黄似着粉……木瓜性温味酸，平肝和胃，舒筋络，活筋骨，降血压"的记载。烹制酸辣鱼之前要先准备好鲫鱼、木瓜、老豆腐、葱、大蒜、香菜、花椒、姜、蒜瓣、辣酱、辣椒粉、料酒、生抽、盐。鲫鱼去鳞去鳃，清空内脏，木瓜去皮切片，豆腐切块。先用适量的油爆香花椒，再放入姜片、蒜瓣和鲫鱼，待鲫鱼双面煎炸至微黄后，加入料

第三章 白族传统餐饮

酒、辣酱、辣椒粉、盐、生抽。煮至沸腾后，再放入白木瓜和豆腐，盖上锅盖，炖煮入味。最后放入香菜、葱花即可出锅摆盘。酸辣鱼汤汁的酱红色和葱花、香菜的翠绿相映成趣，对比强烈的色泽在视觉上激发人们的食欲。鲜嫩的鲫鱼、酸甜的木瓜、入味的豆腐都给人带来不一样的饮食体验。

酸辣鱼是鱼类菜品上的一个创新之作，无论从优质的选材、考究的工序，还是巧妙的烹饪，都展现了大理白族人民的智慧和用心。酸和辣的完美结合，体现了白族人民对饮食文化内涵的不断拓展和深化。

图片来源
图一　赵思颖　摄影
图二、图三　张亚堃　制图
图四　赵思颖　制图
图五　刘翔宇　摄影

图二　白族酸辣鱼食材图

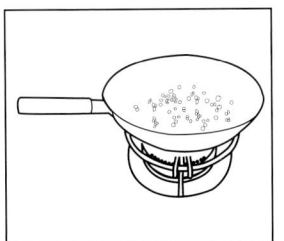
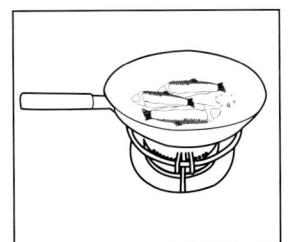

1.把活鱼去鳃和内脏　　2.酸木瓜切片，豆腐切块，葱切葱花　　3.适量油，小火爆香花椒　　4.放鱼两面煎下

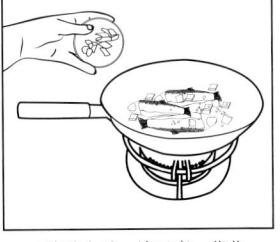

5.放料酒、盐等调料　　6.放酸木瓜、放豆腐、葱花　　7.放香菜出锅

图三　白族酸辣鱼加工步骤图

图四　白族酸辣鱼食材制作场景图

图五　白族酸辣鱼食用氛围图

白族饵丝

图一　白族饵丝主图

饵丝，源于饵块，切丝之后便为饵丝，其形态与云南米线类似，二者均是云南地区特有的传统风味小吃，但口感迥异。饵丝的制作是以云南大理当地产的稻米为主要原料，经过后期加工制成。饵丝易于制作、便于携带且吃法多样，长久以来逐渐成为当地民众普遍喜爱的一种方便吃食。

我国南方是大米的主产区，在保证粮食供应之外，大米常被加工为各种食品，饵丝的产生即是如此。其制作需选取质好味香有黏性的大米，将米淘洗、浸泡后放到木甑里蒸熟，再经冲捣、揉制后成为砖状。在旧时，这个过程被称作舂饵块。饵块切为长丝即为饵丝，它相较于饵块，更易入味。饵丝有炒、煮、卤、蒸等不同方式烹饪加工，一般较为普遍的是炒吃和煮吃两种吃法。炒吃法是将饵丝、鲜猪肉片及姜、葱、胡椒等调料置于热油锅中翻炒，后放入鸡蛋、藤菜、香蕈或小白菜，直至蔬菜变色炒熟为止。这样的做法使得饵丝柔韧油亮，鲜香可口。煮吃法是用沸水将饵丝烫熟，后添上鲜肉丝、肉汤或鸡汤，待白色的饵丝加工好后佐以少许酱油、酸菜，并点缀绿色的香葱、芫荽以及红色的辣椒。悦目美观的颜色搭配，使得汤味鲜美的饵丝色香味俱佳。

如今，除了现场制作的新鲜饵丝外，它还进一步被加工成为碗装、袋装以及盒装的干饵丝，让独具风味的云南美食远销他方。

洁白无瑕、柔韧刚劲的饵丝是云南白族人民对于稻米的二次加工，配以本地特有的蘸料，使其更加适合当地人的饮食习惯。随着云南大理的旅游发展，外来客人通过一碗碗热腾腾的饵丝，得以体味到白族人民历久弥新的美食文化。

图片来源
图一、图三　赵思颖　摄影
图二、图四至图六　赵思颖　制图

图二　白族饵丝食材图

图三 白族饵丝佐料图

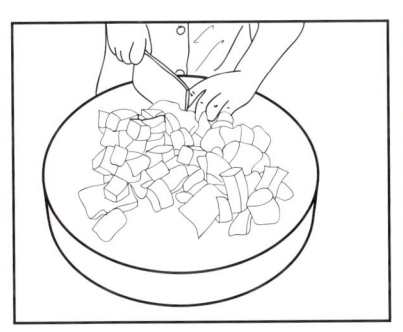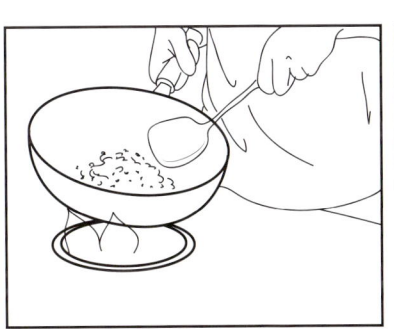
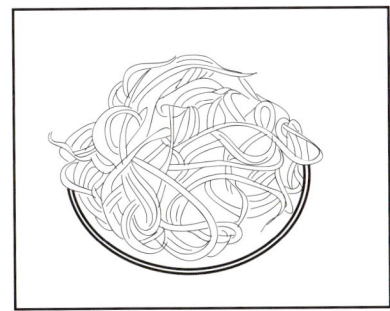

图四 白族饵丝加工步骤图

图五 白族饵丝商业售卖图

图六 白族饵丝食用示意图

白族雕梅

图一　白族雕梅主图

雕梅是大理白族地区的一种传统食品，因为在青梅果上雕刻花纹而得名。本案例所选取的雕梅出自云南省大理白族自治州洱源县。洱源县素有"梅子之乡"的美誉，其生产出的雕梅最为出名，是走亲访友的馈赠佳品。

云南盛产青梅，尤以保山一带的梅子最宜制作雕梅。雕梅的制作方法既简单又独特，以盐梅、生石灰、红砂糖等作为主要原料，制作工具是日常生活中常见的小刀、水盆、水桶、玻璃瓶等。雕梅制作前需要精心挑选质量上乘的梅子作为原料，将挑选好的优质梅子放入石灰水中浸泡，石灰含量控制在1%~2%为佳，一至两天后将浸泡充分的梅子取出，清水冲洗干净后晾干。随后用准备好的小刀在晾干的梅子上雕刻出连续的花纹，手法要娴熟连贯。刻好的梅子放入清水中，若干小时后便可挤出梅核，用手轻轻压出花朵状。随后在梅子上撒上食盐用以去除梅子本身的酸味，红砂糖切细覆盖在梅子上，将其装进玻璃器中，按照糖一层、梅子一层的方式浸渍数月。在此过程中可将多余的水分滤出，加进新鲜的红砂糖，直至梅饼呈金黄色即成。雕梅成品酸中带甜、生津解渴，其所含有丰富的营养成分，有益人体健康。

洱源县当地白族姑娘大都从小学习制作雕梅的手艺，并使之成为衡量其心灵手巧的标志。雕梅的制作工艺不仅体现出白族姑娘们的心灵手巧、耐心细致，同时也反映出白族人民在饮食制作上的独具匠心。

图片来源
图一　刘翔宇　摄影
图二至图四　张亚堃　制图

梅子　　　梅盐　　　生石灰　　　红砂糖

图二　白族雕梅食材图

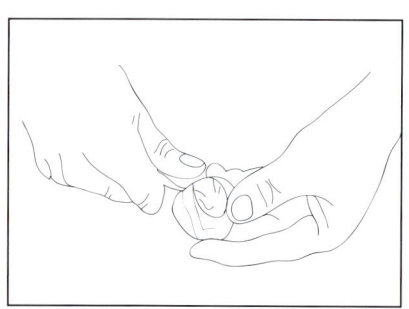 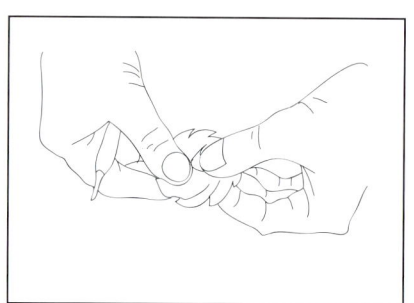 

1.小刀在梅肉上雕刻"V"字形花纹，挤出梅核　　2.用手轻轻地压制成菊花状　　3.放入盐水中浸泡2~3小时，用以去除梅子的酸味

4.一层梅子一层糖装入罐中　　5.装入罐中保存数月

图三　白族雕梅加工步骤图

图四　白族雕梅售卖气氛图

白族弥渡酸腌菜

图一　白族弥渡酸腌菜主图

弥渡酸腌菜为大理地区常见的腌制食品，是云南人民普遍喜爱的菜肴。本案例出自云南省大理白族自治州弥渡县所制作的传统酸腌菜，酸香味美，口味最佳，是弥渡县的特产，也是白族家庭中常备的酸菜之一。

制作酸腌菜的最佳时间为每年腊月，制作酸腌菜的原料以弥渡地区生产的大青菜为主，该地区生长出的青菜具有弥渡特定自然环境下所带来的独特口感。酸菜的辅料多为胡萝卜、白萝卜等。酸腌菜的制作过程大致分为原料选择、食材洗净、晾晒、调拌、入罐腌制等步骤。新鲜的主料青菜及辅料在经过严格挑选后，平铺在干净的地面上，待多余水分蒸发，捆扎青菜，待青菜蔫中带绿时将食材切分，再将备好的食盐、辣椒面、原汁红糖等配料加入均匀揉搓。最后把调拌好的食材放入瓦罐中压紧压实进行腌制，腌制十天之后即可食用。由于酸腌菜的晾晒过程时间较短，青菜、萝卜等含有较多水分，腌制发酵的时间也仅十天左右，因此开盖后的酸腌菜在食用时口感鲜香脆嫩，酸甜可口。它常与肉片、青椒、辣椒等食材进行搭配炒制，是老少妇孺皆宜的四季开胃食品。

酸腌菜作为弥渡地区白族人民家常食用的腌制食品，在其制作过程中也会因各家口味的不同而在食材、配料选择方面有略微的差异性。同时，酸腌菜的成品也可通过凉拌、爆炒、煲汤等多种方法与其他食材进行搭配烹饪。而利用密封的瓦罐将蔬菜在自然条件下进行发酵，腌制而成后更易于储藏，无疑是白族人民在饮食创造上的智慧体现。

图片来源

图一　赵思颖　摄影
图二　邢楚君　制图
图三　赵思颖　制图
图四　张亚堃　制图

青菜　　　　　　　萝卜　　　　　　　胡萝卜

辣椒粉　　　　　　红糖　　　　　　　食盐

图二　白族弥渡酸腌菜食材图

第三章　白族传统餐饮

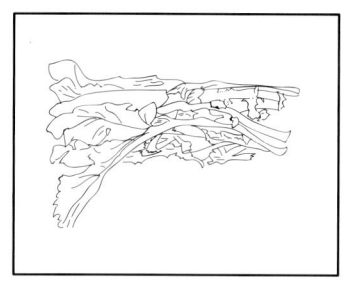 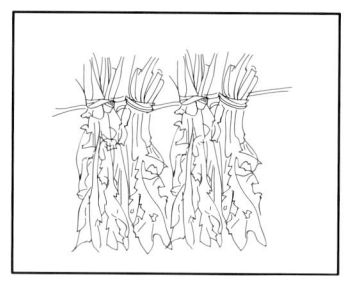 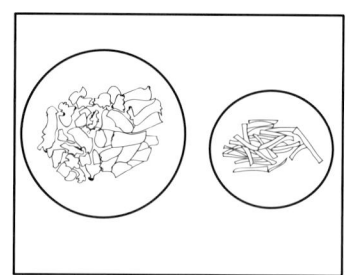

1.新鲜菜叶子平铺在干净的地上晾水分　　2.捆扎菜叶，晾晒于太阳光下2天左右　　3.切碎菜叶，红萝卜切丝

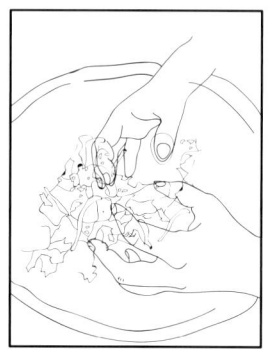 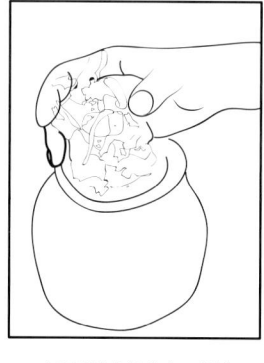 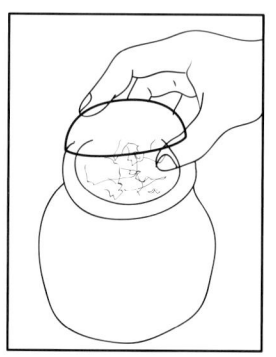

4.均匀揉搓菜叶、红萝卜、辣椒　　5.叶子揉搓成熟状态，装罐　　6.罐子封口密封保存

图三　白族弥渡酸腌菜加工步骤图

图四　白族弥渡酸腌菜加工场景图

白族木瓜鸡

图一　白族木瓜鸡主图

本案例为白族传统美食木瓜鸡。白族木瓜鸡以仔鸡为主料、酸木瓜为辅料烹制而成。酸木瓜是云南本地特有的一种果实，其味道酸甘，性温且清香，营养价值极为丰富。酸木瓜的药用价值与仔鸡的滋补作用相结合，能够起到增进食欲、养心安神的功效。

木瓜鸡的烹饪过程较为简单，大致经过选料、宰杀、煎炒、炖煮等几道制作工序。选料是不容忽视的过程，主料以1000～1500克的仔鸡为最佳。其次，将仔鸡宰杀、褪毛后清洗干净，仔鸡切块，鸡胸肉与鸡杂部分斩切成细块。放入事先准备好的生姜、生抽、盐、胡椒、白酒等调料，将鸡肉腌渍入味。酸木瓜洗净后削皮，切成约3～4毫米厚的薄片备用。主料辅料均备好后，取适量的香油下锅烧热，放入适当干辣椒、姜片、八角等调料一起煸炒，待香味散出后，将腌渍好的仔鸡肉倒入锅中翻炒。与此同时，另备半锅水烧热，将翻炒过的鸡肉放入锅中炖煮，约半个小时后放入酸木瓜，鸡肉与酸木瓜的用量比例控制为5:1，继续炖煮直至鸡肉酥嫩，撒入胡椒粉、盐、草果等调味料即成。做好的木瓜鸡，无论是肉还是汤都酸香味美，无油腻之感，让人食欲大增。

木瓜鸡在大理白族地区食用范围较广。

木瓜鸡除了有煲汤的形式，还以炒菜的形式出现，是白族人民餐桌上的常见菜肴。虽然做法配料有所差异，但在处理、烹饪手法上基本相似，都是酸木瓜与仔鸡的搭配，使得菜肴在制作工艺以及味道、营养上协调一致，是白族人民公认的名品菜肴，极具地方特色。

图片来源
图一　刘翔宇　摄影
图二、图三　张亚堃　制图
图四　赵思颖　制图

图二　白族木瓜鸡食材图

 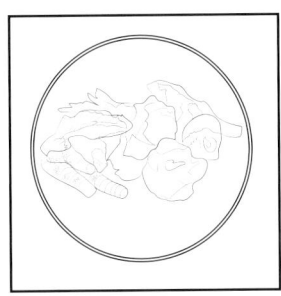  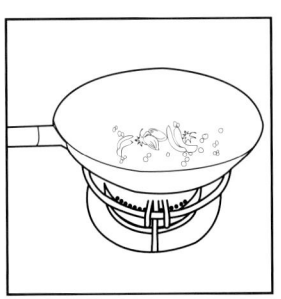

1.准备整鸡，洗净　　2.切块，用盐、白酒腌渍待用　　3.准备木瓜、草果、八角、姜　　4.把姜片、草果、八角放入锅里爆香

5.爆香后放入鸡肉翻炒　　6.翻炒至鸡肉变色后放入木瓜　　7.翻炒片刻加入水、少许盐、鸡精　　8.鸡肉熟后即可食用，汤汁浓郁

图三　白族木瓜鸡加工步骤

图四　白族木瓜采摘场景图

第三章　白族传统餐饮

233

白族诺邓火腿

图一　白族诺邓火腿主图

诺邓火腿是大理白族传统肉类腌渍食物，以猪后腿为原料、诺邓盐为配料腌渍而成。本案例中的诺邓火腿出自云南省大理白族自治州云龙县诺邓镇诺邓村，火腿的制作至今承袭古老的手工腌渍方法，制作工艺精细，选料讲究。

在制作原料上，选择喂以大豆、玉米等粗纤植物并散养于山间的猪，肉质细腻均匀，口感鲜嫩。每逢冬季，诺邓人通常会在冬至过后杀一头年猪作为春节的储备食物，猪后腿肉一般会被用来腌制成火腿。腌渍的配料需选用当地生产的手工诺邓盐。诺邓盐比普通的食盐密度大，从而渗透力更强，可以腌透七层猪肉。在制作工艺上，首先在燃烧的松针上将猪后腿进行炙烤，松针必须保持干燥。待猪皮烤至黄色，再将猪腿晾12~24个小时。其次用刀将猪腿表面抚平，然后在猪腿的血管处扎数刀，用力挤出里面的血水。在猪腿上抹上诺邓产的玉米酒，均匀地撒上诺邓盐，一边撒盐一边用手按摩猪腿，待猪腿充分吸收盐分后，再在猪腿上均匀地覆盖上一层盐。将猪腿被盐覆盖的那一面朝上，水平置于木缸或大铁锅中，盖上盖子腌渍15~20天后，将火腿取出并抹上特制的泥浆。这种泥浆由灶灰和诺邓盐卤水沉淀下的泥浆混合而成，可以起到隔绝空气的作用。最后，待火腿自然风干后即成为白族美食诺邓火腿。整个风干周期为半年到三年不等。

诺邓火腿的烹饪手法主要有煮、蒸、炒、醋腌，较有名的菜式为火腿生肉片、火腿夹山药、火腿乌鸡汤、火腿绕菜汤、火腿水晶豆等。诺邓白族人民结合当地优质的食材与温和湿润的气候，用极为讲究的腌渍手法创造出别致的诺邓火腿。

图片来源

图一　刘翔宇　摄影
图二　邢楚君　制图
图三　赵思颖　制图
图四　刘翔宇　制图
图五　赵思颖　制图

猪腿

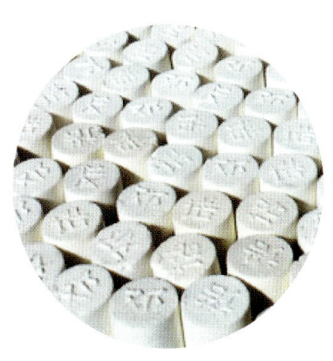
诺邓井盐

图二　白族诺邓火腿食材图

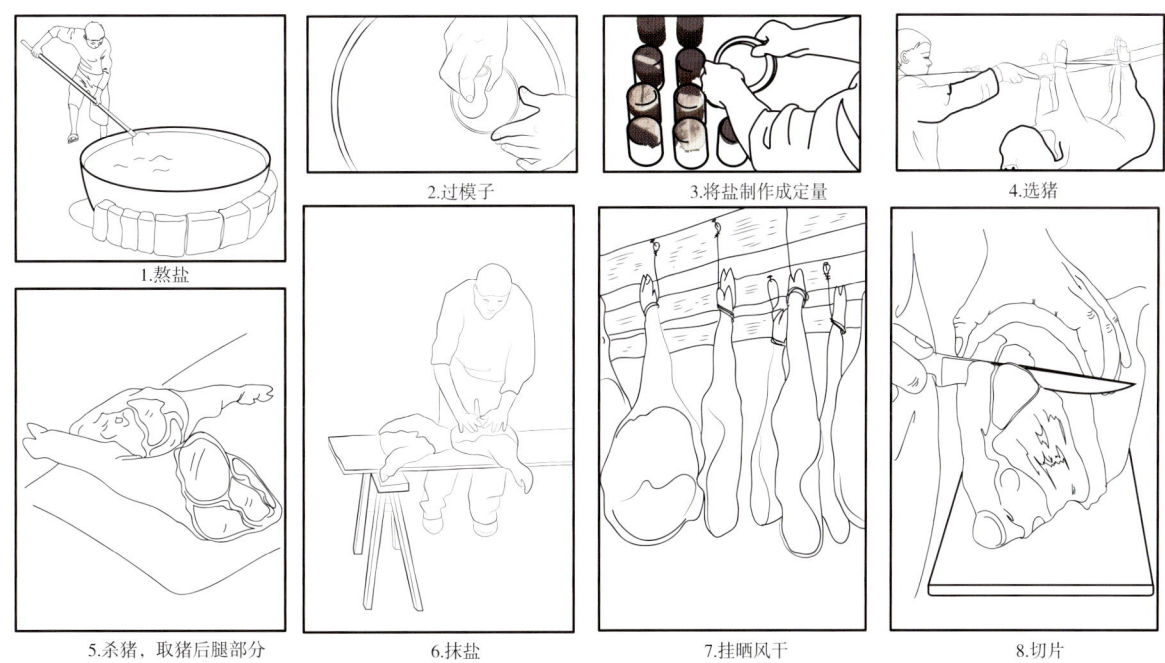

图三　白族诺邓火腿加工步骤图

图四　白族诺邓火腿实物图

图五　白族诺邓火腿晾晒场景图

白族喜洲粑粑

图一　白族喜洲粑粑主图

喜洲粑粑又被称为破酥,是大理风味特色小吃中的一种,老幼皆宜,以喜洲镇的传统粑粑最为出名。喜洲粑粑是以麦面为原料,包裹咸香鲜甜的馅料,通过上、下两层炭火烤制而成的圆形小饼。本案例中的喜洲粑粑出自云南省大理白族自治州喜洲古镇,直径约为10厘米,厚度约为1厘米,属于烧饼类食品。

喜洲粑粑的制作需要准备炭火炉、操作面板以及饼馅配料。传统的喜洲粑粑采用喜洲本地出产的麦面,分甜、咸两种口味:甜味饼馅以豆沙、红糖、玫瑰糖为主,咸味饼馅以葱花、猪肉末为主。制作时先将麦面与老面进行发酵,喜洲人一般都是提前一天做好老面。待面和好后,将面均匀分成若干面团,将调配好的馅料裹进面团,捏制成直径约10厘米,厚度约1厘米左右的面饼。将面饼放入刷有猪油的圆形铁质烤盘内,面饼间留有一定空间,在面饼上刷层猪油,保证粑粑在烘烤膨胀过程中不至于粘连。喜洲粑粑最独特的加工之处,在于烤制时运用上、下两层炭火:上层炭火盆内为猛火,下层炭火盆内为文火,在两层炭火之间放着烘烤粑粑的铁盘。在喜洲粑粑的整个烘烤加工过程中,需要多次将上层炭火盆提起移开,对铁盘内的粑粑刷油,直至粑粑的外皮烤香酥脆，还需在炭火盆旁放置鼓风器对炭火进行加温。这种用上、下层炭火烘烤出的粑粑，不用人为翻面就能使粑粑两面都有香脆的外皮。考究一点的炭木需要用粗约4厘米左右的栗木烧成的炭。栗木密度高、耐烧，在烤制过程中粑粑会有其独特的木香味。

喜洲粑粑是一种便于携带的干粮，口感软嫩，外皮松酥，食用方便快捷，所以当地人无论是下地种田还是外出经商，都会带上几块粑粑，使得喜洲粑粑流传下来成为当地的美食特色。其双层烘烤制作方式的独特之处，也体现出当地人民在饮食文化上的智慧与独特的创造力。

图片来源
图一、图五　樊振杰　摄影
图二、图三　邢楚君　制图
图四　赵思颖　制图

图二　白族喜洲粑粑食材图

1. 和面成形　　2. 做馅　　3. 刷热猪油　　4. 放入平锅中

5. 加上上层盖　　6. 再次刷猪油　　7. 出锅

图三　白族喜洲粑粑加工步骤图

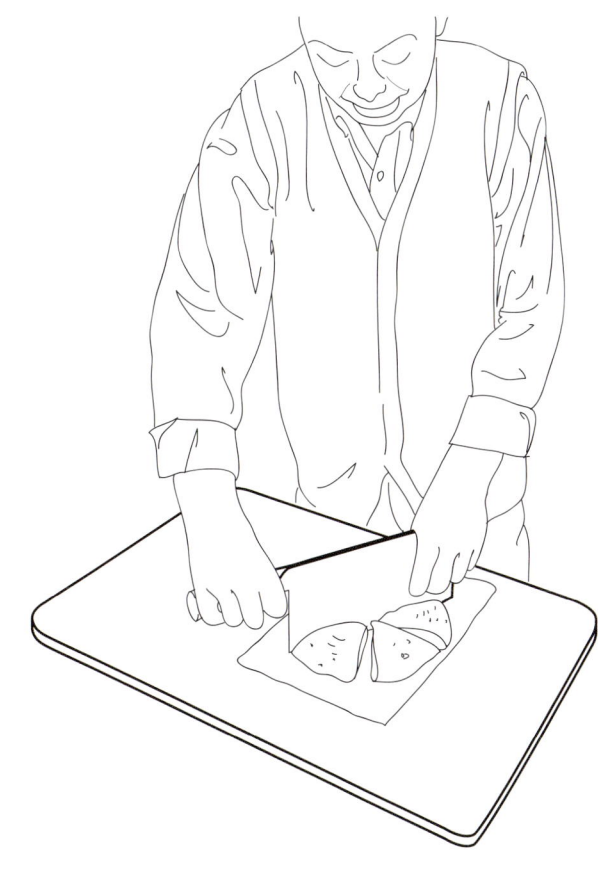

图四　白族喜洲粑粑售卖场景图

第三章　白族传统餐饮

图五　白族喜洲粑粑制作氛围图

白族玫瑰糖

图一 白族玫瑰糖主图

玫瑰糖是云南大理地区的传统食品，本案例的玫瑰糖出自云南省大理白族自治州喜洲古镇。每年的四月、五月，白族人民会将可以食用的玫瑰花瓣采摘下来，用以制作玫瑰糖的原料，制作好的玫瑰糖是白族各式传统点心的馅料。

玫瑰糖的制作工艺较为简单，操作也极为方便。除了可食用的玫瑰花外，还需要准备蜂蜜、梅卤、白砂糖、食盐等材料。首先选取优质的可食用玫瑰花瓣。大理地区昼夜温差较大，玫瑰花在夜间能很好地将养分积聚下来，在清晨采摘有利于保证其营养价值。新鲜采摘的玫瑰花，需要经过严格筛选，保留花瓣，洗净，常温下风干，去除多余水分。然后将玫瑰花瓣装入玻璃容器中，加入备好的梅卤、食盐等材料搅拌均匀，将瓶盖密封，放置两至三小时。期间玫瑰花会渗出多余水分，加入白砂糖进行搅拌，再密封。第二天以同样的方式进行多次搅拌，加快发酵过程。连续搅拌三天左右，待发酵过程趋于稳定，待玫瑰花自身慢慢发酵，二十天左右，玫瑰糖即可制成。也有用红糖制作的玫瑰糖，切碎的红糖和玫瑰花按照传统的比例进行混合，制作者需要手工揉搓，以保证玫瑰糖的口感和质量，直至玫瑰和红糖充分搅拌融合。在制作过程中需要不断加入新鲜花瓣，不断揉搓，搅拌均匀的玫瑰花瓣装入玻璃容器中进行发酵。

玫瑰糖有多种食用方法，既是鲜花饼的原料，也是白族特色食品喜洲粑粑不可或缺的甜馅配料，还可添加到各种冷饮中调味。食用玫瑰花能够促进新陈代谢，养颜美容，舒缓压力。在大理古城的街头巷尾，能够看到当地居民将家中自制的玫瑰糖进行售卖，使之成为大理地方特色的风味食品。

图片来源
图一、图五　刘翔宇　摄影
图二　赵思颖　制图
图三、四　邢楚君　制图

　　白砂糖　　　　　玫瑰花瓣　　　　　蜂蜜

图二　白族玫瑰糖食材图

1.来自云南高原曲靖的玫瑰花瓣　　　2.采摘花瓣

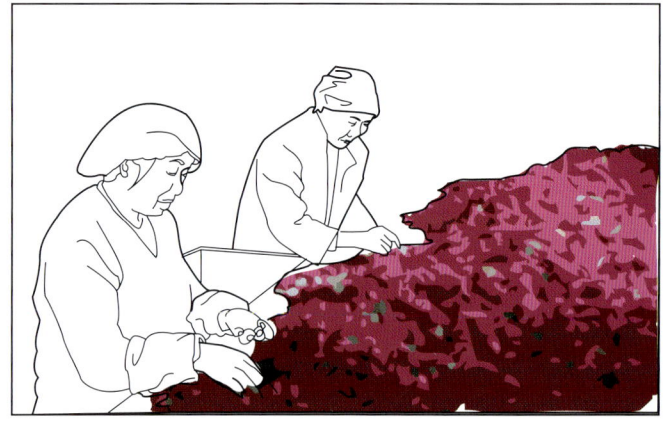

3.浸制花瓣

图三　白族玫瑰糖加工步骤图

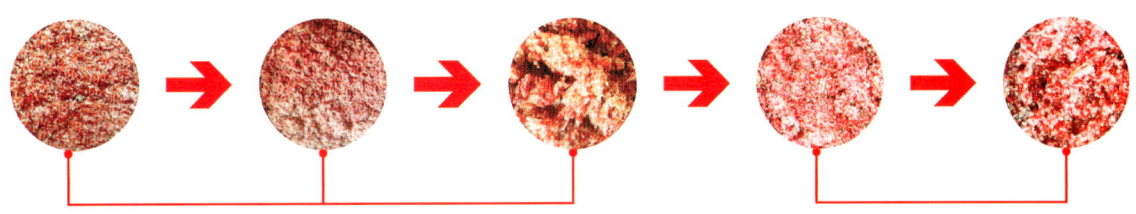

分期加入白砂糖与蜂蜜后，玫瑰花瓣的色泽变化　　　　　　花瓣入缸7~28天后，玫瑰花瓣的色泽变化

图四　白族玫瑰糖色泽变化过程图

图五　白族玫瑰糖商业售卖图

第三章　白族传统餐饮

243

白族油炸臭豆腐

图一　白族油炸臭豆腐主图

　　本案例油炸臭豆腐是白族聚居区的著名风味小吃之一，属于发酵型豆制品，其"远臭近香"的独特感官体验，常使品尝者垂涎三尺或退避三舍。而人们在食用后常常回味悠长，感叹其别具风味的美食制作与体验。

　　云南地区山水秀美、土地肥沃，自古盛产各种农作物，其中隶属大理的天马村就以出产优质黄豆而闻名于世。此村曾作为"西南丝绸之路"上的古驿站，因水质等环境优势明显，孕育出荚果肥大、营养丰富的黄豆。村落中的百姓大多会加工豆制品，经过脱壳、磨浆、煮浆、点浆、成型和发酵等十几道工艺制成的豆腐更是该村的特色产品。娴熟的加工经验使得其豆干质地细腻、色洁味美，成为油炸臭豆腐的理想食材。在锅中倒入适量的植物油，待油热沸后将臭豆干逐一放入，变色后加盐、味精少许，豆干炸至两面金黄色后捞出放于滤网之上将油沥干，最后装盘撒些许胡椒面和辣椒面，供客人蘸取食用。臭豆腐外焦里嫩，佐以蘸料鲜香微辣，不仅具有很高的营养价值，而且还有很高的药用价值。经过发酵的臭豆腐，富含多种植物性乳酸菌，对人体的肠道和脾胃可以起到良好的调节和保健功效。臭豆腐可以和脾胃、消胀痛、清热散血、下大肠浊气。常食者，能增强体质，健美肌肤。

　　臭豆腐以臭为始，以香为终，虽味道奇特，但正是这种另辟蹊径的味道，为其赢得了广泛的声誉。与其他地区不同的是，大理油炸臭豆腐取材新鲜，用料讲究，并结合大理地区特有的香辣蘸料，形成了今日的特色美食。白族人民对于豆类的培育、保存与加工，也通过油炸臭豆腐的制作而得以集中展现。

图片来源
图一　赵思颖　摄影
图二至图四　赵思颖　制图

| 臭豆干 | 白胡椒 | 植物油 | 味精 | 食盐 | 辣椒面 |

图二　白族油炸臭豆腐食材图

1.取适量臭豆干

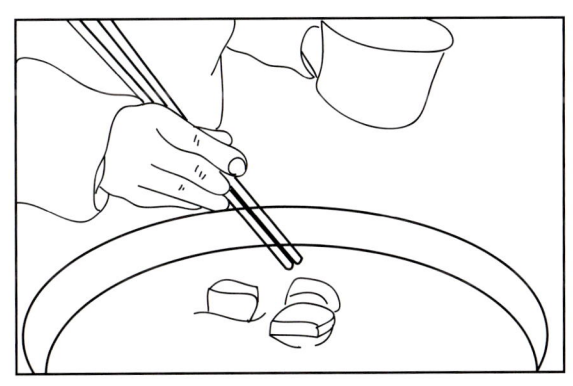

2.将锅中油热沸，逐一放入臭豆干，炸至金黄

3.放在滤网上将油沥干

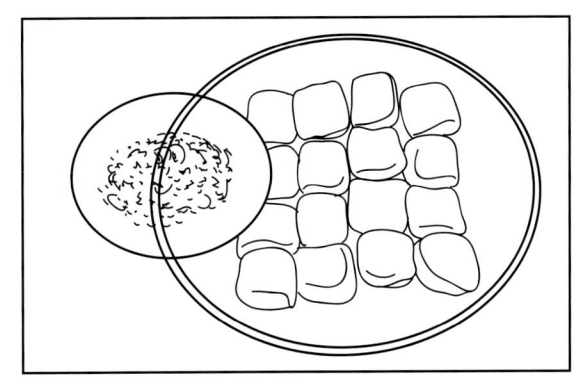

4.装盘，配上辣椒面蘸取后品尝

图三　白族油炸臭豆腐加工步骤图

图四 白族油炸臭豆腐制作场景图

白族铜锅

图一　白族铜锅主图

本案例为白族传统铜锅，通高36.3厘米，锅口直径30厘米，烟囱直径8.4厘米。本案例采集于云南省大理自治州鹤庆县新华村，由烟囱、锅盖、锅体、底座组成，使用紫铜制成。制作流程包括选料、裁剪、擀制、焊接、抛光共五个步骤。铜锅也称铜火锅，常用于秋冬季节加热火锅食材。

民间食用火锅的习俗由来已久，最早的铜火锅见于西汉。食用火锅不仅有健胃开脾、御寒暖胃的功效，而且火锅里的铜对大脑、心脏和造血、防癌、助孕、抗衰老都有帮助。擅长制作铜锅的鹤庆新华村是有名的工匠村，拥有悠久的铜器加工历史和大批技术精湛的工匠。新华村人制作铜锅，首选紫铜，好的紫铜颜色暗红，带有金属光泽；再根据铜锅形制将铜片裁剪成合适大小。通过机器擀制或手工锤打，制成毛坯。在毛坯表面刷一层盐泥浆，高温加热后浸水，目的是去除氧化层，使毛坯更加光亮。最后手工焊接各部件并抛光成型。铜锅使用前先用温水洗净，再向锅内加入底汤，盖上锅盖，用炭夹把燃好的木炭放入胆内，炭量加到与锅沿

第三章　白族传统餐饮

平齐为佳。使用时需注意随时添加底汤，避免无汤干烧。用餐时根据需要调节火候和开合锅盖，餐后盖上锅盖，把余炭夹出放回炭炉。待铜锅冷却两三分钟后再倒掉底汤，再清洗干净，擦干水分，避免产生铜锈。案例中的铜锅外形流畅，结构合理，加长的提手减少了烫伤手部的可能。提手两侧间距较大，在提拉时有稳定锅身的作用。

火锅自从发明以来一直是人民群众喜爱的食器，铜锅的诞生更是提升了饮食质量。鹤庆铜钣合理化设计充分说明了工匠技术的精湛和造物水平的高超，简洁的外形和实用的功能体现了白族人民对食器美与用的平衡。

图片来源
图一　刘翔宇　摄影
图二至图四　赵思颖　制图

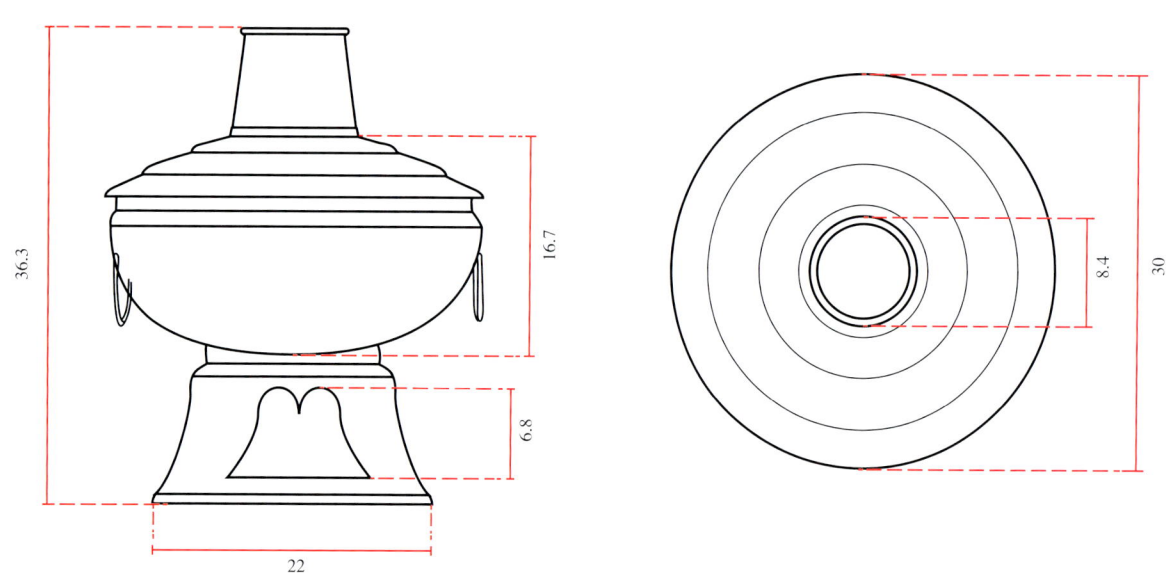

图二　白族铜锅尺寸图（单位：cm）

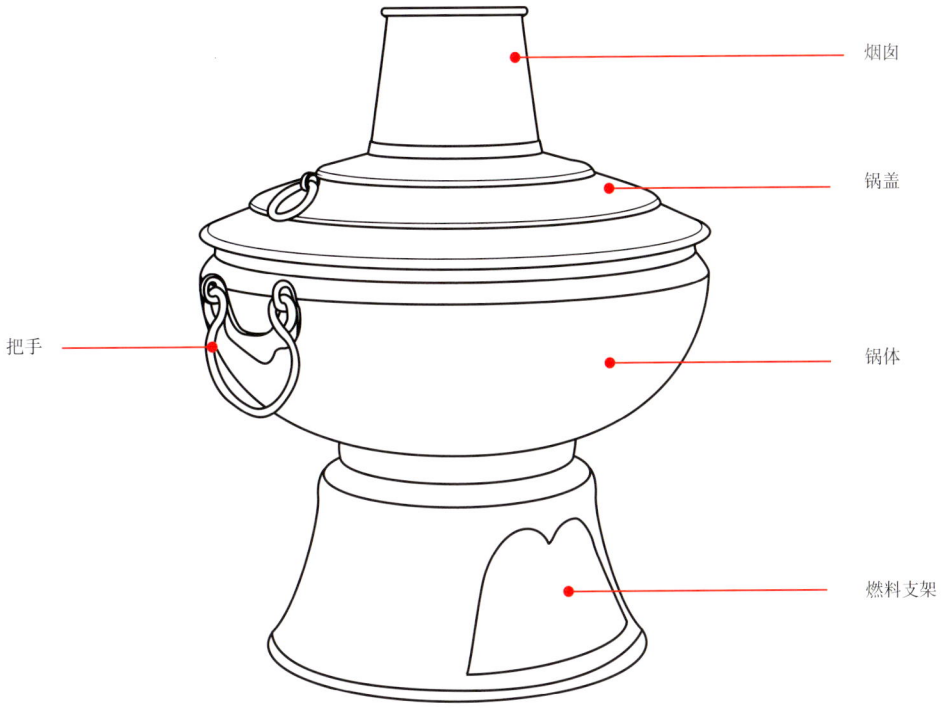

图三 白族铜锅结构示意图

图四 白族铜锅使用示意图

白族铜茶壶

图一 白族铜茶壶主图

本案例为白族传统铜茶壶，通高26厘米，壶流高15厘米，壶嘴长2.4厘米，壶盖直径10厘米，壶肩直径22厘米，壶底直径14.5厘米，采集于云南省大理自治州鹤庆县新华村寸家。茶壶整体由壶盖、提梁、壶身、壶嘴组成，使用紫铜为原料，手工锤打制成。铜茶壶既可以用来烧水，也可以用来盛水。

铜是人类最早发现的金属之一，早在史前时代，人们就露天采掘铜矿。铜不仅耐磨、坚韧，还有很好的导电性、导热性和延展性，是用来制作茶壶的天然材料。根据材质的不同，铜茶壶可以分为紫铜壶、黄铜壶、白铜壶，其中紫铜壶的铜含量最高，易于保存。用铜茶壶烧水比用铁、铝壶烧水有明显好处。相对于铁、铝而言，铜的密度更高，在煮水过程中元素分解量小，性质更加稳定。现代人由于饮食来源单一，人体摄入的铜元素明显缺乏，平均每天只有0.8毫克的摄入量，而正常人体每天需要2毫克铜元素。长期饮用铜茶壶煮的水可以帮助人体补充铜元素。铜是人体合成血红蛋白的催化剂，补充铜元素对缺铁性贫血有改善作用；还能预防心血管疾病，抑菌杀菌，甚至在一定程度上能预防癌症。本案例中的铜茶壶是新华村铜匠手工锤打制成，加工手法虽然简单，但需要铜匠长时间、多角度地锤打铜片，对体力和耐力要求很高。一般一名熟练的铜匠三天才能制作一个手工铜茶壶。茶壶壶身饱满圆润，鼓肩圆腹平底。双提梁结构，便于执握。压盖式壶盖，扣合紧密。盖钮拴有铜链连接提梁，避免壶盖丢失。壶流修长流畅，二弯流壶嘴口流基宽，出水流畅。

铜茶壶是白族人民生活中常用的器物。其完美的结构、精湛的制作工艺和良好的使用功能，体现了白族人民高超的造物水平和对美好生活的追求。

图片来源
图一　刘翔宇　摄影
图二至图四　张亚堃　制图

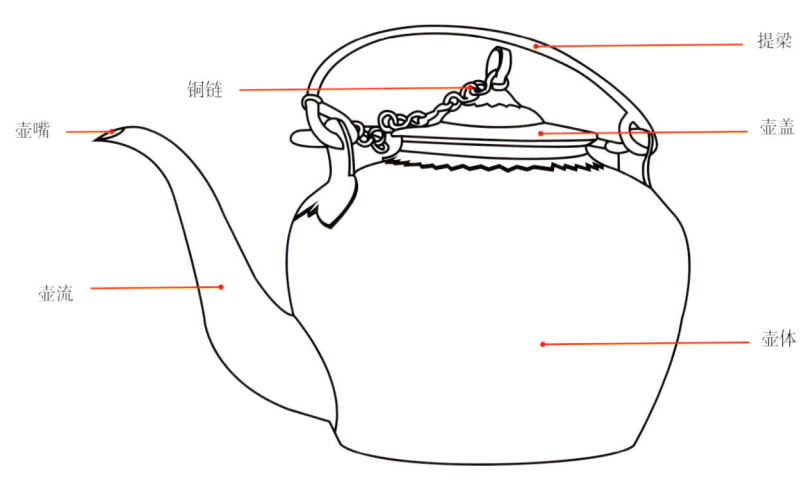

图二　白族铜茶壶结构示意图

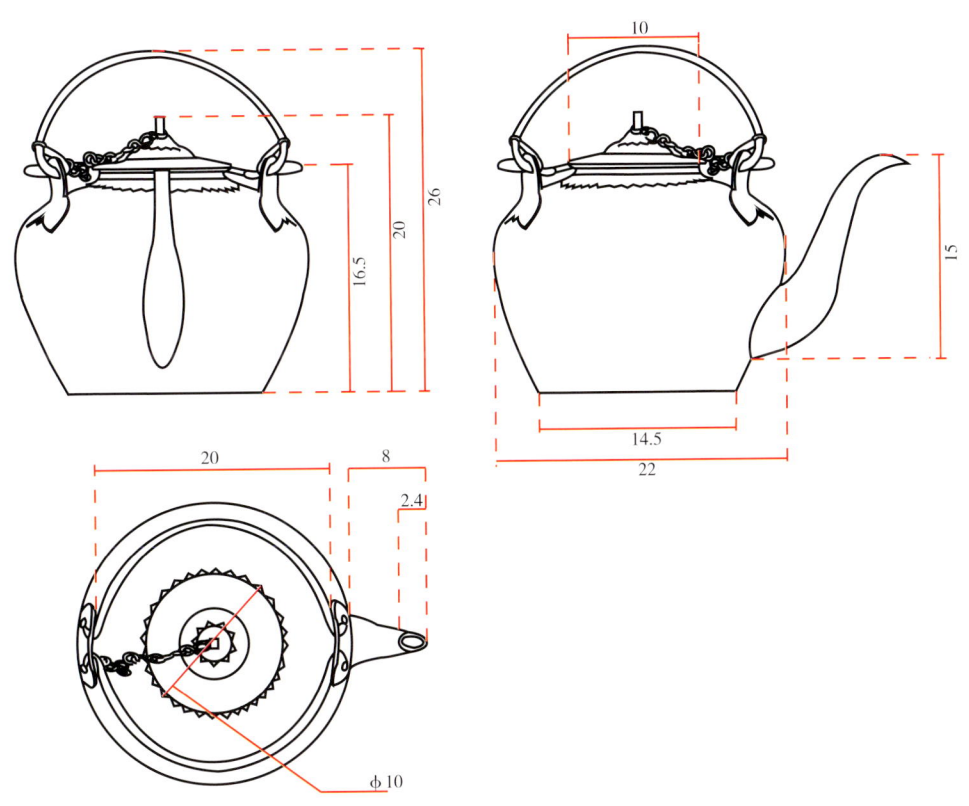

图三　白族铜茶壶尺寸图（单位：cm）

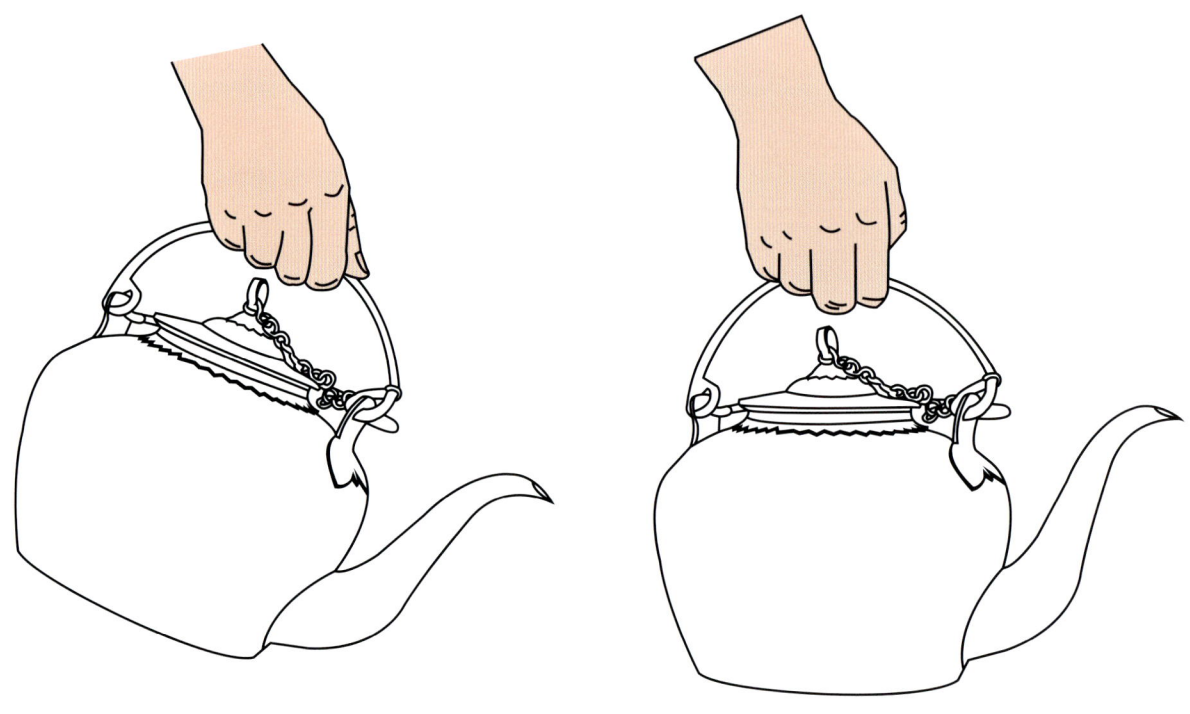

图四　白族铜茶壶使用示意图

白族糯米蒸糕

图一 白族糯米蒸糕主图

大理白族地区的特色蒸米糕，食之软、酥、香、甜兼具，储存时间久长而保鲜不变味，是一种老少皆宜的风味甜点。据传，米糕原为白族先民祭祀龙神后祭主给予参祭者的吉祥物，故又名吉祥糕，后来逐渐发展成当地群众逢年过节、婚丧娶嫁时款待宾客或拜神祭祖的传统食品。

蒸糕的主要原料是米粉，可分为干糕和水糕两种。制作干糕需先将优质粳米用清水泡软，捞出沥干水分后，经石碓或杵磨成细粉。将米粉与适量糖水拌匀，用一面细筛把米粉筛进事先备好的甑（蒸笼）中，再将干薄荷叶和橙皮粉、糖粉等混合而成的佐料慢慢筛入，一层米粉一层佐料，重复三次成型，用薄刀将米糕划成长方块或菱形体，最后用大火蒸熟即可食用。水糕在制米糕时不加糖粉，而是掺入少量糯米面，等米糕蒸熟之后，再将红糖细末撒在糕面上，回蒸直至红糖慢慢溶化，撒上苏子和芝麻即可。两种米糕外形各异，味道也略有差别。干糕清香软糯，口感宜人。水糕则甜糯可口，红糖在舌尖缓慢溶化时，唇齿留香。根据蒸糕的不同用途，还可以在糕面添加不同配料。若用于待客时，糕面会加上红糖、玫瑰糖；用于祭祖供佛时，糕面须插鲜花；而每年清明青蚕豆成熟之时，在米面中掺进蚕豆粉制成的青豆米糕，则用作上山祭祖扫墓和招待贵宾。

白族蒸糕香甜可口，风味独特，其制作过程精细复杂，常食则有养脾健胃和防治肠胃炎的功效。此外，蒸糕寓意"高升"，寄托着人们对生活的美好希冀，因而逐渐赢得了当地人民和千万游客的青睐。

图片来源
图一　大理白族自治州博物馆　提供
图二至图四　赵思颖　制图

图二　白族糯米蒸糕食材图

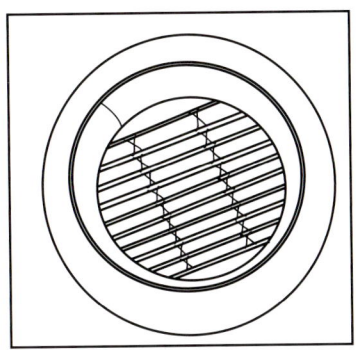
1.小蒸笼拿水泡湿后垫上打湿的纱布

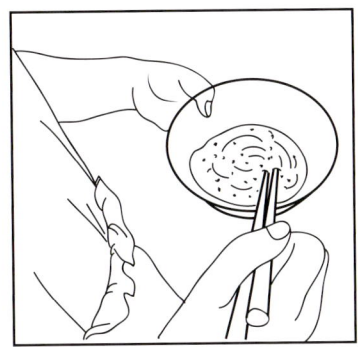
2.比例混合好的糯米粉加入糖粉，逐步加入冷水用筷子拨散

3.混合好的湿粉用手搓成沙状，然后过筛

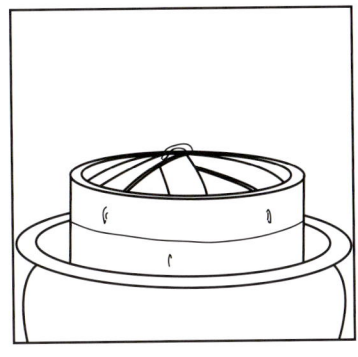
4.锅里烧开水，把蒸笼放入开始蒸

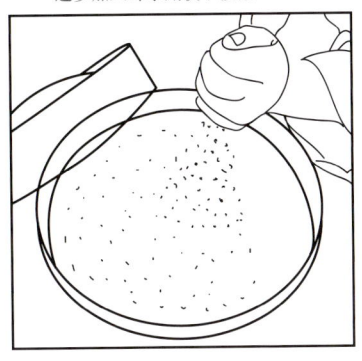
5.蒸了共计20分钟后，蒸糕面上均匀地铺上一层红糖

6.按照自己喜欢的排列摆上坚果，继续蒸10分钟

图三　白族糯米蒸糕加工步骤图

图四　白族糯米蒸糕食用示意图

第四章
白族传统生活用具

白族木质饭桶

图一　白族木质饭桶主图

本案例为白族木质饭桶，即盛米饭的木桶，是云南省大理白族自治州白族家庭的日常饮食器具。其桶口较大，整体呈上大下小的圆柱状，桶高40厘米，上圈直径32厘米，下圈直径24厘米。大理白族饭桶就地取材，采用天然的木材，手工制作，外观古朴，具有保温、不烫手且环保安全的优点，至今在白族地区仍被人们广泛使用。

大理白族饭桶以木材作为制作材料。桶身由20多片上宽下窄的短木板组成。短木板上宽4厘米，下宽3厘米，厚2厘米。桶口呈敞口状，既方便米饭的盛放与舀出，也打破圆柱状的沉闷与呆板，增加了一定的美观性。箍桶工序复杂，首先制作粗坯，刨出每块木板合适的弧度，以保证每块木板之间能够无缝拼接；其次拼板，将每块木板根据自己的弧度，摆好位置，用铁箍加以固定；随后上底板，用两到三块木板刨成合适的大小，用竹钉子榫接成一块底板，用锯条锯掉多余的部分，套上底板并用锤子固定。最后刨光，对于基本成型的木桶要将其各面刨平整，并用细砂纸进行仔细打磨。整个过程为全手工制作，每道工序都有独特的技巧与讲究。使用饭桶时，既可双手捧住，亦可单手抓住桶的边缘将其放于餐桌。白族饭桶以木材作为原材料，一方面因木材较其他材质有更好的保温效果与隔热效果，另一方面也考虑到木材的环保性与使用时的安全性。

大理白族饭桶结构简单，广泛用于大理州白族乃至云南省各地。木质饭桶制作工序复杂，且拥有箍桶手艺的白族匠人逐渐减少，虽然出现了许多其他材质的替代品，但白族人民却更愿意使用这种纯天然无污染的木质饮食器具作为日常使用。

图片来源
图一　刘翔宇　摄影
图二、图六、图七　夏玲　制图
图三至图五　王英　制图

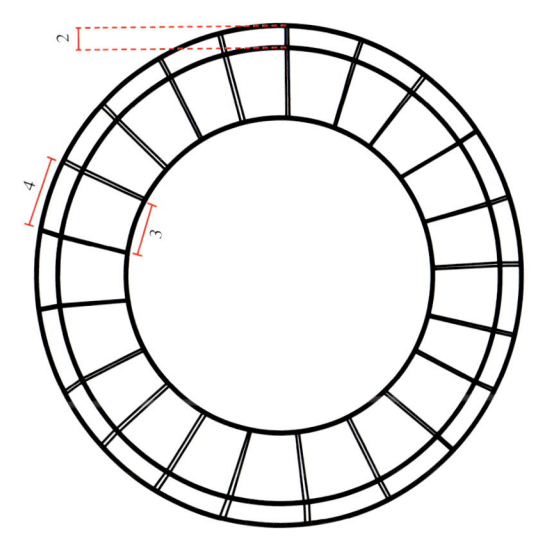

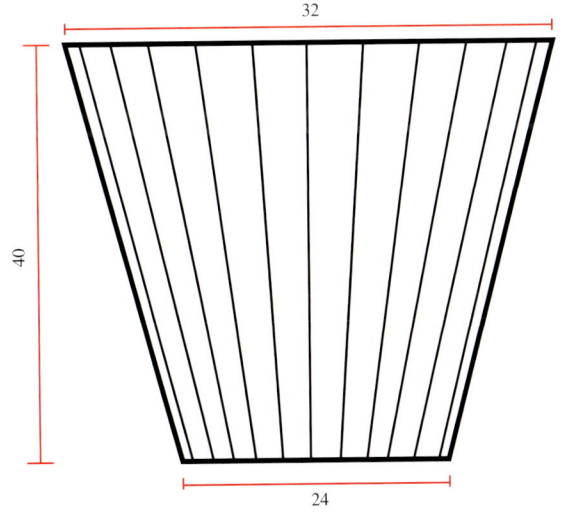

图二　白族木质饭桶尺寸图（单位：cm）

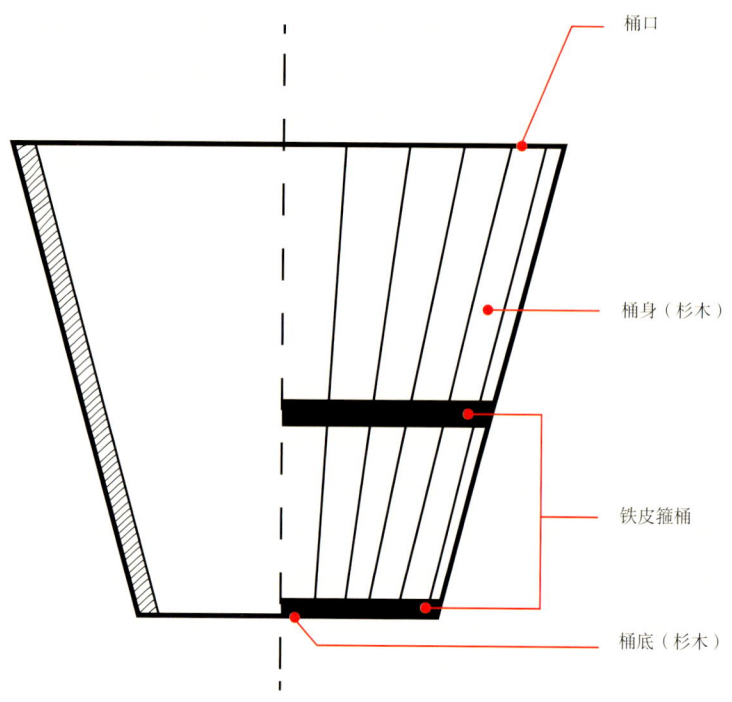

图三　白族木质饭桶结构图

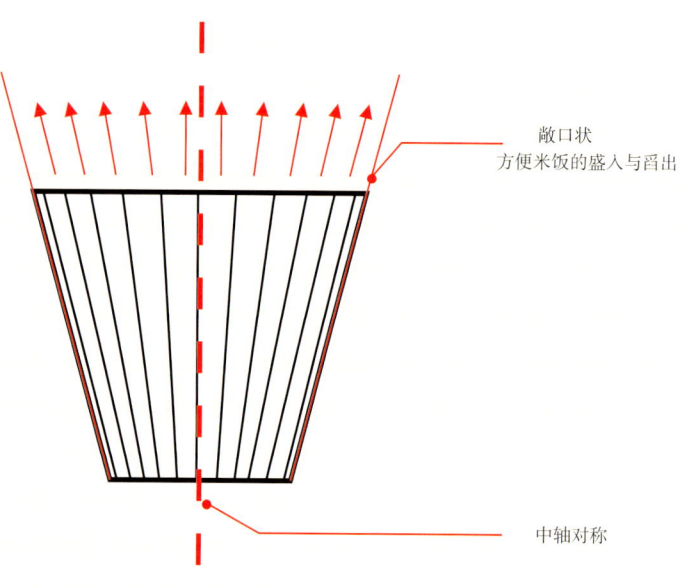

图四　白族木质饭桶形制分析图

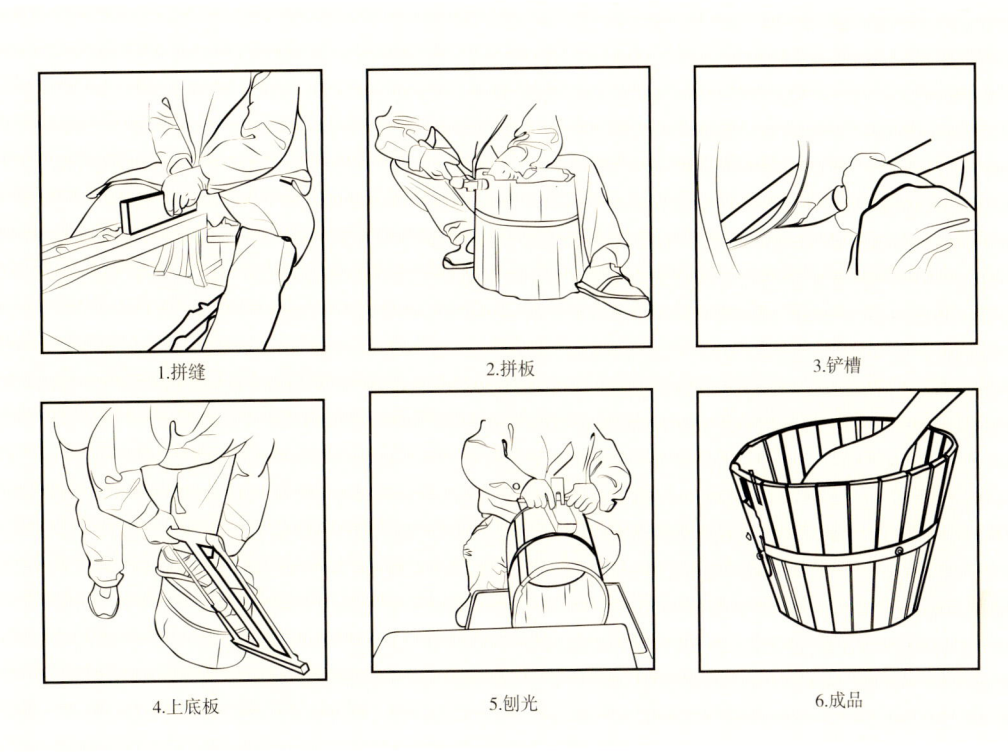

图五　白族木质饭桶制作工艺图

图六　白族木质饭桶使用方式图

第四章　白族传统生活用具

261

图七 白族木质饭桶使用场景图

白族竹篾箩筐

图一 白族竹篾箩筐主图

箩筐即竹篾编制的筐式盛器。本案例为云南白族竹篾箩筐，是白族传统的生活器具。箩筐高36厘米，上口直径63厘米，下口直径50厘米，呈敞口状。其造型朴素简洁，纯手工编织且制作成本较低。白族箩筐可用来装鱼，也可装粮食，实用性极强，广泛用于云南白族各地区。

白族林木资源丰富，龙竹等都是竹编制品的优质原材料。白族竹篾箩筐材料取自云南省白族当地山上的龙竹，制作流程由取料、编织、装配等几道工序组成。取料工具为编织专用篾刀，通过锯竹、卷节、剖竹、开间、劈篾、劈丝、抽篾、抽丝、刮篾、刮丝等工序，根据需要将竹篾制成不同规格的匀净光洁的长条篾丝。编织过程主要按照起底、编织、收口顺序进行。白族箩筐以盘丝编织法起底，器身编织则采用挑一压二的编织技法，为常用编织方式。收口编织将经篾均向右下折，并安装内圈，最后用藤皮以压一挑二方法缠三圈以固定。箩筐在当地主要用于装载搬运鱼或一些粮食作物。

白族竹篾箩筐是白族人民生活的实用器具，便于装载与搬运粮食作物。白族人民因地制宜，充分利用了当地丰富的林木资源，加以娴熟的编织技巧制作出成本低且实用的箩筐。因其成本低廉，成为白族最为普遍与实用的生活器具之一。白族竹篾箩筐的制作充分体现了白族人民娴熟的技艺与造物才能。

图片来源
图一 魏溥均 摄影
图二至图五、图七 夏玲 制图
图六 王英 制图

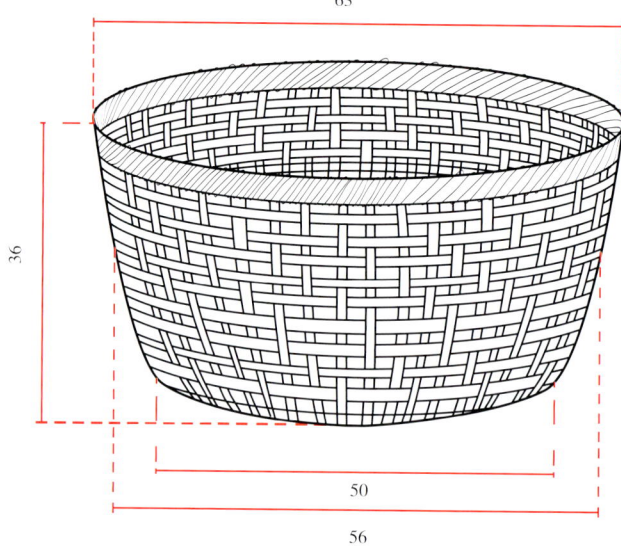

图二　白族竹篾箩筐尺寸图（单位：cm）

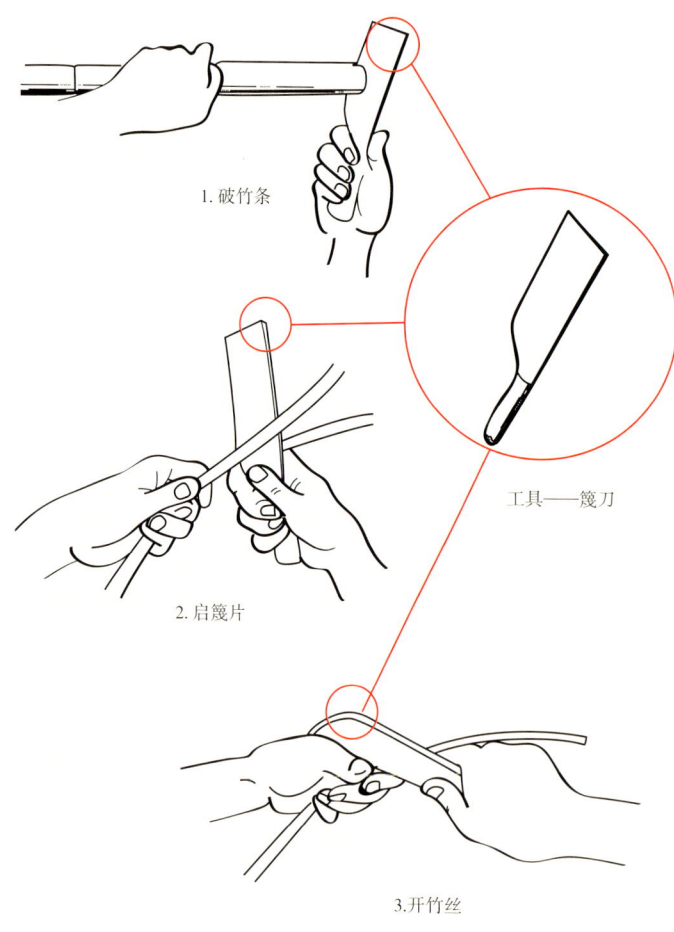

图三　白族竹篾箩筐制作流程图

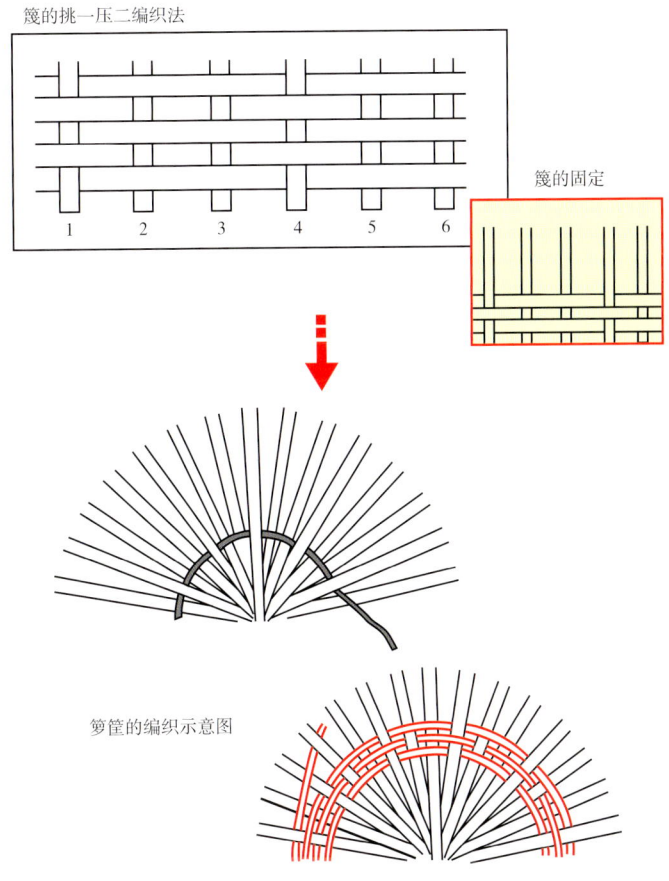

图四 白族竹篾箩筐筐身编织方式图

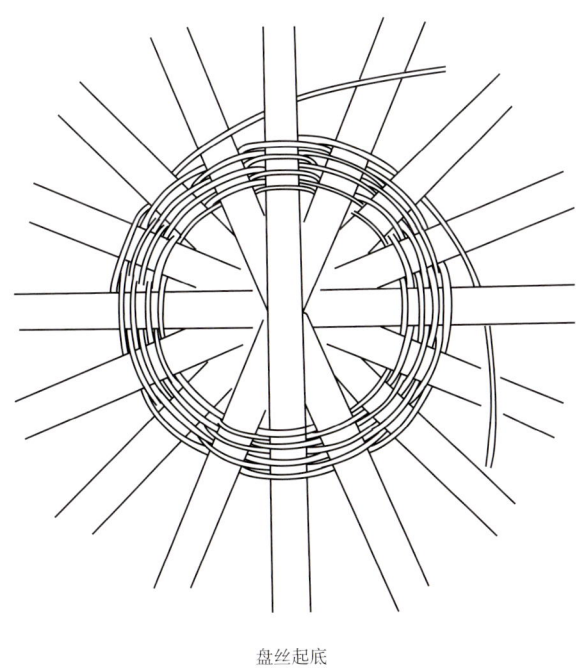

图五 白族竹篾箩筐底部编织方式图

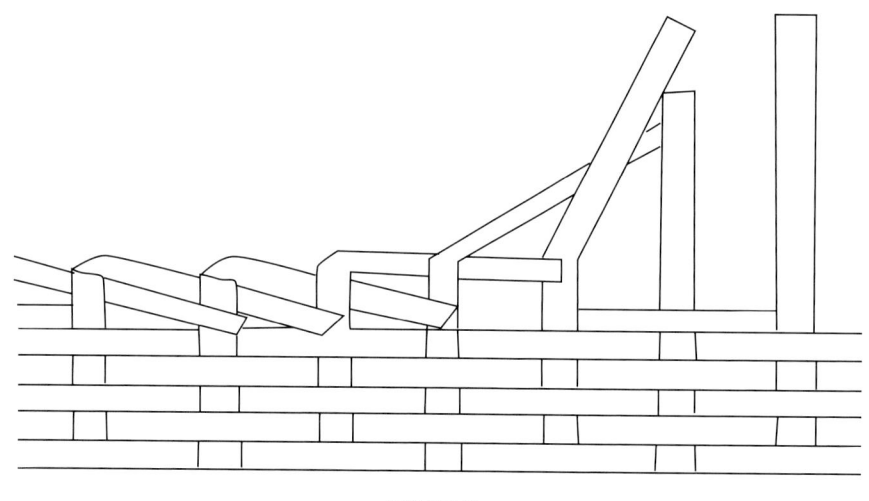

经篾右下折

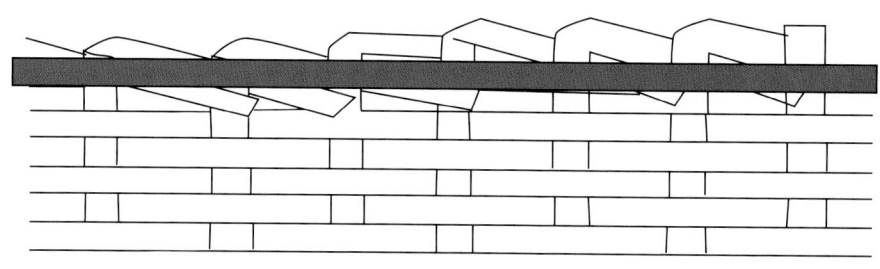

安装内圈

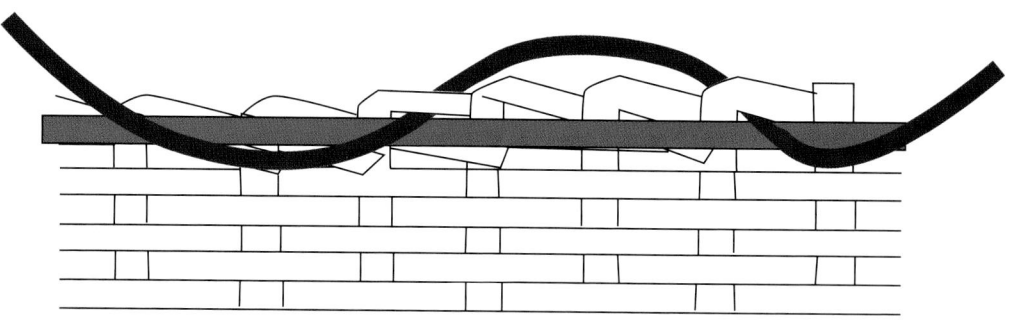

缠藤皮(缠三圈)，中间隔两根经篾穿下

图六 白族竹篾箩筐收口编织方式图

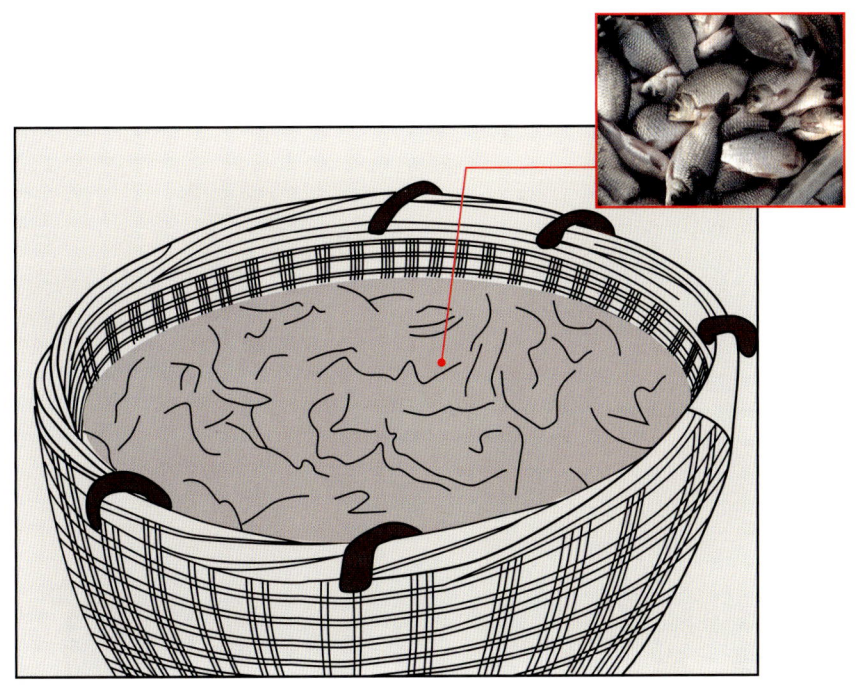

搬运　　　　　　　　　　　　挑担

图七　白族竹篾箩筐使用方式图

白族双龙靠背椅

图一　白族双龙靠背椅主图

本案例为云南大理白族双龙靠背椅，现收藏于云南严家大院博物馆。白族双龙靠背椅高108厘米，其中靠背板高52厘米，座面板宽57厘米，深43厘米。靠背板中心处刻有盘龙祥云纹样，雕刻精美。其巧妙的结构布局体现出白族匠人在传统家具的制作中所发挥出的创造才能。

白族双龙靠背椅由各个木材部件通过榫卯结构组合而成，做工精巧。椅背形制为山形，意为步步高升。两把靠背椅的椅背板有相同大小的圆形雕刻部分，运用浮雕手法，雕刻有龙飞腾云的吉祥图案，惟妙惟肖。龙身部分涂有金漆，雕刻部分面积占据靠背板中心位置，红色椅背和金色龙纹简洁大气又不失端庄威严。两把椅背搭脑后弯成卷书形，增强了搭脑整体的稳重性。座位板平直无装饰，座位板与靠背板呈直角关系，保证坐姿端正。前方两条椅腿及前侧牙子部分雕有连续的卷叶纹，同时椅腿与座板并非直角，椅腿向外微撇，使靠背椅更加稳重。榫卯结构使椅子无需钉子进行组装，并可保证其结构牢固。靠背椅的设计中，搭脑、腿足、座位板之间的连接大多都是以方、圆的"丁"字结合，体现了白族匠人的高超技艺。

白族双龙靠背椅设计凝聚了当地手工艺人精湛的技术，从座位板至地面的高度等都充分考虑到人体尺寸。整张椅子在设计、雕刻、色彩等方面所体现出的美感，符合中国古代传统工艺审美标准，并将白族匠人在制作双龙靠背椅中所发挥出的造物智慧展现得淋漓尽致。

图片来源

图一　赵思颖　摄影

图二至图七　王英　制图

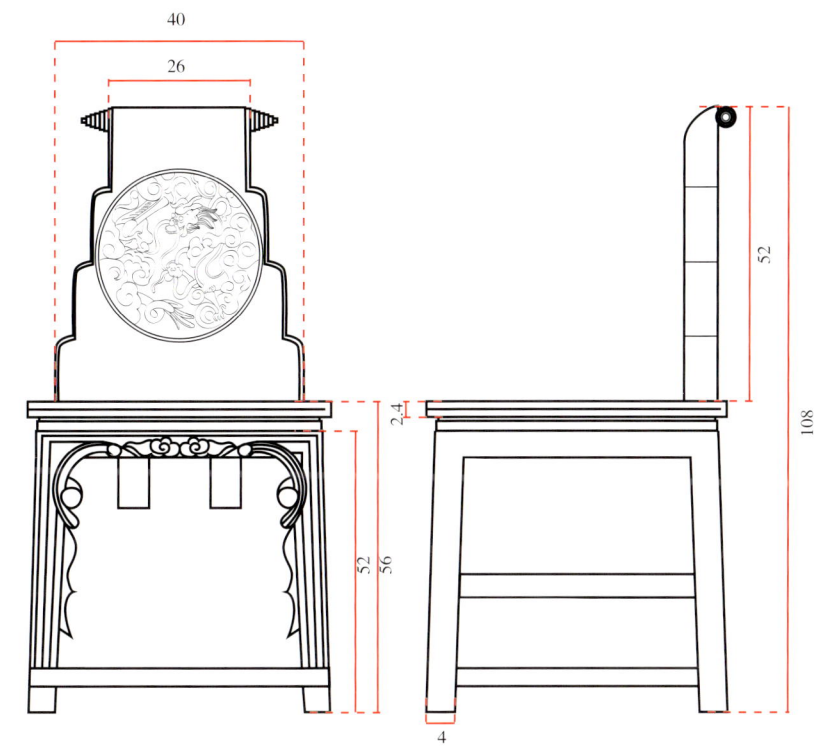

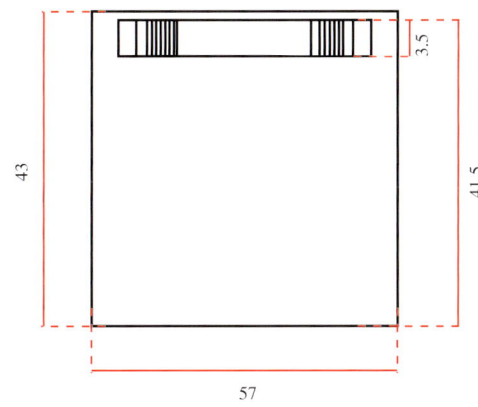

图二　白族双龙靠背椅三视图（单位：cm）

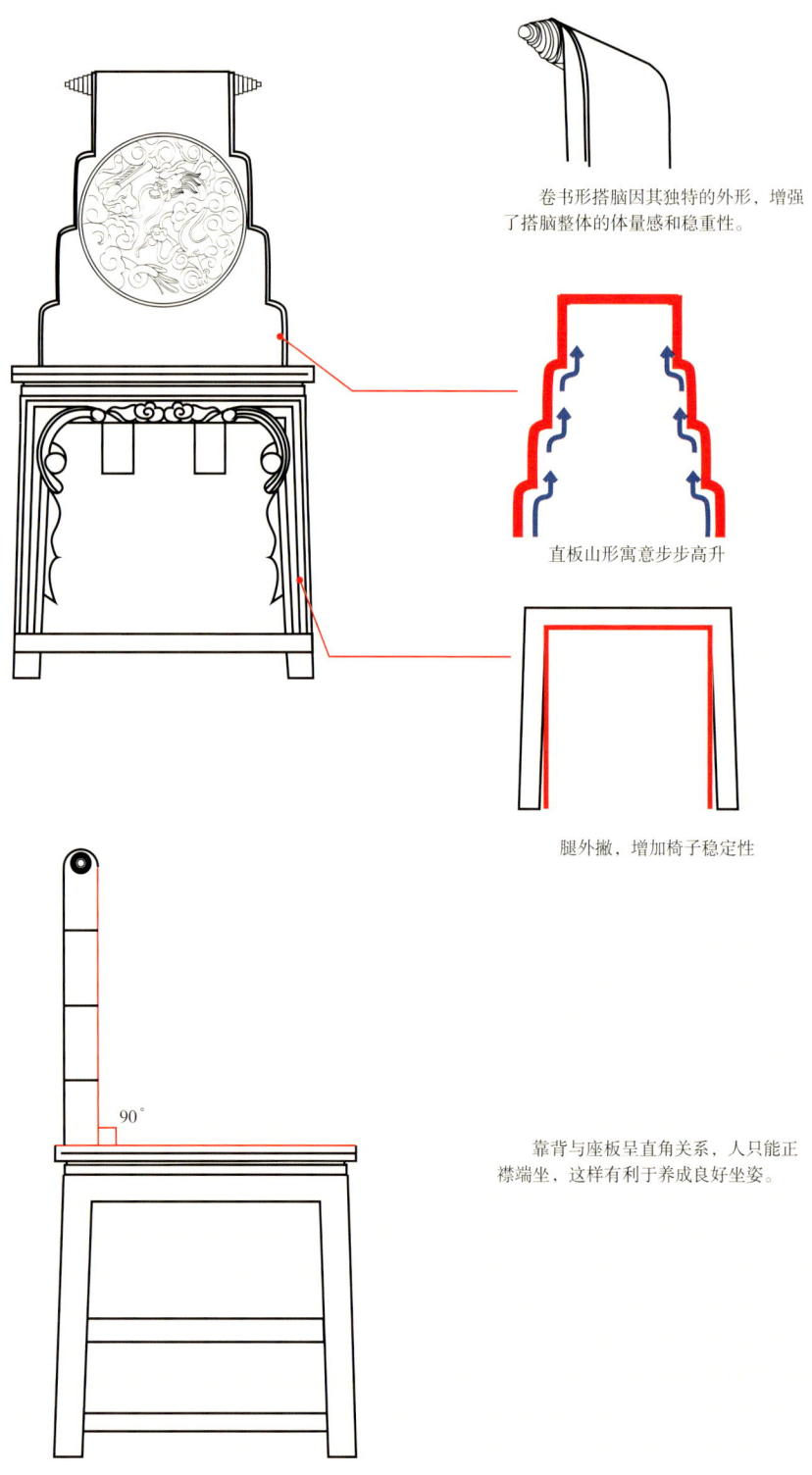

图三 白族双龙靠背椅形制分析图（1）

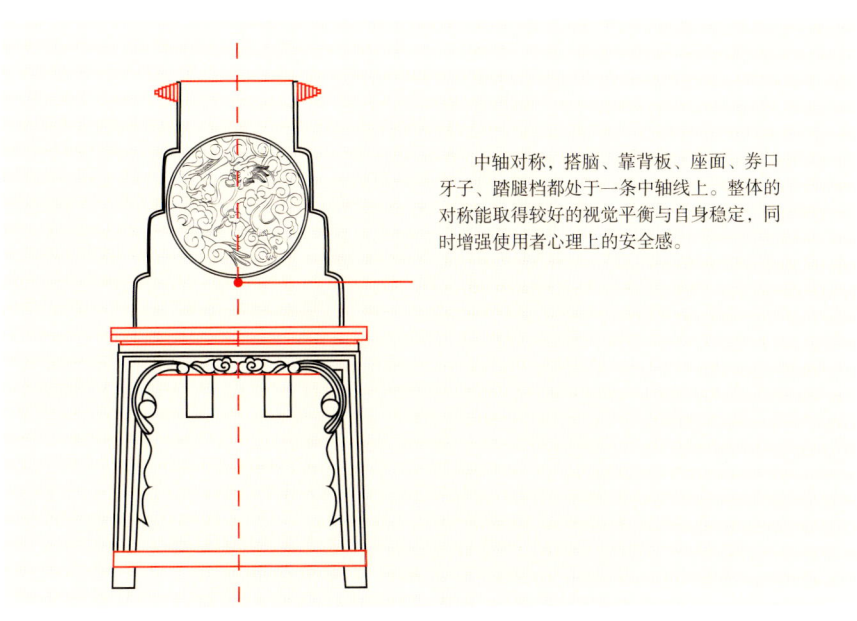

中轴对称,搭脑、靠背板、座面、券口牙子、踏腿档都处于一条中轴线上。整体的对称能取得较好的视觉平衡与自身稳定,同时增强使用者心理上的安全感。

图四　白族双龙靠背椅形制分析图(2)

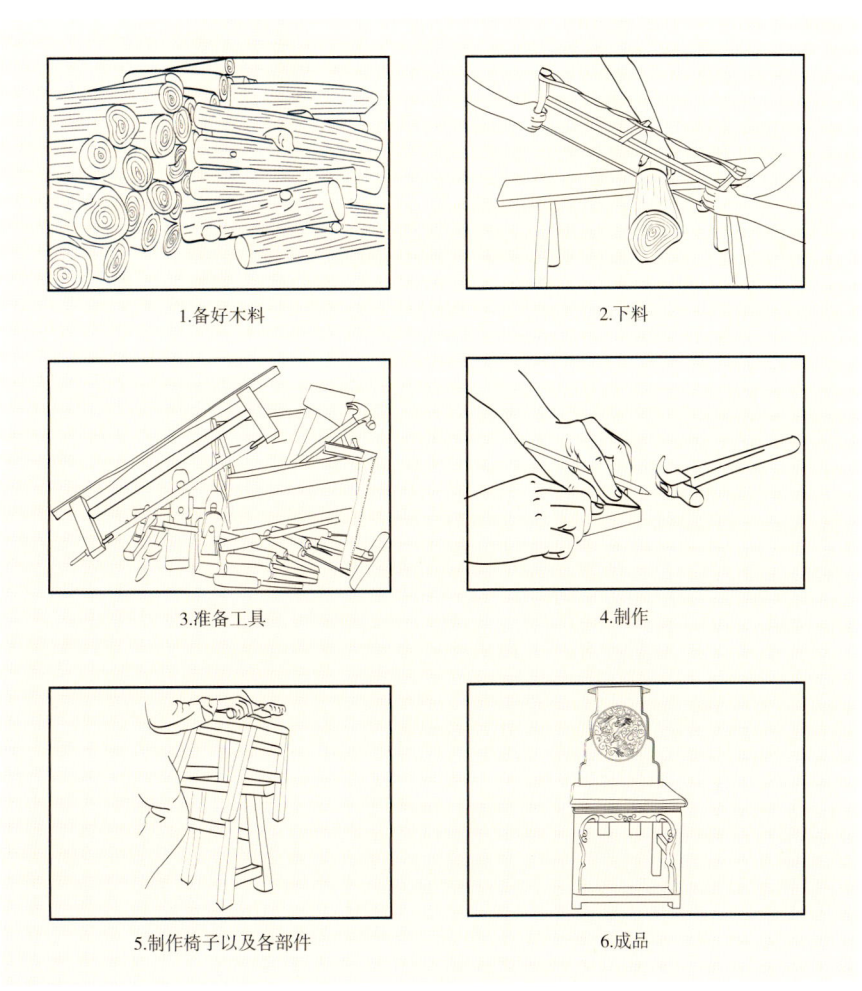

1.备好木料　　2.下料

3.准备工具　　4.制作

5.制作椅子以及各部件　　6.成品

图五　白族双龙靠背椅制作流程图

第四章　白族传统生活用具

271

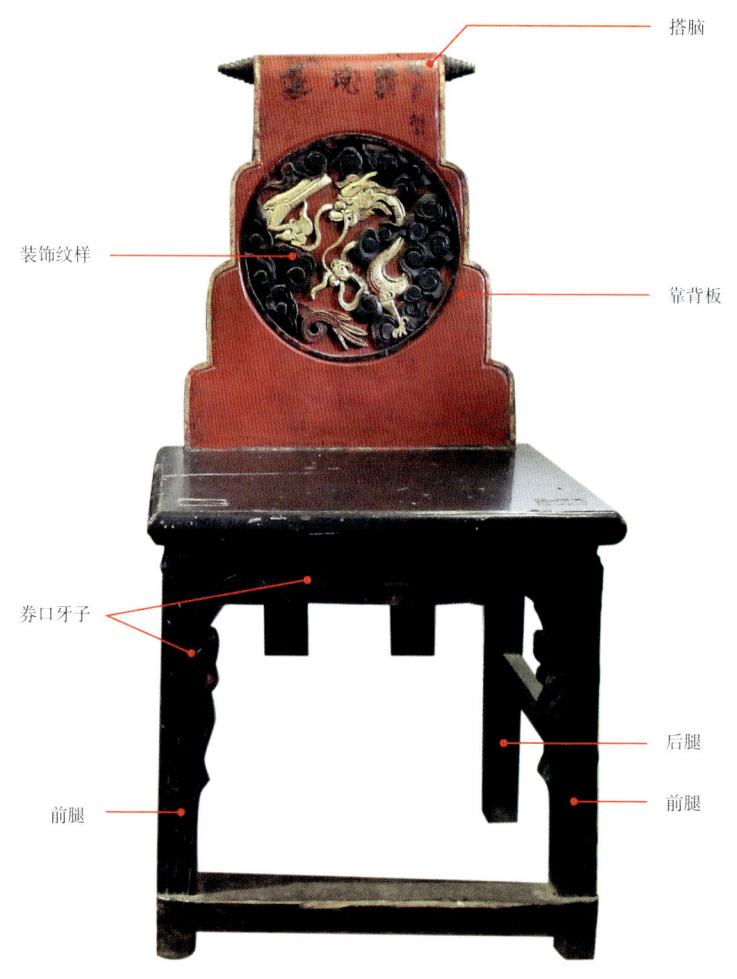

图六　白族双龙靠背椅结构示意图

椅背双龙纹样

在一个正方形里，画面由多个同心圆结构组合而成。龙纹样走势与同心圆走势相同，形成均衡统一的画面效果。

图七　白族双龙靠背椅纹样分析图

白族牛角龙凤梳

图一　白族牛角龙凤梳主图

本案例中白族牛角龙凤梳由龙梳与凤梳组成一对，手柄处各雕刻龙、凤图案。其中牛角龙梳长19.5厘米，高6.5厘米，手柄处刻有一条体态盘旋的龙；牛角凤梳长17.5厘米，高6.5厘米，手柄处刻有一只展翅欲飞的凤凰，龙凤图寓意吉祥。白族牛角龙凤梳梳体色泽圆润、质地坚实，广泛流行于云南、广西等地，尤以云南大理白族地区使用居多。

白族牛角龙凤梳取材于黑水牛角，梳体为黑色，由梳体、梳齿、手柄构成。白族牛角龙凤梳采用传统手工工艺及现代加工技术，制作工艺包括改、办、复、剔、磨、梳等二十多道工序，并由技艺娴熟的手工艺人精雕细刻后方能完成。首先用锯子将整个牛角切分成两半，制成初坯，并对整体进行设计，分出初坯的手柄与梳齿部分，随后用机器对其进行开齿，梳体基本完成后再对手柄部分进行细致的刻画。其纹样呈现精致的龙凤图案，体现我国传统的民族特色，寓意着龙凤呈祥，吉祥如意，寄托了白族人民对美好生活的向往。牛角本身是一种珍贵的中药材，牛角梳梳头时能按摩头皮，促进头部的血液循环，有安神健脑、舒经通络、增强人体细胞免疫力功用，且不伤皮肤与头发，并对身体具有保健作用，因此深受白族人民喜爱。

白族牛角龙凤梳整体典雅别致，梳体弧度自然，梳齿光洁圆润，规格为手掌大小，易于使用与携带。白族牛角龙凤梳造型饱满，梳柄处雕刻的龙、凤图案具有强烈的层次感，简约之中又可体现出龙、凤纹样丰富的韵律美感，体现了白族人民恪守"天然材料，手工制作"之特色。白族龙凤梳集实用与观赏为一体，具有收藏、馈赠等价值。

图片来源
图一　魏溥均　摄影
图二至图七　王英　制图
图八　夏玲　制图

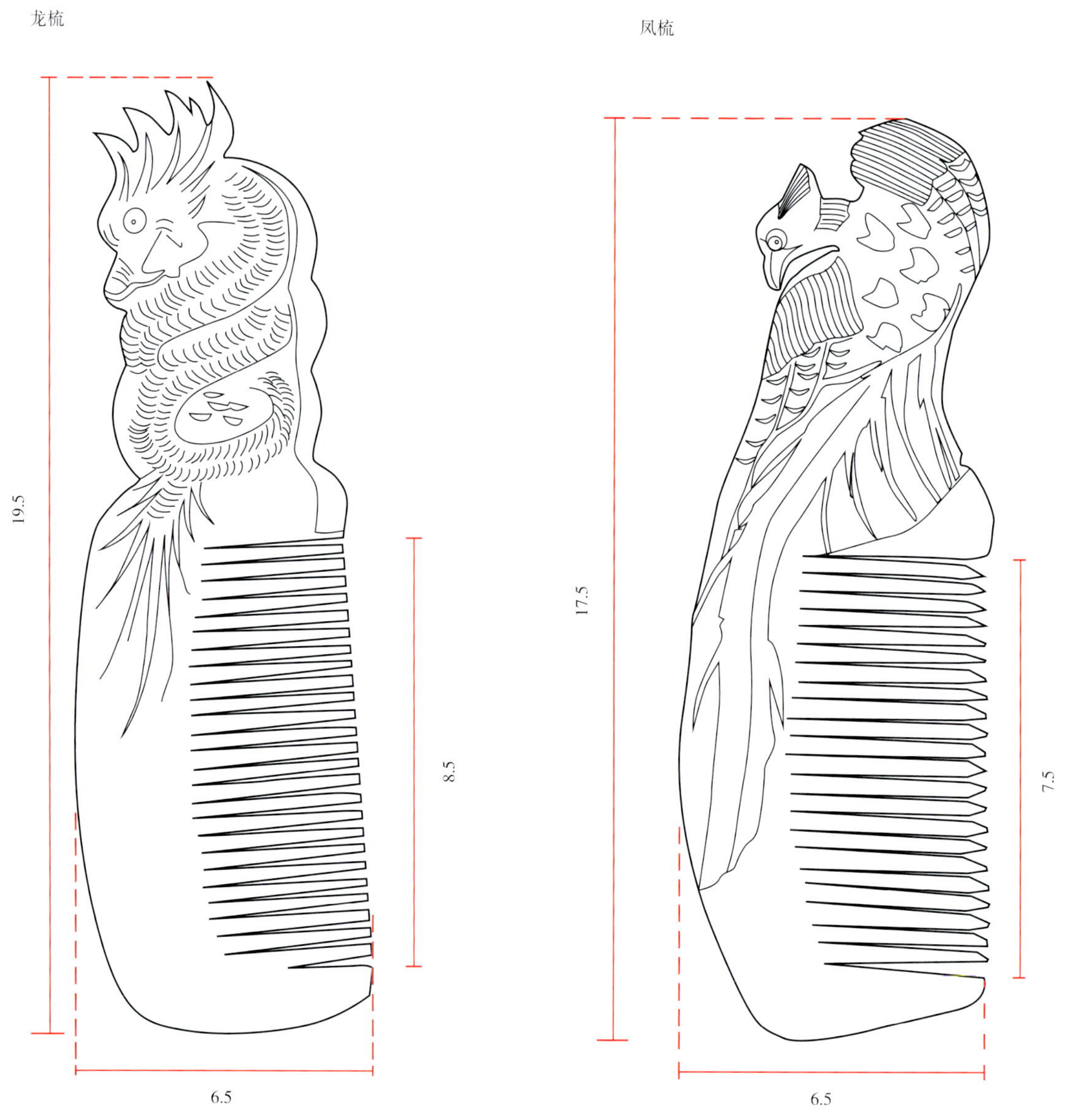

龙梳　　　　　　　　　　　　　凤梳

图二　白族牛角龙凤梳尺寸图（单位：cm）

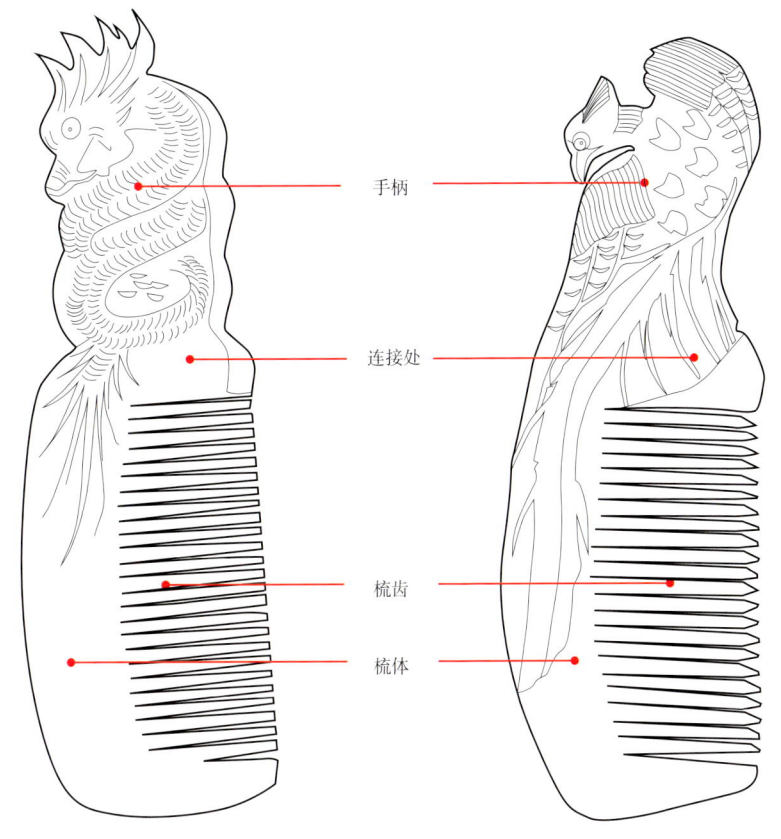

图三　白族牛角龙凤梳结构示意图

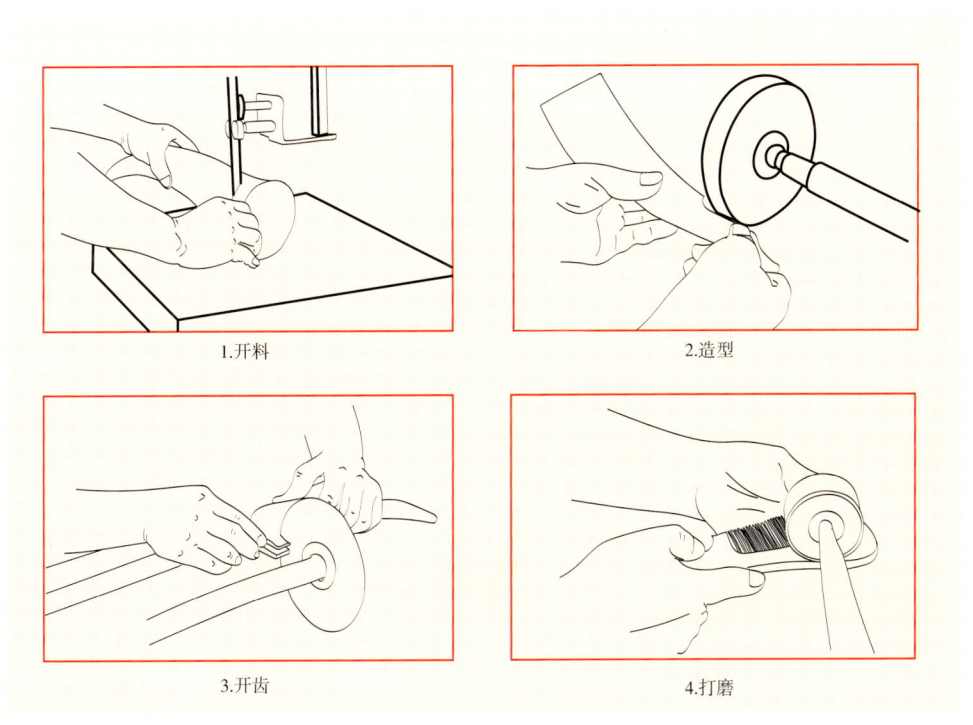

图四　白族牛角龙凤梳制作工艺流程图

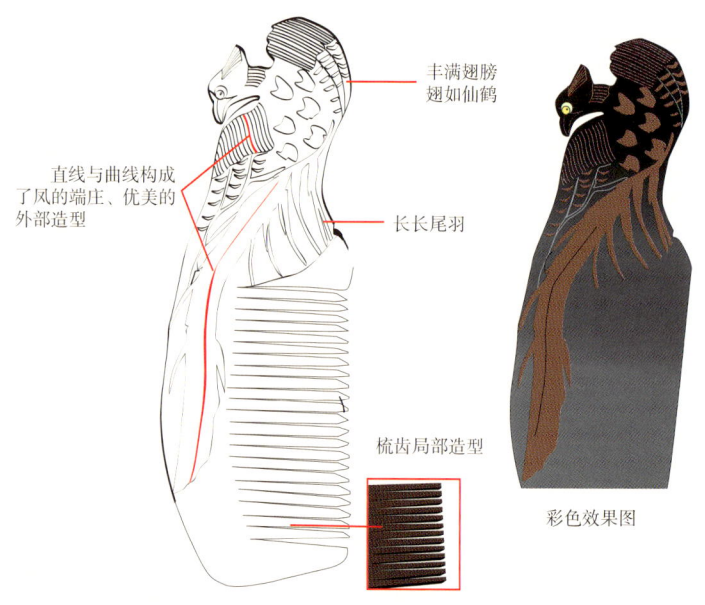

图五　白族牛角龙凤梳纹样分析图（1）

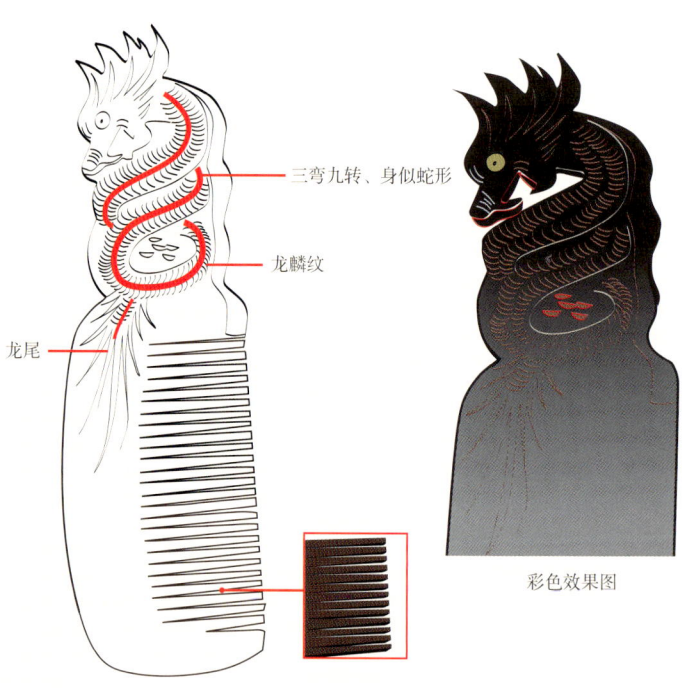

图六　白族牛角龙凤梳纹样分析图（2）

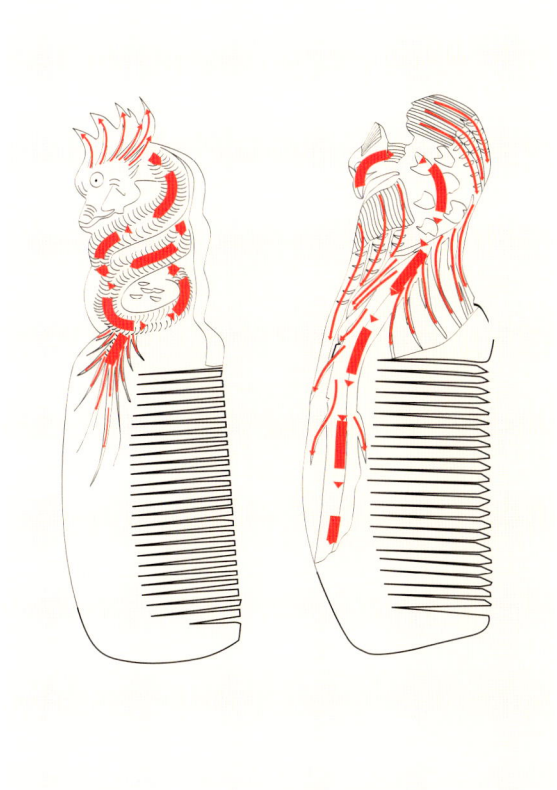

图七　白族牛角龙凤梳纹样动态分析图

图八　白族牛角龙凤梳使用示意图

第四章　白族传统生活用具

277

白族铜质熨斗

图一　白族铜质熨斗主图

熨斗，即熨烫衣物的工具，因其外形与北斗七星相近，故以"斗"来命名，也称"金斗""火斗"。熨斗早在商周时期就出现，盛行于汉唐。本案例为云南大理白族熨斗，现收藏于云南大理白族自治州博物馆。其外形呈盆状，圆腹，宽口沿，长手柄。熨斗通高9.5厘米，最大口径8.5厘米，材质为铜。铜质熨斗可熨烫衣物，也可用于平整字画，以便于装裱，是古代日常生活中极具实用性的生活用具。

白族古代熨斗做工精良，造型独特，像倒置的护头头盔。斗身的沿口前端部分平直，后半部分呈莲花瓣状，斗身以莲花纹样装饰，简洁大气。升起的花瓣状沿口可防止木炭火星四溅、炭灰外落，避免烫伤人。其底座较斗身略小，平底，可增加熨烫面积，提高效率的同时也便于置放。手柄材质同斗身一致，表层有简单纹样装饰，空心，内可接木把，避免熨烫时烫手。在使用时，将烧红的木炭放入斗身，通过金属传热快以及较大重力的特性将衣物熨烫平整或烫出所需的褶皱。古代熨斗造型的设计既实现了功能的最大化又充分考虑到人机关系，保证了人在使用中的安全性，充分体现了白族手工艺人以人为本的设计理念。

中国古代熨斗出现的时间较早，比外国早了1600多年。不同年代的熨斗都有其不同的造型特征，但都沿用传统熨斗的工作原理。由此可见，古代熨斗是现代熨烫器具的参照物。白族铜质熨斗的设计体现了造物者不断满足人们对于生活品质的追求，与以人为本的设计理念。作为一件古代传统的生活用具，它虽已成为过去式，但其记录并承载了一个民族文化的先进性，并凝聚了使用者对生活品质的追求与精神诉求，值得我们研究与挖掘。

图片来源
图一　刘翔宇　摄影
图二至图五　王英　制图

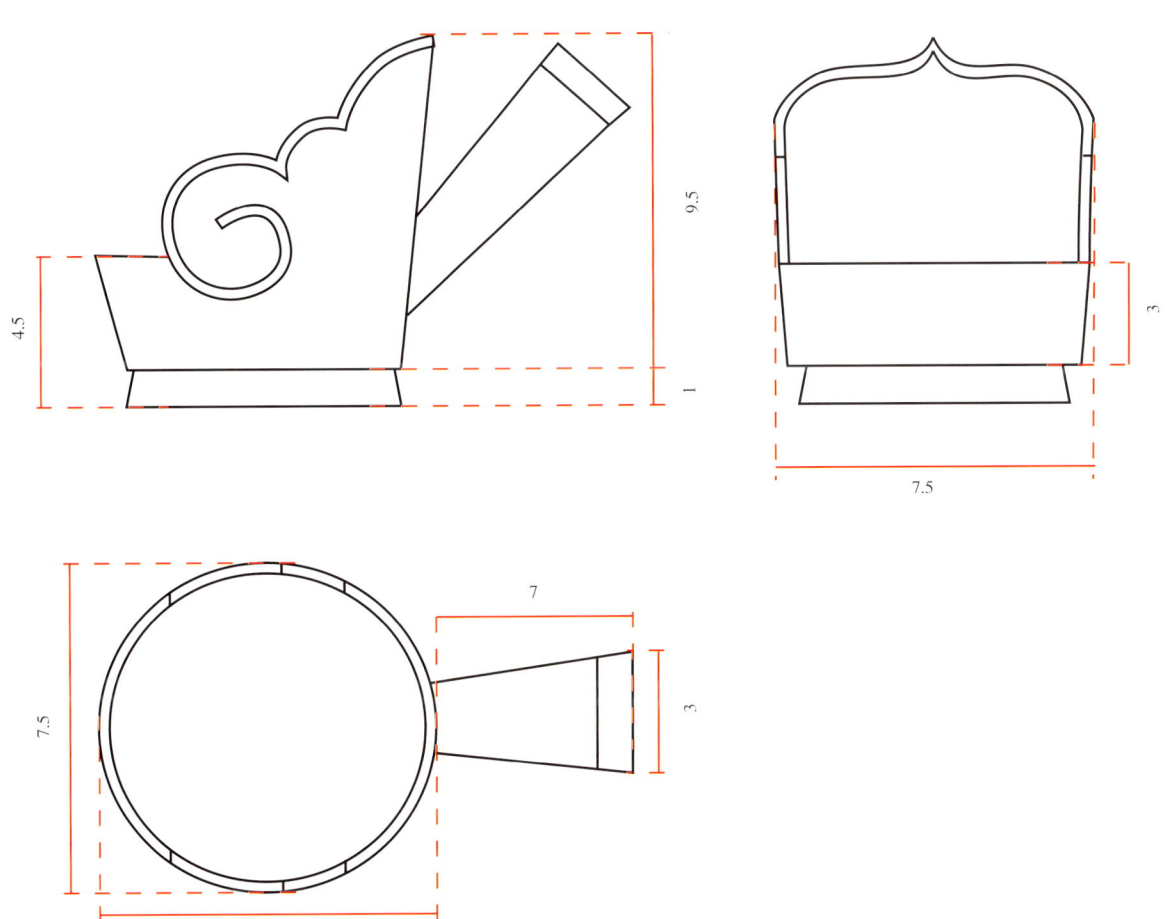

图二　白族铜质熨斗尺寸图（单位：cm）

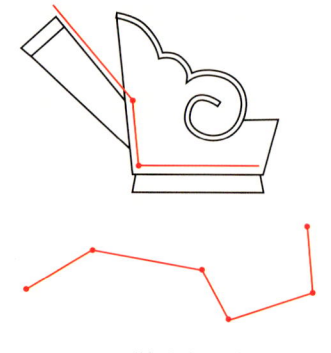

形似北斗七星状

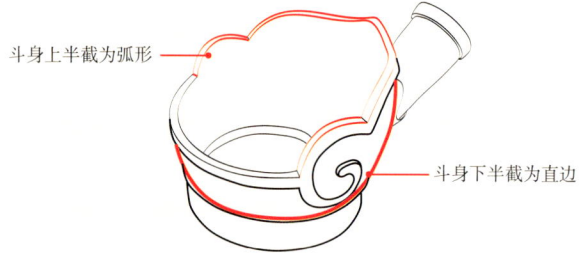

斗身上半截为弧形

斗身下半截为直边

图三　白族铜质熨斗形制分析图

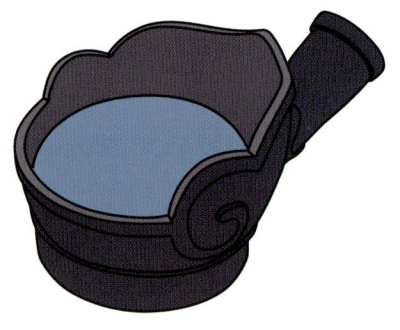

图四　白族铜质熨斗使用方式图

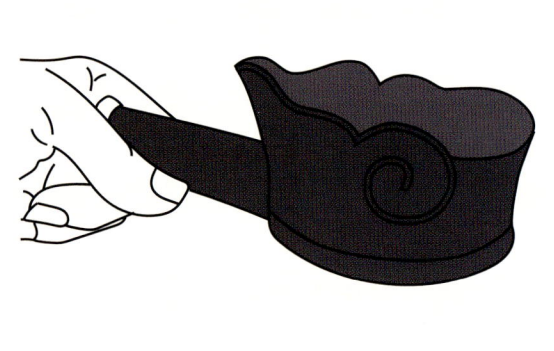

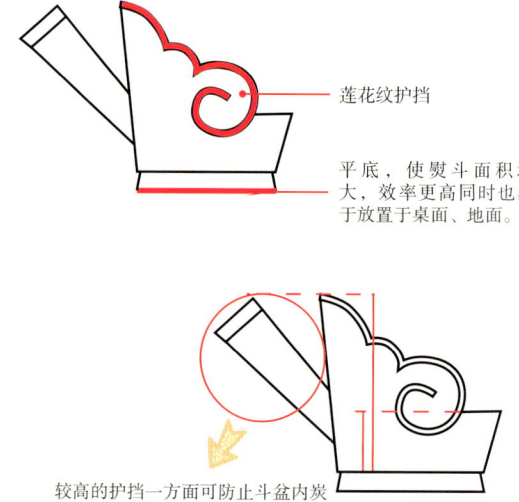

莲花纹护挡

平底，使熨斗面积增大，效率更高同时也易于放置于桌面、地面。

较高的护挡一方面可防止斗盆内炭火晃出，另一方面则防止炭火星飞出，烫伤使用者。

图五　白族铜质熨斗使用分析图

白族木质拔步床

图一　白族木质拔步床主图

拔步床，又称"八步床"，由前廊与架子床组合而成，人可跨步进入前廊，故称之为拔步床，是中国传统卧具中极具特色且占地面积较大的一种家具。本案例为云南大理白族传统卧具拔步床，现收藏于云南严家大院博物馆。拔步床通高258厘米，进深223厘米，前廊深40厘米，床面宽183厘米。其材质为松木，各部件运用榫卯原理组合成一个长方体框架，结实耐用。

白族拔步床独特之处体现在原有架子床结构的基础上另加两侧围板，形成前廊，使其成为相对独立的空间，私密性极强。架子床上下结构稳定，由四根外柱加两根内柱支撑，床体两侧设有围栏，镂空处采用小块木料以榫卯拼接成几何纹样。云南白族地区气候湿润，因此床体上铺置棕藤软屉，上层为藤席，下层为棕屉。拔步床的前廊部分由构建部件、围合构件、附属性构件以及装饰性构件四部分组成。前廊围合构件中的前罩板部件及装饰性构件中的床匾部分均采用白族传统木雕工艺进行装饰，饰以民间故事、山水花鸟等，其中以八仙、鹿以及飞鹤等纹样为主。装饰纹样直接表现了白族人民最为朴实与基本的心理需求，纹饰表面贴有金箔，使其更显富贵。白族拔步床无论在整体结构框架还是装饰纹样上均呈中轴对称样式，这样能够取得较好的视觉平衡，也增强了整体稳定性。

大理白族拔步床结构科学且造型精巧，是白族许多大户人家常用的床榻家具。其别具匠心的设计及精美的纹样，增添了拔步床的欣赏价值。拔步床的空间类似一间小屋，因床体围栏的增设使人在睡眠时更具安全性。同时其折射出的民族文化、高超的制作工艺，对现代家具也具有借鉴的价值与意义。

图片来源

图一　赵思颖　摄影

图二至图六　王英　制图

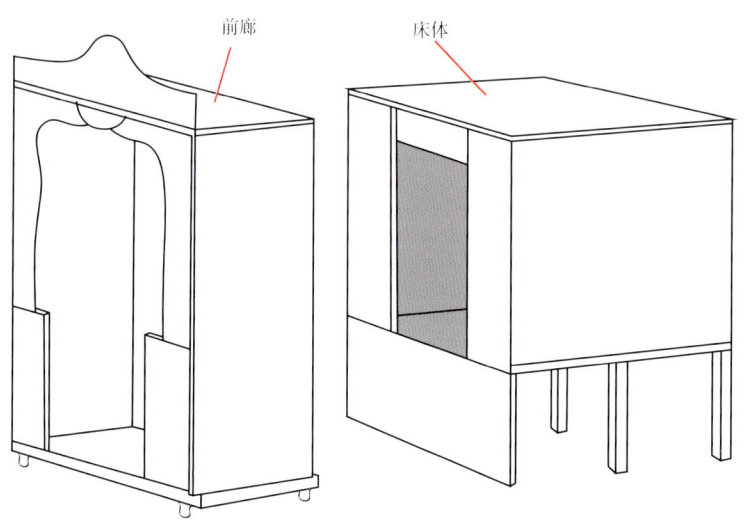

图二　白族木质拔步床前廊与床体关系图

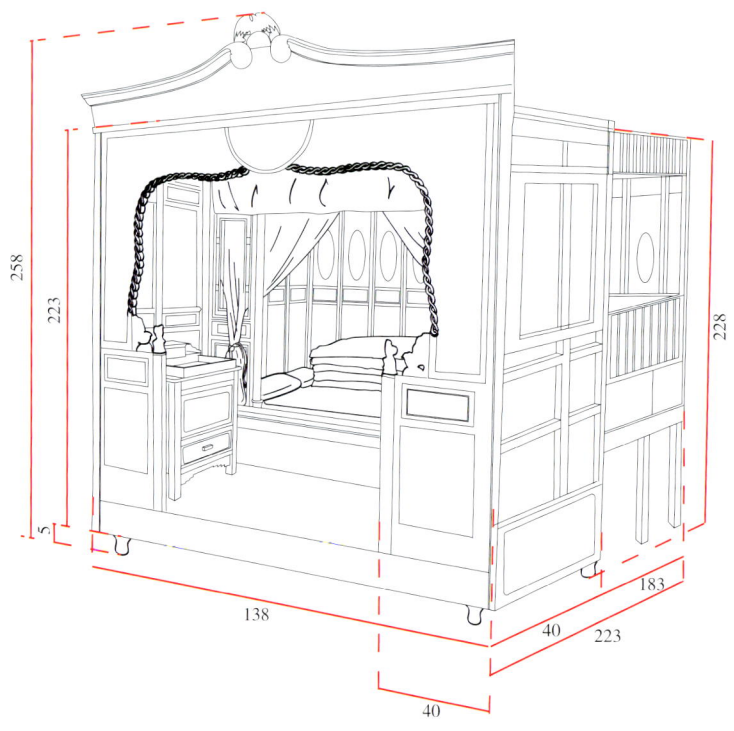

图三　白族木质拔步床尺寸图（单位：cm）

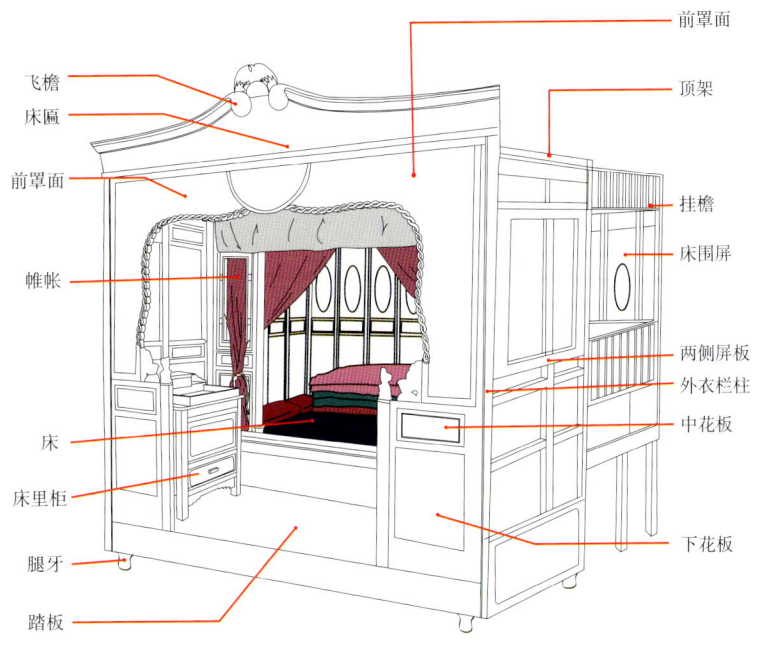

图四　白族木质拔步床结构示意图

构建部件（矮足、踏板、廊柱、顶架）

围合构件（前罩面、两侧屏板、踏足、顶板）

附属性构件（梳妆台）

装饰性构件（小插人、床匾、飞檐）

图五　白族木质拔步床前廊组成构件分析图

283

图六 白族木质拔步床雕刻单元纹样图

白族木质交椅

图一 白族木质交椅主图

交椅，又称折叠凳，亦称"马扎"，是太师椅的前身，由胡床发展而来。本案例是云南大理白族的一款交椅，采集于云南省大理白族自治州大理市喜洲镇。属于无扶手靠背交椅，座面的软屉是以丝绳编织而成。通高104厘米，椅背高69厘米，座面宽47厘米。在等级制度森严的封建社会，交椅通常代表身份、地位的高贵，"坐第一把交椅"代表了首领的地位。

交椅分直后背交椅与圆后背交椅，本案例中的白族交椅为直后背交椅。搭脑形似出头的官帽椅，椅背为攒框式三段。自上而下，白族交椅表面涂有红漆，椅背雕刻部分涂有金粉，凸显出交椅的富贵大气。椅背正面雕刻了方形寿字、梅花及如意纹样，以圆滑的边缘线分割成三部分。雕刻的纹样表达出白族人民对美好生活的向往，同时也体现出白族人民对精神文化的诉求。座面的软屉编织纹路为白族传统的回形纹，蓝白相间。相比于木质，软屉编织更加柔软、舒适、透气。白族交椅做工精致，设计合理，同时椅背弧度呈C型，其弯曲程度、椅子的座面高度宽度均符合人体工程学，使用时舒适放松。同时白族交椅椅腿下方呈交叉状，可折叠便于收纳，实用性强。

云南白族交椅设计理念凸显人文性。其造型优美，线条流畅，靠背板中雕刻的纹样起到了画龙点睛的作用。整张椅子在造型设计、纹样雕刻、色泽方面都体现出交椅的文雅气质，符合中国古代传统工艺的审美标准，同时还渗透崇尚自然美的人文精神。

图片来源

图一　樊振杰　摄影
图二　王师　制图
图三至图六　刘翔宇　制图

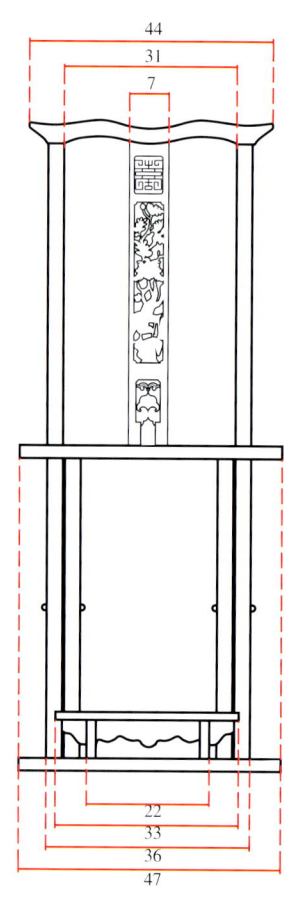
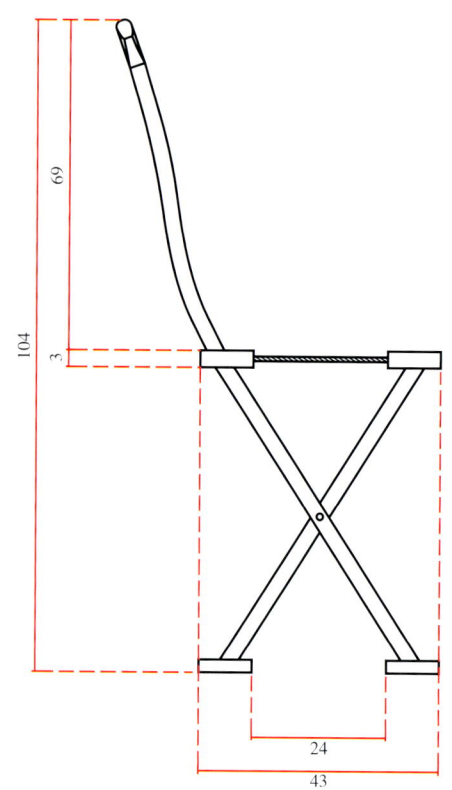
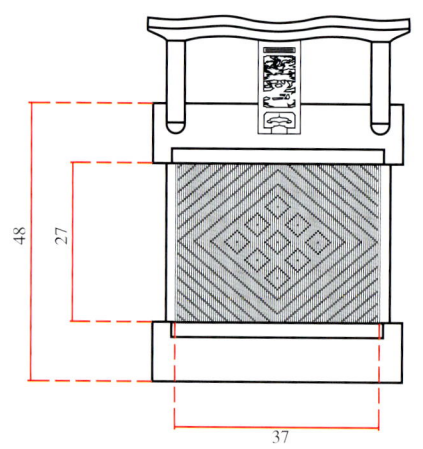

图二　白族木质交椅三视图（单位：cm）

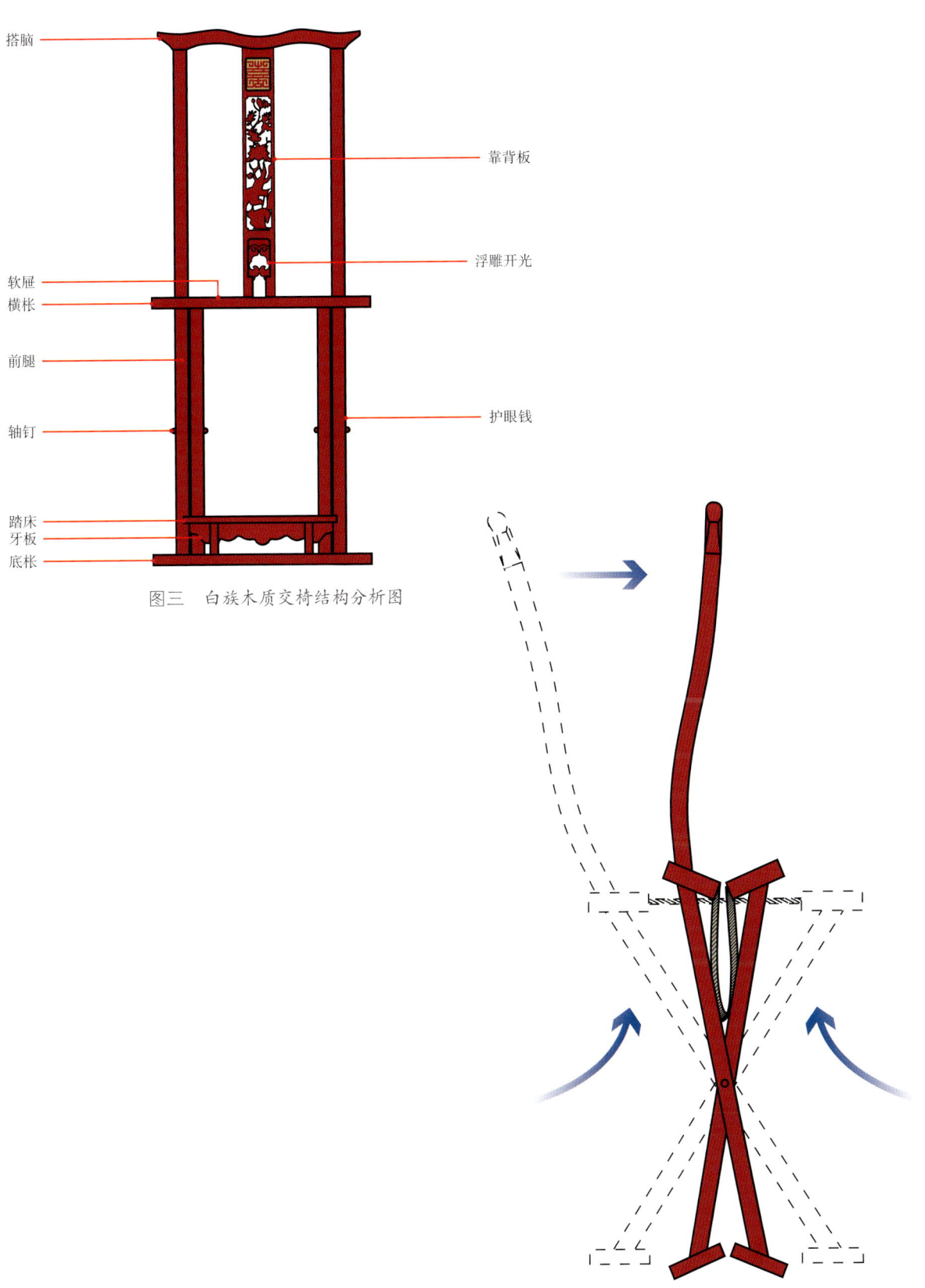

图三　白族木质交椅结构分析图

图四　白族木质交椅折叠原理分析图

第四章　白族传统生活用具

287

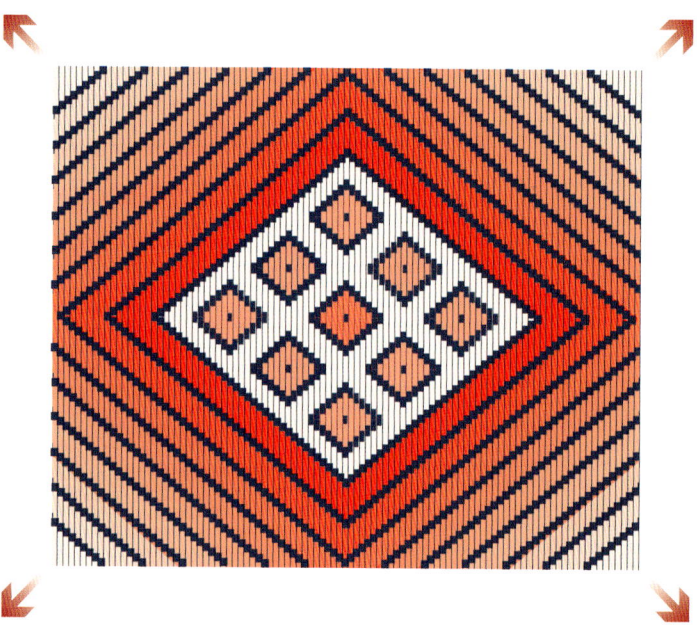

图五　白族木质交椅软屉编织纹样分析图

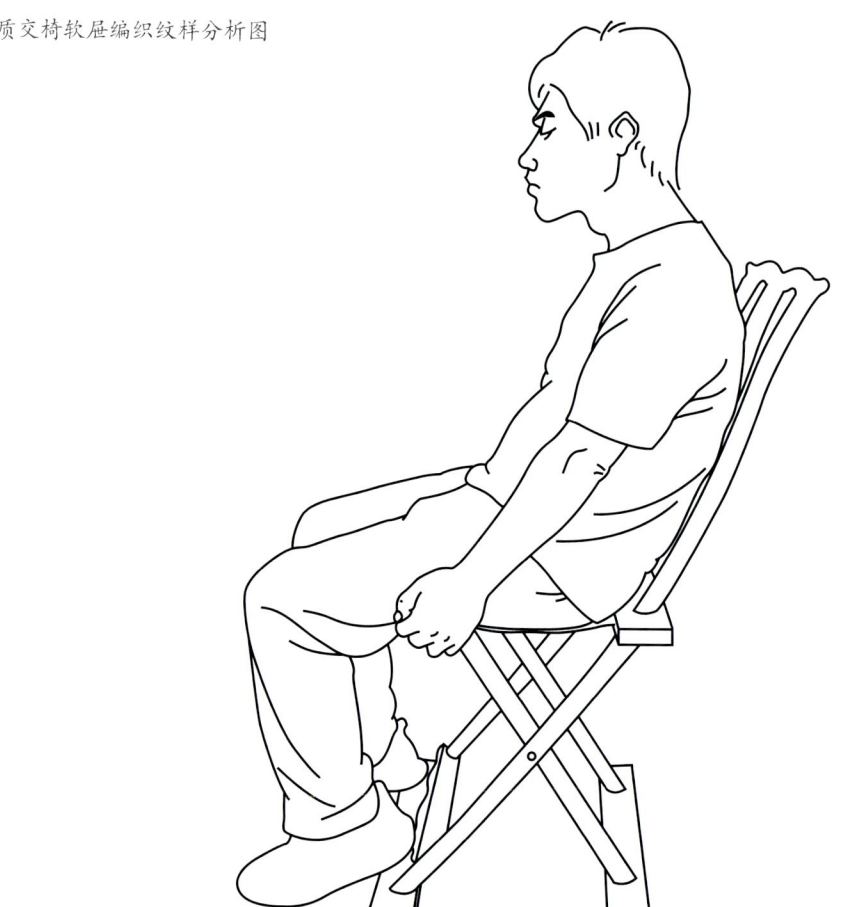

图六　白族木质交椅使用图

白族竹编婴儿摇篮床

图一　白族竹编婴儿摇篮床主图

本案例云南大理白族婴儿摇篮床为竹篾编制而成，专为小于5个月的婴儿使用，现收藏于云南大理白族自治州博物馆。白族竹编婴儿摇篮床身通长90厘米，宽45厘米，通高60厘米。云南气候环境适宜竹子的生长，竹子资源十分丰富，因此在云南白族地区有很多生活生产用具都使用竹子加工制作而成，竹编婴儿摇篮床便为其中之一。

婴儿摇篮床根据使用群体与功能对长、宽、高的尺寸做出合理设计，使其符合小于5个月婴儿的生理结构特点，可以尽量减少婴儿受到的伤害。白族婴儿摇篮床顶部有遮挡部分，可以起到遮挡光线的作用，保证婴儿睡眠质量。同时可在婴儿摇篮床上罩一层轻纱，一方面可以防止蚊虫叮咬，另一方面用轻纱将竹编婴儿摇篮床围成一个独立空间，使婴儿获得安全感。竹编质地较为柔软，且有良好的透气性。在夏天气候湿热的云南白族地区，白族人民只需在摇篮里铺上一层布单便可让婴儿躺下，既能预防婴儿湿疹，同时又可将婴儿与竹编隔离，使竹编不会硌到婴儿。白族婴儿摇篮床通常与底座相结合使用，用手轻推，使竹编婴儿摇篮床小幅度摇晃，帮助婴儿入睡。

手工编织的竹编器具遍及白族人民衣食住行的方方面面，白族手工艺人的竹编技艺将这些竹材升级为一件件极具实用性的生活用具，外表虽朴实无华但细节之处却能够体现出白族手工艺人巧妙的设计理念。竹编从选材到制作无不体现了白族手工艺人所蕴含的深厚的造物才能，值得现代设计学习借鉴。

图片来源
图一　大理白族自治州博物馆　提供
图二至图六　王英　制图

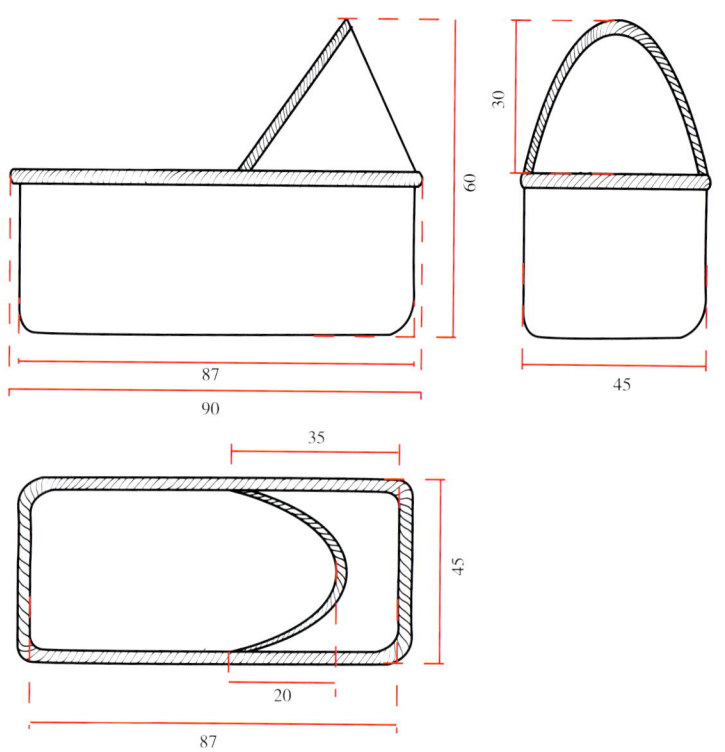

图二 白族竹编婴儿摇篮床三视图（单位：cm）

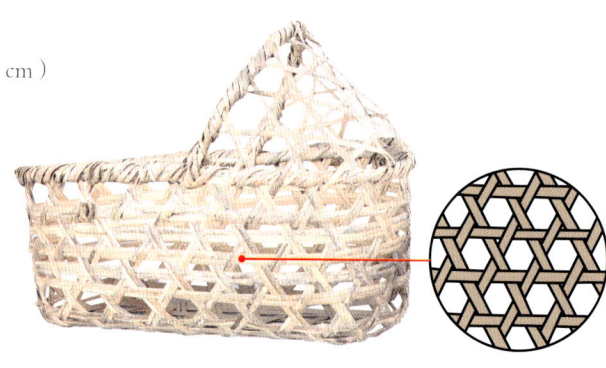

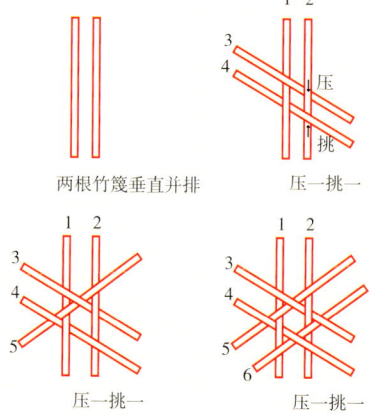

图三 白族竹编婴儿摇篮床编织方式图

图四 白族竹编婴儿摇篮床使用方式图

第四章 白族传统生活用具

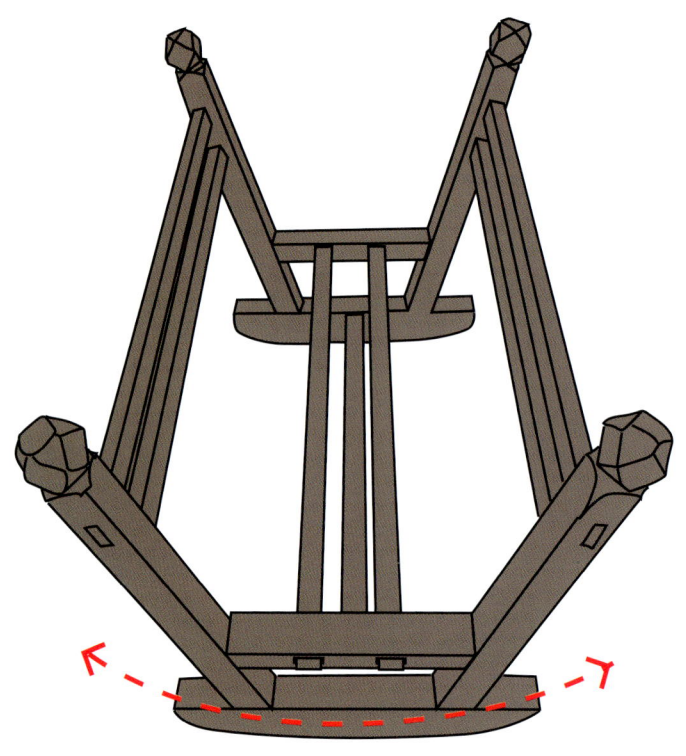

运动方向

图五 白族竹编婴儿摇篮床摇摆运动方向

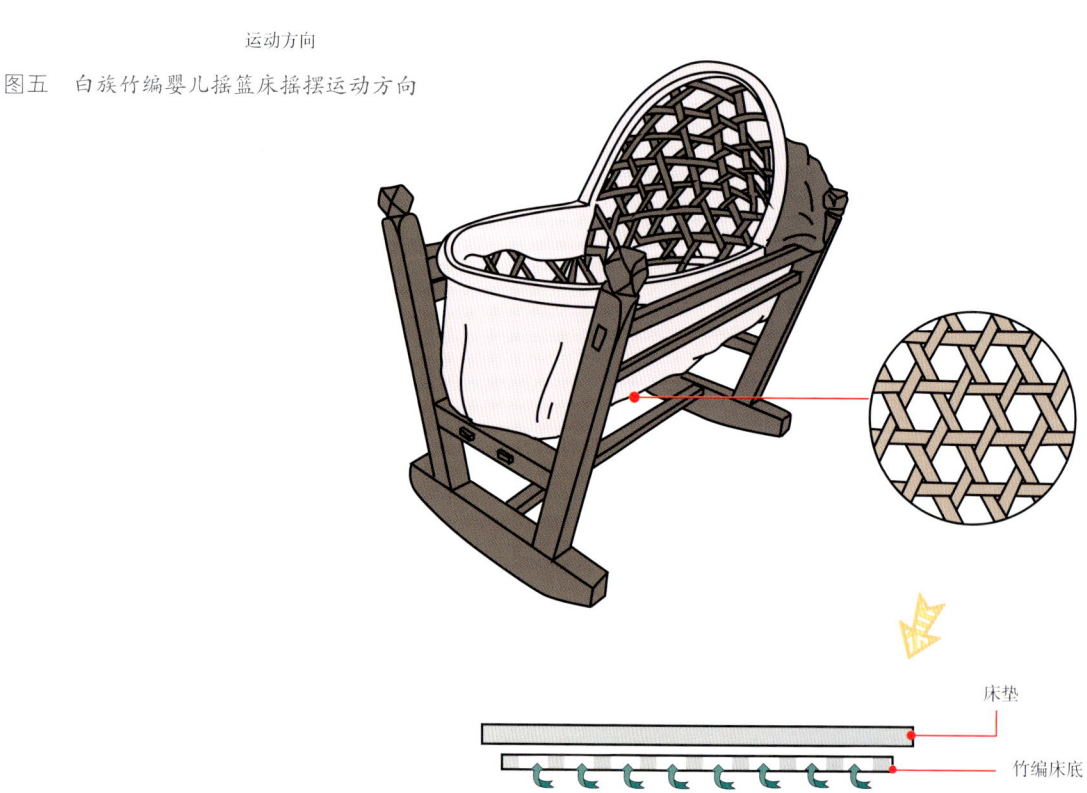

床垫

竹编床底

云南地区气候湿热，竹编的摇篮有良好的通风透气性，预防婴儿湿疹

图六 白族竹编婴儿摇篮床透气性分析

白族木瓢

图一 白族木瓢主图

瓢，即用来舀或者盛装水、酒等液体的生活器具。本案例为云南大理白族木瓢，现收藏于云南省大理白族自治州博物馆。木瓢整体由杉木挖制而成，由手柄和凹形容器两个部分组成。木瓢总长32厘米，盛装容器的最大口径20厘米，高8厘米。其结构造型简单，实用性强。

云南白族聚居地区林木资源丰富，白族手工艺人就地取材。制作木瓢首先将选好的木料凿成瓢的粗坯，将粗坯手柄的部分固定在有卡槽的木桩上，用制瓢工具挖出碗状凹形的容器部分，逐渐修出水瓢的外形与手柄造型，再由手工艺者精细打磨，直至木瓢内外表面平整。木瓢整体的尺寸是以人体手臂和手掌大小为依据进行设计，成年人手掌宽度一般为7.5厘米左右，木瓢手柄长11厘米，符合成年人手掌的握持习惯；手柄呈一定的曲线，既美观又方便使用者牢固抓握，与人手掌贴合。其凹形容器可盛装1.5升的水，重量相当于1500克，在人体可以单臂提升重量范围之内。在凹形容器边沿一侧，有三角形的出水口，可将液体引流到口径较小的容器中。白族木瓢手柄和容器部分线条优美，简单大方，表面没有任何装饰纹样和雕刻，呈现出纯天然的木纹肌理。

木瓢成本低廉，实用性强，是云南白族家家户户最为常见的生活器具。木瓢虽外表朴实无华，但白族手工艺人在制作中充分考虑到人们在使用过程中如何可以更便捷与省力，在其尺寸大小、外形比例上均展现出基本的人体工程学，充分体现了白族手工艺人别具匠心的造物智慧。

图片来源
图一 大理白族自治州博物馆 提供
图二至图六 王英 制图

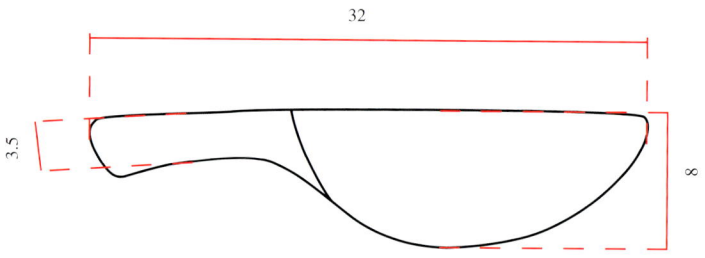

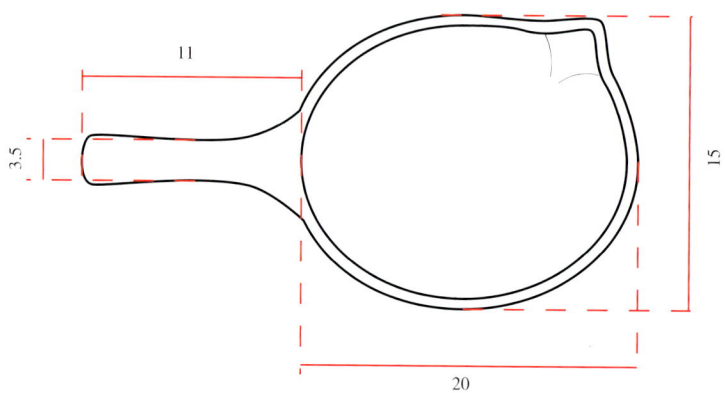

图二　白族木瓢尺寸图（单位：cm）

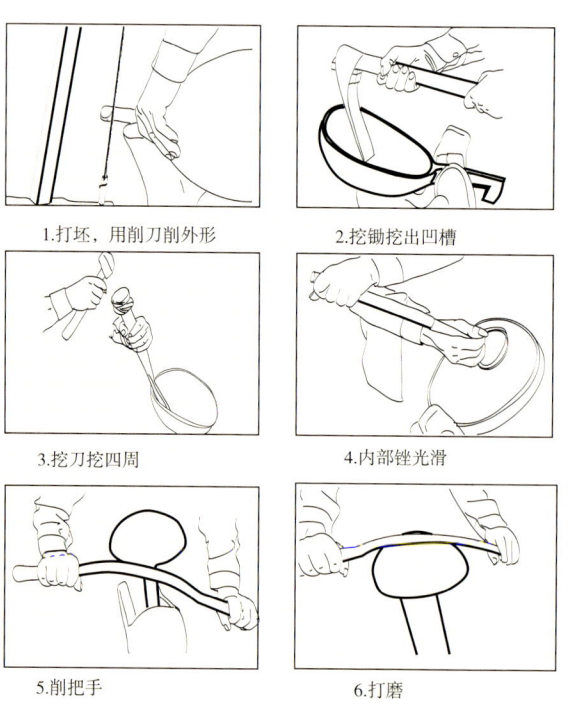

图三　白族木瓢制作流程图

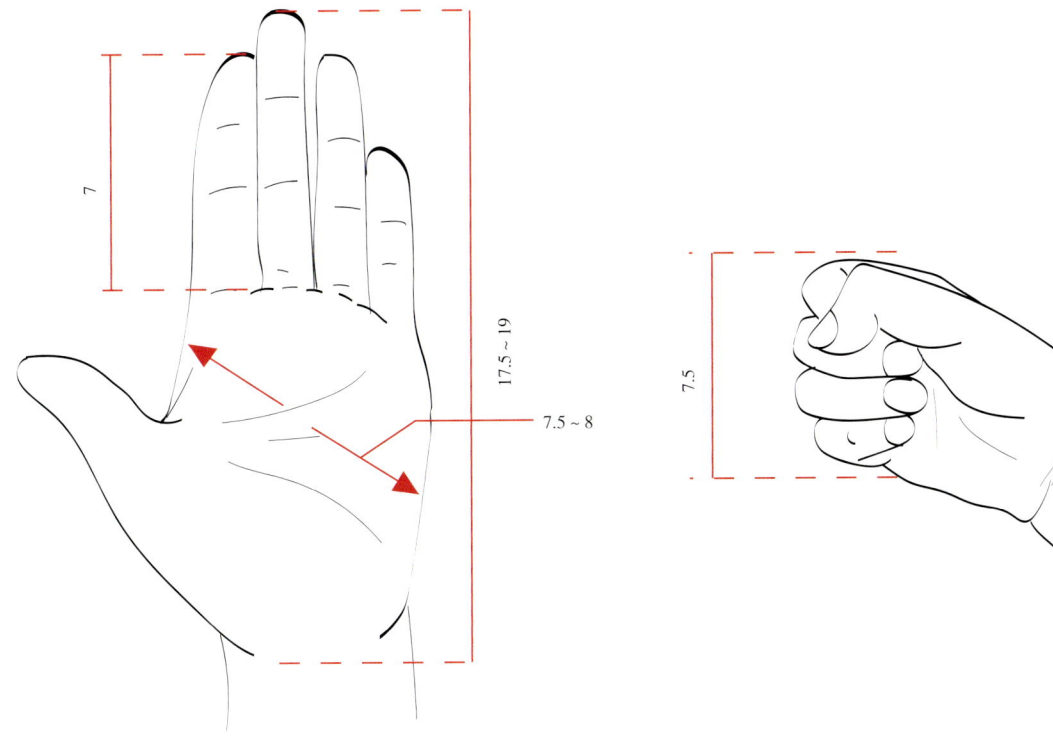

手的测量

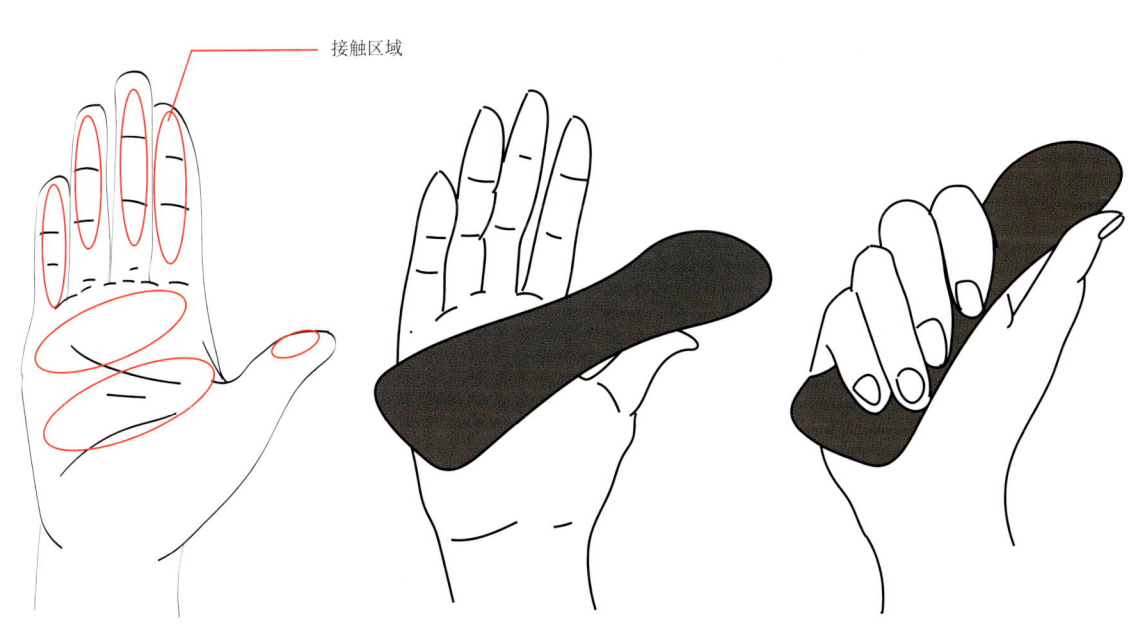

图四 白族木瓢人机关系分析图

三角口，引流作用

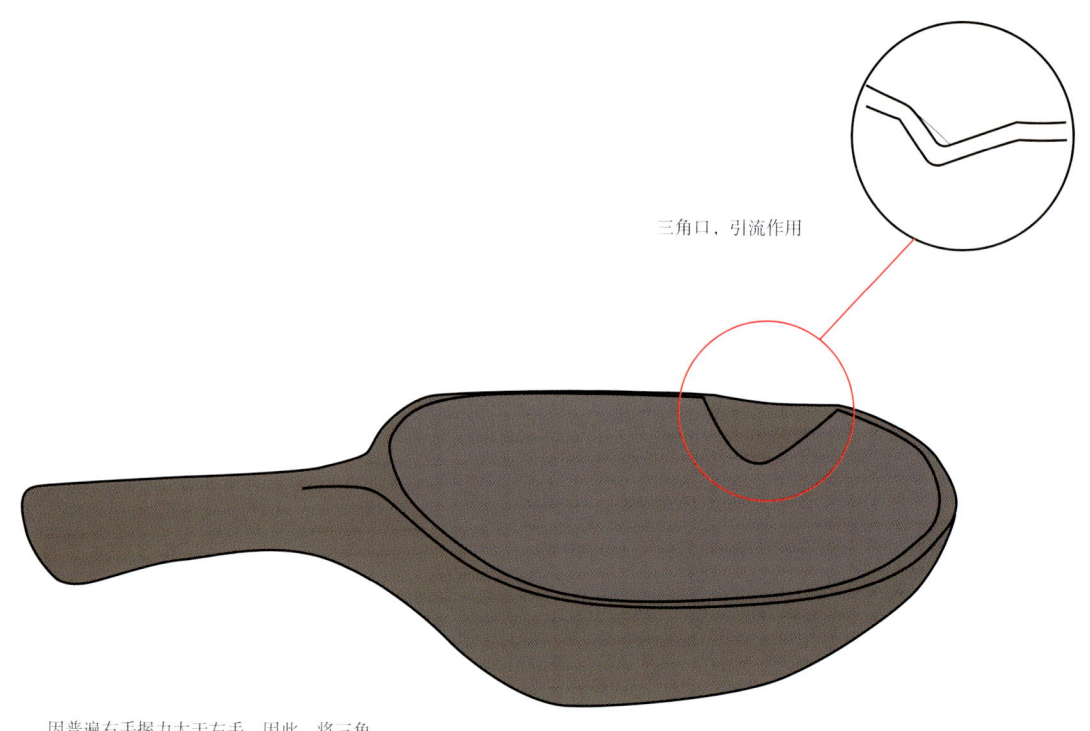

因普遍右手握力大于左手，因此，将三角引流口设置于木瓢左边，更加符合白族人民的生活习惯

图五　白族木瓢形制分析图

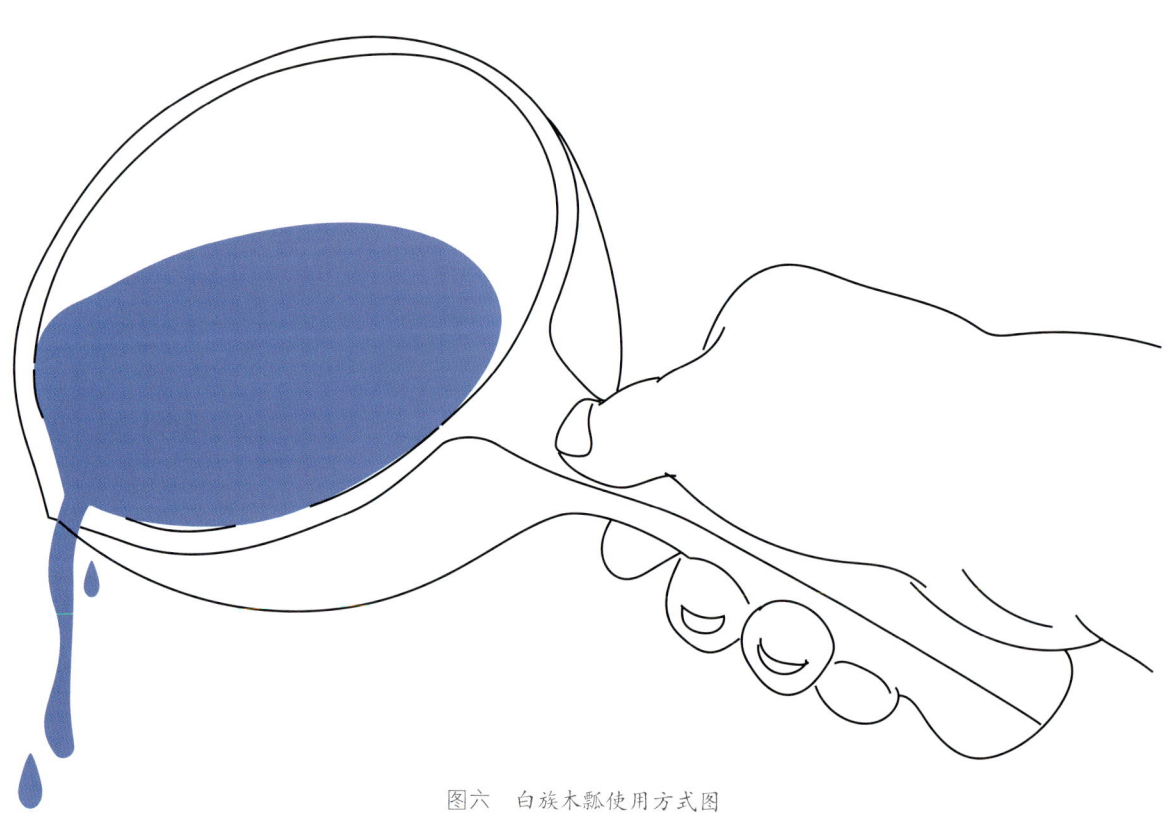

图六　白族木瓢使用方式图

白族竹木蒸笼

图一　白族竹木蒸笼

云南大理白族竹木蒸笼是一种做蒸食的炊具，可用来烹饪大米、糕点、鸡鱼等食物，古代被称为"甑"[1]，有竹、木、陶、铁、铜等不同材质类型。

本案例由竹篾蒸笼盖与木质蒸桶两部分组成。整个蒸笼盖采用"篾片粗编"的编织技法，有内、外两层竹篾，底面直径为46厘米，高16厘米。内层竹篾为一凸起弧面，由宽约1.5厘米的竹篾条以"密编"的方式编织而成"斜纹编"图案。外层竹篾为一圆锥体，以细篾条为横向线条、1.5厘米篾片为中心放射状线条、3厘米篾片为收口线条，采用"疏编"的方式编织成"菊花编"图案。木蒸桶为上下两面皆为开口的圆柱体，底面直径37厘米，高19厘米。桶身为木材质，其侧面固定有7块木板，以防止桶身因受热而变形，其中桶身两端木板上各附有一个三棱柱，以方便人搬移蒸笼。桶身上部较下部有约1厘米的厚度差，即桶身内部有一厚约1厘米的槽，这个槽用来放置蒸笼架。蒸笼架为一圆形，采用类似蒸笼盖外层竹篾的编织方式，两者区别在于前者是"密编"、后者是"疏编"。本案例竹木蒸笼的使用方式为：首先，将水放在锅里烧开；其次，将米倒入烧开的水中，煮5至8分钟；第三，将煮好的米放在簸箕中沥水；第四，往锅中倒入一定量水，将蒸笼放入锅中，并将蒸笼架放在桶槽上，再铺好蒸饭布；第五，将沥过水的米倒入蒸桶中；第六，盖上蒸笼盖等待即可。其工作原理为：火燃烧的热能转化为使水沸腾的热能，水达到沸点以后转化为热蒸汽，使食物周围的空气升温，达到加热蒸熟食品的效果。

　　白族竹木蒸笼的竹篾材料使其具有良好的透气性，也给食材添加了些竹木的清香。因此即使在电饭煲流行的今天，许多白族人依旧愿意使用这种古老的蒸食工具。其类似斗笠的蒸笼盖造型是云南十八怪之一，即"摘下斗笠当锅盖"。纯手工的制作、天然的味道与特色的造型，共同体现于本案例白族竹木蒸笼之中，表现出白族劳动人民别具一格的造物思维。

图片来源
图一　大理白族自治州博物馆　提供
图二　王英　制图
图三　魏溥均　制图
图四　王英　制图
图五　魏溥均　制图
图六、图七　王英　制图

【注释】
　　[1]（元）王祯著，缪启愉、缪桂龙译注：《东鲁王氏农书》，上海古籍出版社，2008年6月，第542页。

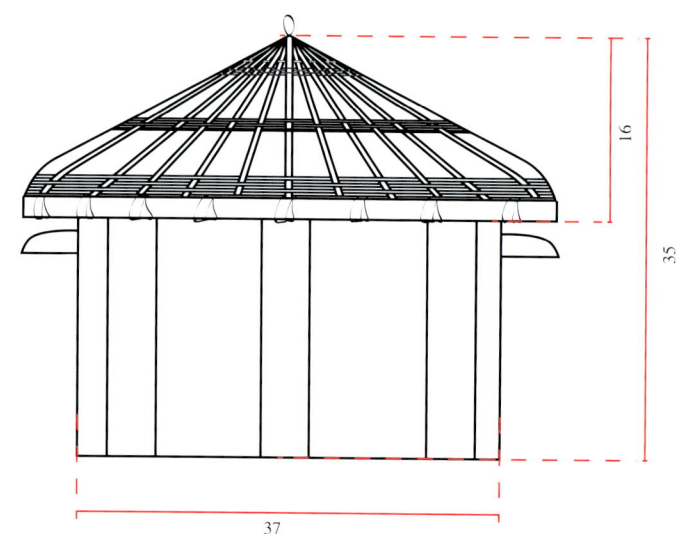

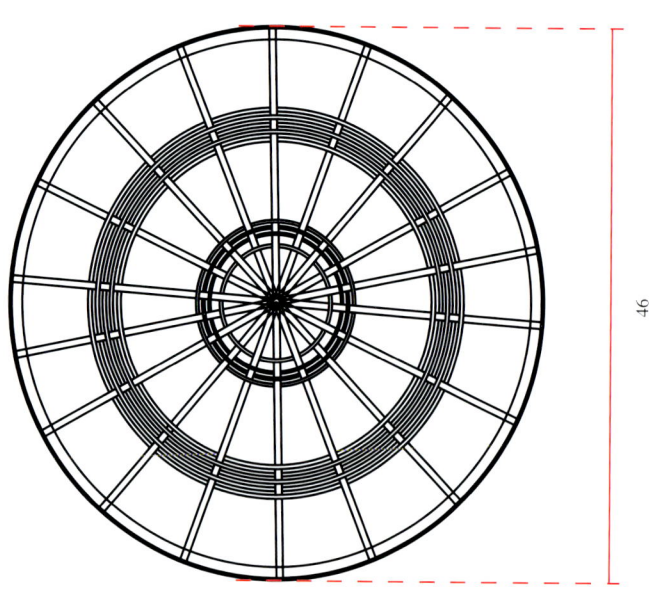

图二　白族竹木蒸笼尺寸图（单位：cm）

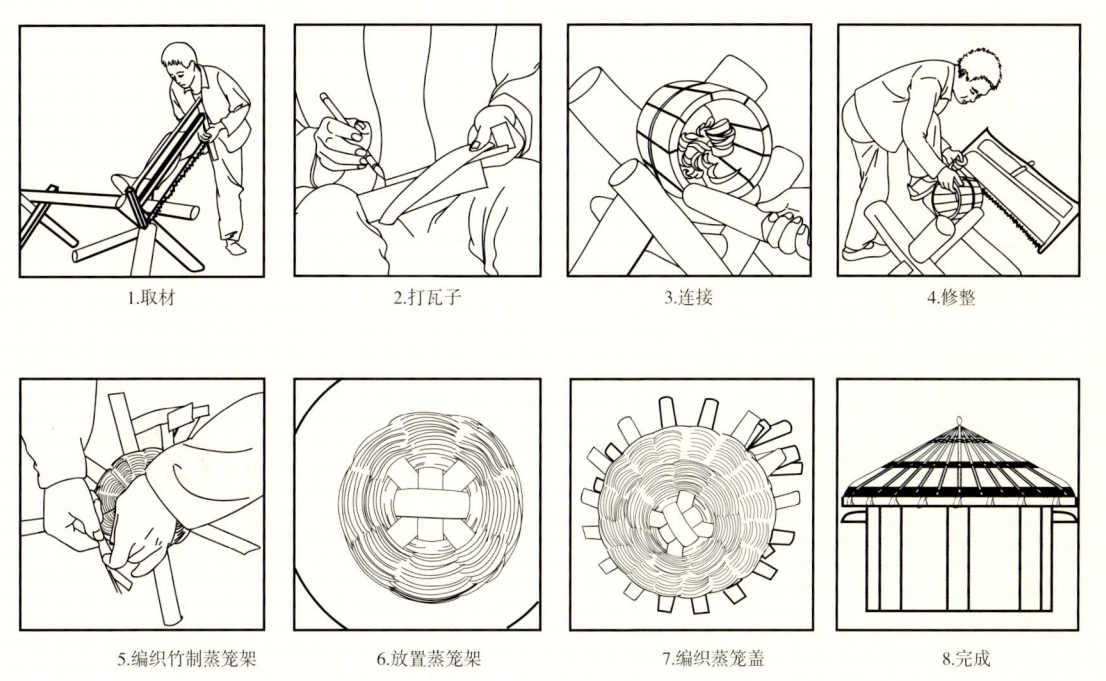

图三　白族竹木蒸笼制作流程图

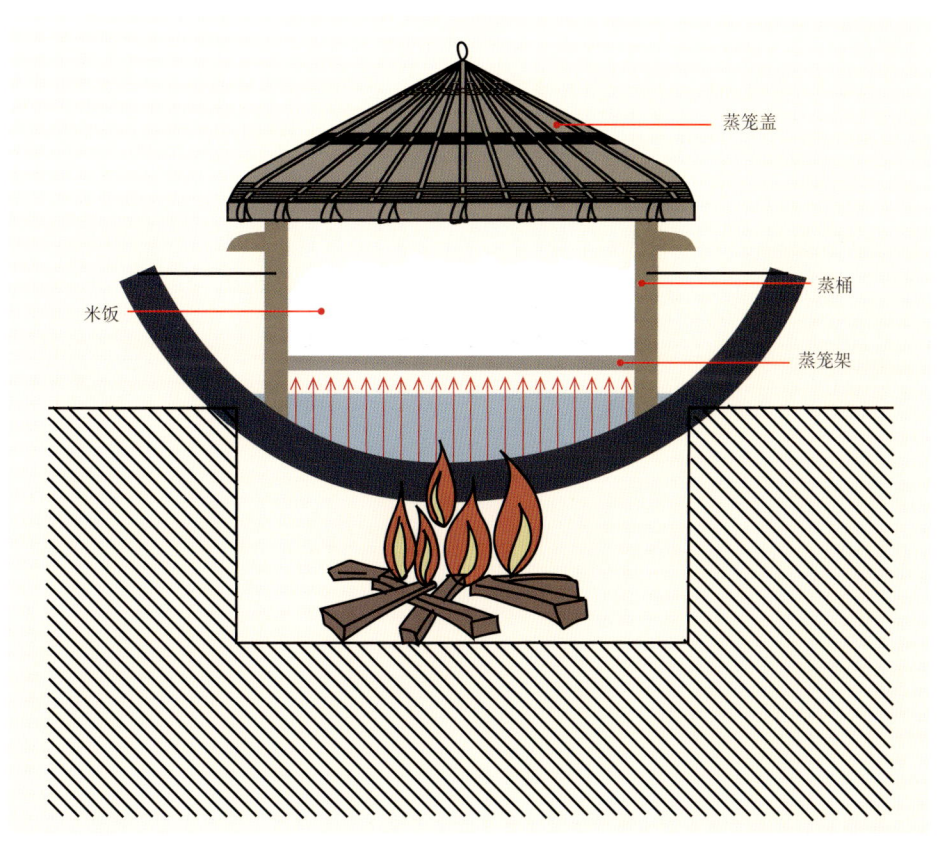

图四　白族竹木蒸笼使用原理图

第四章　白族传统生活用具

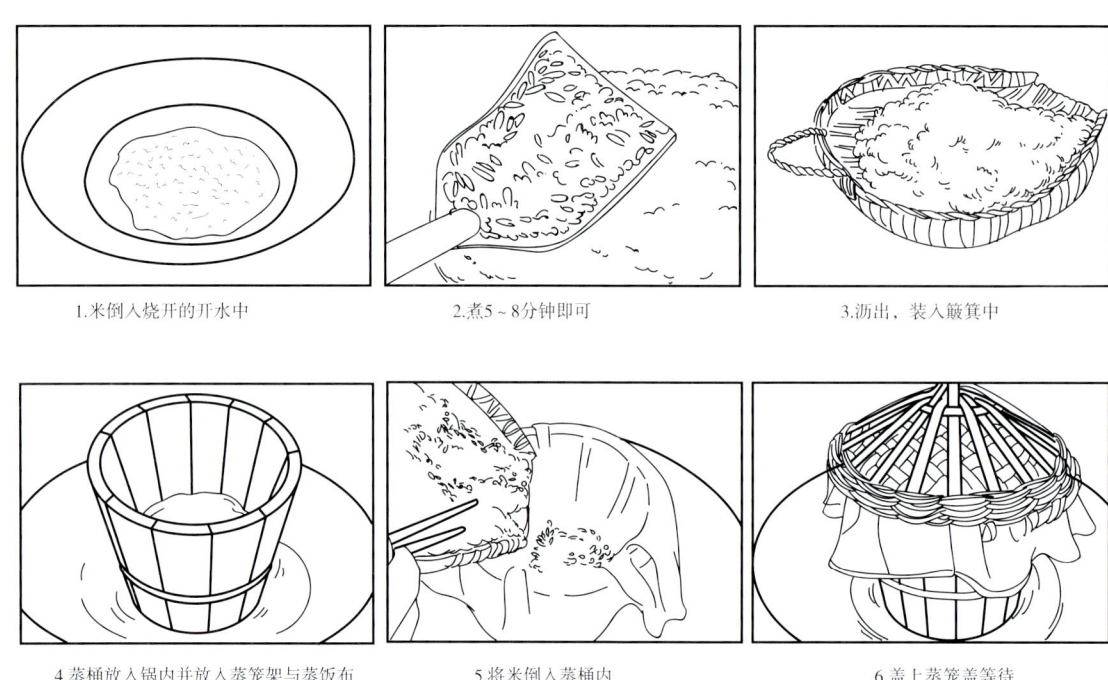

1. 米倒入烧开的开水中　　2. 煮5~8分钟即可　　3. 沥出，装入簸箕中

4. 蒸桶放入锅内并放入蒸笼架与蒸饭布　　5. 将米倒入蒸桶内　　6. 盖上蒸笼盖等待

图五　白族竹木蒸笼使用方式图

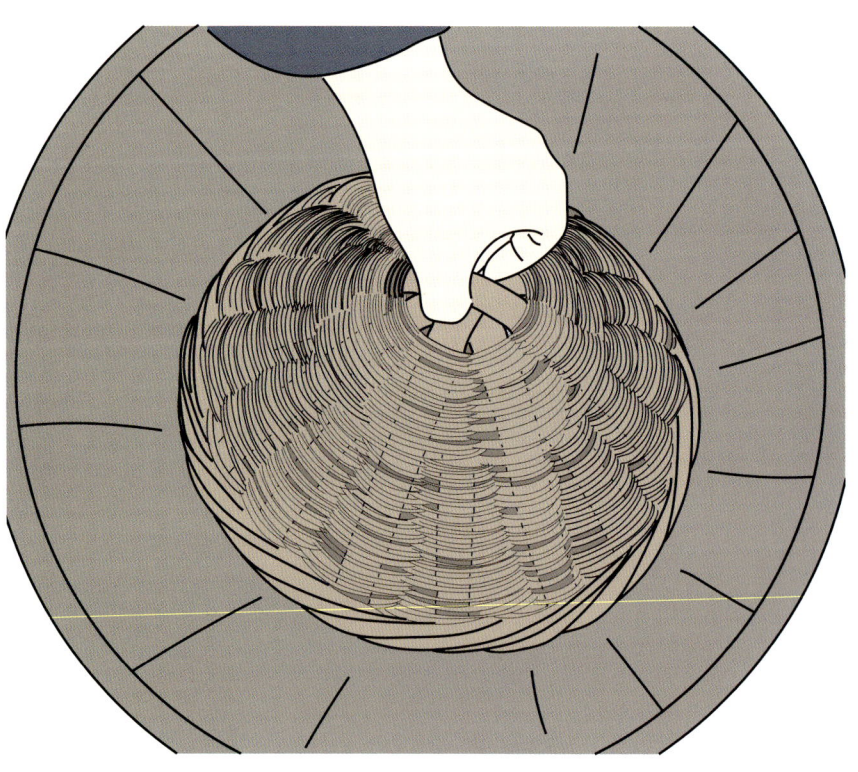

图六　白族竹木蒸笼使用图——放置竹编甑底

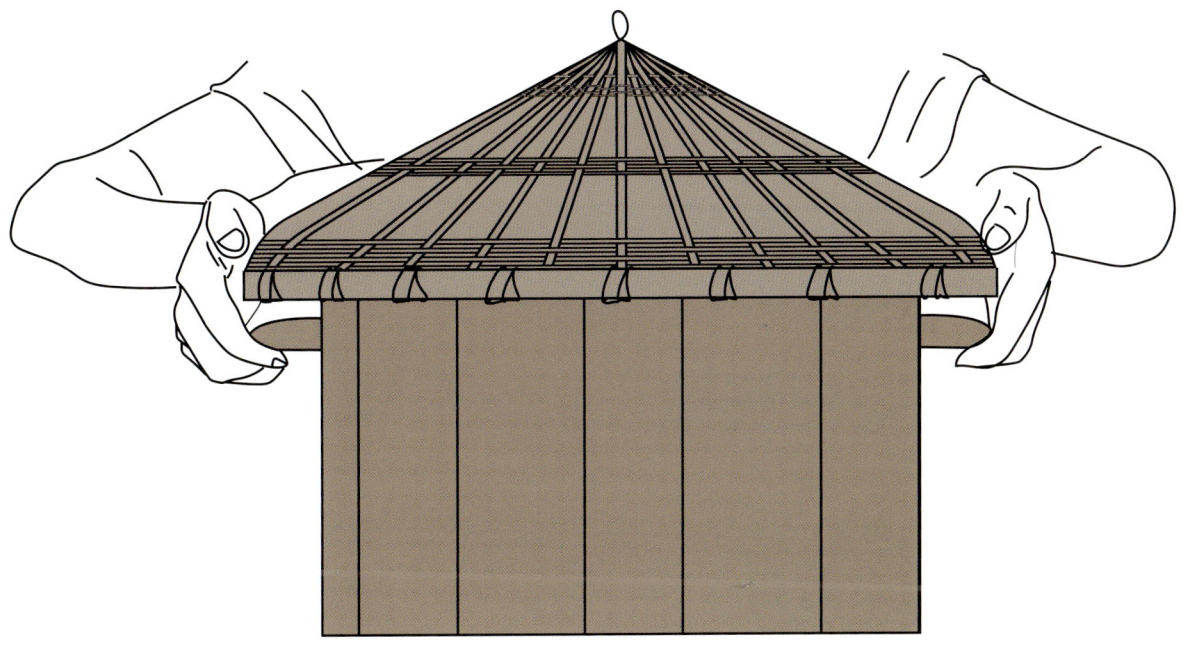

图七　白族竹木蒸笼操持图

白族米斗

图一　白族米斗主图

米斗即称量谷物的量器，是古时粮仓、米行和地主家里常用工具。本案例为云南大理白族地区的米斗，与其相配有一木勺，现收藏于云南省大理白族自治州博物馆。米斗整体形制为上大下小的倒梯形，口大体小，上口为边长22厘米的正方形，高15厘米，下口为边长17厘米的正方形，材质为木质，造型粗旷、古朴，实用性极强。

白族米斗选用木材作为原材料，将合适的木料坯运用榫卯原理连接，无钉无胶环保安全，并且可防水防虫蛀，结实耐用。米斗上口正中有一直提把，与两侧相接，其高度与口相平。直提手的设计，一方面便于在量米时将堆高的米刮平，保证度量的准确，另一方面便于提携。米斗整体造型口大体小，大口径的设计可使人们在倒入与舀出粮食时不易倒漏。与米斗相配的木勺则由一块完整的木料挖制而成，由铲勺与把手两部分组成，造型朴实。在没有其他称量工具的年代，米斗作为称量工具，操作简单，广泛用于交租、买卖、纳税等。同时在传统文化中，"斗"有"斗出斗进，日进万金"之寓意，因此在婚嫁习俗中，白族人民会将其作为陪嫁物品，表达对新人未来富足生活的美好祝愿。

白族米斗造型朴实，是集精准实用等诸多优点为一体的传统量器。白族传统米斗的制作体现了白族人民在传统造物的过程中所展示出的造物智慧，同时白族米斗对现在产品设计中的操作异化、材料环保等方面也有着不可忽视的启迪，值得现代设计师们关注与借鉴。

图片来源

图一　刘翔宇　摄影
图二　王师　制图
图三　刘翔宇　制图
图四　王师　制图
图五　刘翔宇　制图

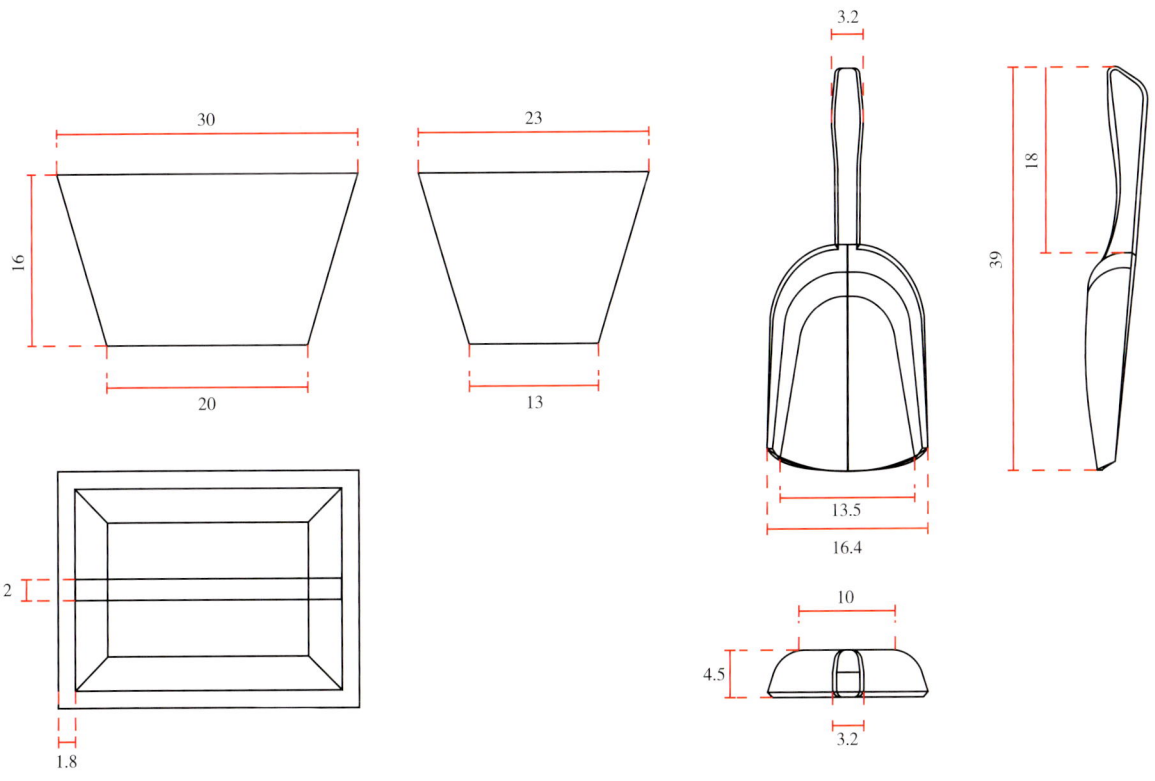

图二　白族米斗三视图（单位：cm）

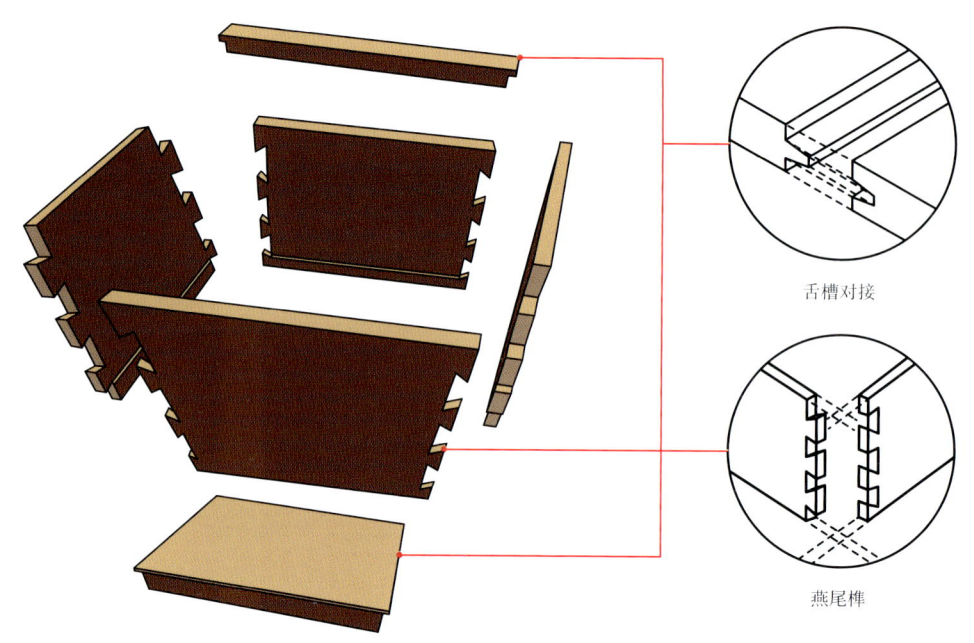

图三　白族米斗榫卯结构分析图

图四　白族米斗使用场景图

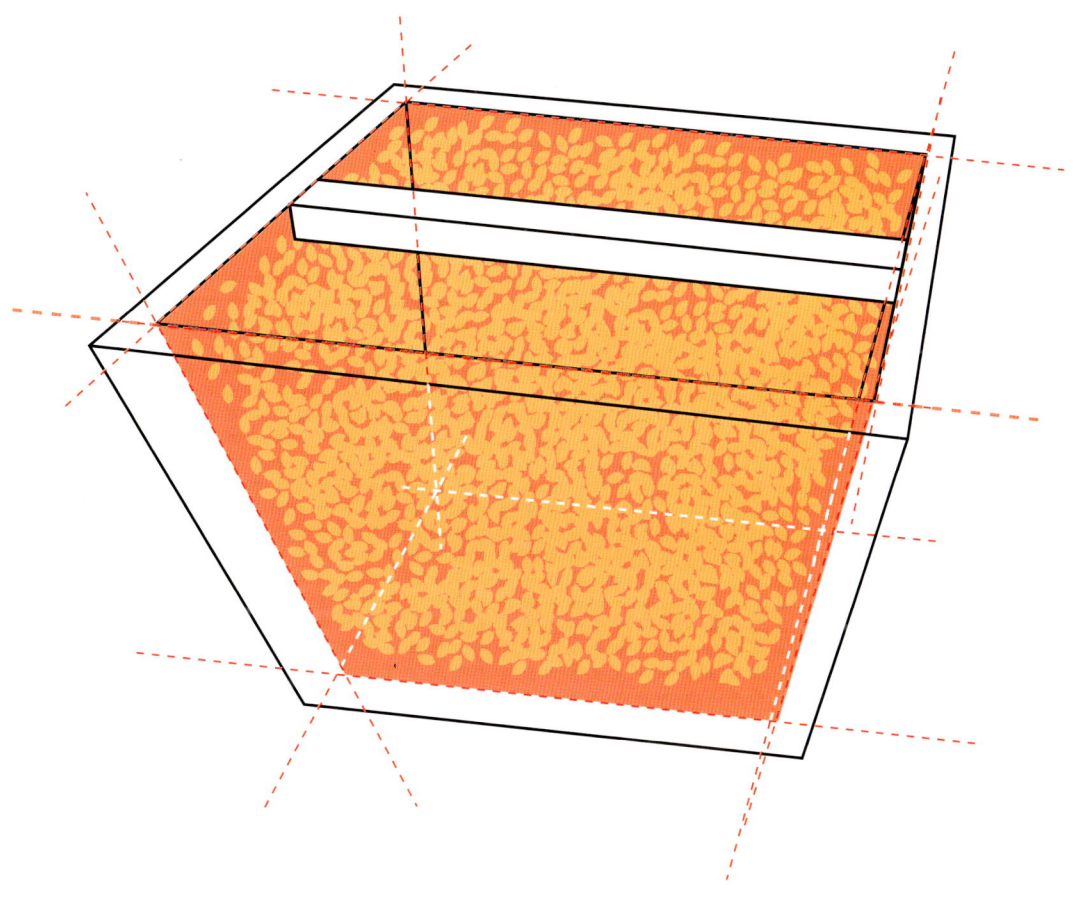

图五　白族米斗测量原理分析图

白族双耳土锅

图一　白族双耳土锅主图

　　双耳土锅，因其带有双耳而得名，一般用于蒸煮食物。本案例中白族双耳土锅采集于云南腾冲县腾越镇满邑村，是云南腾冲白族富有特色的民用厨事炊具。其外径30厘米，内径26厘米，锅壁厚约2厘米，通高20厘米。器形为敞口，鼓腹，圆底，颈部有两耳。

　　本案例白族双耳土锅结构简单，由口部、颈部、器身与底部四部分组成。其中器身呈圆鼓状，这样的设计可以增加锅内容量。双耳结构的设计，便于使用者双手持握锅身，同时丰富了器身整体的视觉感受。双耳土锅由陶土制作而成。首先挑选胎土，进行配料与沉淀，和制成均匀的陶泥并制作出基本的锅形；随后将表层进行细致处理，并粘接双耳握手部分后放阴凉处晾干，随后上釉，最后放入窑内烧制成形。形制为圆底，这应与云南少数民族地区使用火塘有关，与之搭配圆底的炊具，放置稳当且受热均匀。土锅具有易加热、耐高温、透气好、存味保鲜的特点，因此白族人家在逢年过节、婚丧嫁娶、礼仪祭祀、宴宾酬客以及家庭聚会时，都要使用土锅精心烹制各式佳肴。

　　双耳土锅由于其独特的造型与烹制食物的优势，白族人家会以火塘为中心，用土锅烹饪食物，表现家人团聚的情景。白族双耳土锅造型设计合理、功能突出、材质质朴，在现代各种材质的餐饮器具中展现出其独有的自然与环保特色。

图片来源
图一　熊婷　摄影
图二、图三　夏玲　制图
图四至图七　王英　制图

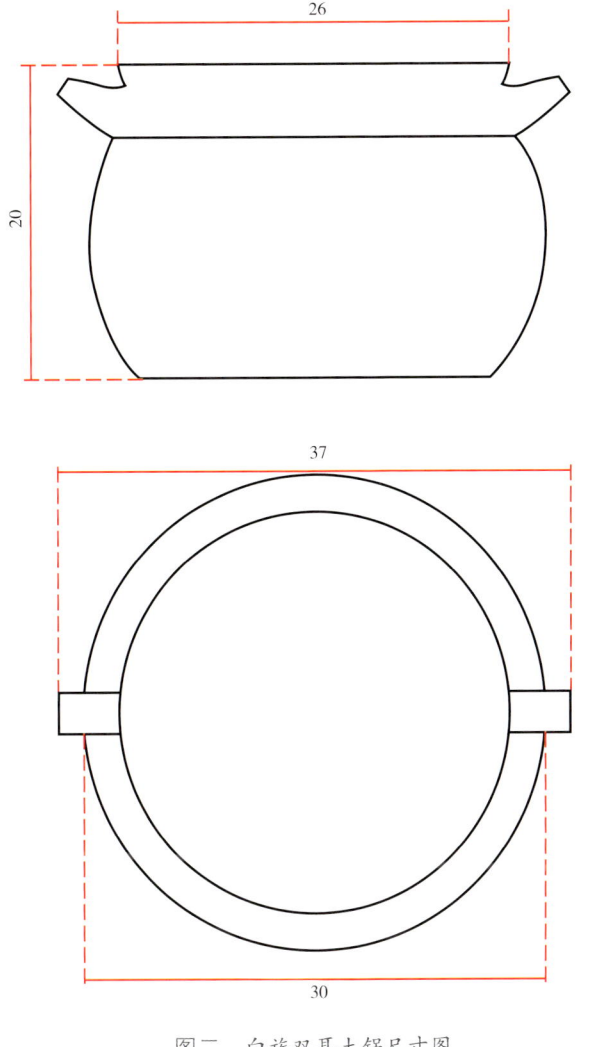

图二　白族双耳土锅尺寸图

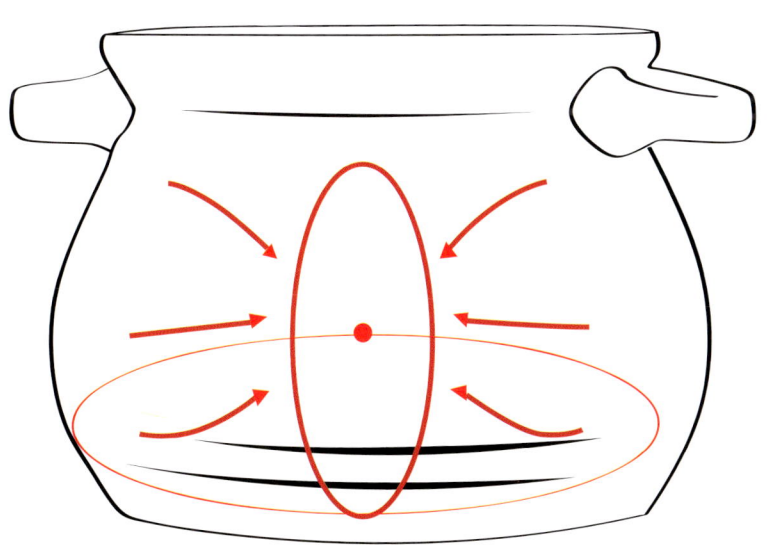

图三　白族双耳土锅热量内循环示意图

第四章　白族传统生活用具

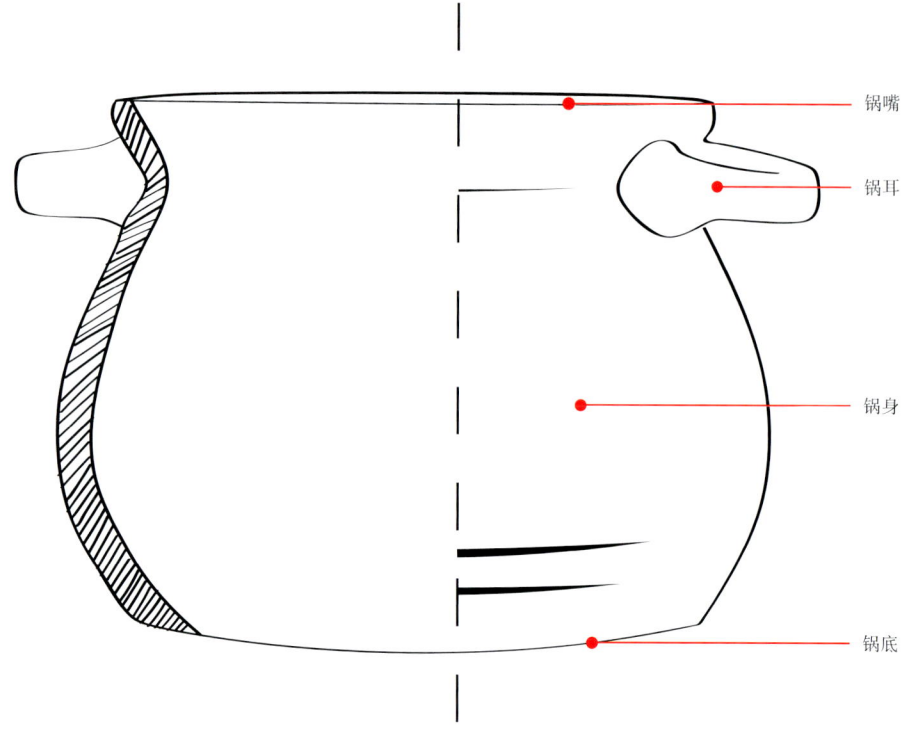

图四　白族双耳土锅结构示意图

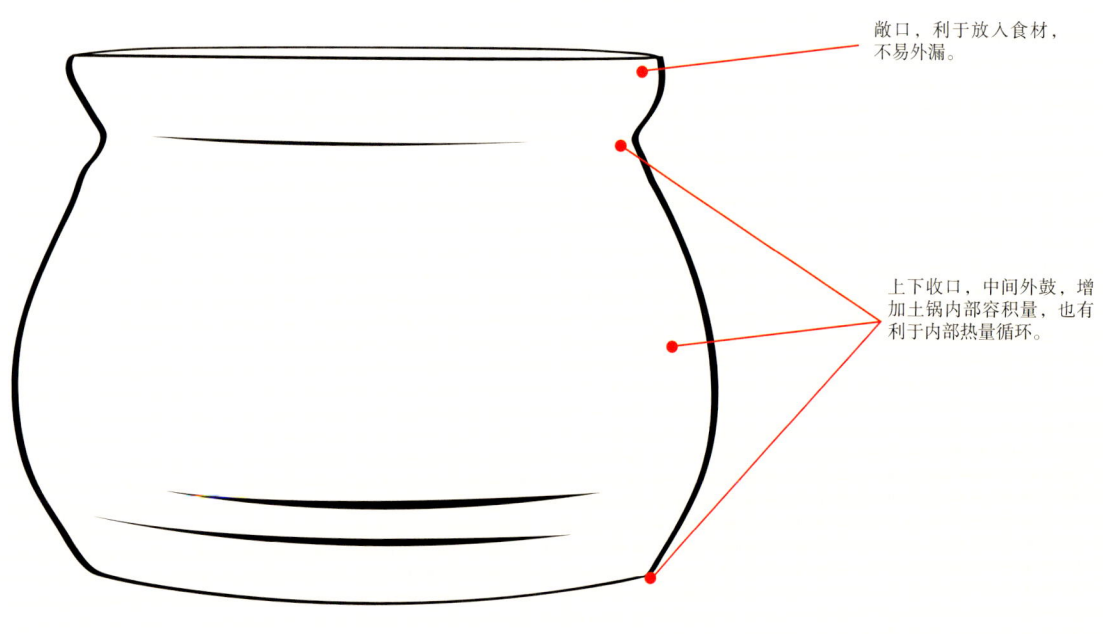

图五　白族双耳土锅形制分析图

图六　白族双耳土锅使用示意图

图七　白族双耳土锅使用方式图

309

白族榉木花绷

图一　白族榉木花绷主图

榉木花绷，也称榉木刺绣绷，是大理白族妇女刺绣时使用的辅助器具。本案例的榉木花绷采集于云南省大理市挖色镇，由内框与外框组成，内框直径20厘米，外框直径20.5厘米，材质为榉木。白族妇女在刺绣时，常用榉木刺绣绷将绣布固定。刺绣是白族妇女们的一项传统手工艺，直至今日，许多白族妇女仍以刺绣作为补贴家用的生计之一。

本案例榉木花绷由绣绷与绣布组成。绣绷是将大小合适的榉木板高温定型压制而成，不易变形，且表面光滑，质地细腻，不易损伤绣布。使用时将内框和外框分开，将绣布放在内框合适的位置，再将外框套置在内框外圈。绣绷外框接缝可依据绣布的薄厚，由绣绷外框架的螺栓紧固件加以固定并可调节松紧。螺栓为铜镀金。绣布一般为白色棉布，妇女用针线巧妙地勾勒出各种纹样。本案例中绣有牡丹纹样，常用纹样有石榴、梅花、祥云等寓意美好的传统吉祥图案。

大理白族的刺绣工艺历史源远流长，尤以挖色镇的刺绣手工艺最具有代表性。白族人民在与外界文化交流过程中，以传统手工刺绣工艺为基础，汲取并融合了其他各民族的刺绣技巧，凭借独特的文化内涵与对审美的理解，传承并发展刺绣这一传统手工艺，创造了极具本民族特色的刺绣产品。

图片来源
图一　熊婷　制图
图二　夏玲　制图
图三　王英　制图
图四至图六　夏玲　制图
图七　大理白族自治州博物馆　提供

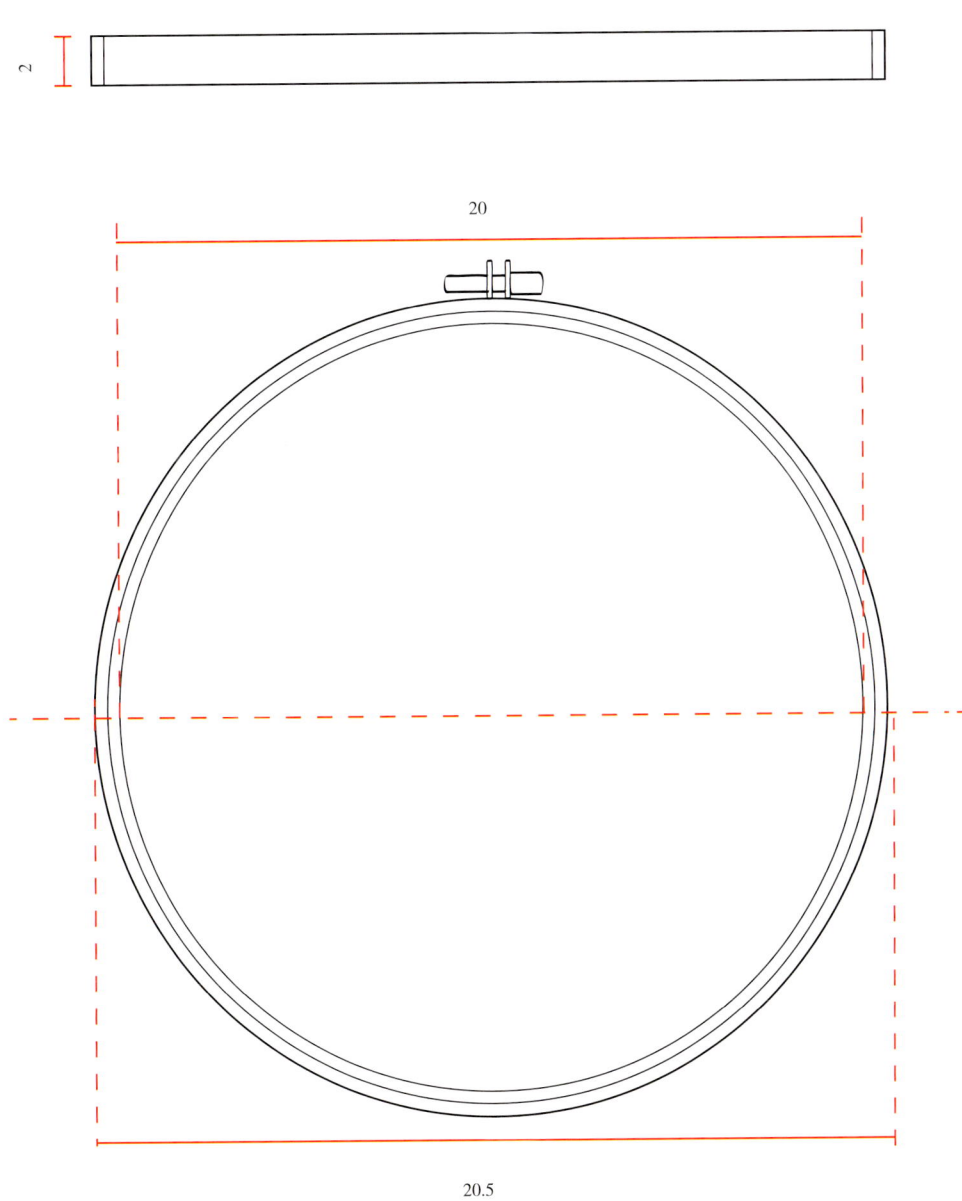

图二　白族榉木花绷尺寸图（单位：cm）

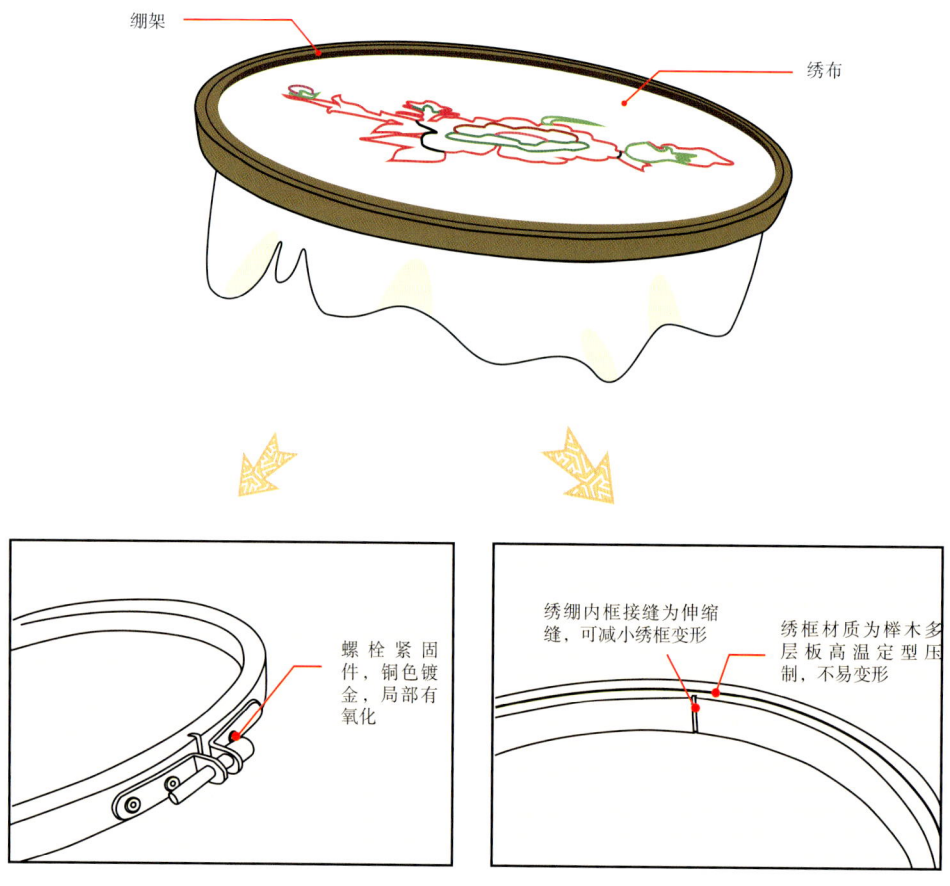

图三 白族榉木花绷材料工艺图

图四 白族榉木花绷使用场景图

1.松外圈螺丝，把里圈绷子平放，把布平铺放在里圈绷子上，然后再把外圈绷子重合在里圈绷子上

2.把布的褶抽平后拧紧螺丝

3.继续把布抽平不能有一点褶，并注意布的经线与纬线都成垂直和水平状态，布纹不能斜，最后再紧螺丝

4.检查花绷子上得是否够松外圈螺丝

图五　白族榉木花绷上花绷操作步骤示意图

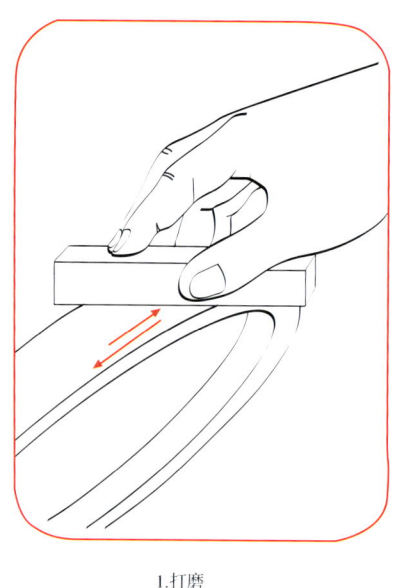 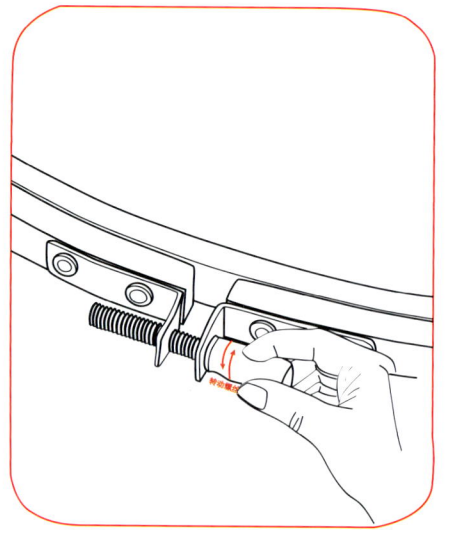

1.打磨　　　　　　　　　　　2.螺丝拴紧

图六　白族榉木花绷制作工艺图

图七　白族榉木花绷使用气氛图

白族篾灯

图一　白族篾灯主图

篾灯，用竹篾编织而成的灯具，是云南白族人民制作的民间竹编日用品。本案例采集于云南省大理州鹤庆县，通高50厘米，最大直径30厘米。鹤庆白族制作篾灯的传统手工艺已有将近600年的历史，篾灯是独具鹤庆地方特色的一类灯具。

本案例白族篾灯造型呈葫芦状，葫芦形制寓意为广纳四方祥瑞之气，增加财运。其造型采用了中轴对称样式，使篾灯整体大方雅致。篾灯制作工艺颇为讲究，首先在选材上，白族人民选用当地优质竹木，经过锯竹、剖竹、启条、劈篾、抽篾、刮篾等流程将其加工成篾件，随后再经煮篾、染色、烤色等工艺将其精加工成篾细件。待编织材料备好后便可通过压一挑一的传统编织手法进行编织，制出篾灯"骨架"。随后运用穿丝工艺将竹篾条按照压一挑一方式穿插于篾鼓腹处，形成六角眼独特的纹样。本案例的白族篾灯是集实用与装饰为一体的灯具。在白族人民心目中灯是吉祥与幸福的象征，常在逢年过节，家有喜事之日悬挂以营造节庆的氛围。

白族地区丰富的林木资源为制作篾灯提供了充足的原材料，其独具特色的制作工艺体现了鹤庆白族手工艺人精湛的编织技术与非凡的创作才能。篾灯本身是一件独具民族特色的传统灯具，同时也是一项传统民族文化遗产。其材质环保，将自然融入生活，满足人们返璞归真的愿望，堪称白族人民创作的艺术经典。

图片来源
图一　魏溥均　制图
图二、图三　夏玲　制图
图四至图六　王英　制图

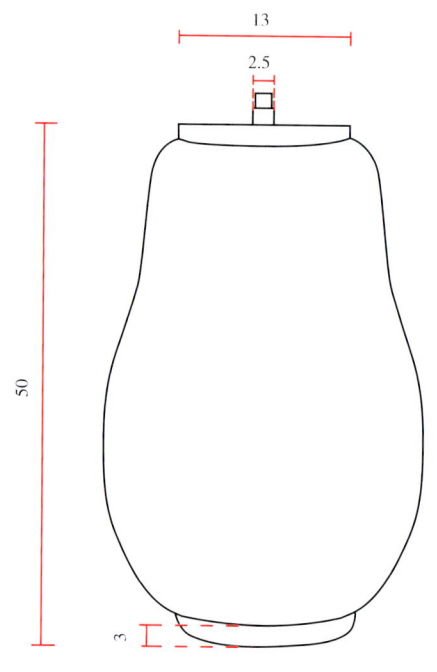

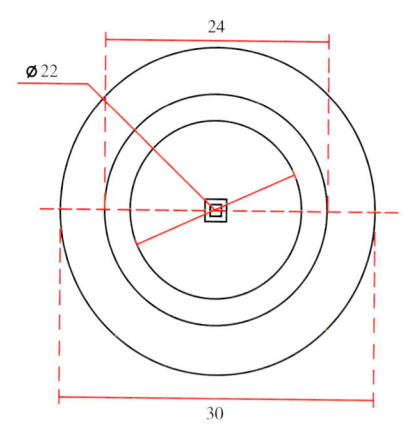

图二　白族篾灯尺寸图

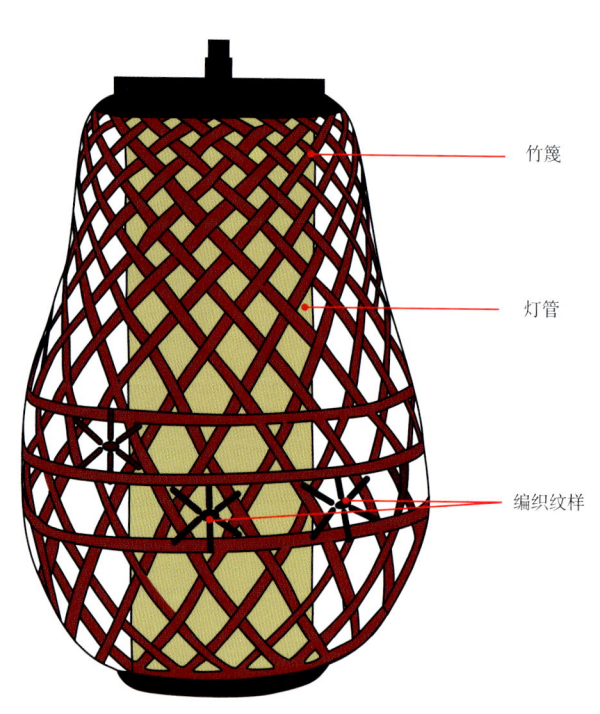

图三　白族篾灯各部分名称示意图

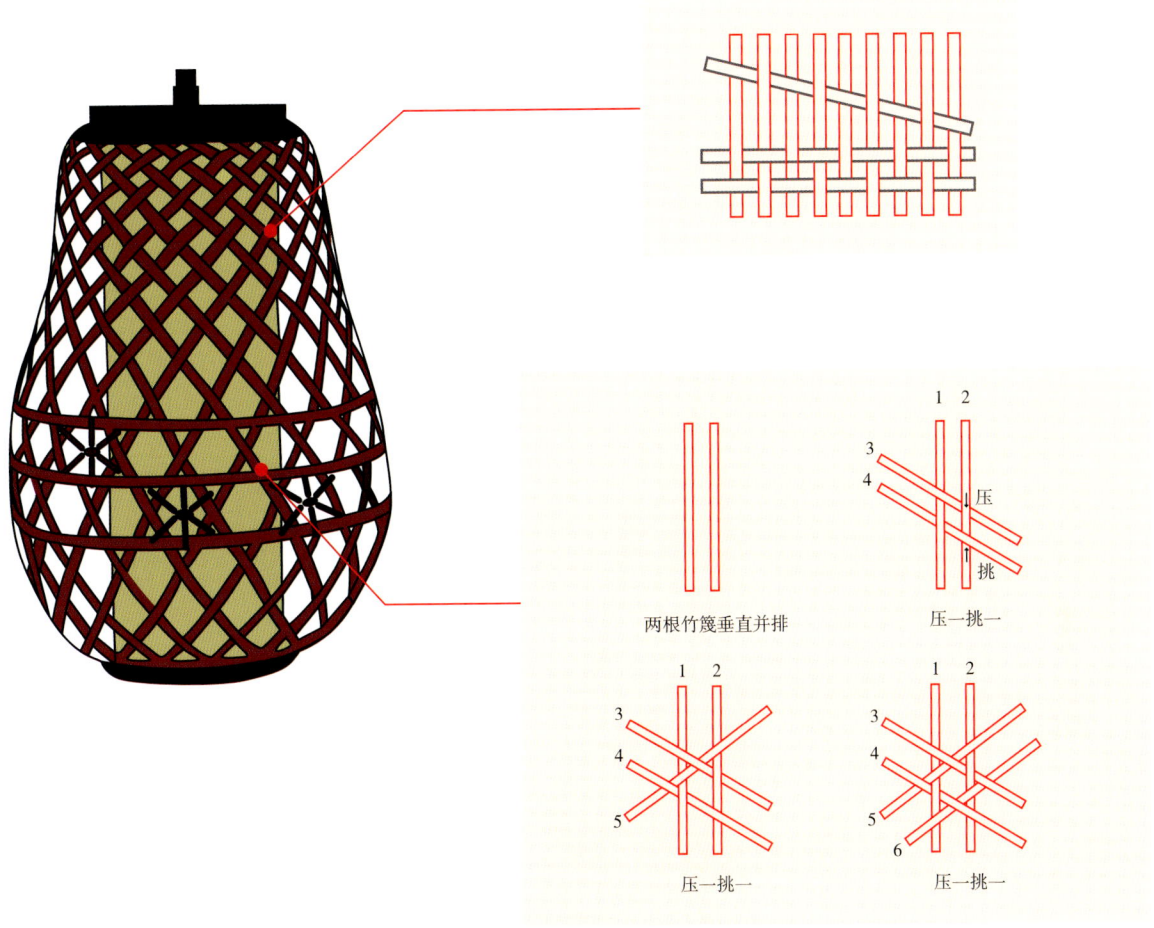

图四 白族篾灯编织工艺图

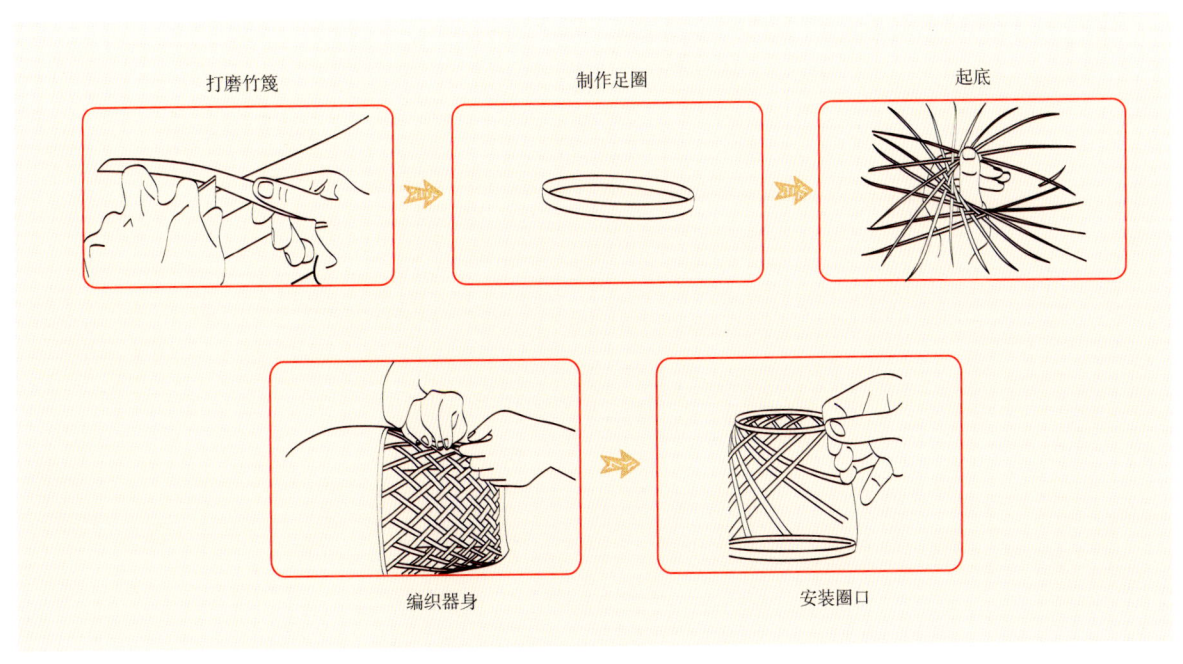

图五 白族篾灯制作工艺流程图

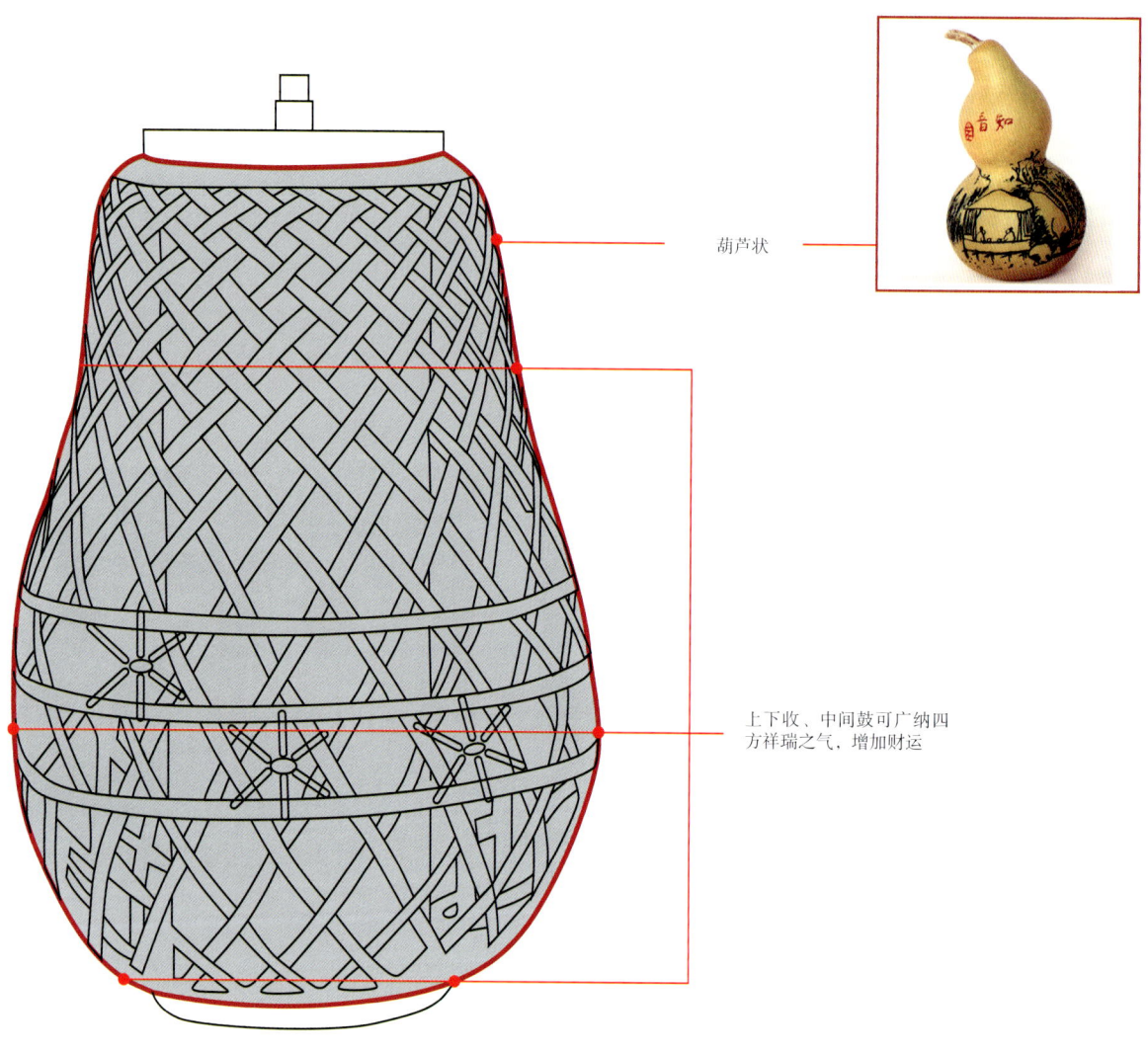

葫芦状

上下收，中间鼓可广纳四方祥瑞之气，增加财运

图六 白族篾灯形制分析图

白族木雕灯

图一 白族木雕灯主图

木雕灯是流行于云南大理白族地区的灯具。本案例白族木雕灯整体造型呈长方体，通高34厘米，顶部正方形，边长13厘米，重462克。白族木雕灯纹样由白族工匠手工镂空雕刻而成，灯罩采用木材与纸质，造型古朴典雅，是大理白族人民具有民族特色的传统日常生活用具。

白族木雕灯选用优质木材作为制作材料。材料是白族木雕灯工艺制作的重要因素，将木材加工打磨制作成型后上漆，使之柔和自然。透光纸则采用白族鹤庆特有的白绵纸。云南鹤庆白族生产绵纸的历史可追溯到唐宋时期。鹤庆白族生产出的白绵纸薄如蝉翼，极具韧性，薄厚均匀且防虫蛀，是白族传统木雕灯屏的首选材质。木雕灯架图案由白族手工艺人精心雕刻而成，图案为"风、花、雪、月"四个字及回纹图案。"风花雪月"取自云南大理最有名的四景：

下关风、上关花、苍山雪、洱海月。回纹则是以横竖折绕组成的类似"回"字形的一种传统几何纹样，蕴含连绵不断、吉利永长的寓意。雕刻纹样展现了虚实相生、均衡统一的视觉美感，体现出手工艺人细腻精湛的雕功技艺和良好的艺术修养，蕴含了白族人民对美好生活的向往。

白族木雕灯现广泛运用于大理白族地区的酒店、酒吧、茶室、餐厅等场所，主要用于照明与装饰，是一种集实用性与观赏性为一体的工艺品。白族木雕灯上的雕刻纹样体现了中华传统文化在少数民族中的传承与沉淀，同时又体现了白族匠人极高的木雕工艺，是白族匠人造物智慧的结晶。

图片来源

图一　魏溥均　摄影
图二至图五　夏玲　制图
图六　王英　制图

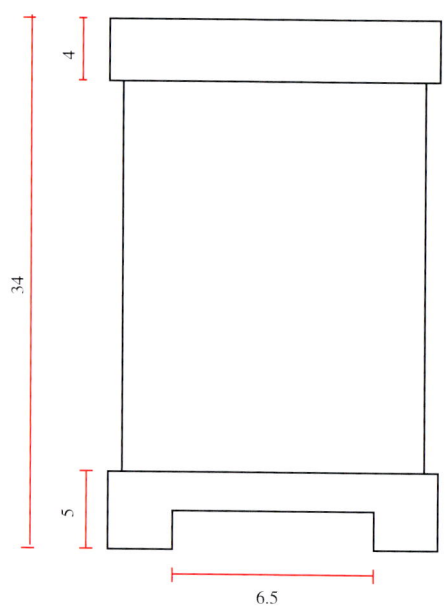

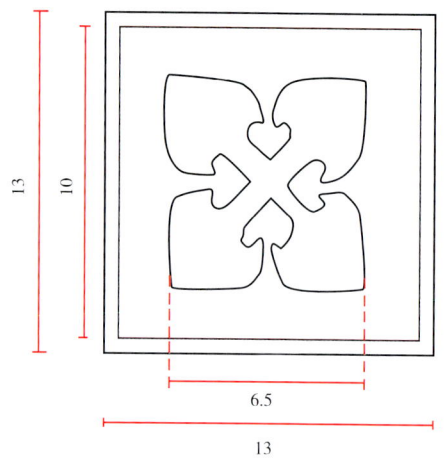

图二　白族木雕灯尺寸分析图（单位：cm）

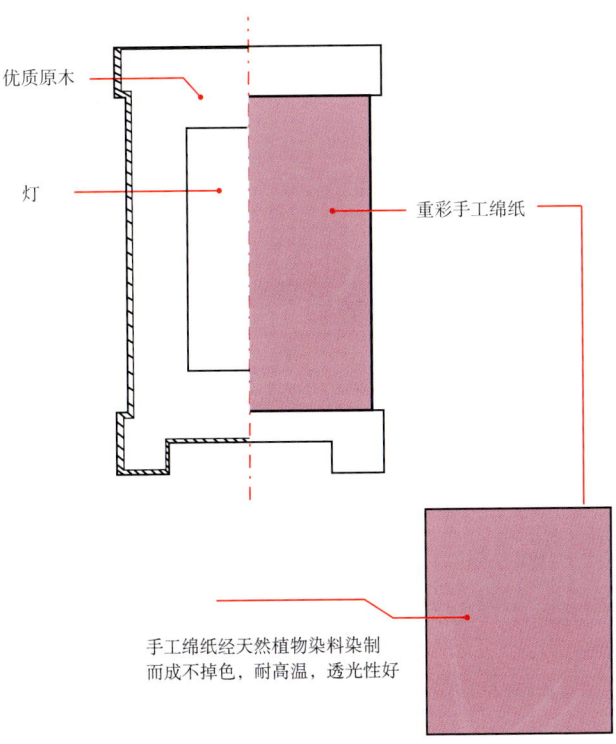

图三 白族木雕灯材质分析图

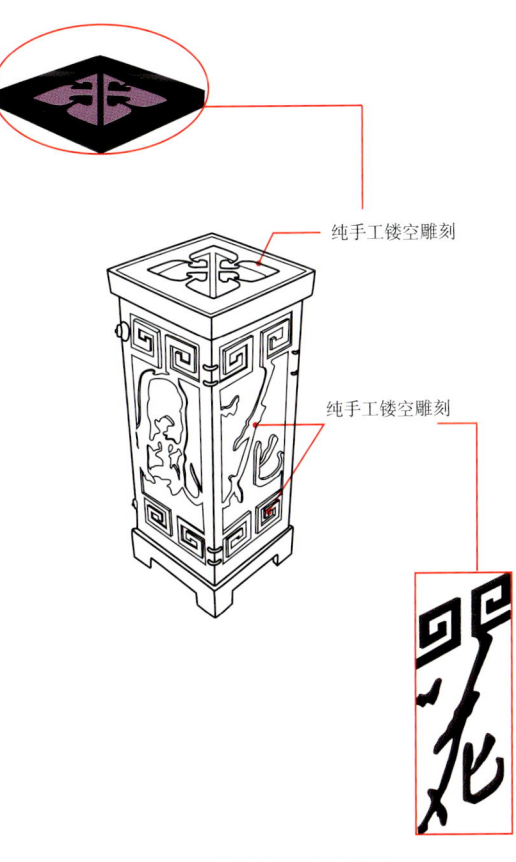

图四 白族木雕灯工艺分析图

图五　白族木雕灯制作工艺流程图

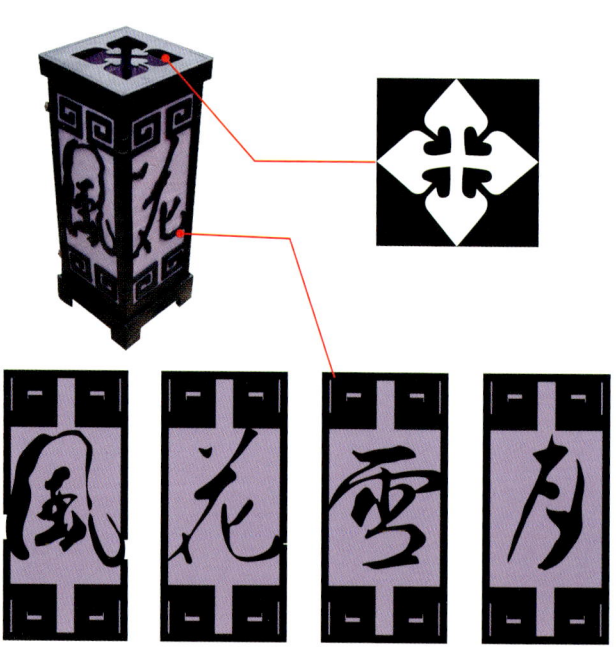

图六　白族木雕灯雕刻纹样图

白族彩漆竹盒

图一　白族彩漆竹盒主图

彩漆竹盒是大理白族妇女用以日常存放缝纫用品的传统针线盒。本案例的白族彩漆竹盒现藏于云南民族博物馆。其直径10.4厘米，高6.7厘米，整体造型呈圆柱状，体型较小，便于存放。竹盒上髹漆彩绘铜钱纹图案，造型美观，是白族妇女们必备的生活用具。

白族彩漆竹盒由盒身与盒盖两部分组成。盒身用以盛放白族妇女缝纫用品，如家用十卷线、缝纫机线、顶针、剪刀、卷尺等。盒盖用以套在盒身上方，防止盒内部物件撒漏。在盒盖圆柱立面上下均有竹篾缠绕。在打开盒盖时，缠绕的竹篾可加大手与盒盖的摩擦力，同时也可增加竹盒整体的美观性。案例中白族彩漆竹盒用带竹节的竹筒加工而成，通过髹漆工艺对其进行装饰。盒盖上髹漆彩绘铜钱纹图案，寓意财源滚滚。因年代久远，铜钱纹已模糊不清。彩漆竹盒为竹胎髹漆，工艺要求较高。首先选取大小适中且带有竹节的竹筒，将其制作出盒身与盒盖。随后上漆，经过煮胚、上灰、磨灰、上油等十多道工序，接下来是漆画，绘制铜钱纹样。经过这十多道工序后，简单的竹盒就变身为彩漆竹盒，更加美观。

彩漆竹盒轻巧，工艺独特，是白族重要的生活器具。白族刺绣是白族妇女人人都会的传统手工艺，因此作为存放针线的彩漆竹盒便是白族妇女梳妆台上常有的生活器具之一，同时白族人民早年还将其作为嫁妆陪嫁。也因彩漆竹盒具有独特的髹漆工艺，因此可作为互相馈赠的礼品。

图片来源
图一　崔晋　摄影
图二至图六　夏玲　制图

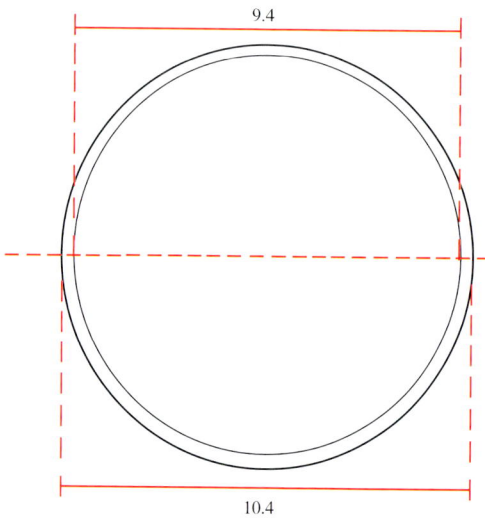

图二 白族彩漆竹盒尺寸图（单位：cm）

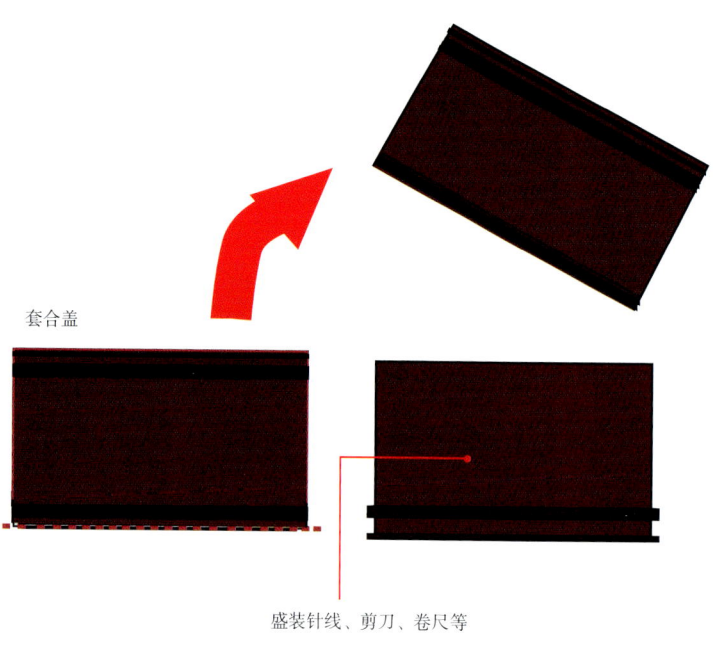

图三 白族彩漆竹盒功能使用图

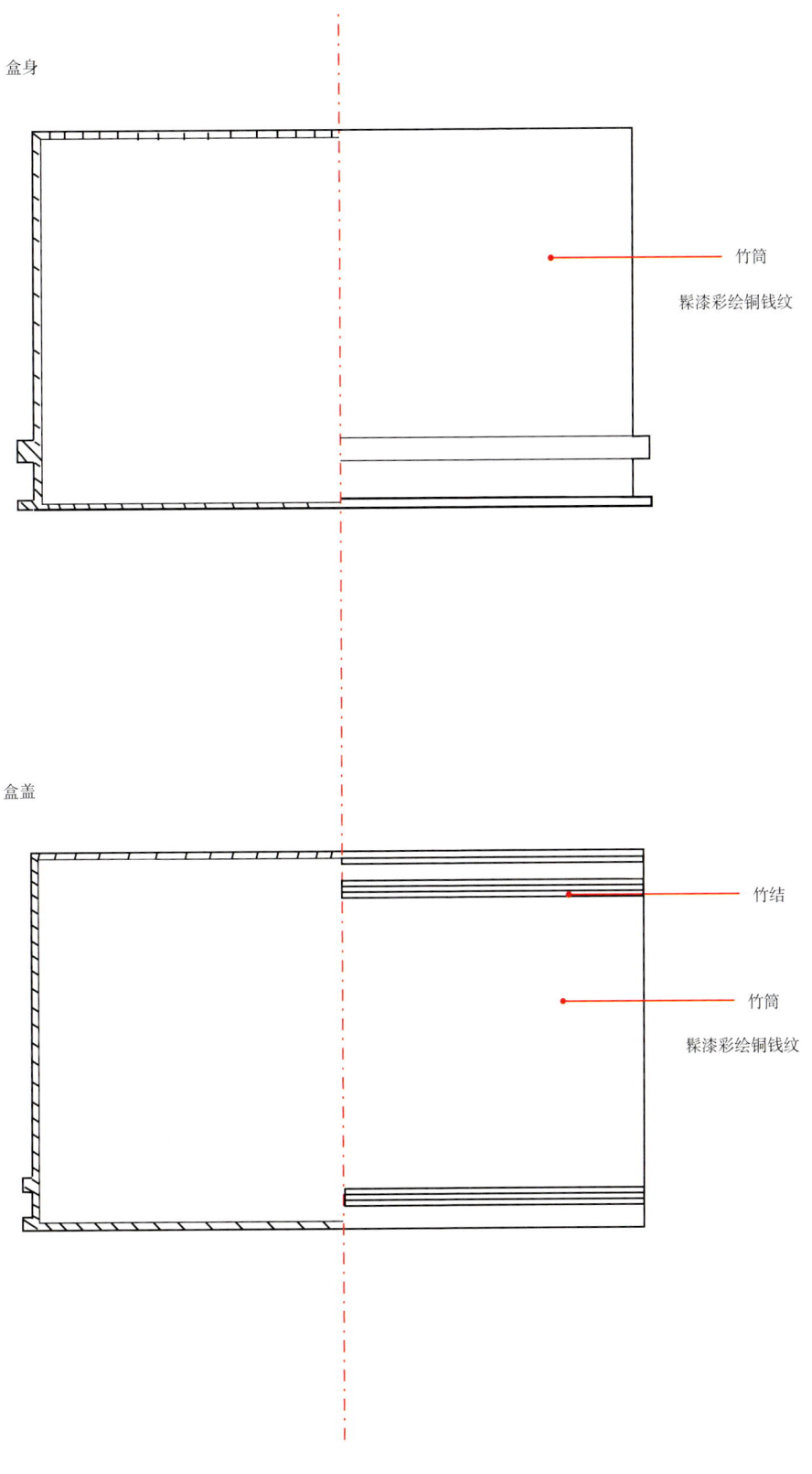

图四 白族彩漆竹盒材料分析图

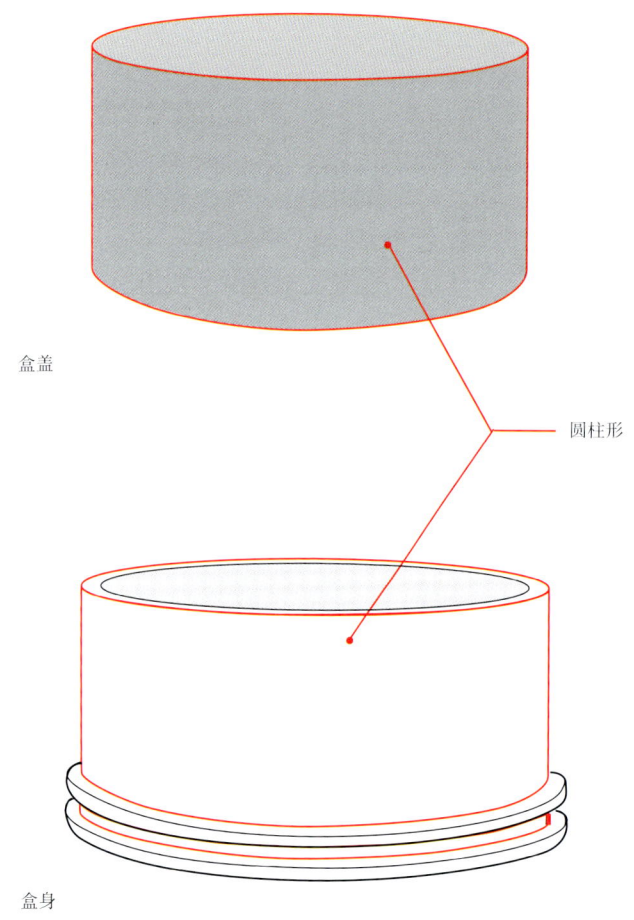

盒盖

圆柱形

盒身

图五 白族彩漆竹盒形制分析图

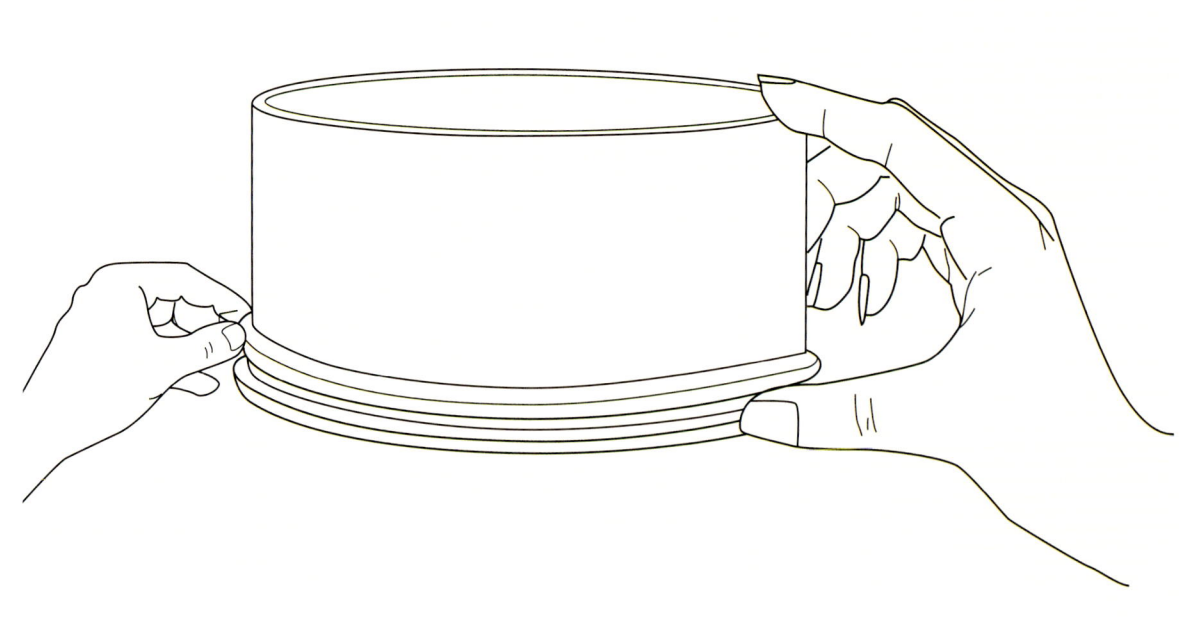

图六 白族彩漆竹盒操持图

白族竹编茶叶箩

图一　白族竹编茶叶箩主图

茶叶箩主要用于盛放采摘的茶叶，广泛流行于云南白族地区。本案例白族竹编茶叶箩属于立体编织，顶面长50.5厘米，底面长47.5厘米，高43厘米，上方伸出一个放茶叶的圆形开口，开口直径25厘米。白族工匠用精湛的手工艺编织出结构牢固、造型独特的茶叶箩。云南饮茶之风盛行，同时云南也是中国茶叶原产地的中心，茶树遍布云南各地，因此茶叶箩筐已然是云南采茶必备工具。本案例中竹编茶叶箩造型与其他地区的采茶箩筐略有不同，是独具白族当地特色的采茶箩筐。

竹编手工艺可分为平面编织和立体编织。本案例的白族茶叶箩为立体编织。茶叶箩的原材料取自白族当地山上的毛竹，经过锯竹、剖竹、启条、劈篾、抽篾、刮篾等流程将其加工成篾件。编织流程分为起底、编织、收口等步骤。下半身采用挑压编织法起底，箩身采用压二挑二编织方式，收口处采用缠口方式。编织技艺娴熟巧妙，压二挑二"人"字编织出的纹样韵律和谐统一，美观且不显繁琐。采茶时，将绳子绑在顶端圆形开口处，并将绳子挂于肩膀，因竹编茶叶箩轻巧便捷，可将茶叶箩放置在茶树上，可边走边采摘茶叶。独特的造型使得放入的茶叶不易撒漏，同时可避免阳光直射，保证茶叶的新鲜度。

白族当地丰富的林木资源为竹编器具提供了充足的原材料，白族人民用技艺娴熟的编织工艺将这些充足的原材料编织成一件件极具实用性的生活用具。白族茶叶箩外表朴素无华，不加任何装饰，传统简单的编织纹样也给人一种质朴无华的美感。其独特造型极大提高了白族人民在采摘茶叶时的效率。

图片来源
图一　熊婷　摄影
图二至图四　夏玲　制图
图五、图六　王英　制图
图七　夏玲　制图

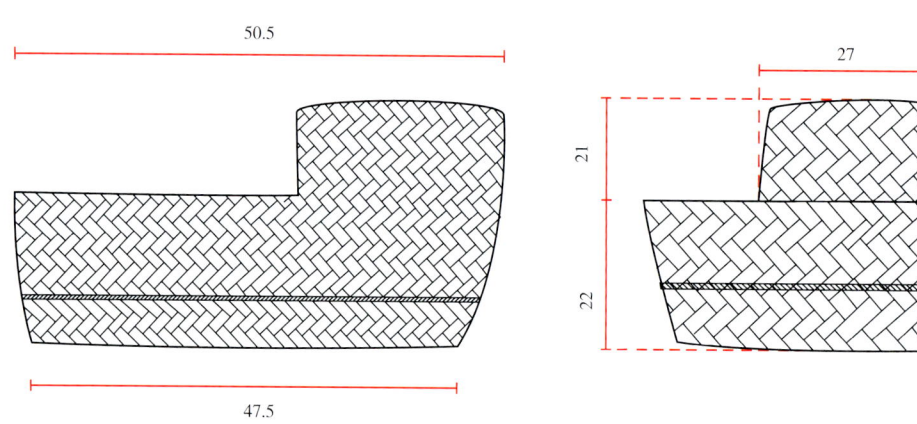

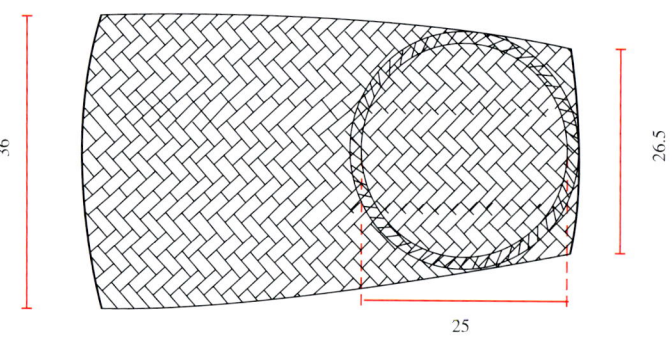

图二　白族竹编茶叶箩尺寸图（单位：cm）

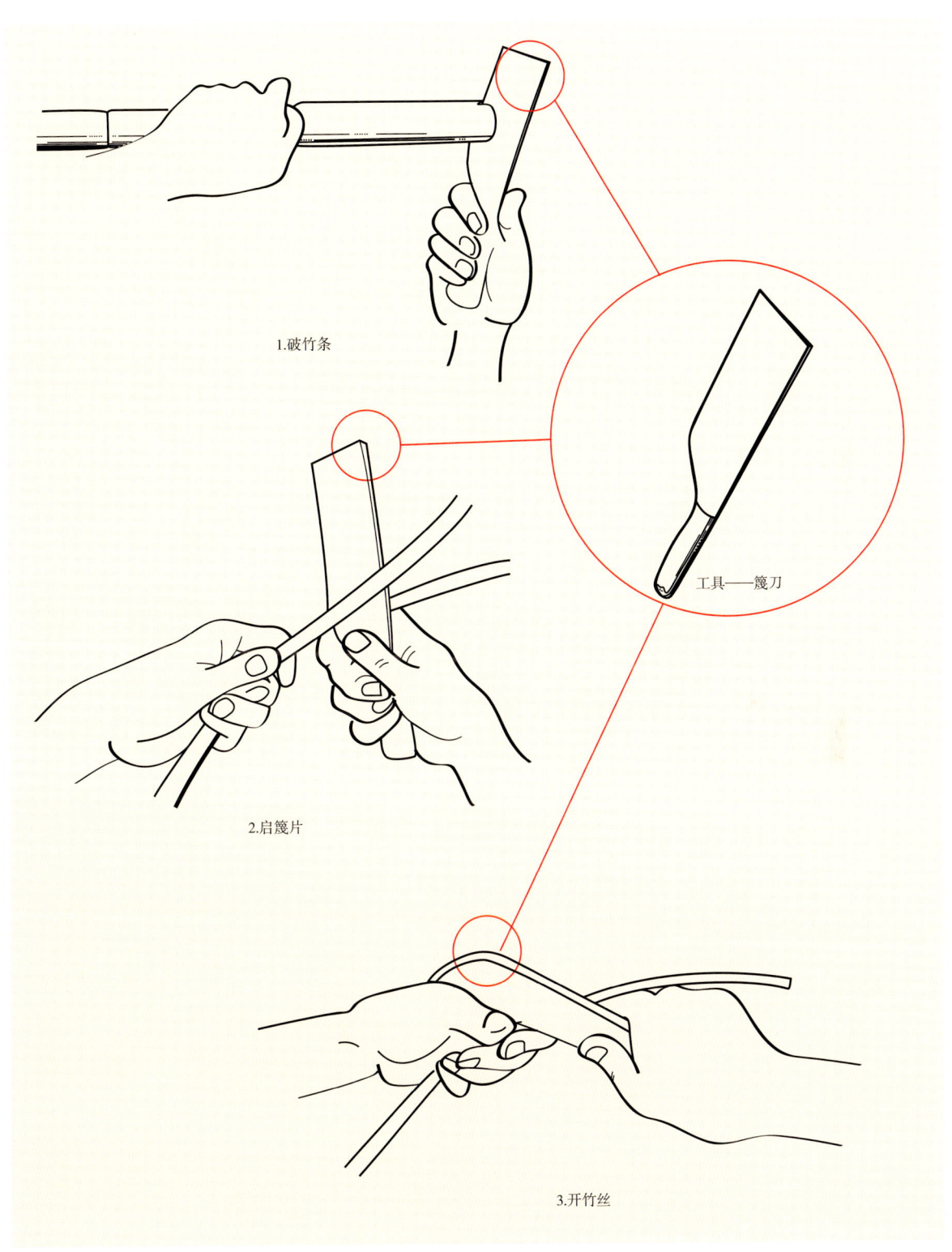

图三　白族竹编茶叶箩制作工艺图

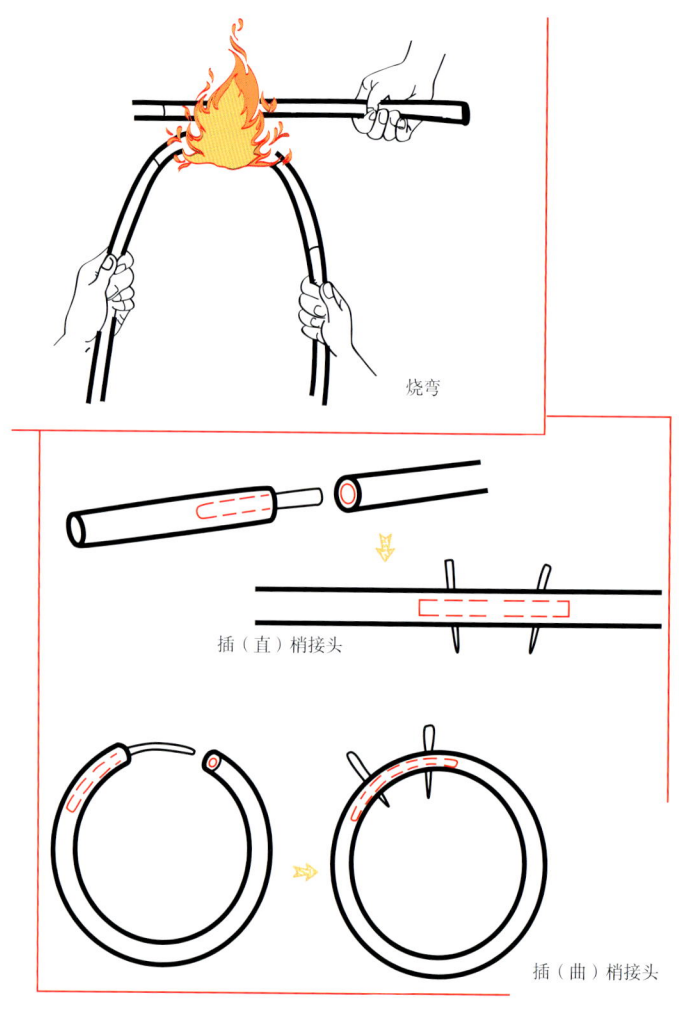

图四 白族竹编茶叶箩竹节连接图

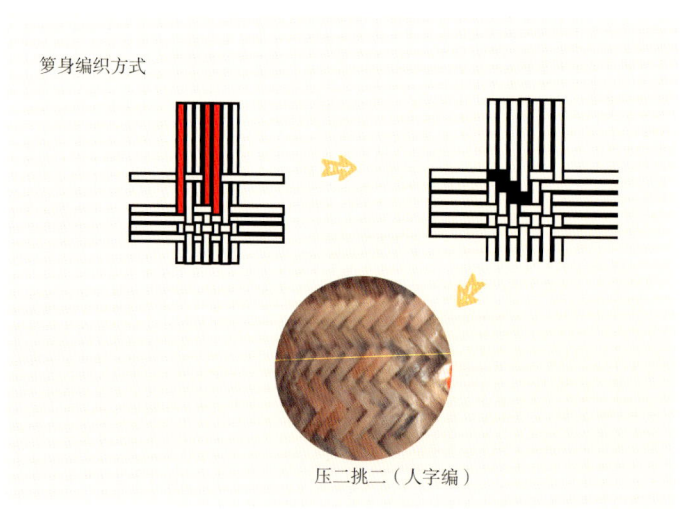

图五 白族竹编茶叶箩箩身编织方式图

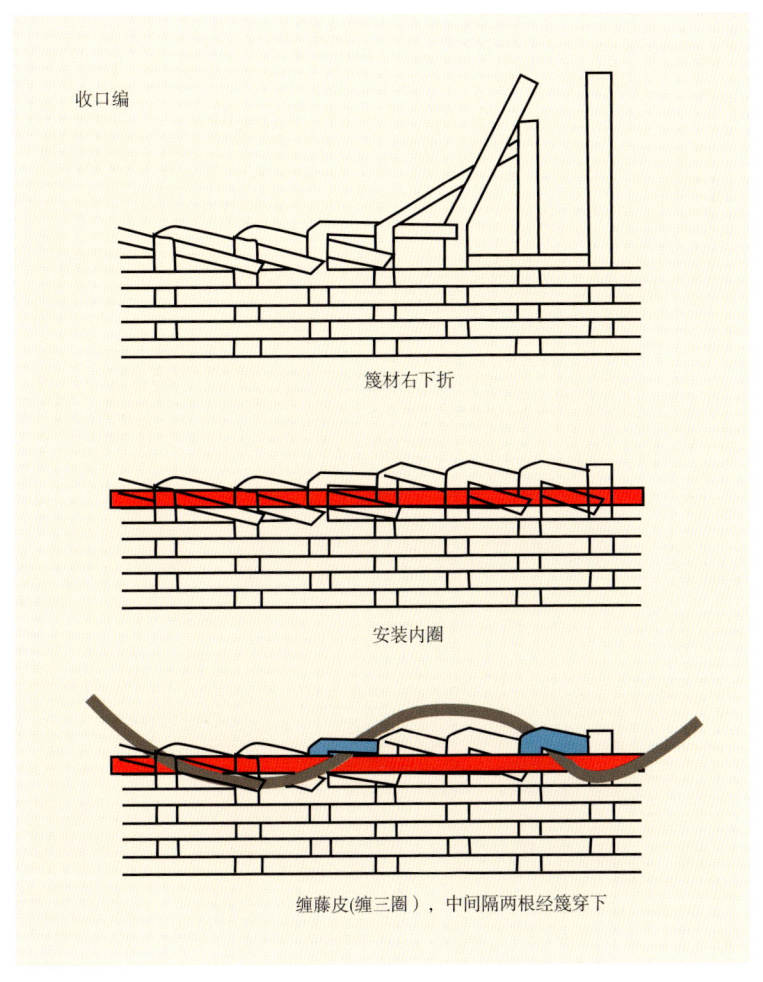

图六 白族竹编茶叶箩收口方式图

图七 白族竹编茶叶箩使用场景图

白族土陶烤茶罐

图一 白族土陶烤茶罐主图

大理白族土陶烤茶罐亦称"小砂罐""小茶罐",是白族人民用作烤茶、煮茶的器具。本案例烤茶罐选取大理白族天然陶土烧制而成。罐高17厘米,口径8厘米,相较于茶盅的小巧玲珑,土陶茶罐做工略显粗犷。其外形古朴,极具云南民族特色,是制作大理白族三道茶必备的茶具。

本案例烤茶罐由陶土制出基本的罐形,放置阴凉处晾干;然后上釉,壶嘴、把手及壶身上半部分均上釉,为褐色,壶身下半部分则为陶土色;最后放入窑内烧制成形。制作烤茶时,先在火塘内生火,将特制的小土陶罐放在火塘边,等陶罐烤热后,放入茶叶并不断抖动小陶罐,使茶叶在罐内微黄,待罐内冒青烟、茶香四溢时,便可倒入开水,并继续放在火塘上进行微煨,这是三道茶的第一泡,称之为"苦茶";饮用后加入适量沸水与少量红糖进行稍煨,则是第二泡,其味比第一泡更鲜美绝妙,不涩不腻,浓淡适宜,称为"甜茶";最后再加水,放入红糖、蜂蜜、核桃仁等,其烤茶方法与前两道相同,此茶称为"回味茶"。白族烤茶罐透气好,耐高温,沏水不易爆裂,是白族人民烤茶的必备器具。烤茶饮之沁人心脾,冲饮三次即可。如来客较多时，每人发给一个小陶罐和杯子，自行烤饮，既能体验烤茶乐趣，也能增进感情。

云南是闻名遐迩的茶叶产地，因此也有着各种独具特色的饮茶方式，白族烤茶为其中一种。白族人喜欢喝烤茶，传统白族聚集地的人民过着质朴却也有滋有味的生活，他们爱喝烤茶，并且相当讲究。土陶烤茶罐见证了白族人民对烤茶的热衷和对生活的享受。

图片来源

图一、图八　刘翔宇　摄影

图二至图六　夏玲　制图

图七　王英　制图

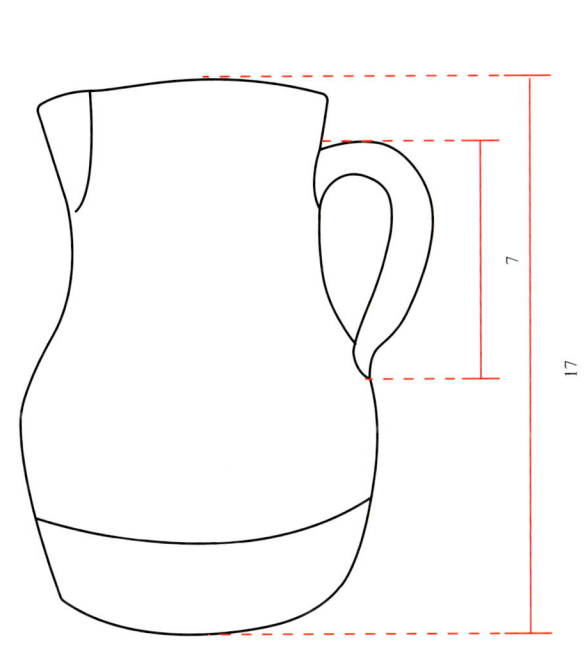
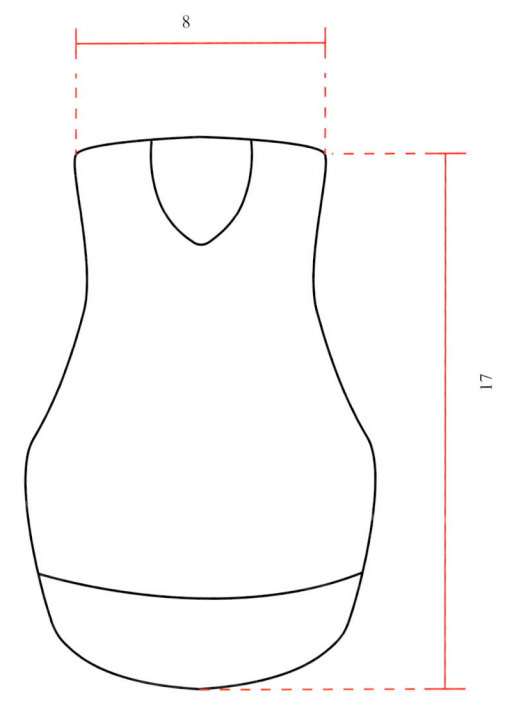
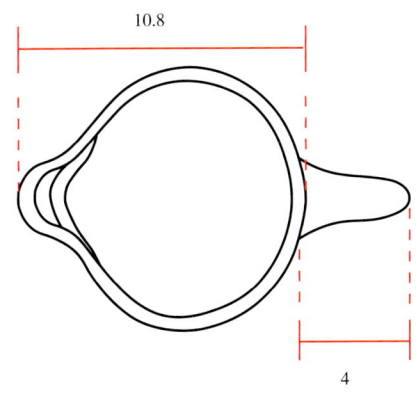

图二　白族土陶烤茶罐三视图（单位：cm）

图三　白族土陶烤茶罐构件名称示意图

1.制坯

2.上釉

图四　白族土陶烤茶罐制作工艺流程示意图

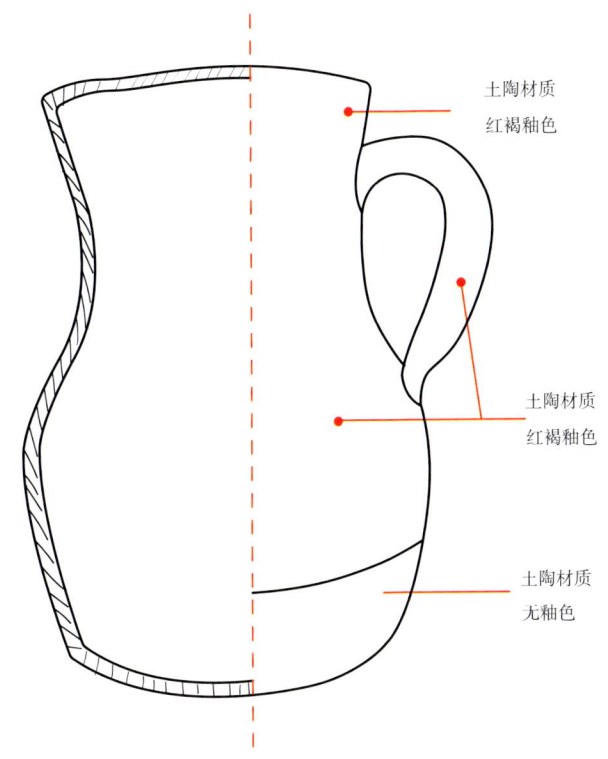

图五　白族土陶烤茶罐材质工艺分析图

图六　白族土陶烤茶罐使用图

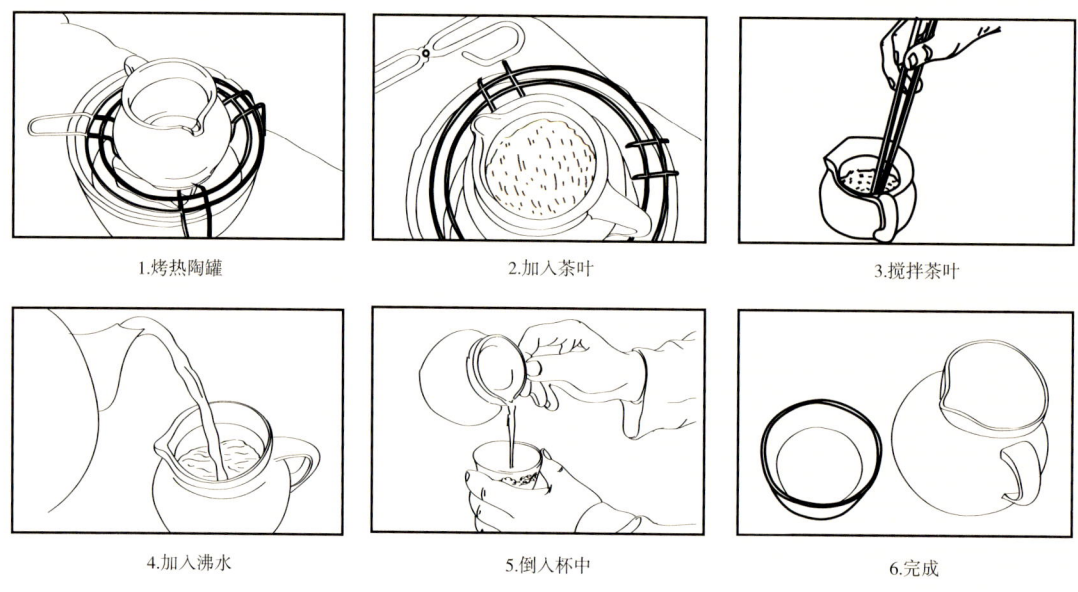

1.烤热陶罐　　2.加入茶叶　　3.搅拌茶叶

4.加入沸水　　5.倒入杯中　　6.完成

图七　白族烤茶流程图

图八　白族土陶烤茶罐款式图

白族八角鼓

图一　白族八角鼓主图

　　八角鼓是一种经敲击而发音的乐器，敲打时会发出"滴低"的声响，因此白语称为"滴低鼓"，汉语可称之为"八角鼓"，属无固定音高"膜鸣乐器"类的打击乐器。本案例的白族八角鼓现收藏于云南大理白族自治州博物馆，其造型呈等边六边体，边长11厘米，对角线长22.4厘米。白族八角鼓常作为拍击膜鸣乐器，也作为传统民俗舞蹈道具被白族人民广泛使用。

　　白族八角鼓为扁平的六边体，鼓框由质地坚硬的六根长度一样的木条组成。鼓框表层涂为红色，每个侧面均凿一个长方形的凹槽，并在每一个凹槽内装入铜钱，因此也可称之为"金钱鼓"。白族八角鼓单面使用牛皮或羊皮蒙制，可在鼓面上绘制纹样作为装饰，使其极具民族特色。白族八角鼓最常见的演奏方式是表演者右手持鼓，左手拍击鼓面；也可根据舞蹈动作，用鼓面敲击肩部、头部、膝盖等部位，鼓声与铜钱响声，清脆响亮。除此之外，表演者也可进行跳跃、下蹲等幅度较大的动作。白族八角鼓舞由多人表演，有多样并不断变化的队伍。

　　如今白族八角鼓、霸王鞭与双飞燕，都是白族人民所喜爱的舞蹈道具。三者同时出现于白族传统节日中，如白族传统节日"绕三灵"。虽为不同类型的器具，但因舞蹈动作的一致，三种道具可发出整齐悦耳且富有节奏感的响声。

图片来源
　图一　刘翔宇　摄影
　图二至图六　夏玲　制图

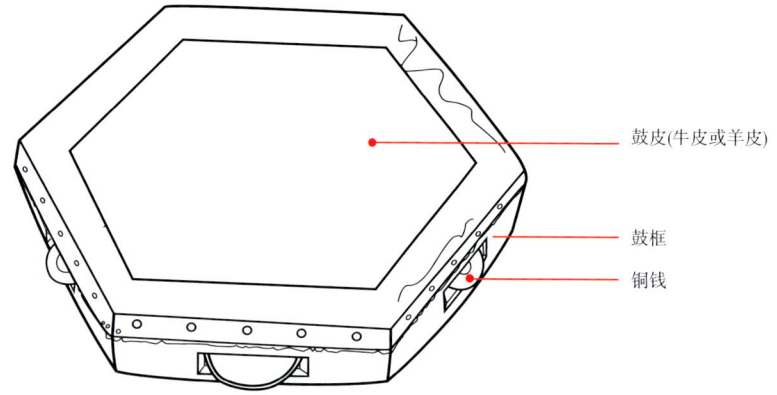

图二　白族八角鼓线描图

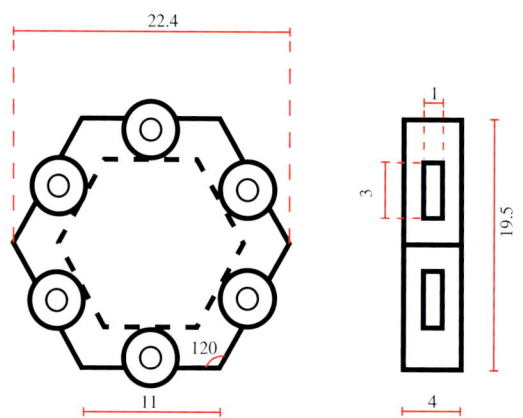

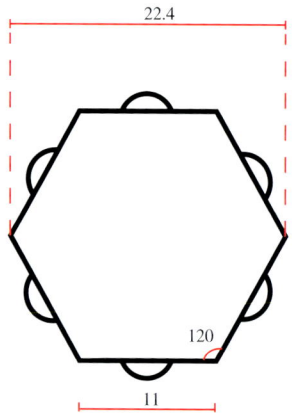

图三　白族八角鼓三视图（单位：cm）

图四　白族八角鼓演奏场景图

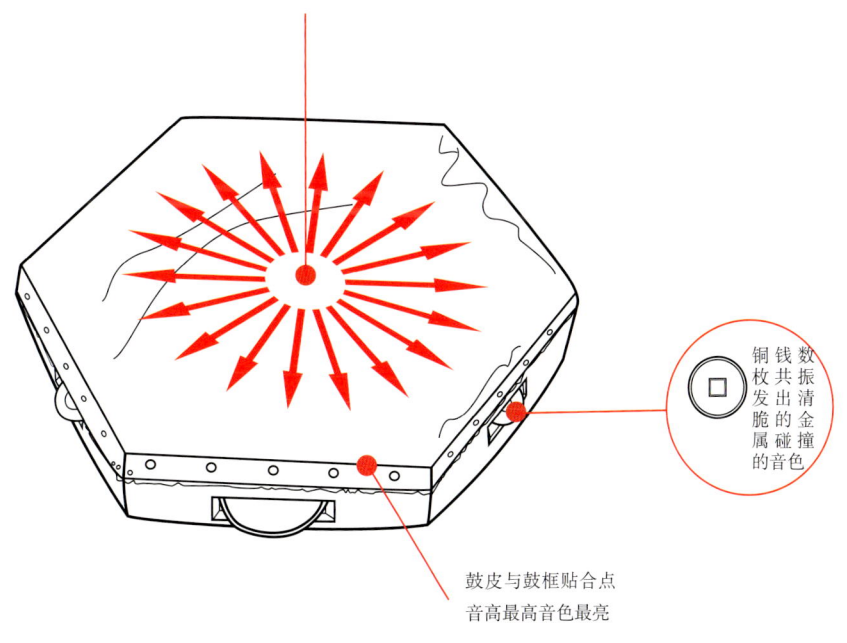

打击点在鼓皮中心点时音高最低同时音色最低沉，打击点越靠近鼓框音高越高同时音色越亮

铜钱数枚发出清脆的金属碰撞的音色共振

鼓皮与鼓框贴合点音高最高音色最亮

图五　白族八角鼓音色分析图

第四章　白族传统生活用具

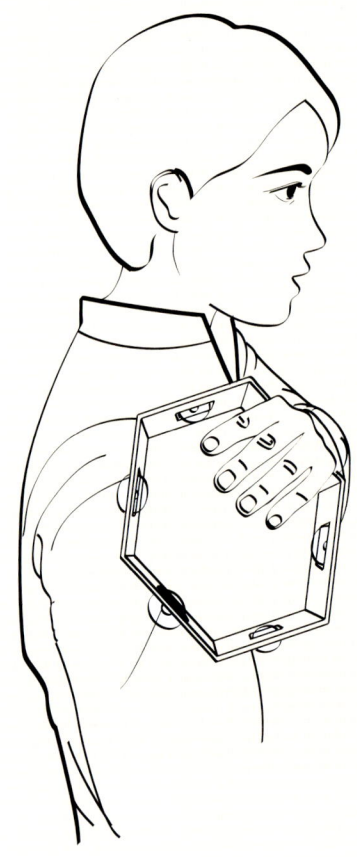

1.左手持鼓击打肩部

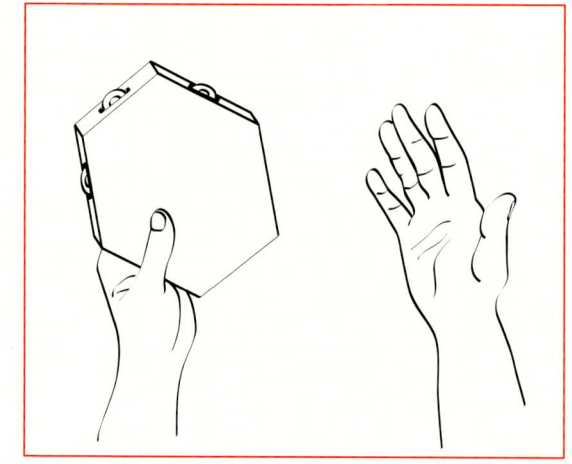

2.左手持鼓右手击打

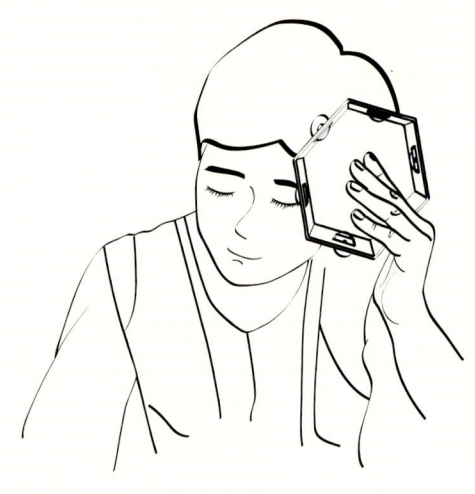

3.左手持鼓击打头部

图六　白族八角鼓使用方式图

白族霸王鞭

图一　白族霸王鞭主图

白族霸王鞭是一种竹制长棍状的舞蹈道具，白族称之为"搭哇别"，意为"大王鞭子"。因霸王鞭鞭内装有的铜钱会在舞动时发声，又可称之"浑身响""金钱鞭"。本案例的白族霸王鞭现收藏于云南大理白族自治州博物馆，其鞭长108厘米，直径2.5厘米，两端各系红色丝线作为装饰，是白族具有代表性的传统舞蹈道具之一。

白族霸王鞭选取长约100厘米、直径3厘米的山竹，凿穿相对的四个长孔，每个孔内安装三串六个铜钱，其4孔、12串、24枚铜钱分别象征为4季、12个月与24节令。在舞蹈时，霸王鞭打在身上的哪里，哪里必须去接，随之霸王鞭里的铜钱会发出悦耳的响声。两人以上舞蹈时，根据舞步，用鞭的两端敲击肩、臂、腰、背、腿等部位，即兴性较强，随着统一的动作，霸王鞭会发出整齐的响声。霸王鞭舞是白族人民所喜爱的舞蹈之一，在白族地区最具有民族特色的"绕三灵"传统节日中，霸王鞭舞、八角鼓舞与双飞燕舞都是主要的舞蹈表演形式。白族先民是一个文化素质较高的少数民族，白族人民性格开朗、热情豪爽等代代相传的民族美德均在霸王鞭舞中有所体现。

霸王鞭舞能够表现出白族人民独有的民族特色，是大理白族民间最具有影响力和流传最广泛的舞蹈之一。其舞蹈风格受到白族独特的社会历史、地理环境以及风土人情等因素影响，同时在多民族交流中，白族人民以自己特有的文化为基础，取长补短，汲取其他民族舞蹈的有益成分，丰富与充实了自己的舞蹈艺术。

图片来源
图一　刘翔宇　摄影
图二、图五　王英　制图
图三、图四　夏玲　制图

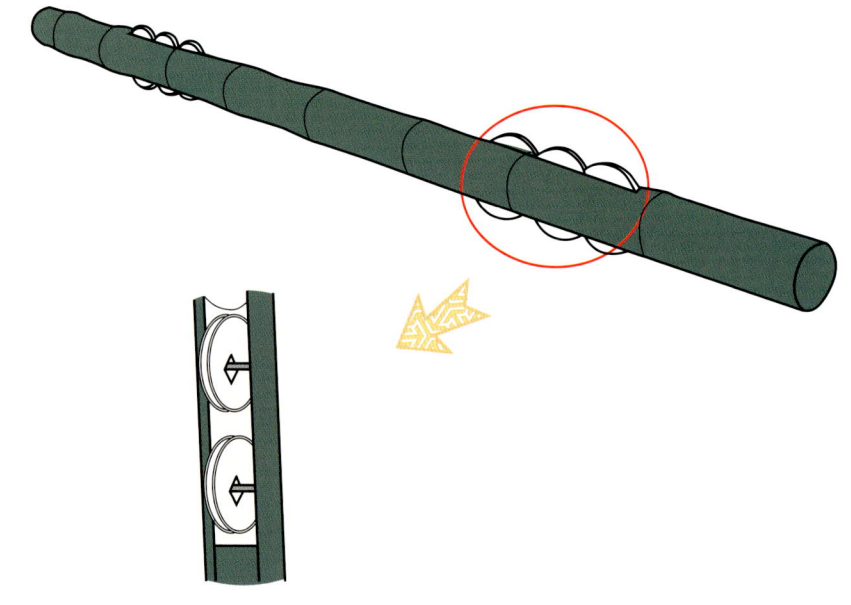

图二　白族霸王鞭细节示意图

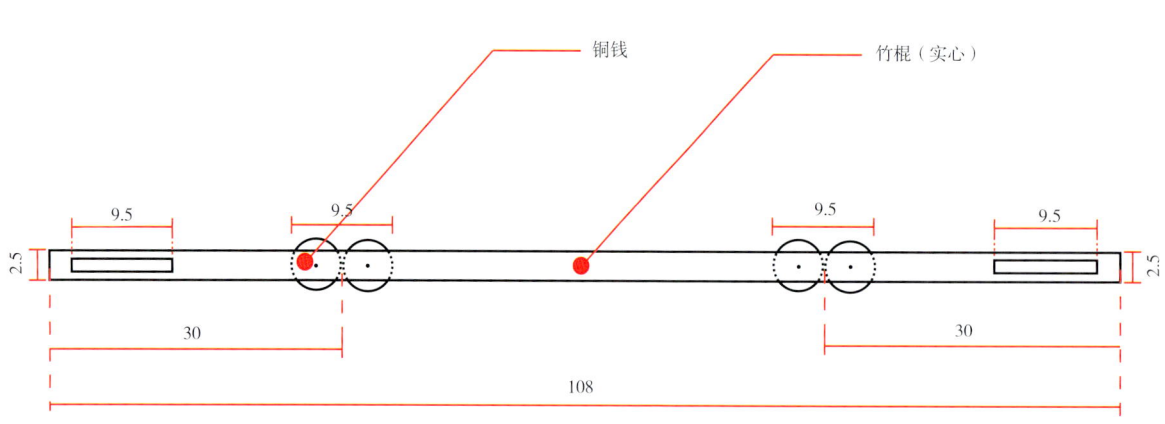

图三　白族霸王鞭尺寸图（单位：cm）

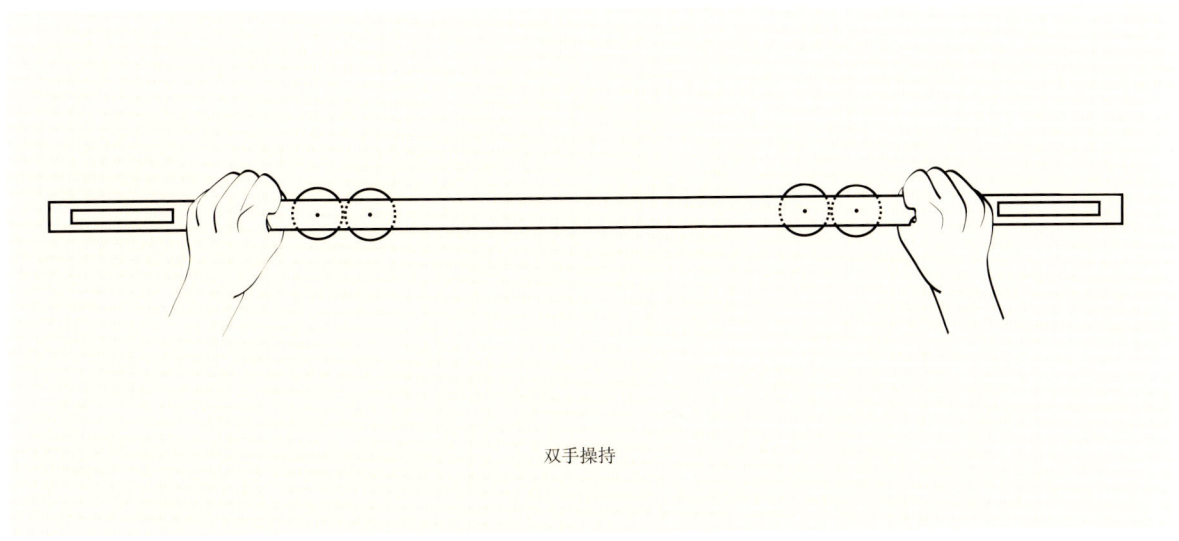

双手操持

图四　白族霸王鞭操持图

图五　白族霸王鞭演奏场景图

白族迪乌里

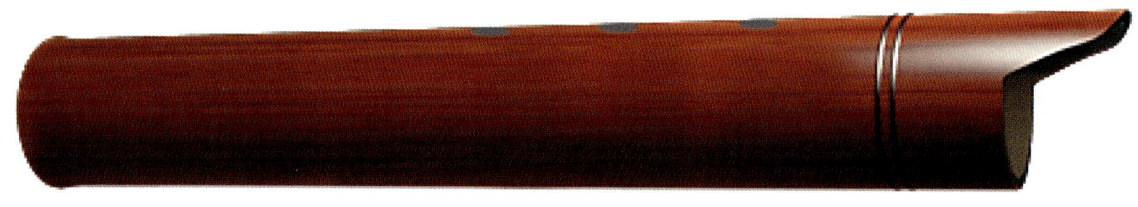

图一　白族迪乌里主图

迪乌里是白族竖吹竹管乐器。迪乌里名称中的"迪""乌""里"三字来源于白族勒墨人用勒墨语发出的模仿此乐器音响的声调，用迪乌里演奏的乐曲也常以这三声作为衬词进行配唱。本案例白族迪乌里长12.5厘米，管径1.3厘米，外形短小，便于吹奏者随身携带，是白族传统乐器之一。

白族迪乌里管体部分的材料通常会选用乌竹等云南当地盛产的竹类制作。迪乌里底部巧妙地利用竹节本身结构进行封底，迪乌里管身共有4个音孔，第一音孔位于竹节上方约2厘米处，然后依次向下是第二、第三和第四音孔，第四音孔位于第三音孔的正后方。吹奏时左手拇指按第四音孔即背孔，食指按第三音孔，中指按第二音孔，右手食指按第一音孔，其余手指支撑管体。迪乌里上部横断呈中空状，在管体音孔壁有一个弧形小槽即为送气孔。吹奏时用下嘴唇紧贴横断切面，将送气孔作为吹口，气流通过下嘴唇与管体上端切面之间的振动发声。迪乌里音量适中，音色明亮柔和，婉转动听。

迪乌里作为一种表达人们情感的乐器，多由女性吹奏，白族男青年常将此物作为爱情信物送给心爱的姑娘。除此之外迪乌里曲调动听，具有浓厚的当地民族特色，它的传承与发展对现代乐器及民族音乐的发展都有着深远的影响。

图片来源
图一　崔晋　摄影
图二至图五　夏玲　制图

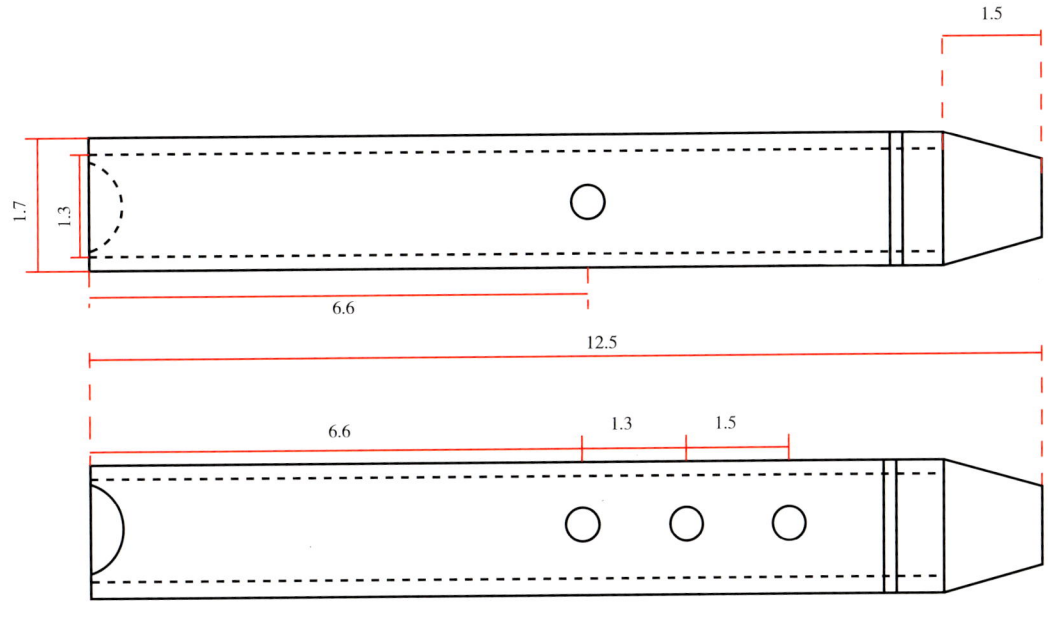

图二 白族迪乌里尺寸图（单位：cm）

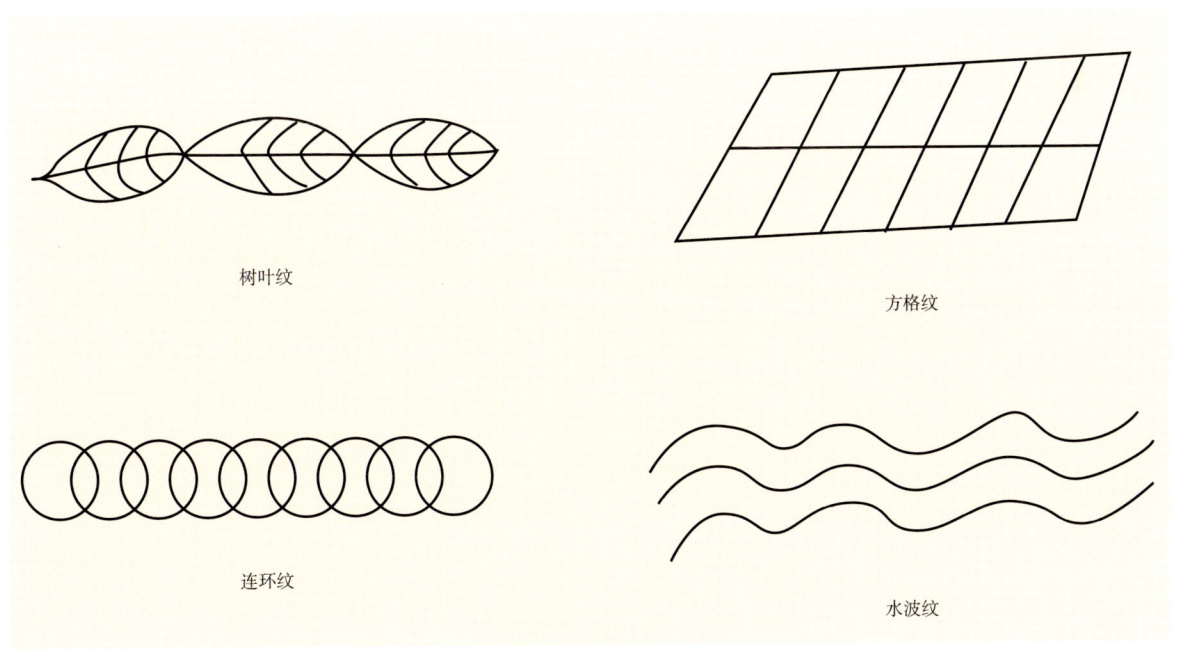

图三 白族迪乌里纹饰图

第四章 白族传统生活用具

345

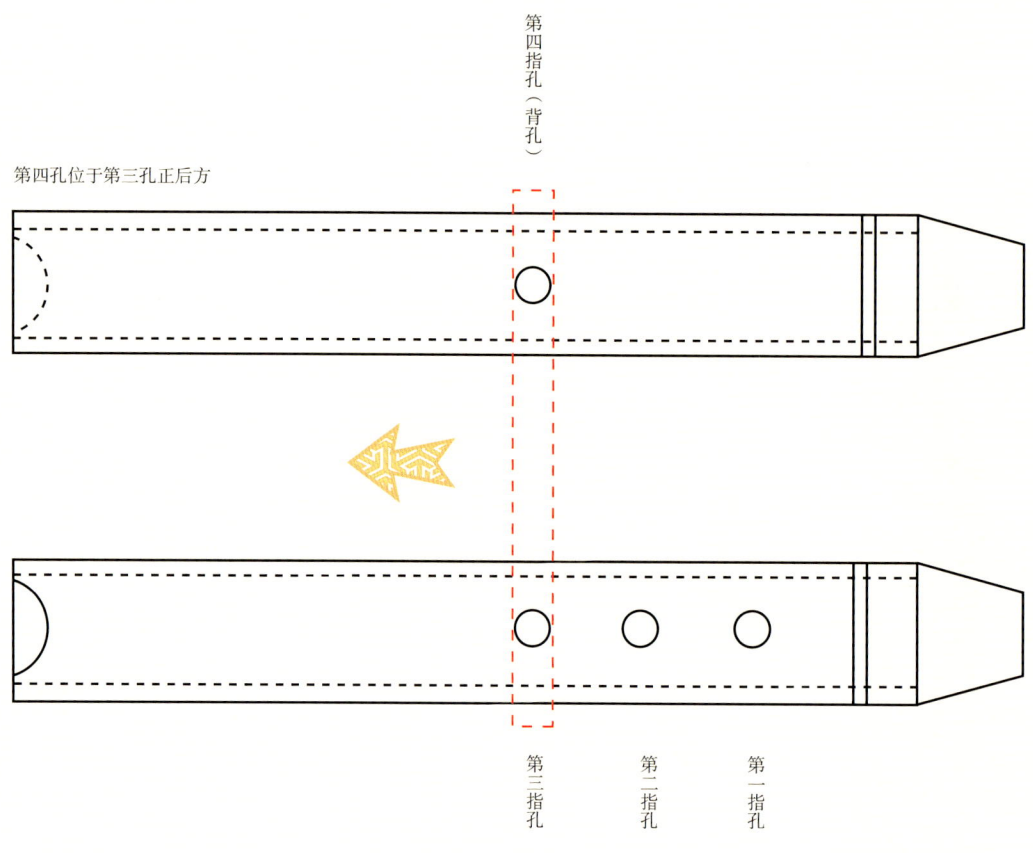

图四　白族迪乌里指孔图

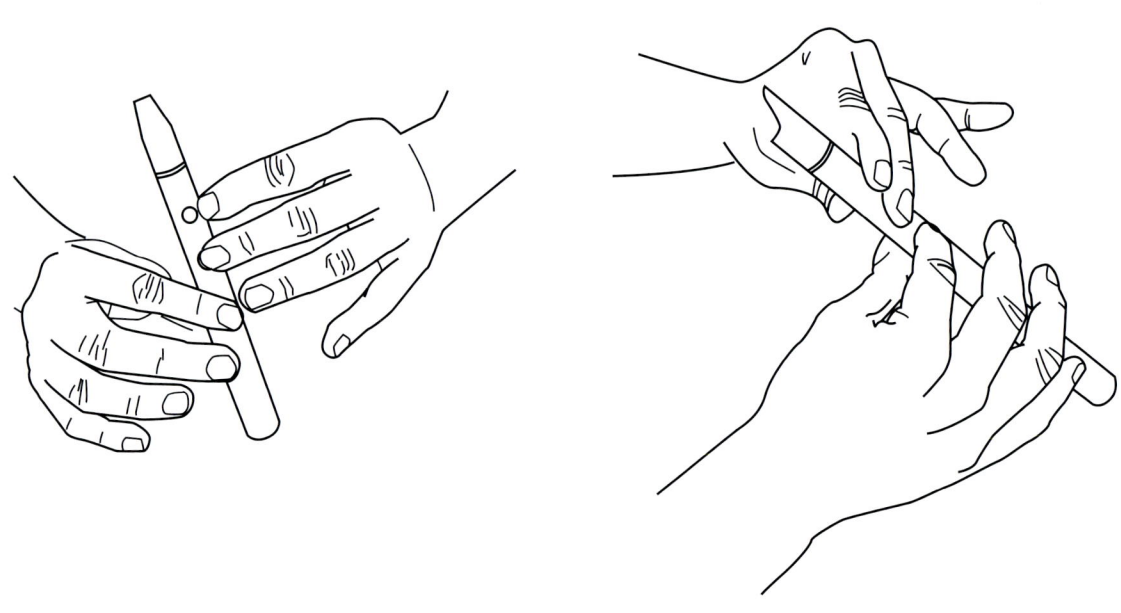

图五　白族迪乌里操持图

白族枯鲁

图一　白族枯鲁主图

枯鲁为单簧横（直）吹竹管乐器，在白族地区使用广泛，是白族具有民族特色的传统乐器之一。本案例为云南白族枯鲁，长33厘米，直径1.2厘米，形制与西双版纳一带傣族使用的巴乌相近。"枯鲁"为当地白语称谓，"枯"即"曲"，"鲁"即"笛"，"枯鲁"即"吹曲之笛"，故有人简称"调笛"。

枯鲁有单管和双管之分，前者俗称"单鲁"，后者俗称"双鲁"，本案例中白族枯鲁为单鲁。迄今"单鲁"流行普遍，"双鲁"已少见。同一支"单鲁"可横吹也可以竖吹。其长短大小并无标准尺寸。通常来说枯鲁音孔与吹口簧片位置成90度，簧片用黄铜做的子弹壳手工制成，7个音孔孔距越往下越宽。因远地区的白族人民吹奏枯鲁第一孔不按指，使用余下六孔的音阶指法。因远地区的白族枯鲁只用于为民歌"色枯"伴奏。色枯在当地流传广泛，因此作为伴奏的枯鲁也广泛使用。枯鲁的音律与十二平均律有较大区别，以前还没有对它的音律进行全面的科学考察和测定。虽然乐手吹奏时能用气息调整音调，但枯鲁伴奏色枯时仍然明显地异于十二平均律。有趣的是因远白族歌手唱色枯和其他白族民歌都一致地分别使用两种音律，前者异于十二平均律而与色枯音律相同，后者基本接近十二平均律。枯鲁常在山野田坝或村镇里巷场所吹奏，但很少有妇女能吹并吹得很好。

枯鲁的音律非常值得分析及考究。它为后人研究民族音乐文化特点提供了重要研究资料，为枯鲁这一乐器的发展演变奠定了基础，同时也体现出白族人民的音乐文化和造物智慧。

图片来源
图一　张金威　制图
图二至图五　夏玲　制图

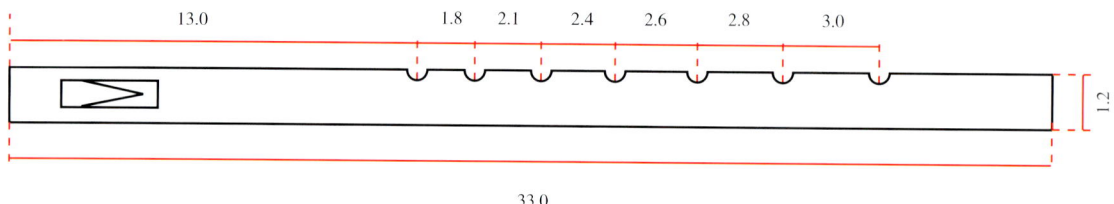

图二　白族枯鲁尺寸图（单位：cm）

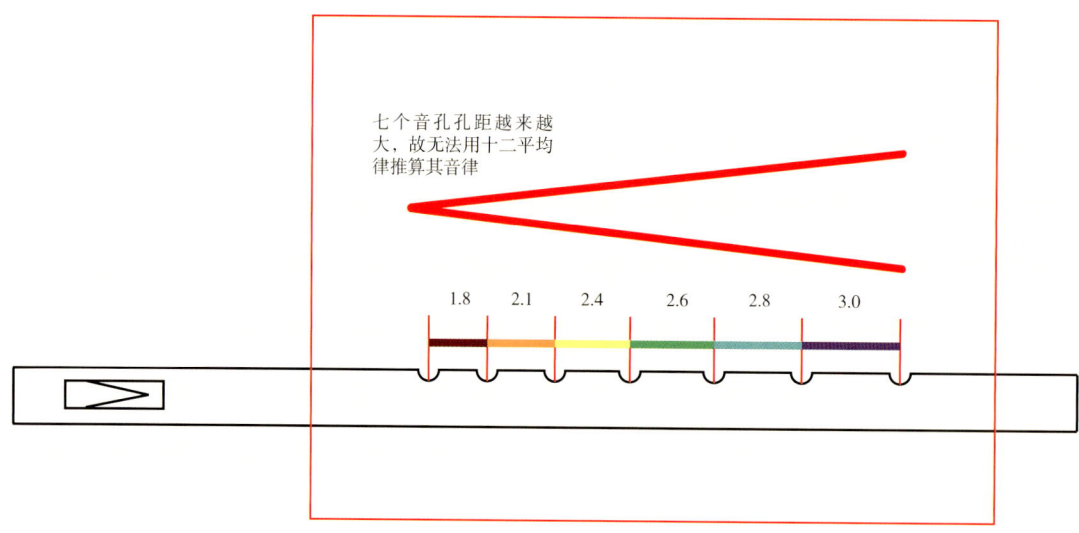

图三　白族枯鲁音律分析图（单位：cm）

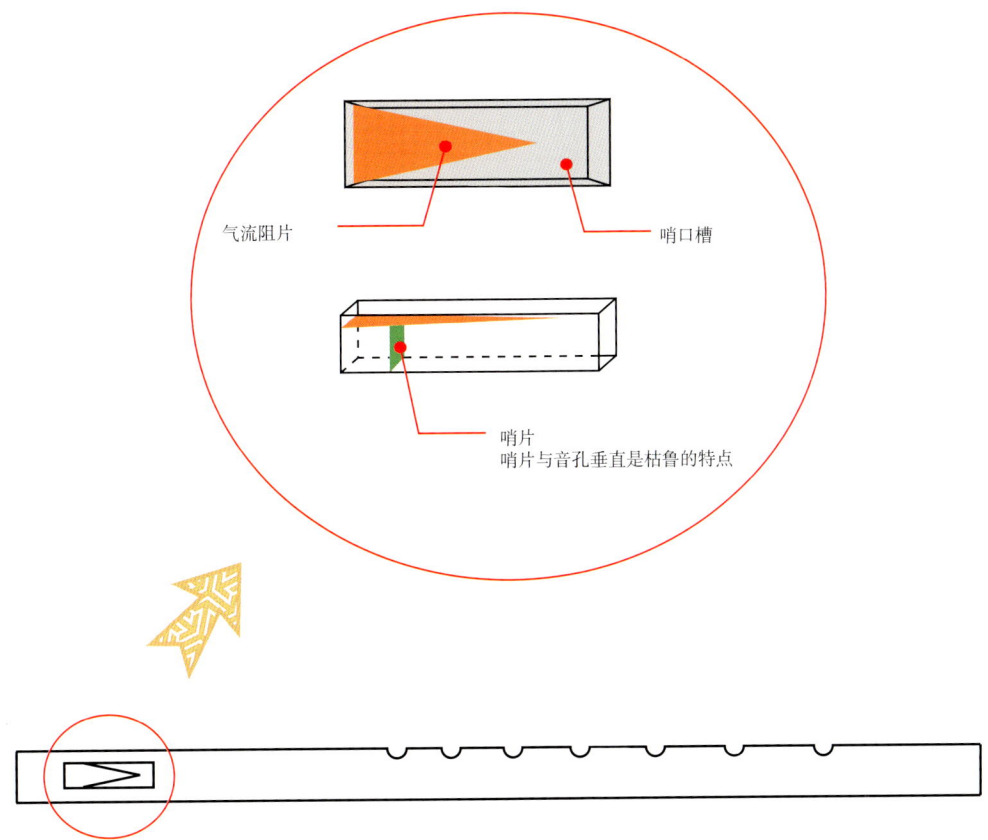

图四　白族枯鲁哨片分析图

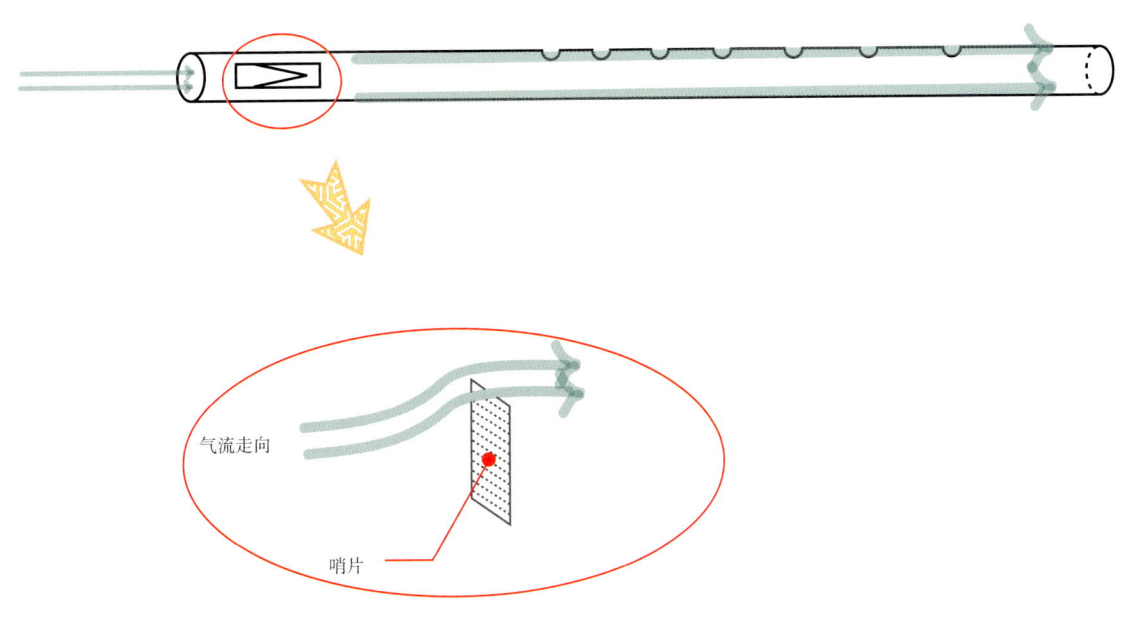

图五　白族枯鲁气流分析图

白族芦管

图一　白族芦管主图

芦管，白族双簧气鸣乐器，又称筚篥，流行于云南省大理白族自治州地区。本案例中的芦管由管身和管哨组成，通长约27厘米。管身竹制，管体中空、两端敞口，管长22厘米，管尾内径1.3厘米，是白族传统乐器之一。

芦管于东晋年间传入中原，在一些唐诗中就有描绘芦管美妙的声音。白族芦管虽由中原所传入，但受到云南白族独特的地理与社会环境影响，在材质、制作工艺以及演奏形式上均赋予了白族当地的民族特色。白族芦管管身开有8个按音孔，前侧7个，后侧1个，孔距约0.5厘米，管口置一管哨。管哨是用芦苇修薄压扁后制成的双簧哨片，哨长约2.5厘米，上端哨口宽约1厘米，下端哨座插入管身上口1厘米。当一股气流进入管哨后会被双簧哨片分为两股，随后进入管身内经过每一个音孔。由于管身是由细竹制成，密度与木头有一定差别，导致在管身振动时也有别于木制气鸣乐器，其音色浑厚而优美。演奏时，双手竖握管身，右手小指、无名指、中指、食指按第一、二、三、四音孔，左手无名指、中指、食指按第五、六、七音孔，拇指按背孔，音色圆润柔美，明丽清新。芦管所演绎的乐曲多由民族旋律演变而来。

芦管在中国流传很广，很多民族都有相似的管状气鸣乐器，但演奏乐曲时演奏者演奏方法略有差异。这缘于不同民族不同地区特有的欣赏习惯、风土习俗、审美需求，因此各民族之间的交往和文化艺术的交流融合才一直延续下去。

图片来源
图一　张金威　制图
图二至图五、图七　夏玲　制图
图六　王英　制图

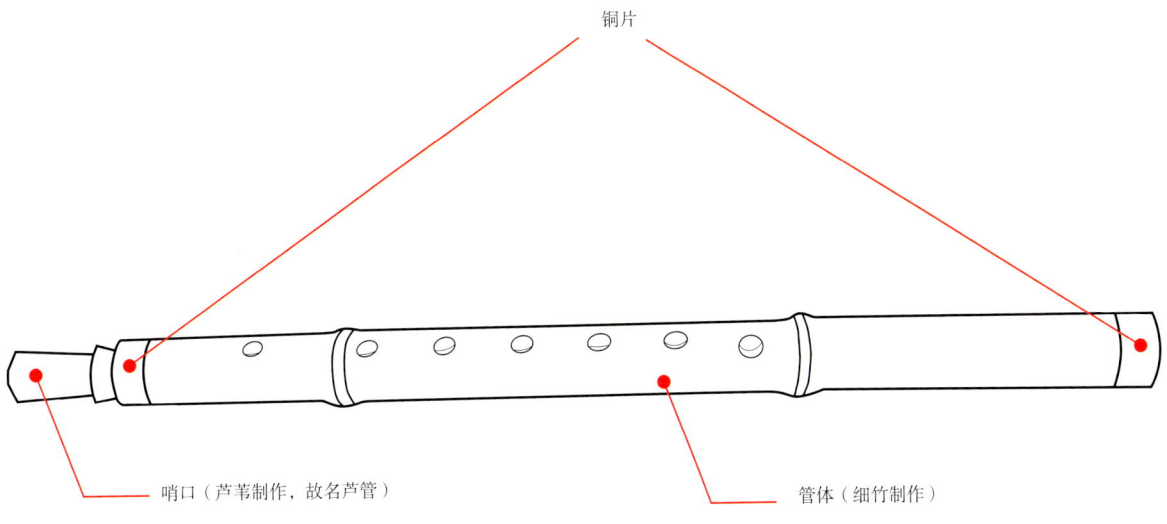

图二 白族芦管线描图

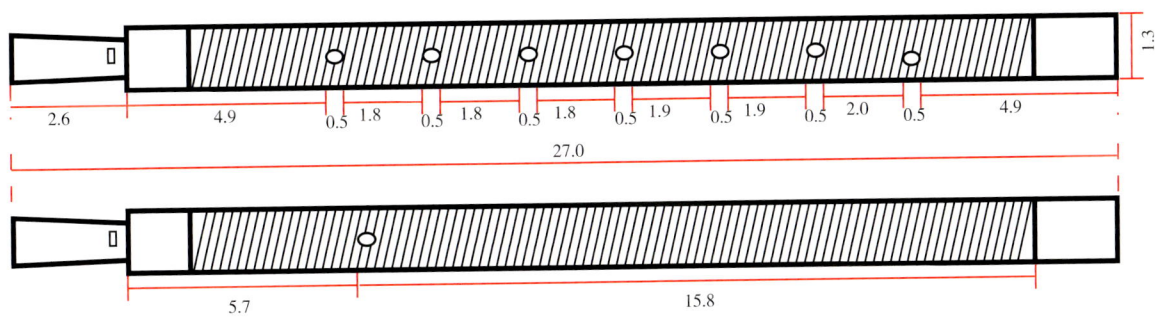

图三 白族芦管尺寸图（单位：cm）

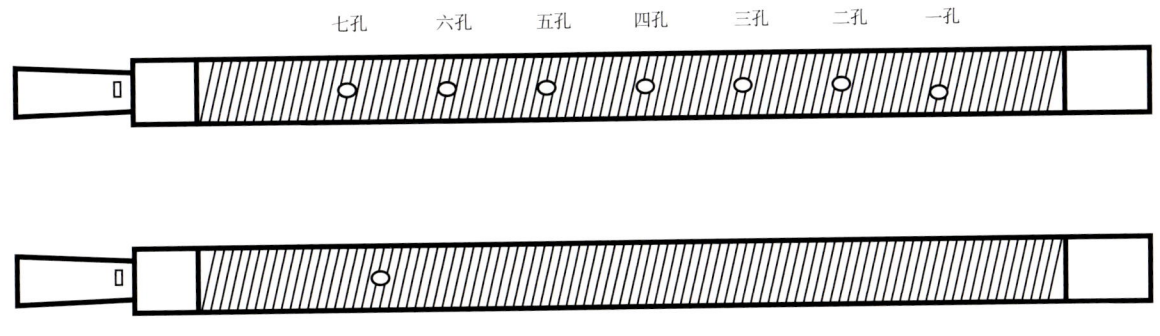

图四 白族芦管音孔图

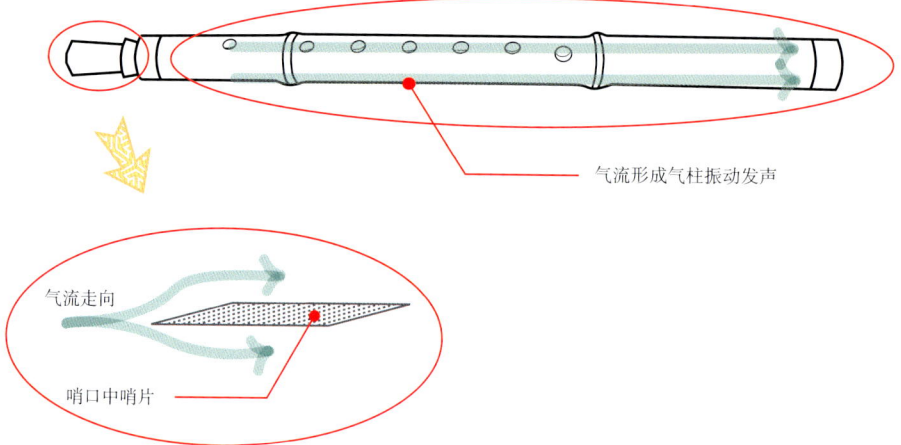

图五　白族芦管气流分析图

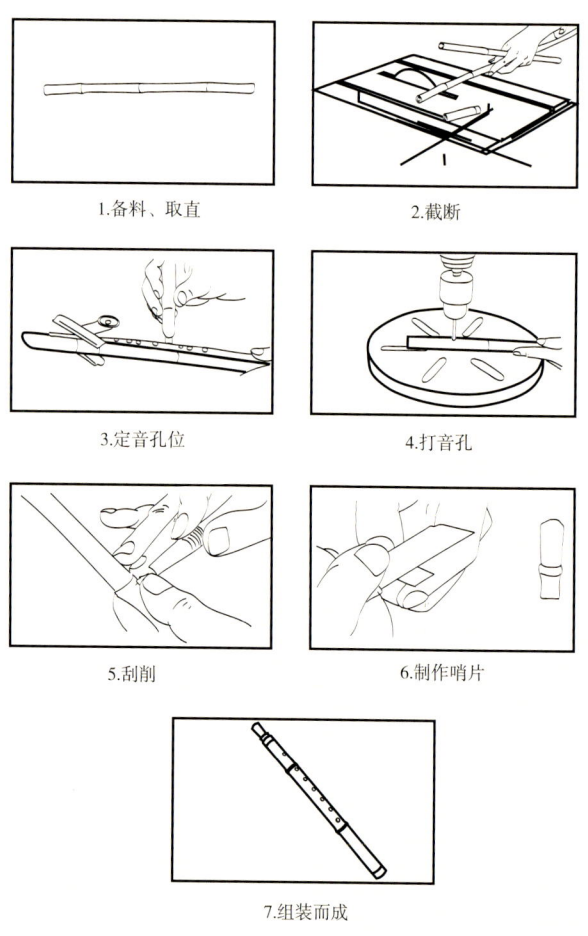

图六　白族芦管制作流程图

白族芦管正开七孔，背开一孔，右手小指、无名指、中指、食指按一、二、三、四孔，左手无名指、中指、食指按五、六、七孔，拇指按背孔

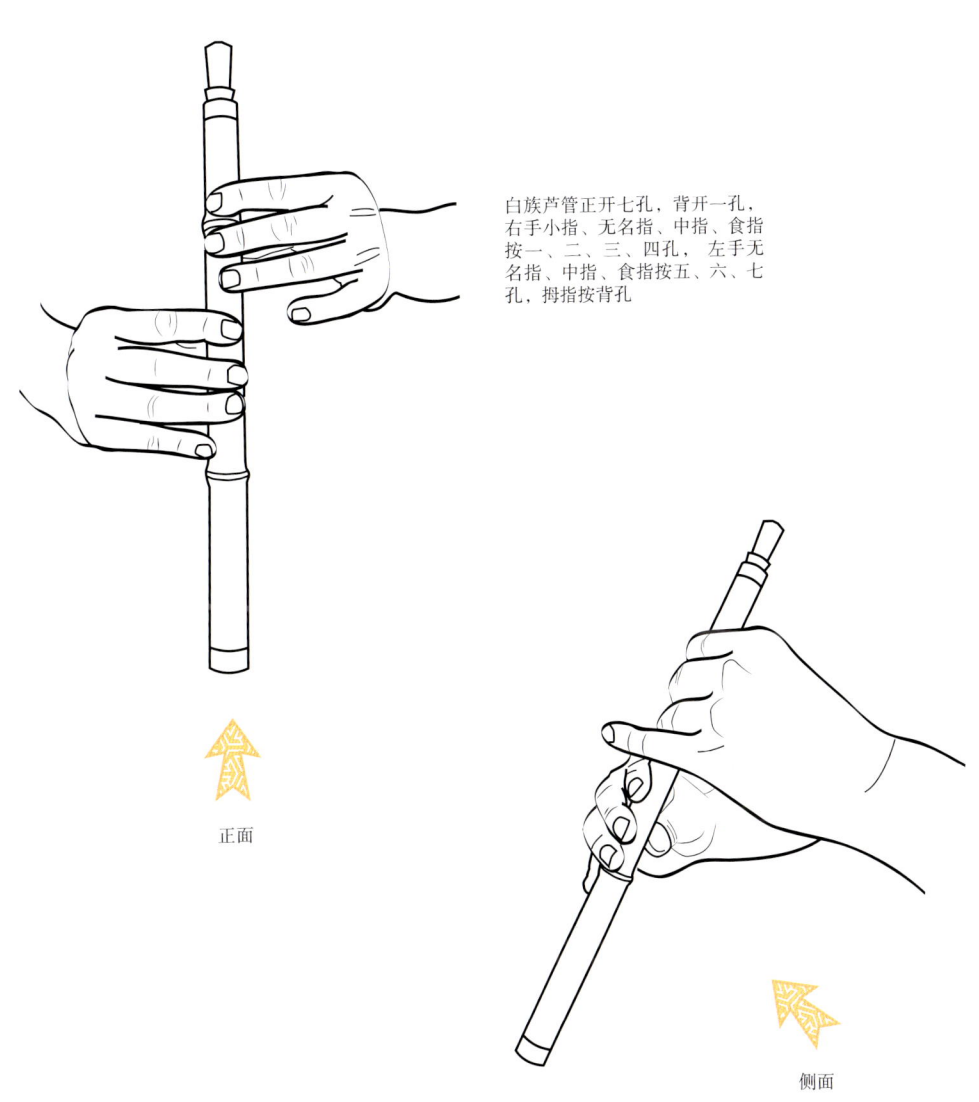

正面

侧面

图七　白族芦管操持图

白族唢呐

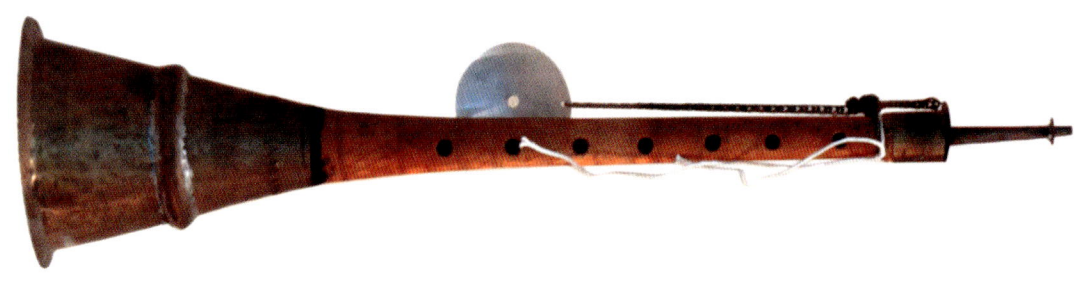

图一　白族唢呐主图

白族唢呐为双簧气鸣乐器，广泛用于云南省大理白族自治州各地，尤以大理、剑川、洱源等地最为盛行。在节日活动等仪式中，唢呐表演都是必不可少的组成部分。本案例的白族唢呐全长52.8厘米，樟香木杆长26.5厘米，上设7个按孔，下接直径为10.5厘米的碗口。

白族唢呐和汉族唢呐结构基本一致，主要由簧哨、气盘、芯子、管身、碗口等部分组成。管身选用木材、竹子、铜等制成，表面有线条纹圈装饰。芯子、气盘、碗口多以黄铜、铝合金制成。管身有7个音孔，每个孔之间的距离为2.5厘米。音孔距离在人的手指正常张开范围之内，符合基本人体工程学。演奏时，左手食指、中指与无名指分别按住管身上面3个音孔，右手食指、中指、无名指以及小指按住其余4个音孔。白族唢呐是白族人民常见的吹奏乐器之一，演奏形式有合奏、重奏、独奏等。在白族传统的风俗中，除了民间的喜庆节日或婚丧嫁娶的场合，有时甚至在插秧时节也会邀请吹打班在田边吹奏，鼓舞干劲。

白族唢呐虽与汉族唢呐结构基本一致，但受到云南白族地区独特的地理环境与文化习俗影响，而成为独具白族地方特色的主要乐器之一。白族结合本地区的民族习俗、民族音乐风格，通过白族曲艺人的继承和改编，编创了大量具有本民族特色的唢呐乐曲。至今唢呐演奏在生活中也是白族人民喜闻乐见的艺术形式，致使丰富多彩的唢呐乐曲在白族地区得以流传。艺术为生活服务，才能体现出艺术的价值。

图片来源
图一　刘翔宇　摄影
图二至图五　夏玲　制图

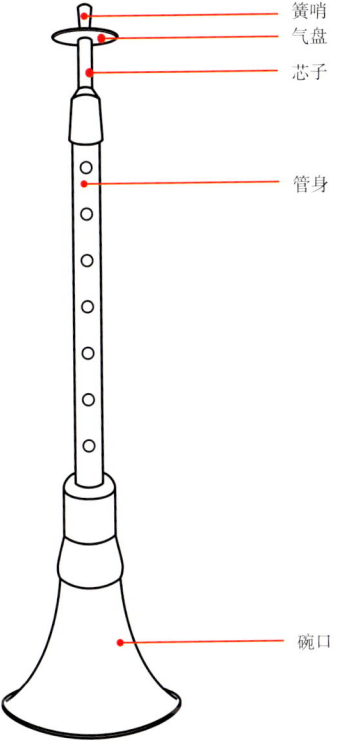

图二 白族唢呐结构图

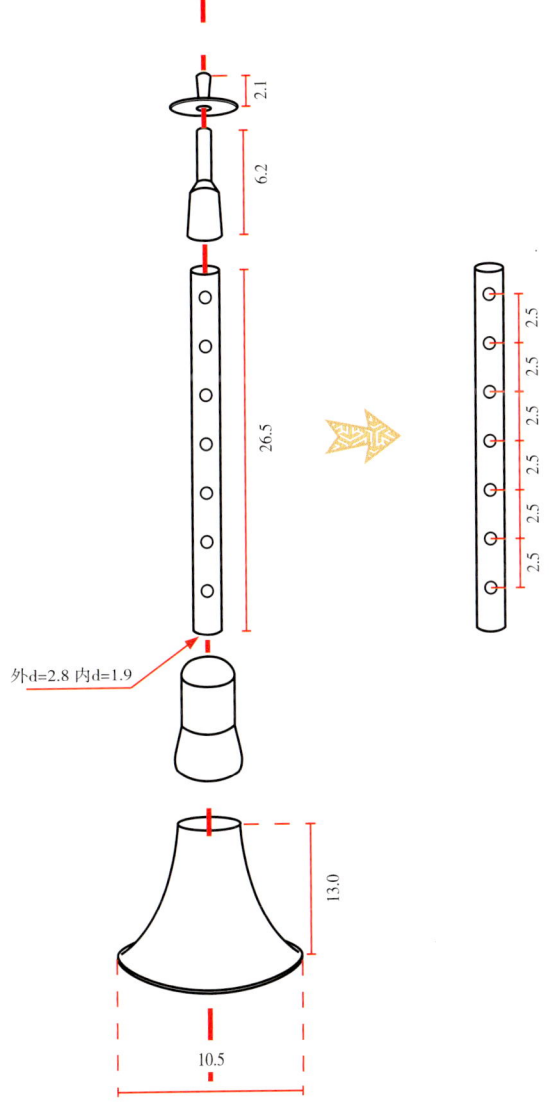

图三 白族唢呐尺寸图（单位：cm）

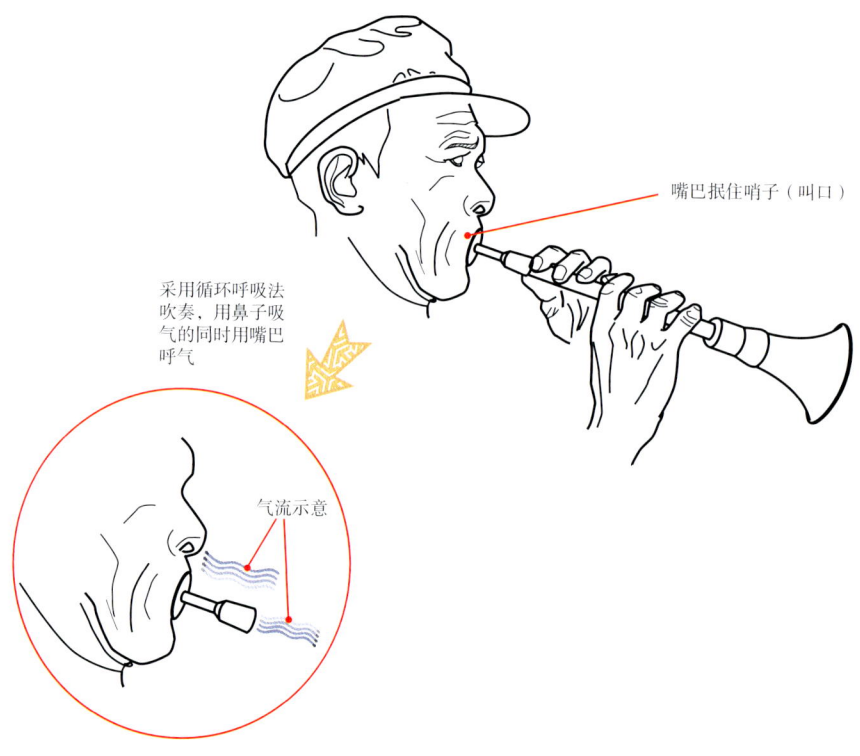

图四 白族唢呐操持图

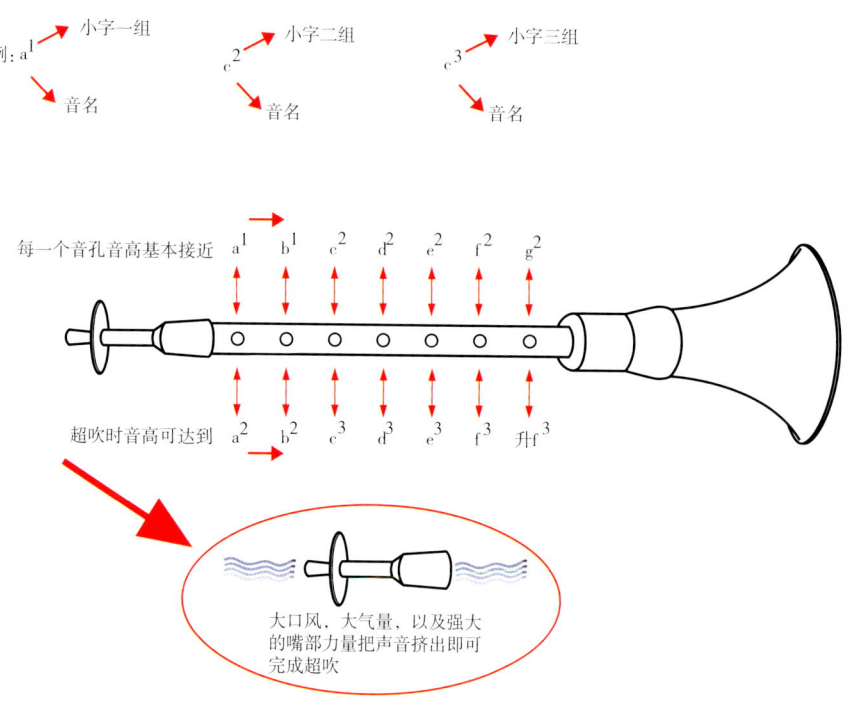

图五 白族唢呐音孔分析图

白族双飞燕

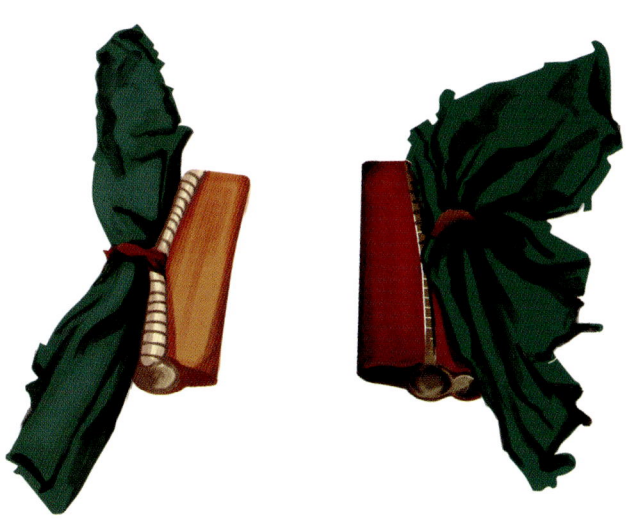

图一 白族双飞燕主图

双飞燕是大理白族地区一种成对出现的舞蹈道具，类似于白族的霸王鞭。两样乐器造型均简单，都为白族人民所喜爱。本案例中的双飞燕由4片龙竹与四根彩花制作而成，总长22厘米，竹片长9.4厘米，宽5厘米。在竹片上固定的彩花形似蝴蝶翅膀，舞动时舞者手中的双飞燕在空中上下飞舞，飘动的彩花令观赏者眼花缭乱，使得舞蹈更加轻盈。

每年的农历四月二十三日至二十五日，是大理白族地区最具民族特色的古老民俗节庆和宗教盛典——"绕三灵"，其中霸王鞭、八角鼓和双飞燕是"绕三灵"的主要舞蹈形式。除此之外，在云南大理白族地区每逢农闲季节或者祭祀时，也都会有双飞燕舞蹈表演。舞者使用双飞燕表演时方法较为简单，双手各持两片，其中一片用线或皮筋扎于大拇指内侧，一片扎在中指内侧，拇指、中指依据节拍使两竹片碰击发声。八角鼓与霸王鞭等舞蹈形式常与双飞燕结合，丰富了白族的舞蹈形式。在舞蹈中配合简单的节奏，使人们的舞步更具有律动性，达到与观者互动的效果。双飞燕在表演中表达了白族人民对神灵的虔诚，对丰收的企盼以及对美好生活的追求，是白族节庆活动中必不可少的一种传统舞蹈道具。

双飞燕具有鲜明的民族特色。双飞燕的制作与使用体现了白族人民的创造才华，使其更具有民族艺术价值。白族人民在与他们所处的社会人文环境中感知与适应，造就出属于自己独特的民族舞蹈文化。白族人民在歌舞中传承历史，也使人们在歌舞中感受到白族传统造物的技艺与文化。

图片来源

图一 魏溥均 制图
图二至图五 夏玲 制图
图六 王英 制图

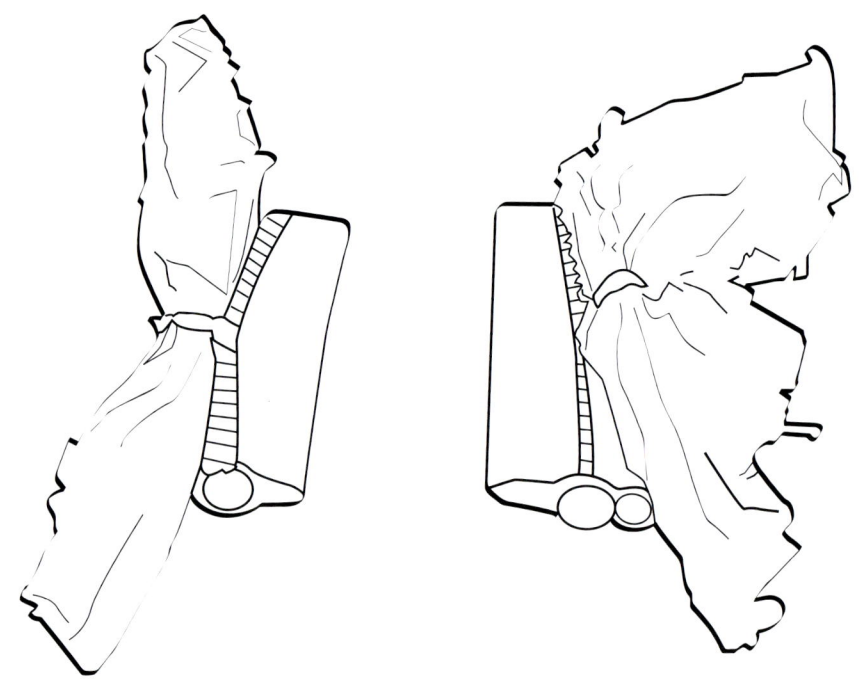

图二　白族双飞燕线稿

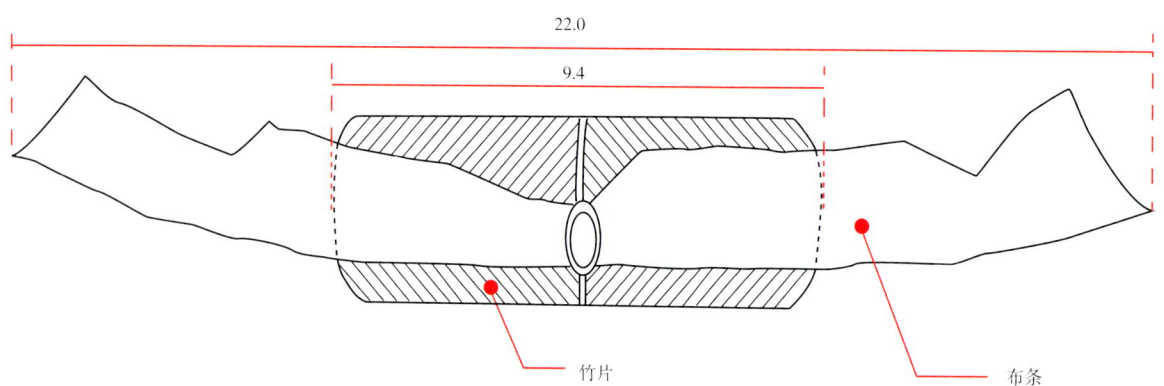

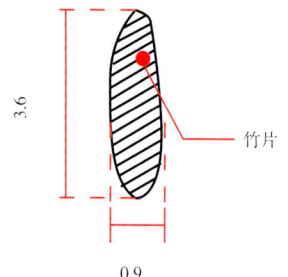

图三　白族双飞燕尺寸图（单位：cm）

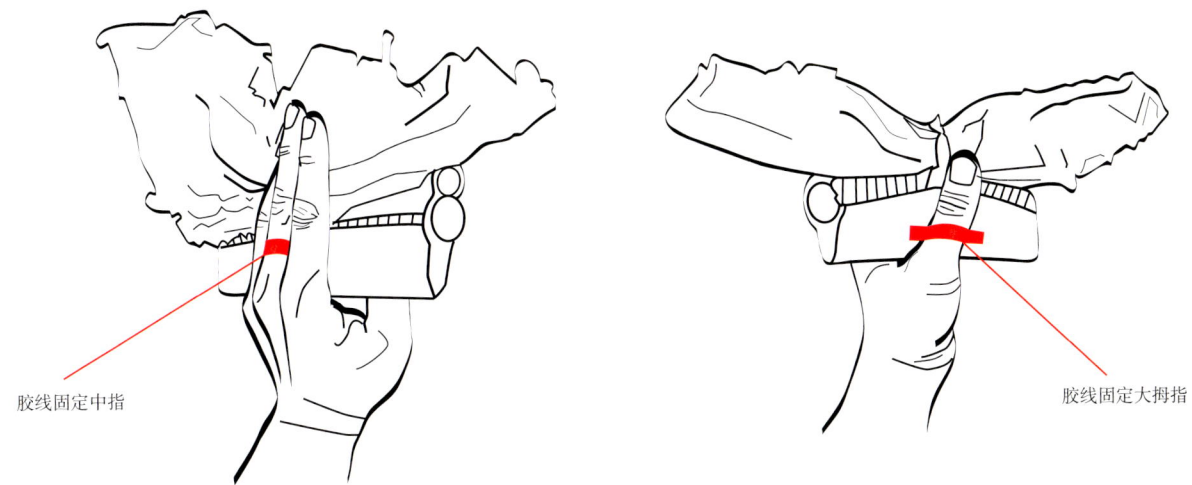

胶线固定中指　　　　　　　　　　　　　　　胶线固定大拇指

两支为一对，一手持两支，分别固定在中指和大拇指上

图四　白族双飞燕操持图

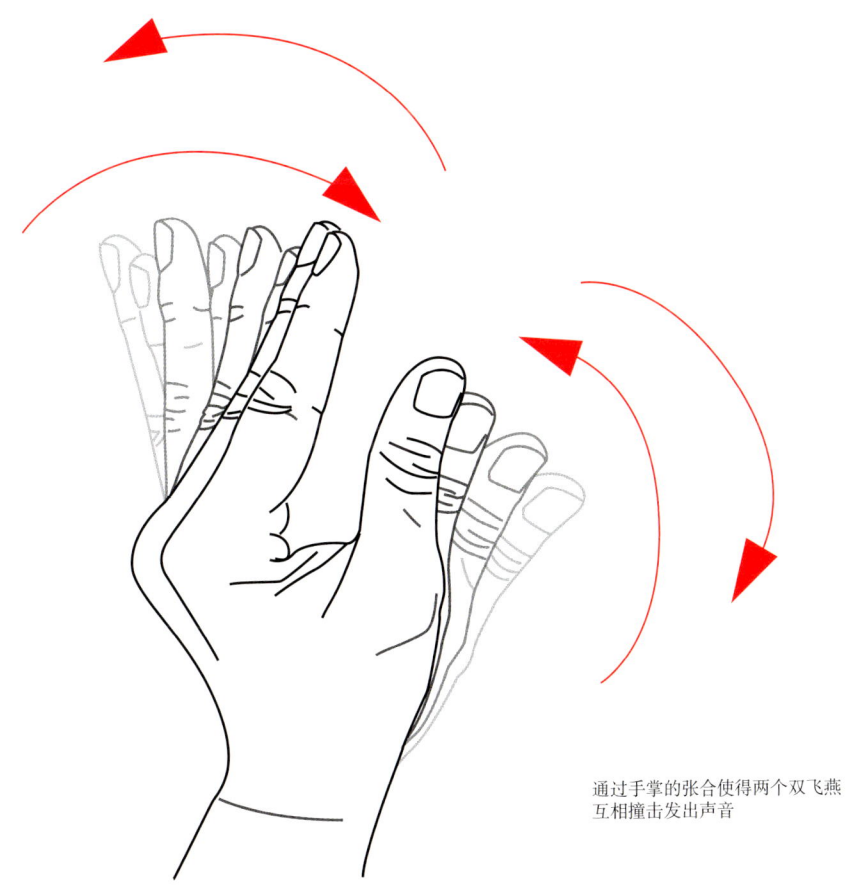

通过手掌的张合使得两个双飞燕
互相撞击发出声音

图五　白族双飞燕演奏手势图

图六　白族双飞燕演奏场景图

白族杖鼓

图一　白族杖鼓主图

杖鼓是一种打击乐器，同时也是白族传统民间舞蹈道具。今流传于湖南桑植洪家关、马合口、麦地坪、走马坪等白族聚居村社。本案例的杖鼓外形为细腰型，长100厘米，两端鼓面直径为18厘米，中间最细部分的直径8厘米，是双面皮鸣腔体。

白族杖鼓采用棕树干制成鼓身，细长、中空，左右两端为喇叭口形，鼓面蒙以薄牛皮，击之能"咚咚"作响。接近皮面的腔体两端开有出音孔，在其附近各装一环，上系红色绸带，舞动时飘然美观、诱人眼目。因杖鼓在民俗活动中使用次数较多，数量增加且制作工艺相对困难等因素，从20世纪50年代起，白族竹制模拟品代替了原始木质杖鼓实物，原始杖鼓实物反而无遗物可寻。模拟杖鼓取长约100厘米、直径约4厘米的竹筒，两头划破成细篾并编成喇叭口状，使筒体成两头渐大、中腰收细的细腰型长筒鼓腔，后在腔体和口面上糊木质色和皮革色彩纸。历史上杖鼓多由巫师制作，主要在传统祭祀乐舞表演中使用。此乐舞当地称作"杖鼓舞"。在舞蹈过程中，杖鼓兼有舞蹈道具和打击乐器的双重作用，舞者随舞蹈动作和伴奏音乐在每句第三和第四拍上重击杖鼓。

杖鼓的表演有机结合了舞蹈和打击乐，在产生美妙节奏的同时还给观众带来视觉享受，兼具观赏性和音乐性，也体现出极具民族特色的表演风格。但在现代化进程极快的社会潮流下，外来文化强烈冲击着白族人民传统的审美心理，广场舞逐渐广泛出现在白族人民的生活中，但极具民族特色的白族杖鼓舞以其独特的民俗力量，依旧广泛出现在白族各种大型民俗活动中。

图片来源
图一　崔晋　制图
图二、图三　夏玲　制图
图四、图五　王英　制图

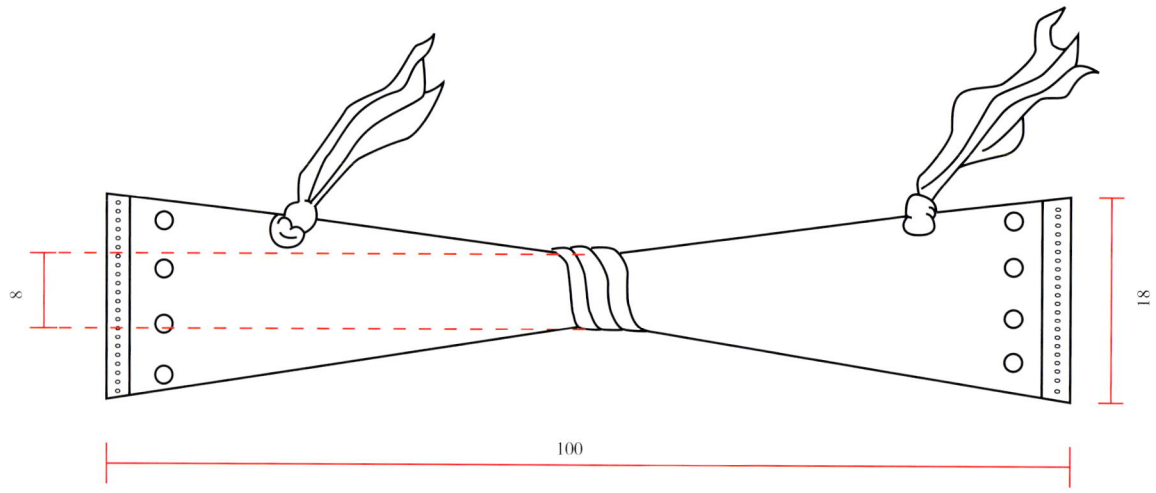

图二 白族杖鼓尺寸图（单位：cm）

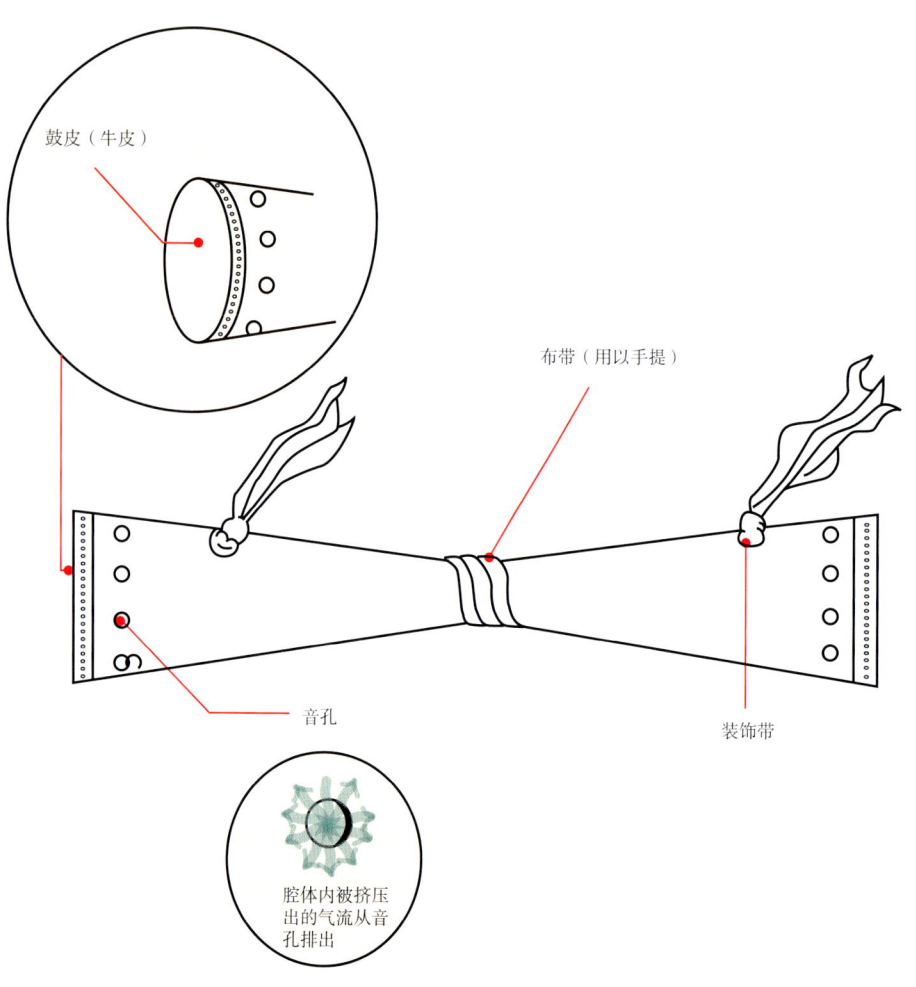

图三 白族杖鼓结构分析图

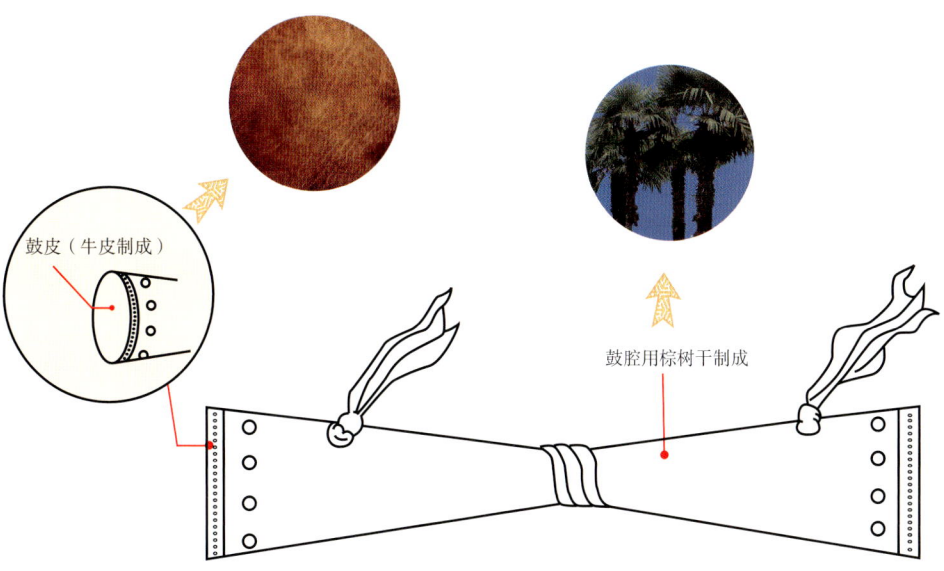

图四 白族杖鼓材质分析图

图五 白族杖鼓演奏场景图

白族小葫芦笙

图一 白族小葫芦笙主图

葫芦笙，自由簧管气鸣乐器，因笙斗选用空葫芦制成而得名，是云南地区十分常见的民族吹奏乐器。葫芦笙可分为高音、中音、低音三种，本案例属于低音葫芦笙，现收藏于云南大理白族自治州博物馆。它由笙斗与6个笙管组合而成，笙斗长69厘米，最长的笙管约60厘米，最短的笙管约47厘米。吹葫芦笙曲、跳葫芦笙舞是云南白族地区人民逢年过节或喜庆场合时常有的庆祝方式。

葫芦笙为自然七声音阶乐器，音管排列各地不一，调亦不同。笙管前后两排横向排列，管底稍露于外，用蜡将其固定，在靠近葫芦处的笙管上开一圆形按音孔，笙管下端通透作为底部按音孔。簧片插于葫芦内的细竹管上，也可直接镂刻在葫芦内的笙管上，用蜂蜡封严。吹奏葫芦笙时，双手抱笙斗，手指按音孔，通过插入笙斗顶端的一根细竹管吹口吹气，即可发出基本音。而想要吹奏出更多的变化音，则需要将手指不停地按压在笙斗底部的管气之上。吹奏者表演时配以舞动的身姿，其形似鸟朝天鸣，常可以调动现场的整体氛围。在群舞的表演中，众人随着音乐的律动载歌载舞,所以葫芦笙的吹奏者往往是全场的总指挥。

葫芦笙在云南白族民俗节庆活动中扮演着主要角色,它悠久的历史为我们研究云南古代少数民族地区的音乐文化、乐器演变及演奏特点等,都提供了非常珍贵的历史资料。

图片来源

图一　刘翔宇　摄影
图二　秦显仆　制图
图三至图五　刘翔宇　制图

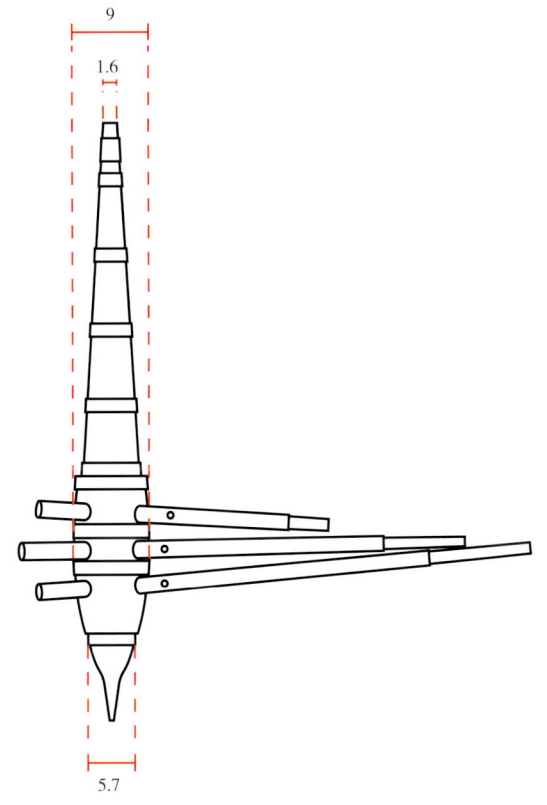
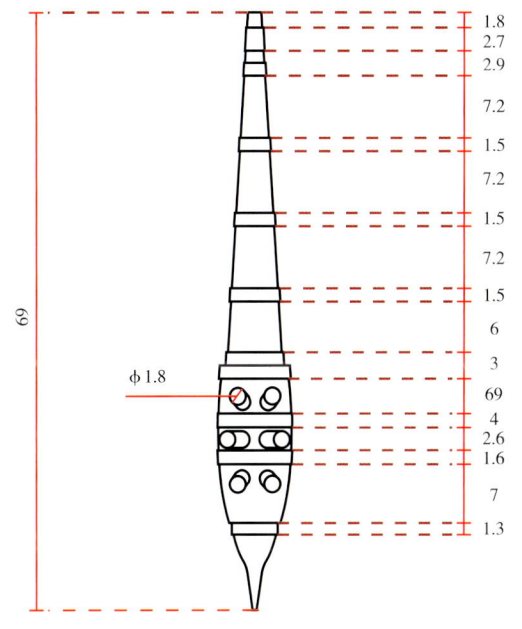
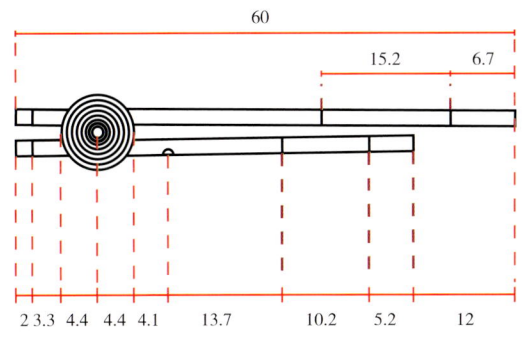

图二　白族小葫芦笙三视图(单位:cm)

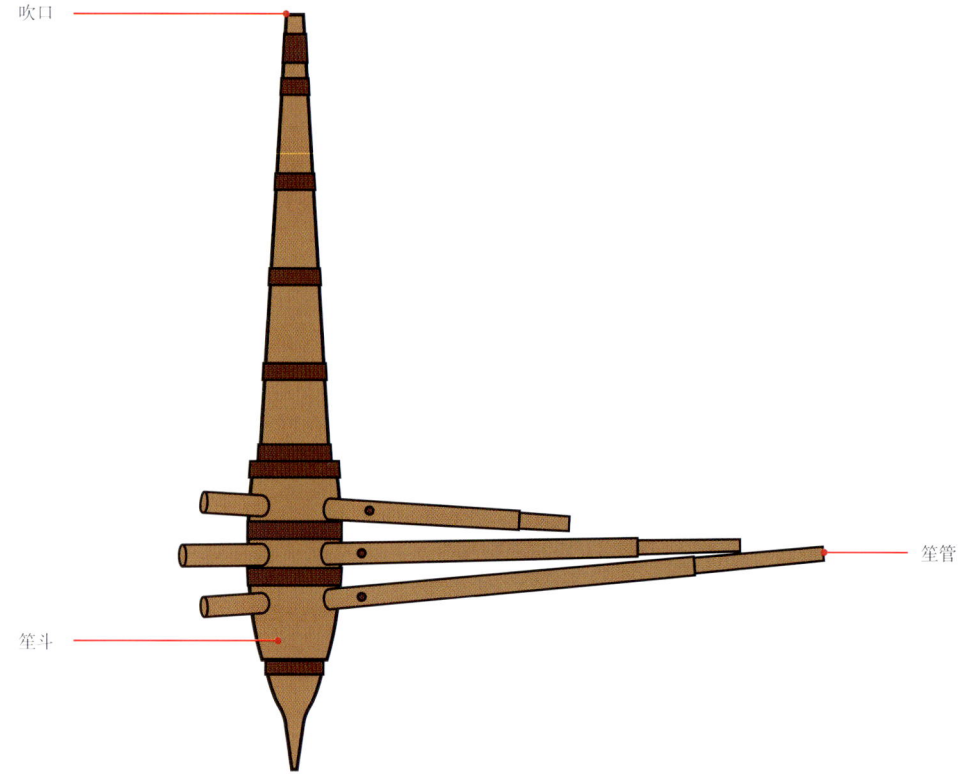

图三 白族小葫芦笙结构分析图

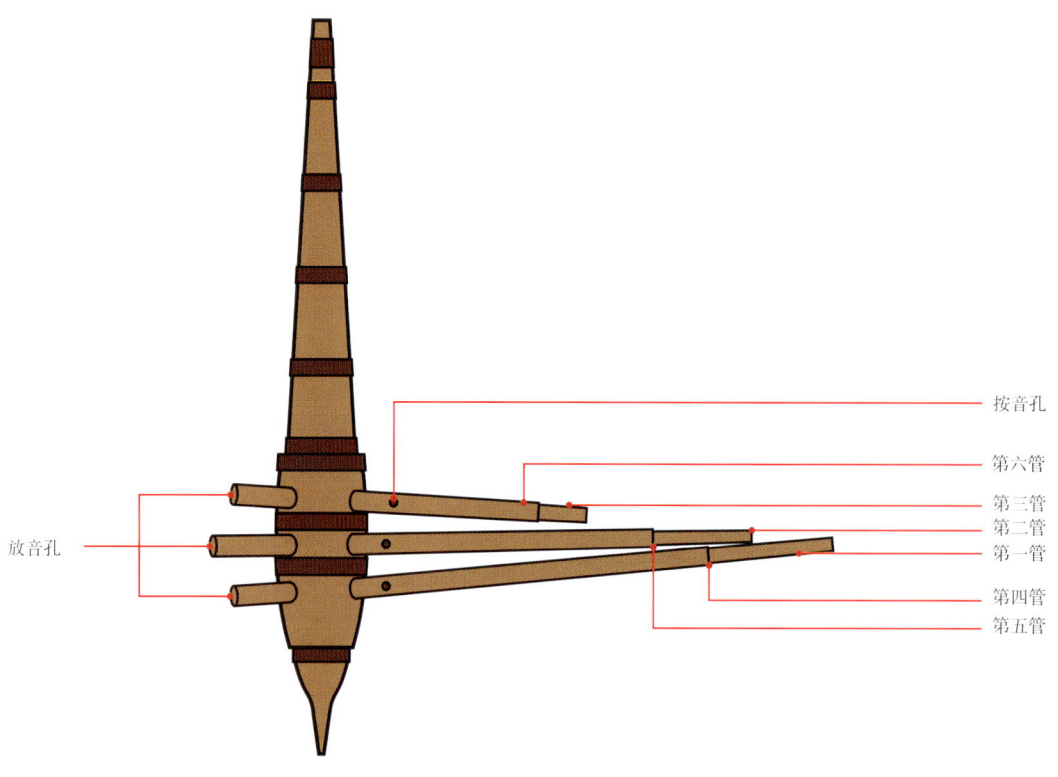

图四 白族小葫芦笙音孔分析图

图五 白族小葫芦笙操持图

白族龙头三弦

图一 白族龙头三弦主图

龙头三弦是云南大理白族传统民间弹拨弦乐器，因琴首造型为龙头而得名。本案例为大理白族龙头三弦，琴身通长95厘米，琴箱呈扁六角形，对角线宽22厘米，厚6.5厘米。龙头三弦取材于红木，龙头雕工精湛，琴框上刻有精美纹样。白族龙头三弦的演奏形式有独奏、合奏，可为民歌或说唱伴奏，深受白族当地人民的喜爱。

龙头三弦由琴头、弦轴、琴杆、琴弦、琴箱、琴框和琴马等部分组成。琴头部分选用质地细腻且易雕刻的木料，龙头两侧缀有彩色绒球作为装饰；弦轴置于琴头两侧，左一右二；琴杆选用红木、梨木或核桃木等硬质木材制作，杆背呈圆弧状，正面平直为按弦指板，琴杆上安有3根琴弦；琴箱为扁六角形，在白族也有少数琴箱呈扁八角或扁圆形。案例中六边形共鸣箱由6块木板拼接胶粘而成，其木质材料与琴杆相同，表面多蒙以厚绵纸、羊皮或蟒皮为振动膜面，膜面中央安有竹制或木制琴马。演奏时，将背带挂于颈部，可采用坐姿或站立，将共鸣箱放置近右大腿根部，琴头向左上方倾斜，左手虎口托住琴杆，用食指、中指、无名指按弦取音，右手食指套一锥形牛角尖或绑一竹制拨片拨琴弦发音。

龙头三弦是白族民间传统乐器，流行于云南省大理白族自治州的各个地区，由民间传统木雕工匠制作，白族手工艺人将装饰与功能完美结合。琴头龙的造型体现了白族人民对龙图腾的崇拜。龙头三弦无论是演奏乐曲还是制作工艺，都体现出与白族人民生活休戚相关的精神文化需求。

图片来源
图一　刘翔宇　摄影
图二至图六　王英　制图

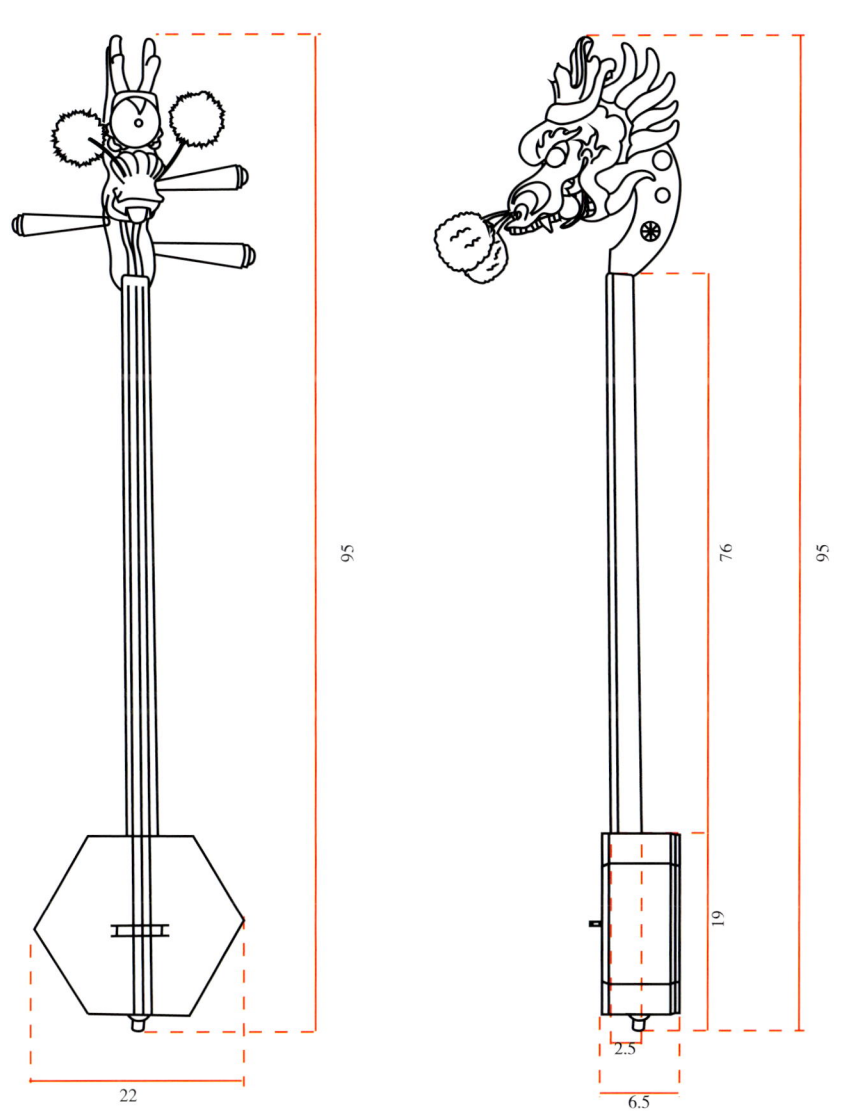

图二　白族龙头三弦尺寸图（单位：cm）

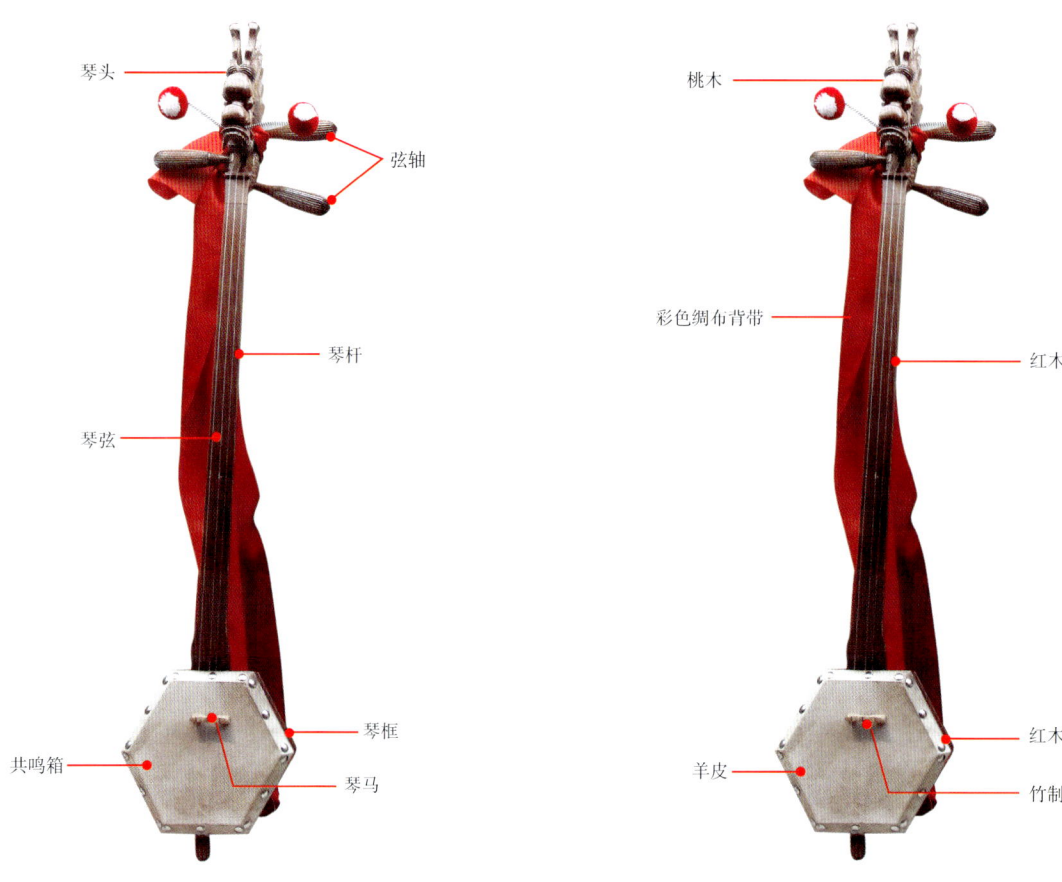

图三　白族龙头三弦结构分析图

图四　白族龙头三弦材质分析图

图五　白族龙头三弦龙头纹样动态分析图

图六　白族龙头三弦操作示意图

白族木质印糕模

图一　白族木质印糕模主图

　　印糕模，又称为"糕饼桢"，是民间制作糕点的木制模具，通过在模具上雕刻各种精致纹样，并将纹样转印在糕饼上，用以表达对生活的美好祝愿。本案例是云南大理白族地区的一款方形三眼印糕模，印糕模板长39.9厘米，宽13.5厘米，高5厘米，每个凹形槽为直径7.5厘米的圆形，凹形槽内分别刻有"寿""梅花""荷花"纹样。中国印糕模的制作有近千年的历史，因为木头容易腐烂，所以现存的并不多。

　　本案例木质印糕模选用质地光滑、纹路细腻且适合雕刻的桃木。雕刻方式为阴刻，雕刻出的纹样为阳纹。在制作传统印糕模板时首先选择自然干燥的木头制出初步方形轮廓，在木板上画出需要挖制区域，随后依据图案区域挖出大约深3厘米的凹形区域。其次在凹形区域内打出排气眼，并在其中雕刻花纹，随后定型并打磨。雕刻好的印糕模板表面平整光滑，印纹清晰。本案例印糕模的3个凹形模眼中，其中1个模眼雕刻出"团寿纹"。寿字纹是中国古代传统纹饰之一，其外轮廓为圆形，线条环绕不断，寓意生命绵延不断。其余模眼中分别刻有梅花和荷花，造型饱满，精美细腻，其中寓意分别为风霜高洁、出淤泥而不染。这一方形印糕模是白族地区制作寿饼的工具，表达了白族人民对生命长寿不衰的美好愿望。

云南白族印糕模是云南传统饮食文化的一个部分，也记录了白族人民的传统生活方式，有助于我们更加深入了解白族当地传统生活文化。印糕模具有很强的民俗生活味道、丰富的象征寓意和极具视觉感染的雕刻艺术。但印糕模正逐渐淡出我们生活，同时制作与使用印糕模的历史也已然模糊。这样优秀的传统手工艺需要我们的关注，需要我们挖掘其内在价值并发扬与传承。

图片来源

图一　樊振杰　摄影
图二　王坤　制图
图三至图五　王英　制图

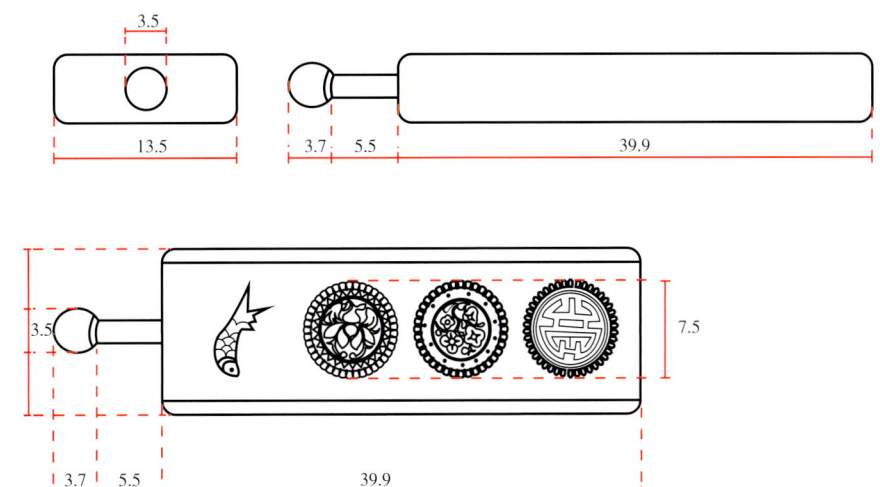

图二　白族木质印糕模三视图（单位：cm）

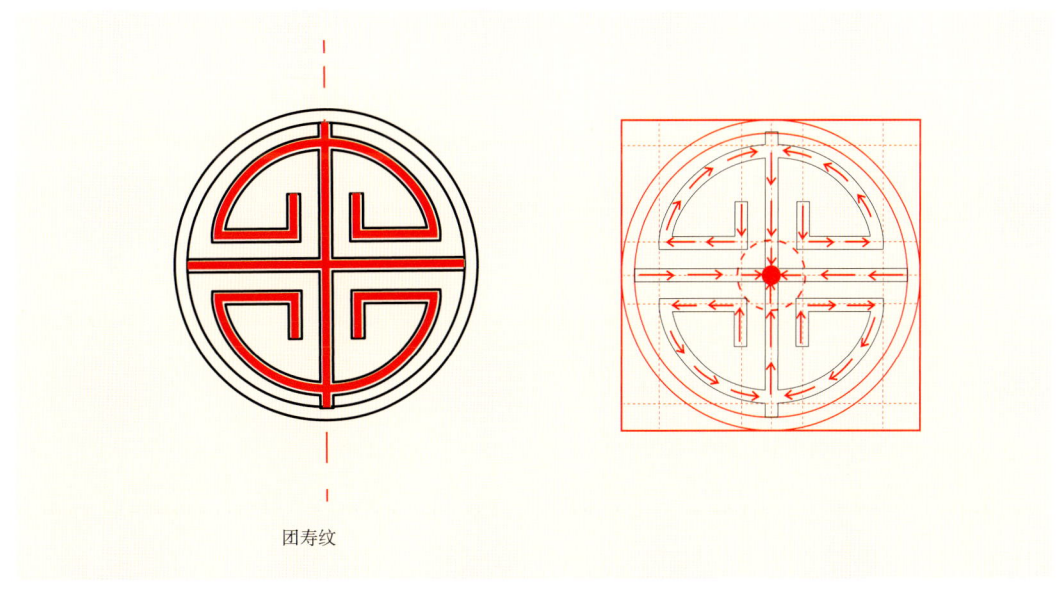

团寿纹

图三　白族木质印糕模纹样分析图

图四　白族木质印糕模阴刻工艺图

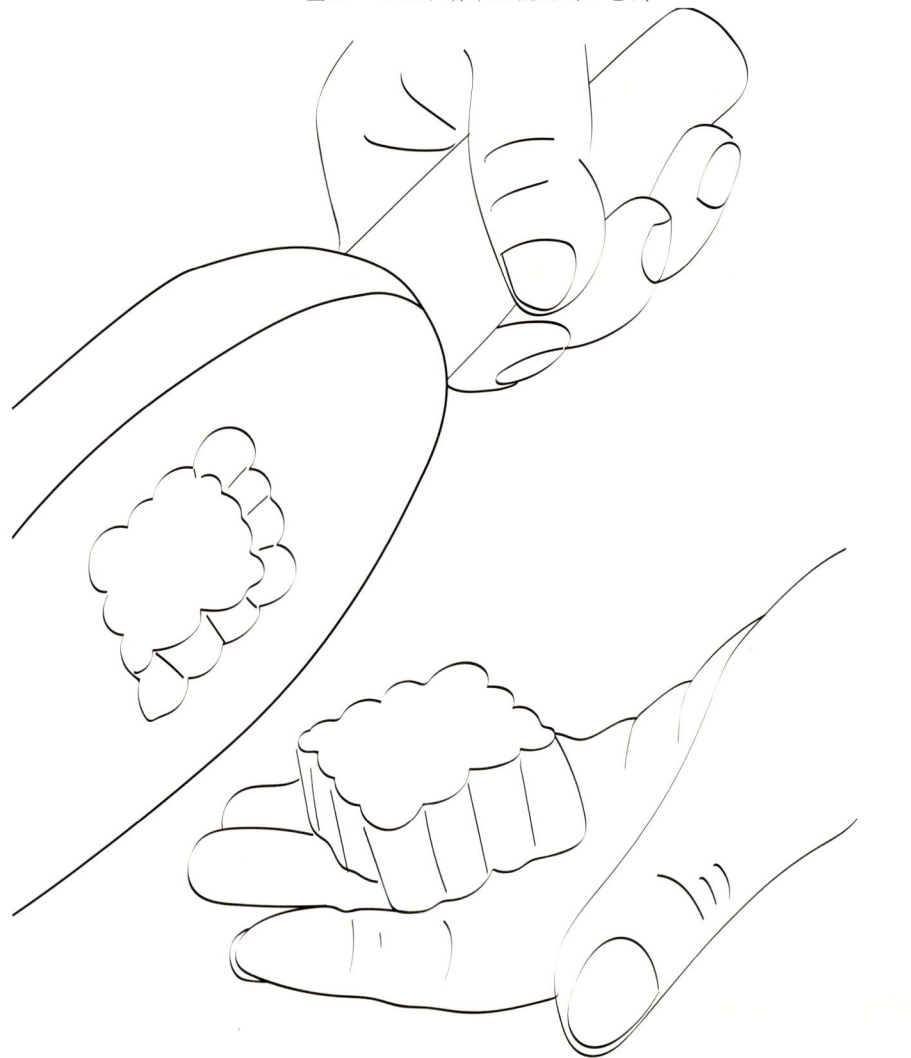

图五　白族木质印糕模使用方式图

白族戥秤

图一 白族戥秤主图

云南大理白族戥秤也称"戥子",是一种精确度较高的微型衡量工具,专用以称量金、银等贵重物品。案例中的白族戥秤现藏于云南大理白族自治州博物馆。白族戥秤整体包括戥秤和戥盒两部分。戥秤的秤盘直径13厘米,秤杆长39厘米。戥盒外形似琵琶,上窄下宽,长度42厘米,最宽处为13.5厘米,最窄处为3.4厘米。白族戥秤和戥盒均由白族匠人手工制作,并代代相传,目前具有较高的收藏价值。

白族戥秤由戥盒、戥秤杆、戥盘以及戥砣4个部分组成。其中戥秤杆是最为关键组成部分。其材质选用乌木、动物硬骨或象牙等，并在杆的表层刻有数字刻度；戥盘是用以放置需要称量物品的托盘，由青铜或者黄铜打制而成。戥盘周边等距离留有4个用于穿提绳的洞，通过提线将戥盘和戥秤杆连接；戥砣呈较扁椭圆柱状，用青铜打制而成，戥砣约1.87克，顶部留孔用于系线。每杆戥秤相配的戥砣数量不定，有的戥秤会配有多个戥砣，可扩大称量范围。每把制作精良的白族戥秤均配有形似琵琶的木盒，用于放置戥秤。木盒多为红木、紫檀、黄杨木等名贵木质，表面可刷漆、绘画或雕刻纹样。盒子的造型讲究，有盒子和盒盖。盒子中凿有与戥秤、戥杆和戥砣形制一致的空间，可将各部件规整放入盒内。盒盖部分有一小铜质开关，锁住的盒子能保证戥秤不会掉出。

白族戥秤做工精细，制作工艺独特，造型轻巧，同时具有较高的测量精准度，是白族典型的传统微型衡量工具。白族戥秤所涉及的艺术领域包括雕刻、绘画等诸多传统手工艺，这使得它的市场价值逐日升高，也将承载在它身上的衡量文化得以传承，因此是一份宝贵的中华民族传统文化遗产。

图片来源

图一　刘翔宇　摄影
图二　王师　制图
图三、图四　刘翔宇　制图
图五　秦显仆　制图

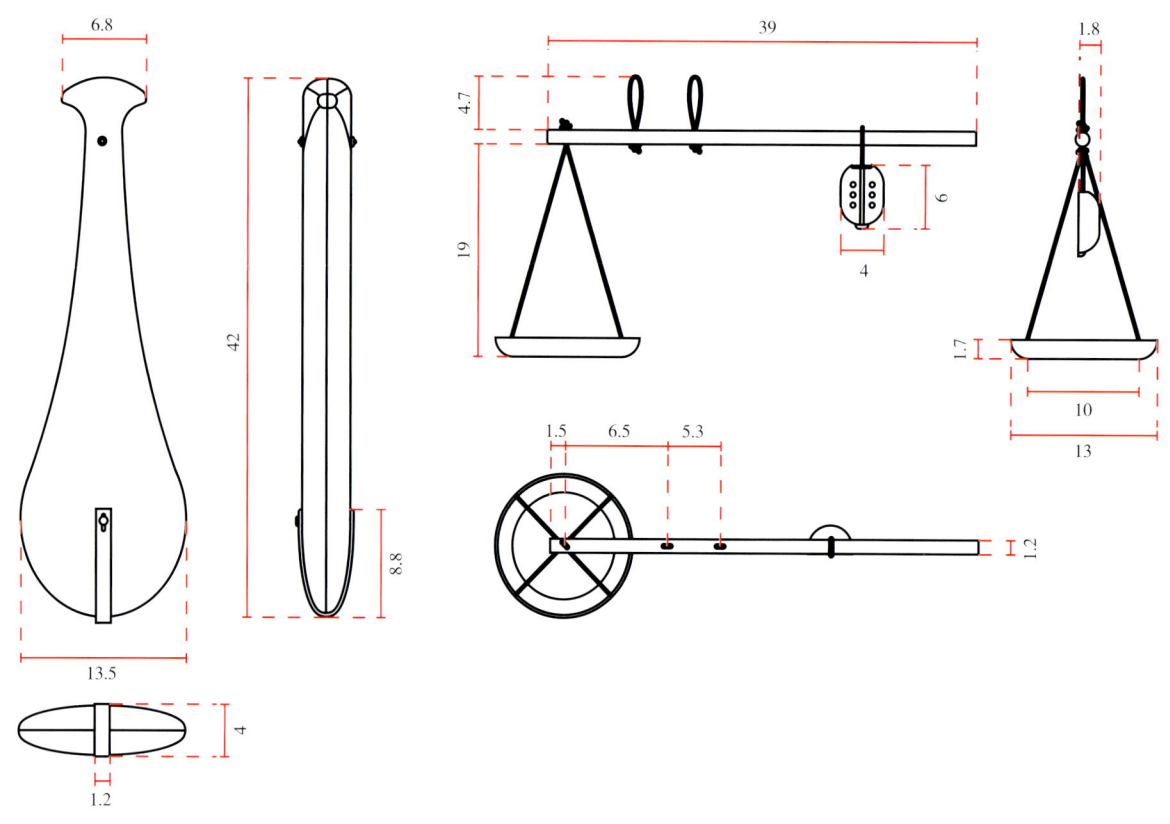

图二　白族戥秤三视图（单位：cm）

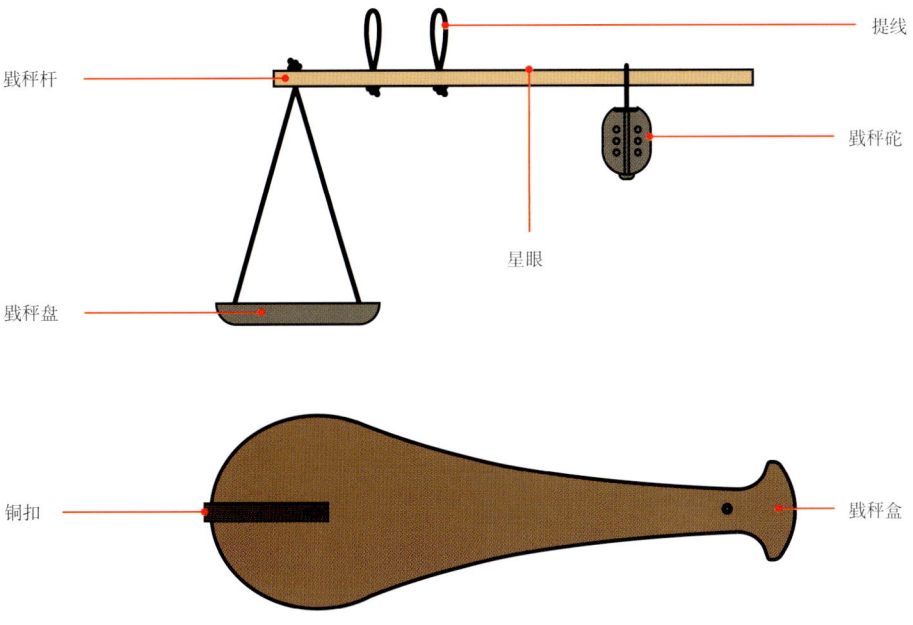

图三　白族戥秤结构分析图

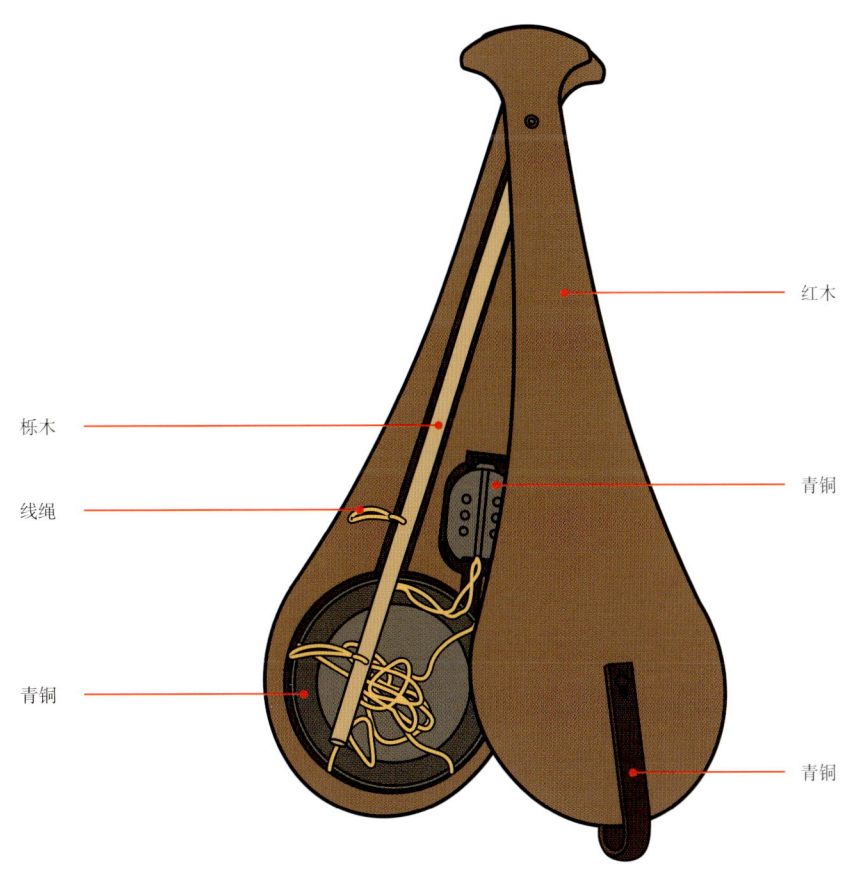

图四　白族戥秤材料分析图

图五　白族戥秤操持图

第五章 白族传统生产工具

白族平肩半叶形锄

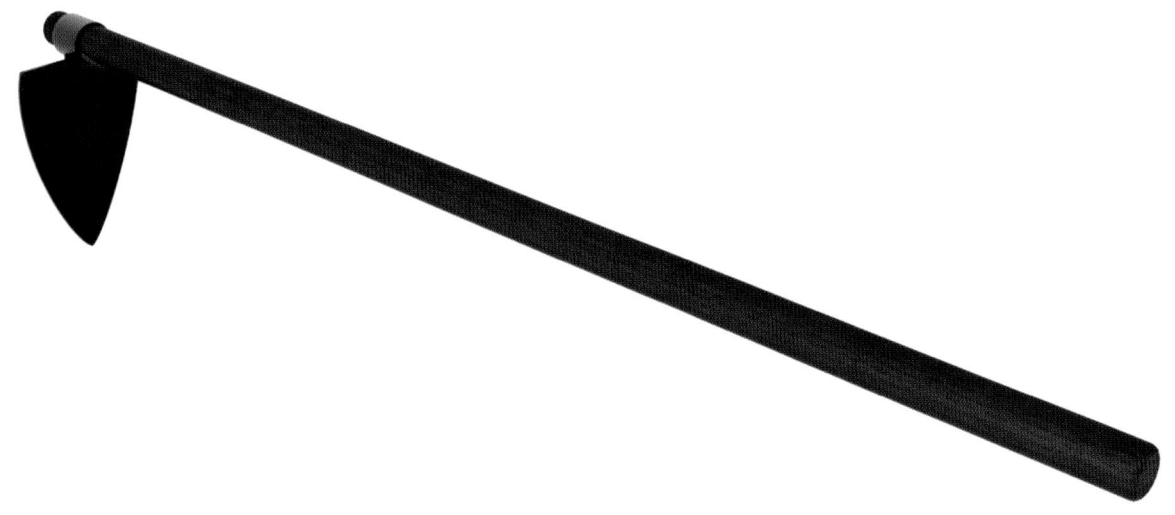

图一　白族平肩半叶形锄主图

本案例白族平肩半叶形锄，锄板为三角形，中等大小锄形，可用来除草、松土。平肩半叶形锄长118厘米，宽20.8厘米，采集于大理郊区。

本案例平肩半叶形锄，在结构上可分为锄面（分为锄板、锄刃两部分）、锄柄、柄头。锄板和锄刃是锄头用来除草松土的核心结构，磨损的程度较大，所以常选用耐磨的铁材质制作。锄面的形制为两边微微向外鼓等腰三角形，底边长15.2厘米，高20.8厘米。锄刃为整个锄板最薄的区域，比较锋利。锄柄为一圆形木棍，长118厘米，截面直径为4.5厘米，符合人手握姿发力的尺度关系。柄头为连接锄柄与锄面的结构，为使柄头与锄柄连接得更紧实，常需要在两者连接的空隙间再插入一块小木板。使用本案例平肩半叶形锄除草松土时，需农民双手一前一后（发力手在前）紧握锄柄，双腿分开站立，使身体呈稳定的三角形状态，先将锄头扬起，然后将锄头快速地用力插入土地，再将锄头往人身体方向向后拉，三个动作一组为标准的锄地动作。

本案例的三角形锄板因为与土地接触的面积较小，在除草松土的效率上会不及方形锄板；但也因其三角形的形制，可使锄地的力道更集中，让农民锄地动作更为精准，减少对秧苗的伤害，是精耕细作在农具造型上的体现。另外，沿洱海地区是云南农业文明的发源地，本案例的大理白族平肩半叶形锄，其形制承袭滇国时代的青铜锄头，体现了大理白族农业文明的悠久历史。

图片来源

图一　陈振益　制图
图二　戈珊珊　制图
图三　何卓嫔　制图
图四　陈振益　制图
图五　戈珊珊　制图

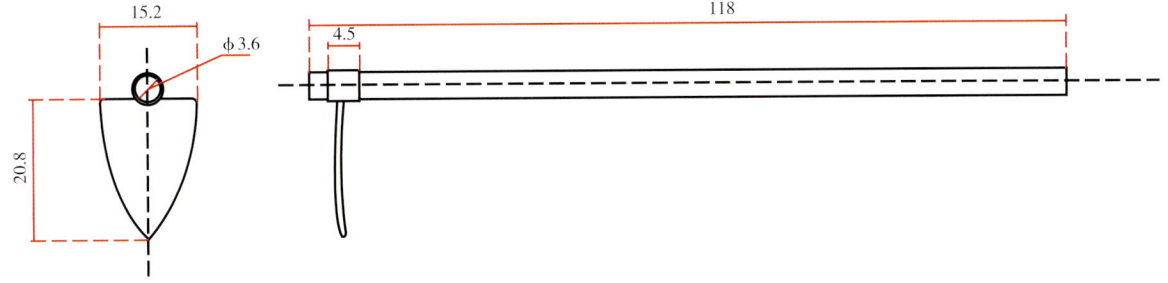

图二　白族平肩半叶形锄尺寸图（单位：cm）

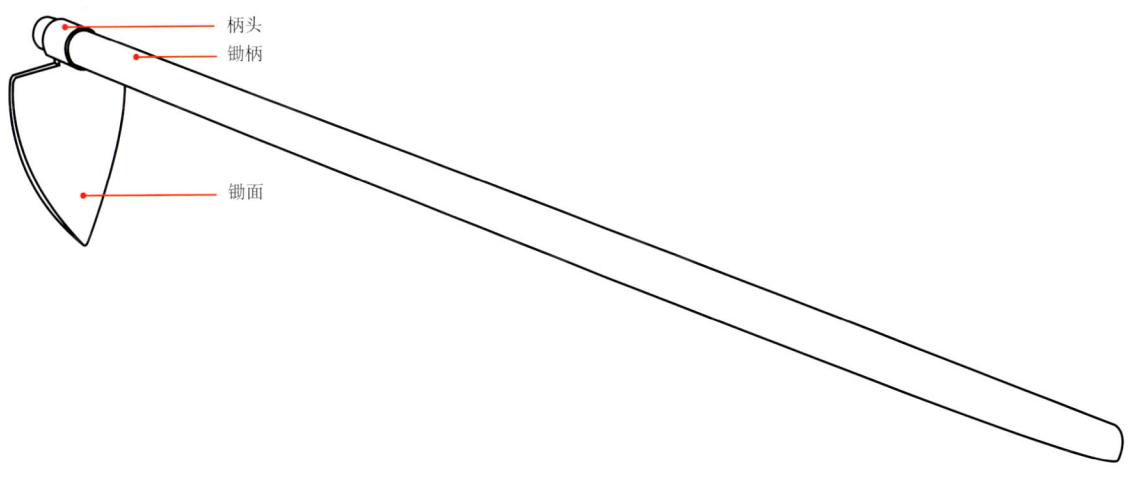

图三　白族平肩半叶形锄结构示意图

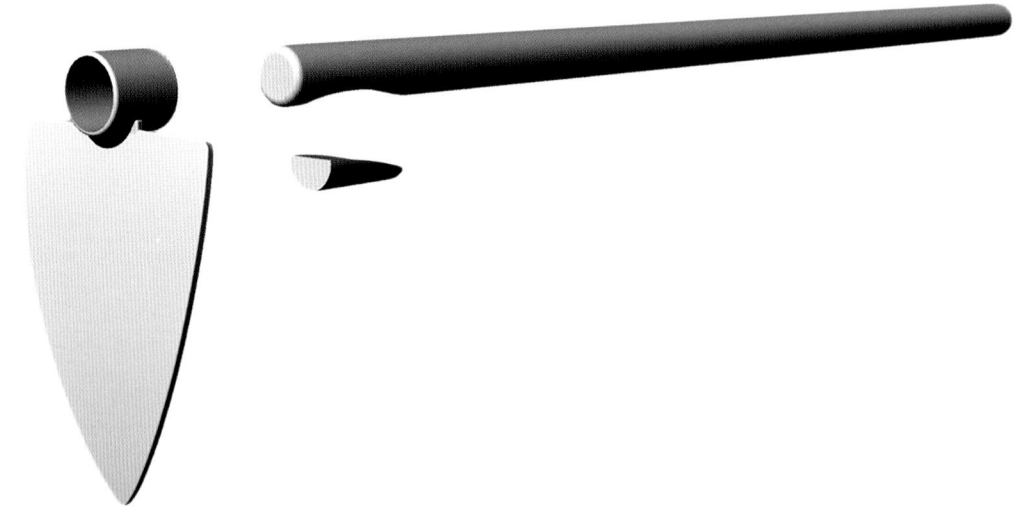

图四 白族平肩半叶形锄分解图

图五 白族平肩半叶形锄操持图

白族翘肩半叶形锄

图一 白族翘肩半叶形锄主图

本案例为白族翘肩半叶形锄，锄板为三角形，肩部上翘，故称翘肩，中等大小，长118厘米，宽19.8厘米，常用来除草、松土，采集于大理自治州白族博物馆。大理州位于云南省的中部偏西，地处云贵高原和横断山脉的交界处，苍山洱海之畔，地势东南低西北高。大理州为典型的低纬度高原季风气候，水资源丰富，四季温差较小，温度与降水都适宜农作物生长。这些适宜的条件促成大理州成为云南农业文明的发源地之一。其农业文明历史悠久，农具造型也随着劳作行为渐渐的差异化、技术化而愈加丰富。

本案例翘肩半叶形锄，由锄面、锄柄、柄头组成。锄面为翘肩三角形，锄柄为一圆木棍。锄面和柄头焊接为一体，为铁质，锄柄为木质。在出土的滇国青铜农具中，有类似本案例的半叶形农具，如云南大波那东周遗址出土的铜锄、云南滇池春秋战国遗址出土的铜锸、云南板桥春秋战国遗址出土的铜锸[1]。半叶形锄面造型类似于犁的铁铧部位，起初考古学家认为这些青铜农具是犁，但后来有学者认为，洱海地区特有的这类半叶形锄具，可以作为证据证明这些半叶形青铜农具是锄而不是犁。本案例半叶形锄，一方面可以用于播种种子之前松动土地，一方面可以用在秧苗长出以后去除田间的杂草。其尖头锄面的设计可以使农民的发力更有效更集中地作用于土地，轻松处理坚硬的土块；锄面的两肩微微上翘的处理，则有利于减少两边尖头对秧苗的伤害。

从本案例白族翘肩半叶形锄的造型，可以看出白族人民在农作活动上的智慧：在符合劳动者与生产工具的基本人机关系的基础上，有了更为细节化、差异化的锄具造型设计。

图片来源

图一　陈振益　制图
图二、图三　何卓嫔　制图
图四　陈振益　制图
图五、图六　孙任宇　制图

【注释】

[1] 张力军，胡泽学：《图说中国传统农具》，学苑出版社，2009年2月，第43页、第44页。

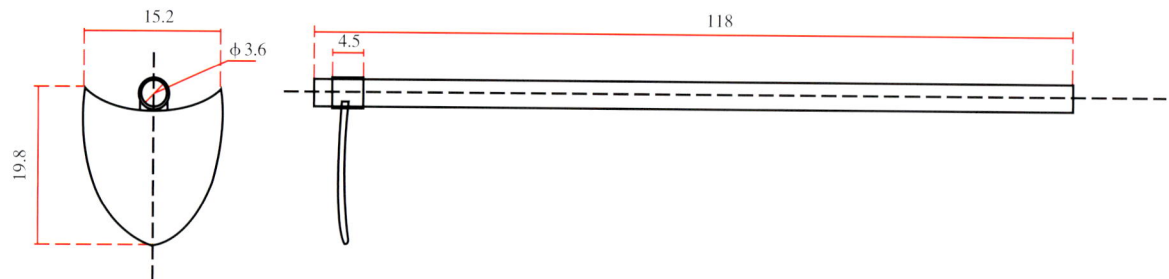

图二 白族翘肩半叶形锄尺寸图（单位：cm）

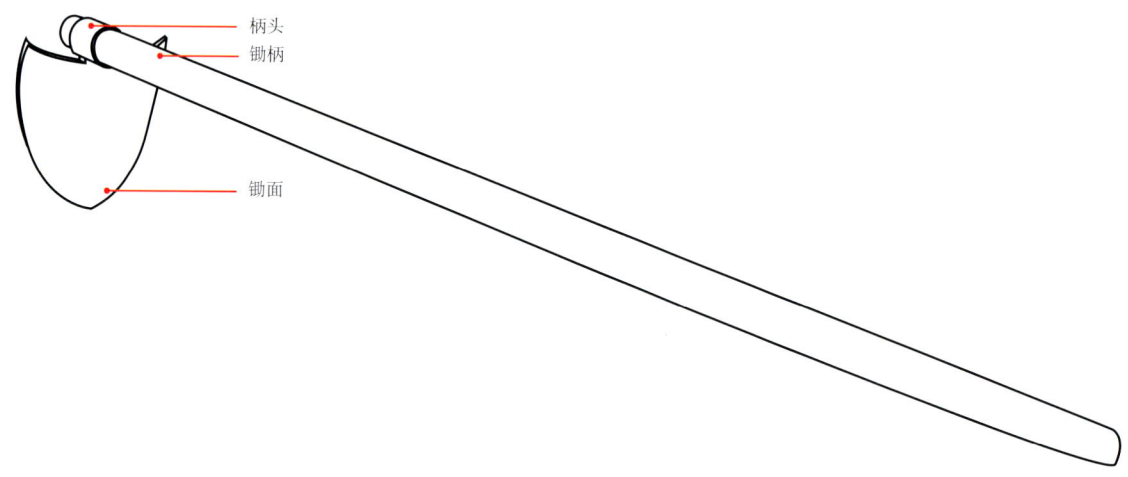

图三 白族翘肩半叶形锄结构示意图

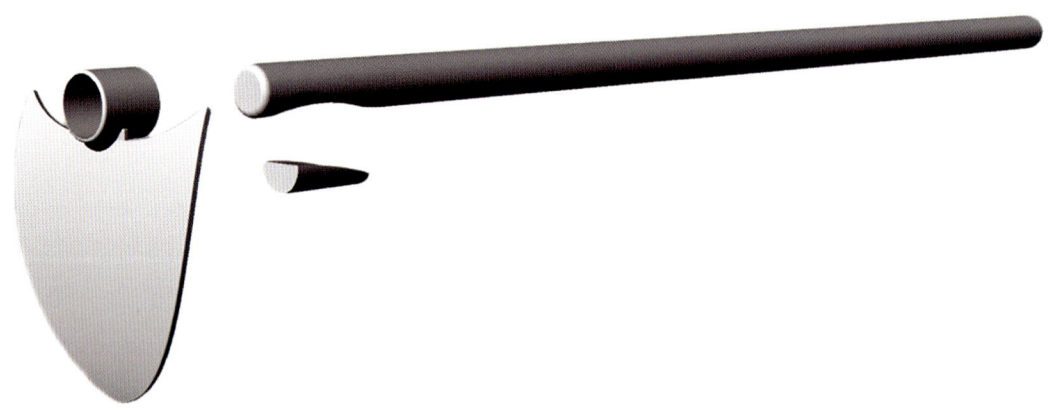

图四 白族翘肩半叶形锄分解图

图五 白族翘肩半叶形锄操持图

云南大波那东周遗址出土的铜锄

云南滇池春秋战国遗址出土的铜锸

云南板桥春秋战国遗址出土的铜锸

图六 白族翘肩半叶形锄对比图

白族小型方形锄

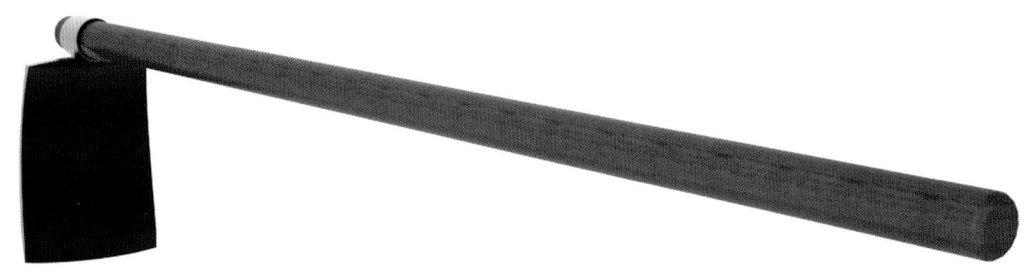

图一 白族小型方形锄主图

本案例白族小型方形锄，锄面为方形，中等大小锄形，常用来除草、松土。本案例方形锄长118厘米，柄头长4.5厘米，柄头与锄面相交处结构长6厘米，锄面长20.5厘米，宽15.6厘米，锄柄截面直径为3.6厘米，锄面与锄柄呈60°夹角。本案例采集于大理白治州白族博物馆。

在字义的辨析上，镢和锄是不同功能的农具，一个是掘地工具，一个指除草工具。由于在原始农业文明早期，农业活动没有除草的需求，锄和镢被统称为镬。到了原始农业后期，随着除草活动的出现，才开始有了掘地工具和除草工具的区分，也就是镢和锄这两种不同功能不同形制的农具的区别。通常来说，镢比锄大，镢头较窄较厚，因为它主要用来刨地，需要更小的触地面积与更重的重量，操作时需大起大落；而锄相对较小，锄面较宽较薄，因为农民是要用它来精准地去除阻碍秧苗健康生长的杂草，需要更可控的重量和更有效的触地面积，操作方法为小起小落。然而在今天的农村，锄和镢的叫法和用法常常混用，同样的农具在一个地区被称为镢，而在另一个地区被称为锄。另外，同一种农具，既可以用来锄地，也可以用来除草。本案例当地人称为锄，它既可以用来刨地，也可以用来除草。但从其体积和锄面的面积而言，它更适用于除草和简单的松土工作。

大理地区的锄具形式多种多样，有圆形、半叶形、方形、长条形，形态与尺度丰富多样，农民可以根据土地的状态和具体的农作物，选择不同的锄头开展务农活动。大理白族农具的发达程度与其悠久的农业文明息息相关，也体现了白族人民在农具设计上的勤劳与智慧。

图片来源
图一　陈振益　制图
图二、图三、图五　熊婷　制图
图四　陈振益　制图

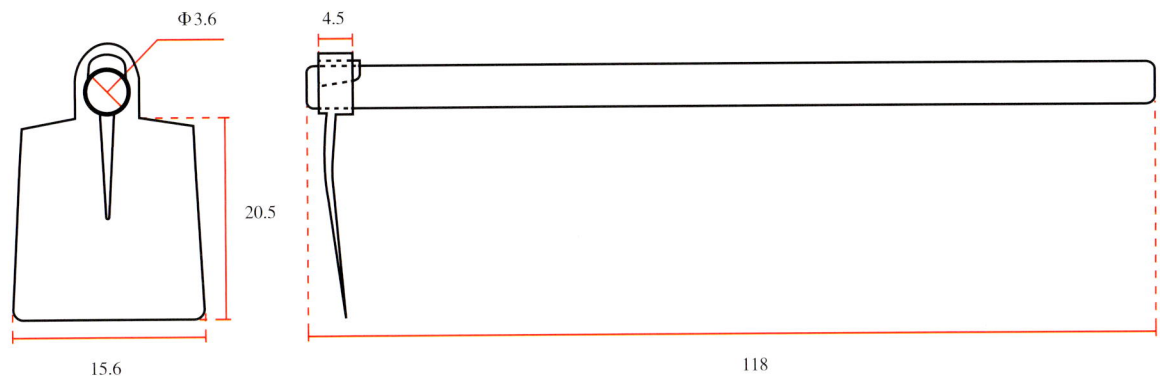

图二 白族小型方形锄尺寸图（单位：cm）

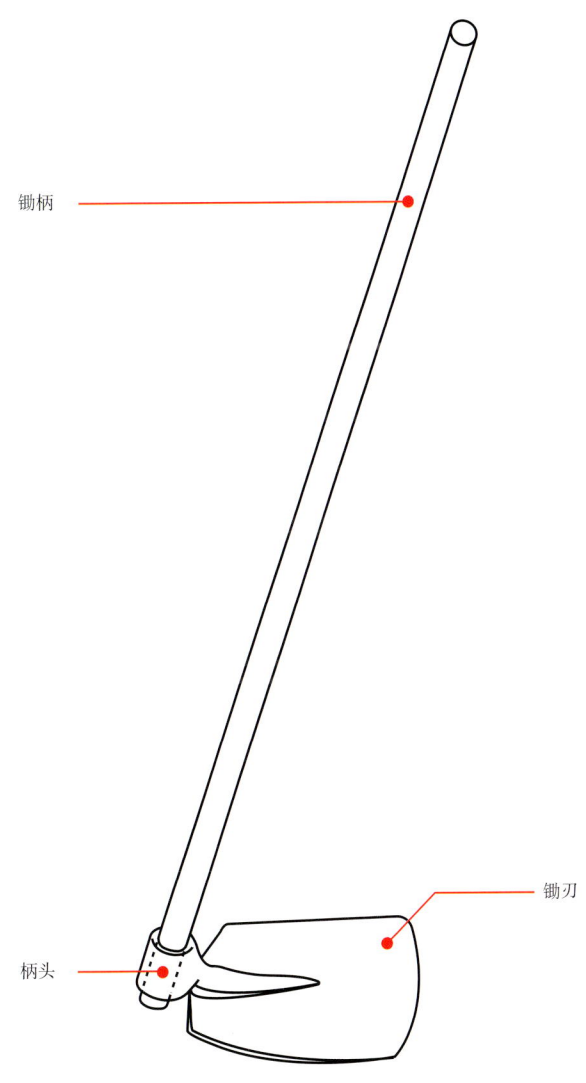

图三 白族小型方形锄结构示意图

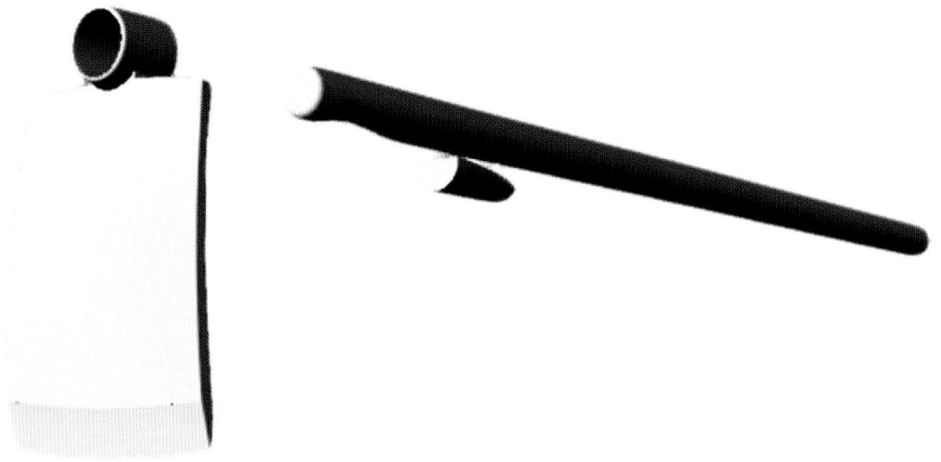

图四 白族小型方形锄分解图

图五 白族小型方形锄使用场景

白族特大方锄

图一　白族特大方锄主图

本案例大理白族特大方锄，锄面为方形，体型较大，常用来刨地松土。本案例通长145厘米，锄面边长32厘米，宽27.2厘米，柄头宽5.5厘米。本案例采集于云南省大理白族自治州大理市喜洲镇东北边的沙村。

本案例属于体型较大的方形镢锄类农具。在新石器时代，镢锄类农具多为石头材质。在夏朝时期，我国已掌握了青铜冶炼技术，但因为产量较少，只是少量的制作农具。到了商代青铜冶炼技术则开始较为广泛地运用到各种生产工具之中。到了春秋时期，冶铁技术的发明及其在农具制作中的运用，迅速加快了农业文明的进程。将从上至下的耕作方式进化成前后方向的连续劳作模式，大大提升了农具的耐用性和使用效率，此后铁农具的运用也一直延续至今。本案例锄头亦为铁质，为减轻锄体重量，锄柄选用木头材质。其在同类型农具中，属于体型较大、分量较重，锄面宽且厚。这种锄头主要功能是刨地、挖土、垦荒，在操作上，需要使用者大力扬起锄头再用力扎进土地，这样入土才深。入土之后，使用者将锄柄从斜上方上提，翻动土地。锄柄与锄板之间存在的斜度，有利于使用者较为轻松地将锄头从土地里向后拉。

锄头在我国的农业文明中发明时间较早，因轻便易携带、形制多样、操作简单、功能灵活的特点，一直被广泛地应用于各地的农业生产活动。在材质上，主要经历了石质、竹木质、青铜质、铁质农具的演变。白族人民也根据自然环境与种植活动的特点，创造出各式各样的镢锄类农具。

图片来源

图一、图四　陈振益　制图
图二、图三　赵乐意　制图
图五　大理白族自治州博物馆　提供

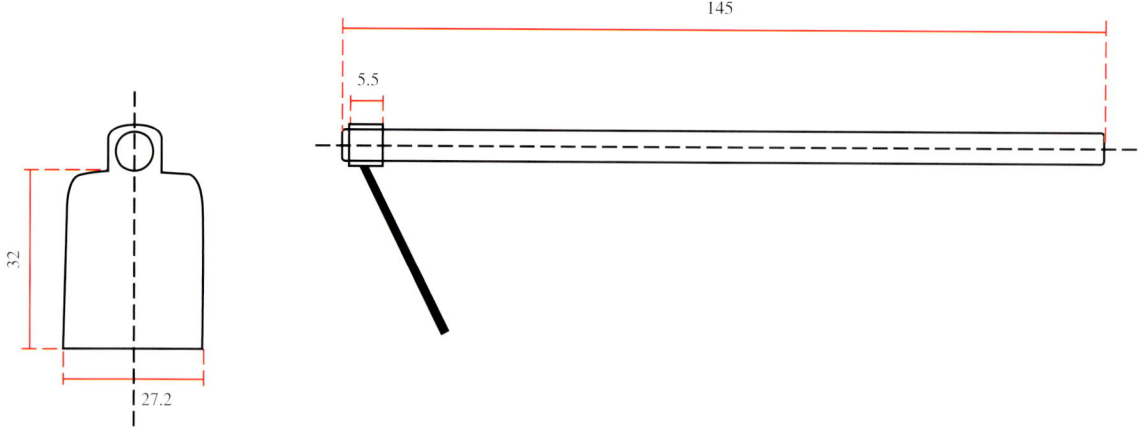

图二 白族特大方锄尺寸图（单位：cm）

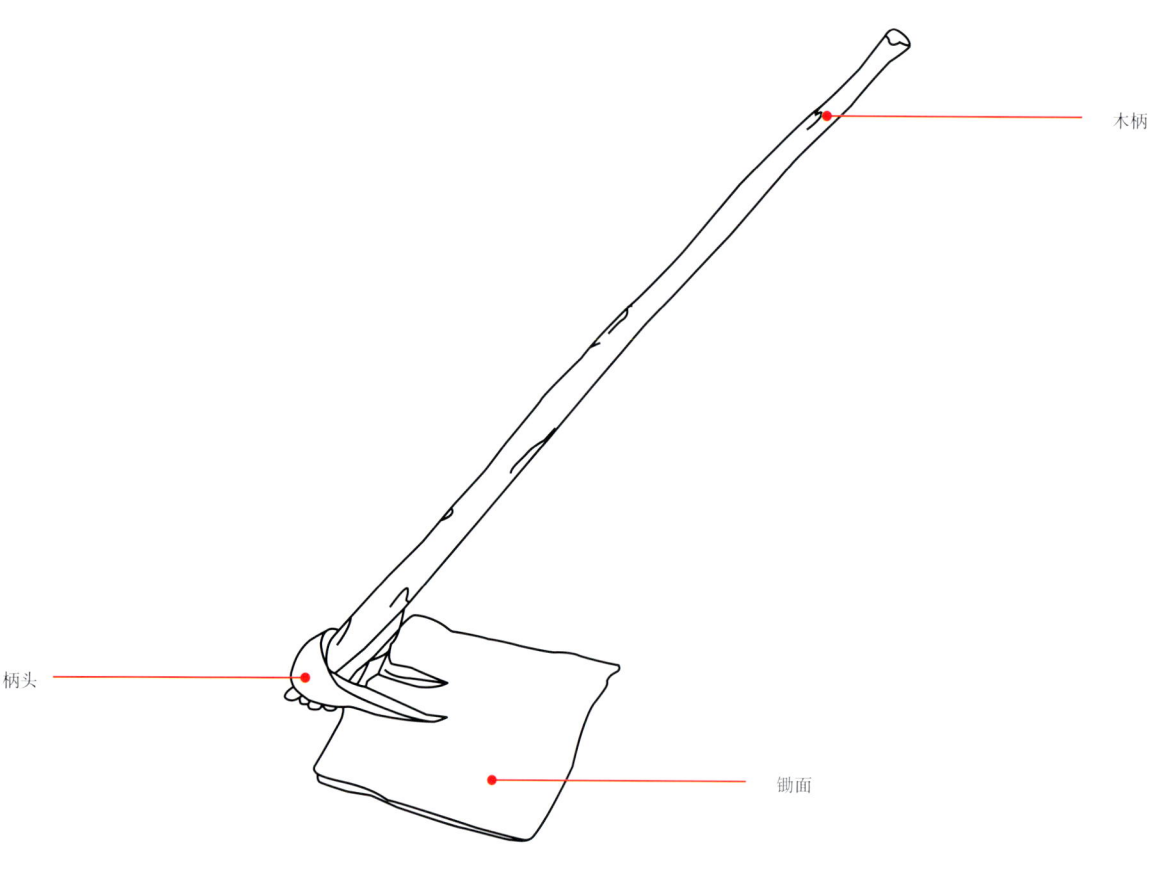

图三 白族特大方锄结构示意图

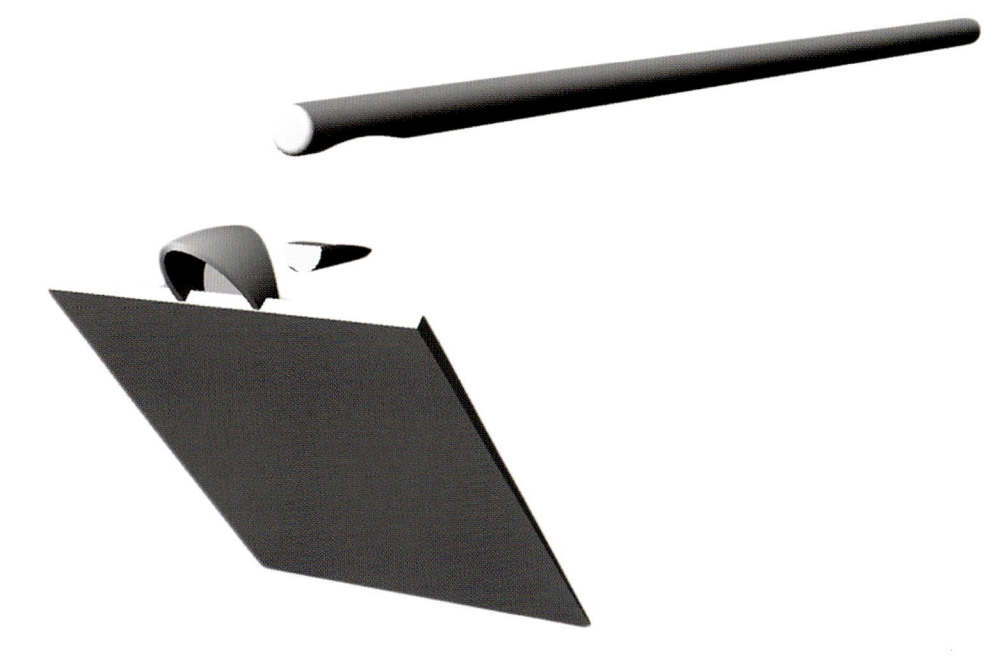

图四　白族特大方锄分解图

图五　白族特大方锄对比图

白族四齿铁搭

图一　白族四齿铁搭主图

本案例为白族四齿铁搭，也称四齿钉耙、四齿镢，是一种人力垦地刨土的镢锄类农具，通长130厘米，齿长13厘米，木柄圆形截面直径为4厘米。本案例采集于大理白族自治州喜洲镇周城村的农户家中。

在结构上，本案例分为铁搭齿、铁搭柄、套口三个部分，铁搭齿、铁搭柄通过套口连接在一起。在材质上，铁搭齿为铁材质，铁搭柄为木头材质。在使用方法上与小型镢锄类农具类似，需使用者小起小落。在铁搭出现之前，镢锄类农具主要为矩形、三角形等片状造型，可考的最早的二齿镢属于春秋战国时期，到了汉代开始出现三齿镢，四齿、六齿等更多齿的镢类农具到了宋代以后才开始使用。相较于片状镢锄、齿状镢的优点在于，齿状的造型使其刨土的效率没有因其轻巧的体型而变小，碎土能力较强，让操作者使用起来，既省力又能提高翻土效率。相较于犁耙，铁搭虽需要的人力更多，但因其入土深，操作灵活性也更大，农作的质量高于犁耙，用铁搭起垄挖沟能使稻田的排水性更佳。至今，这种农具在一些湿润的南方地区还是垦地的主要工具。在称呼上，白族当地人多称其为四齿钉耙，在其他地区也有人称这类农具为镐、抓钩或多齿镢等。

多齿镢的发明大大提升了镢锄类农具使用的便捷性和效率，也是精耕细作农作方式的重要物质基础，对南方农田耕作有重要意义。

图片来源

图一　赵思颖　摄影

图二、图三、图五　张亚堃　制图

图四　陈振益　制图

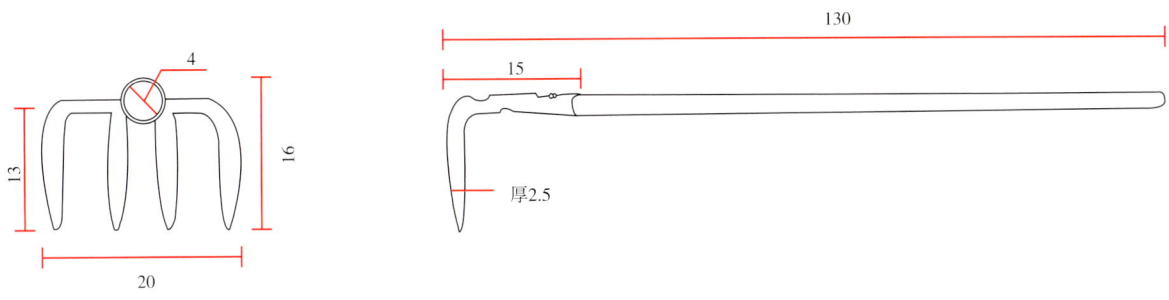

图二　白族四齿铁搭尺寸图（单位：cm）

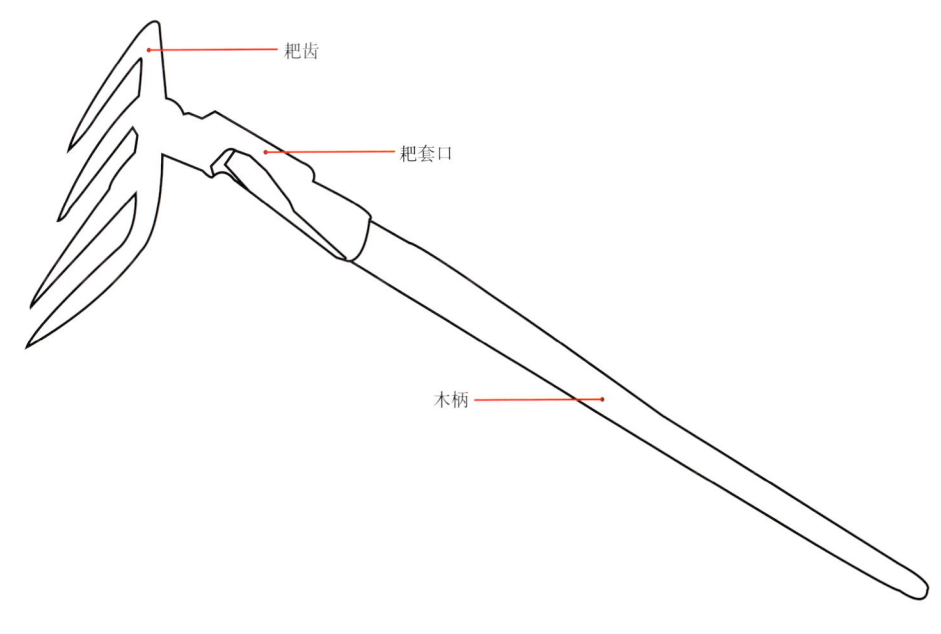

图三　白族四齿铁搭结构示意图

图四　白族四齿铁搭分解图

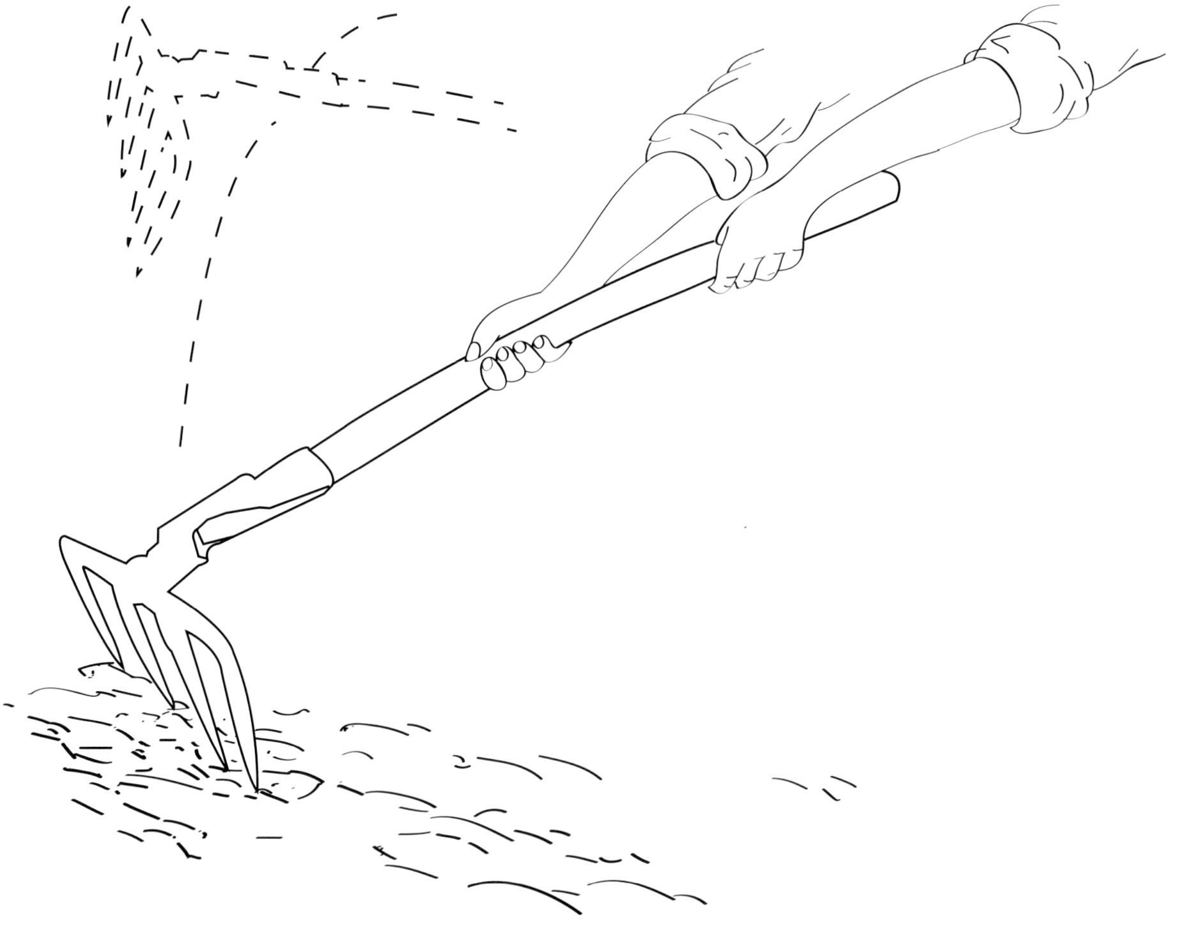

图五　白族四齿铁搭使用场景图

白族特大钉耙

图一　白族特大钉耙主图

本案例为白族特大钉耙，通长180厘米，齿宽91厘米，齿长42厘米，这种钉耙用于洱海中打捞水草。本案例采集于大理市沙村农户家中。

本案例结构由耙钉和耙柄组成，两者以麻绳用捆绑的形式连接组合。因经常会接触水，考虑到竹子比木头更抗腐烂，本案例耙柄的材料选用的是成熟结实的竹。捆绑用的麻绳由各种麻类植物的纤维制成，粗且结实。土中作业的木质耙柄需要经受较大的外力，其耙齿与柄需要比较紧实的连接，所以其连接结构为结实的倒楔结构。水中作业的钉耙所受水的阻力远远小于前者，所以在连接结构上选用麻绳捆绑的形式。本案例耙齿与其他类型耙的耙齿材质一样，为铁质。在形制上，无论是耙的体量还是耙齿的数量，本案例钉耙都属于较大的类型，因为在打捞水草的过程中，耙的面积越大且齿的数量越多，工作的效率才会越高，所以本案例的设计在人的发力控制区间与耙的体量之间取得了平衡，使其在符合基本的人机关系的前提下，既不会太笨重，也加大了耙钉的触水面积。本案例共有21根耙钉，在离钉耙的顶端有一根横向的铁钉。这一设计一方面是为了让捞上来的水草不会掉入水中，一方面是让细长的耙齿不易弯曲。

白族的耙类农具形制多种多样，满足差异化的劳作需求。本案例白族特大钉耙广泛应用于洱海沿海地区，既满足该地区务农活动中去除水面杂草的需求，也体现了白族劳动人民的智慧。

图片来源
图一　陈振益　制图
图二、图三、图五　戈珊珊　制图
图四　陈振益　制图

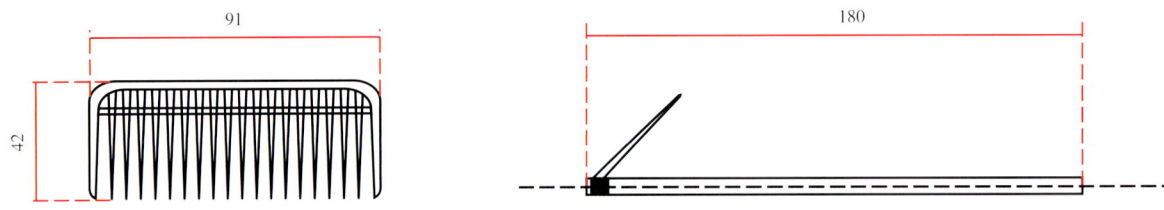

图二　白族特大钉耙尺寸图（单位：cm）

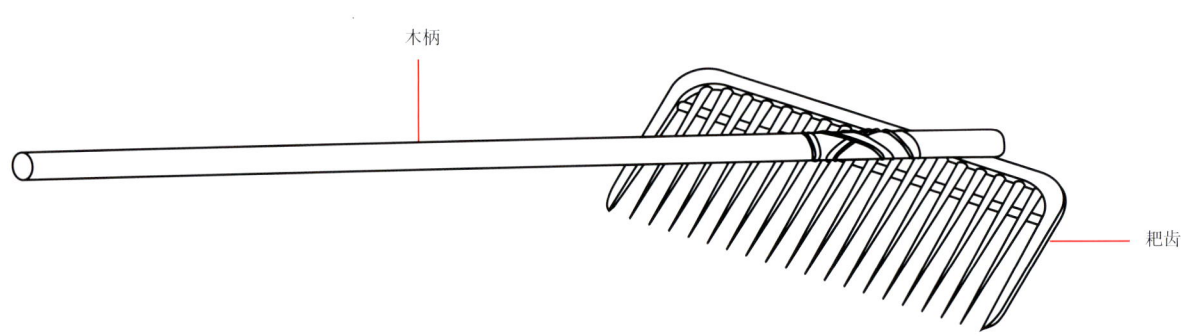

图三　白族特大钉耙结构示意图

图四　白族特大钉耙分解图

图五　白族特大钉耙操持图

白族大四方薅秧耙

图一　白族大四方薅秧耙主图

大四方薅秧耙，用于大四方棵（七八寸见方）的水稻田薅秧，广泛流传于云南、四川等地。本案例大四方薅秧耙采集于云南省楚雄苍岭乡，造型小巧，易于操作，为云南省楚雄县白族传统农具。

就结构而言，本案例中的大四方薅秧耙由手柄、船型木板与铁齿组成。手柄为一圆木棍，上端粗下端较细，长92厘米，上端截面直径为4厘米，下端截面直径为3厘米。船型木板下安有往后弯的四列铁齿，每列齿数不同，第一、四列为四根，第二、三列为六根。船形木板长33.5厘米，中部宽19厘米，两边宽12.5厘米，厚度为5厘米，齿长9厘米。手柄与船形木板以一长一短两根圆木棍以榫卯形式连接。在操作方法上，需操作者两手一前一后握住手柄，在草垛中前后移动抓草，反复几次便可将草卷成团，最后再放入泥中作为肥料。本案例的发明大大提高了当地人处理干草的工作效率，节省了时间与人力。之前每人每天只薅1.4亩地，而该农具较人工手薅提高三倍的工作效率。另外，其简单轻巧的造型，也较为便携和易于操作。

本案例大四方薅秧耙的使用大大提高了白族劳动人民薅秧的效率，同时也易于操作，缓解了劳动者劳作时的劳动强度。该大四方薅秧耙的设计融合了云南白族人民的智慧结晶与辛勤汗水，为当地优良设计典范。

图片来源

图一　崔晋　制图
图二　何卓嫔　制图
图三　夏玲　制图
图四　赵成绪　制图
图五　大理白族自治州博物馆　提供

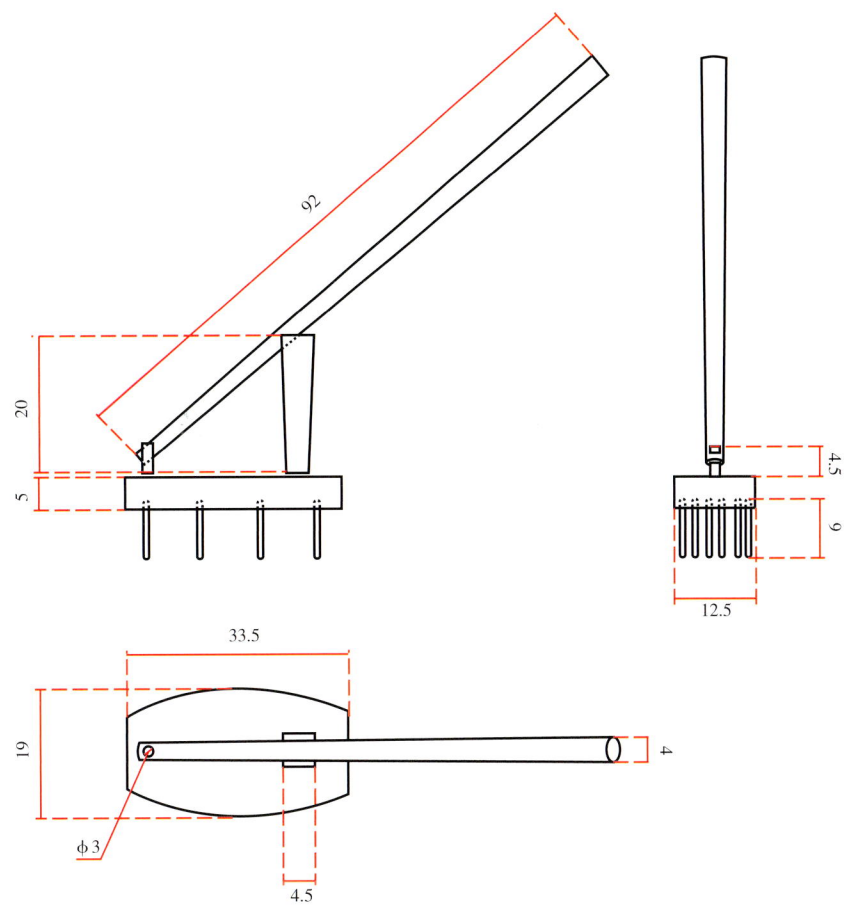

图二 白族大四方薅秧耙尺寸图（单位：cm）

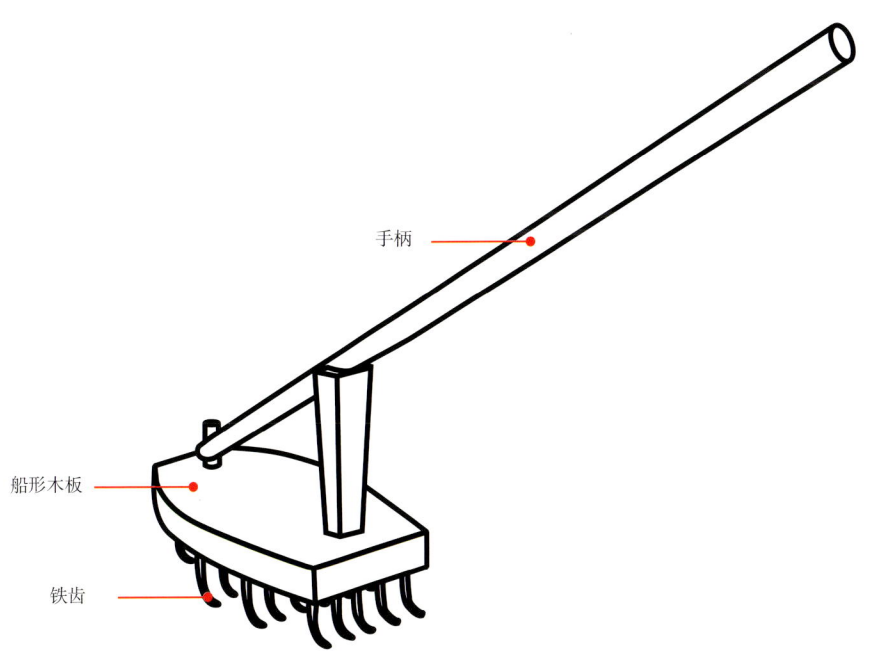

图三 白族大四方薅秧耙结构示意图

第五章 白族传统生产工具

图四 白族大四方薅秧耙使用场景图

图五 白族木质四齿耙

400

白族耰

图一 白族耰主图

本案例为白族耰，即木榔头，主要用来敲打结块的土块，通长181厘米，圆木槌头截面直径为7.5厘米，耰柄截面直径为2.4厘米。本案例采集于大理市沙村，此类耰流行于云南省大理、迪庆、丽江等地区。

大理地区的耰主要有两种造型，其区别主要在耰头的部位，一种是圆木槌头，形状类似腰鼓，与耰柄的连接方式是耰柄插入耰头；另一种耰头造型为半个圆柱体，或是形制为较宽厚的木板，与耰柄的连接方式通常是先将耰柄插入一根较短的木条中，再钉在耰头上面，当地人常称其为"扑板"。本案例为圆木槌头。耰柄的长度通常在160厘米至180厘米之间，不同地区的耰，形态会根据具体的劳动内容而呈现出差异性。例如《王祯农书》里的耰，较本案例而言，耰头更窄而饱满，耰柄也较短；迪庆、丽江地区的藏族农民使用的耰头则更倾向于为类似锥形的尖头耰。本案例的耰较其他类型的耰，其优点在于既可以用耰头两端槌碎土块，还可以用耰头侧面拍平碎土。但尖头耰也有其优点，它大小不一的两端可以让操作者灵活地根据土块状况来调整使用的方向。

耰作为一种十分古老的木制农具，早期主要用来打谷，夏商时代开始作为碎土平田的工具。王祯在《农具图谱》中这样描述耰："首如木椎，柄长四尺，可以平畴，击块壤，又谓之斫。"本案例的白族耰继承古老耰的造型，结合当地的自然环境特点以及劳作活动特点，制作出具有大理地域特色的耰。

图片来源
图一　陈振益　制图
图二至图五　魏溥均　制图

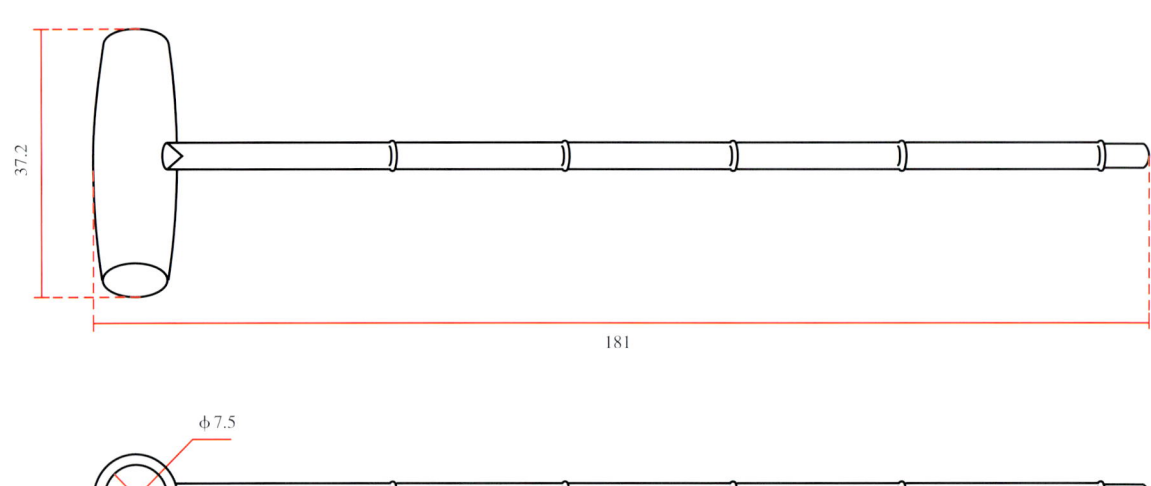
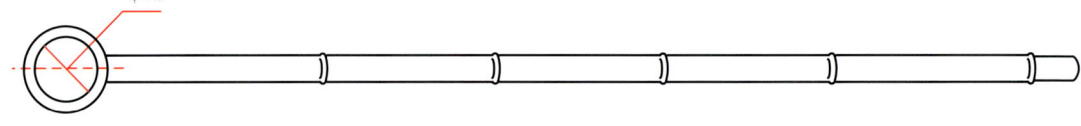
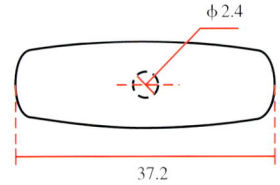

图二　白族耰尺寸图（单位：cm）

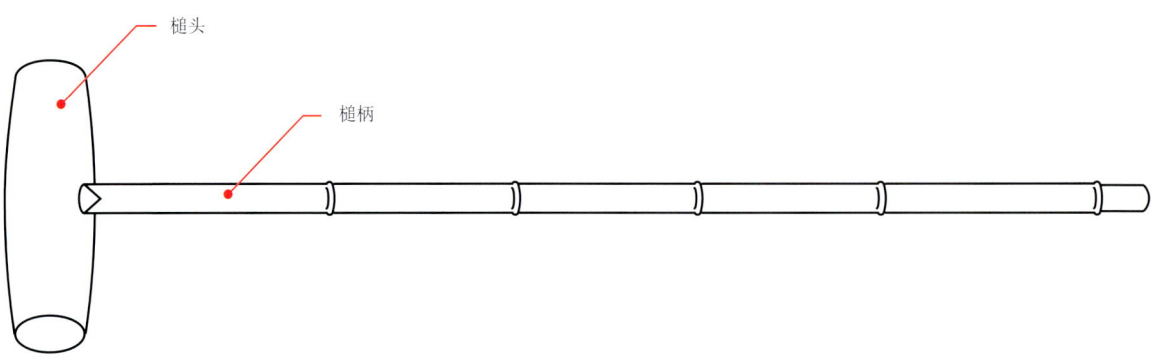

图三　白族耰结构示意图

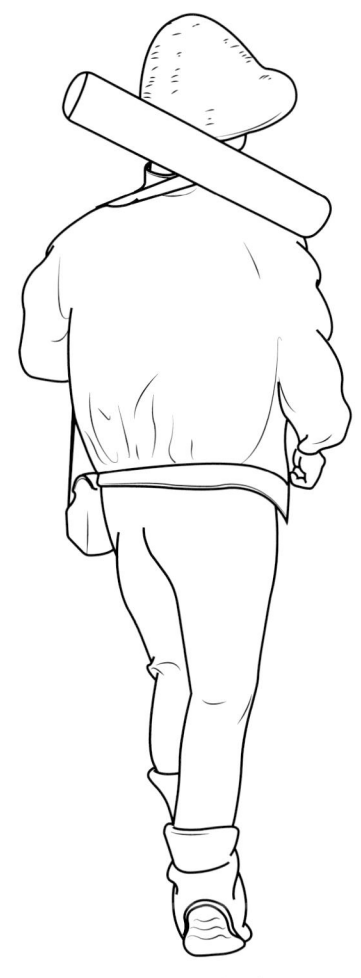

图四 白族耰人机关系图

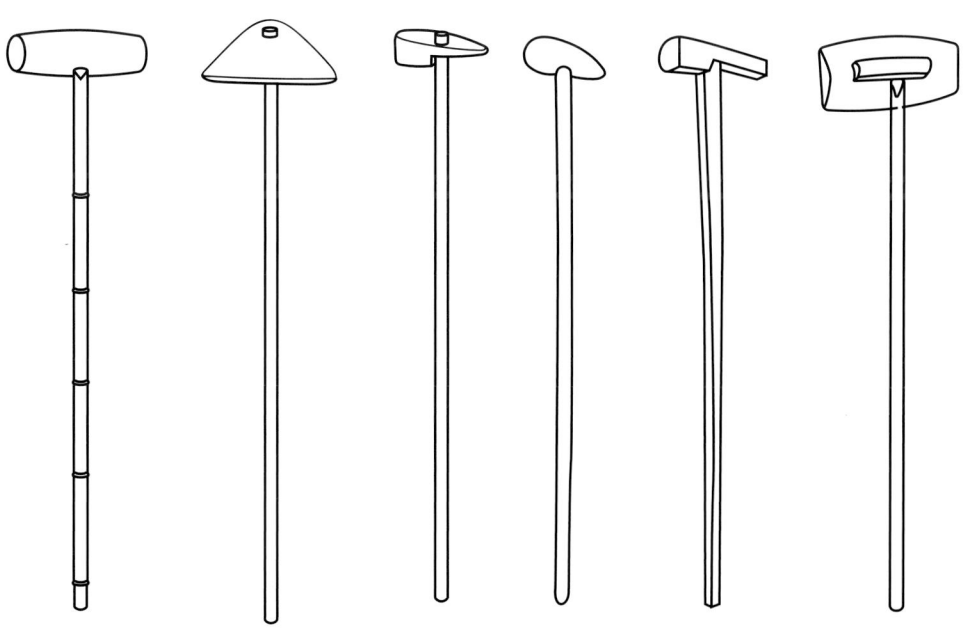

图五 白族耰对比图

第五章 白族传统生产工具

白族木质弯担

图一　白族木质弯担主图

本案例为木质弯担，也称牛轭，广泛流行于云南大理地区，长45厘米，高22厘米，直径5厘米，形制为类三角形，为白族农民自制，造型质朴简单，现藏于云南省博物馆。

木质弯担历史悠久，早在2000多年以前西汉的农具图谱中便有记载，是套在牛脖子处，用来作为畜力劳动的牵引和控制工具，可与耕作类农具如犁、耖等组合使用。早期的弯担为一根长且直的木棍，用来控制两头牛，汉时开始出现弯曲形制的轭，用来控制一头牛，这一形制的变化可提高弯担对牛的操控性。《王祯农书》中里这样描绘："牛轭……服牛具也，随牛大小制之，以曲木窍其两旁，通贯耕索……"[1]由此可知，弯担由弯曲的木材制成，其尺度随牛的体态大小而变化，上有供绳索穿过的孔洞。弯担选材考究，常采用质地坚硬、韧性强的麻栗木或麻毛树木材。使用弯担时，需将其置于牛脖子前端，再用麻绳在牛脖子后端打结固定，绳索另一端与犁或耙的前端连接，操作者在掌控犁耙深度的同时，牵引绳索以控制牛前进的方向。

本案例所分析的这件弯担造型优美，以直线型硬朗结构为主，同时犁辕、加固木条与棕绳的曲线使得整体造型极具动感。虽构造轻便，却处处符合现代人机工程原则。弯担不仅满足了基本的整地需求，同时也反映出白族人民的创造力。

图片来源
图一　夏玲　摄影
图二　何卓嫔　制图
图三至图五　夏玲　制图

【注释】
[1] 王祯：《东鲁王氏农书》，上海古籍出版社，2008年6月，第399页。

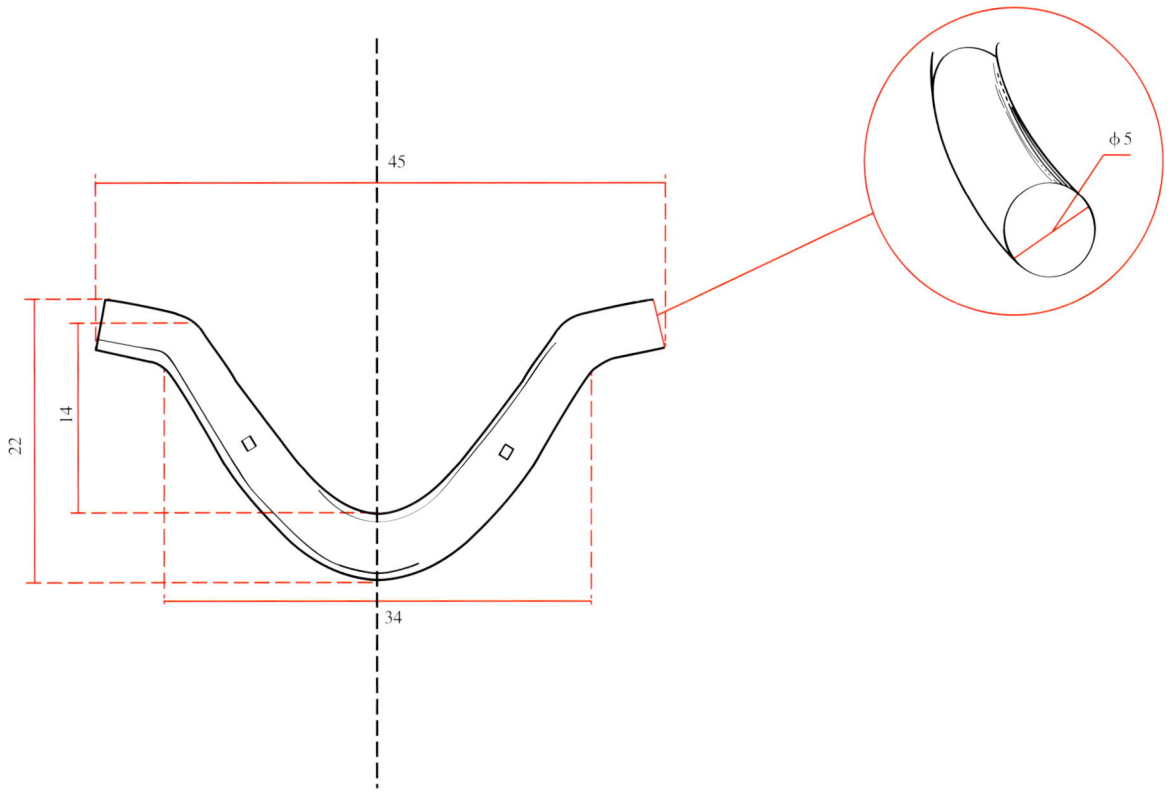

图二　白族木质弯担尺寸图（单位：cm）

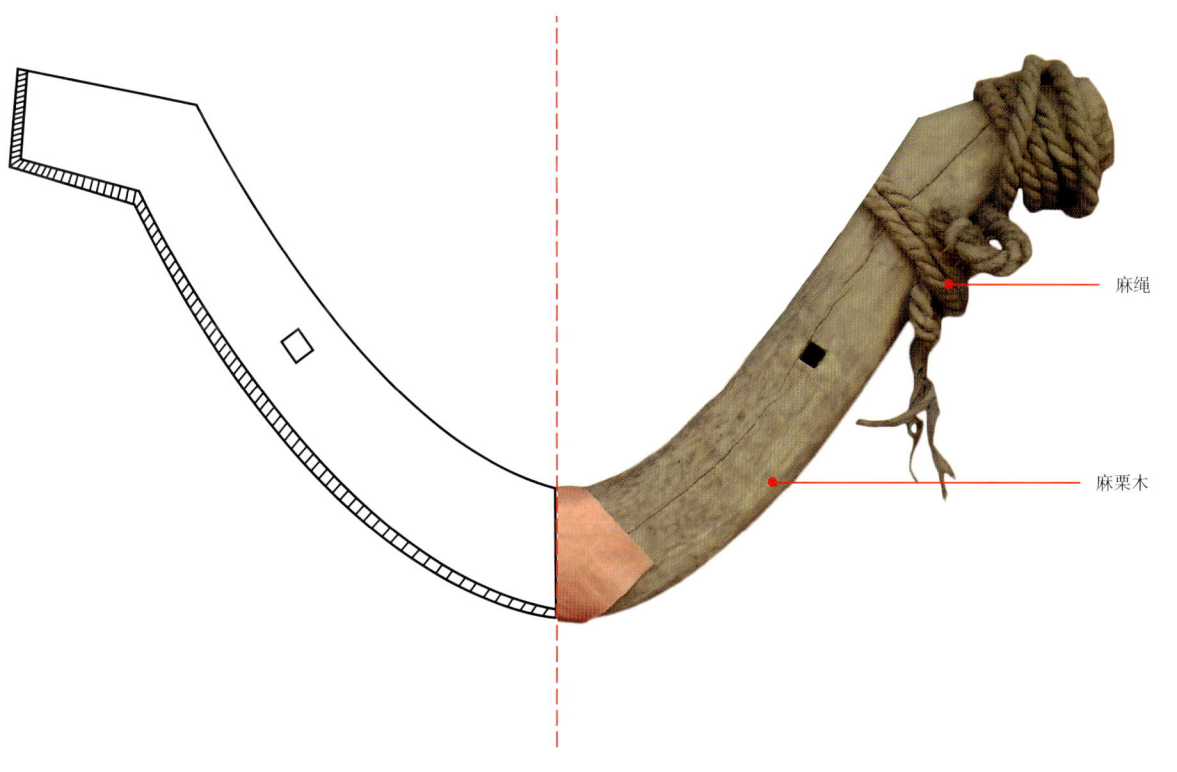

图三　白族木质弯担剖面示意图

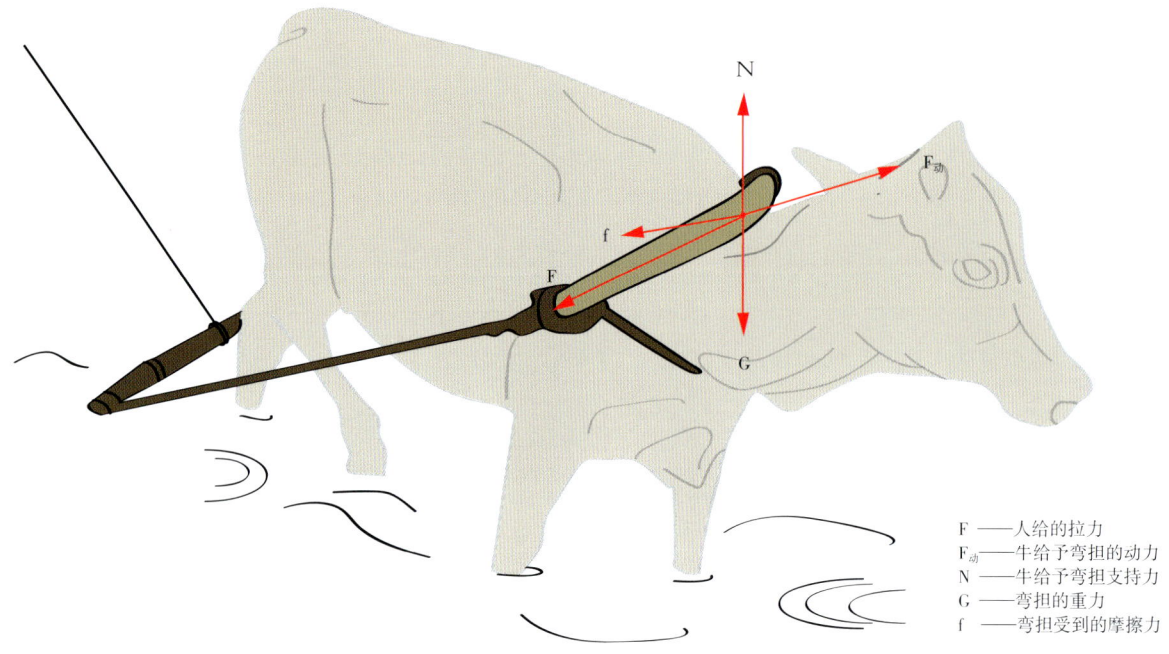

F ——人给的拉力
F动 ——牛给予弯担的动力
N ——牛给予弯担支持力
G ——弯担的重力
f ——弯担受到的摩擦力

图四 白族木质弯担受力分析图

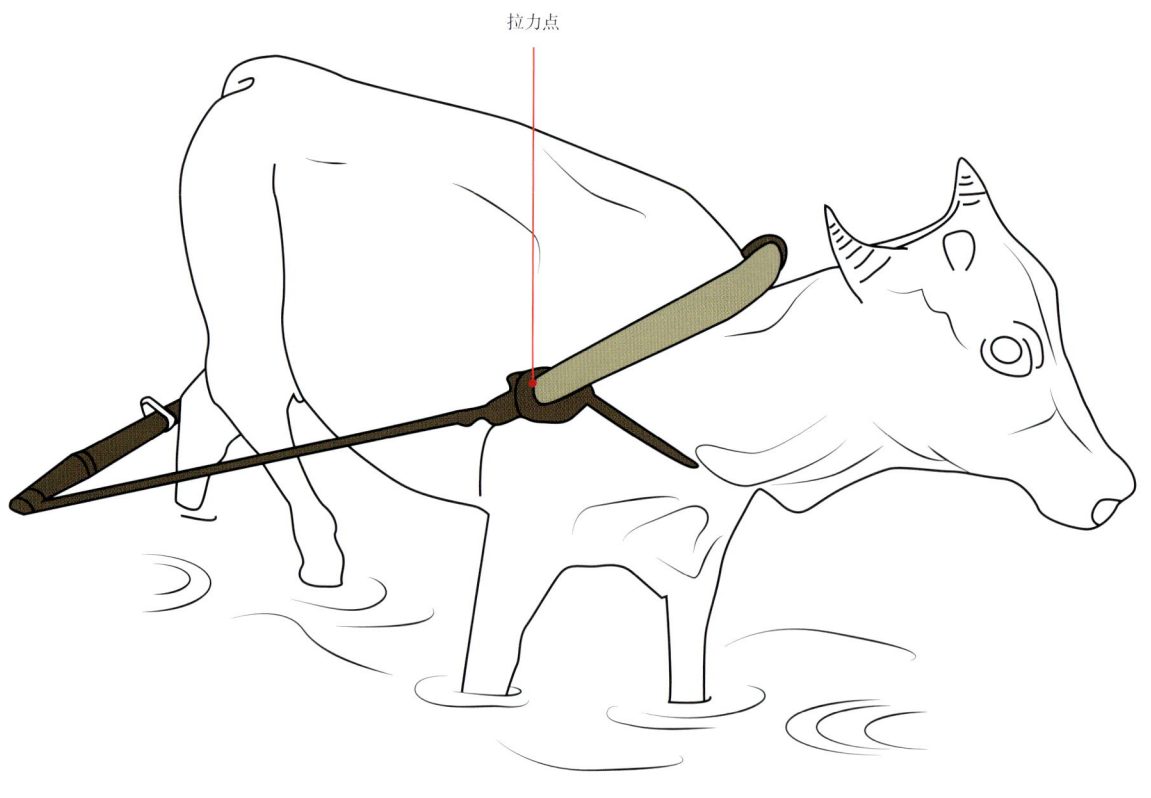

图五 白族木质弯担使用场景图

白族二牛抬杠犁

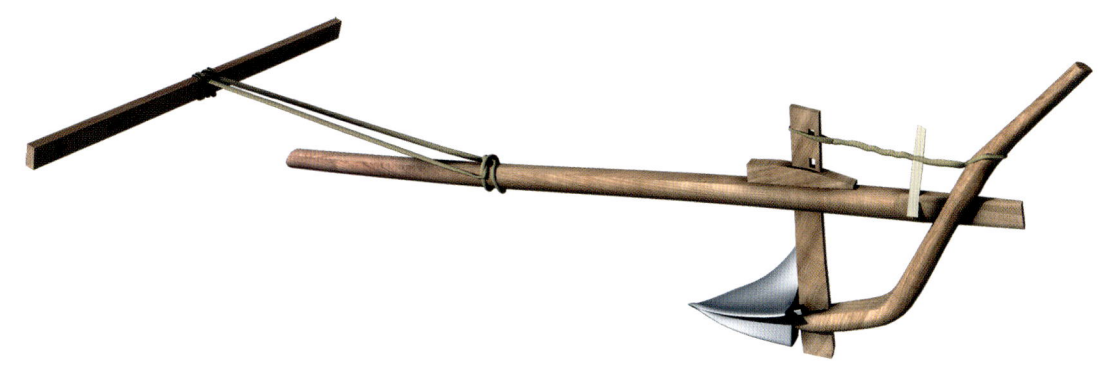

图一　白族二牛抬杠犁主图

　　本案例为云南西北部犁，为三角框架形制，体型较大，为二牛抬杠式犁，通长2米，高67厘米，广泛用于大理、剑川的白族农户耕作。本案例采集于大理白族自治州博物馆。

　　本案例二牛抬杠犁是由犁梢、犁箭、犁底、犁铧、犁辕、犁盘几个部分组成。犁辕长170厘米，宽6厘米。二牛所抬之杠为扁木，长106厘米，宽7厘米。犁箭长46厘米，宽7厘米，上有两孔，与犁配合调整犁土深度。同时犁辕与犁身为活动连接，因而犁辕上绳与犁身之间有一长60厘米的固定连杆。犁钟呈大三角形，肩宽33厘米，长36厘米。犁壁以铁铸造为梯形或偏叶形，肩宽25厘米，长35厘米。这种二牛抬杠犁的使用方式在剑川一带仍然保存着浓郁的古代遗风。耕作方式非常独特，犁田时由二人二牛操作，二牛抬杠犁前扁木横杠，一人在犁后方掌握犁的平衡，另一人坐于二牛所抬之横杠上驱牛前行。这种耕作方式显然是对耕牛驯化后形成的自然习惯：只有杠上坐了人驱使，牛才耕作，如果杠上没有人，牛反而不耕作。

　　本案例为大理、剑川一带的白族犁。大理、剑川唐代为南诏中心区域，其犁型应以《南诏图传》"牛耕图"之犁，今丽江四角框架长直辕犁为正宗。它们都是从北方黄河中上游流域传播入滇的犁型，既具有较多的北方文化元素，同时也深受中原和江南文化的影响。这种犁也是古代江南的一种犁型，在江苏睢宁东汉墓的画像石上，就刻有这样的犁。同样的犁见于不同的时代和不同的地点，证明这种农具是当时不同地域不同历史时期，农耕文化交融、演变、发展的产物，也是云南农耕文明发展的历史见证。

图片来源
图一　崔晋　制图
图二至图四　魏溥均　制图
图五　崔晋　制图
图六　魏溥均　制图

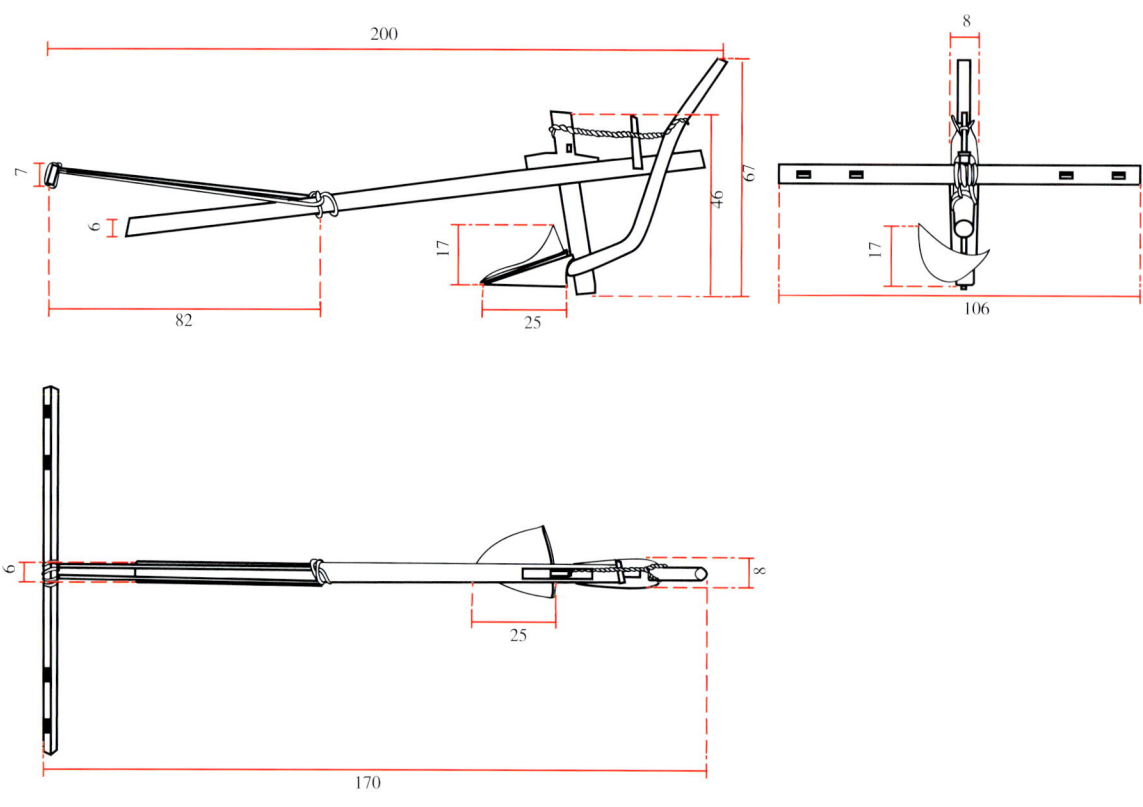

图二　白族二牛抬杠犁尺寸图（单位：cm）

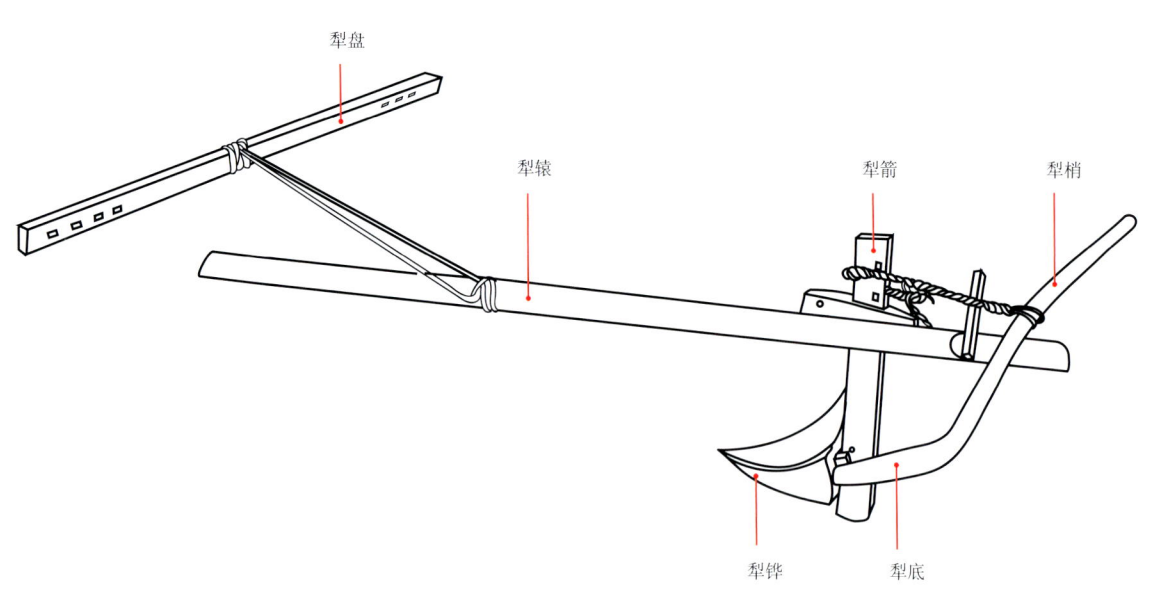

图三　白族二牛抬杠犁结构示意图

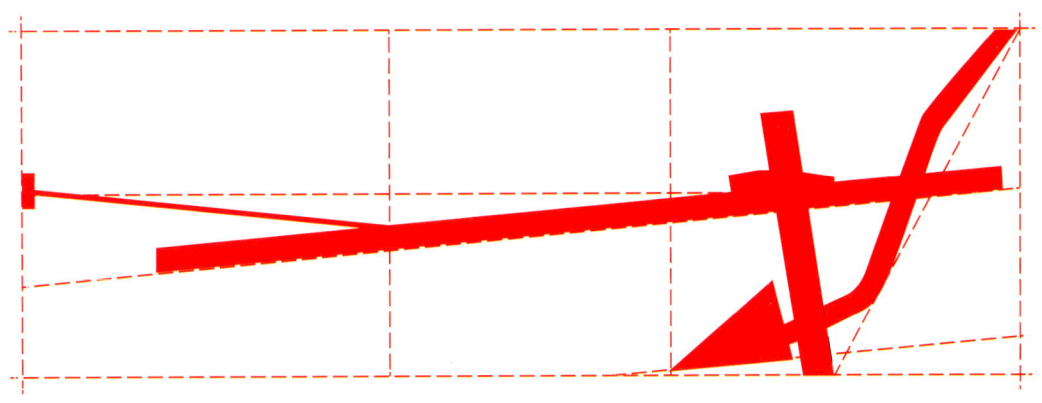

图四 白族二牛抬杠犁比例分析图

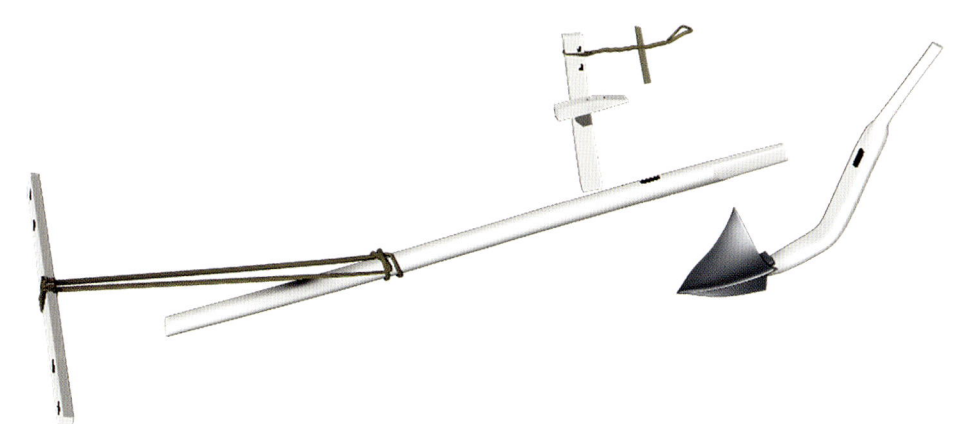

图五 白族二牛抬杠犁分解图

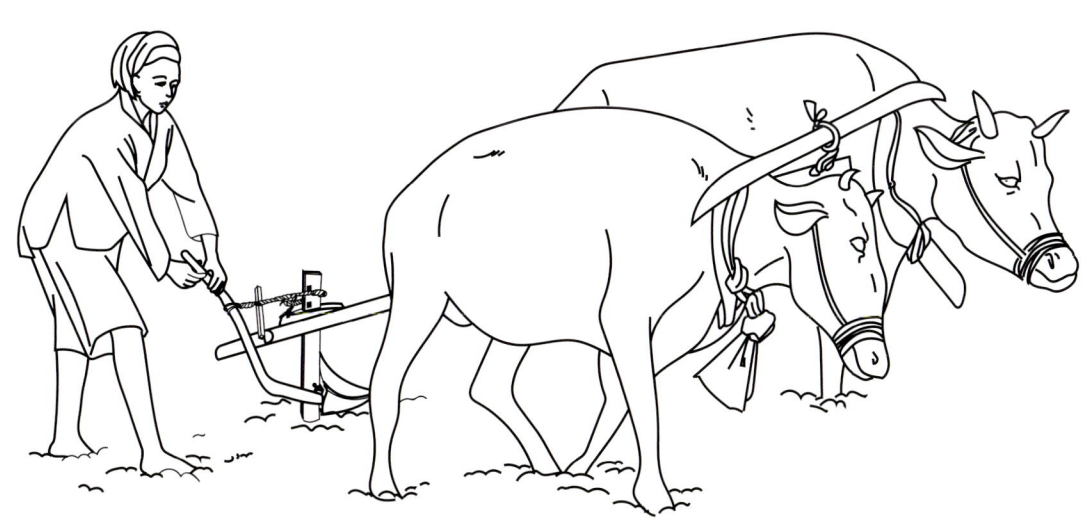

图六 白族二牛抬杠犁操作示意图

白族压茶凳

图一　白族压茶凳主图

本案例白族压茶凳，为白族人民制作沱茶的工具。压茶凳通长150厘米，高70厘米，宽27厘米，采集于大理白族非物质文化遗产博物馆。

茶马古道是一条古老的中国西南地区贸易走廊，其中的滇藏线路中最主要的贸易就是向西藏输送云南的普洱茶。大理作为茶马古道的起点，与之相关的马帮贸易文化、普洱茶制作文化也随之形成。下关沱茶既是其中最有特色的普洱茶制茶工艺之一，也是云南非物质文化遗产之一。下关沱茶的制作步骤可分为制胚、称茶、蒸茶、袋揉、压制、定型、干燥、包装等。本案例压茶凳即为下关沱茶压制工序中使用到的工具。压茶凳利用的是杠杆的力学原理，利用人的重量将沱茶压制成特定的形状。压条与凳面的连接处有铁质短簧的装置，可以增加操作者在压茶时力量控制范围。具体的操作方法是，先抬起压条，将揉捻好的茶袋放入压茶凳的碗形压槽中，而后操作者侧坐于压条右端，手扶住身体前方稳住压条，臀部多次向下发力，力量传到压槽上方的压棍并向下将沱茶压制成型。

就材质而言，整个压茶凳除弹簧和压槽为铁质，其他结构都为木质。

本案例压茶凳的发明，对沱茶工艺的发展有重要影响。它一方面使普洱茶在茶马古道的运输过程中更为便捷，一方面也使其在运输过程中在防止霉变的同时完成发酵。严子珍及其永昌祥商号在茶叶工艺上积极创新，发明出更适合茶马古道运输的茶叶制作工艺，不仅使其获得商业上的成功，也让喜洲其他有茶叶商号争先效仿，形成影响至今的下关沱茶制作工艺。

图片来源

图一　赵思颖　摄影
图二至图四　戈珊珊　制图
图五　崔晋　制图
图六　戈珊珊　制图

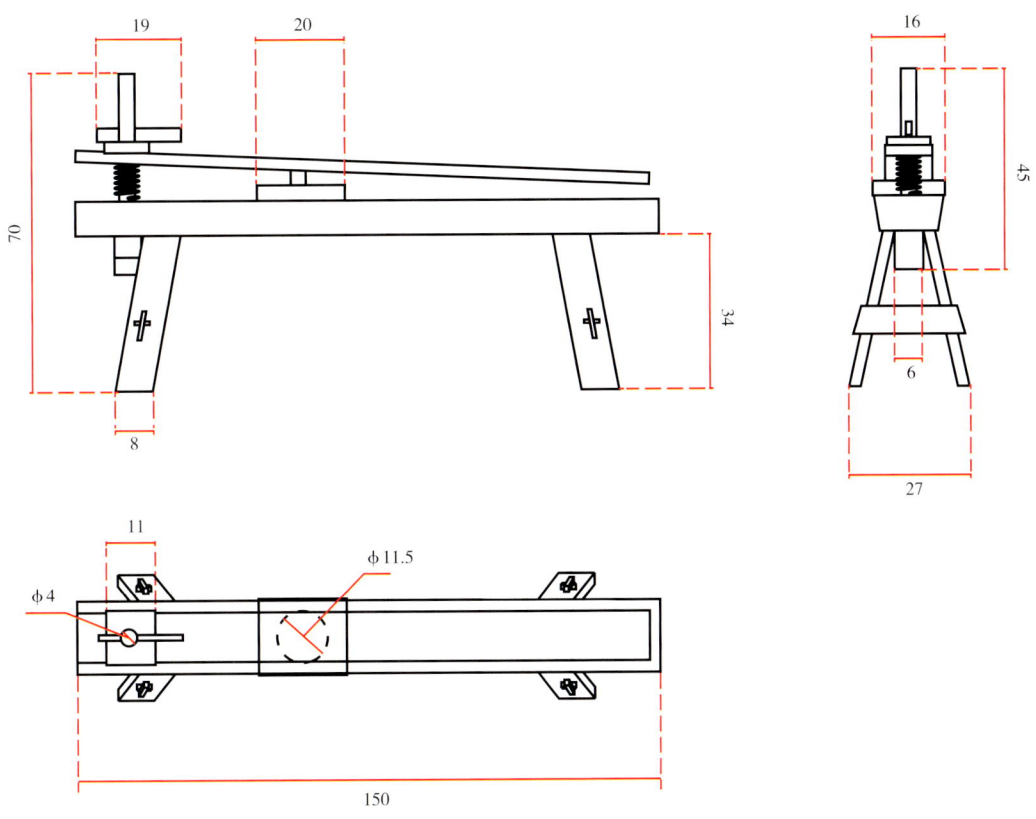

图二 白族压茶凳尺寸图（单位：cm）

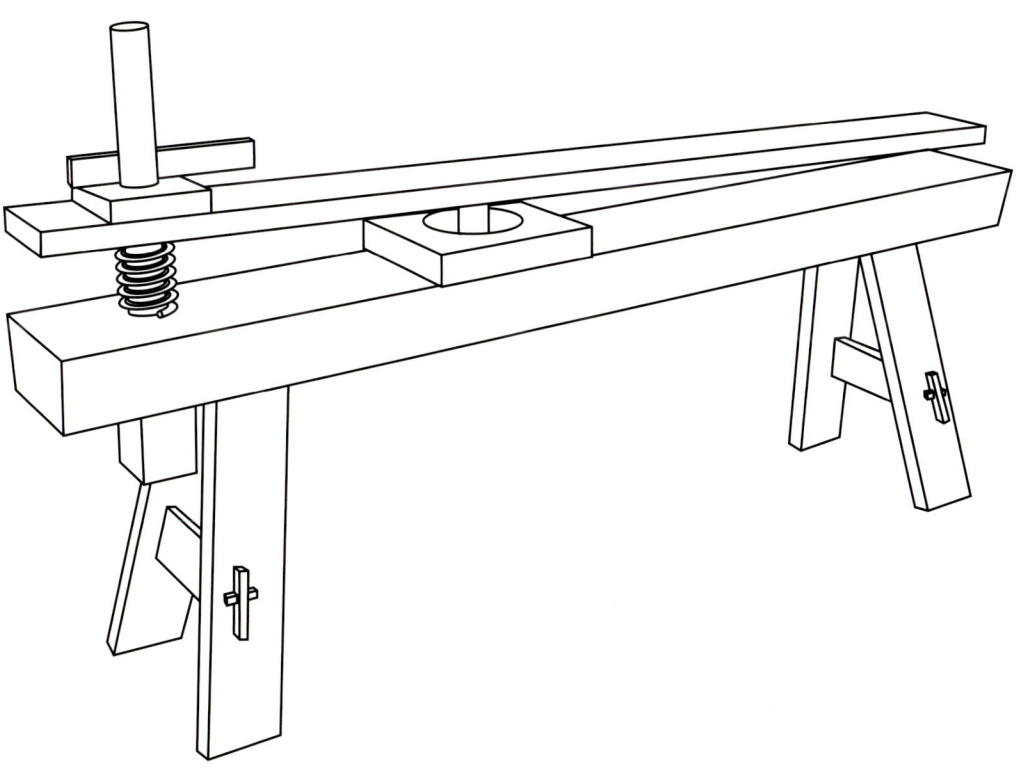

图三 白族压茶凳结构示意图

第五章 白族传统生产工具

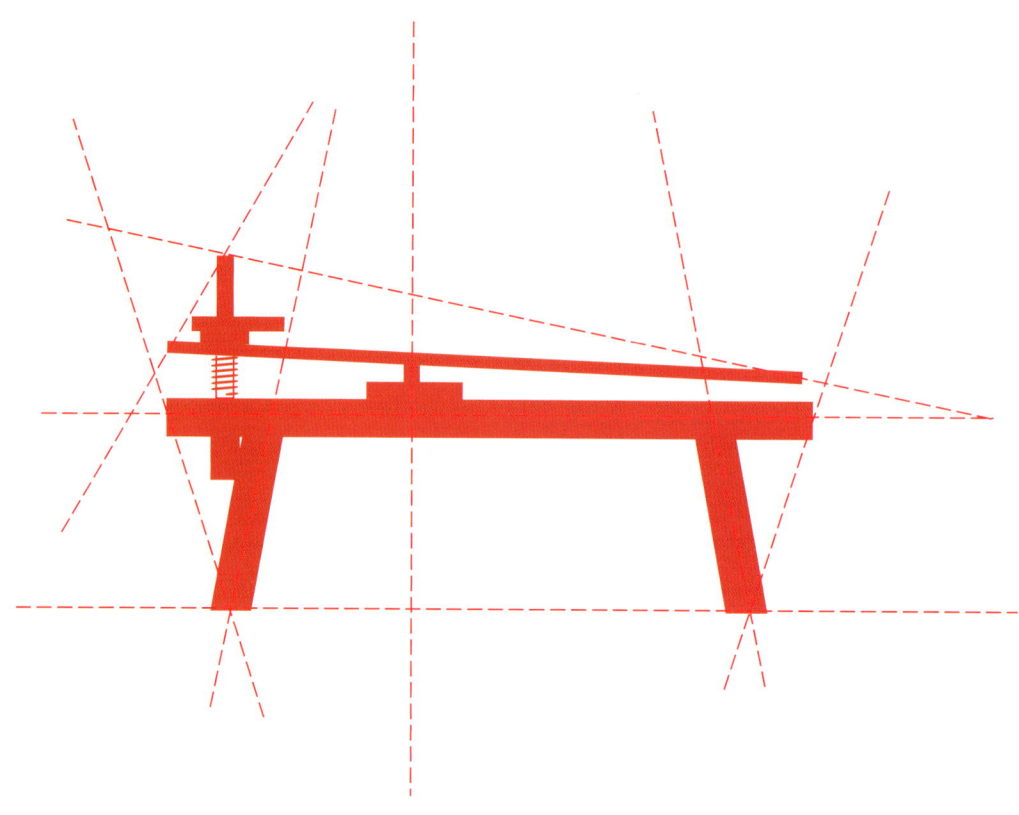

图四 白族压茶凳比例分析图

图五 白族压茶凳分解图

图六 白族压茶凳使用场景图

白族饼茶机

图一 白族饼茶机主图

本案例白族饼茶机是制作饼茶的工具，通高115厘米，宽95厘米。本案例采集于大理喜洲镇严家大院博物馆。

本案例饼茶机由严家大院主人、永昌祥创始人严子珍发明。茶马古道中滇藏线上较为著名的三大商帮为喜洲帮、鹤庆帮、腾冲帮，严子珍创办的永昌祥是喜洲商帮中的最大的商号，向藏区输送茶叶是永昌祥的重要业务之一。由于茶马古道的滇藏线路途遥远、旅途颠簸，永昌祥创造性地发明并使用饼茶机来加工普洱茶，一方面提高了茶叶的加工效率，一方面防止了运输途中茶叶的霉变。相较于散茶，饼茶在运输中空间利用率大大增高，其紧实的形态使其不易受潮发霉，同时也保证了良好的透气性。饼茶在运输过程中可以完成茶叶的发酵，大大延长了茶叶的保存时间，更符合藏族人民大量储存茶叶的需求。饼茶机在具体的操作方式上,第一,需将下方的木条往上抬以固定在"十"字形装置上。这一动作可以使整个中间的活动结构向上升,方便操作者将压槽上的方形木块取出。第二,将揉捻好的茶袋放入圆形压槽后将取出的木块装回原处,再将下方木条放回原处。最后,再在最上方的方形木板上压上两块石头,等待饼茶成形即可。

本案例与压茶凳的区别,首先在于加工的茶叶形态不同,一种是类似蘑菇的形状,一种是圆饼状。另外,两者使用的力量来源也不同:压茶凳的力量来源于操作者臀部的压力,饼茶机的力量来源于石头的重力。但两者的发明与使用都提高了加工茶叶的效率与质量,体现了白族人民在生产活动上的设计智慧。

图片来源
图一　赵思颖　摄影
图二至图四　熊婷　制图
图五　崔静　制图
图六　熊婷　制图

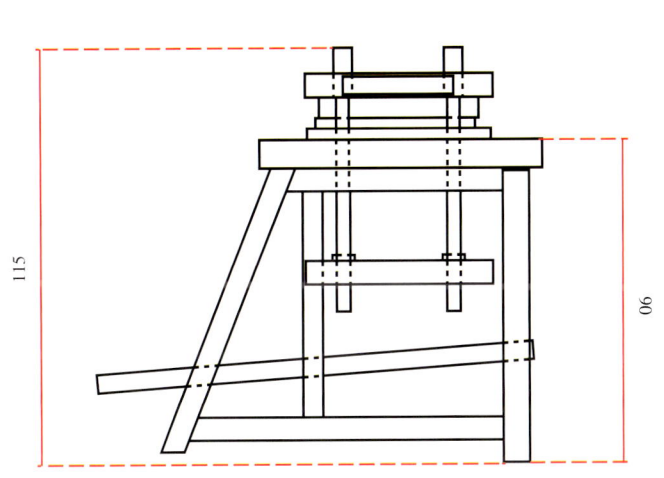
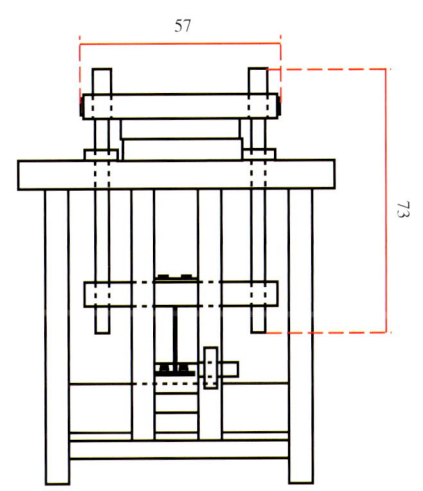
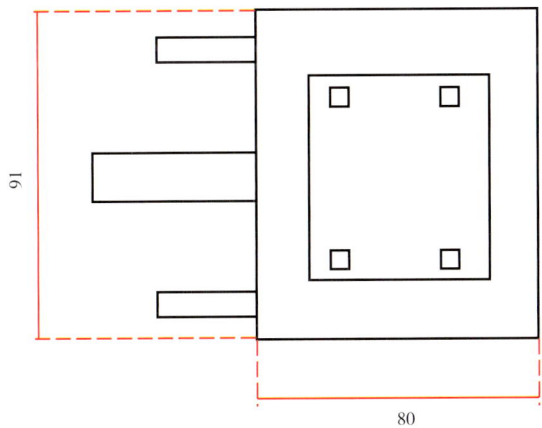

图二　白族饼茶机尺寸图(单位:cm)

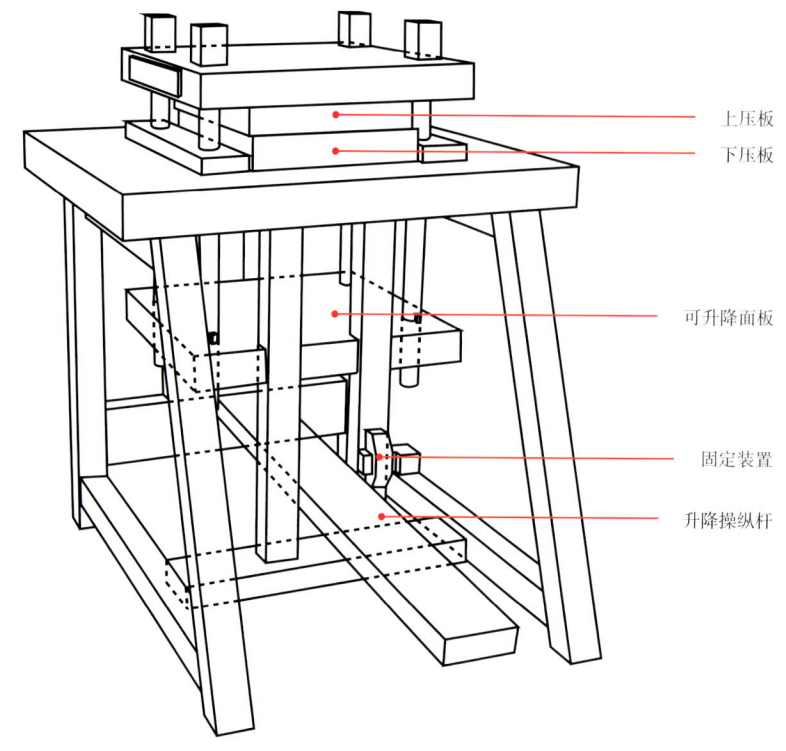

图三 白族饼茶机结构示意图

图四 白族饼茶机比例分析图

图五 白族饼茶机分解图

图六 白族饼茶机使用场景图

白族竹质连枷

图一　白族竹质连枷主图

本案例为白族连枷，枷板长67厘米，枷柄长148厘米，宽15厘米。本案例采集于大理白族自治州博物馆，是为谷物脱粒的工具。

谷物脱粒的方式有用棍棒敲打谷物的方式，也有直接拿谷物在槽式容器内摔打的方式，也有由人或牲畜在谷物上碾压的方式，本案例脱粒方式属于用棍棒敲打方式。这种方式从结构上分，可分为单棍式和连枷式。单棍式为一根独立的打谷棍，连枷式由枷柄和枷棍组合而成，本案例属于连枷式。从敲击部位的形制上分，有"7"形打谷棍，或称"弯棍"，还有"丁"字形打谷棍，还有竹篾编织的圆形打谷扇，还有一种是由几根竹棍排列而成的结构，其与枷柄由一根短木栓连接。本案例的打谷部位属于竹棍排列的形式。在材质上，竹、木是枷常见的两种原材料。本案例枷柄与枷棒都为竹质，两者由一根粗铁钉相连。弯棍式单棒枷的使用方法是，操作者双腿一前一后站立，使身体形成稳定的三角形，双手握住枷柄，以麻绳为枷柄与枷棍圆周运动的轴心，先将枷棍往后甩，再用力将枷棍往前甩在谷物上面，用重力将谷物的外壳打落。

《物原·器原》中提到"神农作枷"，可见枷是一种古老的生产工具。较保守的估计是枷发明于西周之前，今天的农村依旧可以寻见这种古老的谷物脱粒工具。

图片来源
图一　大理白族自治州博物馆　提供
图二至图五　魏溥均　制图

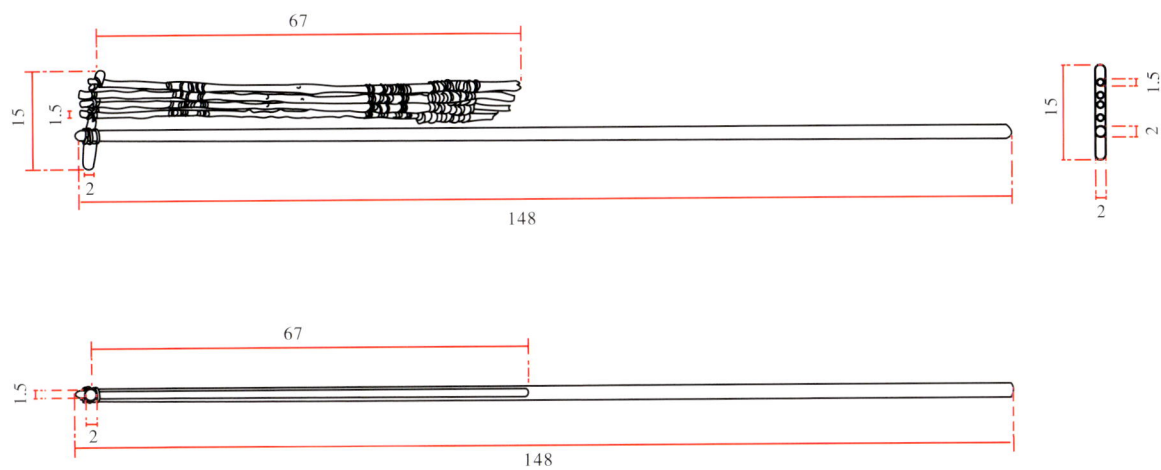

图二　白族竹质连枷尺寸图（单位：cm）

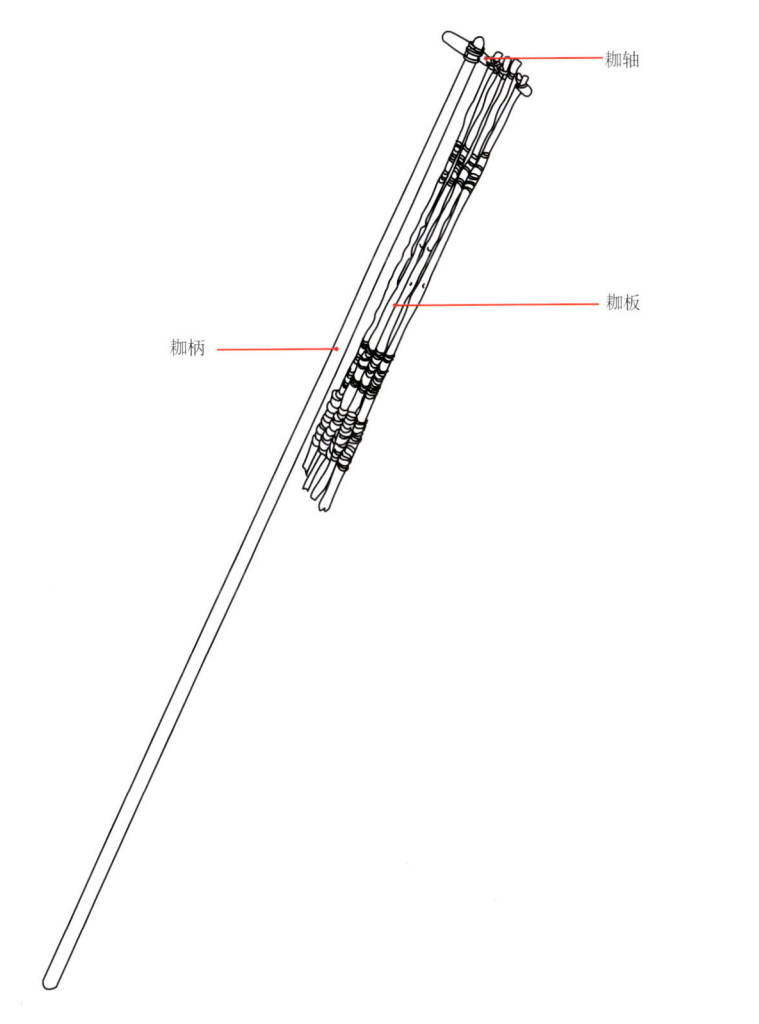

图三　白族竹质连枷结构示意图

图四 白族竹质连枷操持方式图

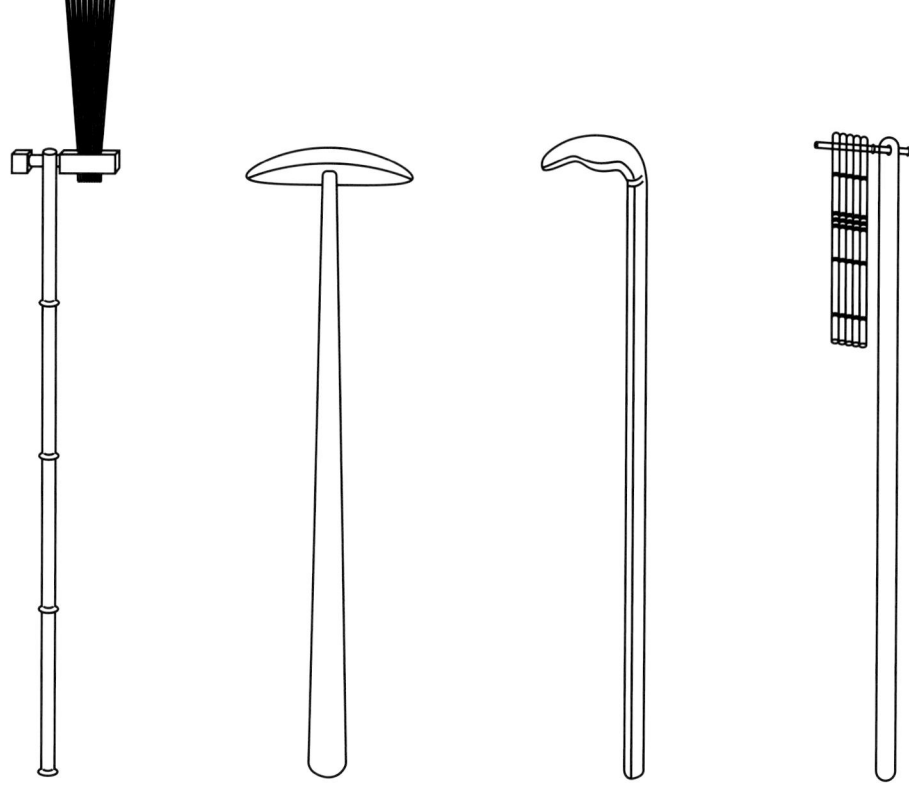

图五 白族竹质连枷对比图

白族杵臼

图一　白族杵臼主图

杵臼是用来舂捣粮食或药物的工具。本案例白族杵臼采集于云南省大理白族自治州大理市，直杵细长，整体呈三折，长120厘米，直径9厘米。臼为敞口式，通高47厘米，臼口部直径为41厘米，底座直径为21厘米。

《周易·系辞下》中对杵臼的描述为"断木为杵，掘地为臼"。杵臼最早的形态为地臼，在地面挖掘一土坑即为臼，以木棍舂捣即为杵，这是杵臼作为生产工具的原始状态，也是对杵臼构造的阐述。以白族美食中的饵块为例，通常选取上好的浸泡开的香黏大米为原料，于木甑中蒸至六七分熟，将其移入臼中，由人手握杵均匀用力上下来回捶打，待熟米打成面团状后取出搓揉，做成砖状，便是饵块了。也有将杵臼称为碓。碓同样是加工粮食的工具，结构较杵臼复杂，形式也更为多样。人们通常称其用以舂捣的部分为杵或碓窝棒，而称另一部分石制或木制深窝状容器为碓窝。杵的形式多样，除直杵外，使用较为广泛的还有"丁"形杵。"丁"形杵由杵棒和碓槌榫接而成，碓窝多为石、木质或金属材质，圆形深窝多为脱粒、磨面之用。

杵臼作为舂捣粮食或药物等的工具，在农耕社会极大地提高了生产力。在白族人民生产生活中无论是旱谷脱粒、玉米去皮，还是制作米饼粑粑、蒸糕等米面类食物，或是研磨药材，杵臼都是不可或缺的工具。它是白族人民生产经验的产物，使粮食的状态发生改变，增加了食物品种的多样性，蕴含着古老深刻的造物智慧。

图片来源

图一　崔晋　制图
图二　何卓嫔　制图
图三　崔晋　制图
图四、图五　何卓嫔　制图
图六　崔晋　制图

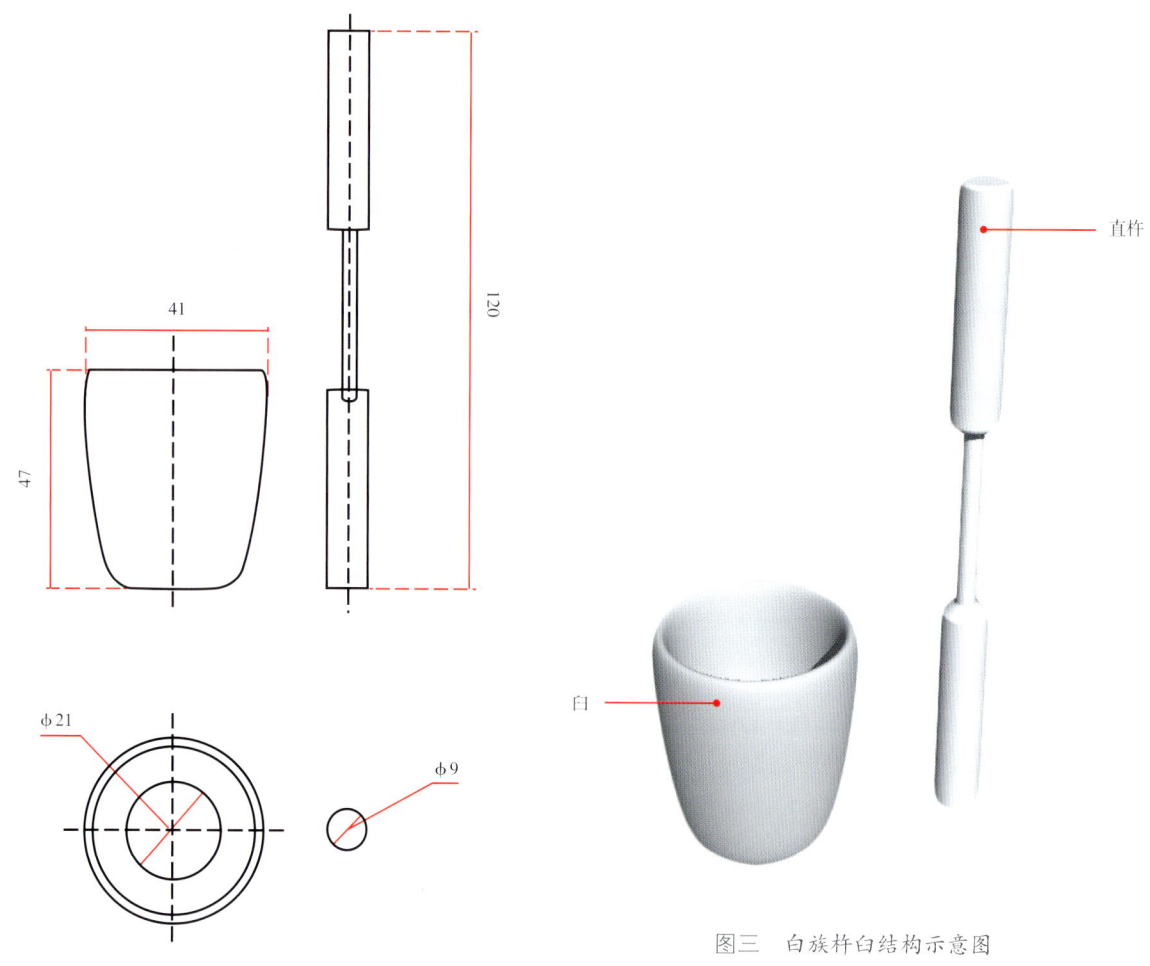

图二　白族杵臼尺寸图（单位：cm）

图三　白族杵臼结构示意图

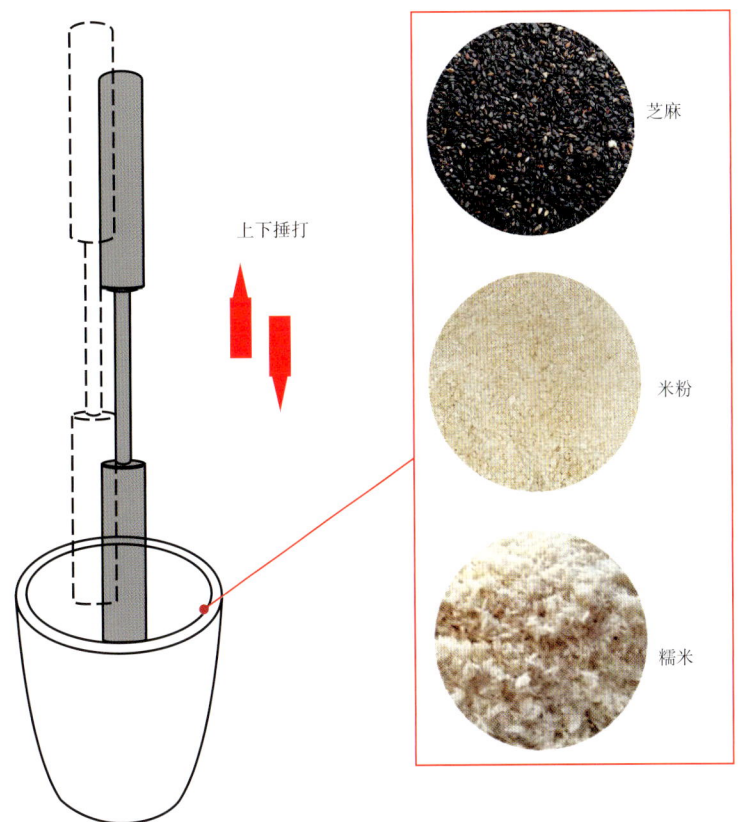

图四　白族杵臼使用方式图

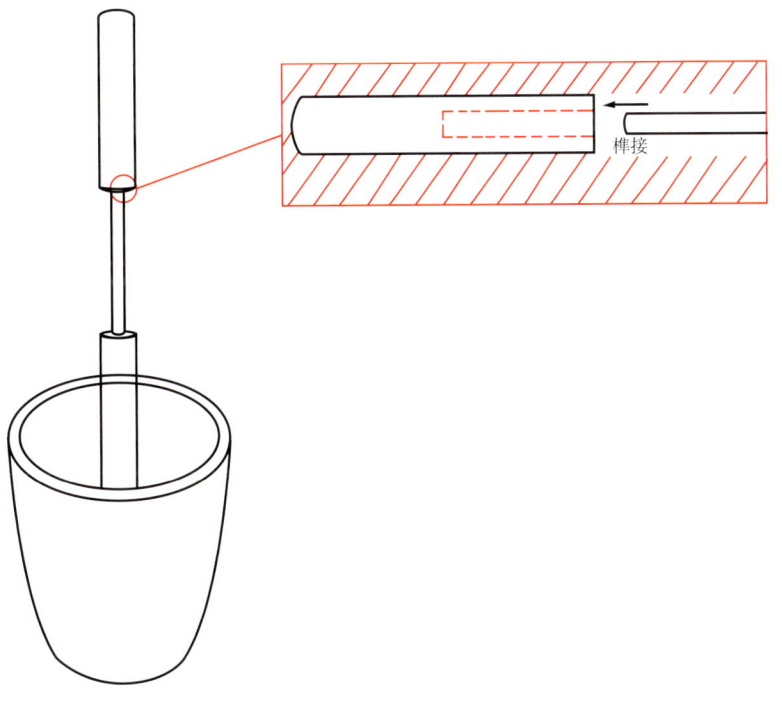

图五　白族杵臼结构细节图

第五章　白族传统生产工具

图六 白族"丁"形杵臼

白族木质肩板背架

图一 白族木质肩板背架主图

本案例白族肩板背架，是白族人民常用的人力运输工具之一。本案例肩板长58厘米，中间宽20厘米，两边宽16厘米，中间的镂空的方形边长约为15厘米；头部绑带长约66厘米，水桶绑带约为100厘米；背架高106厘米，长53厘米，宽25厘米；水桶高64厘米，上口圆直径为32厘米，底圆直径为17厘米。本案例采集于大理白族自治州博物馆。

人力运输工具主要有背具、挑具、手推车、手划船等。背具的造型多种多样，形态大小不一，主要类型有竹篾背篮、木制背水桶、木制背架、背绳、背包、背袋等。本案例为背架与背水桶的结合，由绑带将头带、肩板、背架、背水桶几个结构穿插连接在一起。就材质而言，肩板、背架、背水桶的桶身为木质，绑在桶身外的绳索为竹篾材质，绑绳为麻类植物的纤维制成，头带为棕毛制成。背具的背负方式主要有头背、肩板背、双肩背、单肩背、腰背。本案例为典型的肩板背式背具，是一种肩部受力为主、头部辅助的背法，即操作者将肩板架于双肩之上，并将头带放置于额头前。相较于头背这类单一部位受力的背负方式，本案例将物品的重量分散于头、双肩三个受力点，比较省力，比较适合背比较重的物品。肩板背法可以和很多背具造型相组合，在本案例中，其与背架、背水桶的组合，一方面使得运输较费力的水桶减少了力量损耗，同时背架的加入可以增加水桶在运输过程中的稳定性，减少因为路途颠簸而造成的水的漏洒。

本案例使用背架、背水桶与肩板背式的组合方式，在保证水的运输效率的同时，也考虑到人的舒适度，这体现了白族人民在仅有人力的条件下，在解决水力运输这一问题上的智慧。

图片来源

图一　大理白族自治州博物馆　提供
图二、图三　魏溥均　制图
图四　崔晋　制图
图五　魏溥均　制图

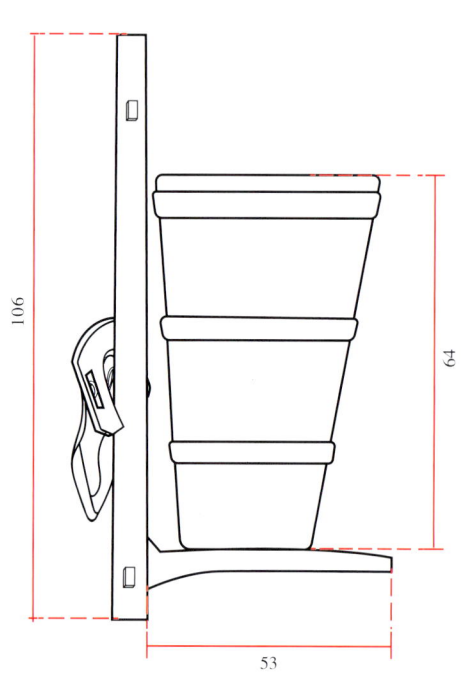
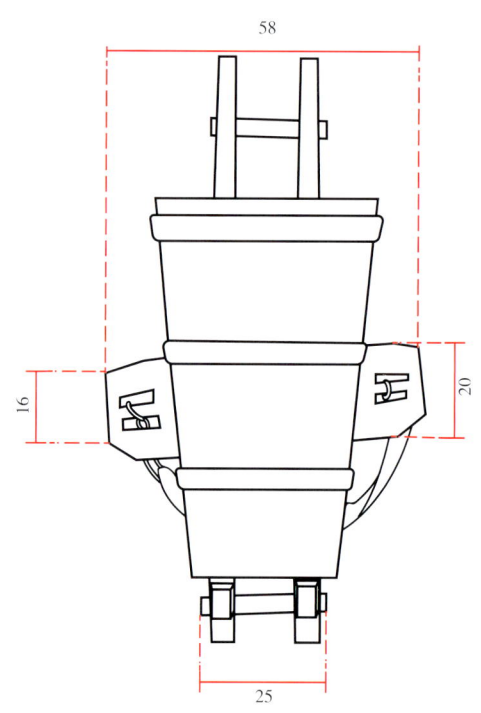
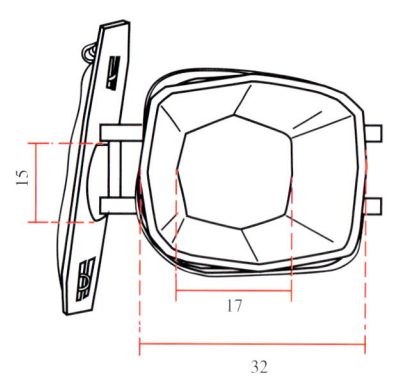

图二　白族木质肩板背架尺寸图（单位：cm）

图三 白族木质肩板背架结构示意图

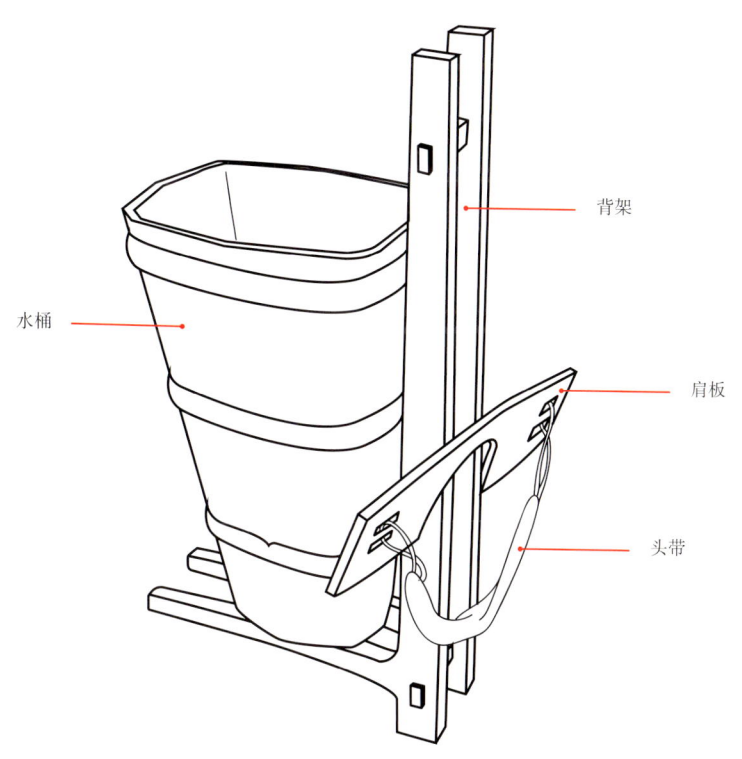

图四 白族木质肩板背架分解图

第五章 白族传统生产工具

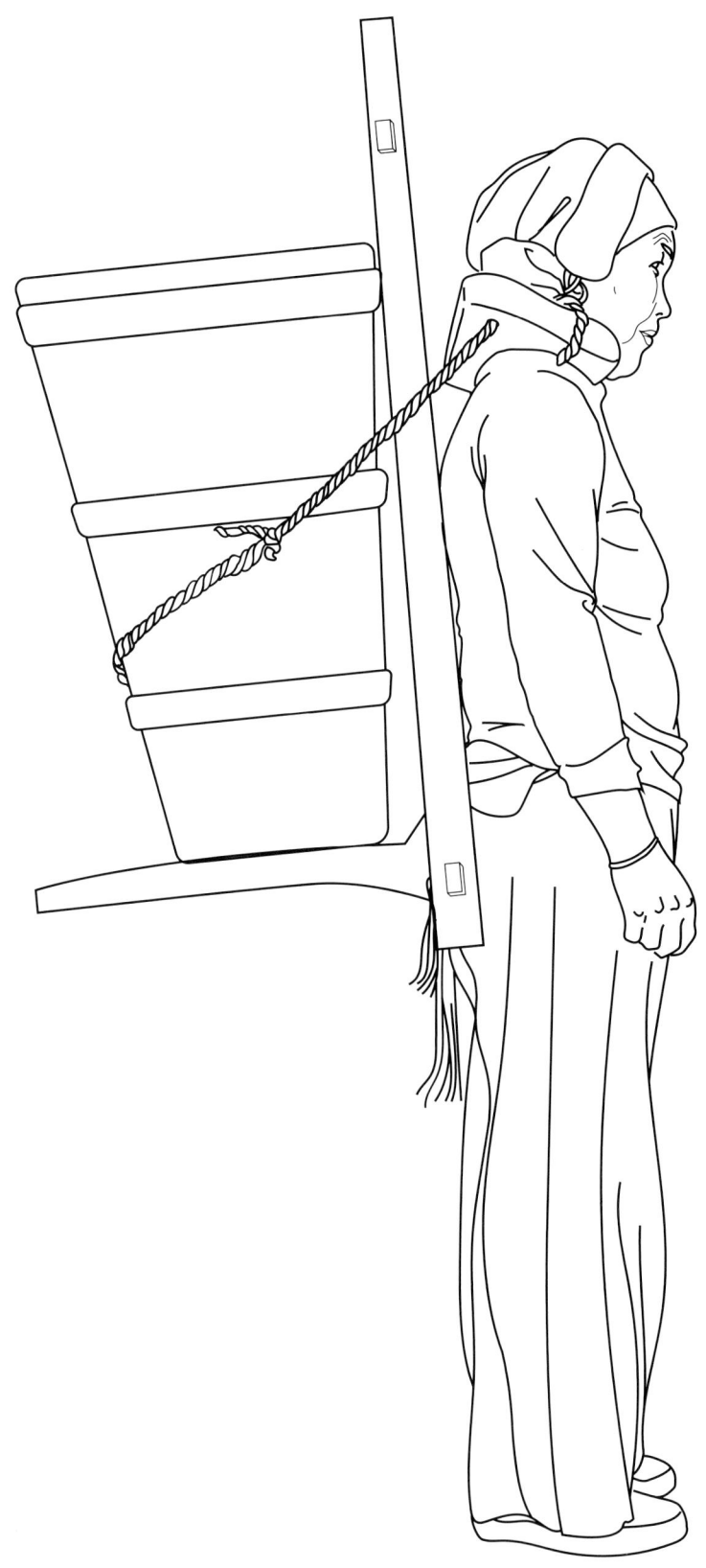

图五　白族木质肩板背架使用场景图

白族木质手推车

图一　白族木质手推车主图

本案例白族三轮手推车，通体木质，形制近似倒梯形，通长118厘米，是白族常用的人力运输工具之一。本案例现藏于大理白族自治州博物馆。

本案例白族木质手推车，由两根长木棍作为整个车体框架的两边。两者之间从上至下有四根由长到短的横向装置的圆木棍，上面三条横梁长度分别为22、19、17厘米，这些木棍一方面起连接作用，一方面起到放置篓子的作用；最下方的短木棍长15厘米，直径为2厘米，上穿插有三个木轮子作为车体的驱动结构，轮子直径为14厘米，厚4厘米。第二与第三根横向装置的圆木棍之间，有一根被绑在车柄上的细铁棍，长25厘米。这根铁棍被用来固定篓子，竹篾篓子高25厘米，宽24厘米，深20厘米。在木头的加工上，车柄和横向圆木棍比较粗糙，可以明显发现镰刀削过的痕迹，目的是为了增加人手握住车柄时、竹篾篓放置在车上时的阻力，而车轮则被打磨得很平整光滑，目的是为了减少车体前进时的阻力。放置采摘物的篓子为竹篾材质，固定竹篓的细棍为铁质，捆绑铁棍的绳子由麻类植物纤维制成。本案例手推车主要用来做采集类的农活，在使用时，需操作者双手握在车柄约四分之一位置，使车体与地面呈约60°，向前发力推行。需要采集时，可停下来一手采摘一手握住车柄，完成采摘后即将采摘物扔进篓子。

白族人民生活的地区多山地，至今仍有许多难以开发的地形，其运输活动依旧靠人力和畜力运输工具完成。本案例白族手推车创造性地将运输与采集活动相结合，解放了人们在采集活动时背部的受力，达到便捷省力的效果。

图片来源
图一　赵思颖　摄影
图二、图三　魏溥均　制图
图四　崔晋　制图
图五　魏溥均　制图

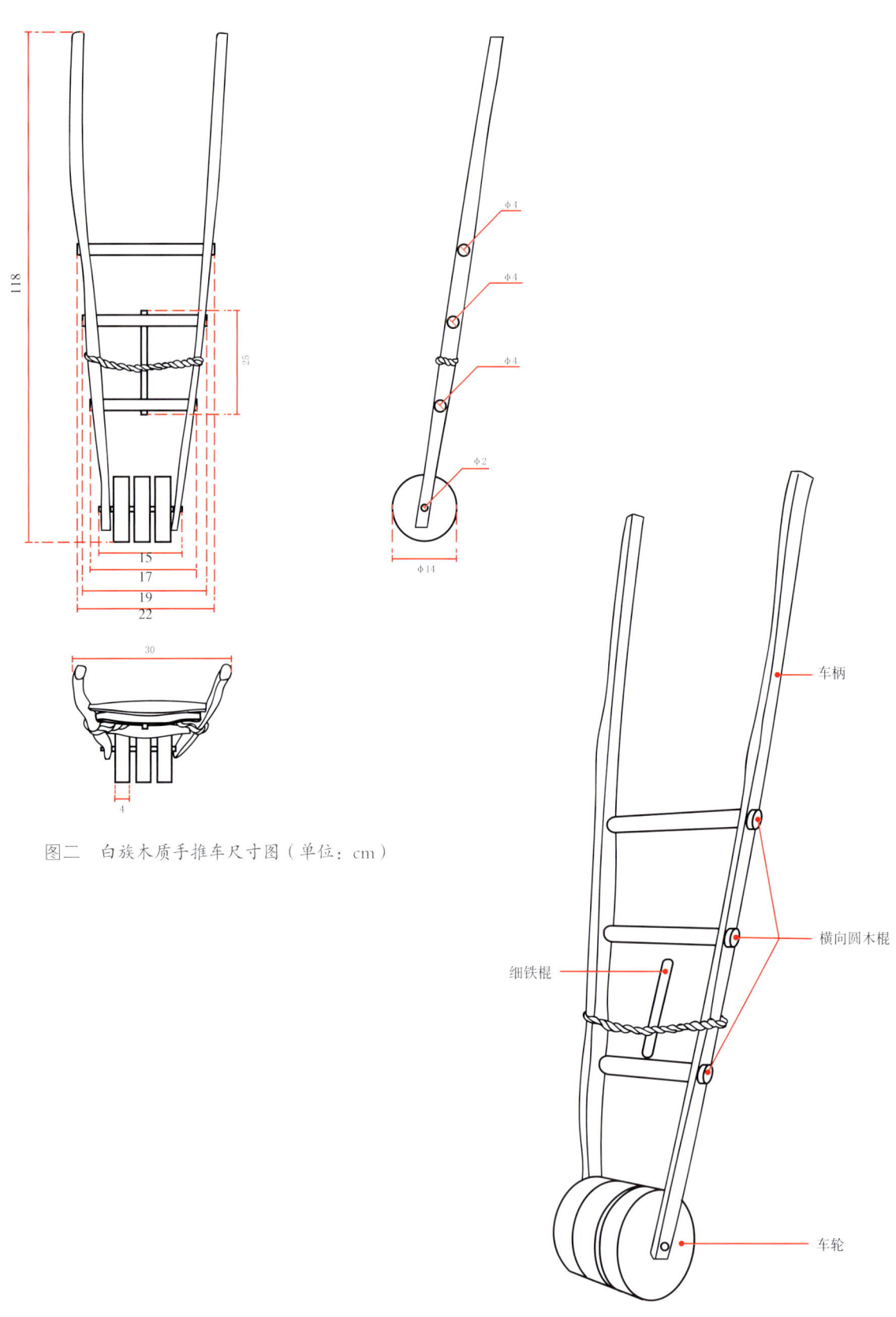

图二　白族木质手推车尺寸图（单位：cm）

图三　白族木质手推车结构示意图

图四 白族木质手推车分解图

图五 白族木质手推车操持方式图

第五章 白族传统生产工具

431

白族木质渔船

图一　白族木质渔船主图

本案例白族木质渔船，为白族人民在洱海捕捞活动的交通工具，船体通长240厘米，宽77厘米，高186厘米。本案例采集于云南大理白族自治州洱海沿岸的双廊村。白族人主要聚集在洱海沿海地带，船是白族人重要的水上运输工具和捕捞工具。

洱海里的渔船按照功能分，可分为积肥船、打渔船、生意船和运输船。造船文化，以白族"古渔村"双廊村最为典型。双廊村最有名的渔船制造世家是赵氏家族，赵家很早就开始以造船为家族主业，后日渐成为双廊最大的造船家族。随着渔业劳作方式的转变和社会经济形态的转型，双廊村的造船业早已没有了过去的繁荣景象，但赵家依旧将造船这门古老的工艺承袭至今。就结构而言，一艘古渔船包括船帆梁、风篷板、船头与船尾各一舵板、船体左右直板、船腰板、船外船边板、大刀板、小弯板、大弯手、中弯手、小弯手、直板、船帆杆、深底、舵头、舵手杆、舵叶、船篷等部分组成。洱海地区较为常见的船体造型有方头帆船和尖头帆船两种，本案例为后者。就制作材质而言，白族渔船船体最主要的材料是木头，较为常用的为黑栗木。防漏材料是决定造船成功与否的重要合成材料，即原材料水、桐油、菜籽油、熟石灰、大麻丝按照一定比例，按份置入石臼中，用木杵研磨30分钟，再静置2小时30分钟待混合物呈现面团质地即可。

本案例白族篾篷船是白族人民渔业文明的物化反映，也体现了白族人民在生产工具造物上的智慧。

图片来源

图一　《中国白族村落影像文化志·双廊村》第79页
图二、图三　魏溥均　制图
图四　崔晋　制图
图五　魏溥均　制图

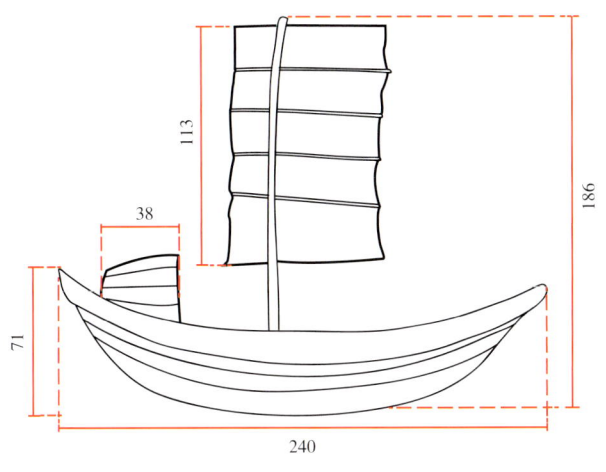
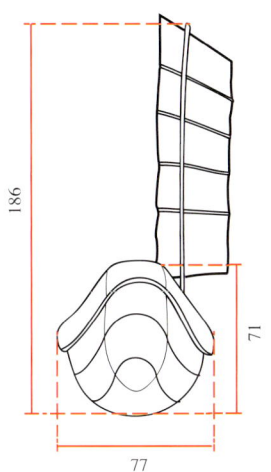
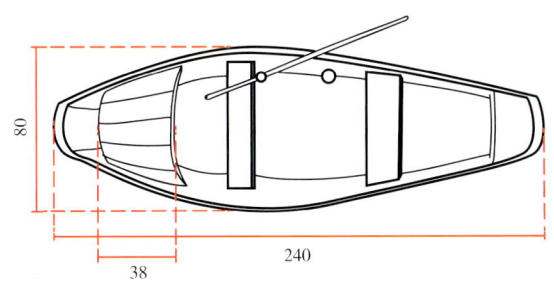

图二 白族木质渔船尺寸图（单位：cm）

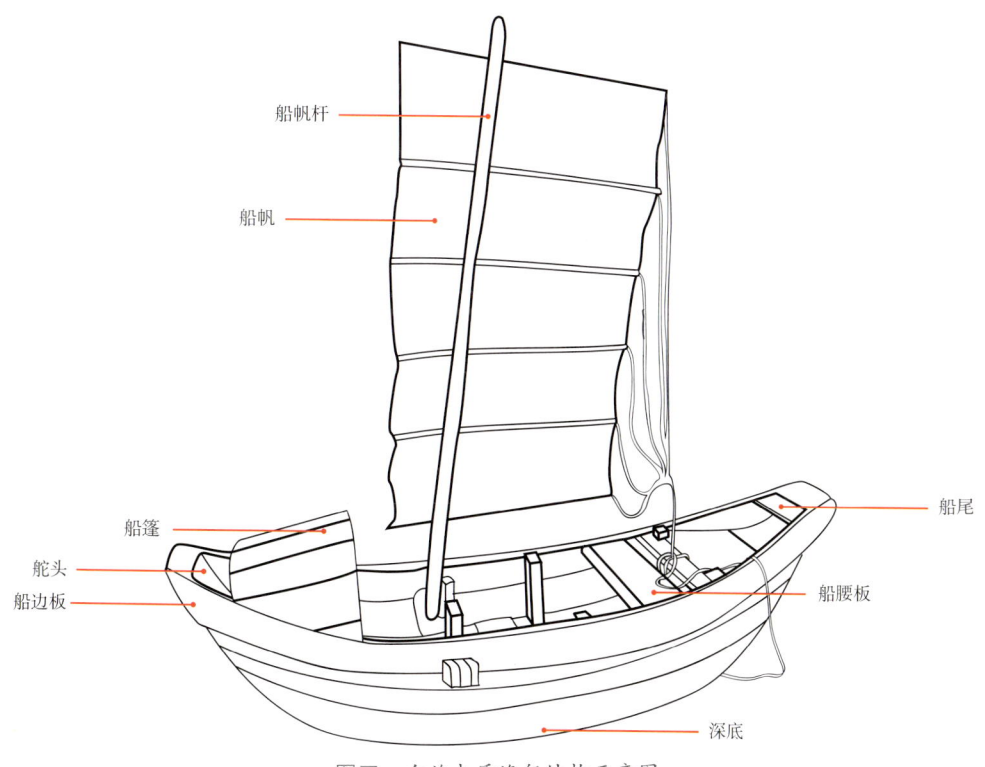

图三 白族木质渔船结构示意图

图四　白族木质渔船分解图

图五　白族木质渔船造型分析图

白族织布机

图一　白族织布机主图

织布机，又称织机或纺机等，早期的织布机是由席地而坐的踞织机即腰机发展而来。本案例为白族织布机，现收藏于大理白族自治州博物馆。该织布机机身长150厘米，宽91厘米，高159厘米，为脚踏提综的斜织机。斜织机的样式目前最早被发现于汉代画像石中。

本案例中的斜织机拥有稳定的木质框架，操作者可以端坐在机身前进行织造，经面与水平方向呈一定的倾斜角度，方便操作者透过与水平机座间的倾角随时查看开口后的经线，确定有无断头、张力是否均匀。斜织机有两块一长一短的踏板，通过织工们脚踩两块踏板来带动绳索牵拉提综，将经线上下分开形成梭口。解放出来的双手则专门负责打纬和引纬，实现手脚并用，提高效率。

脚踏斜织机的特点在于固定的机架可以让经轴与布轴将经纱绷紧，每根纱线获得均匀的张力，使织物的表面能够更加平整，操作者也更为省力。同时手脚协作的操作方式简化了手的劳作，提升了布匹质量，增加了图案的多样性，大幅度地提高了织布效率，其产量比原始织机提高了近十倍。

脚踏提综斜织机为布匹生产带来了飞跃发展，提高了织布效率，促进了白族手工艺扎染、蜡染以及白族服装、配饰的发展演进，是织布工具的重大改革之一。脚踏织布机在白族地区被广泛使用，促进了白族纺织技艺的进步，一直沿用至今。

图片来源
图一　赵思颖　摄影
图二至图六　魏溥均　制图

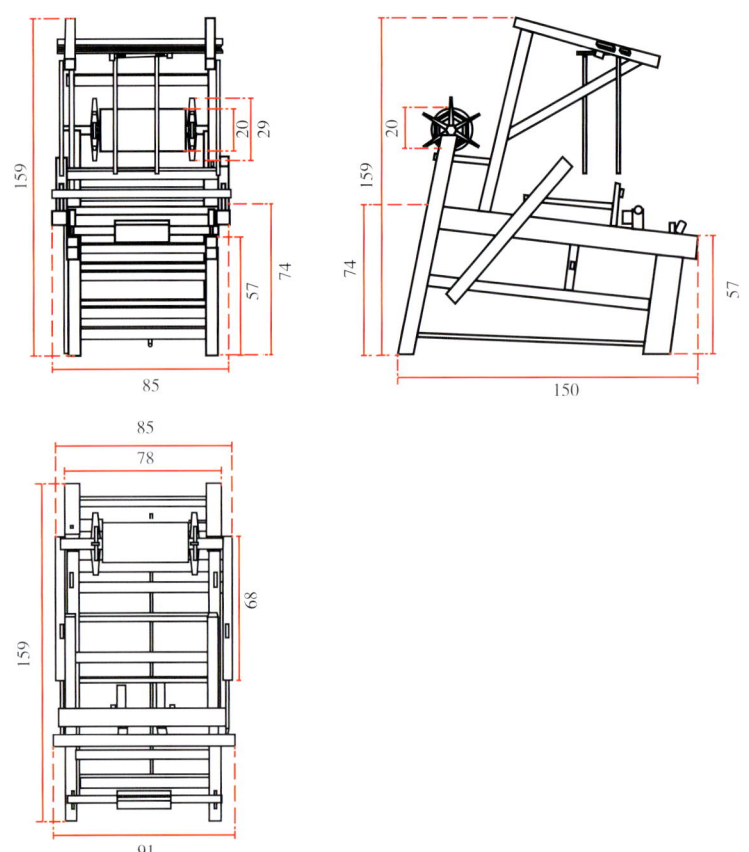

图二 白族织布机尺寸图（单位：cm）

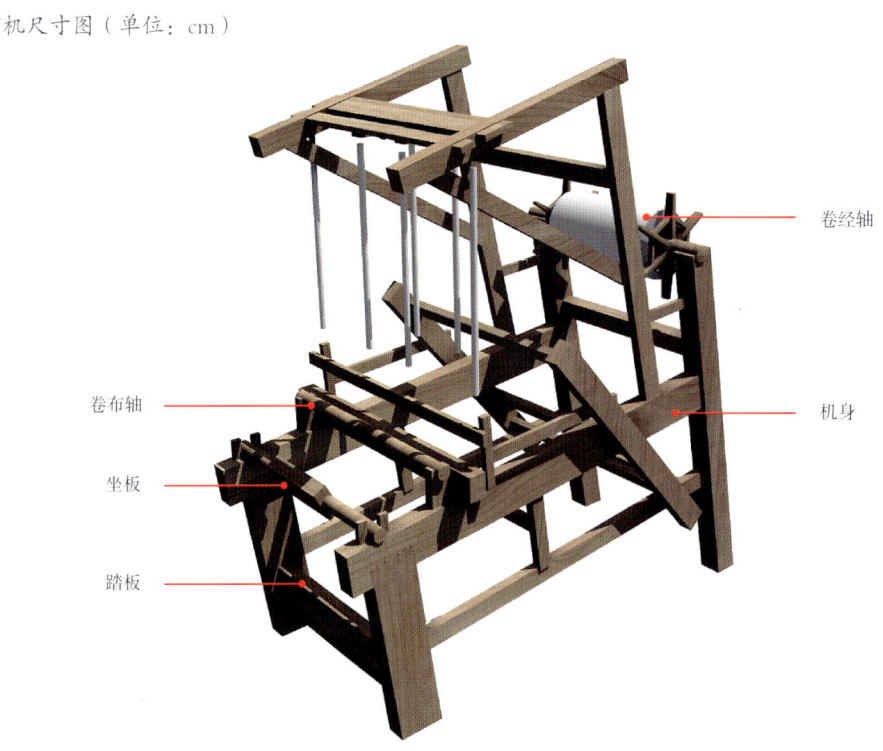

图三 白族织布机结构示意图

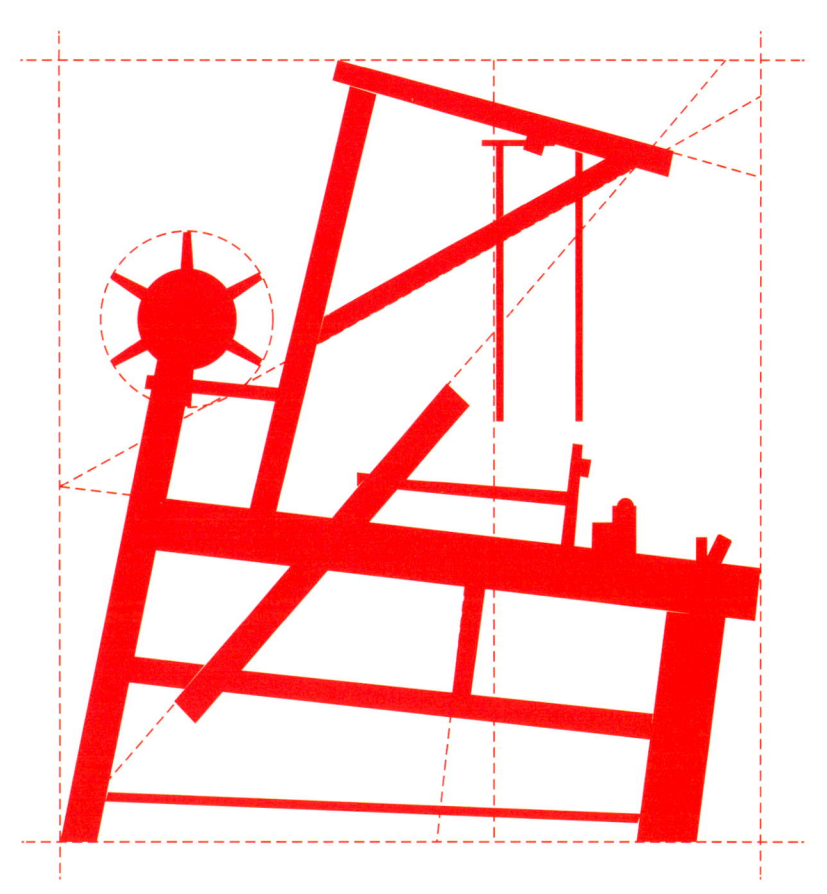

图四 白族织布机比例分析图

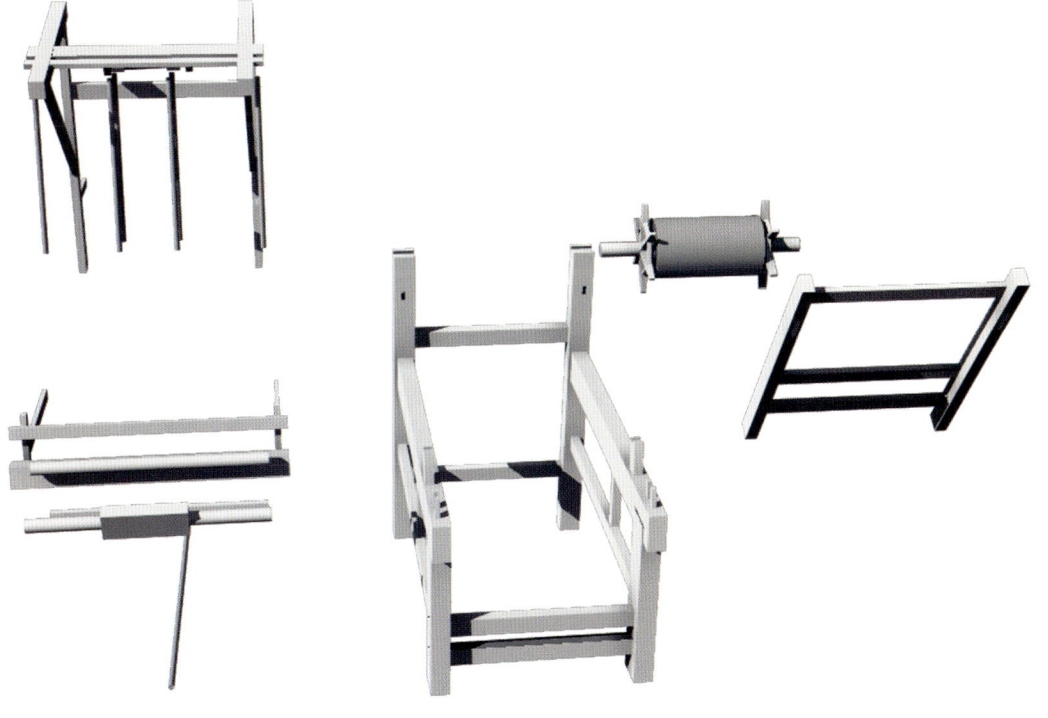

图五 白族织布机分解图

第五章 白族传统生产工具

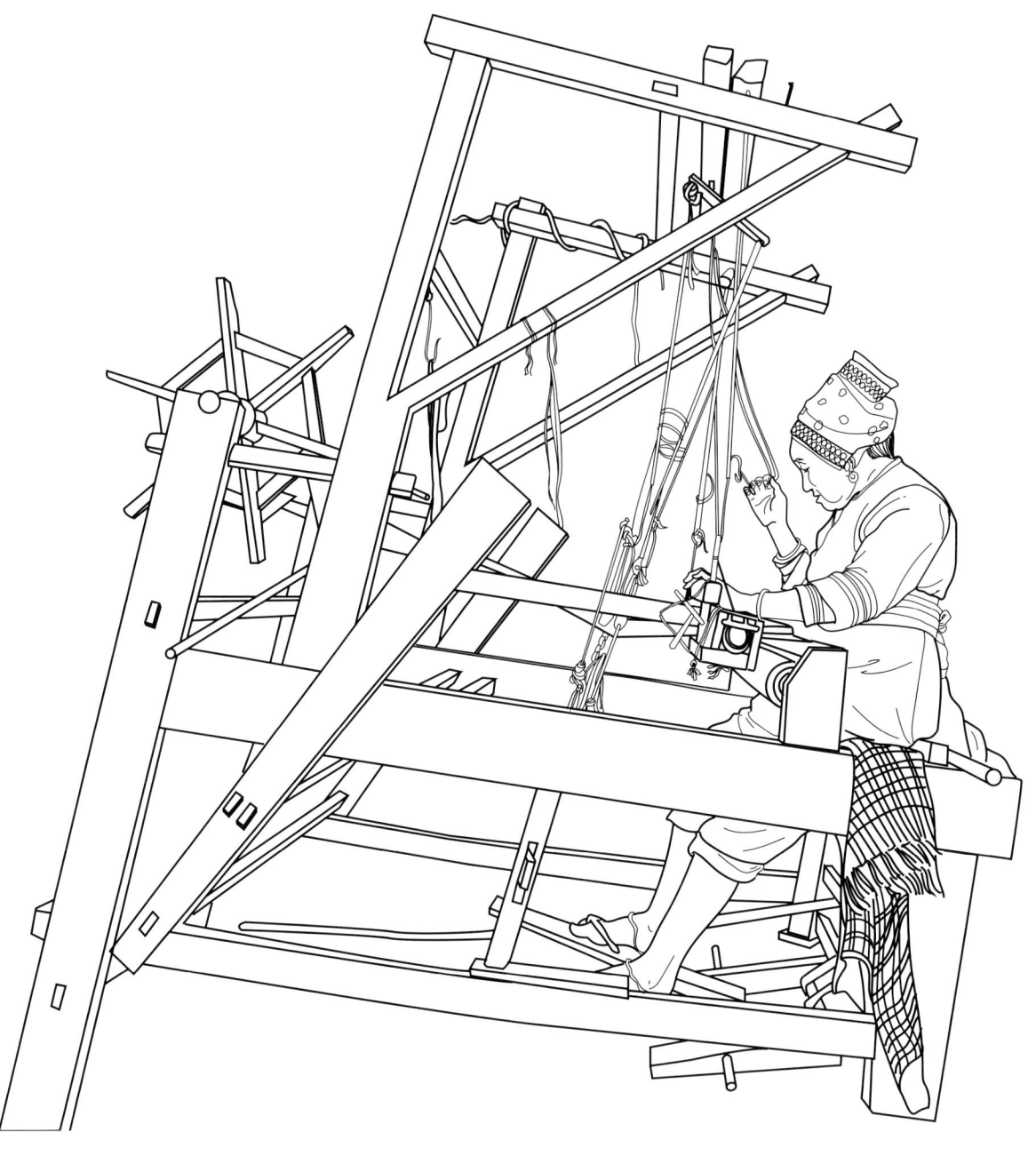

图六 白族织布机使用场景图

白族手摇纺车

图一 白族手摇纺车主图

纺车是可以将棉花纺织成线用以织布的生产工具。本案例白族手摇纺车，现收藏于云南省大理白族自治州博物馆，通高50厘米，长57厘米，宽34厘米，纺轮直径约44厘米。

本案例为单人操作式手摇纺车，纺线时左手持弹到一起的棉条，并抽取两股棉絮蘸水粘在锭杆上，右手摇动手摇柄，带动锭杆以高倍速转动。此时先将棉条置于与锭杆水平的位置上并逐渐远离机器，拉出的两股棉絮便缠绕在一起了，达到极限距离后放慢手柄转速，将棉条置于锭子之上并逐渐向机器靠近，以便捻成的纱线储存在纱锭上。然后重复之前的动作，由平至高，由后向前，延绵不绝的棉线便形成了饱满的纱锭。通过这种最早实践的传动构件，纺车克服了早期纺锤转动速度不匀，间隙明显而导致的纱线粗细不均、生产效率低下的问题。然而纺线工作依然对操作者的技巧要求颇高，是一项集经验技巧与耐力的劳动。纺车经历了几代改良，通过在轴体上增加锭子来提高单次传动可以生产的纱线数量，变手摇为脚踏直至北宋时期的水力传动的大型纺车，进一步为纱线的批量生产提供了动力，也间接促成织布产业的蓬勃发展，为白族手工艺者钻研服饰的纹样、绣法、色彩提供了基础。

手摇纺车将劳动者从枯燥繁重、效率低下的纺锤纺线中解放出来，促进了纺织品的产业革命，带动了白族纺织技艺的进步。纺织产业的发展也为白族社会带来社会稳定的经济基础。它是劳动者智慧与经验的结晶，也为现代化纺织业提供了理论基础与灵感源泉。

图片来源
图一　赵思颖　摄影
图二、图三　张亚堃　制图
图四　崔晋　制图
图五　张亚堃　制图

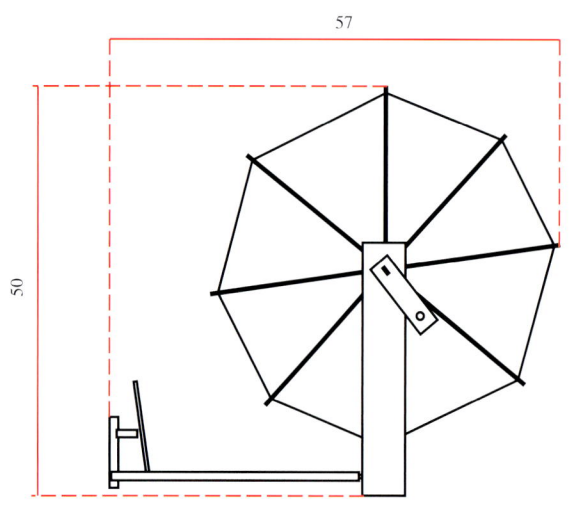
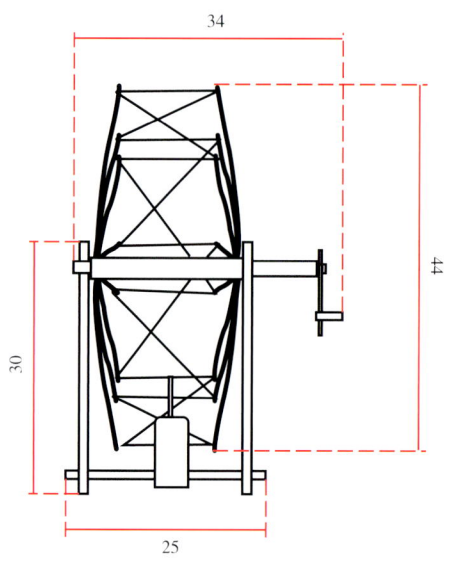
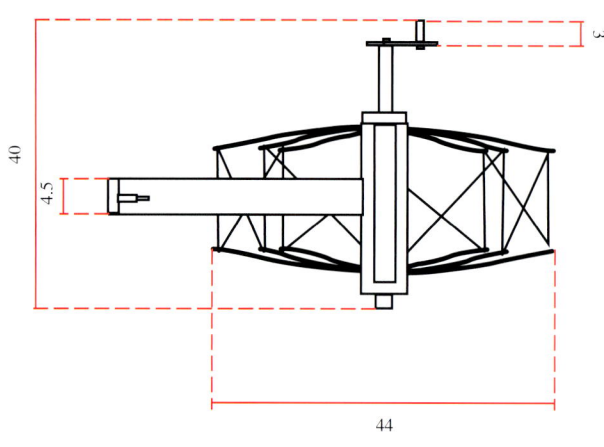

图二　白族手摇纺车尺寸图（单位：cm）

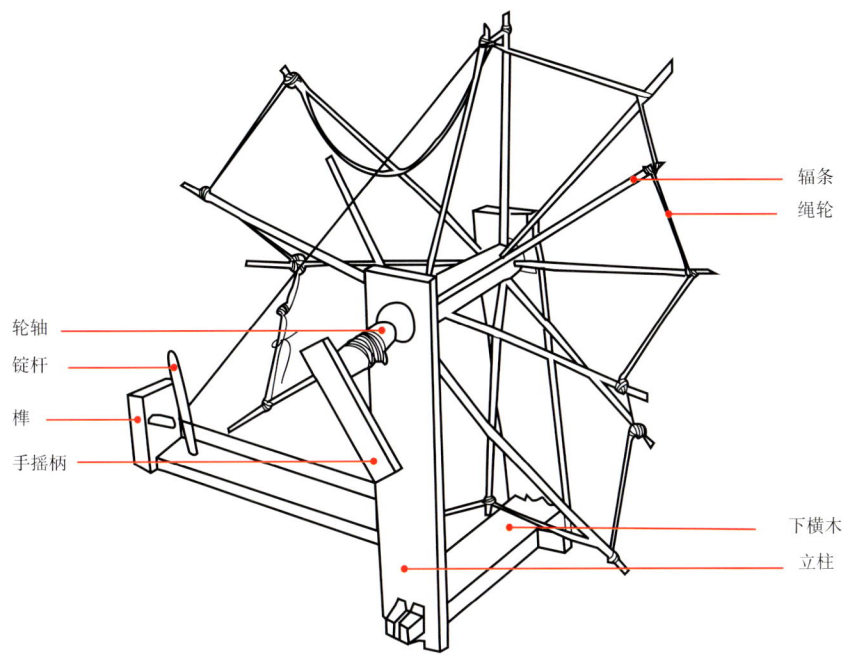

图三　白族手摇纺车结构示意图

图四　白族手摇纺车分解图

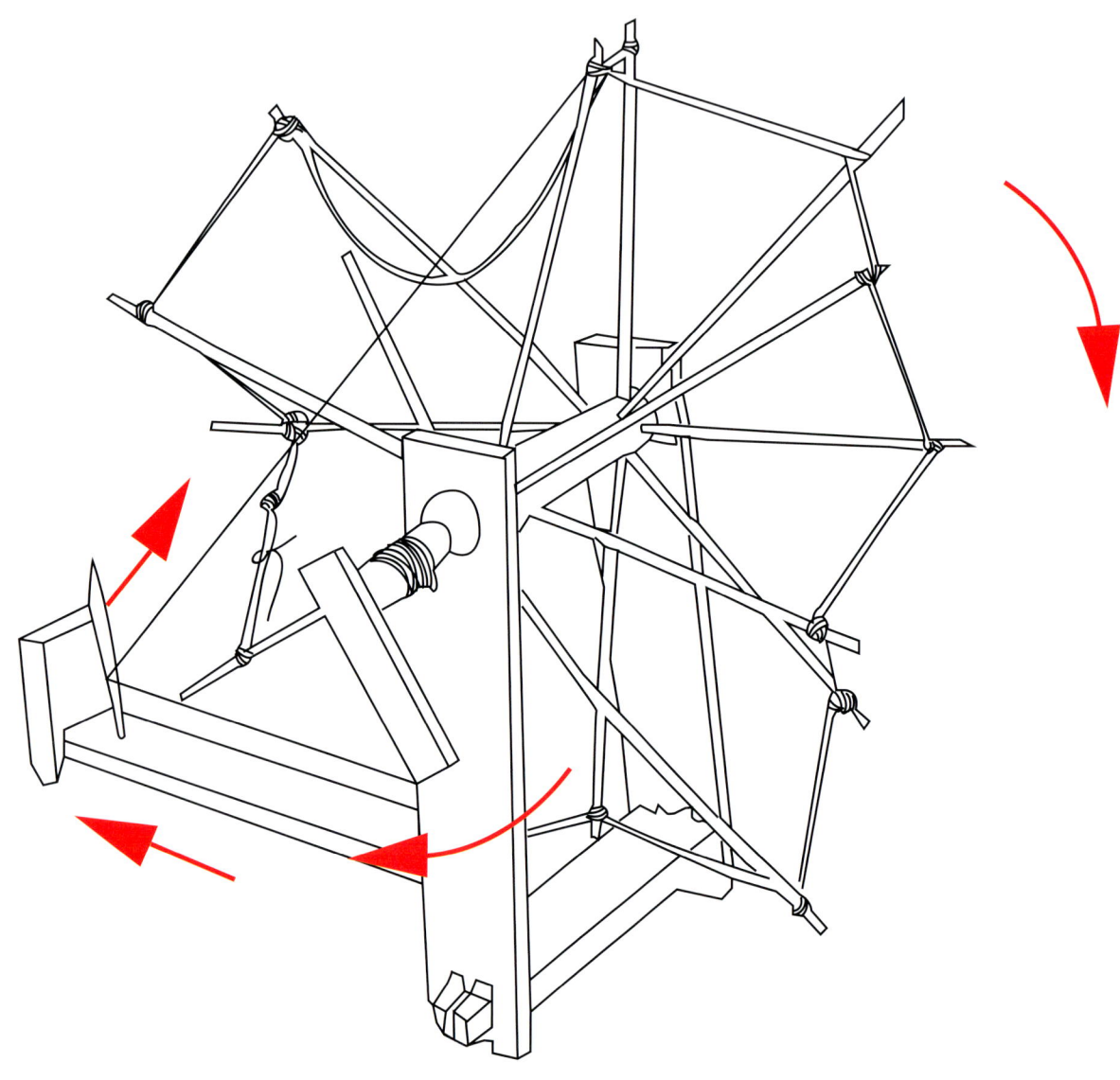

图五 白族手摇纺车动力分析图

白族竹编鱼篓

图一　白族竹编鱼篓主图

　　鱼篓是用来捕鱼或盛鱼的工具。本案例白族竹编鱼篓，束颈，腹微鼓，现收藏于云南民族博物馆。鱼篓主要由篓身、喇叭口、倒刺三部分组成，通高90厘米。其外形分为上、下两部分：上半部为篓身，高65厘米；下半部呈敞口喇叭状。喇叭口直径50厘米，倒刺口直径与篓身直径相同，约30厘米。

　　大理州有淡水湖洱海等众多水资源，鱼类丰富，鱼篓是白族人民在水中捕鱼使用的工具。竹篾是鱼篓编织的主要材料，材料易得，容易加工，一人三天左右即可完成一个鱼篓的编织。篓身通体留有间隙，以方便水流穿过篓身。本案例鱼篓的制作分为三部分：先将经篾纵向密排制作篓身，顶部用绳子扎绕收紧固定；再用两根竹篾缠绕形成纬篾，在篓身上以螺旋形向上缠绕固定经篾；底部喇叭口以十字编进行收口。使用时在鱼篓内放置鱼饵，将鱼篓投入河中，喇叭口朝流水方向，等待水流将鱼虾冲入鱼篓或待鱼虾受鱼饵诱惑主动游入鱼篓。篓身内的倒刺结构为一圈细密的竹篾，形成屏障，阻拦鱼的逃脱，确保鱼虾只进不出。

　　鱼篓作为传统捕鱼工具，充分利用了鱼类的行动特点。鱼篓的独特结构使捕鱼过程可以脱离人的参与，高效快捷、节省劳力，单独劳作也可完成捕鱼工作。白族水资源丰富，运用鱼篓便于获取食材，成为制作白族酸辣鱼、海稍鱼等特色美食的主要原料。白族人民使用鱼篓捕鱼的方法至今仍十分盛行。

图片来源
图一　李瑞　摄影
图二至图六　顾怀灏　制图

第五章　白族传统生产工具

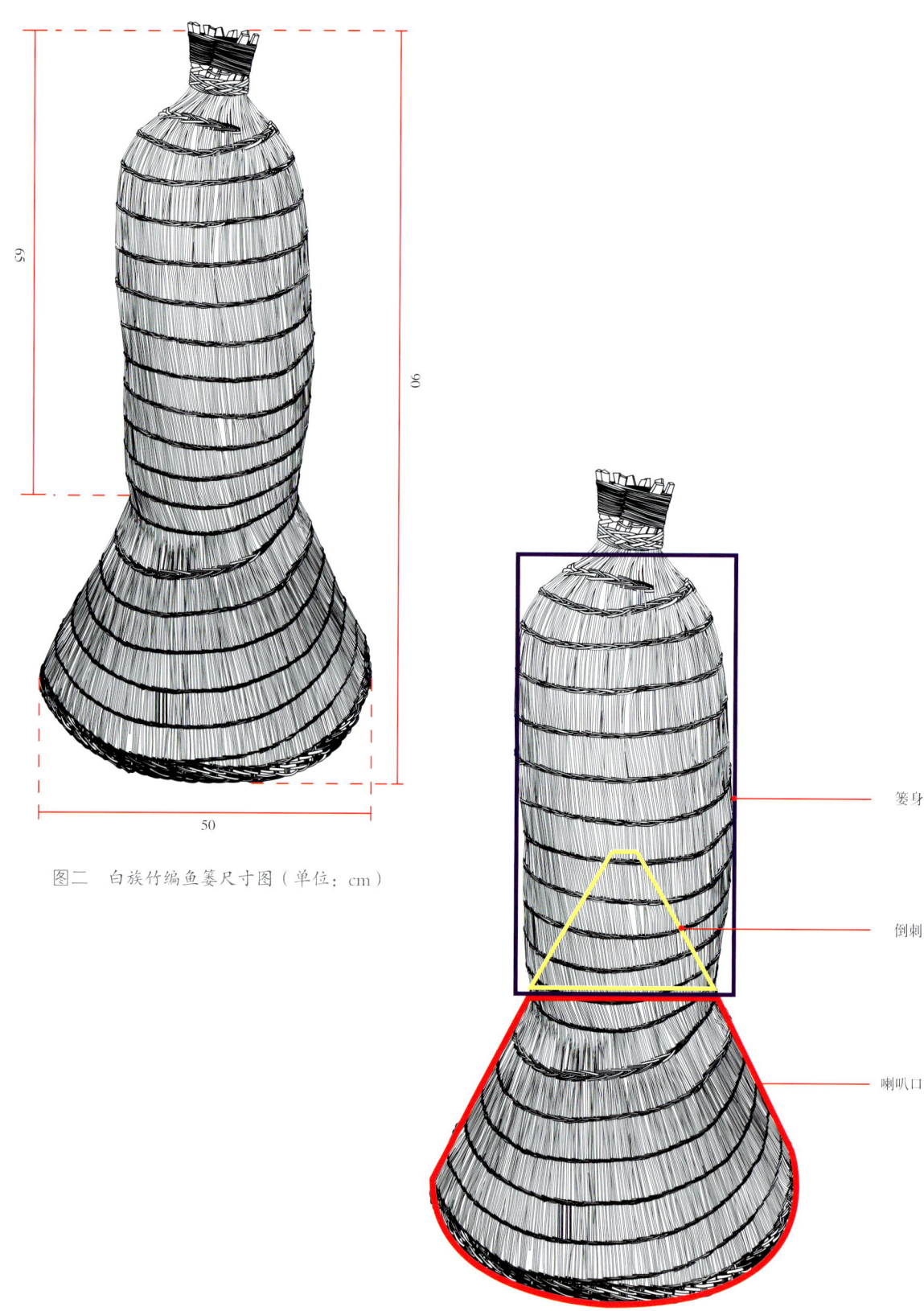

图二　白族竹编鱼篓尺寸图（单位：cm）

图三　白族竹编鱼篓结构示意图

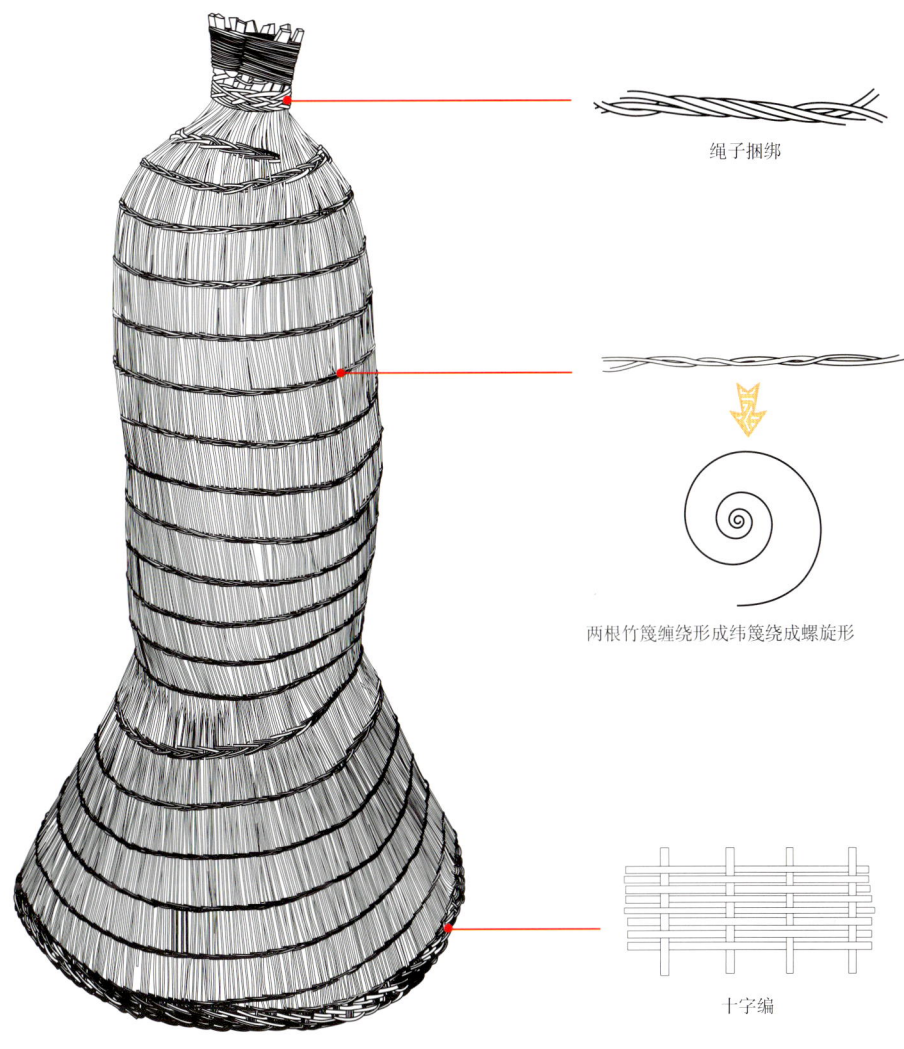

图四 白族竹编鱼篓制作工艺图

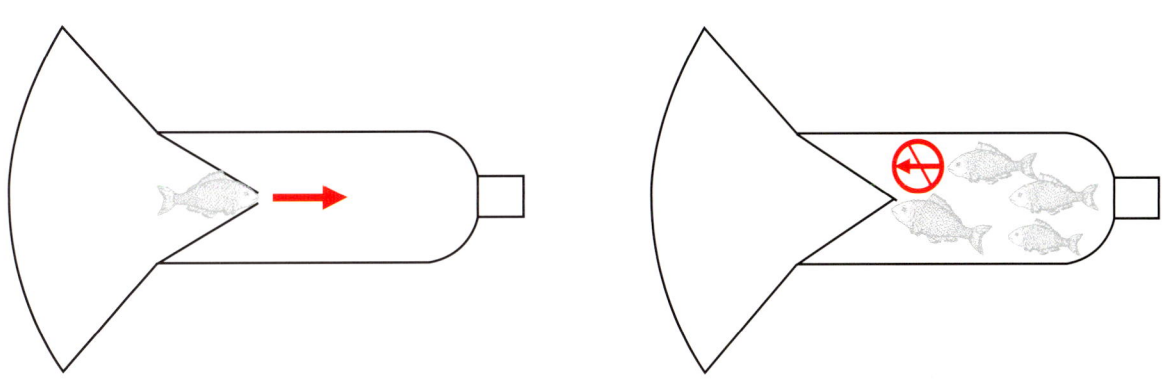

图五 白族竹编鱼篓使用方式图（1）

第五章 白族传统生产工具

图六　白族竹编鱼篓使用方式图（2）

白族木柄镰刀

图一　白族木柄镰刀主图

镰刀是收割庄稼、割草、砍柴的工具。本案例白族木柄镰刀，现收藏于大理白族自治州博物馆。镰刀主要由刀片、套口、木柄构成，总长53厘米。刀片弯曲呈月牙状，长约47厘米；刀背有一定厚度，前端厚0.5厘米，后端厚1厘米；木柄长12厘米，直径约为4厘米。木柄长约为刀头长度的四分之一。

本案例白族木柄镰刀刀刃在内侧，呈弯曲状，斜细尖锐，便于快速将稻麦割下。木柄装于尾端，短而粗，适合人体手掌的宽度，方便人手的握持。使用镰刀时，一手抓握住农作物等，一手握住尾端的木柄，将刀片放平，使农作物处于弯曲的刀片内；镰刀向内侧用力，使刀刃发挥最大效率，可将农作物快速割下，切割处会留有明显切口，快捷省力。使用时间较长的镰刀，手柄处会有磨损，表面不再平滑，却更适合人手的抓握。镰刀的制作一般由铁匠手工锻打制成，形式多样。本案例中的镰刀刀片弯曲程度较大，能够勾住数量较多的农作物。还有木柄较长，刀片弯曲程度较小的镰刀，适宜收割自家瓜果蔬菜，使用起来极为方便。

镰刀作为一种传统农具，结构简单合理，形态如弯月，具有一定美感，且兼具实用功能，方便人们在劳作中随时抓取使用。随着生活水平的提高以及农业机械化的发展，镰刀等铁器工具的使用逐渐减少，但在白族村镇上仍有不少家庭保留着镰刀这种携带方便、使用快捷的收割工具，使用范围仍然十分广泛。

图片来源
图一　邱召权　制图
图二、图三　张亚堃　制图
图四　邱召权　制图
图五、图六　张亚堃　制图

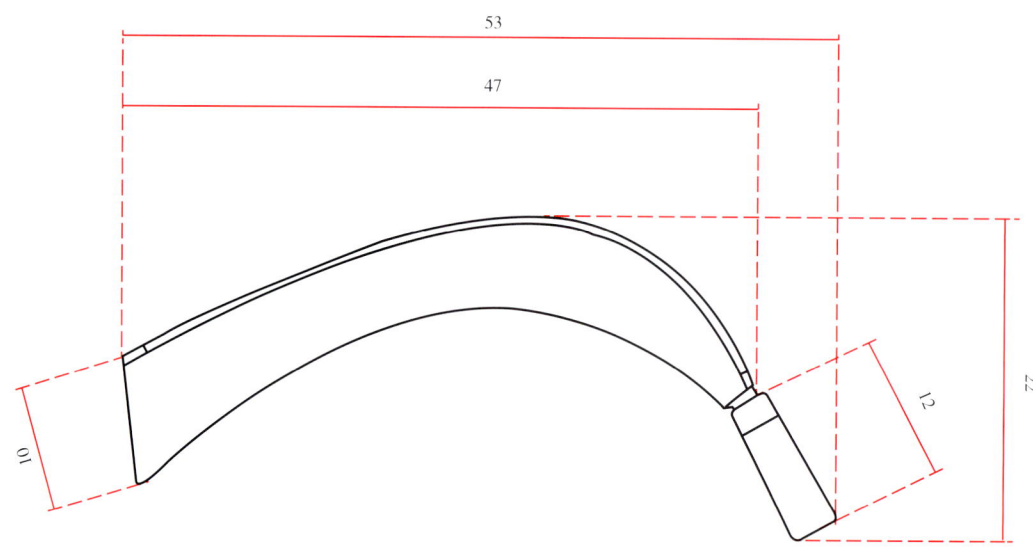

图二　白族木柄镰刀尺寸图（单位：cm）

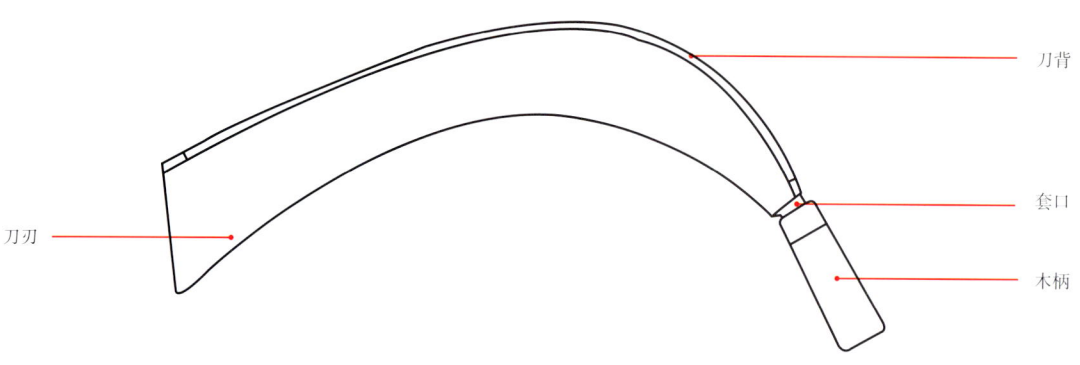

图三　白族木柄镰刀结构示意图

图四 白族木柄镰刀分解图

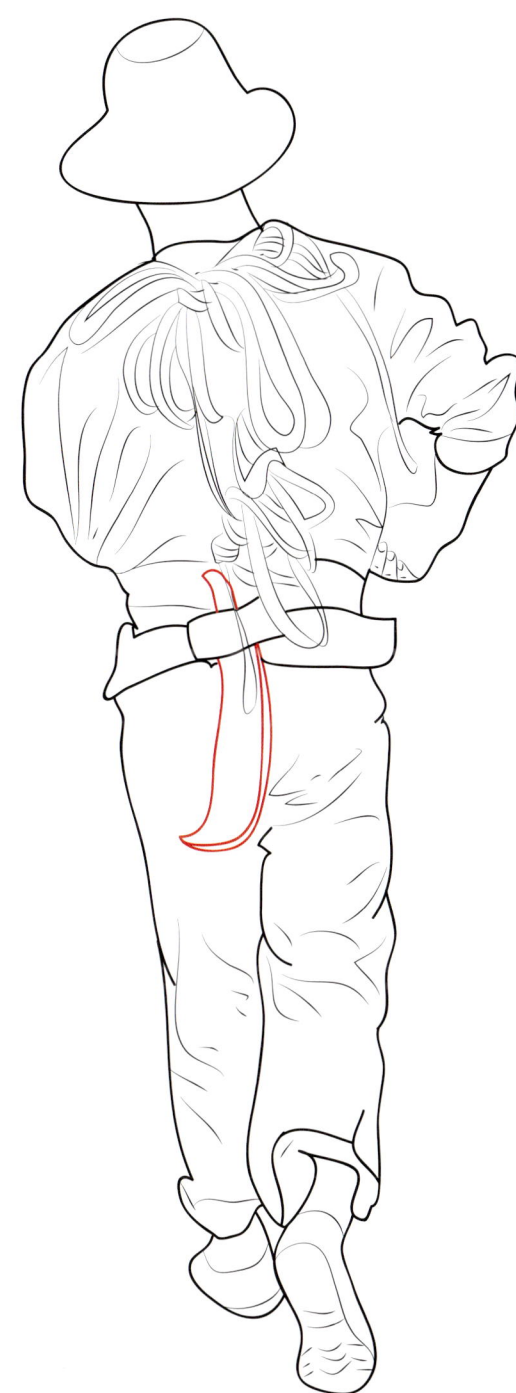

图五 白族木柄镰刀操持图

第五章 白族传统生产工具

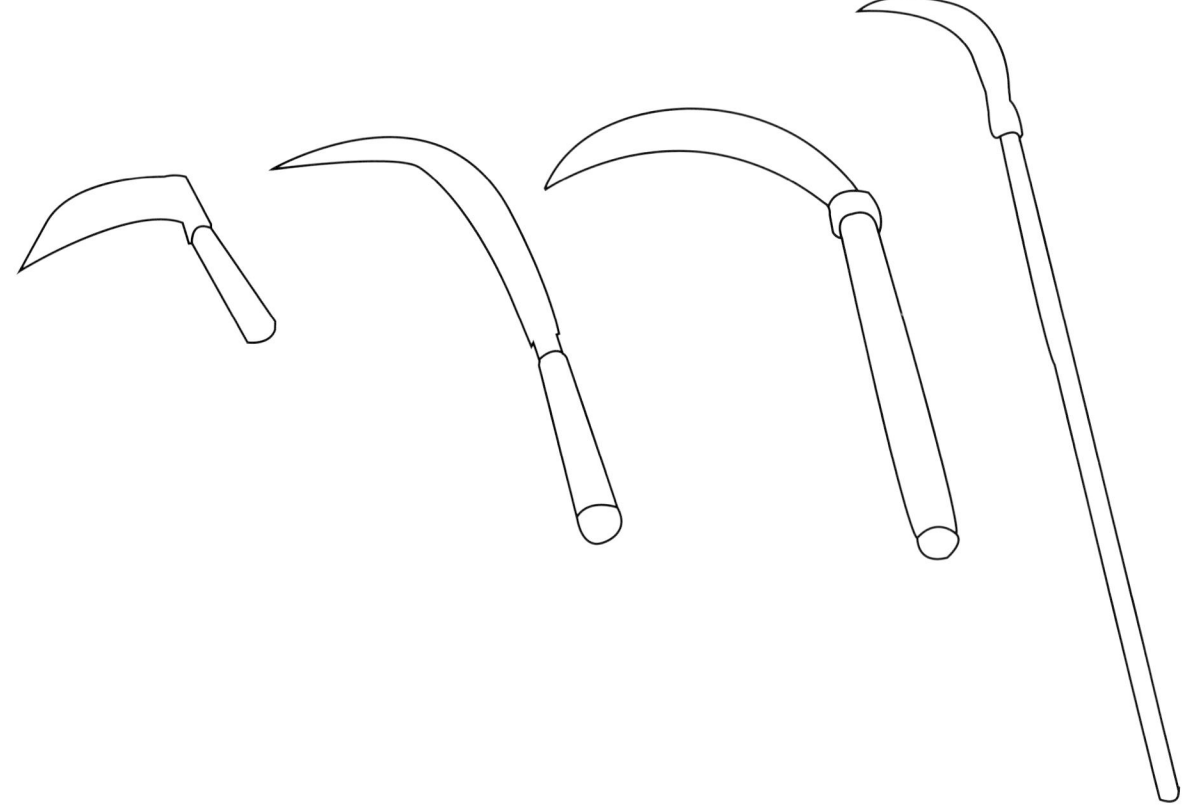

图六　白族木柄镰刀对比图

白族扎染木桶

图一　白族扎染木桶主图

　　本案例白族扎染木桶，是白族扎染工艺中使用到的工具之一。本案例采集于大理白族自治州博物馆。

　　本案例为近似圆柱体造型木桶。木桶口直径为55厘米，木桶底直径为53厘米，桶身高77厘米。整个桶身由26块厚4厘米的条状木块组成，桶身外侧装有4个条状桶柄，桶柄长50厘米，厚约5厘米。桶柄上有一个3厘米深的凹槽，便于人们在搬移木桶时发力。本案例的主体结构是木料，桶身的固定材料是钢，桶身外的上、中、下三个区域分别围绕有4至5根钢丝，26块木条两两之间由铁钉固定连接。木桶的制作方式有整木镂空和木块拼接两种方式。整木镂空法的木桶造型取决于木头原材料的形状，木块拼接法因组装木桶的木板造型不同，其外形也会有差异。白族扎染工艺主要可分为绘制图案、制作花模、扎花、脱胶、漂洗甩干、搅拌染缸、浸泡布料、清水浸洗、揉搓布料、在阴凉处风干、在肥皂水中浸泡固色、拆线、冲洗、阴干等步骤。本案例为浸泡布料这一步骤所使用的盛装工具。具体的使用方式是，首先将事先发酵好的板蓝根染料放入染缸，再用长木棍将染料搅拌均匀，再将扎好的、脱完胶的布料放入木桶中浸泡。浸泡一段时间后，再用放置在木桶上的长木棍再次搅拌。有些体型较大的染缸，需要在木桶旁放几层砖块，以便于操作者站立在砖块上面使搅拌动作更方便。

白族扎染工艺是白族非物质文化遗产之一，无论是工艺流程本身，还是扎染使用的工具，还是最终呈现的工艺品，都体现了白族人民在纺织活动中的创造性与艺术天赋。

图片来源
图一　邱召权　制图
图二、图三　刘杰欣　制图
图四　邱召权　制图
图五　刘杰欣　制图
图六、图七　大理白族自治州博物馆　提供

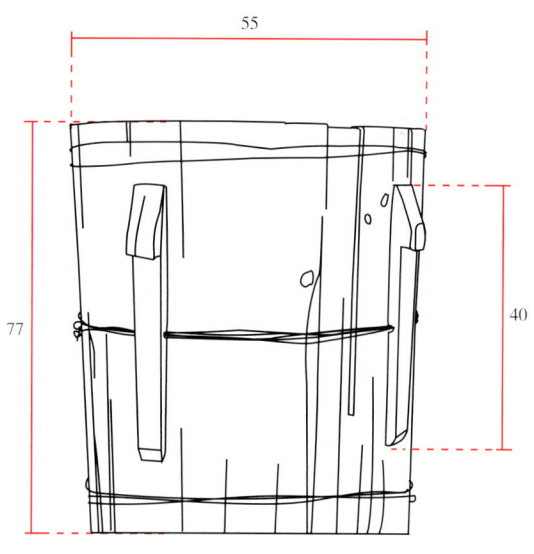

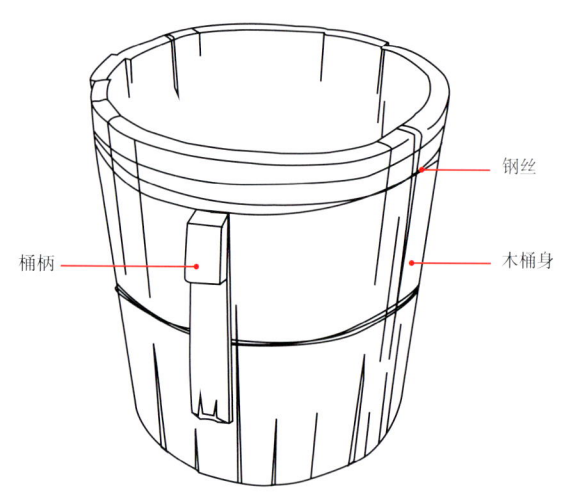

图三　白族扎染木桶结构示意图

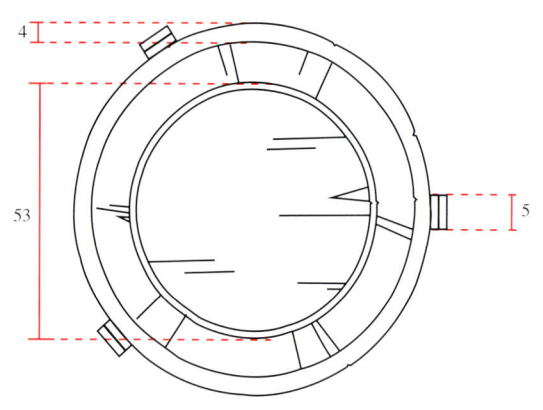

图二　白族扎染木桶尺寸图（单位：cm）

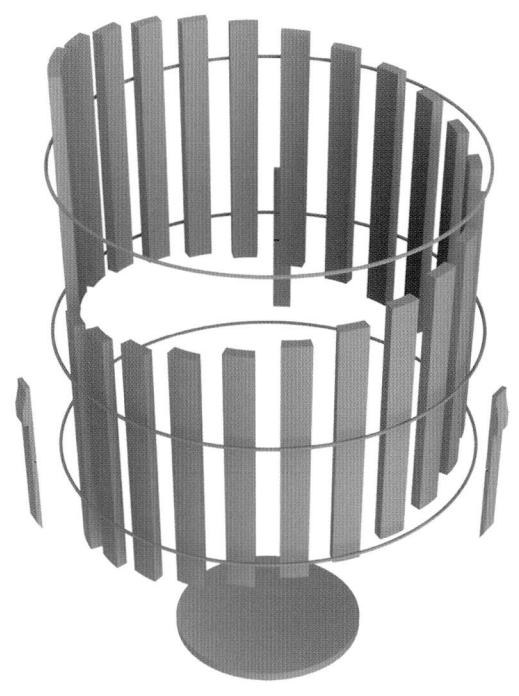

图四 白族扎染木桶分解图

图五 白族扎染木桶使用氛围图

第五章 白族传统生产工具

453

图六　白族扎染木桶对比图（1）

图七　白族扎染木桶对比图（2）

第六章 白族传统手工艺

白族山墙彩绘

图一　白族山墙彩绘主图

山墙彩绘是白族建筑装饰形式之一，广泛流行于白族聚集的地区。白族建筑彩绘兴起于王宫和寺庙的兴建，到南诏、大理国时期已经被广泛地使用于民居建筑中。大门、照壁、山墙、腰线、龙马角是白族彩绘艺人常运用的绘画载体，多以黑、白、灰为主要颜色，纹样图案题材众多。本案例莲花纹山墙彩绘采集于大理古城建筑群，绘于大理白族传统建筑的山墙位置。

白族民居的承重墙一般为三角或"人"字形，因类似于山的形状，故俗称"山墙"。在墙体上彩绘，需先用熟石膏和白棉纸搅拌，制成"纸筋灰"抹在需要彩绘的地方，待半干后再进行绘制。这种处理可以使彩绘保留的时间更长。另外，本案例山墙有腰带厦，亦可减少雨水冲刷墙面以防止彩绘褪色。就图案造型而言，本案例以莲花纹为主要图形，辅以少量枝叶纹和几何纹，以曲线为主、直线为辅的造型语言构成画面的秩序与框架。整个彩绘图案分成上、中、下三个部分，上部是位于顶部六边厦内的适合纹样；中部有长条状适合纹样，以及与屋檐走势一致的直线；下部图案面积较大，是近似菱形的莲花纹适合纹样。整个图案以屋顶最高位置的中垂线为对称轴形成左右对称关系，各个纹样生动饱满、主次有序、节奏分明。本案例彩绘设色以冷调灰色为主要颜色，有黑、深灰、浅灰、白四阶梯的明度变化。其中黑色用来勾勒图案轮廓和打底，深灰用来填充图案内部颜色，小面积的浅灰和白用来点缀和丰富画面。

本案例山墙彩绘造型美观、绘制精美，是典型的白族墙体彩绘。白族彩绘从应用于寺庙、王宫，到如今广泛应用于民居建筑，经历了悠久的发展与演变，既体现了白族人民崇尚"白"的独特审美视角，也反映了白族人民对于美好生活的期待。

图片来源
图一　李瑞　摄影
图二至图五　魏溥均　制图
图六、图七　刘翔宇　摄影

图二　白族山墙彩绘立面图

图三 白族山墙彩绘动态分析图

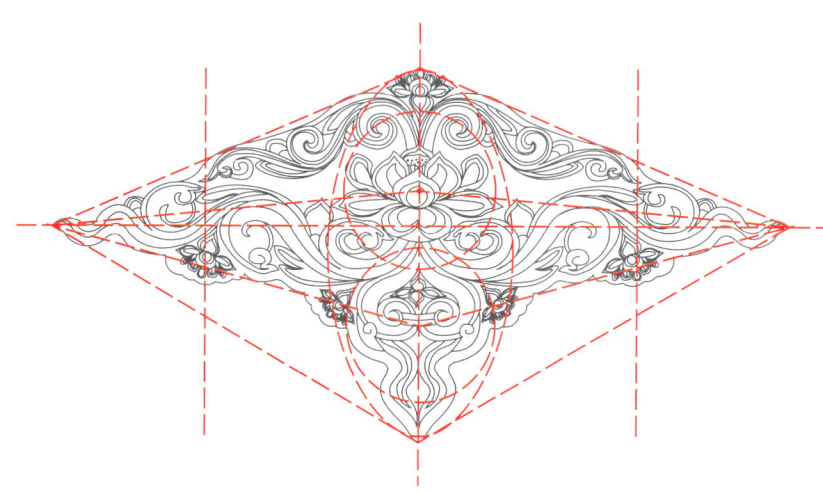

图四 白族山墙彩绘构图分析图

白 浅灰 深灰 黑

图五 白族山墙彩绘设色分析图

图六　白族山墙彩绘氛围图（1）

图六　白族山墙彩绘氛围图（2）

白族六扇槅扇门

图一 白族六扇槅扇门主图

本案例采集于大理白族自治州喜洲镇严家大院，严家大院为白族民国富商严子珍旧居。本案例是严家大院唯一一块完整保留下来的槅扇门，为典型的三合六扇槅扇门，六根抹头，五块木板，整个槅扇门通长210厘米，每扇门宽52.5厘米，门板厚5厘米，通体为漆红色，每块门板上皆刻有精美的图案装饰。

槅扇门，又称格子门，起源于唐代，宋、辽、金时期开始大量运用于民间建筑，明清更为普遍，是传统民居建筑中最为常见的门形。槅扇门的单元扇门数量依据开间的宽窄而定，一般取偶数，如二、四、六扇，本案例为六扇。槅扇门的竖向边框叫"边挺"，横向边框为"抹头"，抹头将整个门板分为格芯、裙板、绦环板三个区域。格芯为上部分长木板，为保证透气和通光，多会采用镂空雕刻的手法。下部分长木板为裙板，穿插在格芯与裙板之间的宽木板为绦环板。考虑到防水功能，下部分的裙板和绦环板多采用浮雕手法处理。单个的槅扇门可以根据居民的需要取下，以扩大居室的采光范围。本案例槅扇门位于严家大院的1号院与2号院共用的厅堂位置，处于整个院落中心位置，装饰感强。每一块门板上都有丰富的图案，其装饰图案的内容为莲花纹、凤凰纹、鸟纹、鹿纹和卷草纹，以生动的曲线为主要造型语言。整个门板施以大面积漆红色，辅以小面积的橙、金、银色来点缀凤凰、鸟、鹿图案。本案例采用的雕刻手法是多层高浮雕，需雕刻者先找平木板，再用刻刀一层层剔除图案以外的部分，使得图案层次分明且有空间感。

严家大院的建筑及家具装饰无不体现了严家的富裕与地位，是喜洲最具代表性的传统白族民居之一。本案例白族六扇槅扇门装饰层次丰富、图案形式精美，展现了白族人民精湛的雕刻技艺、独特的审美意味和积极向上的生活愿景。

图片来源
图一　赵思颖　摄影
图二至图五　魏溥均　制图
图六　赵思颖　摄影

图二　白族六扇槅扇门尺寸图（单位：cm）

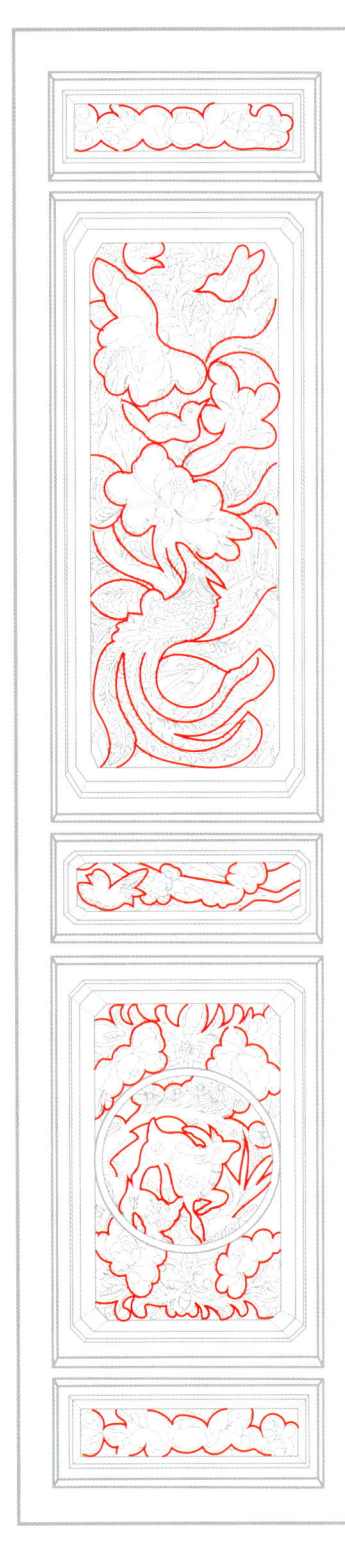

造型写实　内部装饰

图三　白族六扇槅扇门造型分析图

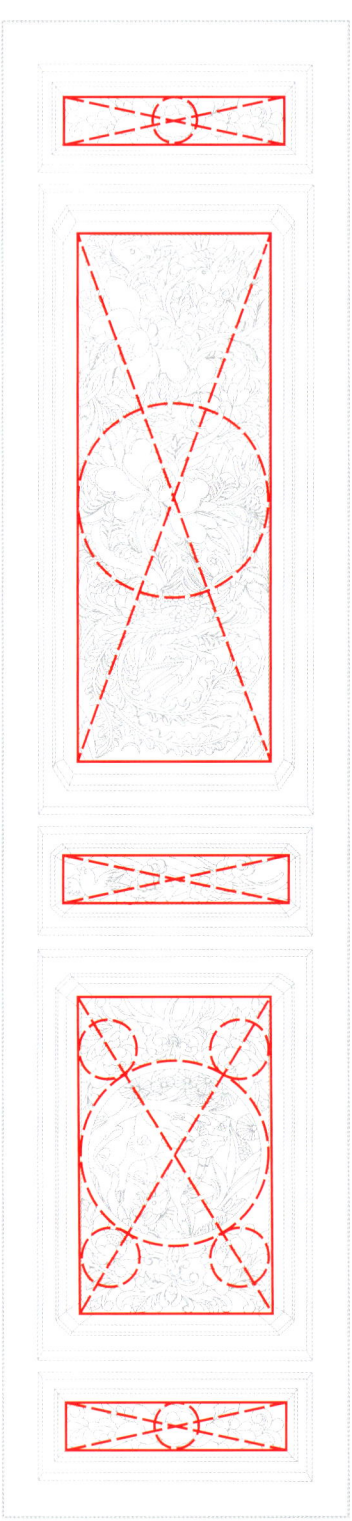

图四　白族六扇槅扇门构图分析图

底色
凤凰
鸟
鹿

图五 白族六扇槅扇门设色分析图

图六 白族六扇槅扇门氛围图

白族菱花纹槅扇门

图一 白族菱花纹槅扇门主图

本案例白族菱花纹槅扇门,高220厘米,单扇门宽50厘米,采集于大理白族自治州喜洲镇严家大院,为室内的隔间门,用来区分室内各个不同的功能区间。其格芯部分为镂空菱花纹装饰,有利于房间内的通风和居住者相互之间的沟通。

菱花纹是白族门窗建筑装饰中一种常见的装饰语言,包括三交六椀、双交四椀等形式。"槅"是指固定于门窗框架两端的长木条,双交四椀的"交"是指组成菱花纹单元图案需要的槅子数量,"椀"是指单元图案的边数。例如,三交六椀菱花纹,需由三条槅子,即"三交",以60°的角度相交组成正六边形,即"六椀"。本案例格子门装饰是典型的双交四椀菱花纹，即四根梶条以90°角度两两相交，组合成四椀菱形的单元图案，重复排列而成。菱花纹的梶条交叉处，常有文字、花草、动物等题材的纹样，这种装饰手法被称为"花结"。本案例的花结为梅花纹样，雕刻精细，造型秀气。花结既可用来装饰点缀梶条，也可用来加强梶条的坚固程度。

菱花纹的多样性体现在：一方面，梶条组合形式多种多样，具有造型的自由度；另一方面，梶条两端作为榫头固定于门窗的边框，两两相交的位置亦可做榫眼，这便于制作者灵活地拼接梶条，为图案的多样化创造了条件。菱花纹广泛地运用于白族的门、窗装饰中，造型形式与组合方式多种多样，在实现空间区分和通风功能的前提下，也呈现出极具白族审美特色的简洁大方、别具一格的设计形式。

图片来源
图一　赵思颖　摄影
图二至图四　何卓嫔　制图
图五、图六　赵思颖　摄影

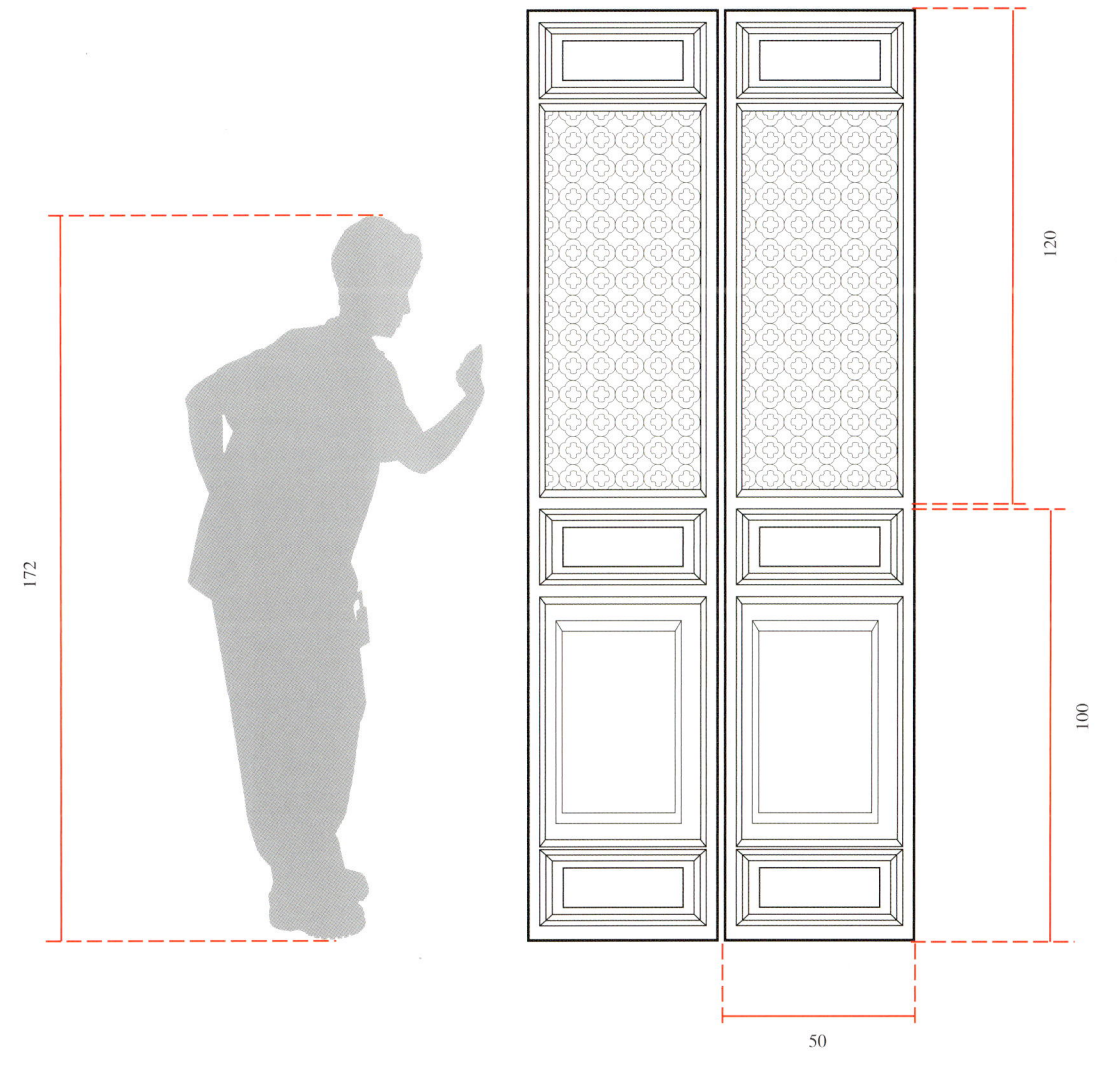

图二　白族菱花纹槅扇门尺寸图（单位：cm）

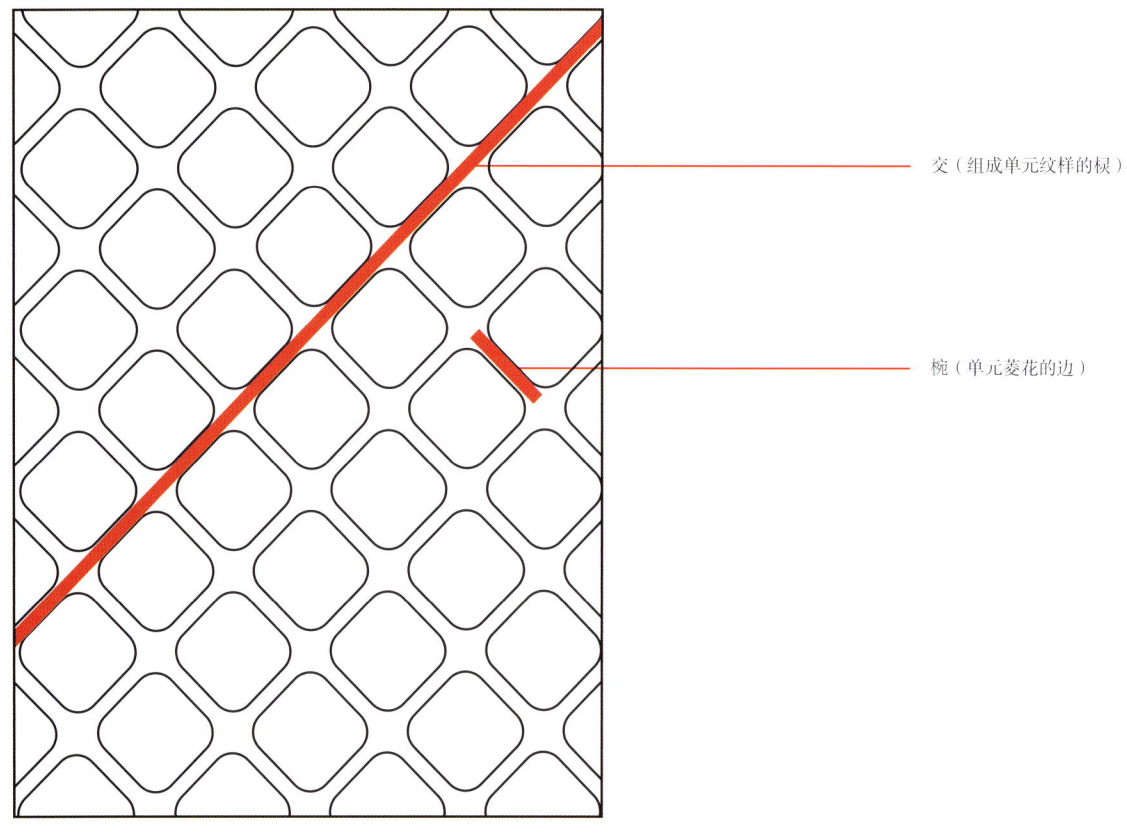

图三　白族菱花纹结构示意图

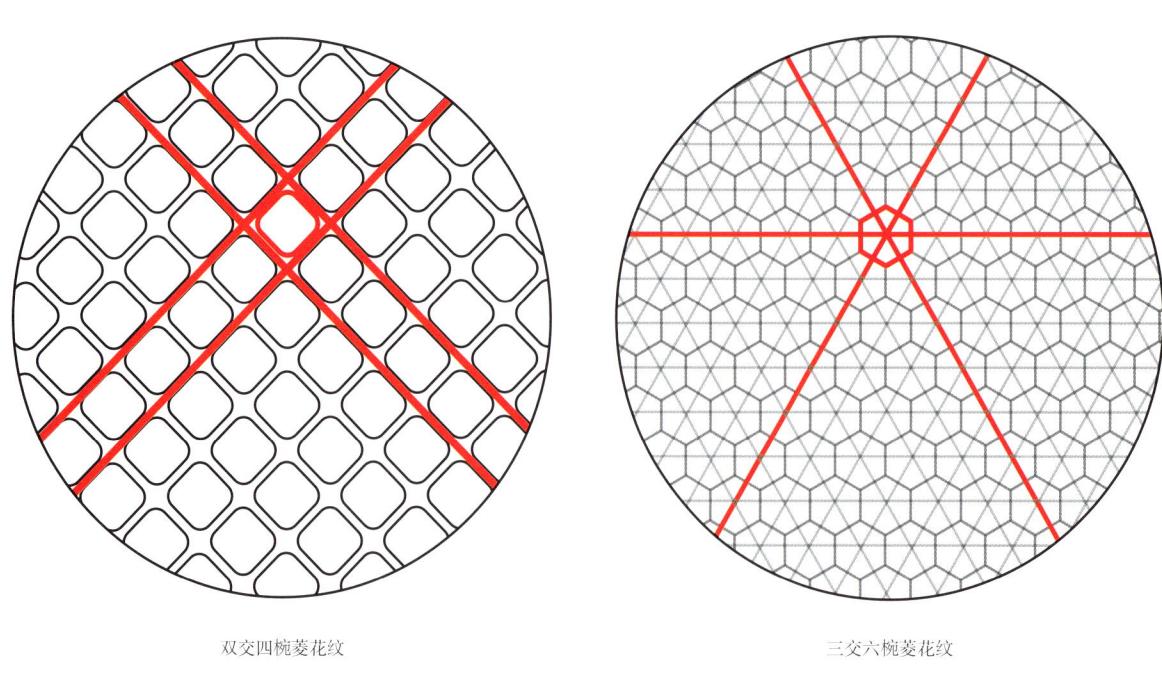

双交四椀菱花纹　　　　　　　　　　三交六椀菱花纹

图四　白族菱花纹对比图

图五　白族菱花纹窗格氛围图（1）

图六　白族菱花纹窗格氛围图（2）

白族方形石雕柱础

图一 白族方形石雕柱础主图

本案例为云南大理白族方形石雕柱础，高24厘米，宽33厘米，采集于大理喜洲镇张家大院。柱础，是中国传统木架结构民居建筑中必不可少的构件之一，主要选用石头作为制作原料。柱础有三个主要功能：第一是承重功能，即用更能承重的石料承受木柱带来的屋顶重力；二是防潮功能，即隔绝地面的潮湿以防止木柱腐烂；三是装饰功能，即采用适合的雕刻装饰语言与建筑体的装饰风格形成呼应。

本案例柱础形制为倒角立方体的结构，共6个六边形面，8个三角形面。这种造型既是柱础形态上的创新，也体现了柱础设计师从人机工程学的角度出发的设计思路，减少了柱础尖角与人碰撞后产生伤害。在装饰图案上，其六边形侧面浮雕内容为七孔箫，为典型的白族暗八仙题材雕刻纹样。"八仙"是中国民间传说中的八位道教仙人，剑川白族雕刻常用八仙各自的宝物，即扇子、宝剑、渔鼓、玉板、箫、花篮、荷花、葫芦来分别暗指这八位仙人的身份，俗称"暗八仙"。本案例中的七孔箫图案代表的是八仙中的韩湘子。七孔箫图案以六变形中点为中心，向右旋转30°角度，箫周围有飘逸的飘带纹样，外边框为六边形复合直线边框，整个画面饱满生动，富有韵律节奏，极具装饰意味。本案例石雕柱础采用单层浅浮雕和线刻结合的雕刻手法，箫与飘带外形采用浅浮雕手法，图形内部细节和六边形、三角形外框采用线刻的雕刻手法。

本案例的柱础造型与装饰图案皆简洁大方，体现了白族人民简约抽象的审美意味和简单淳朴的生活理念。暗八仙图案内容则表现了白族人民道教的宗教信仰，以及驱灾辟邪的生活愿望。

图片来源
图一　李瑞　摄影
图二至图四　李瑞　制图
图五　赵思颖　摄影

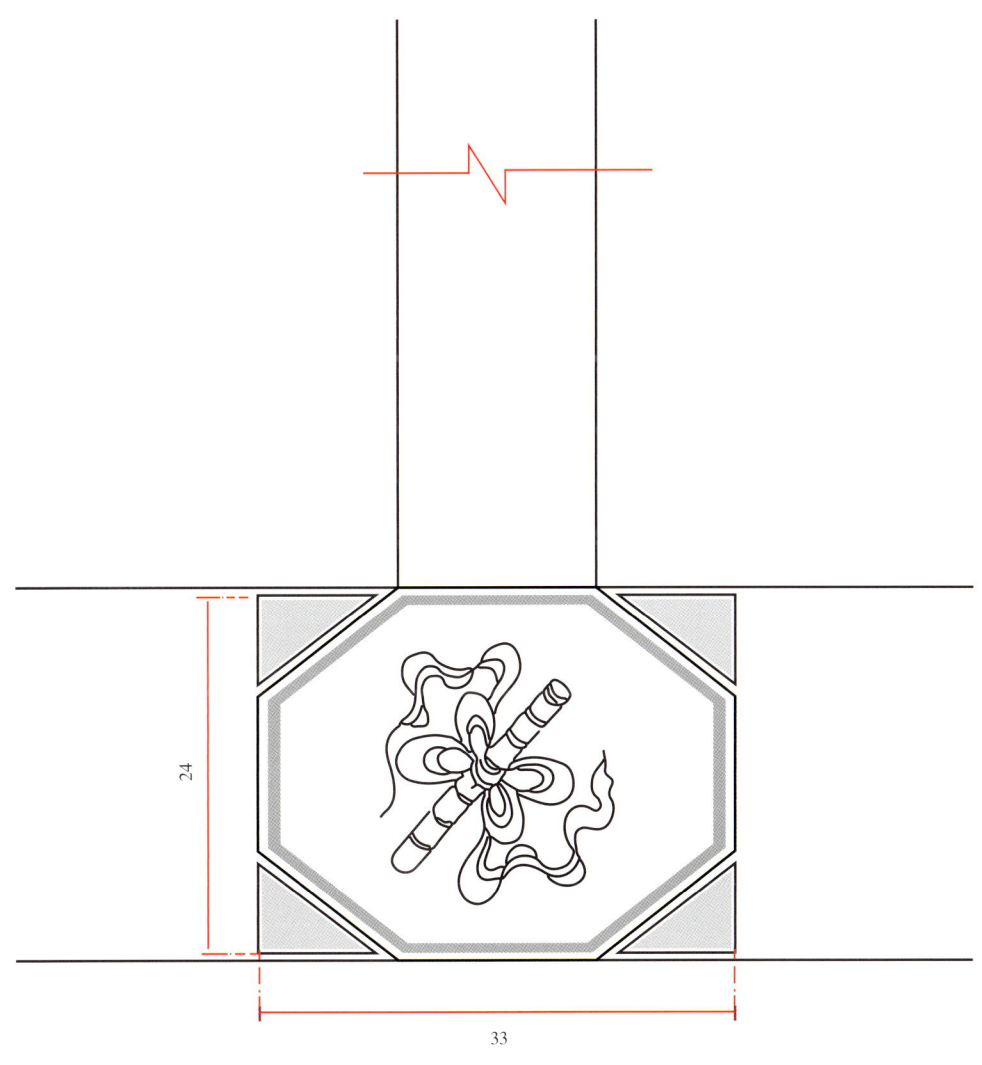

图二　白族方形石雕柱础尺寸图（单位：cm）

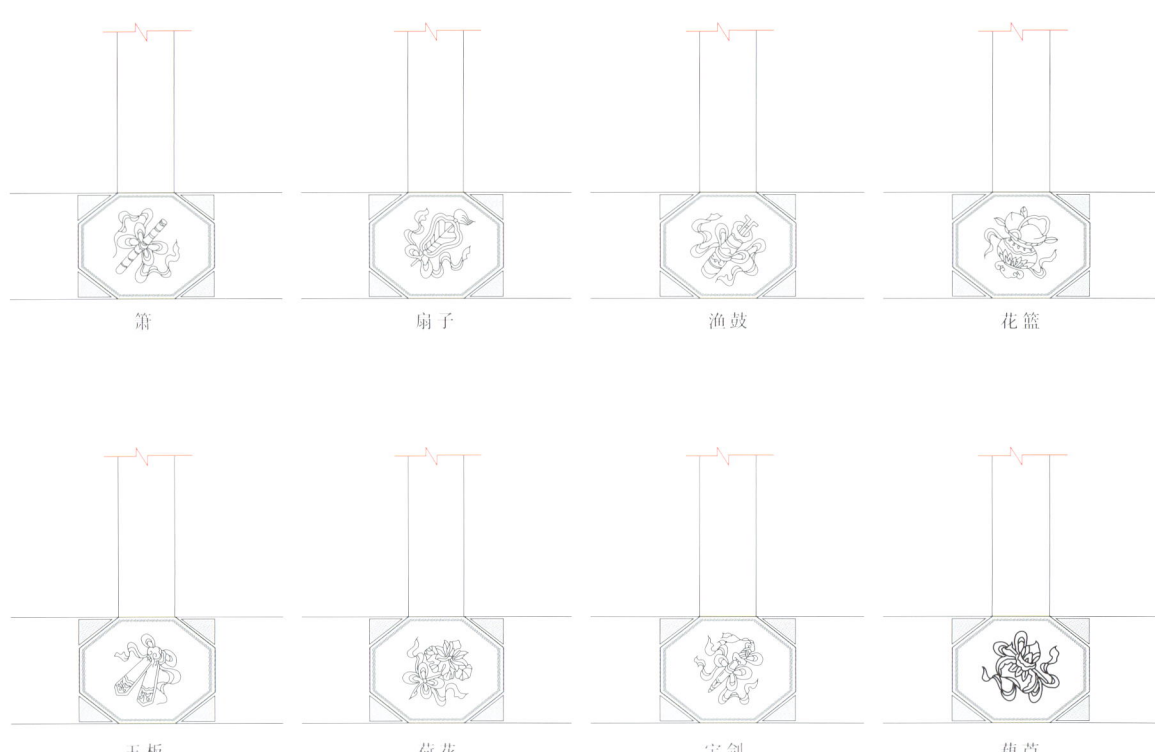

图三　白族方形石雕柱础暗八仙题材纹样对比图

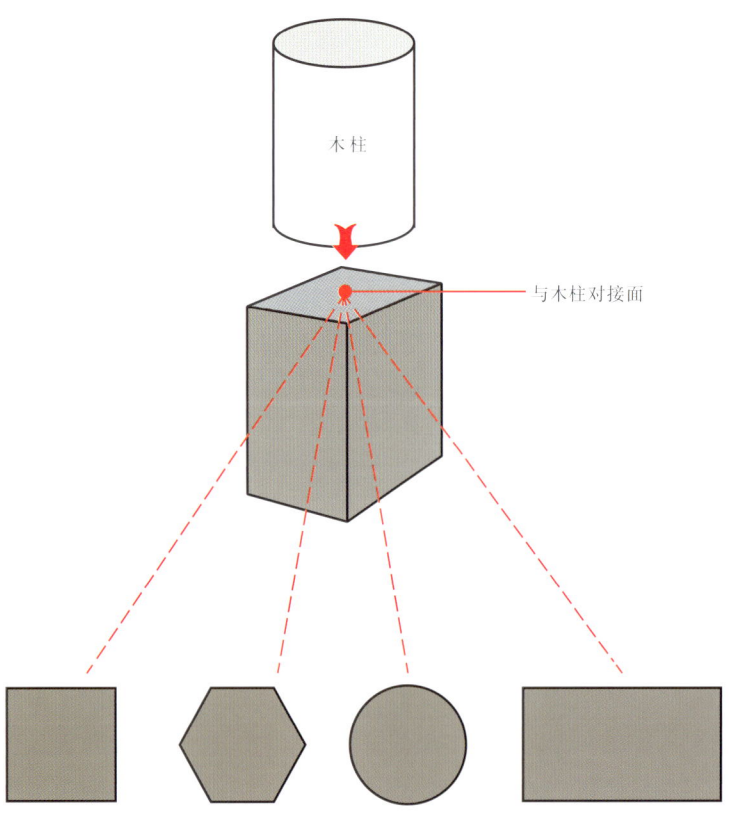

图四　白族方形石雕柱础常见截面图

图五　白族方形石雕柱础氛围图

白族圆形瓦当

图一　白族圆形瓦当主图

本案例为云南大理白族圆形瓦当，高20厘米，宽21厘米。瓦当，俗称"瓦头"，白族人亦称其为"沟头"，是传统民居建筑构件之一，位于屋檐瓦片最外端，既可以保护屋檐免受风雨的侵蚀，也可以起到装饰美化的作用。

白族瓦当出现的时间较晚。在公元八世纪南诏时期，南诏国出兵四川，带回大量建造宫殿庙宇的工匠，同时也带来了内地的造瓦工艺。内地造瓦工艺在与白族文化的碰撞过程中，形成了更加富有白族地方特色的表现形式。就造型而言，白族瓦当多以圆形瓦居多，扇形、蝴蝶形、三角形次之。其纹饰造型主要为动物、植物、文字题材，本案例为菊花纹图案。白族瓦当纹样的造型构图，有中轴对称方式、辐射圆旋方式、有机形方式等。本案例瓦当为辐射圆旋的构图方式，菊花花瓣以圆心为中心呈旋转放射状张开，给人以动态的美感。就材质而言，白族瓦当主要有琉璃瓦和青瓦两种。琉璃瓦主要用在宫殿、寺庙等高等建筑，青瓦主要用在普通民居建筑中。本案例为青瓦瓦当。

瓦当作为一种建筑构件，在造型手法和装饰语言上都体现出其组合多变、丰富多彩的特点。白族瓦当作为一种物质载体，凝聚着白族人的文化心理、设计观念、审美趣味和生活理念。从其材质选择、造型样式、纹样题材、构图手法，也可以看出白族鲜明的地方和艺术特色。

图片来源
图一　李瑞　摄影
图二至图四　李瑞　制图
图五、图六　李瑞　摄影

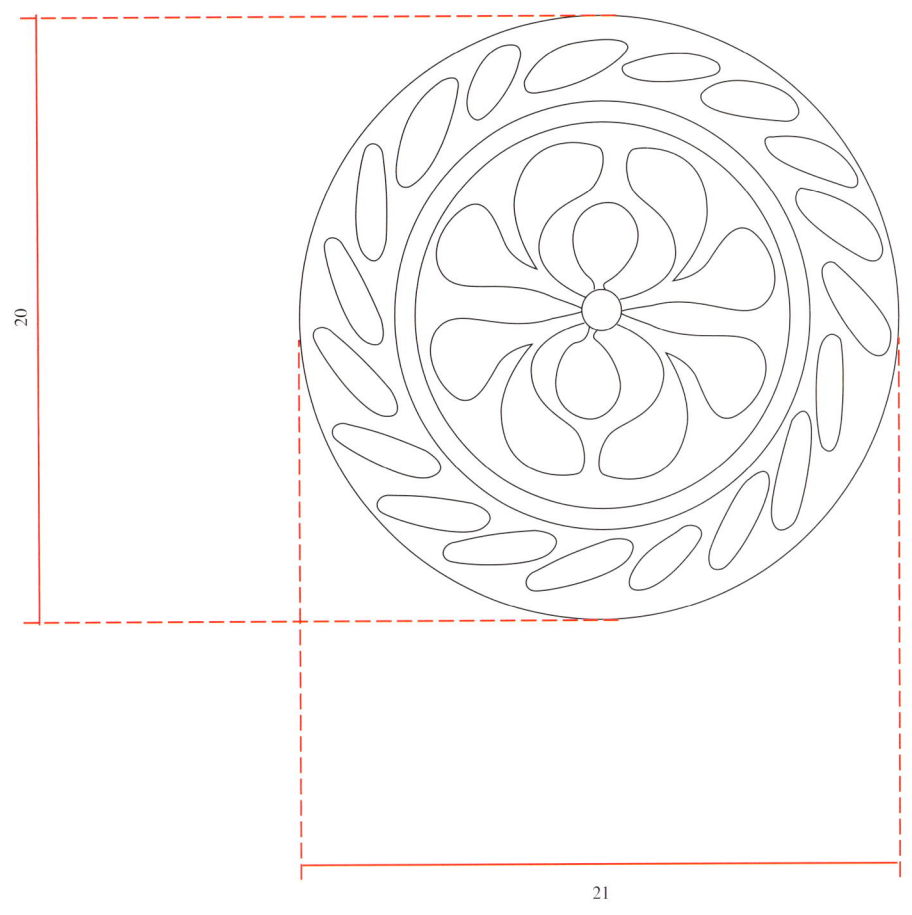

图二　白族圆形瓦当尺寸图（单位：cm）

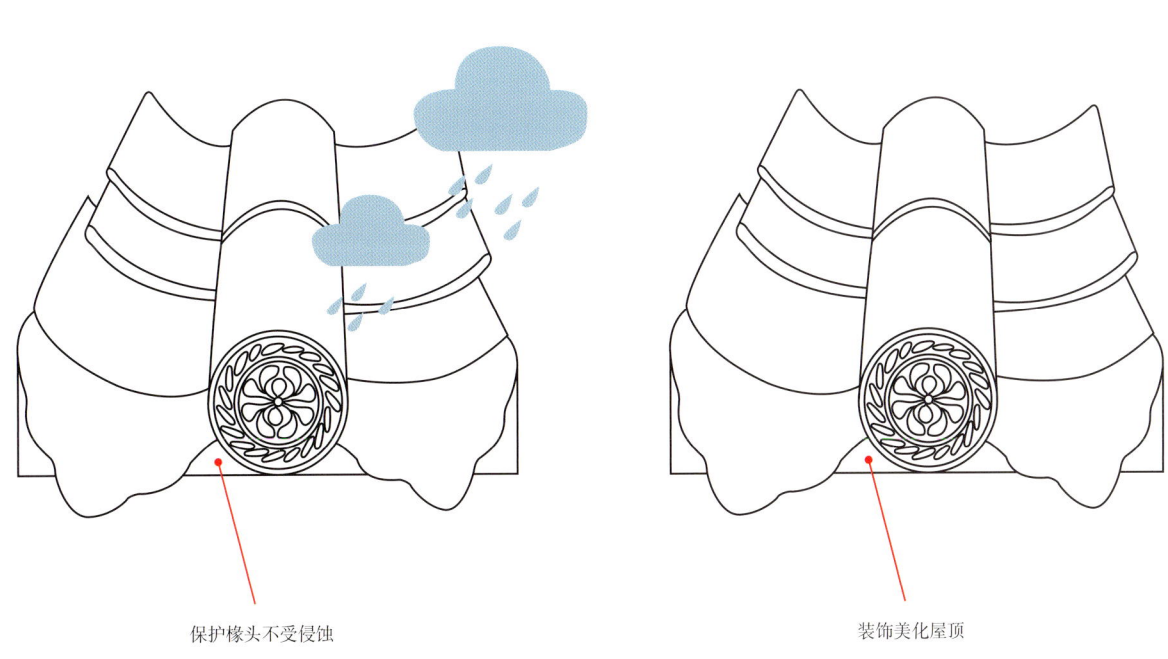

保护椽头不受侵蚀

装饰美化屋顶

图三　白族圆形瓦当功能示意图

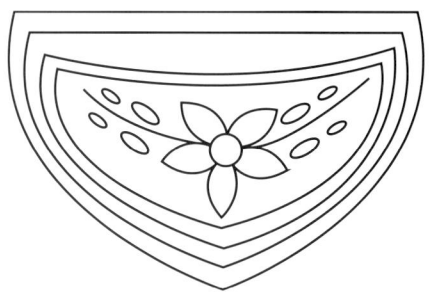

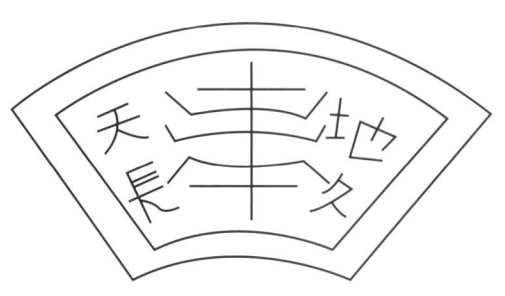

图四 白族瓦当造型对比图

图五 白族圆形瓦当氛围图（1）

图六 白族圆形瓦当氛围图（2）

白族大理石影壁

图一　白族大理石影壁主图

　　本案例白族大理石影壁，高240厘米，宽180厘米，采集于大理白族自治州喜洲镇张家大院，为张家大院入口处影壁。影壁，也称"照壁"，是白族传统民居建筑中用来遮挡视线的墙壁，既有作为建筑结构的实用功能，也是一种建筑装饰的载体。在白族民居的影壁中，常采用彩绘工艺与大理石加工工艺相结合的装饰手法。彩绘的图形起初萌生于宗教活动，用来表达人们希望生命延续、生活富贵安康、避灾驱邪的信仰，后随着和人们生活的关系愈加紧密，逐渐演变成一种具有白族特色的民居建筑装饰形式。

　　本案例照壁分为上、下两个部分。上部分两边蓝、黑色复合边框内有"福""禄"两字书法装饰，中间为兰花水墨画装饰。下部分为正方形，正方形内的装饰手法从外到内分别是灰色三角几何回纹、灰色边框、蓝色边框、黑色细线边框、曲线装饰、灰色边框、蜂窝状图案、蓝色圆形边框和圆形大理石。从形式上看，整个影壁装饰丰富多样、层次丰富，采用直线与曲线、天然与手工相结合的手法，使丰富与统一这一矛盾体在本案例影壁中和谐共生；从寓意上看，本案例影壁用兰花和"福""禄"等图形语言，寄托了张家大院主人对生活的美好期望。

白族影壁的彩绘装饰运用图案名称的谐音来暗喻吉祥，体现出白族极具民族特色的祈福文化。其独特的纹样组合方式、视觉语言、配色习惯，也体现了白族人民的审美趣味。

图片来源

图一　李瑞　摄影
图二至图五　刘宁　制图

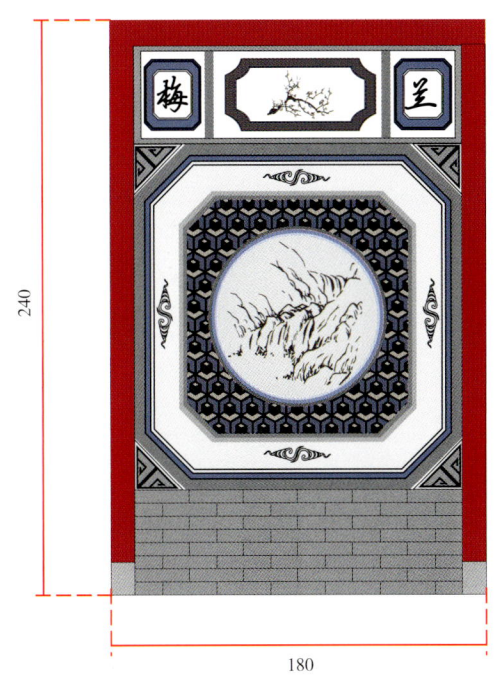

图二　白族大理石影壁尺寸图（单位：cm）

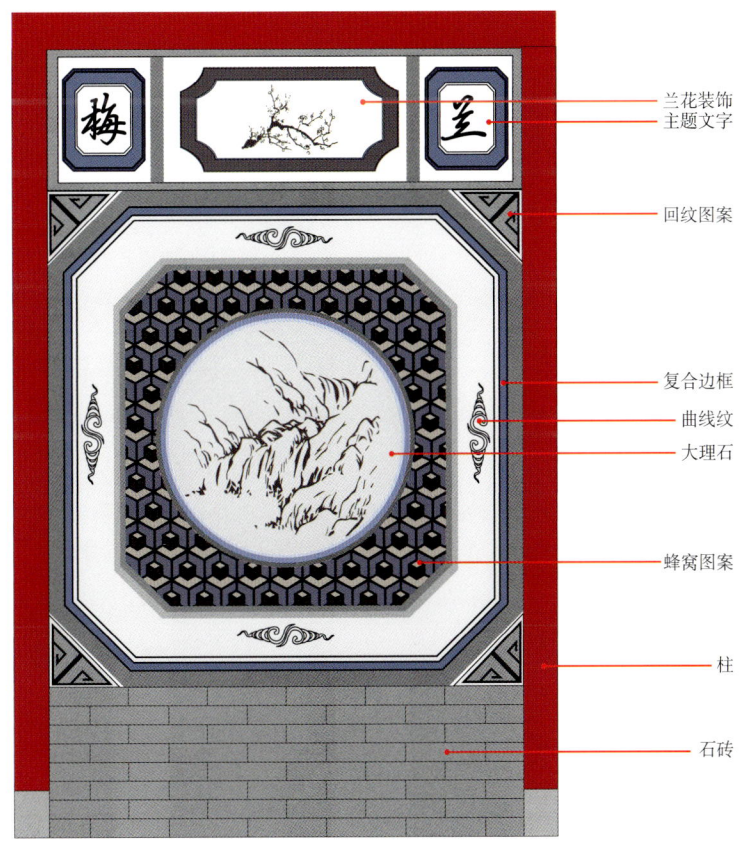

图三　白族大理石影壁结构示意图

第六章　白族传统手工艺

477

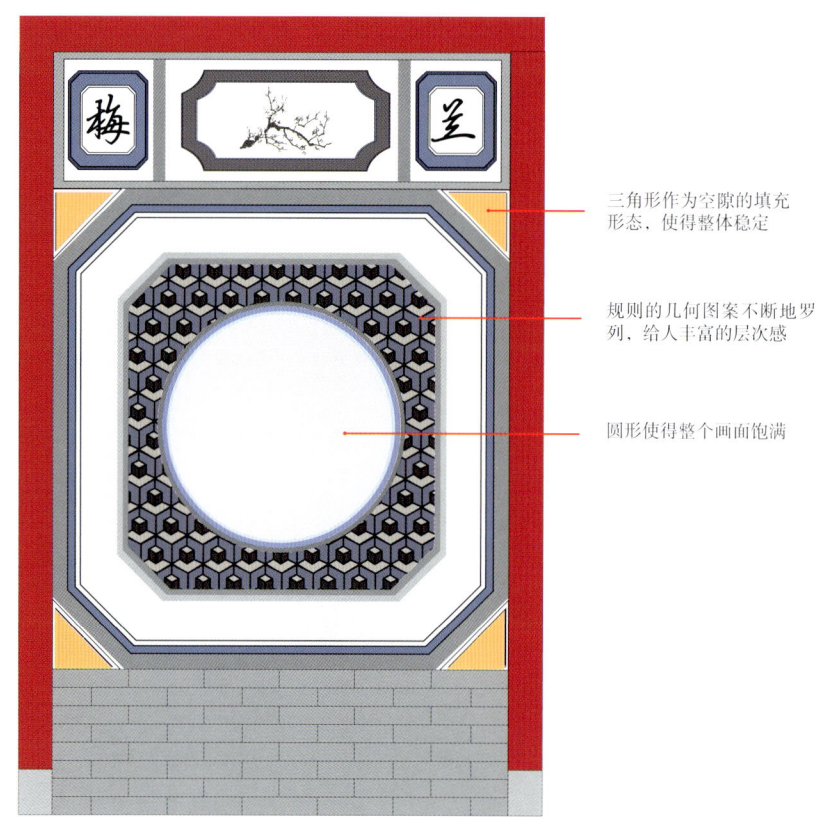

图四　白族大理石影壁造型分析图

图五　白族大理石影壁对比图

白族木雕雀替

图一　白族木雕雀替主图

本案例为白族木雕雀替，长55厘米，高15厘米左右，厚6厘米，采用浮雕、透雕相互结合的雕刻工艺，以龙纹与莲花纹为主要图案。本案例属于典型的以建筑装饰见长的剑川木雕工艺，其雕刻对象为建筑构件中的雀替。雀替是位于建筑的横材与竖材交叉处的承重结构，因雀替多位于入口门檐下方，属于观者视觉中心区域，所以均予以重点雕饰。

本案例木雕雀替图案分前、后景两个层次。前景图案为龙纹和莲花纹的同构图形，后景图案为几何纹样图形，前景与后景图形疏密有致穿插组合，直线与曲线造型语言有机结合运用。木雕雀替的做法大致分为五个部分：首先是构思规划阶段。木雕师傅通过观测雀替在建筑门头中的布局、落幅、部位、尺寸，考虑雀替与整体建筑的比例大小来构思图样，木雕师傅根据脑中构思进行图样设计，可直接绘制纸样，也可选择合适的图案模板直接套用。其次，将设计好的图案在大木板上进行粗坯制作。第三，在大体粗坯基础上，根据不同形状的纹样，进行深入、细致的雕刻。第四，在此基础上施行细节修理、打磨、抛光等整理收尾工作。最后，在雕好的构件上涂刷漆料作为木头材质的防腐材料。

剑川木雕主要运用于房屋住宅的建筑装饰。雕刻图案内容多为体现宗教崇拜的动物和植物，针对不同的住宅部位与建筑整体装饰风格而采取差异化的造型语言，构图饱满，技法精湛。

图片来源

图一　李瑞　摄影
图二、图三　何卓嫔　制图
图四　魏溥均　制图
图五　何卓嫔　制图
图六、图七　李瑞　摄影

图二　白族木雕雀替尺寸图（单位：cm）

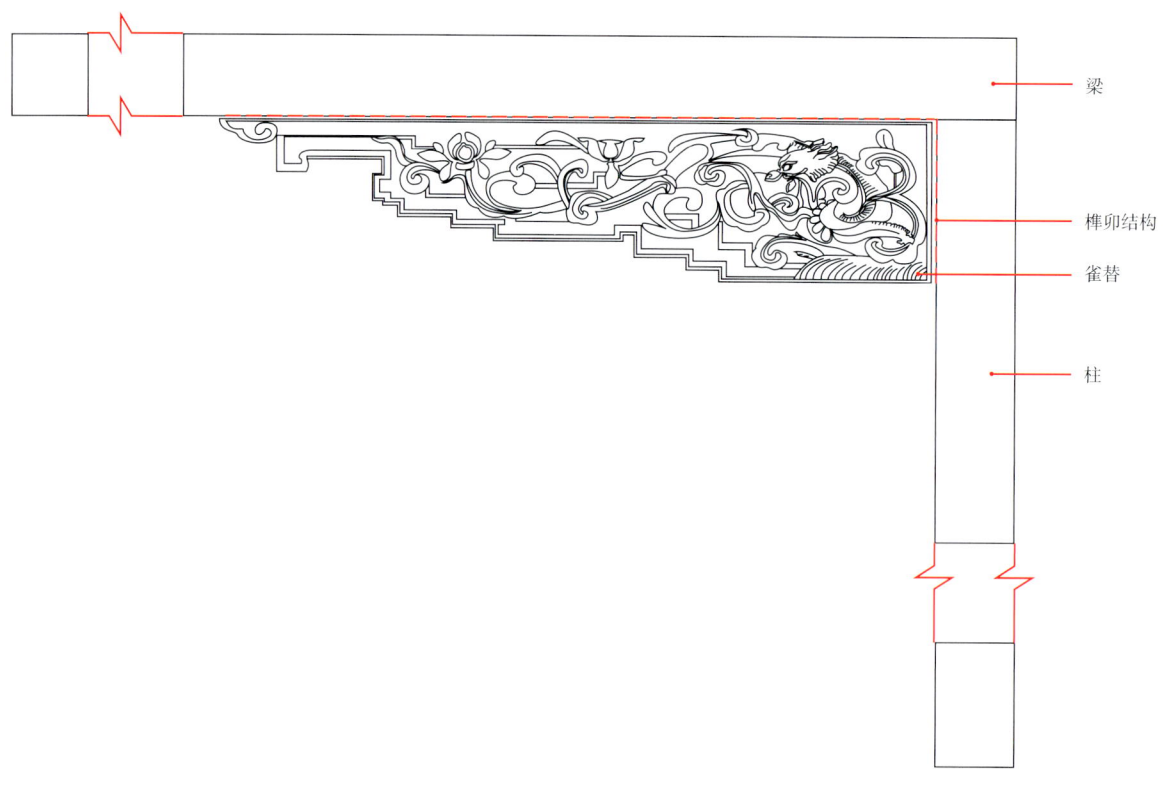

图三　白族木雕雀替结构示意图

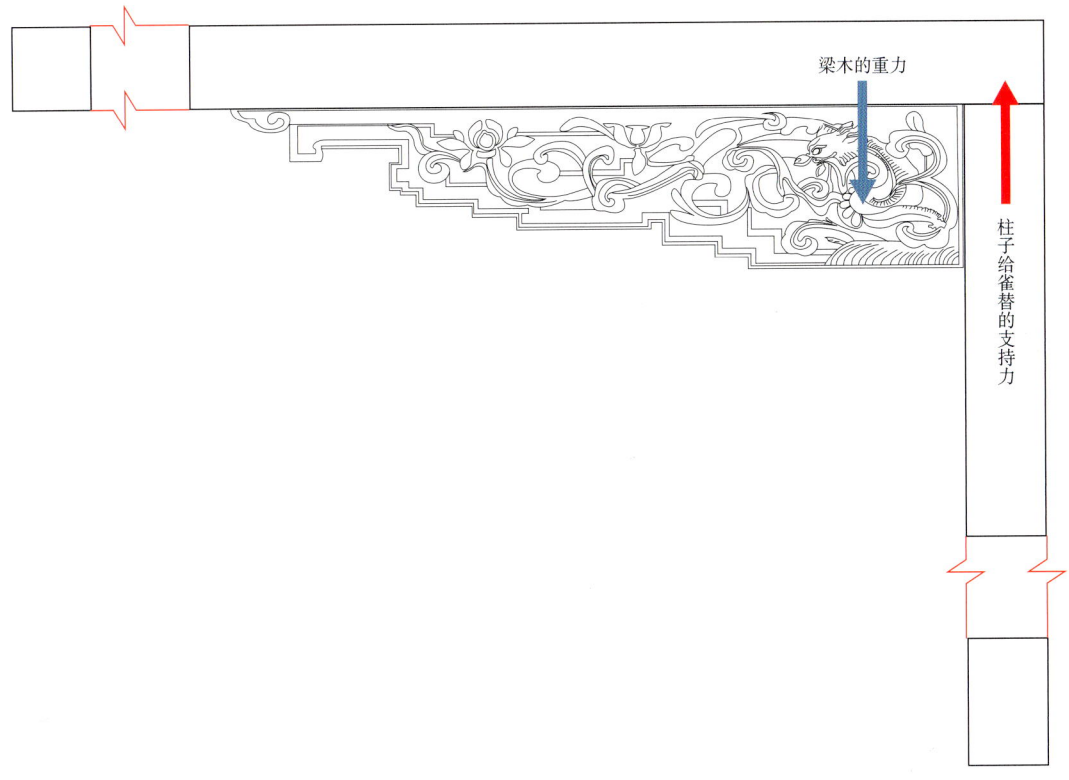

图四　白族木雕雀替受力分析图

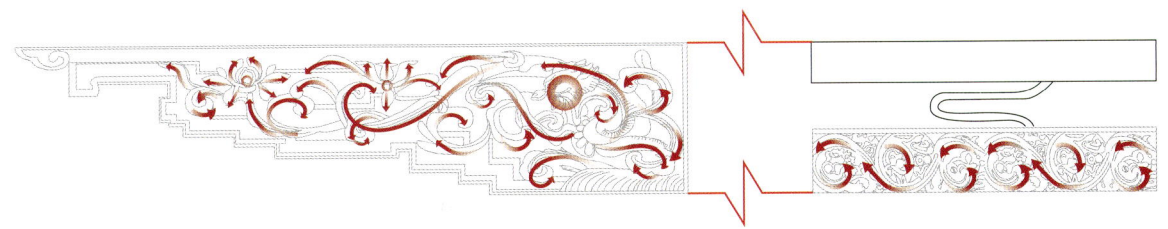

图五　白族木雕雀替动态分析图

图六　白族木雕雀替氛围图（1）

图六　白族木雕雀替氛围图（2）

白族廊柱彩绘

图一　白族廊柱彩绘主图

廊柱彩绘是梁柱、雀替、檐头等建筑结构上的彩绘装饰，以单元纹样的连续排列为主要造型语言，既有防止建筑结构腐败的功能，也是建筑体装饰的重要表现途径。本案例为白族洱海神祠的廊柱彩绘，洱海神祠又名龙王庙，位于大理白族自治州龙凤村。

本案例的廊柱彩绘图案有荷花、"万"字、"十"字等纹样。以青、绿、丹、白、黑五色描绘彩绘图案，无沥粉、无贴金、无晕色，整个图案没有外轮廓线，多以色彩直接区分各部分造型。虽然洱海神祠廊柱彩绘属于少数民族彩绘范畴，但在工艺和纹样的选择上也受到了汉人的影响，在《营造法式》第三十三卷图样中可以找到其"万"字和祥云纹样的原形，可见白族的民居装饰吸收了汉族建筑彩绘工艺和式样。本案例屋柱上有"十"字纹样，排列组合形成连续图案。这种重复叠加的结合方法，给人一种向上的节奏感，通过廊柱本身的柱体及这种构图形式营造出尖耸向上的视觉感受。其类似

"门"字的组合图案，呈水平运动趋势。单元图案本身也开合有度，增强了纵向视觉张力，这样一静一动的构成态势属于营造视觉变化的手法之一。在廊柱彩绘的构图上，变化和统一是一对相互矛盾但又和谐统一的共生体，而往往正是这种变化和统一才能将画面的美感完美地表现出来，动静相生的形式自然地带动了画面的韵律感。

本案例用极具装饰意味的图案与复杂的建筑构件结合，发挥出独特的装饰效果。白族廊柱彩绘按照形式美的规律创造建筑彩绘图案，不仅表现了彩绘本身的美感，也体现了白族人民独特的审美取向和造物精神。

图片来源
图一　李瑞　摄影
图二至图四　刘宁　制图
图五至图六　刘翔宇　摄影

莲花表示由烦恼而至清净，有出淤泥而不染的深一层含义

视觉中心依然是莲花

图二　白族廊柱彩绘莲花纹分析图

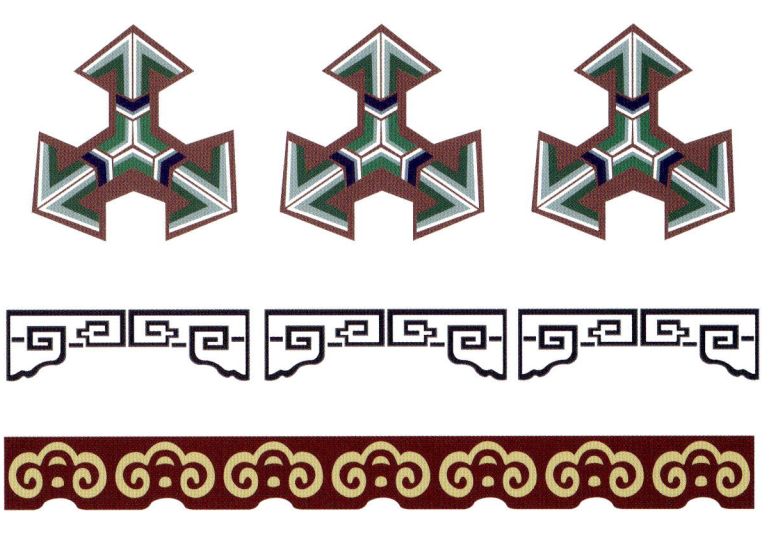

图三 白族廊柱彩绘单元纹样图

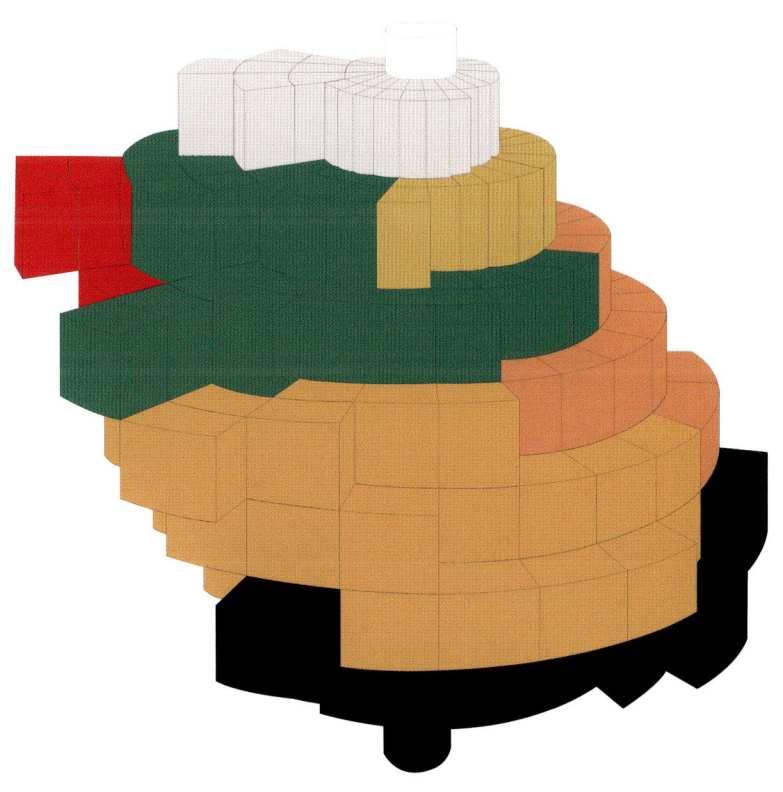

图四 白族廊柱彩绘设色分析图

图五　周城戏台廊柱彩绘

图七　周城龙泉寺廊柱彩绘

白族大理石屏风

图一　白族大理石屏风主图

本案例为云南大理白族大理石屏风，通高80厘米，宽60厘米，厚5厘米。屏风是一种传统中式家具，兼具实用和审美功能，大致可分为三类：座屏、围屏、挂屏。本案例为座屏屏风，其装饰语言为大理石的自然肌理和木雕荷花图案。

本案例屏风的木雕内容以屏风中线为对称轴，形成左右对称的关系，以线条为主要造型语言表现荷花主题图案。屏风的正面造型分上、中、下三个部分。上部方形红木板中有圆形大理石块，大理石表面有类似中国传统水墨山水画的天然肌理纹路，其周围的圆形边框和方形边框皆有复合线条的处理，圆、方边框之间的面为凹面。屏风中部鼓形框内有阳刻荷花纹，造型生动、枝叶繁茂。屏风下部则是简洁的三条回形几何纹，中间有菱形叶子纹装饰。屏风的侧面为云纹曲线，外形为稳定的三角形。整个屏风由大理石和红木材料制成，将白族特色的大理石加工工艺与木雕工艺创造性地相结合。由于大理石的纹理流动性很强，切割手法的一点点区别都会带来完全不同的画面，有时大理石工匠为了留下最好的肌理纹路画面，会刻意地改变切面路径，这会使大理石表面产生凹凸不平的触感。本案例的木雕工艺采用双面浮雕、单层浅浮雕与线刻相结合的雕刻手法，以表现精美的花草纹图案。

我国的屏风艺术由来已久，白族人民就近取材利用当地丰富优质的大理石材料，将大理石加工工艺与木雕工艺结合，运用白族特有的视觉符号，形成独特的白族屏风形态，给予现代室内设计以民族化的设计语言。

图片来源
图一　李瑞　摄影
图二至图四　刘宁　制图
图五　赵思颖　摄影

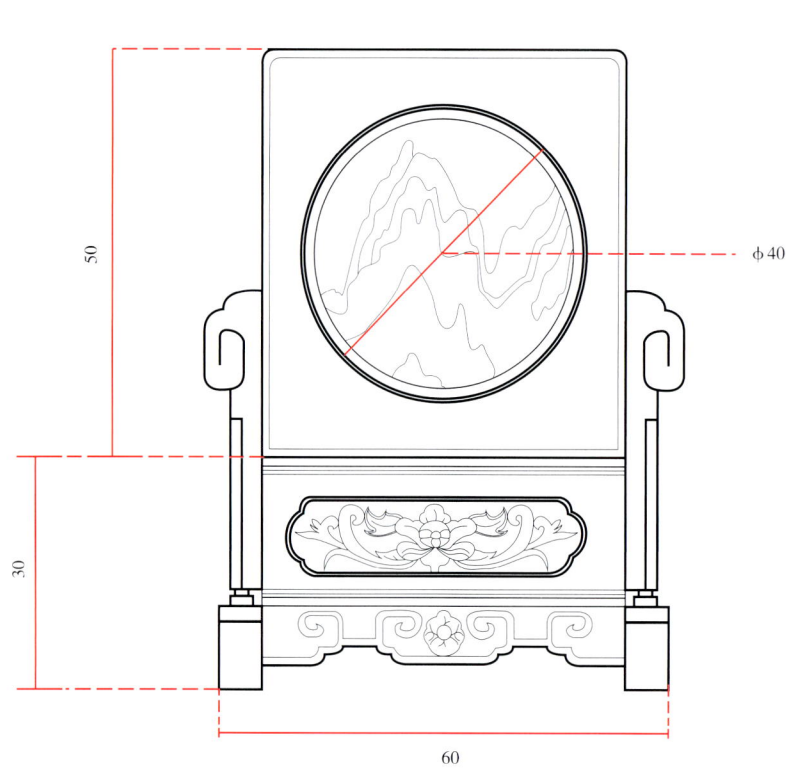
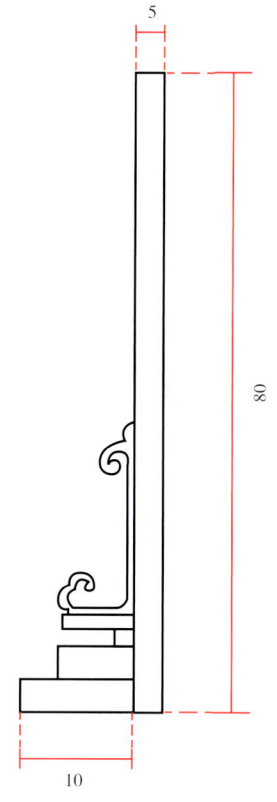

图二　白族大理石屏风尺寸图（单位：cm）

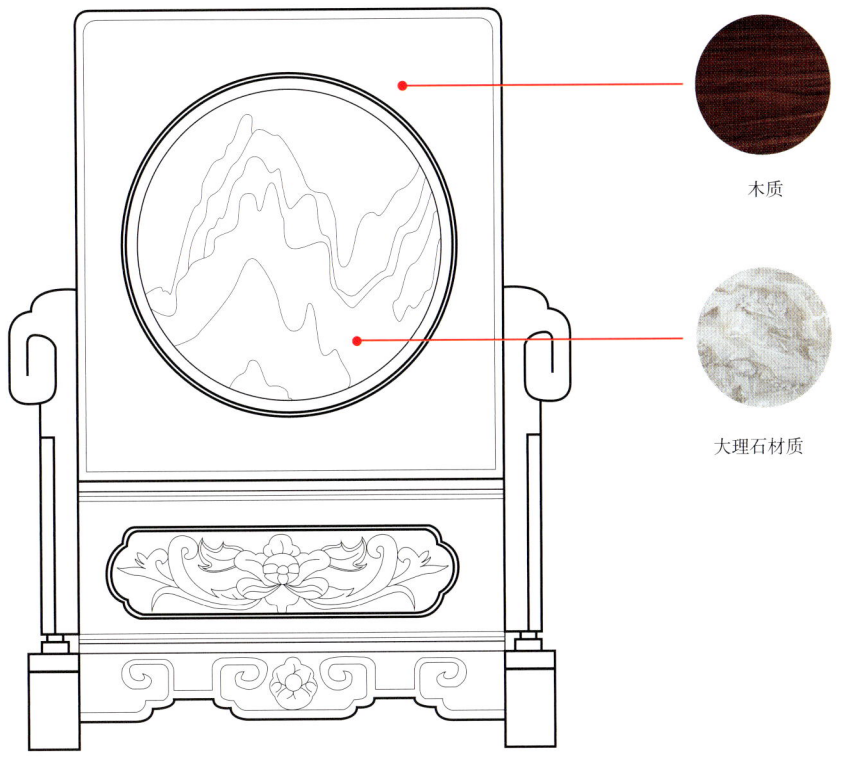

图三　白族大理石屏风材质图

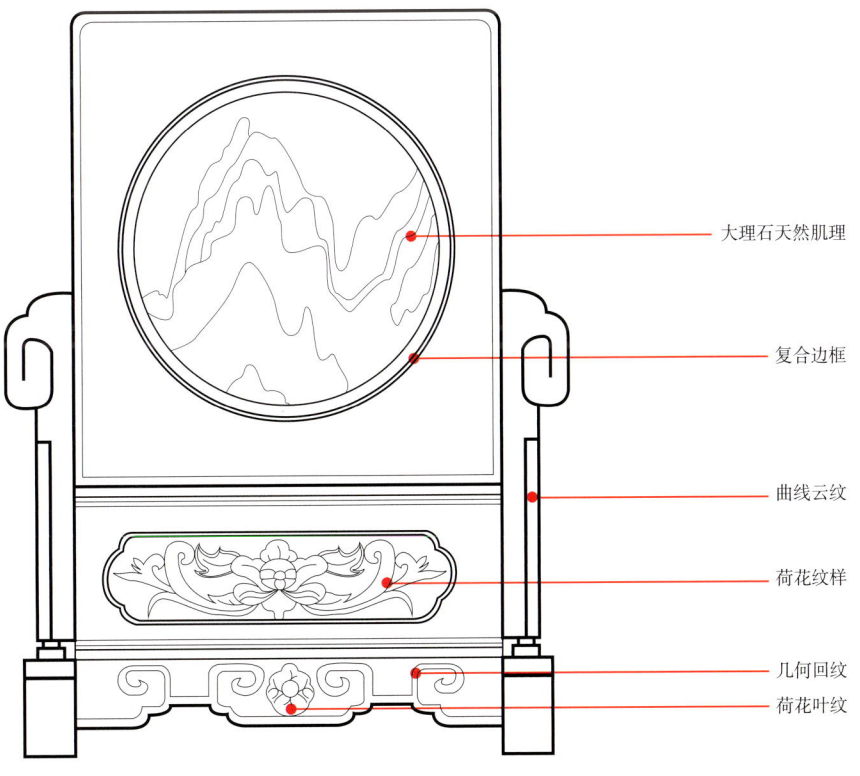

图四　白族大理石屏风纹样示意图

图五　白族大理石屏风氛围图

白族剑川木雕工艺

图一　白族剑川木雕工艺主图

白族传统民居建筑，除了运用土、砖、瓦、石这些材料外大部分为木材。木雕作为木建材的重要装饰手法，广泛应用于建筑的各个木质结构中，如梁坊、栏杆、神龛、雀替、檐头、门窗等。针对不同的木雕对象，鉴于其造型、结构及与人机关系的差异，所雕刻内容、所用技法和材料均有所区别。

剑川木雕起源于公元8世纪，是白族最为典型且最具盛名的木雕工艺。剑川县位于大理州北部，被誉为"木雕之乡"。剑川木雕的原材料多为楸木、樟木，其雕刻手法多样，主要有线雕、浮雕、透雕、圆雕、嵌雕、贴雕等。雕刻的工具可分为木工与雕刻工具，木工工具主要用来加工木材，即让木材成为可以直接雕刻的材料；雕刻工具则用于具体的施雕造型，根据不同的图案，选择不同大小、形态的雕刀。木工工具有大锯、小锯、钢丝锯、斧子、刨子、墨斗、木锉；雕刻工具可分为瓮管形的毛坯刀和钻条形的修光刀，具体有木敲锤、铁敲锤、雕刀、斜凿、三角凿、平凿、圆凿、中钢凿、反口凿、翘头凿、针凿等。雕刻的过程可分为选料、放样、粗调、细雕、表面加工、漆面六步。剑川白族木雕表现题材主要有植物、动物、文字、博古、山水、几何、故事等。从仙神道佛到花鸟虫鱼，其表达的寓意多为驱灾辟邪、升官发财、多子多福、吉祥如意等，反映了白族人民最朴实的生活愿景。就生产与传承模式而言，剑川木雕的生产多为以家庭为单元，以师徒传承制延续工艺。

剑川木雕凝聚了白族人民丰富的想象力和精湛的手工艺，体现了他们独特的审美意味和生活理念，也蕴含着深厚的、多维的民族文化。

图片来源
图一　云南大理白族自治州博物馆　提供
图二、图三　刘宁　制图
图四至图九　赵思颖　摄影

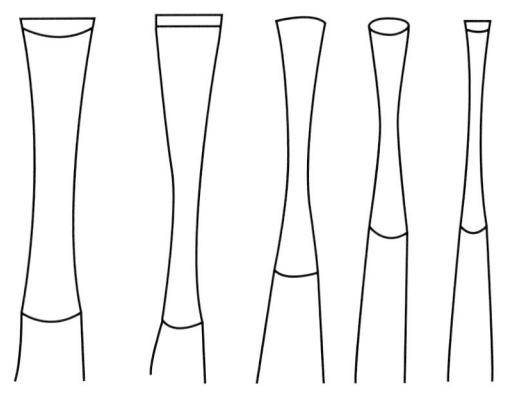 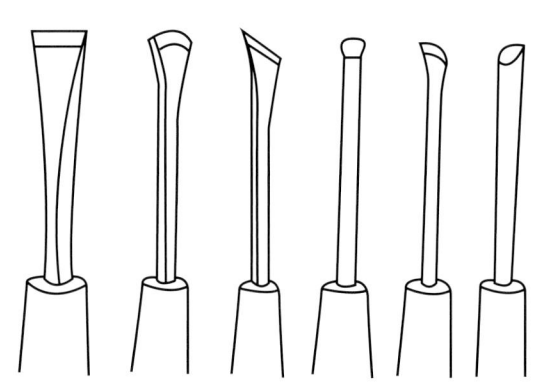

毛坯刀（翁管形）　　　　　　　　　修光刀（钻条形）

图二　白族剑川木雕工艺工具示意图

 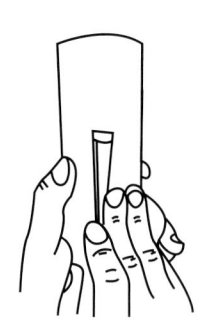 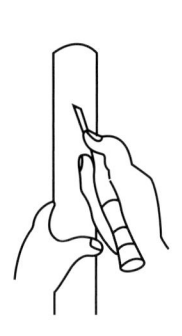 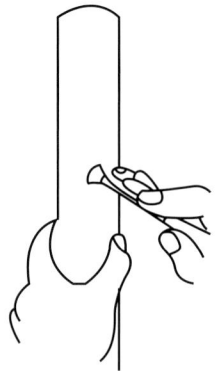

图三　白族剑川木雕工艺雕刻手法示意图

图四　白族剑川木雕工艺雕刻场景图（1）

图五　白族剑川木雕工艺雕刻场景图（2）

图六 白族剑川木雕工艺雕刻·浅浮雕

图七 白族剑川木雕工艺雕刻·透雕

图八　白族剑川木雕工艺雕刻·深浮雕

图九　白族剑川木雕工艺雕刻·圆雕

白族方形木质雕花窗格

图一　白族方形木质雕花窗格主图

本案例为白族木雕花窗格，采集于云南大理州北部的剑川县，窗棂框架为正方形，边长100厘米。雕花窗格也称漏花窗或是花窗，常见的类型有方形、圆形、六角形、八角形窗格。它作为一种建筑构件，具有阻隔空间、促进空气流通和装饰建筑的功能。剑川木雕工艺起源于唐朝天宝年间，宋代时工艺日趋精巧，清朝时期达到鼎盛。

本案例采用中心对称式的构图，由多个几何形的排列组合来构成画面，分别是画面中心的倒角正方形、位于前者四周的四个矩形、共享外边框方形中心和直径的圆形。每个几何形中有几何、植物和动物题材的适合纹样，整个图案方中有圆、圆中有方，将有机图形与几何图形有节奏、有秩序地组织于画面中。画面中出现的图案内容有牡丹、莲花、菊花、梅花、竹子、仙鹤、鹿与花瓶，以及"吉祥""如意"的文字和"卍"字纹样。本案例雕花窗格采用的雕刻技法是双面透雕，即锯掉除图案外形以外的木料，再对木材的双面进行图案内部细节的雕刻。

剑川木雕经过一千余年的发展，吸收了汉族及周边民族的造物技术，已成为具有自己风格、饱含艺术创造力、充满浓郁白族民族特色的一项手工技艺。从本案例白族雕花窗格着眼，我们可以发现白族在审美形式上追求凝聚感、秩序感、空间层次感，在审美内容上倾向于选择自然、人文类的题材。

图片来源

图一　李瑞　摄影
图二　刘宁　制图
图三、图四　魏溥均　制图
图五至图七　刘翔宇　摄影

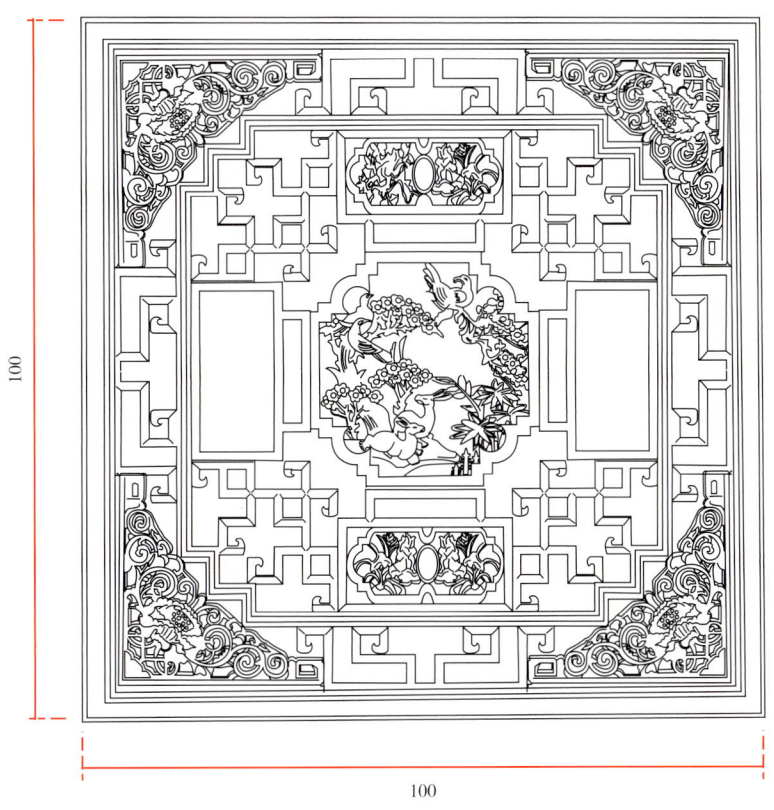

图二　白族方形木质雕花窗格尺寸图（单位：cm）

图三　白族方形木质雕花窗格造型分析图

图四　白族方形木质雕花窗格构图分析图

图五　白族雕花窗格对比图（1）

图六　白族雕花窗格对比图（2）

图七　白族雕花窗格对比图（3）

白族石雕千狮山"狮王"

图一 白族石雕千狮山"狮王"主图

本案例千狮山"狮王"为白族装饰类石雕中的蹲坐式狮子雕塑,通高25米,正面宽12米,侧面宽15米,位于大理剑川县北部金华镇的梅园村千狮山,是千狮山最大的一座石狮,由以段德坤为主的梅园村石雕工匠雕刻完成,是梅园村石雕中最具代表性的作品之一。

大理盛产大理石,千狮山"狮王"即选用大理石为雕刻原材料,就地取材,因材施雕。本案例为蹲坐式石狮,整个石狮从侧面看近似一稳定的三角形,右前肢支撑于地面,左前爪握住绣球,后肢弯曲蹲坐于地面。狮子的头和卷毛刻画细致,五官怒目威严,张口露出牙舌,毛发飘逸动感,肌肉被塑造得夸张有力,更显四肢粗壮。石狮脖子上佩戴着带有铃铛的颈项,颈项上有几何纹装饰,左肢上带有云纹绣带装饰。本案例使用圆雕、浮雕、线刻相结合的雕刻手法,用到的工具主要有石雕锤、石雕凿、锉刀等。雕刻的工序可分为选料、打荒、打细、打磨四个步骤。其中,圆雕用来把握整个石狮的动态与造型,浮雕用来塑造绣球、绣带表面上的细节装饰,线雕用于刻画胡须、鼻子和嘴巴周围的线条装饰。

大理白族自治州剑川县的石雕久负盛名,尤其是千狮山的"狮王"更是鸿篇巨制、大气磅礴,体现了白族人民不凡的造物智慧和精湛的石雕工艺。

图片来源
图一 李瑞 摄影
图二 刘宁 制图
图三至图五 魏溥均 制图

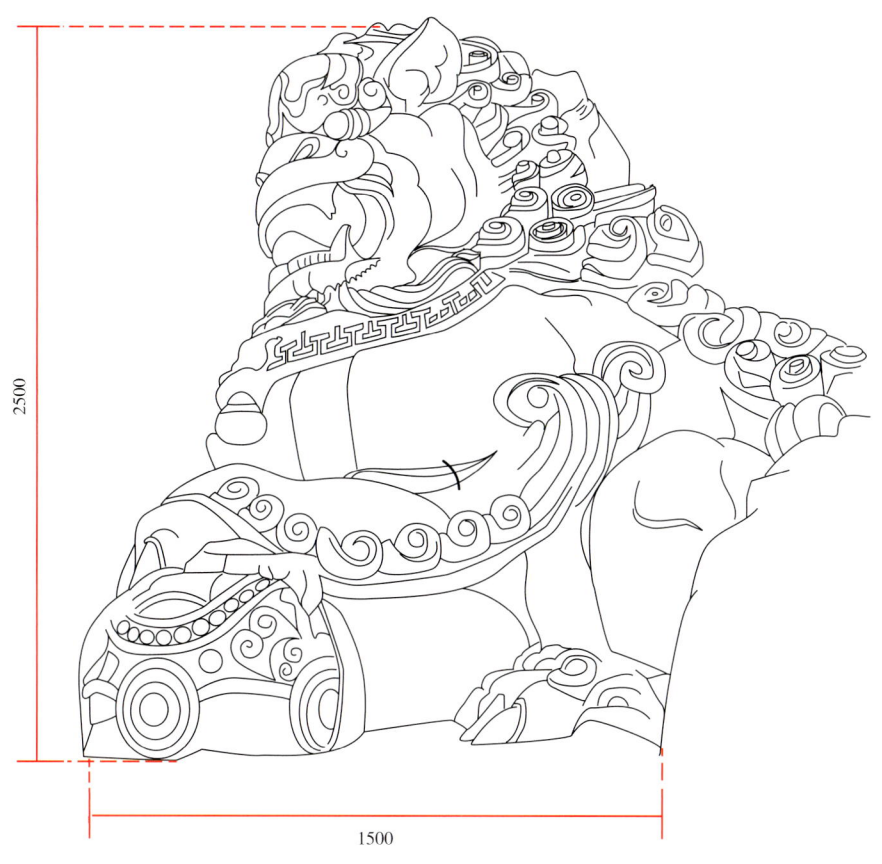

图二 白族石雕千狮山"狮王"尺寸图（单位：cm）

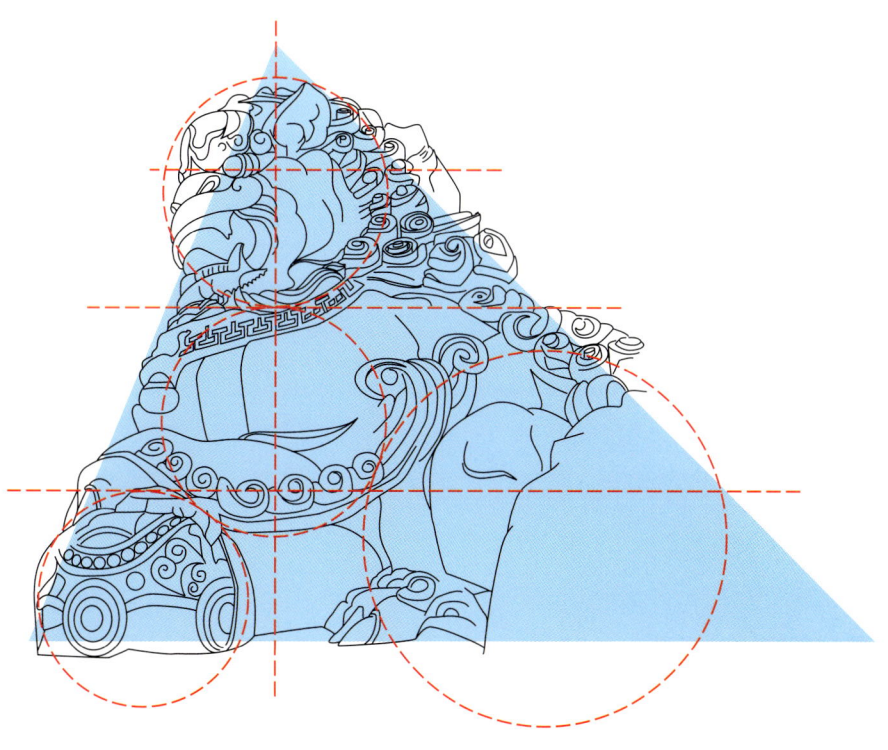

图三 白族石雕千狮山"狮王"造型分析图

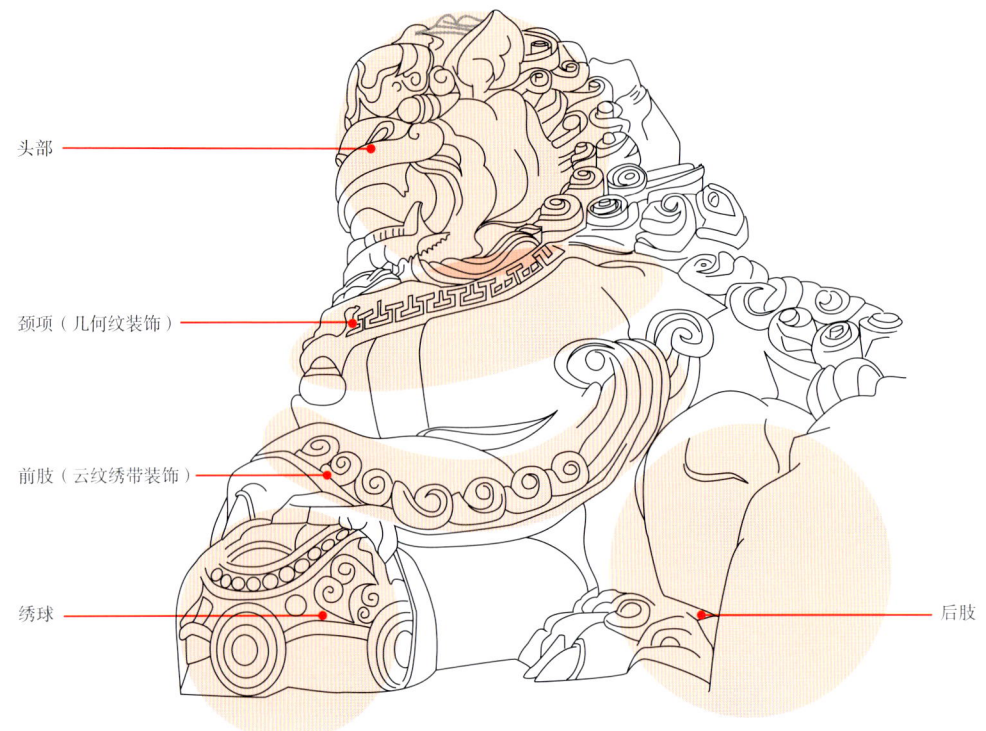

图四 白族石雕千狮山"狮王"结构示意图

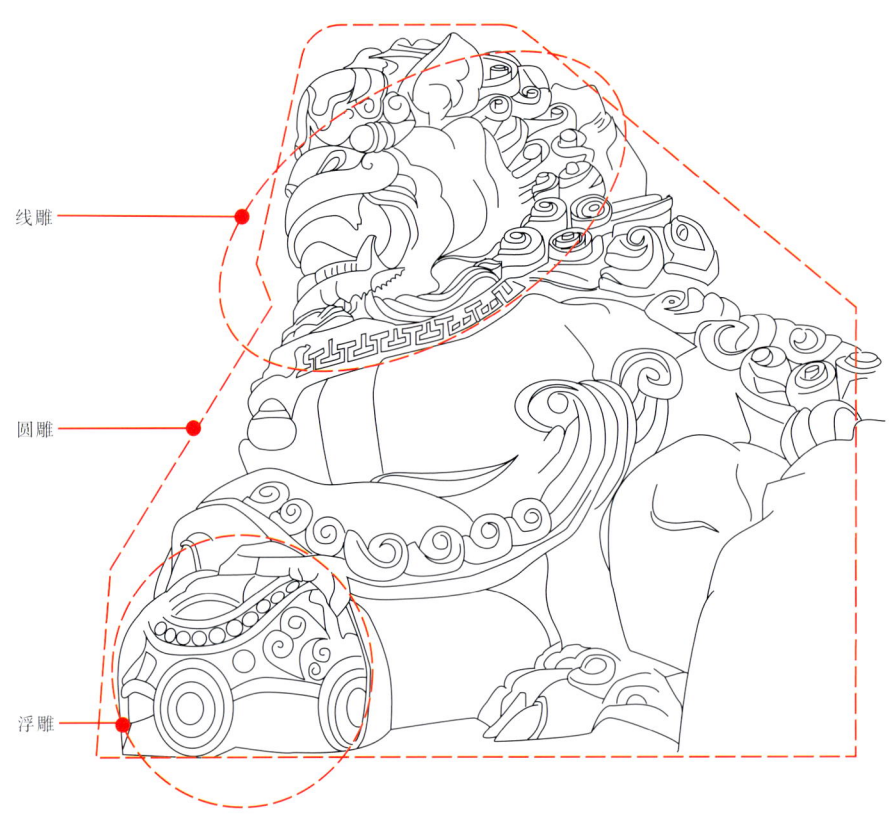

图五 白族石雕千狮山"狮王"雕刻手法示意图

白族绣花鞋

图一　白族绣花鞋主图

白族刺绣工艺历史悠久，早在南诏时期，白族王宫内就有专职负责刺绣的女工。本案例白族绣花鞋针脚致密、手工精细，现藏于大理白族自治州博物馆，长24厘米，宽9厘米，高10厘米，是典型的白族刺绣工艺品。

就鞋的造型与结构而言，本案例绣花鞋可分为鞋底、鞋面、鞋跟布三个主要结构。鞋底厚1厘米，有粉绿、大红、群青、中黄、粉红色条纹布装饰。鞋面由两块布料拼接而成，鞋头微微上翘，以红布打底，有五瓣花朵刺绣纹样作装饰。鞋口开口较大，约18厘米，以黑色条状布作底，有连续三角几何纹和黄、绿圆点相间的装饰。鞋跟布约长5厘米，宽4厘米，内面为翠绿色布面，外面为蓝紫色布面，外面布上绣有红白相间的花朵纹样。就刺绣的技法而言，白族刺绣常以剪纸为纹饰的样底，将布料固定在木花绷子上，运用平绣、盘绣、十字绣、插绣等针法，选择艳丽的彩线进行刺绣造型。完成的绣品会呈现一定的凹凸肌理。白族刺绣图案一般分布于衣服的领口、袖口、裤口等区域，也会运用在配件的装饰中，如头饰、挎包、围腰、鞋、裹背等。绣满图案的饰品，意象万千，别具风采。

白族刺绣工艺一方面较大程度上延长了服饰的使用寿命，另一方面也体现了白族特有的民族文化与审美取向，形成了代表白族文化的视觉符号。它是白族妇女为了自己的美好生活而进行的创造，也表现出一种落落大方的纯朴之美。

图片来源
图一　赵思颖　摄影
图二至图四　魏溥均　制图
图五　赵思颖　摄影

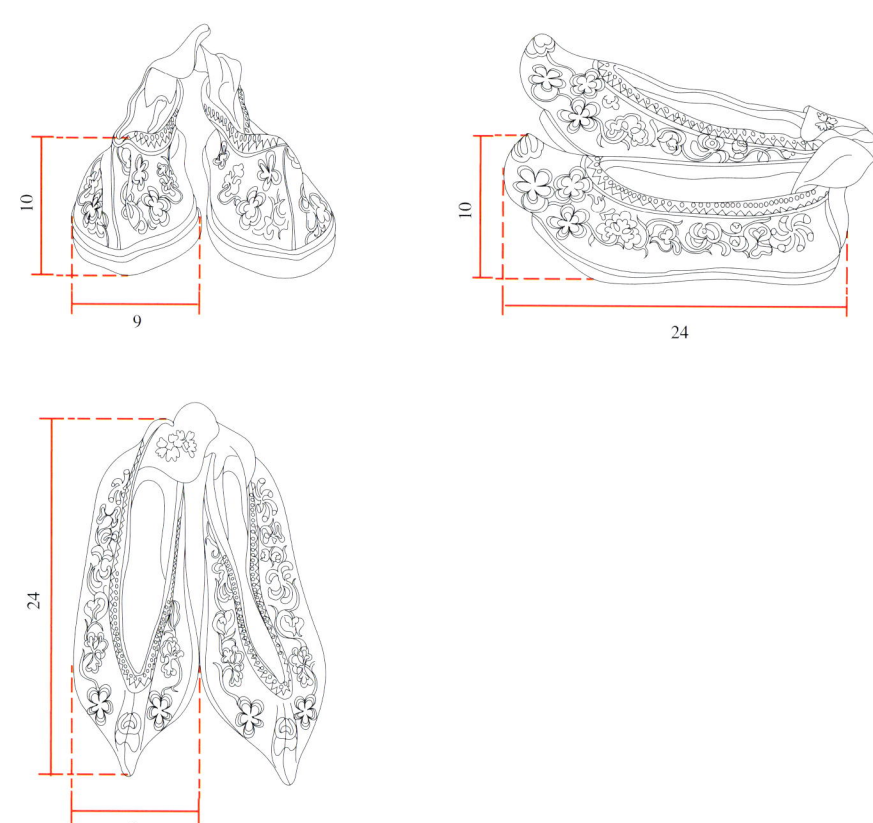

图二 白族绣花鞋尺寸图（单位：cm）

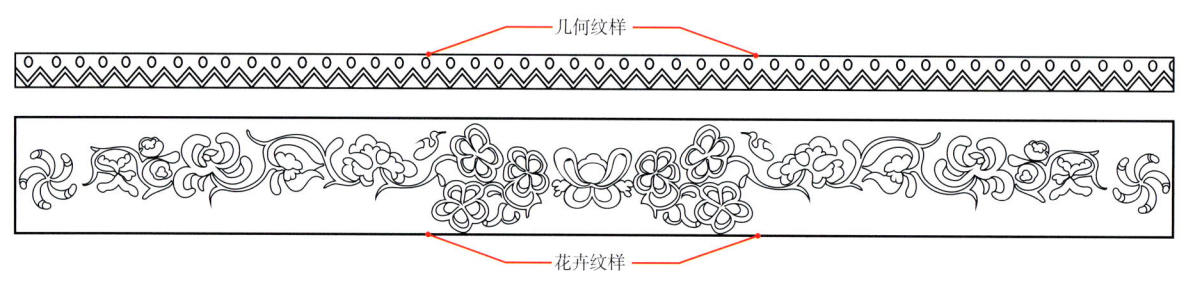

图三 白族绣花鞋纹样分析图

图四 白族绣花鞋设色分析图

图五　白族绣花鞋对比图

白族布扎

图一 白族布扎主图

白族布扎是大理地区一项极具特色的民族传统手工技艺,其中以剑川白族布扎最具有代表性。本案例公鸡布扎,长14厘米,宽15厘米,采集于大理市白族非物质文化遗产博物馆。剑川白族布扎集白族刺绣和布扎艺术于一体,创作题材多为十二生肖、白族民间传说、历史人物和代表吉祥如意的物品。白族布扎的创作源于白族人民的生产生活实践。由于剑川地处边地,毒蛇、蚊虫颇多,为祈求平安,防身驱虫,人们便把麝香、雄黄等中草药缝在小囊内,随身佩戴。尤其在端午时节,父母会给家中孩子在胸前挂上一串布扎,用来祛毒辟邪。一串布扎由兔子、老虎、香包、鱼、童子、绣球、狮子、八卦等三至八件布扎组成。后来随着佩戴布扎的风俗越来越流行,逐渐演变为布扎工艺品。

布扎工艺从此也在当地白族妇女中代代相传。

本案例为公鸡造型布扎，颜色艳丽、绣工精致、造型生动。就图案与设色而言，本案例鸡冠为大红色，上绣有粉色花苞图案；鸡身亦为大红色，有白色细线装饰；鸡头为亮黄色，上有粉色刺绣装饰；鸡翅为蓝色，上绣有粉色牡丹图案；鸡尾为翠绿色，上有橙色枝叶纹样；鸡爪为暖黄色；鸡身下挂有三条丝穗装饰。在工艺上，制作布扎需选用色彩纯度高的布料，首先按照事先设计好的形状缝好初样，然后再往布扎内塞入以艾叶为主的香料，并用刺绣手法在布料表面做花卉纹、几何纹等装饰，最后用丝穗、圆珠等小配件做点缀。

白族布扎工艺源于白族长辈对于晚辈健康成长的美好期望，凝聚着白族人民传统的生活方式与生活理念，在其长期发展的过程中形成了别具一格的白族布扎艺术风格。

图片来源

图一　赵思颖　摄影
图二至图四　魏溥均　制图
图五　云南大理白族自治州　提供
图六　赵思颖　摄影

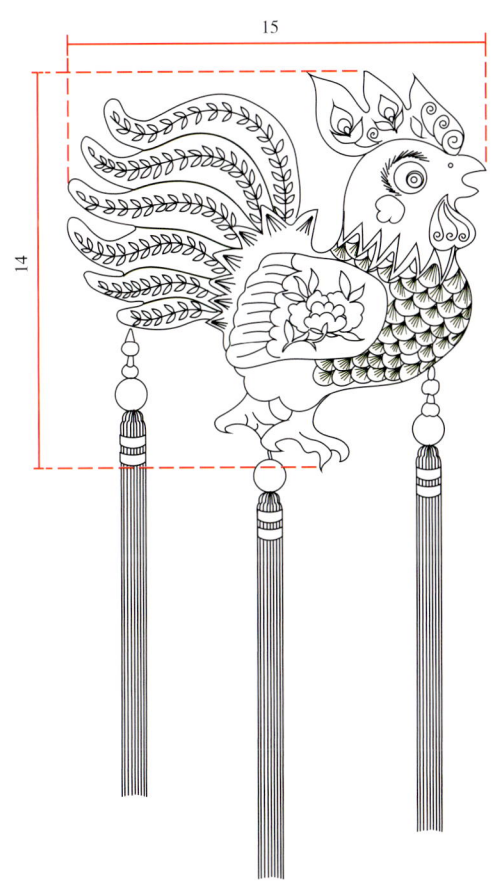

图二　白族布扎尺寸图（单位：cm）

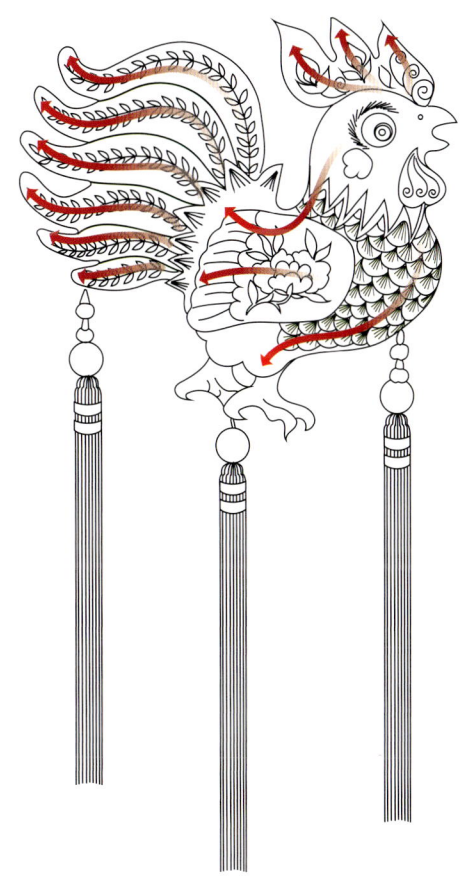

图三　白族布扎动态分析图

第六章　白族传统手工艺

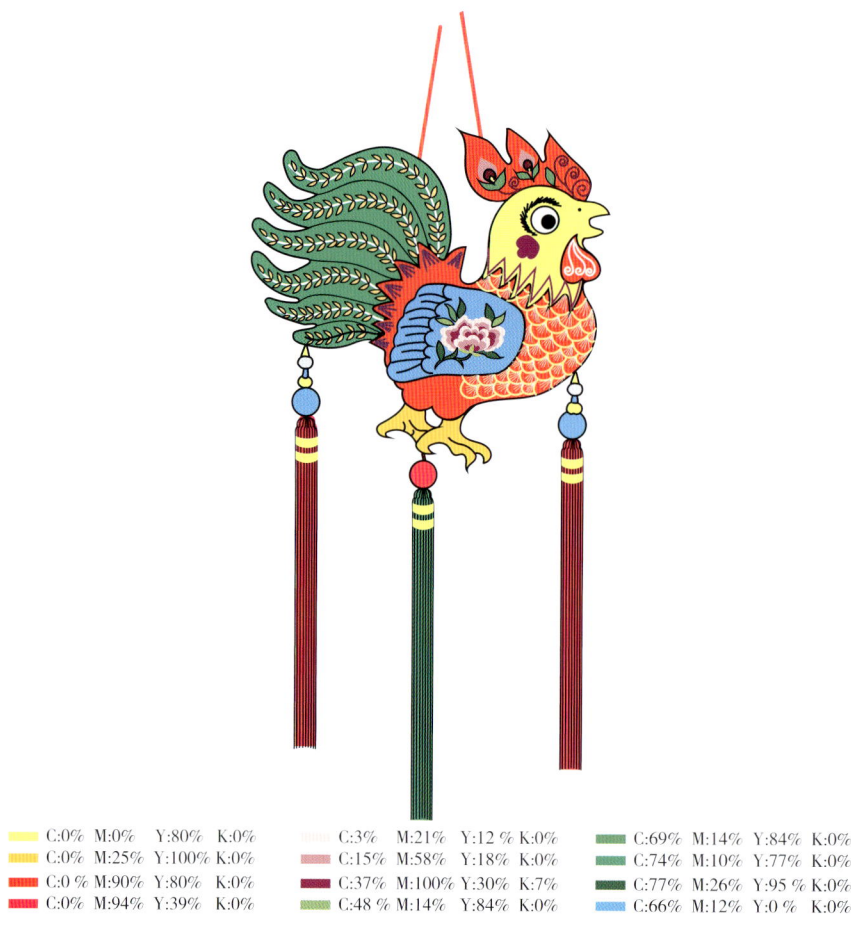

C:0% M:0% Y:80% K:0%	C:3% M:21% Y:12% K:0%	C:69% M:14% Y:84% K:0%
C:0% M:25% Y:100% K:0%	C:15% M:58% Y:18% K:0%	C:74% M:10% Y:77% K:0%
C:0% M:90% Y:80% K:0%	C:37% M:100% Y:30% K:7%	C:77% M:26% Y:95% K:0%
C:0% M:94% Y:39% K:0%	C:48% M:14% Y:84% K:0%	C:66% M:12% Y:0% K:0%

图四　白族布扎设色分析图

图五　白族布扎制作场景图

图六　白族布扎对比图

白族瓦猫

图一　白族瓦猫主图

本案例为大理鹤庆白族瓦猫，采用灰陶素胎泥塑而成，规格高约33厘米，底座长13厘米、宽15厘米，由鹤庆赵屯村著名手工艺人郜金福所制。瓦猫，又名"镇脊虎""降脊虎"，广泛流传于云南省，其造型艺术因地区、民族和信仰的不同而各有千秋，通常安置在屋顶正脊中央，寄予镇宅、辟邪、招财的内涵。

本案例白族瓦猫嘴巴张开，舌头外露，上颚大，下颚小，口中有四颗尖牙，眼睛突出，耳朵直立，身形短小，尾巴直立上翘，四肢粗壮，横站于脊瓦上，神气十足，庄严神秘。瓦猫的制作原材料主要来源于赵屯、和邑村出产的瓦泥。挖来的瓦泥一般要用牛踩两到三天，直到泥彻底被踩碎，然后将拌好的泥用塑料布包上至少一天，俗称养泥，这样泥的黏性更好。做瓦猫前，先将泥拿出来反复揉搓，揉得越久越易塑形。这一步骤还可挑出碎石，以防烧制时发生爆裂。制作瓦猫时，先做瓦猫的基底——筒瓦，做好后置于阴凉处阴至半干。接着制作瓦猫的四肢，首先要搓出两长两短的四条泥条，在泥条的1/2处横向粘一细泥条，用手向两边抚平做出似竹节的效果，然后搓四条短的泥条在阴好的筒瓦面上，捏成四个泥圈做瓦猫的脚，将四肢放在对应的泥圈上同时也可增加腿与筒瓦的黏接力，下身做好后同样也要放置于阴凉处阴干。然后制作瓦猫的上半身，先把泥团压成片状，再卷成圆柱体粘在四肢上。接着制作尾巴，先在上身的末端挖一个圆洞，然后搓一根泥条插进去，再加泥抚平，将泥条稍稍弯曲呈"S"形。接着制作瓦猫的头部，取一团泥揉圆后压成饼状，将其立在瓦猫身上并用泥条固定，再将泥饼捏出一定的弧度。然后着手制作下颌、下嘴皮、舌头、鼻子、眼睛、独角、耳朵和虎牙，造型基本完成之后还需用泥塑刀对细节进行刻画。每一个步骤完成时都要沾湿手指来抚平衔接的部位，而泥的水分控制则完全依靠手工艺人常年积累的经验。瓦猫做好之后一般要阴干三四天，然后放入砖窑烧制。这样一只瓦猫就制作完成了。

大理鹤庆白族瓦猫作为一种群众性广泛、地域性鲜明、民族内涵深厚的艺术文化载体，反映了白族人民古老的生命意识和祈求风调雨顺、繁衍生息的美好愿望。

图片来源
图一　赵思颖　摄影
图二　魏溥均　制图
图三至图五　顾怀灏　制图

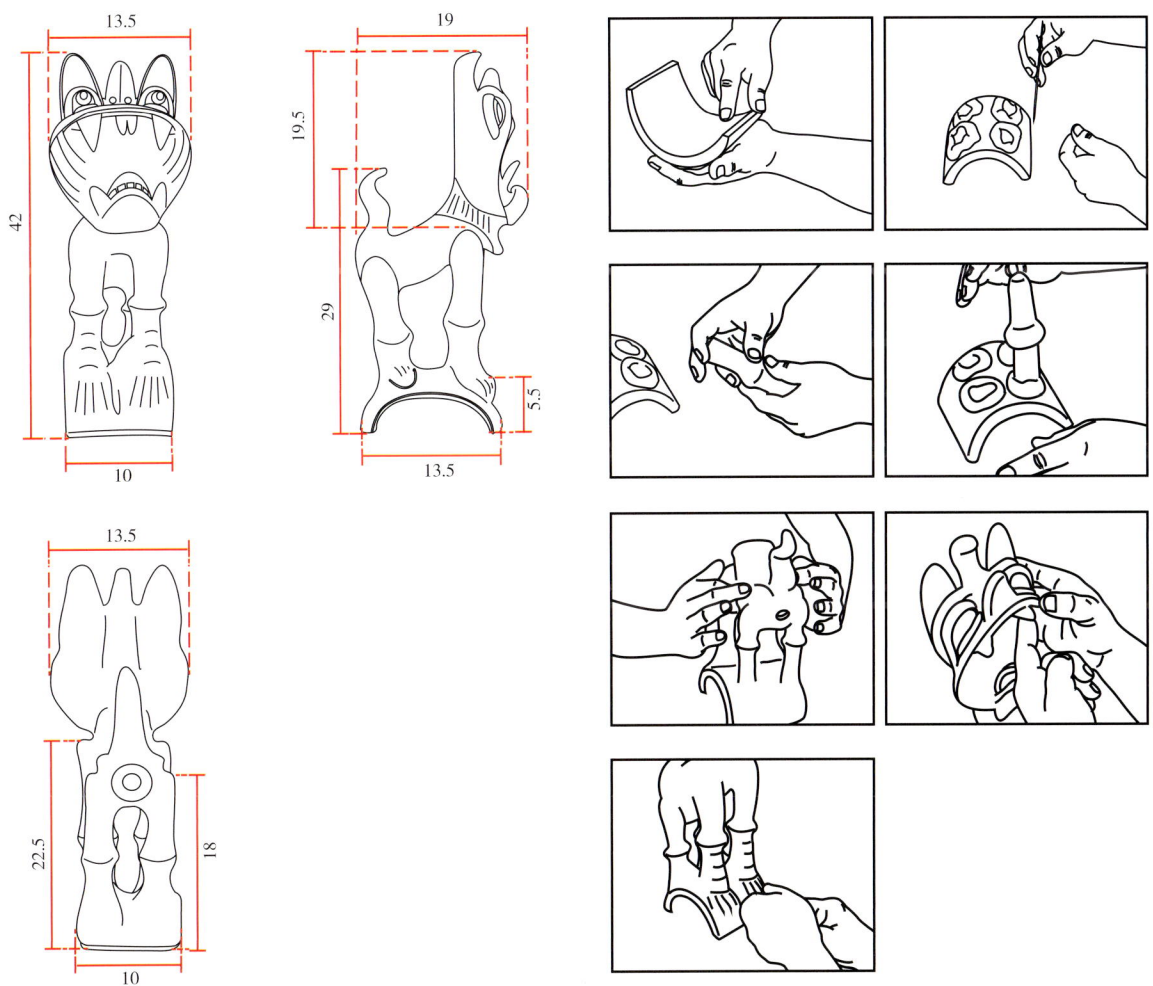

图二　白族瓦猫尺寸图（单位：cm）

图三　白族瓦猫制作流程图

| 鹤庆瓦猫 | 楚雄瓦猫 | 昆明瓦猫 | 呈贡瓦猫 | 曲靖瓦猫 |

图四　白族瓦猫比较分析图

图五　白族瓦猫氛围图

白族锻造铜器

图一　白族锻造铜器主图

本案例为云南鹤庆白族锻造工艺品中的铜制水缸，整体高59厘米，缸口直径为52厘米，底部直径为45厘米。白族铜器锻造工艺历史悠久，其技术承袭于两千多年前青铜时代的打造技术，其中以大理鹤庆的锻造工艺最为著名。鹤庆县位于云南西北部，处于茶马古道的中轴位置，是白、藏、汉文化的交流汇聚之地，其铜器锻造工艺也因其地缘特点呈现出多元文化的特色。

在结构上，本案例水缸从上至下可以分为把手、水缸盖、水缸身几个部分。水缸盖形似藏族男式帽子，由三个形式不一的圆台体组成，表面有整齐排列的锤点作装饰，侧处有一可开启的活动门，门上有符合人手尺寸的环形扣，方便使用者取水灌水。水缸盖上的把手从上至下由圆锥体、小半球体、圆柱体、大半球体组成，大半球体上有莲花纹装饰。水缸身由一圆柱体和倒圆台体组成，圆柱上有以"T"字形为单元纹样组成的方形几何纹样，倒置圆台体表面也有整齐排列的锤点作装饰。铜器锻造工艺主要可分为空气锤锻造初形、手工锻造成形、工艺效果处理三个步骤。鹤庆的新华村更多生产小件银器和饰品，而鹤庆的坡头邑村则更多生产类似本案例的较大整件器具。鹤庆生产的手工艺品通过茶马古道远销藏区，受到藏族人民的喜爱，本案例即为藏族风格水缸。

在汉、藏、白民族的交流中，白族工匠积极吸收各民族的优秀技术和造型手法，其工艺水准、器物造型和装饰语言都不断走向成熟，形成了独特的白族铜器工艺视觉语言。

图片来源

图一　李瑞　摄影

图二　魏溥均　制图

图三至图五　顾怀灏　制图

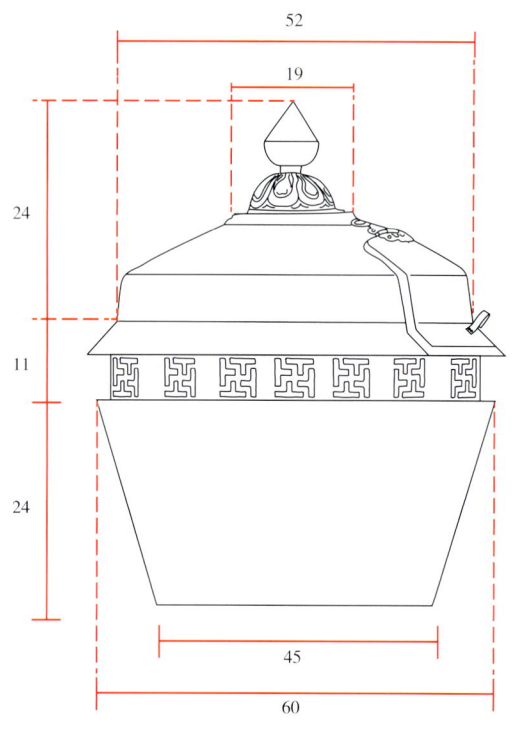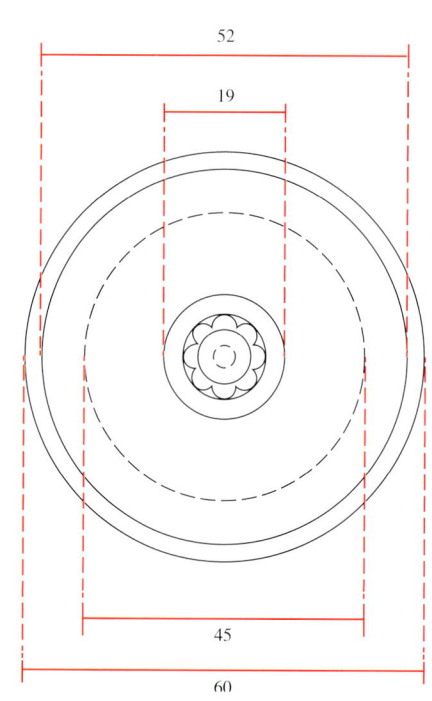

图二　白族锻造铜器尺寸图（单位：cm）

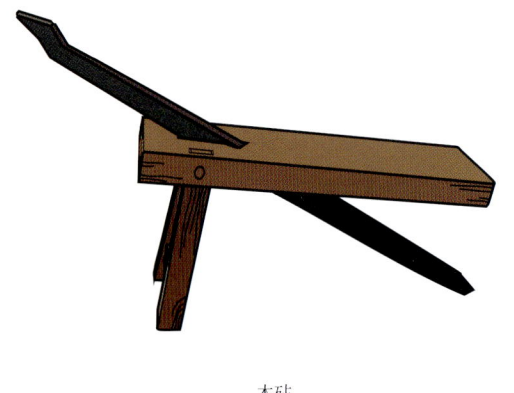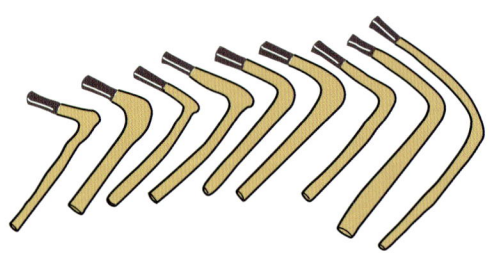

木砧　　　　　　　　　　　　　　　　　手锤

图三　白族锻造铜器制作工具图

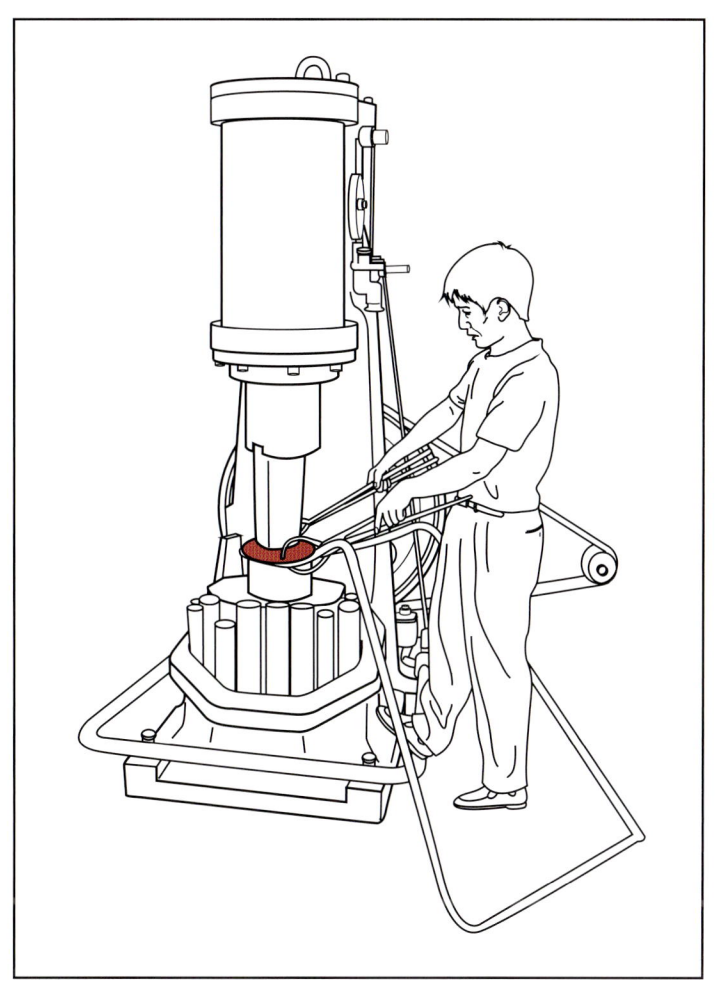

图四　白族锻造铜器制作场景图·锻打

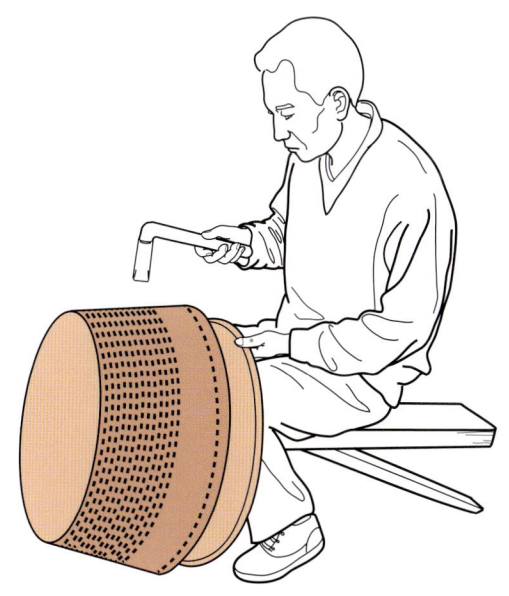

图五　白族锻造铜器制作场景图·锤点

白族扎染布料

图一　白族扎染布料主图

本案例白族扎染布料长55厘米，宽35厘米，蓝底白花，清新素雅，布局饱满，层次丰富。案例采集于大理州喜洲镇周城村扎染艺人杨建伟的扎染作坊中。白族扎染工艺制作工艺历史悠久，是白族人民在纺织工艺上艺术性、创造性的探索。其中，周城村是白族扎染工艺的聚集地。

本案例这幅白族扎染布料图案取材于常见的蝴蝶与菊花。四只蝴蝶环绕在菊花周围，蝴蝶以线勾勒轮廓，内有花瓣纹样；菊花中间为白色圆点和四圈环形，花瓣为由中心向外扩展渐变的连续纹样。左右两侧为简单对称的三角形。画面中还有小蝴蝶和兰花作点缀，生动自然，充满了生活气息。白族扎染的制作方法别具一格，工艺程序讲究，主要步骤有画样、制作图模、翻模、扎花、脱胶、染布、蒸煮、晾晒、拆线、漂洗、碾布等，其中关键的技艺是扎花和染色。扎花即根据白布上设计好的图案，用搓皱、折叠、翻卷、挤揪等方法扎布料，并采用不同的针法沿图案把布缝起来。染制是指将扎好并浸泡脱胶之后的白布，放入装满用板蓝根发酵而成的染料的木桶内，边染边搅，每染一次后都要进行脱水。如此反复浸染约三至五次即可。

白族扎染制作的手工性，及其选用的天然染料如板蓝根、艾蒿等，都使白族扎染呈现出一种贴近自然的审美取向。这种虚实相生、古朴雅致的艺术效果，不仅体现了白族人民在纺织生产中的创造力，也体现了当地人淳朴的生活理念。它所具有的艺术感染力，对现代设计的创新也具有一定的启发。

图片来源
图一　刘翔宇　摄影
图二至图五　顾怀灏　制图
图六　大理白族自治州博物馆　提供

只取板蓝根的叶茎，在桶里注入清水

浸泡一个星期后，捞出板蓝根叶茎的残渣

把石灰水倒入染水中，搅均匀

在木缸中打水，一般打三次直到表面打出一层泡沫

打好的染水静置一段时间，染料就会下沉到缸底

图二　白族扎染布料尺寸图（单位：cm）

图三　白族扎染染料制作示意图

第六章　白族传统手工艺

图四　白族扎染布料制作流程·画样

图五　白族扎染布料制作流程·扎花

图六　白族扎染布料制作氛围图

白族绣花包

图一　白族绣花包主图

白族刺绣工艺是白族妇女世代传习的手工艺之一，主要应用于白族人民的日常生活用品的装饰中，如服装、首饰、鞋帽、背被、包、枕套等，具有白族独特的民族审美和浓厚的地方色彩。最具有代表性的白族刺绣工艺在大理州的挖色镇，该镇享有"白族刺绣之乡"的美誉。手法熟稔、内容丰富、技法扎实，是当地刺绣工艺的特点。本案例中的这款白族刺绣挎包，包身宽42厘米、长23厘米，背带长100厘米、宽5.5厘米，20世纪90年代在大理民间征集，现收藏于中央民族大学民族博物馆。

这款白族刺绣挎包，包面以白布做底，蓝布压边，用不同形状的花草形、人物造型图案拼绣缝合而成。挎包分上、下两块包面，色彩绚丽，对称均衡，具有全家福的寓意。挎包两侧以黑布做底，绣彩桃和锦花图案。包底坠三只三角形彩绣莲包，每只莲包下端又各挂三束黑色的丝穗，自然下垂。蓝色背带上绣有白色四瓣花图案。其做工精巧，满目皆彩，表现出一种落落大方的纯朴之美。在工艺上，白族刺绣首先要绘好图样，或用剪纸作底，然后再用各种针法进行刺绣。刺绣的针法主要有锁绣、砌花、打花、挑花、盘绣、掇绣、连物绣。在绣软物时，要用木花绷作圈架，硬物便可直接拿在手上作绣。

白族传统刺绣作为一种原发性艺术，充满了生活气息，蕴含了白族人民崇尚人与自然和谐相处的生活理念。它的每一个图形元素、表现手法、材质运用，都能释放出更丰富的文化内涵，从形式上给人以自由宁静的美的享受。

图片来源
图一　李瑞　摄影
图二　顾怀灏　制图
图三　魏溥均　制图
图四　顾怀灏　制图
图五、图六　大理白族自治州博物馆　提供

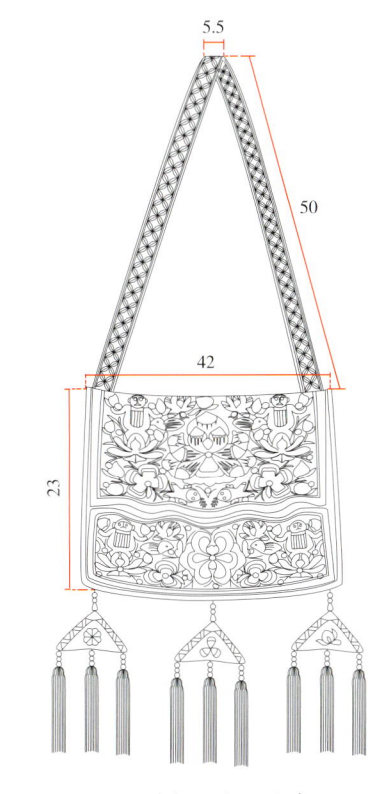

图二　白族绣花包尺寸图（单位：cm）

图三　白族绣花包造型分析图

图四　白族绣花包设色分析图

第六章　白族传统手工艺

521

图五　白族绣花包制作氛围图

图六　白族方形绣花包

白族木刻版画甲马

图一　白族木刻版画甲马主图

本案例分析的这幅大理白族"瘟司圣众"甲马，为大理周城著名甲马艺人杨丕凤所制，尺寸为15厘米×15厘米，白纸黑墨，图像简略怪诞，构图饱满，木味、刀斧味十足。白族民间的"甲马"，也称甲马纸、纸马、神马，是白族原始巫术在祭祀祷告或祈福纳祥等活动时，用来焚烧的一种木刻版画的纸符，表达了人们的巫术信仰、宗教情感等神秘观念。

"瘟司圣众"甲马，只在家中有人发生瘟疫时使用。俗话说"在天为五鬼，在地为五瘟"，在医疗科学尚未普及之前，生病被认为是"五瘟"在作怪，人们通过祭祀以求送走"五瘟"，重获健康。这幅"瘟司圣众"甲马，以龙船乘载二人渡河为内容，人物为阳刻，龙船及河流为阴刻，整体稳重而不失层次感。平面化的构图和抽象、夸张的手法将龙船的形象化繁为简，保留了龙的基本形态，图像不求形似，但求尽兴顺意，显得稚拙可爱。画面中人物神情自若，衣纹的线条圆润随意，无矫揉造作之感。弯曲的水纹和舒展的旗帜，又给画面增添了微妙的动态效果。白族甲马的制作秉承传统工艺，分为制版和印刷两道工序。制版多选用纹理细腻的梨木、银杏木或杜鹃花木为原料，雕刻工具为简单的平刃刀。印刷所用的墨为天然矿物或植物调制的颜料，色泽含蓄耐看。印刷用纸一般多用价格便宜的竹纸，也有少数的艺人选用手工纸。

甲马作为一种民间宗教文化现象，于汉晋时期从中原传入云南边疆，成为大理白族巫术和道教举行各类祭祀活动的道具，并延传至今。马是古代非常重要的交通工具，在民间宗教中它被赋予了神的灵性和使命，是

第六章　白族传统手工艺

人神相通的精神载体。祭祀时焚烧的一匹匹纸"甲马",将祈祷者的祈福禳灾、护佑生长、保家宅平安、祈佑丰收、驱邪除病等心愿传递给神灵。白族甲马丰富的内容、多样的形式,具有高度的美学意义和视觉传达效果,可为现代设计提供新的创作元素和创作灵感,具有重要的启示作用。

图片来源

图一　大理白族自治州博物馆　提供
图二　顾怀灏　制图
图三　魏溥均　制图
图四　顾怀灏　制图
图五　赵思颖　摄影

图二　白族木刻版画甲马尺寸图(单位:cm)

图三　白族木刻版画甲马造型分析图

图四　白族木刻版画甲马制作场景图

图五　白族木刻版画甲马对比图

白族银雕瓶

图一 白族银雕瓶主图

本案例白族长颈圆肚银雕瓶，采集于大理市白族非物质文化遗产博物馆，高30厘米，瓶肚直径为18厘米，瓶口外直径为9厘米，瓶口内直径为5厘米。白族银雕工艺主要聚集于大理鹤庆县，鹤庆的新华村更多生产小件银器和首饰，而鹤庆的坡头邑村则更多生产整体大件器物。本案例的银雕瓶属于新华村的小件银雕工艺品类。

在形制上，本案例银雕瓶瓶口为花瓣翻边造型，每瓣上有曲线适合纹样，瓶颈较长，瓶肚圆润饱满。在装饰上，整个瓶身布满各种造型的花草纹装饰纹样，图案造型优美、形态各异、大小节奏有序。本案例使用了雕刻中的圆雕、浮雕、线刻相结合的手法。瓶体造型为圆雕手法，纹样外形为浮雕手法，纹样内部细节为线刻手法，雕刻精美，工艺精湛。一件银雕工艺品往往集錾雕工艺、铸造工艺、花丝与焊接工艺为一体，其中最具特点的是錾雕工艺。錾雕工艺又分平雕和圆雕，平雕多用于雕刻小首饰如手镯、项链等，圆雕多用于雕刻瓶、壶等立体造型的器物。本案例白族银雕瓶即典型的圆雕工艺。圆雕难度较大，可大致分为剪样、冶炼、拉丝、锻打、淬火、翻模、雕花、粘结、烘烤、漂洗十个步骤。

本案例鹤庆白族银雕瓶是白族银雕工艺的优秀作品之一，其精湛的工艺反映出白族人民源远流长、发展纯熟的金工雕刻工艺，其装饰符号体现出白族人民崇尚自然的审美理念。无论是白族银雕制作生产的工艺流程，还是通过其器物造型与装饰所看到的设计理念与文化，都值得现代设计去借鉴与传承。

图片来源

图一　赵思颖　摄影

图二至图四　魏溥均　制图

图五、图六　大理白族自治州博物馆　提供

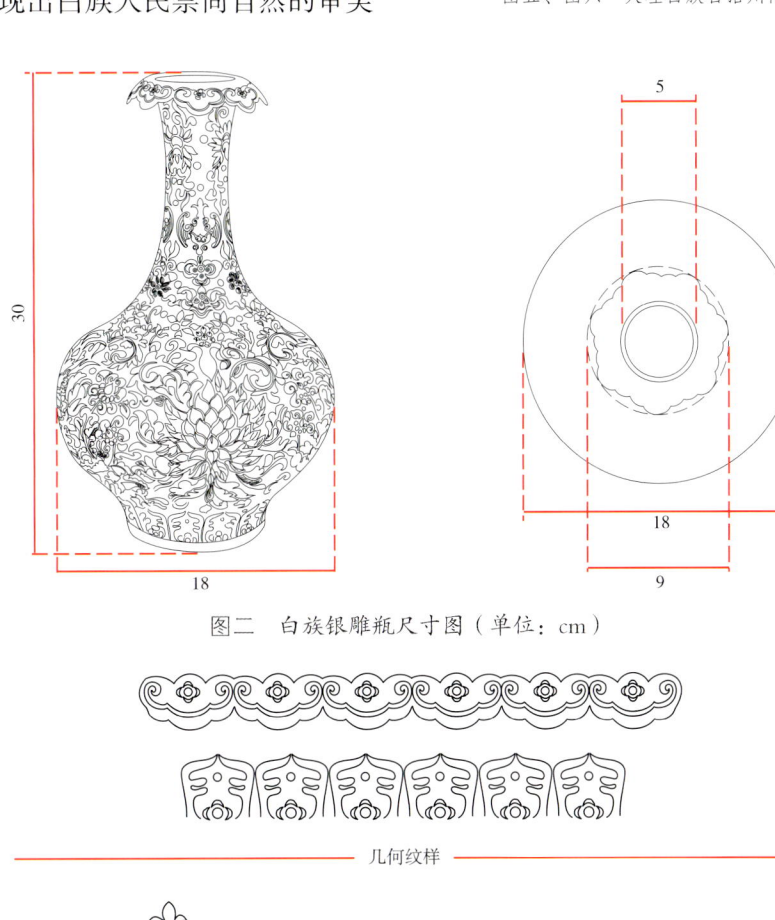

图二　白族银雕瓶尺寸图（单位：cm）

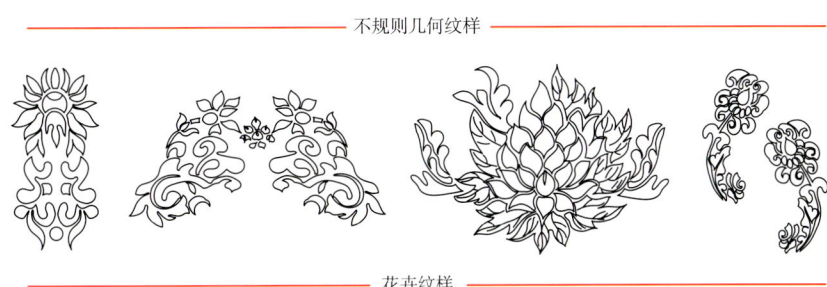

图三　白族银雕瓶单元纹样图

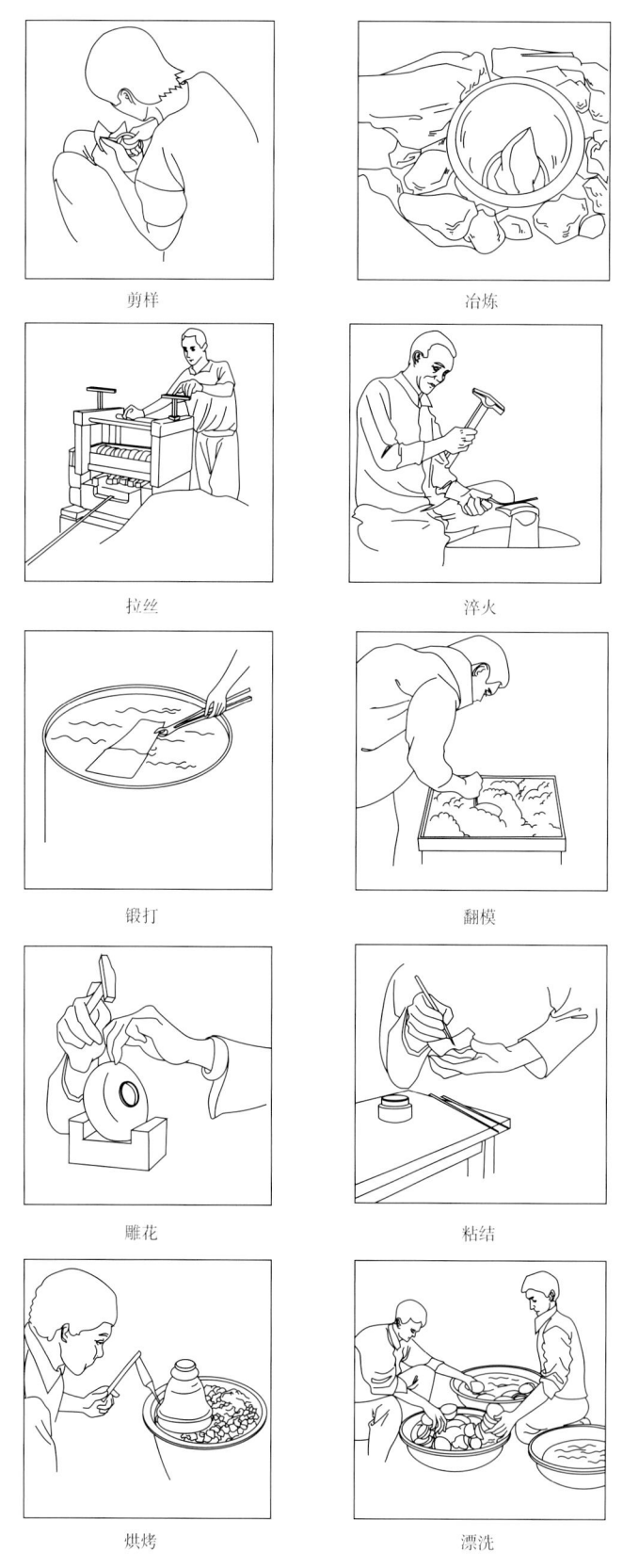

图四　白族银雕瓶制作流程图

图五　白族银雕瓶制作氛围图

图六　白族银雕瓶对比图

第六章　白族传统手工艺

白族纸扎

图一　白族纸扎主图

纸扎，又称扎纸、扎罩子、糊纸等，是以纸作为主要材料，竹篾、木条、芦苇秆等为辅助材料，扎制成的形态各异的物件。本案例纸鹿，通高尺寸150厘米，宽46厘米，为云南大理云龙县包家扎制。纸扎主要用于祭祀、丧葬、民俗节庆。

白族纸扎历史悠久，起源于古代民间宗教祭祀活动，后逐渐演变成节庆的一种装饰艺术。纸扎可分为广义和狭义两种。广义纸扎包含民俗表演、宗教超度用的陈列性纸扎；狭义纸扎是指专门用于丧葬祭祀，可以焚烧的纸扎。在云龙白族，几乎每一个村寨都有一两个纸扎作坊。纸扎题材多种多样，主要分为人物、动物、植物、器物、建筑五大类。篾编类纸扎是所有白族纸扎中最常见，也是扎制难度最高的一种扎法。它的工序包括剖篾、烤篾、扎骨架、裱糊、彩绘。剖篾，是用柴刀将竹片剖成一条条细长的竹篾；烤篾，是将竹篾放在小火上慢慢烘烤，蒸发多余的水分，使竹篾易于编结；扎骨架，是用竹篾编结成各种形状，关节或交叉处用线绑缚牢固。裱糊，是用面粉或淀粉熬制的糨糊把纸黏在竹篾上；彩绘，是在裱好的纸上绘制各种装饰图案。本案例为鹿纸扎，鹿寓意吉祥长寿。其造型简单生动，色彩夸张艳丽，细节适度得当。鹿通体白色，多处有泼溅的红墨点。鹿耳、鹿颈、鹿身、鹿尾用黄色纸须呈线型勾连。鹿角短直，用红纸包裹；鹿眼、鹿嘴、鹿鼻用黑墨汁勾勒细节；鹿嘴衔一枝纸制绿叶红花；鹿背画有黑色圆圈形鹿纹；鹿腿上部各画有一个墨线花朵；四蹄之间用木棍结成方形支撑整个鹿身。

白族纸扎除了用于祭祀、丧葬、节庆外，还有传承经典和教化民众的作用，凝聚了白族人民传统的民俗习惯。在其继承和发展过程中，逐渐形成了独具特色的白族民间纸扎风貌。

图片来源

图一　大理白族自治州博物馆　提供

图二至图四　魏溥均　制图

图五　大理白族自治州博物馆　提供

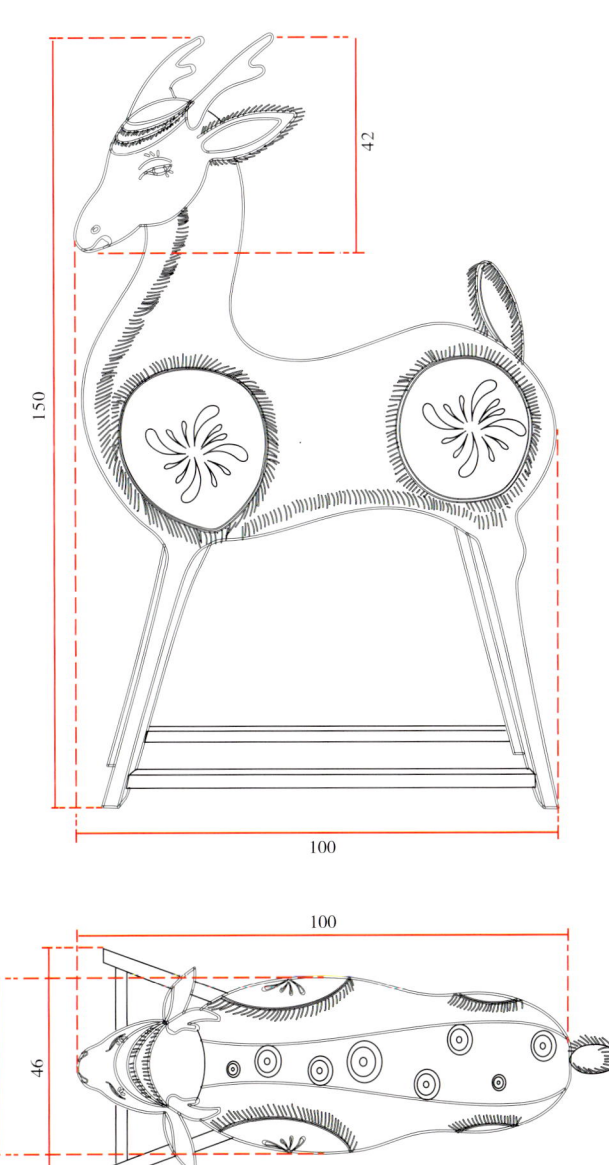

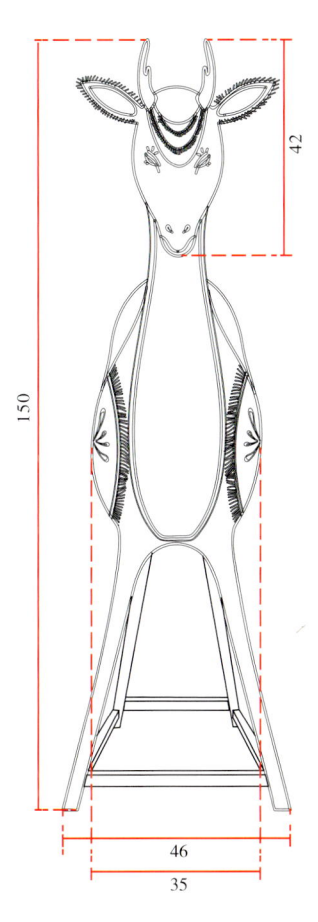

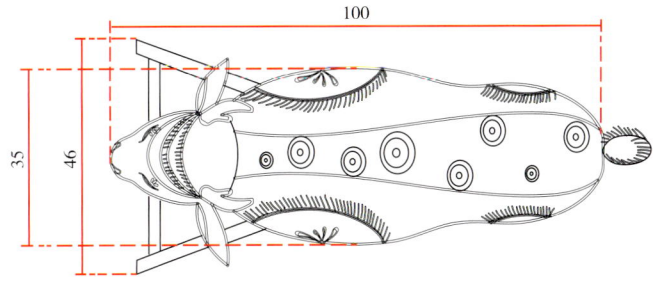

图二　白族纸扎尺寸图（单位：cm）

图三　白族纸扎骨架图

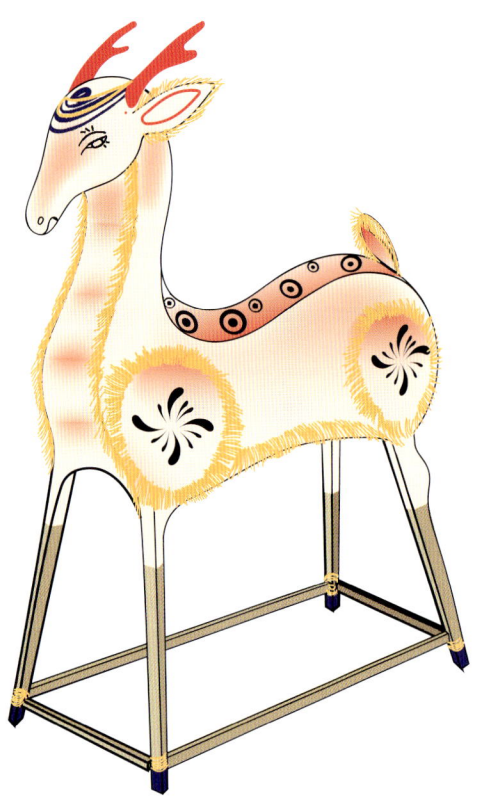

图四　白族纸扎设色分析图

图五　白族纸扎制作场景图

第六章　白族传统手工艺

533

白族剪纸

图一　白族剪纸主图

剪纸，又称"刻纸"，是用剪刀或刻刀剪镂彩纸成图案，用于民俗活动或满足审美需求。本案例为大理白族陈德于2010年7月创作的题为《激情火把夜》的剪纸作品，长70厘米，宽50厘米，描绘的是在白族传统火把节上，众人身穿民族服饰围绕着燃烧的火把载歌载舞的欢庆场面。

剪纸是一门古老的民俗艺术，最早可以追溯到南北朝时期。剪纸的纸张选择标准以主观意象为主，既强调剪纸者过往经验的积累，也重视创作者即兴迸发的灵感。纸张分为单色和多色。单色剪纸单纯、朴素、整体感强，要求创作者在造型中寻求突破。一般而言，喜事用红纸，宗教活动用金银色纸，刺绣用的图样为白纸。多色剪纸包含分色、衬色、套色等多种形式，合理运用可以增加作品的表现力和视觉张力。白族剪纸应用范围广泛，可在瓷器、刺绣、节庆等多个场景使用。瓷器，是用事先剪好的花纹附在瓷胎上加以刻画，然后再施釉烧制花纹。刺绣，是利用剪好的纹样刺绣在鞋子或衣服上。节庆，是指为了美化环境和营造氛围，剪出福禄双全、龙凤呈祥等吉祥主题的作品粘贴在门窗上。本案例的剪纸作品描绘了庆祝白族火把节的场景，红色的纸张符合火的热烈和群众兴奋的情绪。绕着火把欢庆的男女表情生动，形态各异，手持各种乐器，纵情演奏民族乐曲。燃烧的火焰给人上冲的视觉引力，背景的一牙弯月和前景丰富的造型产生强烈的疏密对比。

大理白族剪纸不同于其他艺术形式，有其独立的造型和色彩语言，在表现思想情感、生活情趣以及宗教信仰等方面有着特殊韵味。

图片来源

图一　大理白族自治州博物馆　提供
图二至图四　魏溥均　制图
图五　赵思颖　摄影
图六　大理白族自治州博物馆　提供

图二　白族剪纸尺寸图（单位：cm）

图三　白族剪纸动态分析图

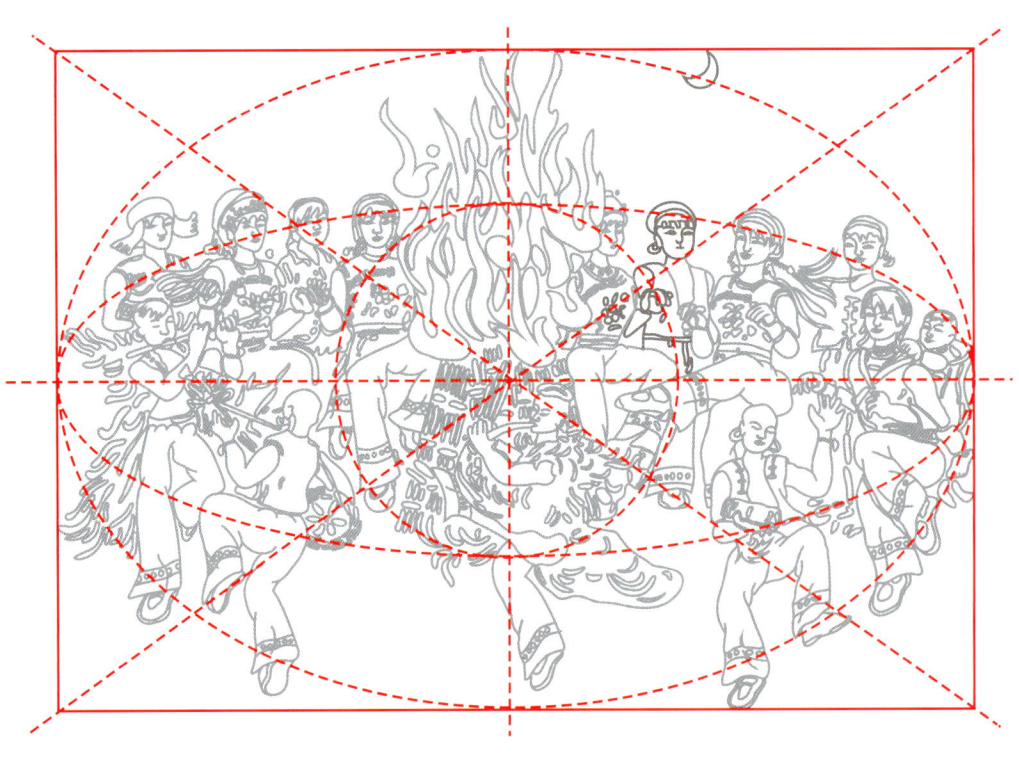

图四　白族剪纸构图分析图

图五　白族剪纸对比图

第六章　白族传统手工艺

图六 白族剪纸制作氛围图

白族土陶鳌鱼

图一 白族土陶鳌鱼主图

土陶是一种古老的手工制陶技艺，是陶器的早期形态。云南剑川烧制土陶历史悠久，距今已有上千年。本案例为罗晃照制作的绿釉土陶鳌鱼，通高32厘米，宽14厘米，形象生动，质感坚细。

土陶用途广泛，既可作为生活用具，用于盛饭、炖汤、烤茶、煨药等，也可用于建筑、殉葬、祭祀等。制陶主要工具有陶轮（慢轮）、竹刀、竹节、布、泥钩、拍板、印板、卵石等。土陶的烧造技艺以传统手工艺方式进行，包括取泥、晒泥、筛泥、发泥、打泥、玩泥、制坯、上釉、烧制、出窑共十道工艺程序。取泥，制陶主要原料是蝴蝶坪当地的黏土，再掺入当地细沙，增加土陶的牢固性。晒泥，将泥晒干成块后再打成粉末。筛泥，筛除渣质。发泥，黏土加水拌匀后，放入大缸醒泥、发酵。打泥，用拍板将泥拍成片状。玩泥，用手揉搓或用脚踩踏，挤出泥中空气。制坯，先将一团陶泥捏成陶器底部置于陶轮中央，再用手指或脚趾转动陶轮，同时将泥条逐层上盘，盘好后用卵石或竹刀里外用力，修整定型。晒干后再用布块修整外形。上釉，既可以将坯放入釉缸里涮转，也可以用釉瓢将釉料浇在坯上。烧制采用古老的柴烧，一般需三到五天连续烧制，中途不间断添加柴火。出窑，烧制结束后封闭所有火口，只留一个孔洞散热，自然冷却后即可出窑。本案例鳌鱼为龙头鱼身的神话生物。其形象怪异，外形狰狞，眼珠突出，鼻孔外翻，嘴张齿露，龙角笔直向上，鱼鳞细腻密集，尾鳍高高耸起。

大理白族土陶工艺考究，制作过程中选料严、用料细、用坯实、造型雅、雕刻精，烧制方法科学；并把制陶艺术、雕刻艺术、绘画艺术融为一体，具有较高的艺术价值和实用价值，是泥与火的完美结合。

图片来源
图一　赵思颖　摄影
图二至图五　魏溥均　制图

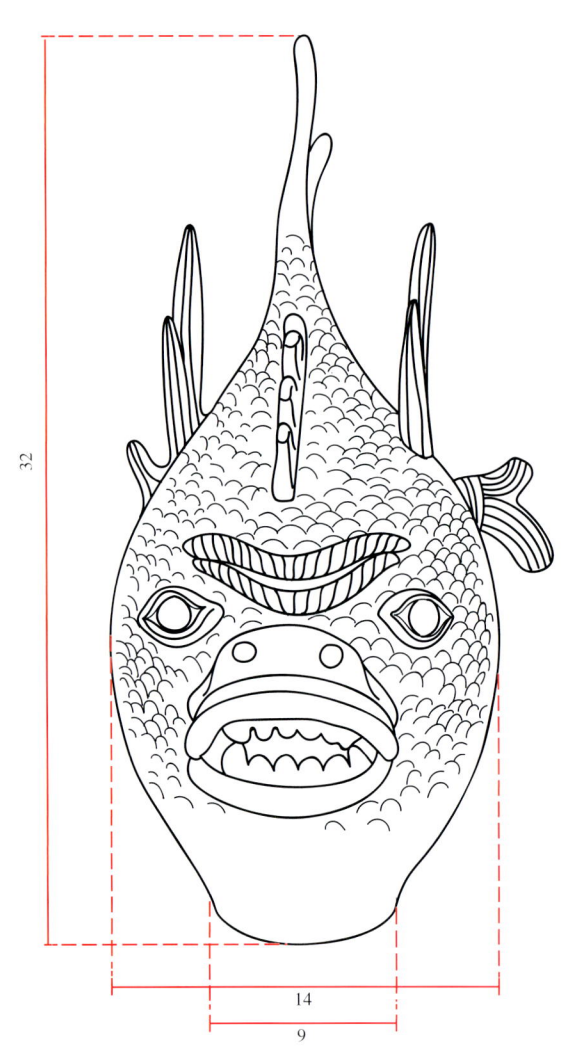

图二　白族土陶鳌鱼尺寸图（单位：cm）

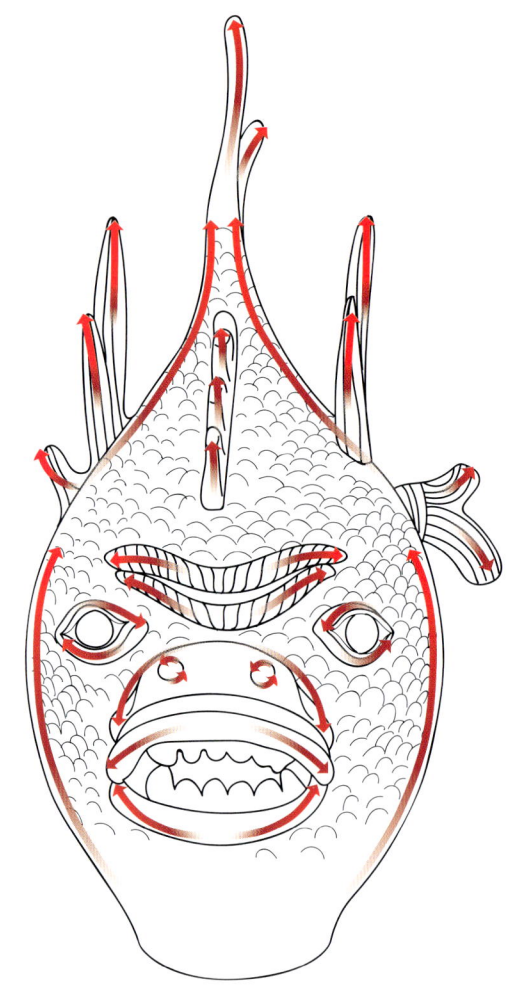

图三　白族土陶鳌鱼动态分析图

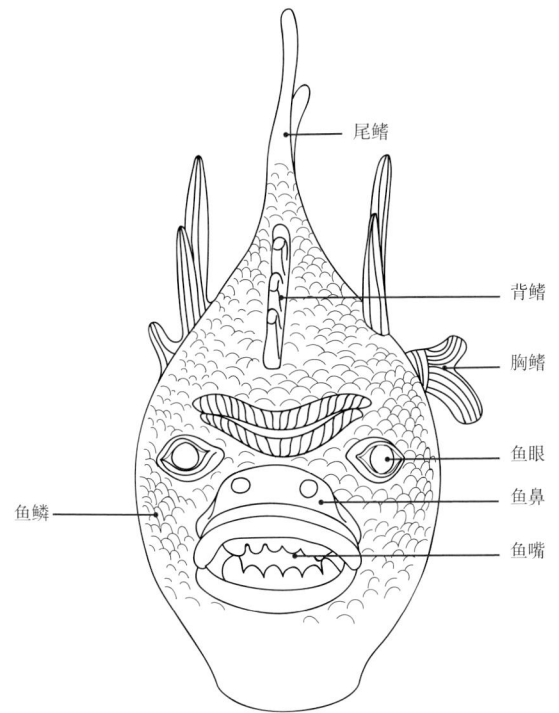

图四　白族土陶鳌鱼结构示意图

图五　白族土陶制作场景图

541

第七章 白族传统民俗和宗教

白族传统婚礼

图一　白族传统婚礼主图

本案例为云南大理地区凤翔村白族传统婚礼。一夫一妻制是白族主要婚姻形式，凤翔村以村内通婚为主，男女双方的性格和父母的德行是主要择偶标准。

婚礼当天早上九点多最先来做客开席的是老人，八人一桌，备有糖果、酒和八大碗（四荤：带皮肉、酥肉、排骨酥肉、凉肉片，四素：木耳、白扁豆、莲根、竹笋），开席后其他宾客陆续到来并"挂礼"，有专人记录礼金在礼簿上。开席结束后，男方媒人和亲属步行或乘车前往女方家，凤翔村和其他白族村落不同的是新郎不用亲自去接新娘。媒人到了新娘家，女方要给媒人挂上红布，媒人代男方磕头、敬酒，新娘在依依不舍中随着队伍前往男方家。随着唢呐声和鞭炮声的临近，男方家人排成两列在门外迎接。凤翔村人认为嫁妆在路上会沾染不干净的东西，只有经过"清洁"才能进门。一对新人要在伴郎的几番捉弄下才能进门。新娘进门后坐在椅子上由一位能干的妇女为其梳妆打扮，椅子前放着米斗，里面放置了镜子、梳子、剪刀、老秤和一盏点着的油灯。梳妆完毕后，新娘要迅速跑进新房，否则就要被大家争抢着掐。掐得越多越有福气，掐新娘是生殖崇拜的衍生，被掐后发出的呻吟"啊哟"和白族语"一夜"谐音双关。新房的门上方挂着红色的簸箕，里面装有桃树枝做成的弓和柳树枝做成的箭，中间放的小镜子有辟邪的含义，新娘进门后将箭头拨弄向下。接下来就是男女双方亲属的会亲、送喜神、认亲仪式。婚礼第二天要回门，七天后男方还要请双方亲属吃一顿饭，并发给每一位客人一颗粘牙的小白糖，暗含封口之意。

凤翔村作为白族典型的村落，婚礼既有外来文化的影响又有本土礼俗的坚守，仪式中长幼尊卑、伦理秩序、先祖崇拜贯穿始终。整个婚礼是乡村宗族秩序的一次集中展演和行为规范的隐性教化。

图片来源
图一　微图网　提供
图二至图七　何卓嫔　制图

图二　白族传统婚礼仪式·掐新娘

图三　白族传统婚礼仪式·背新娘

图四　白族传统婚礼仪式·拜天地

图五　白族传统婚礼仪式·交杯酒

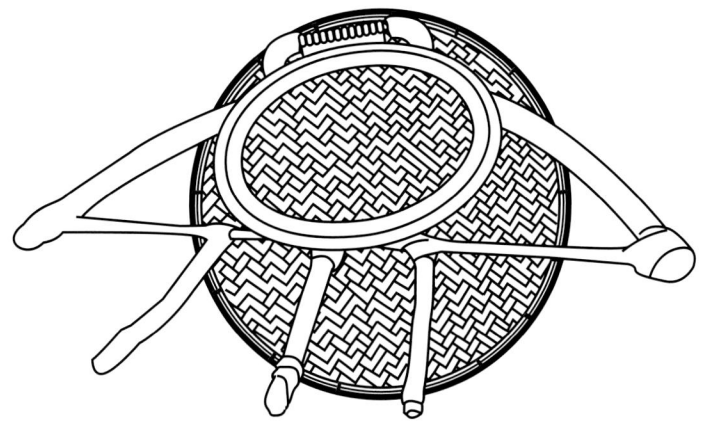

图六　白族传统婚礼道具·门头挂件

图七　白族传统婚礼道具·梳妆用具

第七章　白族传统民俗和宗教

547

白族火把节

图一 白族火把节主图

本案例为云南大理庆洞村白族传统火把节[1]。火把节是白族人在秋收前夕祈祷丰收、祈求好运的传统节日，于农历六月二十五日举行。白族火把节的民间传说以"火烧松明楼"流传最广，庆洞村认为是纪念"白洁夫人"，两个版本内容大同小异。火把节以社为单位，每社一个大火把，火把位置选在地形开阔且便于社员聚集的广场，仪式的费用一般由新添子嗣或新婚的家庭承担。仪式的过程包括扎火把、竖火把、点火把、喝酒送斗神、送火把。

农历六月二十五日早晨，社员上山砍伐一棵约十米高的成年松树（罗汉树或桉树亦可），去枝杈后作为火把的中心支柱。树身用竹篾或铁丝捆扎干柴，取三个彩色升斗插在火把顶端，寓意"连升三级"，斗上写"风调雨顺""国泰民安"等祈福词，升斗四角分别插上一面小彩旗。火把扎成后拴上山梨、花红、石榴等水果。众人将火把垂直固定到事先挖好的深坑里，再用大石块填埋、泥土夯实。夜幕降临后，乡民纷纷聚集到大火把周围。有的妇女和儿童用凤仙花将手指甲染红，以纪念白洁夫人。在红香烛烛光照耀的供台前，社长带领老人磕头祈福举行火把开光仪式。仪式过后，一名身手矫健的小伙子攀上火把顶端点燃干草和麦秆。霎时，火光冲天，烈焰腾空，热闹非凡，妇女抱着婴儿绕火把一圈以去晦气；孩子们争抢代表勇气的烫手山梨；乡民坐在火把附近品尝着糖果、喝着酒、聊着天。待到酒足饭饱后，去年升斗的男主人爬上大火把将彩斗取下并当众送给新的主人带回家。晚上十点多，众人将火把扑灭，在黑漆漆的夜晚，送火把的队伍一路欢声笑语将熄灭的火把送到新主人家。白族人认为升斗代表生育，是福气的象征。有的白族村落的火把节和庆洞村不同的是没有送斗神和送火把环节，取而代之的是青壮年在火把即将燃尽时争抢凌空落下的升斗。

火把节是西南少数民族独具地方特色的节日。火把节这一传统节日既是村民生活方式的展演，也是白族火崇拜文化的展演。

图片来源
图一　何卓嫔　摄影
图二　何卓嫔　制图
图三至图六　龙飓寰　制图

【注释】
［1］赵靓、杨丽娟：《中国白族村落影像文化志·庆洞村》，光明日报出版社，2013年1月，第115页。

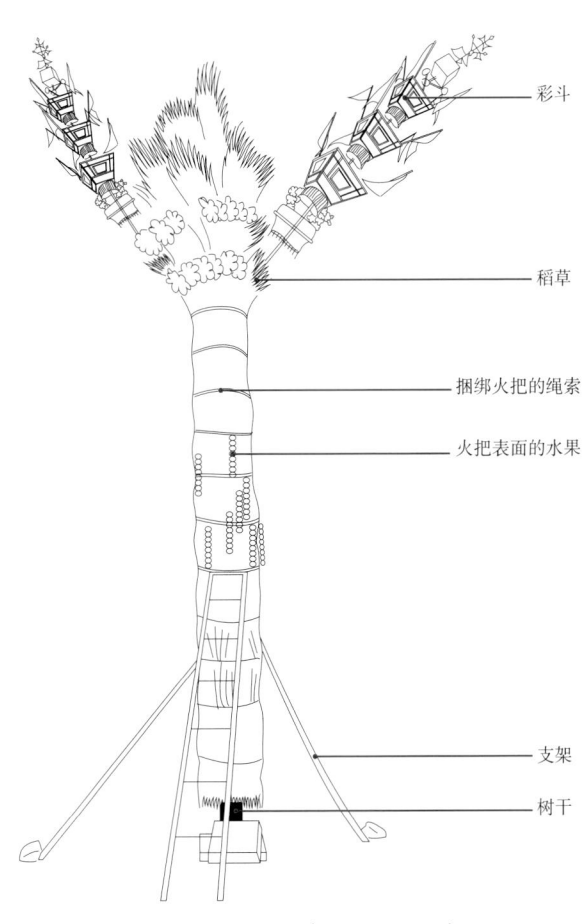

图二　白族火把节火把结构示意图

图三　白族火把节仪式·扎火把

图四　白族火把节仪式·竖火把

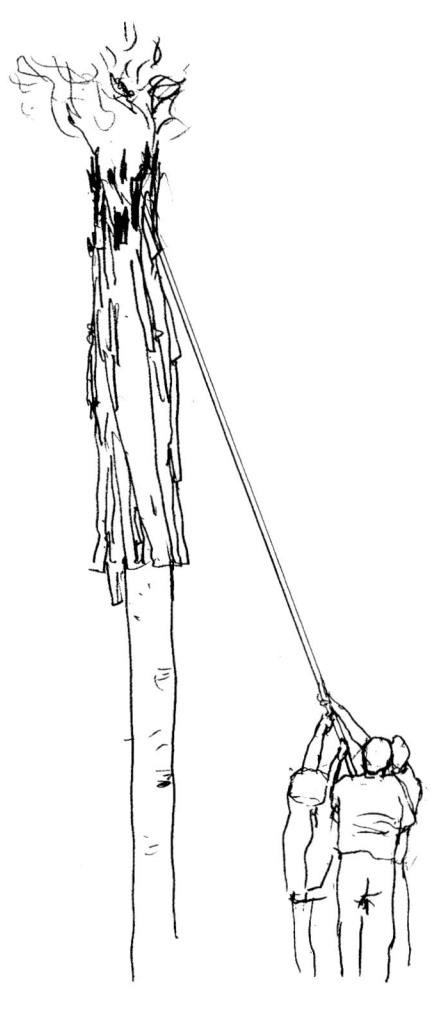

图五　白族火把节仪式·点火把

图六　白族火把节仪式·拜火把

第七章　白族传统民俗和宗教

白族绕三灵

图一　白族绕三灵主图

"绕三灵"又名"绕山林""绕三年""风流会"等，白语称"国上览"，是白族本主崇拜的重要民间节日，于每年农历四月二十三日到二十五日举行。绕三灵是产生于母权社会后期，以婚姻求子为目的而形成的节日，演变到了现今融拜佛念经、宗教祭祀、男女社交、歌舞娱乐为一体的群体活动。活动三天依次途经"佛都"崇圣寺、"神都"圣源寺、"仙都"洱海祠。队伍行进中不断有人加入，多时达到四五万人。

节日期间，人们以村为单位聚集到一起，走在队伍最前面的是一男一女两位年长的歌手，称为"花柳老人"。老人浓妆艳抹、打扮风趣，男的头戴伞形花帽、手拿牦牛尾拂尘，女的手舞红扇或手帕，二人共扶一棵用红绸拴着葫芦的"神树"——杨柳（有时也为桑树枝）。两人边对唱白族花柳曲或白族调，边自由地舞蹈，队伍后面的人敲着八角鼓、弹着三弦、打着霸王鞭、唱着大本曲，载歌载舞。随着来自四面八方的白族群众的不断涌来，队伍逐渐汇成一片数万人的欢乐海洋。人们在本主庙前面烧香磕头，呈上猪头三牲、公鸡、鱼、蛋、点心、茶、酒等供品，祭祀本主、敬拜神灵，祈求风调雨顺、五谷丰收。古代的氏族成员常以树枝代表其土地社稷，树枝是社和社神的象征，集会时由巫师举持作为引导；而白族绕三灵时队伍跟随神树游行的情形便是延续了此古风。其原始发端是农耕文化的产物，如今白族人对树依然非常敬畏，在神灵的光环下保护了生态。神树上面所挂的葫芦有生殖的含义，葫芦多籽即满足了人们多子多福的愿望。太阳崇拜是农耕民族古老的宗教内容，用彩布、彩纸剪制的像铜钱般大小、周边有光芒的饰物象征太阳，游行的人们将其贴在太阳穴部位，有对太阳神"顶礼膜拜"之意。

"绕三灵"参与人数众多、内容丰富、路途长远、仪式多样，是白族人在独特的地理环境和人文环境中形成的民间活动。正因为如此，人们可以从农耕崇拜、太阳崇拜、神树崇拜、生殖崇拜等多角度对其文化内涵进行深度解读。"绕三灵"作为白族标志性的节日，对强化民族文化认同感具有深刻的现实作用。

图片来源

图一　马宏敏　摄影

图二至图六　何卓嫔　制图

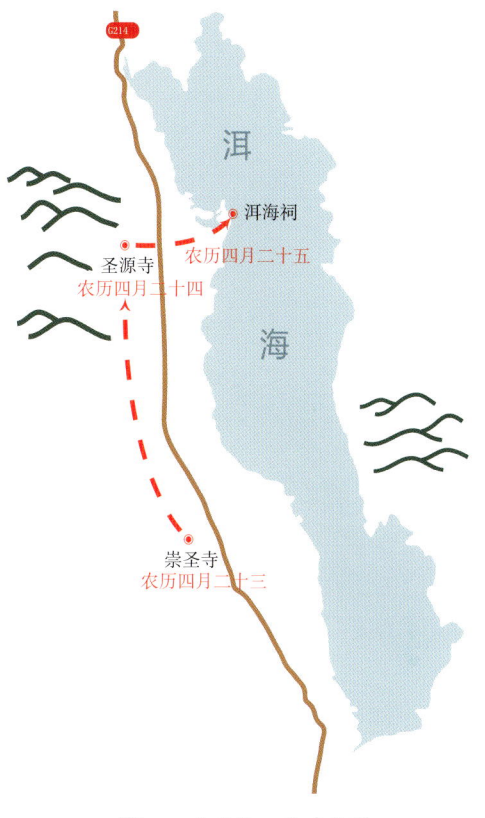

图二　白族绕三灵路线图

图三　白族绕三灵活动·执树舞

图四 白族绕三灵活动·念经

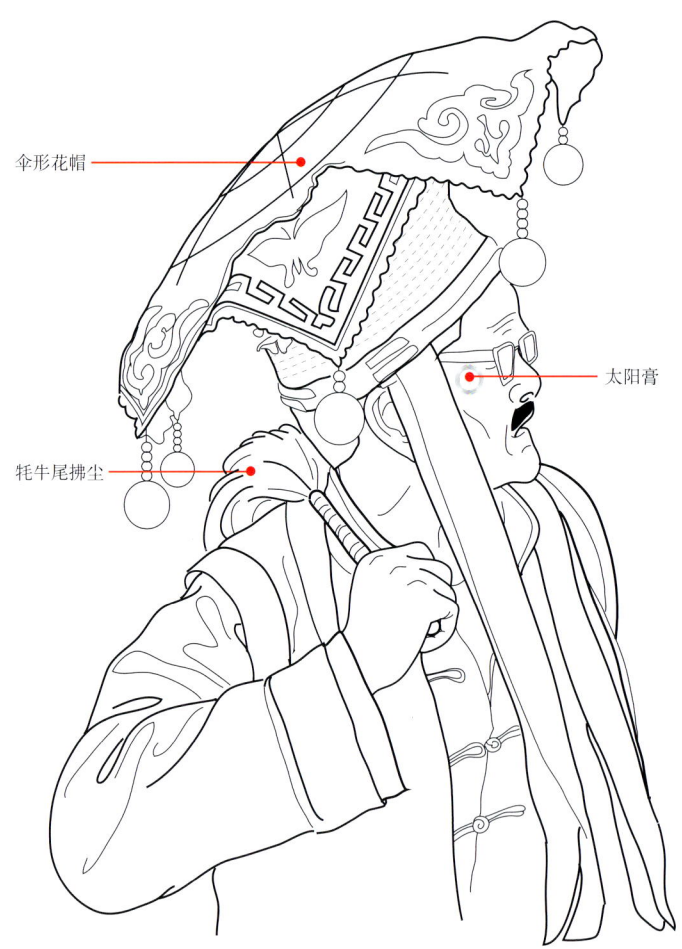

图五 白族绕三灵道具（1）

图六　白族绕三灵道具（2）

白族洱海开海节

图一 白族洱海开海节主图

开海节是大理白族人每年以开海打鱼为契机举办的节庆活动，民间俗称"赶海"，其雏形是白族的祭海仪式。为了保护洱海的生态环境，洱海实行开海期和封海期，每年8月至次年5月是开海期，渔民可以出海捕鱼。每当封海期结束的这一天，地方政府都会在双廊镇红山本主庙前举办隆重的开海节仪式，5万多民众聚集到洱海边共庆属于白族人自己的节日。

开海节立足于洱海保护，以渔文化为主线，通过开海祭祀、古龙船赛、白族对歌、织网、舞龙舞狮、空手抓鱼、放生、白族大本曲弹唱等形式弘扬洱海文化。活动当天，首先举行祭海仪式，由一位白族老者主持，在诵经声中，青年依次祭上祭品，随后老者焚烧刚宣读的祭文并向天祈福，四名青年共同将本主塑像抬上船，船四周摆放莲花灯随行，在众人的祈愿下出海巡游。古龙船赛用的船平时放在水下保存，提前半个月取出晾干进行彩绘，船身一般以双龙为主体，配以彩云、莲花等吉祥图案装饰，桅杆扎上大斗、拴有铜锣，船尾插有松枝。比赛时每船划桨人数达上百，配有助威人和舵手，伴随着唢呐声、哨子声、桨声，船员齐心协力奋力向前，热闹异常。与此同时，洱海边上鼓乐齐鸣，香火烟雾缭绕，渔民穿上白族服装，数百艘渔船同时起航出海，有的挂着风帆，有的摇着双橹，展示鱼鹰捕鱼、鱼罩捕鱼、丝网捕鱼、手撒网捕鱼等传统捕鱼方式，再现古镇出海捕鱼的盛大场景。

开海节将渔民以往的捕鱼实践与当下的封海休渔相联系，结合当地本主文化和现代娱乐因素，通过该活动向渔民灌输保护洱海、遵守封海休渔规定的意识。同时也起到了回溯白族历史、稳定社会秩序和塑造道德形象的作用。

图片来源
图一　微图网　提供
图二至图六　龙飚寰　制图

图二　白族洱海开海节仪式·画龙舟

图三　白族洱海开海节仪式·献祭海神

图四　白族洱海开海节仪式·放莲花

图五　白族洱海开海节仪式·古龙船赛

图六　白族洱海开海节仪式·捕鱼表演

白族将军庙本主节

图一　白族将军庙本主节主图

本案例选取大理地区下关镇白族将军庙传统本主节，本主白语称"武增"，意为本村本境的保护神。本主崇拜是白族土生土长的本土宗教，白族几乎所有的乡村都供有相当于村社社神的本主，一般是一个村供奉一个本主。本主像由香木雕成或泥塑成，平时供奉在本主庙内。本主节没有固定的日期，一般本主生日、忌日或其他纪念性日期，为祭祀日期，持续时间一般为三天，固定的程序是请神、迎神、祭祀、娱神。

请神过去一般由巫师担任，现在一般由民间宗教组织的经长、经母担任。请神时，主持人手持点燃的表文，跪在神龛前，口念请神词。其他人站立两侧，敲击木鱼，口诵祭祀经文。迎神仪式由会首和领事班子共同商议决定。当天早晨，人们穿着盛装，打着万民伞或大红旗、日月龙凤旗、清道旗等彩旗，一边敲锣打鼓，一边舞龙舞狮来到本主庙，经过放鞭炮、上表文、焚香祭拜后将本主神像及其随从抬上彩轿。彩轿由四位新婚的男子抬着，白族人相信抬本主的人可以得到本主的保佑，早生贵子。数百人的队伍打着各色旌旗，有的还举着各代古式兵器，如刀、矛、斧、钺等，一路上舞龙舞狮、跳着霸王鞭、敲锣打鼓，抬着彩轿巡游本主所管辖的村寨。沿途居民路祭跪拜、贡品迎接。巡游完毕后，将本主请回本主庙或接到临时搭建的神龛，供民众祭祀。祭祀本主，分为"生祭"和"熟祭"，生祭是在本主神像前宰杀公鸡，将其鲜血洒在本主像前；熟祭是鱼肉和猪肉先生食祭祀一遍，再放到不盖锅盖的锅里煮熟，方便本主"食用"，鸡、鱼、猪煮熟了再祭祀一次。娱神就是民间歌舞活动，目的是取悦本主，以期得到本主的保佑。娱神是祭祀仪式和文娱活动的结合。

娱神的项目有对唱白族调、吹吹腔、耍龙灯、跳霸王鞭、奏洞经乐、舞龙耍狮、跳牛踩马等。有时还会请巫师表演上刀山、火中取链、唱神曲跳神舞奏神乐等节目。

白族每个村寨的本主的来历和传说各不相同：有驱云散雾的自然神，有大理国时代的王子，也有为民除害的英雄。只要符合"三纲五常"，都可以是本村寨的本主。

图片来源
图一　微图网　提供
图二至图六　何卓嫔　制图
图七　崔晋　摄影

图二　白族将军庙本主节道具图·座驾

图三 白族将军庙本主节道具图·巡游童子背具

图四 白族将军庙本主节仪式·奏乐

图五　白族将军庙本主节仪式·迎本主

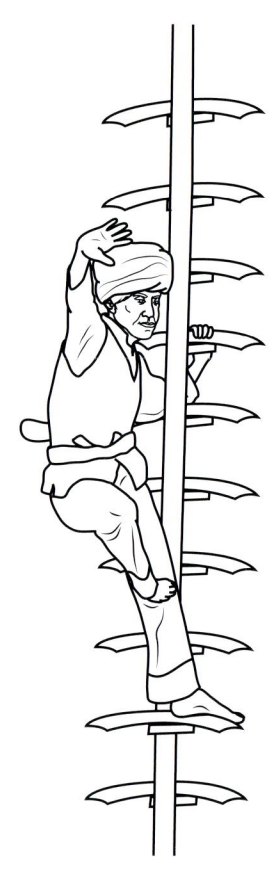

图六　白族将军庙本主节仪式·上刀山

图七　白族将军庙本主像

白族九天卫房圣母及侍从像

图一　白族九天卫房圣母及侍从像主图

九天卫房圣母及侍从像[1]位于云南省大理自治州福星村本主庙，传说是凤凰落迹之处。九天卫房圣母本主名为赵金霄，系财神赵公明之长妹，其法宝为桂园金斗，相传在商末周初获"九天卫房圣母"封号。九天卫房圣母本主庙始建于明朝永乐年间，1927年毁于战乱，数年后重建并几经修缮，在1998年动土重建。九天卫房圣母神态和善，双手叠于胸前并执法器，坐姿居中。两侧站立的是邑人本土将军，神号"苍山智勇武济王二将军"。两者大致体型相当，头顶高度基本和九天卫房圣母下颌平齐。该本主庙主要用于佛事活动或祭拜仪式。

九天卫房圣母及侍从像为泥塑，平时固定在神台上供日常祭祀，不能移动。雕像骨架材料选柏木，首先根据雕像的动作、体量大小来搭建骨架，再选取干草编成麻绳，根据雕像造型均匀而密实地进行缠绕。绳子之间不留空隙，最后将调配好的泥浆在麻绳上进行塑形，雕刻五官等细节部位，风干后形成毛坯，待完全风干后再打磨上色成型。九天卫房圣母及侍从像颜色主要使用红、黄、红棕，色彩鲜活明快，明度对比强烈，有较强的视觉吸引力。三者面部神态自然，体态舒展，服装自然下垂，线条流畅。为突出圣母的主体地位，刻意将其身形放大，并在服饰上添加云纹、凤纹、如意纹等。身后绘有火焰纹背光，强调雕像间的主从关系。

九天卫房圣母是大理白族福星村最为著名的，也是最有影响力的本主，其聪慧贤能、导化生灵、抗恶镇邪为村民称道。每逢佛事活动，莲池会诵经念佛，起乐跪拜，香客接踵，香火旺盛。从该像的形制特点和本主的传说故事来看，白族本主崇拜具有神的人性化、世俗化的特点。

图片来源
图一　龙飏寰　摄影
图二至图四　何卓嫔　制图
图五　龙飏寰　制图

【注释】
［1］董建中：《银苍玉洱间的神奇信仰》，四川文艺出版社，2003年8月，第12页。

图二　白族九天卫房圣母及侍从像构图分析图

图三　白族九天卫房圣母及侍从像造型分析图

图四　白族九天卫房圣母及侍从像设色分析图

第七章　白族传统民俗和宗教

565

图五　白族九天卫房圣母本主庙诵经图

白族剑川石钟山石窟南诏王异牟寻议政像

图一　白族剑川石钟山石窟南诏王异牟寻议政像主图

南诏王异牟寻议政像位于云南剑川石钟山石窟狮子关区第1号窟。该窟是仿宫殿式雕刻的石窟，其形制为外方内圆拱屋形龛。龛檐刻为三重，内龛门楣刻双层联珠纹，底部凿低坛。龛高168厘米、宽166厘米、深40厘米。反映的是南诏第六代国王异牟寻与文武百官召开议政会的宫廷政治生活场面。异牟寻是南诏历史上最为开明和有政治远见的君主，在位时把南诏国治理成"人知礼乐，本唐风化"的礼乐之邦。

石窟正中刻的是南诏第六代国王异牟寻，身着圆领宽袖长袍，头戴莲花金刚宝顶，神态端庄严肃，正襟危坐于龙头椅上。国王下方刻一童子，双腿盘于云彩之上，像高0.1米，头顶并右手托莲花托盘，内有佛教三供养香炉、鲜花、果品，体现了国王政事和佛事共行的宫廷活动场景。窟门两侧对坐的清平官是郑回和杜光庭。国王左侧刻有一清平官手持赤藤杖，身背斗笠；一侍从躬身贴近国王。国王右侧刻有两位羽仪长，一位左手握宝剑，右手放在胸前握书卷；另一位双手叠在胸前，手握曲柄长剑。另外刻有一武士，一手握长柄扇，一手前伸持有净瓶。国王身后浮雕一屏风，左右两侧各刻有祥云托一条长方形题榜，上面字迹模糊，难以辨认。整个石窟人物关系错落有致，主从地位明显，气氛营造热烈，细节雕刻准确，人物位置的设计在对称中寻求变化，取得既庄重又生动的效果。

古代匠师在凿刻议政像上采用现实主义手法，大胆地将南诏国王及宫廷政治生活雕刻在圣山佛地，和佛、菩萨并置在一起供人崇拜，打破了以往统治阶层仅以供养人的身份出现，体现了创作者高超的艺术水平和白族人民对南诏王异牟寻的崇拜。

图片来源
图一　刘翔宇　摄影
图二至图四　何卓嫔　制图
图五、图六　刘翔宇　摄影

图二　白族剑川石钟山石窟南诏王异牟寻议政像尺寸图（单位：cm）

图二　白族剑川石钟山石窟南诏王异牟寻议政像结构示意图

图四　白族剑川石钟山石窟南诏王异牟寻议政像构图分析图

图五　白族剑川石钟山石窟南诏王异牟寻议政像细节图（1）

图六　白族剑川石钟山石窟南诏王异牟寻议政像细节图（2）

白族剑川大黑天神像

图一 白族剑川大黑天神像主图

　　大黑天神，梵语称"Mahākāla"，音译"摩诃迦罗"。大黑天神石雕像位于云南省大理白族自治州剑川县沙登箐甲子寺的甲子洞右石壁上，此窟开凿于南诏末期至大理国初期，外形为圆拱形浅龛，神像呈站立状。神龛面南，龛高292厘米、宽154厘米、深15厘米，龛内大黑天神像高246厘米。大黑天神为佛教重要护法神，随佛教密宗传入中国，在西南地区盛极一时，地位仅次于佛祖和观音。此造像为中国密宗的流传研究提供了重要的实物依据。

　　大黑天神造像材质是石宝山丹霞地貌的龟背石，主要成分是红色砂岩和砾岩，岩石表面存在多边形的同心环及放射状细脉，具有较好的观赏性和稳定性。天神像三目怒睁，大鼻，犬牙外露向上，头戴骷髅冠，上身赤裸，腰颈挂骷髅头，下着虎皮裙，二蛇缠于足踝为饰，六臂持有不同法器：左中手托一骷髅钵置于胸前，另外两手分别托鼓和念珠；右边三手从上至下分别持宝剑、三叉戟、绢索，头后龛壁有火焰纹。雕像线条准确而富有韵律，造型在对称中寻求变化，岩石的质地更显厚重，是南诏、大理国时期雕刻的精品。据《纪古滇说集》记载和《张胜温图卷》的佐证，云南境内的大黑天神像最早可追溯到南诏时期，有石窟造像、石雕造像、铜铸像、纸本画像等多种表现形式。大黑天神作为异国他邦的外来神，在大理地区却能成为主要的本主崇拜神，这体现了佛教密宗有很强的适应能力。

大黑天神像作为白族最著名，也是影响力最大的崇拜对象之一，多个村落奉其为本主。甚至在西藏、敦煌都有大量的大黑天神像。这是因为他不仅是佛教经典中的护法神，也是护国之神，还是护民之神。在大理地区大黑天神为拯救白族人民吞服瘟药的故事至今还广为流传，可见大黑天神在白族宗教信仰中的重要性。

图片来源
图一　崔晋　摄影
图二至图四　何卓嫔　制图
图五　刘翔宇　摄影

图二　白族剑川大黑天神像尺寸图（单位：cm）

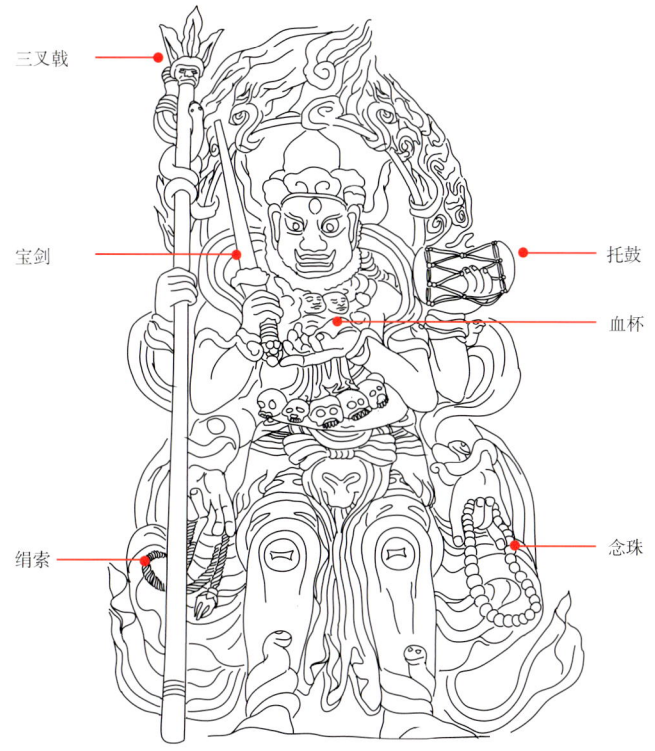

图三　白族剑川大黑天神像结构示意图

图四　白族剑川大黑天神像构图分析图

第七章　白族传统民俗和宗教

图五　白族剑川大黑天神像对比图

白族阿嵯耶观音立像

图一 白族阿嵯耶观音立像主图

该案例为十二世纪（宋）大理白族金质阿嵯耶观音立像。"阿嵯耶"梵文意为"圣"，阿嵯耶观音，因多制于大理国时期，因此也称"大理观音""云南观音"。最早的阿嵯耶观音像是由印度僧人菩立陁于南诏保和二年（825）传入大理。该阿嵯耶观音立像通高28厘米，背光高29.5厘米，重1135克，1978年在修缮大理崇圣寺三塔的主塔千寻塔塔顶时意外出土，是目前已知最大的一件宋代纯金铸造的佛像，现藏于云南省博物馆。

全世界目前发现阿嵯耶观音像20余尊，分站姿和坐姿，材质有金、银、铜鎏金、木等。该案例观音为金质，背饰为银质，纹饰清晰富有层次，失蜡法铸造成型。观音面容清秀细长，有年轻化的特征。高头冠上有阿弥陀佛坐像，头发编辫两侧垂直至肩，双目微睁，神态泰然，表情宁静。上身赤裸，胸颈佩项圈、璎珞，双臂戴三角形臂钏。右手佩戴念珠，下身着带褶长裙，腰腹部饰一宝相花结。双腿间裙裳处阴刻有"U"形衣纹，右手结妙音天印，左手施安慰印，赤足，足下有二方榫。身后有银质舟形镂空火焰纹背光。因受中原"夷夏之辨"的影响，南诏刻意淡化、排斥汉文化，反映在佛像造型上，阿嵯耶观音和东南亚观音造型风格高度一致就不足为奇了。

阿嵯耶观音立像是白族历史、宗教、文化、艺术的结晶，和《南诏图传》《张胜温梵画卷》及剑川石窟共同构成白族集体记忆。这一时期，外来文化积极融入本土元素，创造出独具民族特色的佛教艺术风格，其信仰是南诏国独立精神的体现。

图片来源
图一　刘翔宇　摄影
图二至图四　何卓嫔　制图
图五　刘翔宇　摄影

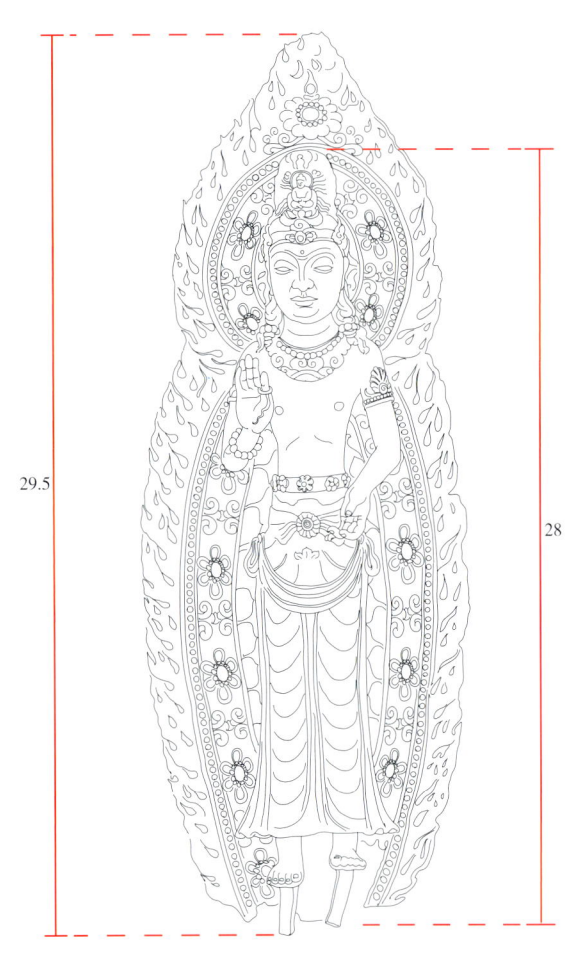

图二　白族阿嵯耶观音立像尺寸图（单位：cm）

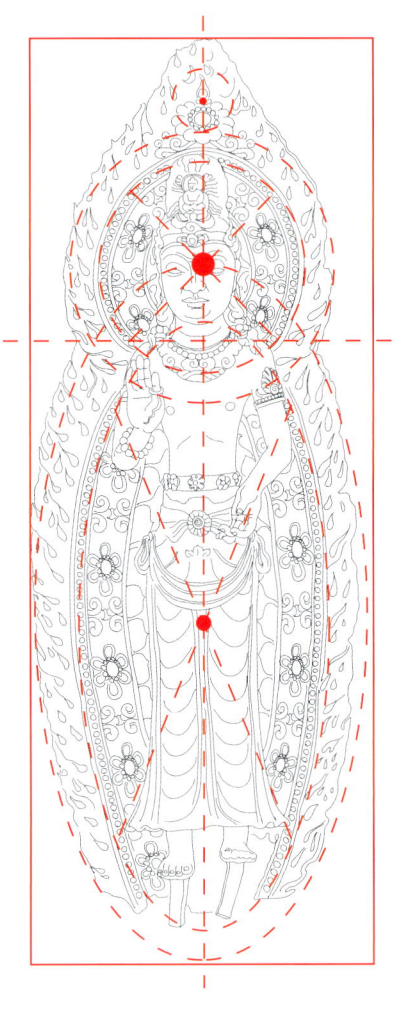

图三　白族阿嵯耶观音立像构图分析图

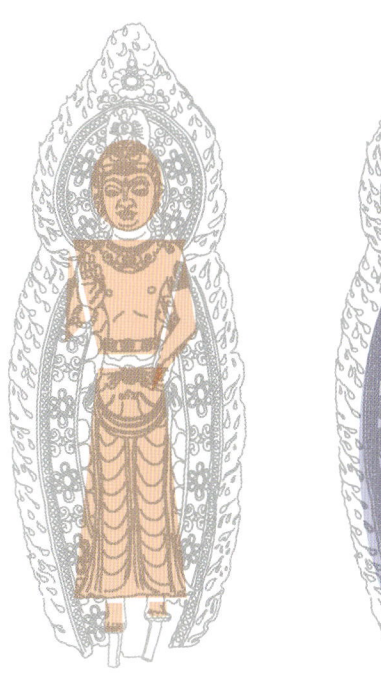

图四 白族阿嵯耶观音立像造型分析图

图五 白族阿嵯耶观音立像对比图

声　明

　　本书编写时收入的个别图片，因条件所限，未能同相关著作权人取得联系，获得授权，敬请谅解。请相关著作权人及时与编者联系，以便奉上稿酬。谢谢！